فقہ السیرۃ کے موضوع پر ایک انوکھی کتاب
عالمِ عرب کے مشہور عالم ڈاکٹر عبد الوہّاب طریری کی مشہورِ زمانہ کتاب
قصص نبویۃ زوایا جدیدۃ لقصص السیّرۃ کا اُردو ترجمہ

سیرت النبی ﷺ کے حسین واقعات کا جدید زاویوں سے مطالعہ

ڈاکٹر عبد الوہّاب طریری

ترجمہ و تحقیق
ڈاکٹر محمد نذیر خان

دار الثقافۃ
Dar Ul Thaqafah

Dar Ul Thaqafah

www.darulthaqafah.com
https://twitter.com/darulthaqafah
Email: darulthaqafah@gmail.com

آپ اپنی پسندیدہ آن لائن بک اسٹور پر "Dar Ul Thaqafah" لکھ کر ہماری کتب تلاش کر سکتے ہیں۔

یہ کتاب عالمِ عرب کے مشہور عالم ڈاکٹر عبدُ الوہاب طریری کی معروف عربی تصنیف قصصٌ نبویۃ: زوایا جدیدۃ لقصصِ السیرۃ کا اردو ترجمہ و تحقیق ہے، جس میں سیرتُ النبی صَلَّى اللهُ عَلَيْهِ وَسَلَّمْ کے حسین واقعات کو جدید زاویوں سے پیش کیا گیا ہے۔ اصل تصنیف کے تمام حقوق مصنف کے پاس محفوظ ہیں، جبکہ اس اردو ترجمہ و تحقیق شدہ ایڈیشن کی اشاعت اور تقسیم کے حقوق دار الثقافہ کے پاس محفوظ ہیں۔

فہرست

انتساب

رسم انتساب سے ناآشنا، پیکر اخلاص وسادگی، مجسمہ شفقت

اپنے اس پیارے غریب والد کے نام

جو دن بھر پتھر توڑ توڑ کر شام کو گھر لوٹتے تو ان کی انگلیوں سے خون رس رہا ہوتا

اپنی اس پیاری والدہ کے نام

جو باسی روٹی ایک پرانے کپڑے میں لپیٹ کر مجھے دیتی اور مدرسے بھیجتی

اور دور تک اشک بار آنکھوں سے مجھے تکتی رہتی

حیرت نہ کر بدن کو مرے چور دیکھ کر

ان چوٹیوں کو دیکھ جہاں سے گرا تھا میں!

محمّد نذیر خان

جمادی الثانیہ 1447/10

1st December 2025

گُذارشِ احوال

زیر نظر کتاب عالم عرب کے مشہور عالم ڈاکٹر عبد الوہاب الطریری کی عربی کی تصنیف کو ان ہی حکم و خواہش پر اردو کا جامہ پہنایا گیا ہے، ترجمہ میں لفظی ترجمہ کی جگہ ترجمانی کی کوشش کی گئی ہے۔اس اعتراف کے ساتھ کہ

گو نالہ نارسا ہو نہ ہو آہ میں اثر

ہم نے تو در گذر نہ کی جو مجھ سے ہو سکا!

جب کتاب میرے ہاتھ لگی تو اس وقت مختلف مصروفیات میں جکڑا ہوا تھا، پی ایچ ڈی کے کمپریہینسیو (Comprehensive) امتحان، ایوفی سے سی ایس اے اے کے امتحان کی تیاری کے ساتھ ساتھ استنبول امریکن کالج میں تدریس کی ذمہ داری، ہفتہ وار مختلف فتاوی چیک کرنا، کیس سٹڈی اور آرٹیکل لکھنا، فیملی کی ذمہ داری وغیرہ وغیرہ، اسلئے نیت یہی تھی ایک ٹائم ٹیبل بنا کر روزمرہ کی طالبعلمانہ مصروفیات سے کچھ وقت نکالا جائے اور روزانہ بھلے چند منٹ ہی سہی اس مقدس کام لیئے مختص کئے جائیں، لیکن جوں ہی کتاب کھول کر پڑھنا شروع کر دی تو ایک تو سید الاولین والآخرین ﷺ کی سیرت مطہرہ، ڈاکٹر عبد الوھاب کا قلم اور پھر عربی زبان کا حسن وجمال، نگاہ پہ قابو رہا نہ وقت کا احساس، ایک کے بعد دوسرا پھر تیسرا پھر چوتھا، پانچواں۔۔۔ کئی صفحات پڑھ ڈالے! اور ہر ہر صفحہ، ہر ہر واقعہ بلکہ ہر ہر جملہ دامن دِل کو کھینچے، آنکھوں کے راستے دِل میں اُتر جائے اور یہی کہے:

زفرق تا قدَمَش ہر کجا کہ می نگرَم

کرشمہ دامنِ دل می کشد کہ جا اینجاست

پھر کریم رب کا نام لیکر ترجمہ شروع کر دیا اور آج یہ کتاب کی شکل میں آپ کے ہاتھوں میں ہے۔

اس میں کس کو اختلاف ہو سکتا ہے کہ سید دوعالم ﷺ کی سیرت پر خواہ کسی بھی پہلو سے ہو، کام کی توفیق ارزانی اول و آخر سعادت ہے اور ظاہر و باطن خوش نصیبی ! پھر اگر یہ سعادت اس علم و عمل سے بے بہرہ، اسلوبِ نگارش سے تہی دست، تہذیب و تمدن کے ظاہری اسباب سے دور دراز پہاڑوں مین گھرے کسی پسماندہ گاؤں میں آنکھ کھولنے والے ایک فقیرِ عجم امتی کے حصہ میں آجائے تو اس بڑھ کر خوش نصیبی کی بات کیا ہو سکتی ہے !

خواجہ لولاک ﷺ، آمنہ کے یتیم اور ماہتاب رسالت ﷺ جس کی مدح و ثنا میں کائنات کا مالک خود رطب اللسان ہو، اُسے بھلا کسی عجمی دیہاتی کی تعریف کی ضرورت کیوں ہو گی، وہ تو عرب کے خداوندان سخن کے قصیدوں سے بھی وَرَاءَ وَرَاءَ اور بلند و بالا ہے ! تاریخ میں لاکھوں کروڑوں آئے، مختلف زبانوں، لہجوں اور انداز میں، اس کی تعریف کی، اس کا قصیدہ پڑھا، کسی نے اس کے الفاظ ازبر کئے تو کسی نے اس کی زندگی ! کسی خوش نصیب پر اس کی نعت کا دروازہِ سعادت وا ہوا تو کسی پر اس کے فقہ و علم کا سایہ مہربان ! کس کس کا نام لیا جائے ؟ ایک ہجوم عاشقاں ہے کہ ختم ہونے کا نام نہیں لیتا ہے، ایک قطار ہے تشنہ لبوں کی کہ لمبی ہی ہوتی جارہی ہے، اور ہو بھی کیوں نہیں ؟ اس قطار کا آخری سرا روزِ حشر کُرسی مقامِ محمود اور تختِ شفاعت پر بیٹھے شفیع المذنبین ﷺ تک جو پہنچتا ہے ! آپ ﷺ کے مخلص جانثاروں سے شروع کیجئے اور گنتے جایئے، سلسلہ ختم کہاں ہو رہا ہے ؟ الٹا عشق

مستی میں ڈوبے درویش قطار اندر قطار، کوئی ہتھیلی پہ سر، کوئی لہو کے قطرے، کوئی اشک تو کوئی قلم لئے مست و مگن جھومتے ہوئے آرہا ہے اور زبان پر ایک ہی اعترافانہ زمزمہ جاری ہے۔ حق تو یہ ہے کہ حق ادا نہ ہوا !

اور قلب و جگر سے ایک ہی دُھن

فَإِنَّ أَبِي وَوَالِدَتِي وَعِرْضِي لِعِرْضِ مُحَمَّدٍ مِّنْكُمْ وِقَاءٌ

البتہ در پہ دستک دینے والوں کے درمیان ایک بات قدر مشترک ہے بلکہ ان سب کا اولین اور آخرین مقصد یہ ہے:

باین بہانہ مگر قد خود دراز کنم!

کتاب کا مطالعہ کرتے وقت اگر درج ذیل باتیں قارئین کرام کی نگاہوں کے سامنے رہیں تو امید ہے کہ مترجم اور قاری دونوں کو فائدہ ہوگا۔

1۔ سیرت کی کتاب تاریخی واقعات کی طرح نہیں کہ اُنہیں پڑھ کر گزرا جائے، بلکہ یہ رسول اللہ ﷺ کی زندگی کے مختلف مناظر ہیں، یا کلپس ہیں کتاب پڑھنے والا چشم تصور میں ان کا مشاہدہ کر رہا ہوتا ہے اور مقصد یہی ہونا چاہیئے کہ اس کے ذریعہ اس ذات عالی صفات سے محبت اور الفت کا رشتہ عشق میں بدل جائے۔

2۔ ترجمہ کرتے وقت کوشش یہ کی گئی ہے کہ حضرت شیخ کے لکھے ہوئے الفاظ کے ترجمہ سے زیادہ ترجمانی کی جائے، کیونکہ بسا اوقات کسی ایک زبان میں خوبصورت اور بر محل نظر آنے والی تعبیریں اور اصطلاحات کو جب دوسری زبان میں لفظی ترجمہ کی زبان

دیدی جائے تو نہ صرف وہ اپنا حُسن کھو بیٹھتی ہیں، بلکہ بسا اوقات معنی بھی بہت بدل جاتا ہے۔

3۔ کتاب میں جو حدیث، واقعہ یا تفسیر جس کتاب سے لیا گیا ہے، اس کا حاشیہ میں باقاعدہ حوالہ دیا گیا ہے۔

4۔ کتاب میں مذکور آیات مبارکہ کا ترجمہ عالمِ اسلام کے عظیم مفتی، فقیہ اور قانون دان حضرت مفتی تقی عثمانی دامت برکاتہم کے شاہکار ترجمہ قرآن آسان ترجمہ قرآن سے لیا گیا ہے، کہیں کہیں پر موقع محل کی مناسبت سے الفاظ میں تبدیلی بھی کی گئی ہے۔

یہ ایک ایسا مرحلہ ہے کہ جہاں پہنچ کر دھڑکنیں، جذبات، الفاظ، جملے، اور اشک ایک دوسرے پر سبقت لیجانے کی کوشش کرتے ہیں، گویا کہ ہر ایک کریم و سخی محمد ﷺ کے عظیم رب کے حضور سجدہ ریز ہو کر کلمات تشکر ادا کر رہے ہوں، اور کہہ رہے ہوں :

لَكَ الْحَمْدُ وَلَكَ الشُّكْرُ لِجَلَالِ وَجْهِكَ وَعَظِيمِ سُلْطَانِكَ

اور مارے خوشی کے ایک دوسرے سے بار بار پوچھ رہے ہوں کہ : "اب میرا نام بھی آئے گا ترے نام کے ساتھ ؟ "!

چشم تصور میں گویا کہ روضہ اقدس پہ کھڑا ہوں اور عالم وارفتگی تمنا دعا بن کر لبوں سے جُڑ جاتی ہے:

حبیبِ کبریا! آپ ﷺ یتیموں کے والی اور غریبوں کے ہمدرد ہیں، آپ کو یتیموں پر بہت ترس آیا کرتا تھا، یتیمی کا ایک دور آپ ﷺ پر بھی بیتا ہے، غربت کے چند لمحے آپ ﷺ نے بھی کاٹے ہیں، چہ نسبت خاک را با عالمِ پاک؟ لیکن آج جو شرمندہ اور درماندہ، سر جھکائے آپ ﷺ کے سامنے کھڑا ہے، اس کے سینے پر بھی یتیمی کا داغ ہے اور غربت کی گھڑیاں اس پر بھی بیتی ہیں !

اس لئے روزِ حشر اس غریب العجم کو مت بھولئے گا !

ڈاکٹر محمد نذیر خان، استنبول، ترکیا

اللّٰھُمَّ صَلِّ عَلَی سَیِّدِنَا وَمَوْلَانَا مُحَمَّدٍ وَآلِهِ وَصَحْبِهِ وَبَارِكْ وَسَلِّمْ

حرفِ چند

ان واقعات میں قارئین کرام کو اخلاق نبوی، کمالِ شخصیت، کردار کا توازن، تکلف اور تعسف سے دوری، سراپا بے ساختگی و سادگی اور واقعیت کے حیرت انگیز مناظر نظر آئیں گے۔ سرکارِ دوعالم ﷺ تکلف اور تصنع دُور بلکہ بہت دُور تھے نیز تکلّفانہ رویہ سے سخت نالاں بھی تھے، اسی لئے تو اس سے نفرت دلاتے ہوئے فرمایا :

﴿وَمَآ أَنَا۠ مِنَ ٱلْمُتَكَلِّفِينَ﴾ [ص: 86]

ترجمہ: میں بناوٹی لوگوں میں سے نہیں ہوں۔

کتاب میں موجود ابواب اور فصلیں مصنف اور قاری کے درمیان نہیں (اس طور پر کہ مصنف نے لکھ دیا اور قارئین اس کو پڑھیں گے اور بس) بلکہ کیا مصنف، کیا قاری، سب ہی اِس احساس کے ساتھ کے اِن واقعات کا مطالعہ کریں کہ وہ ان واقعات کی وساطت سے حقیقت میں حیاتِ نبوی ﷺ کے دلآویز کینوس پر بنے خوبصورت اور بے مثال پینٹنگ (painting) اور فن پاروں کے حسن و جمال کا مشاہدہ کررہے ہیں، کیونکہ ہمارا مقصد اپنی روزمرہ کی زندگی کی تال میں زندگی کے جوش و خروش، اور نفسیاتی سکون میں عظیم کامیابیوں کو تلاش کرنا ہے اور ایک ایسی پرسکُون اور اطمینان بخش زندگی کا سراغ لگانا ہے جو سچے جذبات، خوبصورت اور لطیف احساسات سے مزین ہو، چنانچہ جب آپ ان مناظرِ سیرت کو بار بار ٹکٹکی باندھ کر دیکھیں گے، اور ایک ایک منظر پر اپنی بصیرت کی خوردبین مرکوز کریں گے تو سیرت مُطہّرہ کے ایسے کئی نئے اُفق آپ کے سامنے کُھلیں گے، جو آپ

کے دامن دِل کو اپنی طرف کھینچتے ہُوئے آپ کو اُن مقامات پر ٹھہرنے پر مجبور کریں گے۔

پس سیرت النبی ﷺ ایک گہرا اور رواں دریا ہے، جس سے ہر کوئی اپنے ظرف کے مطابق رحمت کا آبِ حیات بھر سکتا ہے، لہٰذا جب آپ ایمان، محبت اور دل کی آنکھوں سے حیات نبویہ ﷺ کے ان فن پاروں (Paintings) پر نظر ڈالیں گے تو اُس خیرہ کن ِحسن و جمال کو دیکھ پائیں گے جو ہمارے سامنے ظاہر ہو کر ہمیں یہ کہنے پر مجبور کرتا ہے

﴿ٱللَّهُ أَعۡلَمُ حَيۡثُ يَجۡعَلُ رِسَالَتَهُۥۗ﴾ [الأنعام: 124]

ترجمہ: اللہ ہی بہتر جانتا ہے کہ وہ اپنی پیغمبری کس کے سپرد کرے۔

اور

﴿ٱللَّهُ يَصۡطَفِي مِنَ ٱلۡمَلَٰٓئِكَةِ رُسُلٗا وَمِنَ ٱلنَّاسِۚ﴾ [الحج: 75]

ترجمہ: اللہ فرشتوں میں سے بھی اپنا پیغام پہنچانے والے منتخب کرتا ہے اور انسانوں میں سے بھی۔

تو پھر آیئے حیات نبوی ﷺ کی ان فن پاروں (paintings) کا مل کر مشاہدہ کرتے ہیں، تاکہ یہ شاہکار معانی ہماری بینائیوں پر اور عظیم اور گہرے مفہوم ہماری رُوحوں پر آشکار ہو سکیں، کیونکہ نقطہ نظر کا جہاں بہت کشادہ اور زاویہائے نگاہ مختلف اور متعدد ہیں۔

نیز اگر آپ ان بعض معانی اور مفاہیم تک پہنچ جاتے ہیں جہاں تک میری نظر کو رسائی نصیب نہیں ہوئی ہے، تو سیرت کے اُن گوشوں تک پہنچنے میں میری مدد کیجئے جنہیں آپ دیکھ چکے ہیں، کیونکہ میں بھی اُن تک پہنچنے کیلئے سراپا شوق ہوں، اور ایسا کیوں نہ ہو؟ یہ سب کچھ اس ہستی کے بارے ہے جو ہمارے دلوں میں پوری کائنات سے بڑھ کر محبوب اور محترم ہیں، اور ان کا حق ہم پر سب سے بڑھ کر ہے، لہٰذا ان کے بارے کی جانے والی گفتگو جہاں بھر سے شیریں تر، اور ان کے بارے بتائی جانے والی ہر خبر، دنیا کی ہر خبر سے بڑھ کر خوبصورت ہے۔

اس دعا کے ساتھ کہ حق تعالی ہمیں نبی اکرم ﷺ کی ایسی سچی محبت عطا فرمائے جس کے ذریعہ ہم آپ ﷺ کے سنائے ہوئے مژدہ

اَلْمَرْءُ مَعَ مَنْ أَحَبَّ [1]

ترجمہ: آدمی روزِ محشر اسی کے ساتھ اٹھایا جائے گا، جس کے ساتھ اس کو محبت ہو گی۔

کو پا سکیں۔

آمین یارب العالمین

[1] صحيح البخاري كتاب الأدب، باب علامة الحب في الله (حديث رقم: 6169) وصحيح مسلم كتاب البر والصلة والآداب (حديث رقم: 2639)

غارِ حرا کی رات!

کُرّہ ارض پر سے انوارِ رسالت کے بُجھنے کی دیر تھی کہ جہاں بھر کے گھٹاٹوپ اندھیرے اکھٹے ہو گئے، زمین پر ظلم اور بُت پرستی کی جہالتیں اتنی عام ہو گئیں اور انسان کی حالت نفرتِ خداوندی کی دعوت دینے لگی۔ رب جلیل نے روئے زمین پر نگاہ ڈالی تو سوائے چند کتاب کے پیروکاروں کے کیا عرب یا عجم، ہر شخص قابل نفرت نظر آیا۔[2]

ادھر زمین کے کسی دور کونے میں نوعِ انساں کا کوئی فرد نظر آیا، جو شہر چھوڑ کر، گھاٹیوں سے ہوتا ہوا، ایک پہاڑ کی طرف پابہ سفر تھا، جب آپ اس پہاڑ کو دیکھتے ہیں تو یوں لگتا ہے کہ گویا کہ اللہ تعالی نے یہ پہار اسی شخص اور اسی واقعہ کے لئے بنایا ہے۔ ارد گرد کے سارے پہاڑ محوِ استراحت سوئے ہوئے ہیں، مگر اس کی چوٹی مسلسل جھانک رہی ہے گویا کہ وہ دُور کسی چیز کو دیکھ رہی ہو۔

راستہ کی مشکلات کی وجہ سے اس چوٹی تک پہنچنا بہت دشوار ہے، لیکن مسافر کا عزم توانا اور ہمت جوان! اور اسی چوٹی پر ایک غار ہے۔ اگر پہاڑوں کا یہ مسافر اس غار میں بیٹھ جائے تو اس کی نگاہ دور افق کی طرف اُٹھ جاتی ہے تا کہ وہ اپنے والد حضرت ابراہیم علیہ السلام کا تعمیر کردہ خانہ خدا کی زیارت کر سکے۔ پہاڑ کی اس بلندی پر گویا کہ وہ اِس بات کی طرف اشارہ کر رہی ہے کہ وہ زمین پر موجود بُت پرستی کی کثافتوں، نجاستوں اور ظلم سے

---

[2] كما في صحيح مسلم (2865) من حديث عِياض بن حمار رضي الله عنه، أن رسولَ الله صلى الله عليه وسلم خطبَهم ذات يوم فقال: أَلَا إن ربِّي أمرني أن أُعلِّمَكم ما جهلتم مما علَّمني يومي هذا.. وإن اللهَ نظرَ إلى أهل الأرض، فمقَتهم، عربَهم وعجمَهم، إِلَّا بقايا من أهل الكتاب...

بھی بہت بلند اور بیزار ہے !، اس کی نظر بلندی سے کائنات کی وسعتوں کی طرف اُٹھ جاتی ہے، اور زمین پر پیغمبروں کی باقیات کو جھانک کر دیکھنے لگ جاتی ہے۔

یہ جگہ اپنی بے حد بلندی، دہشت ناک منظر اور خصوصی محلِّ وقوع کی وجہ سے آسمان و زمین کی بناوٹ وسجاوٹ کے بارے فکر و نظر اور خالق کائنات کی ملکوت کی عظمت سے آنکھیں بھرنے کے بعد باری تعالی کی طرف متوجہ ہونے کے لئے موزوں ترین جگہ ہے۔

﴿رَبَّنَا مَا خَلَقْتَ هَٰذَا بَاطِلًا﴾ [آل عمران: 191]

ترجمہ: اے ہمارے پروردگار، آپ نے یہ سب کچھ بے فائدہ پیدا نہیں کیا۔

اور ایک پُرامن رات میں، جب ساری کائنات پر خاموشی چھائی ہوئی تھی، اور راہِ وفا کا یہ مسافر (علیہ السلام) پہاڑ کی سب اونچی چوٹی پر موجود غار کے دامن میں قدرتِ خداوندی میں غور و فکر اور عبادت میں مصروف تھا کہ اچانک ایک فرشتے کی آمد نے ان کے سکون کو اضطراب میں بدل دیا، اور اس کے رب کی طرف سے آئے ہوئے پیغامِ حق نے اُسے ورطہء حیرت میں ڈالدیا، بخدا اللہ کے رسول ﷺ جب غار میں میں تشریف فرما تھے اور آپ کے ارد گرد ہر چیز پر ایسا سکوت طاری تھا کہ کہیں سے کوئی آہٹ سنائی نہیں دیتی تھی، کیونکہ وہ جگہ کوئی ایسے راستہ پر نہیں تھی جہاں سے لوگ گذرتے ہوں یا قریب میں آبادی ہو، بلکہ پہاڑ کی چوٹی پر بنا غار تھا، ایسے میں پیغام حق کا اچانک وُرود اور بغیر کسی سابقہ اطلاع اور انتظار کے فرشتہ کی آمد اس رات کے سکون کو مضطرب کر دیتی ہے، کیونکہ آپ

ﷺ کو کسی رسالت، وحی یا ایسی کتاب کی آمد کا انتظار نہیں تھا جس کی آپ کو پہلے سے باقاعدہ خوشخبری سنائی گئی ہو:

﴿وَمَا كُنتَ تَرْجُوٓا۟ أَن يُلْقَىٰٓ إِلَيْكَ ٱلْكِتَـٰبُ إِلَّا رَحْمَةً مِّن رَّبِّكَ ۖ﴾ [القصص: 86]

ترجمہ: اور اے پیغمبر! تمہیں پہلے سے یہ امید نہیں تھی کہ تم پر یہ کتاب نازل کی جائے گی، لیکن تمہارے رب کی رحمت۔

اور یہ کوئی اچھنبے کی بات بھی نہیں کیونکہ ایسی حالت میں کوئی جتنا بھی مضبوط اور پُرسکون کیوں نہ ہو، کوئی بھی خوف روح کو اپنی گرفت میں لے سکتا ہے، چنانچہ اول تو فرشتہ کا اس طرح سے اچانک صرف وارد ہونا ہی ایک حیران کن امر تھا چہ جائیکہ وہ اِس انداز سے مخاطب ہو کر کہے اِقرأ (پڑھ لیجئے) اور پڑھنے کا مطالبہ بھی ایک ایسے شخص سے کیا جائے جس نے زندگی میں کچھ لکھا یا پڑھا نہ ہو، ایک اور حیران کن امر تھا:

﴿وَمَا كُنتَ تَتْلُوا۟ مِن قَبْلِهِۦ مِن كِتَـٰبٍ وَلَا تَخُطُّهُۥ بِيَمِينِكَ ۖ إِذًا لَّٱرْتَابَ ٱلْمُبْطِلُونَ﴾ [العنكبوت: 48]

ترجمہ: اور تم اس سے پہلے نہ کوئی کتاب پڑھتے تھے، اور نہ کوئی کتاب اپنے ہاتھ سے لکھتے تھے۔

اسی لئے تو رسالت مآب ﷺ نے اس کے علاوہ کوئی دوسرا جواب نہیں دیا: "ما أنا بقاری" مجھے پڑھنا نہیں آتا! جس پر فرشتہ نے ان کو پکڑ کر اپنے ساتھ چمٹایا اور اتنے زور سے بھینچا کہ آپ ﷺ کی برداشت جواب دے گئی، اور بہت تکلیف ہوئی پھر چھوڑ دیا اور بار بار

یہی مطالبہ " اقْرَأْ" (پڑھیے) دوہراتے رہے اور رسول اللہ ﷺ وہی جواب دیتے رہے "مَا أَنَا بِقَارِي" مجھے پڑھنا نہیں آتا! پس جب فرشتہ نے جب آپ ﷺ کو پہلی، دوسری اور تیسری بار" اقْرَأْ" (پڑھیئے) کہنے کے بعد بھینچا آپ ﷺ کا جواب درست تھا کہ مجھے پڑھنا ہی نہیں آتا، تو پھر کیسے پڑھوں ؟اس کے بعد سورہ علق کی یہ آیتیں نازل ہوئیں:

﴿ٱقْرَأْ بِٱسْمِ رَبِّكَ ٱلَّذِى خَلَقَ خَلَقَ ٱلْإِنسَٰنَ مِنْ عَلَقٍ ٱقْرَأْ وَرَبُّكَ ٱلْأَكْرَمُ ٱلَّذِى عَلَّمَ بِٱلْقَلَمِ عَلَّمَ ٱلْإِنسَٰنَ مَا لَمْ يَعْلَمْ﴾ [العلق: 1-5]

ترجمہ: پڑھئے اپنے رب کے نام سے جس نے ساری کائنات کو وجود بخشا ہے،
انسان کو خون کے لوتھڑے سے بنایا ہے! پڑھیے کہ تُمھارا رب بڑا ہی کریم ہے،
جِس نے قلم کے ذریعہ سکھایا ہے۔ انسان کو وہ کچھ سکھایا جسے وہ نہیں جانتا تھا۔

سرورِ دوعالم ﷺ اِن آیاتِ ربانی اور اِن کے مفہوم و مطالب کو اپنے قلبِ مُبارک میں بسائے جلدی سے اپنے گھر کی طرف چل پڑے، جبریل امین علیہ السلام سے پہلی مُلاقات کا منظر انتہائی عجیب اور حیران کن تھا، اِس لئے بتقاضائے بشریت خوف اور استعجاب آپ ﷺ کے رُخِ انور سے عیاں تھا، یہاں تک کہ اپنی وفا سرشت رفیقہ حیات حضرت خدیجہ رضی اللہ عنہا کے پاس پہنچے، چونکہ آپ ﷺ کو تھکاوٹ کے بعد کچھ دیر استراحت اور گھبراہٹ کے بعد سکُون کی ضرورت تھی اس لئے آپ ﷺ نے جاتے ہی فرمایا: زَمِّلُوْنِیْ زَمِّلُوْنِیْ مجھے کمبل اوڑھادو، مجھے کمبل اوڑھادو! جب یہ کیفیت ختم ہوئی تو آپ ﷺ نے حضرت خدیجہ رضی اللہ عنہا کو سارا واقعہ سُنایا اور اپنے احساسات سے بھی اُن کو آگاہ کرتے ہُوئے فرمایا: ''مجھے اپنی جان کا خطرہ محسوس ہورہا ہے، چونکہ سیّدہ خدیجہ

رسول اللہ ﷺ سے بے پناہ محبت کرنے والی شریکِ حیات ہونے کے ساتھ ساتھ عقل ودانش میں بھی اپنی مثال آپ تھیں، اس لئے اُنہوں نے جواب میں قسم کھا کر ایسے بہترین جملے ارشاد فرمائے کہ ان کے ہر ہر لفظ سے اطمینان، بھروسہ اور اعتماد چھلک رہا تھا، فرمایا کہ ''ہر گز نہیں! اللہ تعالی کبھی بھی آپ کی آبرو پر حرف آنے نہیں دیں گے، گویا کہ اللہ کے فرشتے، افلاک اور تمام مخلوقات بلکہ پوری کائنات ہمہ تن گوش ہو کر نہ صرف حضرت خدیجہ کا جواب سن رہی ہے، بلکہ آپ کے ساتھ مل کر یہ کلمات دوہرا بھی رہی ہے، اور وہ جملے جو کائنات نے خدیجہ کی زبانی سُنے تھے، محمد عربی ﷺ کو سنانا چاہ رہی ہے۔

الفاظ کیا ہیں: خدا کی قسم! اللہ تعالی نے اپنی در بدر بھٹکتی انسانیت میں سے وحی اتار کیلئے صرف آپ کا انتخاب کیا ہے، آپ ہی کے پاس اپنا فرستادہ بھیجا ہے اور پھر آپ کو دنیا کیلئے پیغمبر بنا کر بھیجا ہے، اس کا مقصد ہر گز ہر گز آپ کی عزت وآبرو پر حرف آنے دینا نہیں اور نہ ہی آپ کو غمگیں کرنا ہے، بلکہ اس کا صرف اور صرف مقصد آپ کی عزت، احترام، اور شرف وکرامت کو چار چاند لگانا ہے، آپ کے قلبِ اطہر کو وسعتوں اور ذِکر مبارک کو رِفعتوں سے نوازنا ہے! لٰہذا آپ اپنی جان کے بارے بالکل بے فکر رہیں! بخدا اللہ تعالی کبھی بھی آپ کی عزت وآبرو پر حرف آنے نہیں دیں گے۔[3]

---

[3] طبقات ابن سعد (165/1)، ومصنف ابن أبي شيبة (36555)، ومسند أحمد (25865، 25959)، وصحيح البخاري (3، 4953، 6982)، وصحيح مسلم (160)، وصحيح ابن حبان (33)، وسنن البيهقي (10/9)، وشرح النووي على صحيح مسلم (197/2)، وتفسير ابن كثير (426/8)، وفتح الباري (22/1)، (716/8)، (358/12)، وعمدة القاري (121/1)، وفي ظلال القرآن (3935/6-3942).

واقعہ نزولِ وحی کے بارے چند اہم نکات!

اس واقعہ میں کئی اہم اور عظیم اسباق پوشیدہ ہیں۔

اوّل:......اس واقعہ کی عظمت کا اندازہ اِسے بصیرت کی آنکھوں سے دیکھنے کے بعد ہی ہو سکتا ہے، پس اگر اس واقعہ کو حضرت آدم علیہ السلام کی آمد کے بعد اور روزِ حشر تک روئے زمین کا سب سے عظیم واقعہ قرار دیا جائے تو اس میں کوئی مبالغہ نہیں ہوگا۔ تاریخ نے جس طرح لپک کر اسے اپنے دامن میں سمویا ہے اور جس طرح اس واقعہ نے انسانیت کو ابدی سعادتوں کی راہ دکھائی، کسی بھی دوسرے تاریخی واقعہ کے حصّے میں یہ سعادت نہیں آئی، لہٰذا یہ واقعہ اس قابل ہے کہ بارہا اس کا تذکرہ کیا جائے، اس پہ خوشی کا اظہار اور شکر ادا کیا جائے، یہی وجہ ہے کہ قرآن کریم کی مقدس آیات نے اسے یاد بھی رکھا ہے اور اس کا تذکرہ بھی کیا ہے:

﴿شَهْرُ رَمَضَانَ ٱلَّذِىٓ أُنزِلَ فِيهِ ٱلْقُرْءَانُ﴾ [البقرۃ: 185]

ترجمہ: رمضان کا مہینہ وہ مبارک مہینہ ہے، جس میں قرآن نازل ہوا ہے۔

اور ہر سال سرکارِ دو عالم ﷺ اور جبرائیل امین علیہ السلام مل کر اس عظیم واقعہ کی یاد تازہ کیا کرتے تھے، چنانچہ ہر رمضان میں حضرت جبریل علیہ السلام رسول اللہ ﷺ کے ساتھ مل کر قرآن مجید کا دور کیا کرتے تھے، صحابہ کرام رضی اللہ عنہم کہتے ہیں کہ رسول اکرم ﷺ عادتاً بہت سخی اور فیاض تھے، لیکن رمضان المبارک میں جبریل علیہ السلام سے ملاقات کے بعد تو آپ ﷺ کی سخاوت کو چار چاند لگ جاتے، آپ کے بحرِ کرم میں تلاطم بپا ہو جاتا، اور دستِ سخاوت میں اتنی کشادگی آتی کہ اُس کے سامنے بادِ نسیم بھی

شرما جائے،(۱) پس ہر رمضان رسول اللہ ﷺ، آپ کی امت کیلئے اس عظیم واقعہ اور پہلی ملاقات کی یاد تازہ ہو جاتی ہے:

بُشْرَى مِنَ الْغَيْبِ أَلْقَتْ فِي فَمِ الْغَارِ
وَحْيًا وَأَفْضَتْ إِلَى الدُّنْيَا بِأَسْرَارِ
بُشْرَى النُّبُوَّةِ طَافَتْ كَالشَّذَى سَحَرًا
وَأَعْلَنَتْ فِي الرُّبَى مِيلَادَ أَنْوَارِ
وَشَقَّتِ الصَّمْتَ وَالْأَنْسَامُ تَحْمِلُهَا
تَحْتَ السَّكِينَةِ مِنْ دَارٍ إِلَى دَارِ
هَدْهَدَتْ مَكَّةَ الْوُسْنَى أَنَامِلُهَا
وَهَزَّتِ الْفَجْرَ إِيذَانًا بِإِسْفَارِ
تَدَافَعَ الْفَجْرُ فِي الدُّنْيَا يَزُفُّ إِلَى
تَارِيخِهَا فَجْرَ أَجْيَالٍ وَأَدْهَارِ

ترجمہ: پردہ غیب سے غار میں موصول ہونے والی وہ عظیم بشارت، جو وحی بن کر آئی اور دنیا کو عجیب اسرار و رموز سے آشنا کر گئی۔ مژدہ نبوت جو خوشبو بن کر چار سو پھیلا اور جہاں میں روشنیوں کی آمد کی خوشخبری سنائی۔ اور پردہ سکوت چاک کر دیا، بادِ نسیم نے یہ خبر کو بہ کو پھیلا دی۔ (اسی خبر نے) عرصہ سے خوابیدہ مکہ مکرمہ کو اپنی انگلیوں کے پوروں سے جگایا اور طلوع فجر کی خبر دی۔

پس فجر (مکہ کے) ٹیلوں کے پیچھے سے آنکھوں میں عشاق اور ہم نشینوں کے راز
لیے طلوع ہوئی۔ گویا کہ (مکہ کے ہر ہر) ٹیلے پر شبنم کی موجیں رواں ہیں اور ہر ہر
دامن کوہ میں شبنم (نبوت) کی نہریں جاری ہیں۔

دنیا میں (نبوت کی) صبح ایسے جوش و خروش کے ساتھ طلوع ہوئی کہ اس میں
آئندہ کی نسلوں اور زمانوں کی فجر بھی پنہاں تھی۔

دست قدرت کی فیاضی تو دیکھئے کہ اس نے انسانیت کی طرف توجہ کی، ان میں سے نیکوکار ترین شخص کو اپنا نمائندہ منتخب کیا تاکہ اس کا قلبِ مبارک کلماتِ الٰہی کے اُترنے کی جگہ بن سکے، اور پھر اس کے واسطہ سے انسانیت سے مخاطب ہوئے، یہ سب کچھ اسی کا فضل و کرم ہی تو ہے کہ اُس نے یہ سب کچھ انسانیت کو بغیر کسی استحقاق، حتیٰ کہ بغیر کسی مطالبہ کے عطا فرمایا، کیونکہ وہ جلیل القدر ذات اپنے فضل و انعام کو اپنے بندوں پر مسلسل لٹاتی ہے۔

کیا تمہارے دل نے کبھی محسوس کیا کہ تیرا عظیم اور اعظم پروردگار، جس کی عظمت کا یہ حال ہے کہ اتنی بڑی اور عجیب و غریب کائنات اس کی مخلوقات کا ایک حصہ ہے۔ وہ اپنی عظمت و جلال اور کبریائی کے ساتھ انسانیت (جس کی حیثیت اتنی وسیع اور عریض کائنات میں تیرتے غبار سے زیادہ نہیں) کے بارے میں اور اس کو براہِ راست مخاطب کر کے بات کر رہا ہے۔ اور اپنا مقدّس کلام اس کی ہدایت کیلئے اُتار رہا ہے؟ اس کریم رب کی عطاء، فضل، اور سخاوت کے کیا ہی کہنے نیز اس فضل و کرم سے بہرہ ور ہونے والے انسان کی خوش قسمتی کی بھی کیا بات ہے۔

دوم:......رسول اکرم ﷺ، حضرت جبریل امین علیہ السلام کے ساتھ پہلی اور اچانک ملاقات کی وجہ سے حیران اور خوفزدہ ہوئے، جب آپ واپس آئے تو آپ کے بدن مبارک پر کپکپی طاری تھی، قلب مبارک بھی لرزہ براندام تھا۔ یہ آپ علیہ السلام کی نبوت کی سچائی اور صداقت کی دلیل ہے کہ جو کچھ انہیں ملا، ان کے پاس آیا، یہ ایک ایسا اچانک، عجیب اور غیر متوقع تھا کہ آپ علیہ السلام کو اس کا انتظار، یا توقع تو کیا اُمید بھی نہیں تھی اور اسی کی طرف قرآن کریم نے اشارہ کیا ہے:

﴿وَمَا كُنتَ تَرْجُوٓا۟ أَن يُلْقَىٰٓ إِلَيْكَ ٱلْكِتَـٰبُ إِلَّا رَحْمَةً مِّن رَّبِّكَ ۖ﴾

[القصص: 86]

ترجمہ: تمہیں پہلے سے یہ اُمید نہیں تھی کہ تم پر یہ کتاب نازل کی جائے گی، لیکن یہ تمہارے رب کی طرف سے رحمت ہے۔

سوم:......ایک ایسے وقت میں جب بنی اسرائیل اور بہت سارے عرب ملت ابراہیمی کے پیروکار ظہور نبوت کی توقع اور انتظار کر رہے تھے۔ لیکن اللہ کی حکمت یہ نہیں دیکھتی کہ کس کو انتظار ہے بلکہ یہ دیکھتی ہے کہ کون بارِ نبوت اُٹھانے کے قابل ہے:

﴿ٱللَّهُ أَعْلَمُ حَيْثُ يَجْعَلُ رِسَالَتَهُۥ ۗ﴾ [الأنعام: 124]

ترجمہ: اللہ ہی بہتر جانتا ہے کہ وہ اپنی پیغمبری کس کے سپرد کرے۔

چہارم:...... جن آیات مبارکہ سے نزول قرآن کا آغاز ہوا ان کا ہر ہر کلمہ بذات خود مطلوب ہے، اس لئے ہم یہ یہاں رُک کر گذارشات پیش کریں گے۔

۱)اِقْرَأْ بِاسْمِ رَبِّکَ......(لفظ اِقْرَأْ کہہ کہ)پڑھنے کے حکم سے ابتداء کی اور پھر اُسے قلم اور کتاب کے ذریعہ محفوظ کرنے کا حکم بھی دیا، حالانکہ یہ کتاب ایک ایسے نبی امی پر اُتاری جارہی تھی جو لکھنا پڑھنا نہیں جانتے تھے! وحی کا انتخاب یا(حَاشَا)اپنی طرف سے کوئی کلام بنا کر ذات باری تعالی کی طرف منسوب کرنا اگراسی نبی اُمی کے بس میں ہوتا تو وہ کبھی بھی اپنی دعوت کا آغاز کسی ایسی بات (پڑھنے اور لکھنے) کے اعلان سے نہیں کرتے جن سے وہ خود متصف نہیں ہیں! لٰہذا کلامِ الٰہی کا آغاز ''اِقْرَأْ'' سے ہونا بذات خود رسول اکرم ﷺ کی نبوت اور وحی کے منجانب اللہ ہونے، اور اس بات کی دلیل ہے کہ محمد ﷺ صرف وحی ربّانی کی تبلیغ کرتے ہیں۔

۲)اِسْمِ رَبِّکَ.......: مخلوق کے خالق کے پاک نام سے ابتداء(کرتے ہوئے جب ''اَلَّذِیْ خَلَقَ''کہا تو)تو یہ لفظ ساری مخلوقات کو شامل تھا، لیکن پھر خصوصی طور پر:

۳)خَلَقَ الْاِنْسَانَ مِنْ عَلَقٍ......: کہہ کر مزید تفصیل بیان کی۔ یہ آیات اپنے اندر عظیم اسباق لئے ہوئے ہیں جو نبی اکرم ﷺ کے قلب اطہر کیلیئے سکون واطمینان کا سامان ہیں۔

نیز یہ آیات نبی اکرم ﷺ کے شدید ترین دشمنوں کو ان کی اوقات میں رکھتی ہیں بایں طور کہ یہ سارے(خواہ جتنے بھی طاقتور ہوں)آخر کار مخلوق ہیں(اور مخلوق بھی وہ جسے ایک گندے پانی کے نطفے اور خون کے لوتھڑے سے پیدا کیا گیا ہے)جبکہ آپ کو پیغامِ رسالت دیکر بھیجنے والا خود خالق کائنات ہے۔ لٰہذا اس عزیز وجبار خالق کے مقابلہ میں ان

کی کیا حیثیت ہو گی؟ اور جب آپ ان کے بھی خالق کے فرستادہ اور بھیجے ہوئے بھی ہیں تو پھر ان بے حیثیت دُشمنوں کا ذکر ہی کیا؟

۴) اقْرَأْ وَرَبُّکَ الْأَکْرَمُ.......: چونکہ یہاں اللہ تعالیٰ کے بے انتہا کرم کا ذکر ہے، اس لئے اس آیت میں اللہ تعالیٰ نے اسم تفضیل (superlative degree) کا صیغہ "اکرم" استعمال فرمایا ہے (positive degree) کریم نہیں۔ اور نزول وحی کیلئے پوری کائنات میں سے اے محمد ﷺ آپ کا انتخاب کرنا، آپ پر نہ صرف وحی اُتارنا، بلکہ لمحہ لمحہ، قدم قدم آپ کی حفاظت کرنا اسی بے پایاں کرم کا آئینہ دار ہے۔ پس جب آپ کے دشمن اور منکرین مقابلہ پر اُتر آئیں تو پریشانی کی کوئی بات نہیں کیونکہ آپ کو جس کا پیغمبر ہونے کا شرف حاصل ہے وہ صرف کریم ہی نہیں بلکہ اکرم ہے، یعنی بہت زیادہ کرم والا، وہ نہ تو آپ ﷺ کی عزت پر کوئی حرف آنے دے گا اور نہ ہی آپ کو دشمنوں کے حوالہ کرے گا! کیا حسن اتفاق ہے کہ ایک طرف سے اللہ تعالیٰ کی طرف سے خوشخبری مل رہی ہے ﴿اقْرَأْ وَرَبُّکَ الْأَکْرَمُ﴾ اور دوسری طرف سے آپ کی وفا شعار شریکِ حیات کہتی ہیں: "کَلَّا وَاللهِ لَا يُخْزِيكَ اللهُ أَبَدًا"۔ بخدا، کریم رب کبھی بھی آپ کی عزت وآبرو پر حرف نہیں آنے دے گا۔

٦) الَّذِیْ عَلَّمَ بِالْقَلَمِ......: نبی اکرم ﷺ نے تعلیم اور کتابت کے ذریعہ وحی الٰہی کی حفاظت فرمائی، ہزارہا اہل علم نے اسی چشمہ صافی سے کسبِ فیض کیا ہے، اور اسی وحی الٰہی اور شریعت محمدی علی صاحبہا السلام کے بارے لاکھوں کتابیں پڑھی اور لکھی گئیں اور یہ سلسلہ ہنوز جاری ہے اور ان شاءاللہ تا قیام قیامت جاری وساری رہے گا۔ عموماً اہل علم

دوسروں کی لکھی ہوئی کتابوں سے علم حاصل کرتے ہیں، جبکہ رسول اللہ ﷺ نے باوجود اُمی اور پڑھنے اور لکھنے سے ناآشنا ہونے کے انسانیت کو ایسا علم عطا کر گئے کہ لاکھوں کروڑوں انسانوں کی زندگیاں اس کو لکھتے لکھتے گذر گئیں اور آئندہ بھی یہ سلسلہ جاری رہے گا۔

پیکرِ اخلاص!

جبریل امین علیہ السّلام سے پہلی ملاقات (جو کہ وحی الہی کے نزول کی ابتداء کا اعلان تھی) کے بعد رسول اللہ ﷺ غار حراء سے واپس تشریف لائے، تواتنے گھبرائے ہوئے تھے کہ اپنی زندگی تک کی فکر لاحق ہوگئی تھی، لیکن اللہ کا کرنا دیکھئے کہ واپس آئے تو اپنی سعادتمند، عقل مند اور وفا شعار زوجہ سیدہ خدیجہ رضی اللہ عنہا کو سامنے پایا، نبی اکرم ﷺ نے بھی اپنے اوپر بیتنے والا سارا واقعہ سنایا، اور لَقَدْ خَشِيتُ عَلَى نَفْسِي (مجھے تواپنی زندگی خطرہ میں لگ رہی ہے) کہہ کر انسانی جذبات اور احساسات کی خبر دی ہی تھی کہ حضرت خدیجہ رضی اللہ عنہا نے اپنی خداداد صلاحیت، عقلمندی، زندگی کے تجربہ، تاریخی استقراء اور اپنے مجسمہ اخلاق شوہر کے ساتھ گذارے ہوئے پندرہ سالوں کے تجربہ کی بدولت ایسا مضبوط، خود اعتمادی سے لبریز اور قابل بھروسہ جواب دیا جو سنت الٰہی سے متوقع بلکہ یقینی تھا، چونکہ حضرت خدیجہ الکبری رضی اللہ عنہا نے اپنے شوہر مکرم محمد عربی ﷺ کو زندگی کے مختلف نشیب وفراز میں آزما چکی تھیں، اور آپ کے معدن اخلاق حسنِ معاشرت کو قریب سے دیکھ چکی تھیں، اسی لئے توانہوں نے قسم اُٹھاکر فوری، اور دوٹوک جواب دیتے ہوئے کہا:

"كَلَّا، لَا يُخْزِيكَ اللهُ أَبَدًا"[4]

---

[4] طبقات ابن سعد (1/164-165)، ومصنف ابن أبي شيبة (36555)، ومسند أحمد (25865، 25959)، وصحيح البخاري (3، 4953)، وصحيح مسلم (160)، وشرح النووي على صحيح مسلم (2/200)، وسير أعلام النبلاء (2/109)، وفتح الباري (1/22)، وعمدة القاري.(1/121)

بخدا، اللہ تعالیٰ کبھی بھی آپ کی عزت اور آبرو پر حرف آنے نہیں دیں گے، کیونکہ آپ ہمیشہ صلہ رحمی کرتے ہیں، ناداروں کا وسیلہ بنتے ہیں، مہمان نواز ہیں اور مشکلات سے دوچار لوگوں کی مدد کرتے ہیں۔

ام المؤمنین سیدہ خدیجہ رضی اللہ عنہا اس کائنات کی اس حقیقت اور قانون کی طرف اشارہ کر رہی ہیں، جس کے مطابق اللہ تعالیٰ اپنے خاص بندوں کی حفاظت کرتا ہے جو دوسرے انسانوں کے نفع کا باعث بنتے ہیں، چنانچہ وہ اُن کی عزت پر کوئی حرف نہیں آنے دیتا اور نہ ہی ان کو غمگیں ہونے دیتا ہے، کیونکہ ان کو اپنے ذی وقار اور مہربان بندوں میں سے بنانے کیلئے اللہ تعالیٰ نے ان کی فطرت میں روادارنہ خوبیاں ودیعت کر رکھی ہوتی ہیں۔

نیز سیدہ خدیجہ رضی اللہ عنہا کے ان الفاظ میں اس محمدی کردار کے اس اعلیٰ اور شاندار مقام کی طرف بھی اشارہ ہے جس پر نبی اکرم ﷺ کی شخصیت روزِاول سے حتیٰ کہ نزولِ وحی سے بھی پہلے فائز تھی۔ ظاہر ہے کہ ایسے کردار کے مالک لوگوں کو کبھی بھی بے یار و مددگار نہیں چھوڑا جا سکتا! دوسری طرف اگر ان اعلیٰ صفات نظر پر ڈالی جائے جن کا ذکر حضرت خدیجہ رضی اللہ عنہا نے کیا ہے، تو معلوم ہوتا ہے کہ ان سب کے درمیان ایک چیز مشترک ہے اور وہ ہے انسانوں کا فائدہ، ان کی ضروریات کو پورا کرنا اور فریادرسی کرنا! پس رشتہ داروں کی ساتھ صلہ رحمی کی جارہی ہے، بے کس کی مدد کی جارہی ہے اور جس کے پاس جینے کیلئے کچھ نہیں، اس کے لئے کمایا جارہا ہے، مہمان کی مہمان نوازی اور حاجت مند کی حاجتیں پوری کی جارہی ہیں۔

یہ اعلیٰ اخلاق کے وہ سنہرے اُصول ہیں جن کو پاکیزہ، قابل تکریم اور سخی ارواح اور رحمت بھرے دلوں سے زندگی ملتی ہے، لوگوں کی فکر کرنا، ان کی مشکلات معلوم کر کے ان کا حل تلاش کرنا، ان کی ضرورتوں کو پورا کرنا اور ان کی فریادرسی کرنا! یہ سب رسول اللہ ﷺ کے اوصاف حمیدہ تھے جنہیں حضرت خدیجہ رضی اللہ عنہا نے اپنے ذاتی مگر گہرے تجربہ، قریبی، مضبوط اور قابل بھروسہ تعلق کے ذریعہ پہنچان لیا تھا، حالانکہ اس وقت حضرت خدیجہ رضی اللہ عنہا کو اس کی بات کی کوئی خبر نہیں تھی کہ رسول اللہ ﷺ کی یہ صفات سابقہ آسمانی صحائف میں بھی بیان کی گئی ہیں۔[5]

اس سلسلہ میں اخلاق نبوی علی صاحبہا السلام کا ایک اور منظر بھی ملاحظہ فرمائیے، جب سیّدنا موسی علیہ السلام مدین کے پاس آئے تو آپ نے دیکھا کہ لوگ اپنی مویشیوں کو پانی پلا رہے ہیں، البتہ دو دوشیزائیں اپنی بکریاں روک رہی ہیں، اس منظر نے حضرت موسی علیہ السلام کو تعجب میں ڈالدیا اور ان خواتین سے اس کی وجہ پوچھنے پر مجبور کر دیا، چنانچہ قرآن کریم کا بیان ہے:

﴿وَلَمَّا وَرَدَ مَآءَ مَدۡيَنَ وَجَدَ عَلَيۡهِ أُمَّةٗ مِّنَ ٱلنَّاسِ يَسۡقُونَ وَوَجَدَ مِن دُونِهِمُ ٱمۡرَأَتَيۡنِ تَذُودَانِۖ قَالَ مَا خَطۡبُكُمَاۖ قَالَتَا لَا نَسۡقِي حَتَّىٰ يُصۡدِرَ ٱلرِّعَآءُۖ وَأَبُونَا شَيۡخٞ كَبِيرٞ﴾ [القصص: 23]

---

[5] طبقات ابن سعد (165-1/164)، ومصنف ابن أبي شيبة (36555)، ومسند أحمد 25865)، 25959(، وصحيح البخاري 3)، 4953(، وصحيح مسلم (160)، وشرح النووي على صحيح مسلم (2/200)، وسير أعلام النبلاء (2/109)، وفتح الباري (1/22)، وعمدة القاري .(1/121)

ترجمہ: اور جب وہ مدین کے کنویں پر پہنچے تو دیکھا کہ اس پر ایسے لوگوں کا مجمع ہے جو اپنے جانوروں کو پلا رہے ہیں، اور دیکھا کہ ان سے پہلے دو عورتیں جو اپنے جانوروں کو روکے کھڑی ہیں، موسی نے ان سے کہا: تم کیا چاہتی ہو؟ان دونوں نے کہا: اہم اپنے جانوروں کو اس وقت پانی نہیں پلا سکتیں جب تک سارے چرواہے پانی پلا کر نکل نہیں جاتے، اور ہمارے والد بہت بوڑھے آدمی ہیں۔

یہ منظر حضرت موسی علیہ السلام کو عجیب اور ناخوشگوار کیوں لگا؟ اس کی وجہ وہی اخلاقی استقامت جو یہ سمجھتی ہے کہ کمزور اور پسے ہوئے لوگوں کو اولیت اور ترجیح دی جانی چاہیئے، نہ کہ ان کو پیچھے دھکیل کر انتظار کرنے پر مجبور کیا جائے۔

یہ وہ شائستگی، بڑاپن اور اخلاق حمیدہ ہیں جنہوں نے حضرت موسی علیہ السلام کو فوری اقدام کرنے پر مجبور کیا، حتی کہ اس واقعہ کی منظر کشی کرتے ہوئے قرآں کریم نے بھی ''ف'' کا لفظ استعمال کیا ہے جس کا تقاضا یہ ہے کہ لفظ ف کے بعد والا کا عمل پہلے والے سے بالکل متصل اور ملا ہوا ہو، درمیان میں کوئی تاخیر نہ ہوئی ہو، اور یہ بتاتا ہے کہ موسی علیہ السلام نے معروضی حالت کے پیش نظر فوراہی ان کے جانوروں کو پانی پلانے کا اقدام کیا، چنانچہ ارشاد باری تعالی ہے:

﴿فَسَقَىٰ لَهُمَا﴾ [القصص: 24]

ترجمہ: اس پر موسی نے ان کی خاطر ان کے جانوروں کو پانی پلا دیا۔

ان آیات اور واقعہ کو پڑھ کسی کو یہ حیرت ہونا بالکل بجا ہے کہ ایک اجنبی شخص، ایک ایسی سر زمین جہاں وہ کسی کو اور کوئی اس کو جانتا تک نہیں، وہاں اس کا کوئی سہارا بھی

نہیں، نیز وہ خود بھی بغیر کسی زادِ سفر کے دشمنوں سے جان بچانے کیلئے ایک طویل ترین سفر طے کر کے تھک ہار کر آیا ہوا ہے، اور ایک سنگ دل دشمن اس کی جان کے درپے ہو کر اس کے تعاقب میں ہے، اس کے اپنے حالات ہی اتنے گھمبیر اور الجھنوں سے لبریز ہیں کہ وہ اس کو ذھنی اور فکری طور پر مصروف رکھنے کیلئے کافی ہیں۔ لیکن اس سب کے باوجود جب انہوں نے ایک ایسا منظر دیکھا جسے ان کا اخلاق، مزاج اور عادت قبول کرنے کیلئے تیار نہیں تھی تو فوراً ان خواتین سے اس کی وجہ پوچھی اور ان کی مدد کی، جبکہ ان کے اپنے محلہ والے اور قریب ترین پڑوسیوں کو بھی ان کی پرواہ تک نہ تھی۔

یہ سارے مناظر اس اہم حقیقت کی طرف اشارہ کرتے ہیں، کہ اللہ تعالیٰ نبوت کی سعادت سے سرفراز کرنے کیلئے ایسی ہی عظیم، قدسی شخصیات اور پاکیزہ ارواح کا انتخاب کرتا ہے، جو لوگوں کے ساتھ شفقت کا معاملہ کر سکیں، ان کے مسائل اور مشکلات کو اپنی مشکلات کی طرح سمجھ کر ان کے حل کیلئے کوشش کر سکیں۔ ان طبیعت اتنی نرم اور رحمت بھری ہو کہ کمزور اور نادار طبقہ کیلئے سہارا بن جائیں، جہاں آنے والا ہر مصیبت زدہ، مدد اور ہر ستایا ہوا اپنا دامن رحمت اور شفقت سے بھر کر جائے، ان کے دل ہمیشہ لوگوں کی نفع رسانی، حسن سلوک، اور ان کے ساتھ احسان کے جذبہ سے سرشار ہوں، یہی وجہ ہے کہ ان مبارک ہستیوں کے کندھوں پر انسانیت کو گمراہی سے نکال کر حق کا سیدھا راستہ دکھانے کی ذمہ داری ڈال دی گئی ہے، کیونکہ یہ وہ سخی اور فیاض دل ہیں جو مخلوق کیلئے رحمت اور شفقت سے بھرے ہوئے ہیں۔

حضرات انبیاء علیہم السلام کا یہ مبارک اخلاق اور عمدہ عادات وارثانِ نبوت کی زندگیوں میں بھی نمایاں حد تک موجود ہونا چاہیئے۔ پس وہ حضرات انبیاء علیہم السلام کی

وراثت کا فریضہ ادا کرنے میں اس حد تک ہی کامیاب ہو سکیں گے، جس حد تک وہ نبوی اخلاق سے وابستہ ہوں گے، لہٰذا اہل علم و دعوت کی جڑیں سماج میں اتنی گہری ہونی چاہئیں کہ لوگ اپنی ضروریات پوری کرنے اور مشکلات کو سلجھانے کیلئے انہی سے رجوع کریں، اور اہل علم کو چاہیئے کہ وہ لوگوں کے مسائل کو اپنے مسائل سمجھتے ہوئے ان کے حل کیلئے ممکنہ حد تک کوششیں کریں، کیونکہ اہل علم کا عوام کے کیلئے نرم دل ہونا در حقیقت اللہ تعالی کی اپنی مخلوق پر رحمت کا اثر ہے:

﴿فَبِمَا رَحۡمَةٍ مِّنَ ٱللَّهِ لِنتَ لَهُمۡۖ﴾ [آل عمران: 159]

ترجمہ: ان واقعات کے بعد اللہ کی رحمت ہی تھی جس کی بنا پر (اے پیغمبر) تُم نے ان لوگوں سے نرمی کا برتاؤ کیا۔

اس کے بغیر امت میں ان (اہل علم) کا کردار بہت ہی محدود اور اثر بہت ہی ناپائیدار ہوگا، ہماری زندگی کی ایک بڑی سعادت یہ بھی تھی کہ اپنے زمانہ کے امام اور شیخ ابن باز رحمۃ اللہ علیہ کو پہچانا اور ان کے پیکر میں ہم نے اخلاقِ نبوت اور وراثتِ نبوت کی حسین ہم آہنگی کے ساتھ ساتھ رسول اکرم ﷺ کی سنتوں کا شوقِ اتباع بھی دیکھا، لہٰذا اگر یہ کہا جائے انسانوں کی خدمت اور بہتری، اور ان کی ضروریات پوری کرنے کیلئے اپنی جان، مال، تعلق اور وجاہت وار دینے میں اللہ تعالی کی ایک نشانی تھی تو بیجا نہ ہوگا، لوگوں کی تعلیم و تربیت اور دعوت کے سلسلہ میں بھی شیخ کا یہی حال ہوا کرتا تھا، یہی وجہ تھی کہ لوگوں پر ان کی دعوت اور تعلیمات کا اثر بھی زیادہ اور گہرا تھا، لوگوں کی نگاہ میں جو قدر و منزلت ان کی تھی کسی اور کو کم ہی نصیب ہوئی ہے۔ میں نے اپنی زندگی میں علماء کرام میں ایسا کوئی شخص نہیں دیکھا جس میں علوم نبوت اور اخلاقِ پیغمبر اُن سے زیادہ ہوں، اللہ تعالی ایسے

لوگوں کے ذریعہ اپنی مخلوق پر رحم کرتا ہے اور انہیں لوگوں کے لیے سکون اور سلامتی کا مرکز بناتا ہے۔

پیارے چچا جان!

رسول اللہ ﷺ نے جب ہوش سنبھالا تو سگے چچا ہونے کے ناطے ابو طالب آپ ﷺ کے سب سے زیادہ قریب تھے، اور کیوں نہ ہوتے کہ آپ ﷺ کے دادا عبد المطلب کی وفات کے بعد انہوں نے آپ کی کفالت کی، اس لئے اب دادھیالی رشتہ کی جگہ بھی پدری شفقتوں نے اس انداز سے لے لی، کہ رسول اللہ ﷺ کو ابو طالب کا یتیم کہا جانے لگا۔

چچا اور بھتیجے کے آپس کے تعلق خاطر اور محبت کا یہ عالم تھا کہ ابو طالب آپ ﷺ کو سفر و حضر میں اپنے ساتھ رکھتے، یہاں تک کہ جب ابو طالب اپنے تجارتی اسفار کیلئے شام گئے (جو ایک بین الاقوامی سفر تھا) تو اپنے نو سالہ بھتیجے کو ساتھ لے گئے۔ اب نو سال کی عمر ہی کیا ہوتی ہے؟ تجارت کے قابل تو نہیں تھے اور سفر کی مشقتوں کے متحمل بھی نہیں تھے! لیکن ابو طالب کا بھتیجے اور رسول اللہ ﷺ کا اپنے چچا سے تعلقِ خاطر ہی ایسا تھا کہ ایک دوسرے سے الگ نہیں رہ سکے۔

رسول اللہ ﷺ کا اپنی بابرکت زندگی کے مختلف مراحل طے کرنے، بچپن سے لڑکپن، پھر جوانی حتی کہ منصب رسالت پر فائز ہونے اور فریضہ تبلیغ رسالت کے راستہ میں سخت مشکلات کا سامنے کرنے تک ہر ہر مرحلہ اور ہر ہر موڑ پر آپ کے سب سے زیادہ قریب آپ کے چچا ابو طالب ہی رہے! بلکہ اعلان نبوت کے بعد آپ کی حمایت، تحفظ اور دفاع میں جس نے ہراول دستہ کا کردار ادا کیا وہ بھی ابو طالب ہی تھے، قریش کی طرف سے سوشل بائیکاٹ، محاصرہ اور طرح طرح کی اذیتوں کے موقع پر ابو طالب آپ کے شانہ بشانہ

رہے، ان کے پایہ استقلال میں کبھی کمزوری آئی نہ عزم وہمت میں کوئی کمی، بلکہ ہمیشہ ہی آپ ﷺ کی نصرت وحمایت میں کمربستہ رہ کر دادِ شجاعت دیتے رہے۔

قریش مکہ کو مخاطب کر کے کہتے ہیں:

كَذَبْتُمْ وَبَيْتِ اللّٰهِ نُبْزِي مُحَمَّدًا
وَلَمَّا نُطَاعِنْ دُونَهُ وَنُنَاضِلِ

وَنُسْلِمُهُ حَتَّى نُصَرَّعَ حَوْلَهُ
وَنَذْهَلَ عَنْ أَبْنَائِنَا وَالْحَلَائِلِ

ترجمہ: خانہ کعبہ کی قسم! تم جھوٹ بول رہے ہو، ہم محمد (ﷺ) کی نُصرت وحمایت سے ہرگز دستبردار نہیں ہونگے، حالانکہ ابھی تو دوبدو لڑنے اور ہتھیار اٹھانے کی نوبت ہی نہیں آئی۔ جب تک ہماری لاشیں محمد (ﷺ) کے ارد گرد بکھر نہ جائیں، اور ہم اپنے بیوی بچوں تک کو بھول نہ جائیں، اس وقت تک محمد (ﷺ) کو تمہارے حوالہ نہیں کریں گے۔

دوسرا منظر: رسول اکرم ﷺ کو منصب رسالت پر فائز ہوئے دس سال کا عرصہ بیت گیا، اور عمر مبارک بھی پچاس سال ہوگئی، جبکہ آپ کے چچا ابوطالب اپنی عمر کیپچاسیویں منزل تک پہنچے تو کوچ کرنے کا وقت قریب آیا، ابوطالب نے بستر مرگ پر لیٹ کر اپنی آخری سانسیں گننا شروع کر دیں، ابو طالب کا ننھیال قبیلہ بنی مخزوم کے لوگ ابوطالب کے ارد گرد بیٹھے ہوئے ہیں، یہ ابو جھل ہے اور عبداللہ بن امیہ، اور وہ مسیب بن حزن بیٹھا ہوا ہے، اتنے میں وہاں رسول اللہ ﷺ تشریف بھی لاتے ہیں، رحمتِ

کائنات ﷺ ابو طالب کے آخری لمحات پر سبقت لے جانا چاہتے ہیں اور چاہتے ہیں کہ ابو طالب اپنے آخری اور دائمی سفر پر خالی ہاتھ نہ جائیں بلکہ ایمان کا زادِ راہ لیکر جائیں، اس لئے ایک وفا شعار، مجسمہ محبت بیٹے کی اپنے والد سے گذارش کی طرح اپنی دعوت دوہراتے ہیں، اور وہی جُملے جو پہلے بھی کہہ چکے تھے آج دوبارہ نوکِ زبان پر لاتے ہیں:

پیارے چچا جان! مجھ پہ آپ کے حقوق اور آپ کے احسانات سب سے زیادہ ہیں، (اور میں ان کا بدلہ چُکانا چاہتا ہوں) اس لئے صرف ایک دفعہ اپنی زبان سے کلمہ (توحید) ادا کیجئے تا کہ روزِ محشر میں آپ کی شفاعت کر سکوں۔ لیکن ابو جہل نے جذباتی طور پر ابو طالب کو گھیر لیا اور اپنے آبائی مذہب کی پیروری کے تسلسل کو برقرار رکھنے کیلئے الفاظ بھی جذباتی استعمال کئے اور کہا: اے ابو طالب کیا آپ (زندگی کے اس موڑ پر آکر) عبد المطلب کے دین سے رُو گردانی کریں گے؟ جبکہ رسول اللہ ﷺ ابو طالب کی سانسوں سے سبقت لیجانے کی مسلسل کوشش کرتے رہے کہ ابو طالب یہ آخری سانسوں کی مہلت بجائے ابو طالب، ابو جہل اور اس کے ساتھیوں کے ساتھ سوال وجواب میں ضائع کرنے کے کلمہ پڑھ کر اُخروی سعادتوں سے بہرور ہو جائیں، اس لئے آپ ﷺ التجا کرتے رہے کہ پیارے چچا جان، لاالہ کہہ دیجئے، تا کہ میں تمہاری شفاعت کر سکوں، جبکہ دوسری طرف ابو جہل اور اس کے ہمنوا وہی دین عبد المطلب کی پیروی کرنے پر اصرار کرتے رہے۔

نبی ﷺ اپنی دعوت دہراتے رہے اور اس نازک لمحے میں اپنے چچا سے مسلسل شدت سے التجا کرتے رہے، ابو طالب کو اپنے پیارے بھتیجے کے لہجہ کی صداقت، اپنائیت، اور جذبات کی حرارت میں ذرہ بھر شک نہیں، اس لئے وہ رسول اللہ ﷺ کی طرف متوجہ

ہو کر کہتے ہیں کہ پیارے بیٹے اگر مجھے قریش کی طرف سے یہ طعنہ اور عار دلانے کا خوف نہ ہوتا کہ ''میں نے موت کے خوف اپنے آبائی دین کو خیر باد کہہ دیا ہے، تو میں ضرور کلمہ توحید پڑھ کر آپ کی تسکینِ قلب کا سامان کرتا، پھر آخری جُملہ جو ابو طالب کی زبان سے نکلا ،وہ یہ تھا: ''میں اپنے بزرگوں کے دین پر ہوں، میں عبد المطلب کے دین پر ہوں''۔ اور لاَ اِلٰہَ کہنے سے انکار کیا۔

ابو طالب کی اس حالت میں موت رسول اللہ ﷺ کو انتہائی رنجیدہ کر گئی، کیونکہ باوجود اس کے کہ ابو طالب ہی وہ شخص تھا جسے رسول اللہ ﷺ سے بے پناہ محبت تھی، آپ پر ان کے احسانات تھے، لیکن رسول اللہ ﷺ کی لائی ہوئی دعوتِ ہدایت سے محروم رہے۔ رسول اللہ ﷺ نے فرمایا: گویا کہ وہ اپنے چچا کو مخاطب کر رہے ہوں اور چچا سن رہے ہوں: ''جب تک مجھے اللہ کی طرف سے منع نہیں کیا جاتا میں تمہارے لیے مسلسل توبہ واستغفار کرتا رہوں گا''۔ اس وقت یہ آیات نازل ہوئیں:

﴿مَا كَانَ لِلنَّبِيِّ وَٱلَّذِينَ ءَامَنُوٓاْ أَن يَسۡتَغۡفِرُواْ لِلۡمُشۡرِكِينَ وَلَوۡ كَانُوٓاْ أُوْلِي قُرۡبَىٰ مِنۢ بَعۡدِ مَا تَبَيَّنَ لَهُمۡ أَنَّهُمۡ أَصۡحَٰبُ ٱلۡجَحِيمِ﴾ [التوبة: 113]

ترجمہ: یہ بات نہ تو نبی کو زیب دیتی ہے اور نہ دوسرے مؤمنوں کو کہ وہ مشرکین کیلئے مغفرت کی دُعا کریں، چاہے وہ رشتہ دار ہی کیوں نہ ہوں، جبکہ ان پر یہ بات پوری طرح واضح ہو چکی ہے کہ وہ دوزخی ہیں۔

اور رسول اللہ ﷺ کے قلب مبارک کی تسلی کیلئے یہ آیت نازل فرمائی:

﴿إِنَّكَ لَا تَهْدِي مَنْ أَحْبَبْتَ وَلَٰكِنَّ ٱللَّهَ يَهْدِي مَن يَشَآءُ﴾

[القصص: 56]

ترجمہ: حقیقت یہ ہے کہ تم جس کو خود چاہو، ہدایت تک نہیں پہنچا سکتے، بلکہ اللہ جس کو چاہتا ہے، ہدایت پہنچا دیتا ہے، اور ہدایت قبول کرنے والوں کو وہی خوب جانتا ہے۔

ابو طالب کے ایمان نہ لانے کی کسک نبی اکرم ﷺ کے دل میں بڑی دیر تک باقی رہی، جو مختلف مواقع پر صحابہ کرام رضی اللہ عنہم کو محسوس ہوتی تھی اور اِس کا اظہار بھی کرتے تھے، مثلاً، فتح مکہ کے موقع پر بیس سال کے بعد جب رسول اکرم ﷺ فاتحانہ انداز میں مکہ مکرمہ میں داخل ہوتے ہیں اور اہل مکہ آپ ﷺ کے ہاتھ پر اسلام قبول کرتے ہیں، سیدنا ابو بکر اپنے والد مکرم ابو قحافہ کو اسلام قبول کرنے کیلئے لے آئے، ابو قحافہ اپنا ہاتھ آگے بڑھاتے ہیں، پسینہ سے شرابور اور چھالوں سے بھرے ہاتھ عُمر رفتہ کی داستان سنا رہے ہیں، ادھر ابو قحافہ رسول اللہ ﷺ کے ہاتھوں میں ہاتھ دیے بیعت شروع کرتے ہیں، اُدھر ابو بکر صدیق پر گریہ طاری ہو جاتا ہے، رسول اللہ ﷺ تعجب سے پوچھتے ہیں ابو بکر کیوں رو رہے ہو؟ یارسول اللہ۔ اِس میں شک نہیں کہ ابو قحافہ میرے والد ہیں، عمر کے اِس حصہ میں اِن کے جہنّم سے بچ کر جنت کا مُستحق بننے پر مجھے کیونکر خوشی نہیں ہوگی، لیکن یارسول اللہ! کاش کہ میرے والد کے ہاتھوں کی جگہ آپ کے اپنے چچا ابو طالب کے ہاتھ

ہوتے اور وہ کلمہ توحید پڑھ کر اسلام کی ابدی سعادتوں سے مالامال ہوتا اور آپ کا دل ٹھنڈا کر جاتا، یہ منظر میرے لئے زیادہ پسند تھا۔[6]

وہ تو ابو بکر تھے، انبیاء کرام علیہم السلام کے بعد افضل ترین انسان، ہمارے جیسے گنہ گار امتیوں کے دلوں میں آج بھی یہ سوچ کر ٹیسیں اُٹھتی ہیں اور ارمانوں کا ایک طوفان بپا ہو جاتا ہے اور تمنائیں الفاظ بن کر لبوں سے جڑ جاتی ہیں کہ کاش ابو طالب کی زندگی وفا کر جاتی، وہ اپنی آنکھوں سے فتح مکہ کا دن دیکھ لیتے کہ اُن کا بھتیجا جسے وہ اپنی اولاد سے زیادہ محبوب رکھتے تھے، سید الانبیاء ﷺ سر پر تاجِ فتح سجا کر اُسی شہر میں موجود ہیں جہاں سے اُنہیں اور ان کے جانثاروں کو بے سروسامانی کے عالم میں نکالا گیا تھا، لوگ جوق در جوق دیوانہ وار کلمہ پڑھ کر اسلام کی آغوش رحمت میں پناہ لے رہے ہیں، ابو طالب بھی اسی ہجومِ عاشقاں کا حصہ ہوتے اور رسول اکرم ﷺ کے قلب و جگر میں ٹھنڈ پڑتی! لیکن

﴿وَلَٰكِنَّ ٱللَّهَ يَهۡدِي مَن يَشَآءُۚ﴾ [القصص: 56]

یعنی کس کو اپنا بنانا ہے اور کس کو غیر، یہ فیصلہ اسی کے ہاتھ میں ہے۔

اس واقعہ سے متعلق چند خیالات!

کئی بار میں نے دل میں سوچا اور اپنے آپ سے یہ سوال بھی اُٹھایا کہ اگر صرف عقل کی نظر سے دیکھا جائے تو نبی اکرم ﷺ پر ایمان لانے میں سبقت کیسے حاصل کرنی

---

[6] صحيح البخاري (1360، 4675، 4772)، وصحيح مسلم (24)، ومسند البزار (6131)، وتاريخ دمشق (326/66)، وشرح النووي على صحيح مسلم (213/1)، وفتح الباري (195/7)، (506/8)، والإصابة (235/7)، وعمدة القاري (46/13)، والتحرير والتنوير (147/20).

چاہیئے تھی، لیکن اِس کے باوجود بھی وہ اِس دولت سے کیوں محروم رہے؟ تو اس سوال کا ظاہری جواب ملتا ہے، ابوطالب نے رسول اللہ ﷺ کو بچپن، لڑکپن، جوانی سے لیکر ادھیڑ عمری تک ہر ہر مرحلہ پر بہت قریب سے دیکھا، آپ ﷺ کے اوصاف، آپ کی امانت، پاکیزگی، شفافیت، آمد و رفت، تمام عادات اور مزاج سے جتنی واقفیت ابوطالب کو تھی کسی اور کو نہیں ہو سکتی، اور خود ابوطالب اس کا اعتراف بلکہ اس پر فخر کرتے ہوئے کہا کرتے تھے:

لَقَدْ عَلِمُوا أَنَّ ابْنَنَا لَا مُكَذَّبٌ
لَدَيْنَا وَلَا يَعْنِي بِقَوْلِ الْأَبَاطِلِ [7]

ترجمہ: دنیا خوب جانتی ہے کہ ہماری نظروں میں ہمارے جگر گوشہ کا تعارف سوائے سچائی کے کوئی دوسرا نہیں۔

لیکن اس کے باوجود بھی رسول اللہ ﷺ کی دس سالوں پر محیط مسلسل دعوت بھی اُن کو کوئی فائدہ نہیں پہنچا سکی، حتی کہ بستر مرگ پر ان کے سرہانے اللہ کے رسول ﷺ کھڑے التجاؤں پر التجائیں کر رہے ہیں، واسطے دے دے کر کہتے رہے، پیارے چچا جان ایک بار ہی سہی، مگر کلمہ توحید کا اقرار کر لیجئے، لیکن انہوں نے نہیں کہا، اگر کہہ لیتے تو رسول اکرم ﷺ اور تمام اہل ایمان کے دلوں می ٹھنڈ پڑ جاتی اور ان کی اپنی آخرت سنور جاتی! یہ اس بات کی دلیل ہے کہ ہدایت عطیہ خداوندی ہے اور ایک خصوصی نعمت ہے، جسے اللہ اپنے بندوں میں جس کو چاہے عطا کرتا ہے، اور وہ خُوب جانتا ہے کہ یہ عظیم

---

[7] السيرة النبوية، لابن هشام – شعر أبي طالب في استعطاف قريش

نعمت کس جھولی میں ڈالنی ہے اور کس کو خالی ہاتھ بھیجنا ہے، یہی وجہ ہے کہ آپ ﷺ پر ایمان لانے والوں میں سے ایک بڑی تعداد ایسے لوگوں کی ہے جنہوں پہلے کبھی رسول اللہ ﷺ کے بارے سُنا تک نہیں تھا، لیکن دست قدرت کی فیاضی اُن کو گھیر کر رسول اللہ ﷺ کی مجلس میں لائی اور وہ فوراہی کلمہ پڑھ پر دائرہ اسلام میں داخل ہو گئے۔

اس چیز کا تصور ہر مسلمان کو ایمان کی دولت کی عظمت اور فضل خداوندی کے بے پایاں ہونے کا شعور بخشتا ہے کہ میرے کریم رب کی فیاضی کے کیا ہی کہنے ہیں کہ جب ایک خلقت راہ راست سے بھٹک کر ابدی شقاوتوں میں گر رہی تھی، اس کی رحمت نے میرا دامن اور فضل نے میرا دل تھام لیا، اور اپنے سے آشنائی عطا فرمائی۔ اور یہ شعور ہمیں اس بات پر ابھارتا ہے کہ ہم اپنی نمازوں میں ﴿اهْدِنَا الصِّرَاطَ الْمُسْتَقِيمَ (خدایا، جادہ مستقیم کی طرف راہنمائی کیجئے، کبھی اس سے پاؤں پھسل نہ جائیں) والی دُعا کو حرزِ جاں بنائے رکھیں! اور یاد رکھیں کہ اگر ھدایت معلومات کی بنیاد پر ملتی تو ابو طالب اس کا سب سے زیادہ مستحق تھا۔ کیونکہ ان کو رسول اکرم ﷺ کی سیرت کا صرف علم ہی نہیں، بلکہ بار بار مشاہدہ کرنے موقع مل بھی چکا تھا، لیکن:

﴿وَهُوَ أَعْلَمُ بِٱلْمُهْتَدِينَ﴾ [القصص: 56]

اس واقعہ میں ہر اُس داعی کیلئے تسلی کا سامان ہے، جو دعوت و تبلیغ کی راہ میں پورے اخلاص، ہر طرح کی کوشش اور قربانی کے باوجود مطلوبہ نتائج حاصل نہیں کر سکا، کیونکہ سرکارِ دوجہاں، سرور کون ومکاں ﷺ کی سب سے بڑی تمنا یہ تھی کہ ان کے چچا ابو طالب ایمان لائیں، اس سلسلہ میں سید عالم ﷺ نے نصیحت کا عمدہ ترین اسلوب اور انتہائی مضبوط طریقہ اپنایا، لیکن ابو طالب ایمان کی ابدی سعادتوں سے بہرہ ور نہ ہو سکے۔

نیز سیّدنا نوح علیہ السلام نے اپنے بیٹے اور سیّدنا ابراہیم علیہ السلام نے اپنے والد کی ہدایت کیلئے کیا کیا کوششیں کیں لیکن ان کا نخلِ تمنا ثمر بار نہیں ہو سکا۔

اسی طرح وہ تمام انبیاء کرام عَلَيْهِمُ الصَّلَوَاتُ وَالتَّسْلِيمَاتُ جنہوں نے اپنے عزیز واقارب کو راہ راست پر لانے کی ہر ممکن کوشش کی، مضبوط دلائل، عمدہ ترین اسلوب تبلیغ اور خوبصورت لہجہ کے ساتھ دعوتِ دین دیتے رہے، لیکن نتائج ان کی تمنا کے مطابق بر آمد نہیں ہو سکے، ان تمام انبیاء کرام علیہم السلام کی سیرت میں ہر اُس داعی کیلئے یہ پیغامِ تسلّی ہے جس نے لوگوں کو سیدھے راستہ کی طرف لانے کیلئے ہر ممکن کوشش کی، لیکن اُسے کامیابی نہیں ہو سکی۔

اللہ تعالیٰ نے قرآن کریم میں جنابِ ابوطالب کا ذکر اُن کے نام، کنیت یا کسی صفت کے ساتھ کرنے کی بجائے رسول اللہ ﷺ کا اُن سے تعلقِ خاطر کے ساتھ ذکر کیا اور فرمایا: من اُحببت (جس سے آپ کو محبت ہے)۔ رسول اللہ ﷺ کی اپنے چچا کے ساتھ ایسی محبت جسے قرآن کریم نے اپنے الفاظ میں جگہ دی ہے، وہ فطری محبت ہے جو رشتہ داری، احسانات اور عزت واحترام سے پھوٹتی ہے، کیونکہ اپنے محسن کے ساتھ محبت انسان کی فطرت میں شامل ہے، اس لئے رسول اکرم ﷺ نے اپنے چچا کے احسانات کو ہمیشہ یاد رکھا، ان کی ہدایت کی بھی تمنا رکھی، کوششیں کیں، اور یہ سب کچھ کہ فطری اور شرعی محبت دونوں کا تقاضا ہے۔ نیز اپنے عزیز واقارب اور محسنین (خواہ وہ غیر مسلم ہی ہوں) سے محبت کرنا انسانی فطرت کا حصہ ہے، یہی وجہ ہے کہ اس اچھے عمل کی طرف نبوی احساسات دوسروں پر سبقت لے گئے ہیں۔

اس واقعہ کی تفصیلات سے معلوم ہوتا ہے کہ ابو جہل اور اس کے ساتھیوں نے جناب ابو طالب کو اس نازک ترین لمحہ میں بھی ایمان سے محروم رکھنے کیلئے جذبات کا سہارا لیا، نہ تو ابو جہل نے نبی اکرم ﷺ کی دعوت کا کوئی عقلی جواب دیا، اور نہ ہی ایسی کوئی دلیل دی جس سے یہ ثابت ہو سکے کہ بت پرستی ہی عبد المطلب کا دین ہے، کیونکہ ابو جہل بھی خوب سمجھتا تھا کہ اس طرح کا کوئی دعوی کسی منطق یا عقلی دلیل سے ثابت نہیں کیا جا سکتا، بلکہ آباواجداد کے دین کا نام لیکر ابو طالب کو صرف جذبات کے حصار میں لئے رکھا اور یہ محسوس کروایا کہ زندگی کے اس مرحلہ میں کسی نئے دین کو قبول کرنا آباواجداد کی نافرمانی ہو سکتی ہے۔ ابو جہل کی یہی شاطرانہ چال تھی جسے اُس نے گذشتہ اور آئندہ پیش آنے والے واقعات کی رعایت رکھتے ہوئے متعدد مواقع پر استعمال کیا۔

صرف ابو جہل ہی نہیں بلکہ اس کے بہت سارے پیروکاروں کا یہ ایک موثر ہتھیار اور کارگر نسخہ ہے جسے وہ مختلف گروہی اور قبائلی جھگڑوں کو بھڑکانے کیلئے اپنے مکالموں میں انتہائی مہارت کے ساتھ استعمال کرتے ہیں، ورنہ تو ان کے دعوؤں کے کوئی اصول یا پسِ منظر موجود نہیں۔

اس سلسلہ میں آخری بات یہ رہ گئی کہ ابو طالب کو ایمان سے محروم رکھنے کیلئے ہر ممکن کوشش کرنے میں ابو جہل کے ساتھ دو آدمی اور بھی شریک تھے، میسب بن حزن اور عبداللہ بن امیہ جن کا واقعہ میں کوئی ذکر نہیں، حالانکہ وہ خود اس روایت کے راوی ہیں، لیکن بعد میں ان دونوں نے نہ صرف اُس خود ساختہ دین (جسے وہ دین عبد المطلب قرار دے رہے تھے) کو خیر باد کہا بلکہ غزوہ حنین میں دادِ شجاعت دیتے ہوئے شہید بھی ہوئے۔ رَضِیَ اللہُ عَنْھُمْ وَ اَرْضَاھُمْ

ایک طرف ابو طالب کی زندگی کی اتنی نازک گھڑی کو دیکھئے اور دوسری طرف رسول اللہ ﷺ کے نفسیاتی سکون اور شفقت کو دیکھا جائے کہ ایسے وقت میں بھی فریضہ رسالت کی تبلیغ میں مشغول ہیں تو ایک خوشگوار حیرت سی ہو جاتی ہے۔

نیز عین اسی موقع پر ابو جہل کا اشتعال انگیز رویہ جس کا مقصد ہی رسول اکرم ﷺ کے کام میں خلل ڈالنا اور آپ کو اپنے مقصد سے باز رکھنا تھا، لیکن اس کے باوجود رحمت کائنات ﷺ اشتعال میں آنے کی بجائے اپنے موقف اور دعوت میں مگن رہے، حتی کہ ابو جہل کی اس اشتعال انگیزی کا جواب تک نہیں دیا اور تقدیر الٰہی کے غالب آنے تک اپنے کام میں یکسوئی کے ساتھ مگن رہے، نیز ابو طالب کی وفات کے بعد اور اتنے شدید دُکھ کے بعد بھی رسول اللہ ﷺ کے چہرہ اقدس پر سکینت اور اطمینان برقرار رہا اور سوائے اس کے

لَأَسْتَغْفِرَنَّ لكَ ما لَمْ أُنْهَ عَنْكَ [8]

ترجمہ: جب تک مجھے منع نہیں کیا جاتا، میں آپ کے لئے مغفرت کی دعا کرتا رہوں گا۔

کے سوا کچھ نہیں کہا۔ رسول اکرم ﷺ کے اس نفسیاتی سکون، اور اطمینان میں ہم سب کیلئے یہ سبق پنہاں ہے کہ اشتعال انگیزی کے مواقع پر بجائے ادھر اُدھر کے کاموں میں مشغول ہونے کے اپنے ہدف کی طرف گامزن رہنا چاہیئے، تاکہ آپ کا قیمتی

---

[8] البخاري (4675)، ومسلم(24)

وقت اور توانائی اپنے عظیم مقصد ہی میں صرف ہو سکے۔ نیز یہ بھی اخلاق محمدی ﷺ کے بہترین مناظر میں سے ایک خوبصورت منظر ہے:

﴿وَإِنَّكَ لَعَلَىٰ خُلُقٍ عَظِيمٍ﴾ [القلم: 4]

ترجمہ: یقیناً تم اخلاق کے اعلیٰ درجہ پر ہو۔

افلاک سے آتا ہے نالوں کا جواب آخر

مالک کائنات! ظالم قریش کو اپنی پکڑ میں لے لے!

تیس سال کا عرصہ بیت چکا ہے، لیکن اس منظر کی تلخی اب بھی بھول نہیں رہی، گویا کہ ابھی بھی وہ نظروں کے سامنے ہے! کوفہ بیت المال کے گورنر حضرت عبد اللہ بن مسعود رضی اللہ عنہ کوفہ میں ہی اپنے دوست احباب (جنہوں نے صدق واخلاص کے ساتھ جانثارانِ نبوت کی پیروی کی تھی) کے ساتھ بیٹھے حاضرین کو اپنا ایک چشم دید واقعہ سُنا رہے ہیں:

"دعوتِ اسلام کے ابتدائی دنوں اور مکی دور کی بات ہے، رسول اللہ ﷺ کے سر پر سے ابو طالب کا سایہ بھی چھن گیا ہے، اس لئے قریش ایسی ایسی کارستانیوں کی جسارت کرنے لگے ہیں جو ابو طالب کی زندگی میں ممکن نہیں تھیں۔

ایک دن اللہ کے رسول ﷺ مسجدِ حرام میں داخل ہوتے ہیں، اور خانہ کعبہ کے سایہ میں نماز شروع کر دیتے ہیں، لمبا قیام، پھر لمبا رکوع اور جب سجدہ کی باری آئی تو وہ بھی حسبِ عادت لمبا ترین سجدہ! اُدھر ابو جہل اپنے قریش کے چند لوگوں کے ساتھ حطیم میں

بیٹھا ہوا ہے، حضرت عبد اللہ بن مسعود رضی اللہ عنہ ایک ایک کر کے اُن کے نام گنتے ہوئے بتاتے ہیں گویا کہ وہ سارے آپ کی آنکھوں کے سامنے ہیں، ربیعہ کے دونوں بیٹے، عُتْبَۃ اور شَیْبَۃ، ولید بن عُتْبَۃ، اُمَیَّۃ بن خلف، عُمارۃ بن ولید، اور عُقْبَۃ بن اَبی مُعَیط جب ابو جہل نے دیکھا کہ کافی دیر ہو گئی اور رسول اللہ ﷺ سجدہ میں ہیں تو آپ ﷺ کی طرف اشارہ کر کے کہتا ہے: ذرا اس ریاکار کو دیکھو! کتنی دیر سے سر سجدہ میں رکھے بیٹھا ہے! تم میں سے کون جا کر ذبح کئے جانے والے اونٹ کی گندی اوجڑی لا کر اس کی پیٹھ پر رکھے گا؟

دیگر لوگ تو شاید ایسا کرنے سے گھبرا گئے لیکن شقی القلب گماشتہ عقبہ بن ابی معیط کہنے لگا: میں کر لیتا ہوں! چنانچہ وہ جا کر اوجڑی اُٹھا لایا اور رسول اللہ ﷺ جب دوبارہ سجدے میں گئے تو اُسے آپ ﷺ کمر پر دونوں کندھوں کے درمیان رکھ دی، پھر سب قہقہے مار کر ہنسنے لگے اور رسول خدا ﷺ کا مذاق اُڑاتے ہوئے ہنس ہنس کر لوٹ پوٹ ہونے لگے، اوجڑی کے وزن کی وجہ سے رسول اللہ ﷺ سجدہ سے سر نہیں اُٹھا پا رہے تھے۔ ابن مسعود اپنی بے بسی بیان کرتے ہوئے کہتے ہیں میں یہ سارا منظر دیکھ رہا تھا، لیکن چونکہ کمزور قبیلہ سے تعلق ہونے کی وجہ سے کچھ کر نہیں سکتا تھا، کاش اگر میرا ساتھ دینے والا کوئی ہوتا تو میں ضرور رسول اللہ ﷺ کی مبارک کمر سے اِسے اُتار دیتا، اتنے میں کسی شخص نے حضرت فاطمہ سَلَامُ اللہِ عَلَیْہَا وَعَلٰی اَبِیْہَا کو جا کر خبر دی، تو وہ قریشیوں کو بُرا بھلا کہتے ہوئے، اور بد دُعا دیتے ہوئے آئیں اور رسول اللہ ﷺ کی کمر سے وہ اوجڑی ہٹا دی! رسول اللہ ﷺ نے اپنی نماز مکمل فرمائی پھر بیت المقدس کی طرف رُخ کر کے فرمانے لگے: "کائنات کے مالک! قریش کو اپنی پکڑ میں لے لے"، (تین دفعہ) چونکہ آپ ﷺ کی یہ عادت تھی کہ دُعا، بد دُعا وغیرہ کرنی ہو، تو تین تین دفعہ دوہراتے تھے۔

ان لوگوں نے زبانِ نبوت سے نکلی ہوئی یہ بد دُعا سُنی تو اُن کی ساری ہنسی کافور ہوگئی اور گھبرا گئے کیونکہ وہ یہ سمجھ رہے تھے کہ اس بلد امین میں آہیں فلک سے قبولیت لاکر ہی دم لیتی ہیں۔

حضرت ابن مسعود رضی اللہ عنہ کہتے ہیں کہ اجمالی بد دُعا کے بعد رسولُ اللہ ﷺ نے ان سات لوگوں کا نام لیکر بد دُعا کرنی شروع کر دی، اور فرمایا: اے قہار وجبار اللہ ،ابو جہل، عُتْبَۃ بن رَبیعۃ، شَیْبَۃ بن رَبیعۃ، ولید بن عُتبۃ، اُمَیَّۃ بن خلف، عُقْبَۃ بن اُبَی مُعَیْطٍ، اور عُمارۃ بن الولید ان سب کو چُن چُن کر اپنی گرفت میں لے لے!

افلاک سے آتا ہے نالوں کا جواب آخر

اس واقعہ کو ابھی پانچ سال بھی پورے نہیں ہوئے تھے کہ یہی سات لوگ کبر ونخوت کے پیکر بنے، مشرکین کے لشکر کے ساتھ وادی بدر کی طرف روانہ ہوئے، مقصد یہی تھا کہ آج محمد رسول اللہ ﷺ اور ان کے ساتھیوں کا قصہ ہمیشہ کیلئے تمام کر دیا جائے ،تاکہ رسول اور رسالت نام کا صفحہ ہمیشہ کیلئے بند ہوسکے۔ بدر کا میدان سجا، نصرت خداوندی قطار اندر قطار فرشتوں کی صورت میں آئی تو مشرکین قریش کو سخت شکست ہوئی،اور اُن کا سارا غرور خاک میں مل گیا۔

فتح کے بعد رسول اللہ ﷺ نے فرمایا: کون جاکر ابو جہل کی خبر لائے گا؟ عبد اللہ ابن مسعود رضی اللہ عنہ کھڑے ہوئے اور عرض کرنے لگے: یارسول اللہ! میں جاتا ہوں، چنانچہ حضرت عبد اللہ بن مسعود رضی اللہ عنہ مقتولین میں تلاش کرتے کرتے ،ابو جہل تک پہنچ گئے ،زمین پر گرے ،زخموں سے چور ابو جہل کی آخری سانسیں چل رہی تھیں،

ابن مسعود نے جا کر اس کی داڑھی سے پکڑا اور پوچھا: تو ابو جہل ہی ہے نا؟ اَلْحَمْدُ لِلّٰہِ اے دشمنِ اسلام! تمام تعریفیں اُس اللہ کیلئے ہیں جس نے تجھے ذلیل کیا! ابو جہل کہنے لگا: آج فتح کس کی ہوئی ہے اور شکست کس کی؟ حضرت ابن مسعود بولے: فتح تو اللہ اور اُس کے رسول کی۔

عجیب اتفاق دیکھئے کہ حضرت عبداللہ بن مسعود رضی اللہ عنہ نے اُس ابو جہل کو آج ذلیل و خوار ہوتے ہوئے دیکھا، جسے مکہ مکرمہ میں تکبر و نخوت کا مجسمہ بنے دیکھا تھا! اور باقی لوگ جن کو رسول اللہ ﷺ کی آہوں نے آلیا تھا، وہ سب بھی معرکہ بدر میں ہلاک ہو چکے تھے اور سورج کی گرمی نے اُن کا رنگ بگاڑ دیا تھا، پھر سوائے اُمّیہ کے اُن سب کی لاشیں کھینچ کر بدر کے کنویں میں پھینک دی گئیں، البتہ اُمیہ چونکہ بہت موٹا تھا ،اس لئے اُس کے ہاتھ پاؤں کاٹ دیئے گئے اور اُسی جگہ دفن کر دیا گیا۔

فتح کے بعد حسبِ عادت رسول اللہ ﷺ تین دن تک بدر میں ہی رہے! پھر تیسرے دِن آپ ﷺ نے قافلہ کو کُوچ کرنے کا حکم دیا اور خود ایک طرف پیدل ہی چل پڑے صحابہ کرام کہتے ہیں کہ ہم سمجھ رہے تھے کہ آپ ﷺ کسی کے کام سے جا رہے ہیں، چنانچہ ہم بھی آپ ﷺ کے پیچھے پیچھے چل پڑے تو دیکھا کہ رسول اللہ ﷺ بدر کے کنویں کے منڈیر پر کھڑے ہو کر ان دشمنان اسلام کو نام لیکر آوز دے رہے ہیں: اے ابو جہل، اے امیہ بن خلف، عتبہ، شیبہ۔ اگر تُم نے اللہ اور اُس کے رسول کی اطاعت کی ہوتی تو آج تمہیں کتنی خوشی ہوتی؟ میرے رب نے مجھ سے جن چیزوں کا وعدہ کیا تھا، مجھے تو وہ سب کچھ مل گیا، کیا تمہارے ساتھ بھی ایسا ہی ہوا ہے؟

صحابہ کرام رضی اللہ عنہم کو اس پر تعجب ہوا تو پوچھنے لگے یا رسول اللہ! آپ بے جان جسموں سے باتیں کر رہے ہیں؟ کیا یہ لوگ آپ کی آواز سُن رہے ہیں؟ ان کے تو بدن بھی گل سڑ گئے ہیں، اس لئے رُوح سے خالی بدن آپ کو کیا کیا جواب دیں گے؟ رسول اللہ ﷺ نے فرمایا: اُس ذات کی قسم جس کے قبضہ قُدرت میں میری جان ہے، تم ان سے زیادہ سُننے والے نہیں، البتہ یہ جواب نہیں دے سکتے!

اللہ تعالی نے بطور سزا، ندامت اور حسرت دلانے کیلئے ان لوگوں کو زندگی بخشی ہے، تاکہ وہ رسول اللہ ﷺ کی بات سن سکیں۔[9]

اس واقعہ سے متعلق چند نکات:

یہ منظر مجھے رسول اللہ ﷺ کی ذات عالی پر بار بار دُرود و سلام بھیجنے پر مجبور کر دیتا ہے، حالانکہ یہ راہِ دعوتِ اسلام میں آپ ﷺ پر ڈھائے گئے مظالم میں سے ایک واقعہ ہے۔

اس سے بڑھ کر اور کیا دُکھ درد کی بات ہو سکتی ہے کہ جب آپ ﷺ خانہ کعبہ کے سایہ میں اپنے رب کے ساتھ مناجات میں منہمک تھے کہ ان شقی القلب لوگوں نے آپ ﷺ کی مبارک کمر او جھڑی ڈال دی؟ جب آپ ﷺ کی گردن پر گندگی رکھنے کے بعد

[9] صحيح البخاري (3976). وينظر: مصنف ابن أبي شيبة (332/7)، ومسند أحمد (4246، 26361)، وصحيح البخاري (240، 520، 1370، 2934، 3185، 3854، 3962-3964، 4026)، وصحيح مسلم (1794، 1800)، وسنن النسائي (307)، ومسند البزار (1852)، ومسند أبي يعلى (5312)، ومسند أبي عوانة (6773-6776)، وسنن البيهقي (13/9)، وفتح الباري (1/349، 594)، (6/106)، (7/302).

سرداران قریش کے قہقہے اور تمسخر بھرے جُملے آپ ﷺ کے کانوں میں پڑے ہوں گے تو اُس وقت آپ ﷺ کے دل پہ کیابیت رہی ہو گی؟

نیز جب ایسے موقع پر کوئی ایک شخص بھی آپ ﷺ کی مدد کیلئے موجود نہ ہو، سوائے اپنی معصوم بچی کے تو آپ ﷺ پہ کیا گذری ہو گی؟ کیونکہ آپ ﷺ خوب جانتے تھے کہ ہر بیٹی کو اپنے والد سے بے پناہ محبت ہوتی ہے، وہ ہمیشہ اپنے والد کو اچھی اور خوبصورت حالت میں دیکھنا چاہتی ہے، کیونکہ باپ ہی ایک بیٹی کے دُکھوں کا مداوا اور مشکل گھڑیوں میں اس کی پناہ گاہ بن سکتا ہے۔

سرکارِ دوعالم ﷺ پر میرے ماں باپ فدا ہوں کہ آپ ﷺ اپنی بیٹی کو ایسی حالت میں دیکھتے ہیں کہ وہ نبی اکرم ﷺ کی مدد کرنے، آپ ﷺ کے بدن مبارک سے اوجھڑی اٹھانے اور آپ ﷺ کے دشمنوں کو بُرا بھلا کہنے پر مجبور ہو جاتی ہے! بیٹی کو ایسی حالت میں دیکھ کر آپ ﷺ کے دل پر کیا گذری ہو گی؟ درد والم کے ایسے ماحول میں اگر کوئی شخص جان ہی دیدے تب بھی وہ قابل ملامت نہیں کہلا سکتا، لیکن وہ صبر واستقامت کے پیکر رسول عربی ﷺ تھے کہ ان جیسے بلکہ ان سے بڑھ کر کئی مصائب وآلام کو مسکرا کر جھیل گئے! نیز یہ ساری مشکلات جس کی بھٹی سے آپ ﷺ سے کو گذرنا پڑا، کوئی اچانک اور غیر متوقع نہیں تھی بلکہ جس دن آپ کے کندھوں پر دعوتِ توحید کو گھر گھر پہنچانے کی ذمہ داری ڈالی گئی اُس دن سے آپ ﷺ اس سب کچھ کو برداشت کرنے کیلئے تیار تھے، کوئی روکنے والا، رکاوٹیں ڈالنے والا آپ ﷺ کو روک نہیں سکتا تھا، بلکہ سیدِ عالم ﷺ پورے عزم وہمت کے ساتھ اس راہ میں آنیوالی ہر پریشانی خندہ پیشانی کے ساتھ سہہ جاتے تھے۔

صَلَوَاتُ اللهِ وَبَرَكَاتُهُ عَلَى سَيِّدِي وَمَوْلَايَ مُحَمَّدِ بْنِ عَبْدِ اللهِ، وَعَلَى آلِهِ وَسَلَّمَ تَسْلِيمًا كَثِيرًا

یہاں اس بات پر تعجب ہوتا ہے کہ سردارانِ عرب نے رسول اللہ ﷺ اور مسلمانوں کی دُشمنی میں ایسی اوچھی اور گری ہوئی حرکتوں کا بھی ارتکاب کیا جو عموماً عرب کے کلچر، عُرف وعادت حتی کہ دشمنی کے اصولوں سے بھی متصادم تھیں، عرب کی ثقافت کا یہ عالم تھا کہ دُشمن کو قتل کرنے کے بعد بھی قاتل اُس کی خُوبیوں کا برملا اعتراف کرتے ہوئے کہتا تھا: إِنَّهُ قَتَلَ سَيِّدًا كَرِيمًا (میں نے ایک معزز اور سخی شخص کی جان لے لی ہے!) لیکن حیرت ہے کہ ایسی معیاری ثقافت کی حامل قوم کو ابوجہل نے اتنی گری ہوئی اور رذیل حرکتوں کو بطور ہتھیار استعمال کرنے پر کیسے آمادہ کرلیا حالانکہ عرب کے معزّز گھرانے اور افراد ایسی چیزوں سے بہت نفرت کیا کرتے تھے؟

نیز اس سے زیادہ عجیب بات ہے کہ بھوکے کو کھانا کھلانا، غریبوں میں مال ودولت تقسیم کرنا جن عرب سرداروں کا طرّہ امتیاز ہوا کرتا تھا، اور اس پر وہ بجاطور پر فخر کیا کرتے تھے، لیکن ابوجہل کی قیادت میں اتنی اخلاقی پسماندگی کا شکار ہوگئے کہ انہوں نے بنوہاشم کا محاصرہ، سوشل بائیکاٹ اور ان کو بھوکا، پیاسا رکھنے کو بطور ہتھیار استعمال کیا۔ بظاہر اس کا سبب یہی معلوم ہورہا ہے کہ اسلام اور پیغمبر اسلام ﷺ سے اُن کی دُشمنی کے پیچھے صرف ایک دینی اختلاف یا نظریہ کا تفاوت کارفرما نہیں تھا، بلکہ اس کے ساتھ ساتھ حسد اور کینہ کا عنصر بھی شامل تھا، اور جس دُشمنی کے پیچھے یہ دونوں عناصر کارفرما ہوں، وہ نہ صرف غلیظ ترین دشمنی بن جاتی ہے بلکہ اس میں پھر اخلاقی قدریں زندہ نہیں رہ سکتیں۔ ابلیس، فرعون اور اس اُمت کے فرعون ابوجہل کی دُشمنی اسی خسیس جذبہ کا آئینہ دار تھی۔ اس کے

مقابلہ میں اگر دشمنی کا سبب رائے اور فکر کا اختلاف ہو یا انتقام لینا مقصود ہو تو ہزار ہا بُرائیوں کے باوجود ایسی دُشمنی انسان کو اس حد تک گرنے اور اخلاقی قدروں تک کو پامال کرنے پر مجبور نہیں کرتی۔

عُتبہ بن ربیعہ اور اُس کا بھائی شیبہ بن ربیعہ دونوں کا شمار قُریش کے سرداروں میں سے ہوتا تھا، عقل مند، صاحبِ رائے اور قائدانہ صلاحیتوں کی مالک شخصیت کے حامل تھے، اور یہی حال امیہ بن مغیرہ، عمارہ بن ولید (قبیلہ بنو مخزوم کے سردار کے بیٹے) کا بھی تھا، لیکن ان سب صفات کے باوجود ان لوگوں کی عقل ودانش پر کیسے پردہ پڑ گیا اور ایسا کیا ہوا کہ وہ لوگ اس قدر گری ہوئی حرکتوں کے ارتکاب پر مجبور ہو گئے، حالانکہ یہ وہی لوگ تھے کہ جب پہلی بار ابو جہل نے ان کو بنی ہاشم کے بائیکاٹ کا مشورہ دیا تو ان سب نے اس سے انکار کیا تھا۔ پھر ایسا کیا ہوا کہ وہ سب اس کو قبول کرنے پر راضی برضا ہو گئے؟ بظاہر اس سب کے پیچھے ابو جہل کی چالاکی، قوت تاثیر، اور قائدانہ صلاحیت تھی کہ اُس نے بڑی آسانی سے اپنے عمر اور مرتبہ میں بڑے لوگوں کو اپنی اندھی تقلید پر تیار کیا، اور افسوس کہ اس خداداد صلاحیت کو بجائے تعمیری کاموں میں استعمال کرنے کے، تباہی اور بربادی میں ضائع کردیا۔ ابو جہل اپنی ہوشیاری اور چالاکی سے ایک انفرادی اور ذاتی سوچ کو ایک ایسے اجتماعی موقف میں بدلنے میں کامیاب ہوا جو تباہی وبربادی کا ضامن تو تھا ہی لیکن اس میں بڑے بڑے عقلمندوں کی عقلوں پر بھی پردہ پڑ گیا۔ مثلا دورانِ نماز رسول اللہ ﷺ کی گردن مبارک پر اوجھڑی رکھنے کی حرکت کو ہی لے لیجئے، ابو جہل نے بڑے شاطرانہ انداز میں خود اس کی ذمہ داری لینے کی بجائے اُس کو ایک ایسا چیلنج اور آنیوالی مصیبت بنا کر سب کے سامنے پیش کردیا گویا کہ وہ صرف ابو جہل کا نہیں بلکہ پورے مکہ معاشرہ کا مسئلہ ہو۔

اور وہ یہ بھی جانتا تھا کہ عُتبہ، شیبہ، اُمیّہ یا عمارہ جیسے لوگ ایسی حماقت کا ارتکاب کرنے سے رہے، اس لئے اُس نے اس حرکت کیلئے عُقبہ بن اُبی مُعَیط کا انتخاب کیا، کیونکہ وہ ایسی بے شرمی اور گری ہوئی حرکتوں کیلئے مشہور تھا، لیکن اس میں بھی ابوجہل نے سیدھا ہی اُس کا نام نہیں لیا کہ کہیں وہ اِسے اپنی توہین سمجھ کر انکار نہ کر دے، بلکہ ایسا انداز اختیار کیا کہ عُقبہ جیسے جلد باز نے خُود بخود آگے آکر اپنا آپ کو اس عملِ بد کیلئے پیش کیا اور ابوجہل کو بھی اسی کی توقع تھی، پھر جب وہ رسول اللہ ﷺ کے مبارک کندھے پر گندگی پھینکنے کا ارتکاب کر بیٹھا تو تمسخر اڑانے اور قہقہے لگانے میں سب شریک ہوگئے، حالانکہ یہ ایک گھٹیا حرکت کی تجویز تھی، جو آئی تو ابوجہل کی طرف سے تھی، عقبہ نے اُسے عملی جامہ پہنایا، لیکن ابوجہل کی شاطرانہ چال کی وجہ سے دوسروں نے بھی اس کی کالک اپنے منہ پر مل لی۔

ابوجہل کی طرح آپ کو کئی ایسے بدبخت ملیں گے جن کے ہاتھ میں مختلف جتھوں، ثقافتوں یا ملکوں کی قیادت ہوتی ہے، طاقت کے غلط استعمال سے نہ صرف خود تباہ ہوتے ہیں بلکہ اپنی پیروی کرنے والے جتھوں، ثقافتوں اور ملکوں کا بیڑا بھی غرق کر دیتے ہیں اور جہاں تک ان کے پیروکاروں کا تعلق ہے، تو بیچارے ذھنی اور فکری غنودی کا شکار ہوجاتے ہیں، اور اس وقت تک بیدار نہیں ہوتے جب تک کہ انہیں اپنے تباہ کن انجام کا سامنا نہ کرنا پڑے، اور ان بیداریوں میں سب سے تلخ بیداری آخرت کی بیداری ہے، جس دن ان پیروکاروں کے پاس سوائے حسرت اور افسوس سے یہ جملے کہنے کے کوئی چارہ نہیں ہوگا:

﴿لَوْلَآ أَنتُمْ لَكُنَّا مُؤْمِنِينَ﴾ [سبأ: 31]

ترجمہ: اگر تم نہ ہوتے تو ہم ایمان قبول کر چکے ہوتے۔

اپنے ارد گرد نظر ذرا دوڑائیں تو آپ دیکھیں گے کہ کتنے ہی آنکھوں پر پٹی باندھے اور عقل سے پیدل سے لوگ اِن بد بخت مگر ایسی چالاک قیادتوں کے پیچھے بھاگ رہے ہوں گے، جو انہیں انتہائی مہارت کے ساتھ ہلاکت کے گڑھے کی طرف لے جا رہے ہیں۔

اللہ تعالی کے ہاں نبی اکرم صلی اللہ علیہ وآلہ وسلم کا مقام و مرتبہ اور ان تیرہ بدبختوں کے بارے آپ صلی اللہ علیہ وآلہ وسلم کی بد دُعا کی قبولیت بلکہ اُن کو اپنے کئے کی اس سے بھی بڑھ کر سزا یہ ملی کہ وہ اپنی شقاوت اور بد بختی پر ڈٹے رہے، اُن کو ایمان کی دولت نصیب نہیں ہوئی یہاں تک معرکہ بدر (جس کے بارے وہ اپنے تئیں اس یقین کے ساتھ آئے تھے کہ آج کے دن محمد رسول اللہ صلی اللہ علیہ وآلہ وسلم اور آپ کے جانثار ساتھیوں کا قصہ تمام کر کے دم لیں گے) لیکن نہ صرف اُن کو شکست فاش ہوئی بلکہ یہ سارے لوگ اہل ایمان کی تلواروں کا نشانہ بنے، دُھوپ کا اُن کی شکلوں تک کو بگاڑ کر رکھنا اس پر مستزاد تھا، پھر رہی سہی کسر یوں نکلی کہ اللہ تعالی نے بطور معجزہ اور اپنے کائنات کے عام قوانین سے ہٹ کر مرنے کے تین بعد بھی اُن کو نبی اکرم صلی اللہ علیہ وآلہ وسلم کی آواز سُننے اور یہ سوال

﴿ فَهَلْ وَجَدتُّم مَّا وَعَدَ رَبُّكُمْ حَقًّا ﴾ [الأعراف: 44]

ترجمہ: کیا تم نے جن کو معبود بنا رکھا تھا، اُن کے وعدے بھی (میرے رب کے وعدوں کی طرح) اُسی طرح سچّے ثابت ہو سکے؟۔

کی قدرت بخشی۔

البتہ اس جماعت کا شقی ترین شخص عقبہ بن ابی معیط زندہ گرفتار ہوا، لیکن اُسے فوراً قتل نہیں کیا گیا تاکہ وہ اپنی آنکھوں سے یہ سارا منظر دیکھ سکے کہ اللہ کے رسول ﷺ (جن کی گردن پر اونٹ کی اوجھڑی رکھ کر یہ قہقہے مارا کرتے تھے) ایک فاتح کے طور پر مقتولین کی تدفین اور غنیمت کی تقسیم کرتے ہیں، پھر فتح و کامرانیوں کے جھنڈے گاڑ کر جنگی قیدیوں کو لے لیکر مدینہ طیبہ کی طرف لوٹتے ہیں۔

جب عُقبہ یہ سارا منظر اپنی آنکھوں سے دیکھ چکا، اِدھر قافلہ عزم و ہمت بھی حرمِ مدنی کے قریب پہنچا تو آپ ﷺ نے حکم دیا کہ اب عُقبہ کو بھی ٹھکانے لگا دیا جائے، چنانچہ اُس کی گردن بھی مار دی گئی۔ قانونِ قدرت کی طرف سے یہ سارا انتظام اپنے رسول اکرم ﷺ کے قلبِ اطہر کی تسکین اور ایذا رسانی کرنے والوں کو نشانِ عبرت بنانے کیلئے تھا۔

اللہ رب العزت نے اپنے نبی اکرم ﷺ کا اکرام یوں بھی کیا کہ انہی دُشمنوں کی اولاد کے سینے دعوتِ توحید کیلئے کھول دیئے، چنانچہ چشمِ فلک نے ایسے مواقع بار بار دیکھے کہ وہ لوگ جِن کے باپ دادا جس دین سے برگشتہ ہو کر اُسے قبول کرنے والوں کی گردنیں ناپا کرتے تھے، اُن پر ہر ممکن ظلم و ستم ڈھایا کرتے تھے، وہی لوگ اِس دین کے محافظ و جانثار بن کر اس کی اشاعت و حفاظت کیلئے سر دھڑ کی بازی لگاتے ہیں! یہ عِکْرمہ ابو جہل کا بیٹا، وہ صفوان امیہ بن خلف کا بیٹا، اُس طرف عُتْبہ بن رَبیعہ کی اولاد میں سے ابو حذیفہؓ اور ہند، مغیرہ کی اولاد میں سے خالد بن ولید ام کلثوم، حتی کہ عقبہ بن ابی معیط کے بچوں میں سے ولید تک سب کے سب کو رحمتِ کائنات ﷺ کی آغوش رحمت میں پناہ ملی، ایمان کی دولت سے مالا مال ہو کر ابدی سعادتوں سے بہرہ ور ہوئے۔ رضی اللہ عنہم

حضرت ابن مسعود رضی اللہ عنہ کی اس روایت میں قُدرتِ الٰہی کی کئی نشانیاں اور پیغمبرِ خدا کے کئی معجزات پنہاں ہیں۔ کیونکہ ابن مسعود رضی اللہ عنہ ہی مکہ مکرمہ میں وقوع پذیر ہونے والے اس واقعہ کے چشم دید گواہ تھے، جب ان سیاہ نصیبوں نے مل کر رسول اللہ ﷺ کی بے ادبی اور اذیت کا سامان کیا تھا، لیکن اپنی کمزوری اور بے بسی کی وجہ سے وہ ان کو روک نہیں پائے تھے۔ اب جب کہ وہ یہ حدیث سُنا رہے ہیں تو وہ رسول اللہ ﷺ کے خلیفہ حضرت عمر فاروق رضی اللہ عنہ کی طرف سے کوفہ کے بیت المال کے گورنر ہیں، چنانچہ انہوں نے اپنی آنکھوں سے دیکھ لیا کہ اللہ تعالیٰ کی نُصرت کیسے آئی، فتوحات کے دروازے کھل گئے، لوگ جوق در جوق مسلمان ہوگئے، اُس زمانہ کی سپر پاور قیصر و کسریٰ کا نام ونشاں تک مٹ گیا اور اُن کے خزانے راہ خُدا میں تقسیم ہونے لگے! وعدہِ الٰہی سچ ثابت ہوا، اور وہ دین جس سے مشرکین سخت نفرت کیا کرتے تھے، ان کی نفرتوں کے باوجود بھی دُنیا پر غالب آگیا! سبحان اللہ! ایک وہ دِن تھا، جب ابن مسعود اِس ظلم و ستم کو اپنی آنکھوں سے دیکھ رہے تھے اور ایک آج کا دن جب وہ اپنے دوستوں کو یہ واقعہ سُنا رہے ہیں! (دونوں دنوں کے درمیان کی مسافت اور فرق کو ملحوظ نظر رکھئے)۔

معروضی حالات اور حضرت ابن مسعود رضی اللہ عنہ کی فقاہت

جس دن یہ واقعہ پیش آیا، اُس دن ابن مسعود رضی اللہ عنہ کو اس بات کا احساس ہوگیا تھا کہ وہ مکہ میں ایک بے بس اور کمزور شخص ہے، اس کا کوئی قبیلہ، کوئی یار اور مددگار نہیں ہے۔ قریش اُس کا حلیف تو ہے لیکن قبیلہ نہیں، اُن کی شدید آرزو تھی کہ وہ رسول اللہ ﷺ کی پُشت سے اوجھڑی ہٹا سکے، لیکن یہ اُن کے بس میں نہیں تھا، اس لئے سوائے صبر کے کچھ نہیں کر سکا۔ اگر مشرکین نے یہ گندگی ابن مسعود کے والد کی پیٹھ پر رکھی ہوتی

اور اپنے والد کی پیٹھ سے سے اِسے اُٹھانا ابن مسعود رضی اللہ عنہ کے بس میں نہ ہو، تو اُن کو یقیناً اتنی تکلیف نہیں ہوتی جتنی تکلیف رسول اللہ ﷺ کی پیٹھ مبارک پر گندگی دیکھنے اور صبر کے سوا کچھ نہیں کرسکنے کی وجہ سے ہوئی تھی! نیز مشرکین یہ گندگی رسول اللہ ﷺ کی پیٹھ کے بدلہ ابن مسعود رضی اللہ عنہ کی آنکھوں میں ڈالنے کی پیش کش کرتے تو ابن مسعود اس پیش کش کو ہنسی خوشی قبول کرلیتے! لیکن اس سب کے باوجود ابن مسعود نے کوئی بھی ایسا قدم نہیں اُٹھایا جس کا کوئی اچّھا نتیجہ متوقع نہ ہو، پس وہ اگر مزاحمت کرلیتے تو اس کا مطلب ہ ہوتا کہ قریش کے اپنے حلیف قبیلہ کا فرد اُن کے مقابلہ پر اُتر آیا ہے، جس سے ظاہر ہے کہ اُن کے تکبر، غصہ اور جذبہ انتقام کو مزید بڑھاوا مل جاتا، پھر وہ ابن مسعود کے خلاف انتقامی کارروائی کرتے! چونکہ بیچارے ابن مسعود رضی اللہ عنہ کا مکہ مکرمہ میں کوئی حامی ومددگار بھی نہیں اور اس طرح کے غیر متوازی مقابلہ کا نتیجہ عموماً نقصان کی صورت میں ہی برآمد ہوتا ہے، اس لئے ابن مسعود رضی اللہ عنہ کے لئے رُخصت پر عمل کرتے ہوئے صرف انکار بالقلب (صرف دِل سے اِسے بُرا سمجھنا) پر اکتفاء کیا اور رُخصت کا راستہ اپنایا۔ رَضِیَ اللہُ عَنْہُ

دوسری طرف چونکہ رسول اللہ ﷺ نے کبھی بھی ابن مسعود کے اس عمل پر نکیر نہیں کی، اور نہ ہی مزاحمت نہ کرنے پر کبھی ناراضگی کا اظہار فرمایا، تو ابن مسعود رضی اللہ عنہ کی اس فہم واجتہاد کو تقریر رسول ﷺ کا استناد بھی حاصل ہوگیا۔ اب جبکہ اللہ تعالی کے فضل اور رسول اللہ ﷺ اور آپ کے جانثاروں کی لازوال قربانیوں کی بدولت گلشنِ اسلام میں بہار آئی ہوئی تھی، تو ابن مسعود رضی اللہ عنہ نے پورے اعتماد اور وثوق کے

ساتھ یہ سارا واقعہ بیان کیا کیونکہ اُن کو اس بات کا کامل یقین تھا کہ انہوں نے جو کچھ کیا تھا وہ کوئی غلط اور قابل تنقید بات نہیں تھی۔

مجھے چشمِ تصور میں یوں لگ رہا ہے کہ ابن مسعود ملامت گروں کے جواب میں کہہ رہے ہیں: ''میں نے یہ موقف اُس ہستی کے سامنے اختیار کیا تھا، جو میں اور آپ تو رہے اللہ کے برگزیدہ رسولوں سے بھی افضل ہیں، لیکن انہوں نے نا تو مجھے غلط کہا اور نہ ہی میری سرزنش کی''۔

آج اگر اُمت کئی جگہوں پر اپنے سے کئی گنا زیادہ طاقتوروں کے ساتھ پنجہ آزمائی کی بجائے ابن مسعود رضی اللہ والا موقف اپنا لیتی تو اس کی وہ تمام توانائیاں، امکانات اور افراد محفوظ رہتے جو ایسے کئی غیر متوازی مقابلوں کی نذر ہوئے اور جہاں سے سوائے نقصان کے کچھ حاصل نہیں ہو سکا۔

حضرت عبد اللہ بن مسعود رضی اللہ عنہ کے یہ الفاظ ذرا دوہرا کر پڑھئے، فرماتے ہیں: وَلَمْ أَرَهُ دَعَا عَلَيْهِمْ إِلَّا يَوْمَئِذٍ (پہلی بار میں نے رسول اللہ ﷺ کو ان ظالموں کے لئے بدُعا کرتے ہوئے دیکھا!) اور ان پہ غور کیجئے کیونکہ حضرت ابن مسعود رضی اللہ عنہ کا شمار سابقین اولین میں ہوتا ہے، دعوتِ اسلام کے آغاز سے ہی ابن مسعود نے قُریش کے مظالم، سازشیں، بنوہاشم کا سوشل بائیکاٹ شعب ابی طالب کے محاصرہ سے لیکر آپ کا تعاقب کرتے ہوئے مدینہ منورہ تک لشکر کشی کرنے تک ایک کارستانی کے چشم دید گواہ تھے، لیکن اس کے باوجود بھی رحمت للعالمین ﷺ کا حوصلہ، عظیم بردباری، صبر اور برداشت دیکھئے کہ ان لوگوں کیلئے بدُعا نہیں کی۔

دورانِ سجدہ جب نبی اکرم ﷺ اپنے رب کی تسبیح و مناجات میں مصروف تھے تو مشرکین نے اُونٹ کی اوجھڑی لاکر آپ ﷺ کی مبارک گردن پر رکھی، لیکن آپ ﷺ برابر اپنے سجدہ میں رہے یہاں تک کہ حضرت فاطمہ رضی اللہ عنہا آئیں اور انہوں نے وہ اوجھڑی آپ ﷺ کی گردن سے اُتار پھینکی، دورانِ سجدہ نبی اکرم ﷺ اور آپ کے رب کے درمیان کیا راز و نیاز کی باتیں ہوتی رہیں؟ یہ تو اللہ اور اُس کے رسول ﷺ کے سوا کوئی نہیں جانتا، البتہ اتنی بات واضح ہوتی ہے کہ اس سارے معاملہ میں بھی رسول اللہ ﷺ کے صبر اور استقامت مشرکین کے خوابوں کی تعبیر کی راہ میں رکاوٹ بنے رہے، کیونکہ ان لوگوں کا خیال یہ تھا کہ ہم ایسی اوچھی حرکتیں کریں گے تو رسول اللہ ﷺ گھبراہٹ کے عالم میں فوراً اٹھ کھڑے ہوں گے جس سے گندگی اُن کے کپڑوں پر اور بدن مبارک دیگر حصوں تک پھیل جائے گی اور ہم اس منظر سے لطف اندوز ہوں گے دوسری طرف آپ کے عزیز و اقارب فوراً اشتعال میں آجائیں گے، اور ردِ عمل دیں گے اور یوں ہمیں شمع اِسلام کو بجھانے کا موقع مل جائے گا۔ لیکن آپ ﷺ کی استقامت اور صبر نے انہیں اس منظر سے لطف اندوز ہونے سے روک دیا جس کا وہ انتظار کر رہے تھے۔

نیز یہ بھی کہا جاسکتا ہے کہ رسول اللہ ﷺ کا اس حالت میں بھی سجدہ ریز رہنا حقیقت میں زبان قال کی بجائے زبان حال سے اپنے اوپر بیتنے والے حالات کی داستان سنانا تھا گویا کہ اس مرحلہ کا ہر ہر لمحہ بزبان حال اللہ رب العزت کی بارگاہ میں کہہ رہا ہو۔

اللَّهُمَّ إِنَّ هَذَا فِي سَبِيلِ بَلَاغِ رِسَالَتِكَ، وَالصَّدْعِ بِأَمْرِكَ، وَالْقِيَامِ بِحَقِّكَ، اللَّهُمَّ إِنِّي دَعَوْتُهُمْ، وَهَذَا رَدُّهُمْ، وَاجْتَهَدْتُ لَهُمْ، وَهَذَا جُهْدُهُمْ، اللَّهُمَّ فِي سَبِيلِكَ مَا أُلَاقِي، اللَّهُمَّ هَلْ بَلَّغْتُ، اللَّهُمَّ فَاشْهَدْ

ترجمہ: "اے اللہ! تیرے حکم کی تعمیل، فریضہ رسالت کی تبلیغ کی تکمیل کی راہ میں مجھے پہ یہ گذر رہی ہے، اے اللہ! میں نے ان کو ابدی سعادتوں اور راہ ہدایت کی طرف بلایا تو انہوں نے میری دعوت کا جواب اس طرح سے دیا اے اللہ! جو میں نے کیا اسپر بھی اور جو انہوں نے کیا ان دونوں پر گواہ رہنا۔"

اپنی تمام حشر سامانیوں کے باوجود یہ منظر رسول اللہ ﷺ کو نفسیاتی طور پر متاثر نہیں کر سکا، اس طرح کہ رسول اللہ ﷺ لوگوں کو اس کے بارے بتاتے ہوں، گذرے واقعات سُناتے ہوں! نہیں، بالکل نہیں، بلکہ آپ ﷺ نے یہ سب بھلا دیا، چنانچہ عکرمہ بن ابی جہل، صفوان بن حافی ، امیہ بن خلف، ابو حذیفہ بن عتبہ بن ربیعہ، خالد بن الولید، حتی کہ ام کلثوم بنت عقبہ بن ابی معیط تک کے ساتھ خصوصی شفقت، رحمت اور پیار کا تعلق اسی کا آئینہ دار ہے۔ تعجب اس پر نہیں کہ نبی اکرم ﷺ نے ان میں سے کسی کو بھی کبھی یہ نہیں کہا کہ مجھ پہ بیتنے والا فلاں فلاں واقعہ تمہارے باپ دادا کی کارستانی ہے، کیونکہ آپ ﷺ کی شان اور عظیم شخصیت اس طرح کی چیزوں سے بہت زیادہ اونچی ہے، بلکہ تعجب کی بات یہ ہے کہ آپ ﷺ کو جب یہ اندیشہ ہوا کہ ہو سکتا ہے میرے جانثاروں میں سے کوئی ان میں سے کسی کو اس کے باپ دادا کی غلطیوں کا طعنہ دیدے، تو آپ ﷺ نے اس کا سدّ باب کرتے ہوئے فوراً یہ فرمان جاری کیا:

" لاَتَسُبُّوْا الْمَوْتٰی، فَتُؤْذُوْا الْأَحْيَاءَ[10].

---

[10] أخرجه أحمد (18208، 18210)، والترمذي (1982)، والخرائطي في "مساوئ الأخلاق" (91)، وابن حبان (3022) من حديث المغيرة رضي الله عنه. وينظر: "السلسلة الصحيحة.(2397) "

ترجمہ: مرے ہوئے لوگوں کو بُرا بھلا کہ کر زندہ لوگوں کے دل مت دُکھاؤ۔

حضرت فاطمہ رضی اللہ عنہا کا حوصلہ!

ایک اور حیرت انگیز اور عظیم منظر ہماری چشمِ تصور کے سامنے ہے جس میں حضرت فاطمۃالزہرا سلام اللہ علیہا و علی ابیہا اپنی کم سِنی کے باوجود پہلے تو اپنے والد کی پیٹھ سے وہ اوجھڑی اُٹھا کر پھینکتی ہیں، پھر سردارانِ قریش کی خبر لیتی ہیں، بُرا بھلا کہتی اور بد دُعائیں دیتی ہیں، لیکن عجیب بات یہ ہے کہ اتنے جذباتی منظر کے باوجود حضرت فاطمہ الزھر رضی اللہ عنہا روئی نہیں، بلکہ پوری قوت، شجاعت اور ہمت کے ساتھ سردارانِ قریش کی آنکھوں میں آنکھیں ڈال کر بات کرتی ہیں۔

دوسری طرف حق تعالی کی طرف سے سیدہ فاطمہ سَلَامُ اللہِ عَلَیہَا وَعَلَیٰ اَبِیہَا کا یہ انوکھا اعزاز دیکھئے کہ معصوم اور کم سن فاطمہ رضی اللہ عنہا نے جن آنکھوں سے بیت اللہ کے سایہ میں اپنے والد کو ایسے دردناک منظر میں دیکھا تھا، اللہ نے انہی معصوم کو وہ منظر بھی دِکھایا کہ جب آپ رضی اللہ عنہا کے والد مکرم دس سال بعد فاتح بن کر اس شہر میں ایسی شان و شوکت سے داخل ہوتے ہیں کہ آپ کے اِرد گرد لاکھ سے زیادہ جانثاروں کا مجمع موجود ہے، آپ ﷺ اُسی شان و شوکت سے بیت اللہ کا طواف کرتے ہیں اس فرق کے ساتھ کہ دس سال پہلے اس پاک سرزمین پر سینکڑوں بت کھڑے تھے، لیکن آج یہاں نہ

وأخرجه البخاري (1393، 6516) من حديث عائشة رضي الله عنها، بلفظ: "لا تسبُّوا الأمواتَ؛ فإنهم قد أَفْضَوْا إلى ما قدَّموا".

تو کوئی بُت ہے، نہ ہی بت پرست، کیا فاطمہ الزہرا علیہا السلام کے دل میں یہ سوال اُٹھا ہوگا کہاں ہیں وہ تمسخر اُڑانے والے؟ اُن کے وہ قہقہے وہ کیا ہوئے؟ اور لن ترانیاں کہاں گئیں؟

پھر حق تعالی جل مجدہ نے سیدہ فاطمہ کی عزت اور تکریم کو چاند لگاتے ہوئے اُس وقت اپنے پاس نہیں بلایا، جب تک اُن کو اپنے صادق و امین ابو کی زبانی یہ مژدہ ان کے کانوں نے نہ سُنا ہو

أَمَا تَرْضَيْنَ أَنْ تَكُونِي سَيِّدَةَ نِسَاءِ أَهْلِ الْجَنَّةِ[11]

ترجمہ: فاطمہ! میری لخت جگر، بیٹا کیا تم اس بات پہ راضی نہیں ہو کہ جنت کی خواتین کی سرداری کا تاج تمہارے سر پر سجایا جائے؟۔

خواتینِ جنت کی سردار، سیدہ فاطمہ سَلَامُ اللهِ عَلَيْهَا وَعَلَى أَبِيهَا کو نظر نظر کا درود جائے، دل و جگر کا سلام پہنچے۔

اللّٰھُمَّ صَلِّ وَسَلِّمْ عَلٰى سَيِّدِنَا وَمَوْلَانَا مُحَمَّدٍ وَآلِهِ وَصَحْبِهِ أَجْمَعِيْنَ

---

[11] أخرجه ابنُ سعدٍ في الطبقات الكبرى (2163)، والنسائيُّ في السنن الكبرى (8513)، والطبرانيُّ في المعجم الكبير (421/22) رقم (1039)، باختلافٍ يسير.

تاج پوشی

ہجرت کے ابتدائی سالوں کا واقعہ ہے، رسول اللہ ﷺ حسبِ عادت اپنے مختلف دوست احباب کی خبر گیری کیلئے جا رہے ہیں، اُس زمانہ کی دستیاب سواری گدھے پر سوار ہو کر قبیلہ خزرج کے سربراہ سعد بن عبادہ رضی اللہ عنہ کی تیمار داری کیلئے پابہ سفر ہیں، آپ کے چہیتے صحابی اسامہ بن زید رضی اللہ عنہ بھی آپ کے ساتھ ہیں، رستہ میں کچھ لوگ جمع ہیں، جن میں مسلمان اور غیر مسلمان سب موجود تھے، بالخصوص رئیس المنافقین عبداللہ بن ابی ابن سلول اور حضرت عبداللہ بن رواحہ رضی اللہ عنہ دونوں موجود تھے۔ جب آپ ﷺ وہاں سے گذرے تو آپ ﷺ کی سواری کی وجہ سے کچھ غُبار اُڑنے لگا اور مدینہ منورہ کی شور زمین میں یہ ایک عام سی بات ہے۔ عبداللہ بن ابی بن سلول نے فوراناک پر کپڑا رکھ لیا اور کہنے لگا: غبار مت اڑاؤ! اور کہا: خدا کی قسم! تمہارے گدھے کی بدبو نے مجھے تنگ کر کے رکھ دیا ہے۔

یہ ایک نامعقول عمل تھا، عرب ثقافت کے مطابق عبداللہ بن ابی کو کھڑے ہو کر معزز مہمان کا استقبال کرنا چاہیئے تھا، لیکن بجائے استقبال اور ترحیبی کلمات کہنے کے اس کا یہ نفرت آمیز رویہ عرب ثقافتی اقدار کے منافی عمل تھا، لیکن رحمتِ کائنات ﷺ نے اسے درگذر کرتے ہوئے اِسے موضوع سخن بنانے سے گریز فرمایا، سب کو سلام کہہ کر مجلس میں بیٹھ گئے اور حاضرین کو اسلام کی دعوت اور قرآن کریم کی تلاوت شروع کر دی۔ عبداللہ بن ابی کے پاس اسلام کی حقانیت اور قرآن کریم کی صحت کے خلاف کچھ کہنے کیلئے تھا نہیں، تو اُس نے انتہائی شاطرانہ انداز میں بات کا رُخ موڑ دیا اور انتہائی بیزاری سے کہنے

لگا: اے آدمی! جو کچھ تم کہہ رہے ہو اگر یہ درست ہے تو یہ ایک بہترین چیز ہے، لیکن ہماری مجلسوں میں آکر ہمیں تکلیف مت دو، بلکہ اپنے گھر جاؤ اور وہاں جو تمہارے پاس آئے تو اُس کو اپنی باتیں سناؤ۔

عبداللہ بن ابی کے اس اندازِ گفتگو سے اُس کی بدنیتی چھلک رہی تھی، کیونکہ اُس نے بڑے شاطرانہ انداز میں رسول اللہ ﷺ کی صداقت اور اخلاص پر حملہ کیا تھا، اس لئے حضرت عبداللہ بن رواحہ رضی اللہ عنہ ناراض ہو گئے۔ اور اس کو اسی کے لہجہ میں جواب دیتے ہوئے کہا: نہیں، یارسول اللہ! آپ ضرور ہماری مجلسوں تشریف لایا کریں، آپ ﷺ کی آمد سے ہمیں خوشی ہوتی ہے! ایک اور انصاری نے اس کو مخاطب کر کے کہا: خُدا کی قسم! رسول اللہ ﷺ کا گدھا تُم سے زیادہ خوشبودار ہے، دونوں طرف سے جواب در جواب کا سلسلہ شروع ہوا اور مسلمان اور یہودیوں میں ہاتھا پائی شروع ہو گئی، کسی نے جُوتا اٹھایا تو کسی نے لکڑی۔ رسول اللہ ﷺ برابر اُن سب کو خاموش کراتے رہے اور ان کا غصہ ٹھنڈا کراتے رہے، یہاں کہ وہ سب خاموش ہو گئے، پھر آپ ﷺ حضرت سعد کے پاس چلے گئے اور اُن کو یہ سارا واقعہ سُنایا، کیونکہ وہ بھی عبداللہ بن ابی کی طرح اپنے قبیلہ خزرج کے سردار تھے۔ سعد بن عُبادہ رضی اللہ عنہ کہنے لگے: اللہ کے رسول! اُسے معاف کر دیں، اُس ذات کی قسم جِس نے آپ پر اپنا کلام اُتارا ہے اہل مدینہ نے آپس میں یہ طے کر لیا تھا کہ اُس کو اس علاقہ کا سردار تسلیم کر کے اُس کی تاج پوشی کریں گے اور ہم اُس کیلئے تاج بنا رہے تھے کہ اللہ تعالی نے آپ کو بھیج دیا، اب یہ سرداری کا تاج آپ کے سر پر سجے

گا! اس لئے اُس نے حسد کا شکار ہو کر یہ سب کچھ کرلیا ہے۔ رسول اللہ ﷺ نے اُسے در گزر فرمایا۔[12]

غزوہ بدر کے موقعہ پر جب مسلمانوں کو فتح و کامرانی حاصل ہوئی اور قریش کے بڑے بڑے سردار (جن کے بارے عبداللہ بن ابی کو یہ خوش فہمی تھی کہ وہ اُس کے مددگار اور دست و بازو بن سکتے ہیں) سب کے سب اس معرکہ میں کام آئے تو اب اس کے پاس سوائے اسلام قبول کرنے کے کوئی اور راستہ نہیں بچا، تو اپنے ساتھیوں سے کہنے لگا کہ اب معاملہ بہت گھمبیر ہو گیا ہے، لہٰذا ظاہراً رسول اللہ ﷺ کے ہاتھ پر بیعت کر کے اسلام قبول کرلو، حالانکہ اُن کے دل ابھی بھی حسد اور مرضِ نفاق سے بھرے ہوئے تھے۔

اس واقعہ میں دیکھئے کہ مسلمان غیر مسلموں کی ایک مجلس میں بیٹھے ہوئے تھے، آپ ﷺ نے ان کو دوسرے مذاہب والوں کے ساتھ بیٹھنے پر کچھ نہیں کہا، حتی کہ ابن سلول کی گفتگو اور مسلمانوں اور یہودیوں کی مختصر سی جھڑپ کے بعد بھی آپ ﷺ نے مسلمانوں کو اُن سے الگ ہونے کا حکم نہیں دیا، بلکہ اُن کو اُسی حالت پر چھوڑ کر حضرت سعد رضی اللہ عنہ کی عیادت کیلئے تشریف لے گئے۔ اس لئے انسانی تعلقات میں باہم مل جُل کر رہنا ہی اصل چیز ہے اور ہر راسخ العقیدہ مسلمان کو اپنے دین و ایمان پر اتنا بھروسہ ہونا چاہیئے کہ دوسرے مذاہب کے لوگوں کے ساتھ بیٹھنے سے اس کے دین کو کوئی نقصان نہیں پہنچے گا، کیونکہ ایک مسلمان کو دوسروں کو متاثر کرنے والا ہونا چاہیئے نہ کہ متاثر ہونے والا! جبکہ

---

12 مسند أحمد (21767)، وصحيح البخاري (2691، 4566، 5663، 6207، 6254)، وصحيح مسلم (1798)، وتاريخ المدينة لعمر بن شَبَّة (356/1)، وسنن النسائي الكبرى (7460)، وسنن البيهقي (18/9)، وشرح النووي على صحيح مسلم (157/12)، وفتح الباري (231/8(، .(10/592)

اس کے مقابلہ میں مشرکین کا شیوہ یہ تھا کہ وہ مسلمانوں سے الگ تھلگ رہنے کی کوشش کرتے تھے، کیونکہ ان کو اپنے عقیدہ، ایمان اور دلیل کی قوت پر بھروسہ نہیں تھا، اسی لئے ان کا شعار ہی مسلمانوں سے الگ رہنا تھا، جیسا کہ قرآن کریم نے بیان کیا ہے:

﴿وَقَالَ ٱلَّذِينَ كَفَرُواْ لَا تَسۡمَعُواْ لِهَٰذَا ٱلۡقُرۡءَانِ وَٱلۡغَوۡاْ فِيهِ لَعَلَّكُمۡ تَغۡلِبُونَ﴾ [فصلت: 26]

ترجمہ: کفار نے کہا قرآن سنو ہی نہیں، بلکہ شور مچاؤ۔

اور عبداللہ بن ابی نے بھی یہی اسلوب اپناتے ہوئے کہا: آپ اپنے گھر چلے جایئے، وہاں جو آپ کے پاس خُود چل کر آئے تو اُسے اپنی باتیں سنائیں، کیونکہ ان کو خطرہ تھا کہ اگر وہ قرآن کریم سُن لیں یا مسلمانوں کے ساتھ گھل مل جائیں تو ضرور متاثر ہو جائیں گے۔ اس لئے انہوں نے اپنے اوپر یہ لازم کر لیا تھا کہ وہ الگ تھلگ رہیں گے، جبکہ صحابہ کرام رضوان علیہم اجمعین باوجود تازہ تازہ مسلمان ہونے کے کھلے مزاج اور باہم مل جُل کر رہنے کی قابلیت والے لوگ تھے، تاکہ اسی گھل مل کر رہنے سے اُن کے دعوت کے نئے اُفق کھلیں اور زیادہ سے زیادہ لوگوں تک دین پہنچ سکے۔

مگر اب ایک ایسا زمانہ آگیا ہے کہ ہم میں سے ہی بعض لوگ پُر امن بقائے باہمی کا جواب عزلت نشینی سے دے رہے ہیں اور اپنے دین کے ساتھ ایسا معاملہ کر رہے ہیں، گویا کہ وہ شیشہ کی ایک تختی ہے، جو کسی بھی ہلکے سے شبہہ سے ٹوٹ کر کرچیوں میں بکھر سکتا ہے۔

اخلاق نبوی کی بلندی کی جھلک تو دیکھئے کہ ایک طرف تو عبداللہ بن ابی نے تمام ثقافتی آداب کو پامال کرتے ہوئے آپ ﷺ کو ''یارجُل'' (او آدمی) کہہ کر مخاطب کیا، نیز لہجہ کی کرختگی اور تمسخرانہ انداز اس پر مستزاد تھا، لیکن اس کے بدلہ میں جب آپ ﷺ نے حضرت سعد رضی اللہ عنہ کے سامنے اس کا تذکرہ کیا تو عرب کلچر کے مطابق پورے ادب واحترام کے ساتھ کیا! فرمایا: سعد، آپ جانتے ہیں کہ ابو حُباب نے آج کیا کہا ہے؟ نیز جب مسلمانوں اور غیر مسلموں کے درمیان آپ کیلئے جھگڑا ہوا تو آپ ﷺ نہ صرف اُس جھگڑے سے دُور رہے، بلکہ اس سے بھی ایک قدم آگے بڑھ کر آپ نے فریقین کو خاموش کروایا اور اُن کے درمیان صلح کروائی، اور یوں آپ ﷺ نے انتہائی صبر وبرداشت اور بُردباری کے ساتھ فتنہ انگیزی کیلئے کی جانے والی ان تمام سازشوں کو ناکام بنادیا جو عبداللہ بن ابی اور اُس جیسے لوگ کر رہے تھے، چنانچہ وہ تباہ کن نتائج حاصل نہیں ہوسکے جن کی اس کو اور اُس قُماش کے لوگوں کو امید بلکہ تمنا تھی۔

سعد بن عبادہ رضی اللہ عنہ نے عبداللہ بن ابی کی حالت اور ذھنی کیفیت کی انتہائی باریکی سے تجزیہ اور تشخیص کے بعد یہ نتیجہ نکالا کہ اس کی مخالفت کی وجہ کوئی رائے اور فکر کا اختلاف نہیں، بلکہ وہ حسد اور کینہ کی مرہون منت ہے، کیونکہ جب آپ ﷺ دعوتِ حق لیکر مدینہ منورہ تشریف لائے، تو اس سے معاشرہ میں جہاں اور بہت ساری تبدیلیاں رونما ہوئیں وہاں اس سے مدینہ منورہ کی قیادت بھی چھن گئی، اور قبائلی قیادت پر نبوت کا حق غالب آگیا، جس کی وجہ سے وہ آپ کے ساتھ حسد مبتلا ہوگیا ہے، یہی وجہ ہے کہ اُس نے حق کا راستہ روکنے کی ہر ممکن کوشش کی، لیکن جب اُس کی تمام تر

چالیں ناکام ہوئیں ، تو انداز بدل کر بظاہر اسلام کالبادہ اوڑھ کر اندرونی طور پر اسلام اور مسلمانوں کے خلاف محاذ آرائی شروع کر دی۔

رسول اللہ صلی اللہ علیہ وآلہٖ وسلم کو جن عداوتوں کا سامنا کرنا پڑا، حسد اُن میں سے سب سے زیادہ سخت اور خطرناک ترین تھا، چنانچہ ابوجہل، حُیی بن اخطب کی دشمنیوں کے پیچھے بھی یہی عامل کارفرما تھا اور یہی حال اُن کے استاد ابلیس کا بھی تھا جب اُس نے اللہ تعالی کے سامنے کہا تھا ﴿أَنَا خَيْرٌ مِّنْهُ﴾ (میں حضرت آدم علیہ السلام سے بہتر ہوں) رائے اور دلیل کے مقابلہ میں حسد سے جنم لینے والی عداوتیں بہت کم ہی کہیں پیچھا چھوڑتی ہیں ، بلکہ اکثر و بیشتر یہ اپنے حاملین کے ساتھ قبر تک جاتی ہیں۔

رسول اللہ صلی اللہ علیہ وآلہٖ وسلم سے حسد اور کینہ نے عبد اللہ بن ابی کو چین سے جینے نہ دیا، چنانچہ اُس نے ہر طرح کی سازشوں کا سلسلہ جاری رکھا، ہجرت کے دوسرے سال معرکہ بدر کے بعد جب اُس کو اس میدان میں ناکامی کا منہ دیکھنا پڑا تو اُس نے پینترا بدل کر ظاہراً اسلام کا لبادہ اوڑھ لیا اور پھر سے اپنی سازشوں میں مگن رہا، پھر ہجرت کے تیسرے سال انتہائی نازک موقع پر اُس نے ایک اور مکروہ تحریک شروع کی اور غزوہ اُحد سے تھوڑی دیر قبل رسول اللہ صلی اللہ علیہ وآلہٖ وسلم کے سامنے ایک تہائی فوج کو لیکر واپس چلا آیا ،تاکہ اس کے ذریعہ وہ مسلمانوں میں بددلی اور کمزوری پھیلا سکے اور اس سے دُشمنوں کا حوصلہ بڑھ جائے۔ یہاں بھی اُس کا جی نہیں بھرا تو ہجرت کے چوتھے سال اُس نے مسلمانوں کے درمیان تفریق پھیلانے کی ایک اور خطرناک چال چلی۔ کہنے لگا

﴿لَا تُنفِقُوا عَلَىٰ مَنْ عِندَ رَسُولِ اللَّهِ حَتَّىٰ يَنفَضُّوا﴾ [المنافقون: 7]

ترجمہ: جو لوگ اللہ کے رسول ﷺ کے پاس ہیں ان پر کچھ خرچ نہ کرو۔

اور کہا:

﴿لَئِن رَّجَعۡنَآ إِلَى ٱلۡمَدِينَةِ لَيُخۡرِجَنَّ ٱلۡأَعَزُّ مِنۡهَا ٱلۡأَذَلَّۚ﴾ [المنافقون: 8]

ترجمہ: اگر مدینہ کو لوٹ جائیں گے تو جو عزت والا ہے وہ وہاں سے ذِلّت والے کو نکال باہر کرے گا۔

پھر اسی سال حضرت عائشہ صدیقہ رضی اللہ عنہا پر افترا اور بہتان تراشی کا مرتکب ہُوا، لیکن اندر کی آتش حسد نہیں بُجھ سکی بلکہ ہجرت کے پانچویں سال دیگر منافقین کے ساتھ مل کر مسلمانوں کے خلاف نفسیاتی جنگ کا محاذ کا کھول دیا اور کہنے لگا:

﴿مَّا وَعَدَنَا ٱللَّهُ وَرَسُولُهُۥٓ إِلَّا غُرُورٗا﴾ [الأحزاب: 12]

ترجمہ: اللہ اور اُس رسول نے ہم سے جو وعدہ کیا ہے، وہ دھوکے کے سوا کچھ نہیں۔

لیکن رسول ﷺ نے ان تمام سازشوں اور ریشہ دوانیوں کا سامنا بردباری، نرمی اور عفو و درگزر سے کیا، جس سے ایک طرف تو آپ ﷺ کے جانثار اور مخلص ساتھیوں کیلئے تسکینِ قلب کا سامان میسر ہوا، تو دوسری طرف عبد اللہ بن ابی اور اُس کے ہم فکروں کی سازشیں بھی دم توڑ گئیں۔ شاید اللہ تعالی کو اس کے غم، پریشانی اور اضطراب کو برقرار رکھنے اور اُس کے اعمالِ بد کا کچھ بدلہ اس کو دُنیا میں بھی دینا منظور تھا، اس لئے اُس کو زندہ رکھا یہاں تک کہ اُس کو فتح مکہ، لوگوں کا جوق در جوق اسلام میں داخل ہونے اور آپ ﷺ کی بیعت کرنے کا منظر بھی دیکھنا پڑا، اور وہ دن بھی اُس کی آنکھوں نے دیکھا کہ جس

یتیم عرب کو مدینہ منورہ کی سربراہی ملنے پر ابن سلول سیخ پا تھا، آج محمد عربی ﷺ صرف مدینہ یا مکہ ہی نہیں بلکہ پورے جزیرہ عرب کے راہنما اور بادشاہ بن گئے ہیں! اور زمانہ کی سُپر پاور قیصر و کسریٰ بھی ان کے رُعب سے لرزہ براندام ہے اور یہ سب اس کو انگاروں پر لوٹانے کیلئے کافی تھا۔

رحمت کائنات رسول اللہ ﷺ نے عبداللہ بن ابی کے ساتھ عفو درگذر کا یہ سلسلہ اُس کی موت کے بعد بھی جاری رکھا، یہاں تک کہ اُس کی موت واقع ہوئی تو ان کے بیٹے عبداللہ رضی اللہ عنہ نے اپنے والد کو کفن دینے کیلئے آپ ﷺ کی قمیص مانگی، اور دُعا کی درخواست کی۔ نبی اکرم ﷺ نے اُن کی درخواست قبول کی اور اپنی قمیص عطا فرمائی اور تدفین سے قبل اطلاع دینے کا حکم فرمایا، جب آپ ﷺ کو اطلاع دی گئی تو آپ ﷺ نے بنفسِ نفیس خود جا کر اُس کی نمازِ جنازہ بھی پڑھائی۔ نمازِ جنازہ پڑھانے کیلئے آگے بڑھے تو حضرت عمر رضی اللہ عنہ نے کئی بار آپ ﷺ کو روکنے کی کوشش کی اور اس کی ساری کارستانیاں اور ریشہ دوانیاں گنواتے رہے، لیکن رسول اللہ ﷺ نے فرمایا: اللہ تعالی نے اس آیت مبارکہ :

﴿ٱسْتَغْفِرْ لَهُمْ أَوْ لَا تَسْتَغْفِرْ لَهُمْ إِن تَسْتَغْفِرْ لَهُمْ سَبْعِينَ مَرَّةً فَلَن يَغْفِرَ ٱللَّهُ لَهُمْ﴾ [التوبة: 80]

ترجمہ: اے نبی! تم ان کیلئے استغفار کرو یا نہ کرو، اگر تُم ان کے لئے ستر مرتبہ استغفار کرو گے تب بھی اللہ انہیں معاف نہیں کرے گا۔

میں مجھے یہ اختیار دیا ہے کہ ستر مرتبہ بھی عبداللہ بن ابی کیلئے استغفار کروں، تو اُس کو معافی نہیں ملے گی، لیکن ستّر سے زائد مرتبہ استغفار کر کے دیکھتا ہوں شاید رحمتِ حق کو جوش آئے اور ابن سلول کی آخرت بن جائے۔ پھر رسول اللہ ﷺ نے اُس کی نمازِ جنازہ پڑھائی اور اتنی لمبی نماز پڑھائی کہ مجمع بن جریہ رضی اللہ عنہ کہتے ہیں کہ: میں نے کبھی رسول اللہ ﷺ کو اتنی لمبی نمازِ جنازہ پڑھاتے نہیں دیکھا۔ پھر آپ ﷺ نے اُس کی قبر میں اُتر کر اُس کا سر اپنے گھٹنے پر رکھا اور اُس کے منہ میں اپنا لُعاب مبارک بھی ڈالا، تاکہ دنیا سے اُس کے ساتھ جانے والی آخری چیز نبی اکرم ﷺ کا لُعاب مبارک ہو۔

عبداللہ بن ابی کے دیگر جرائم مثلاً دشمنانِ اسلام کے ساتھ پینگیں بڑھانا اور اہل ایمان کے خلاف اُن کا دست و بازو بننا سے اگر صرف نظر بھی کر لیا جائے تب بھی اُس کا صرف یہ ایک جملہ ہی اس کو سزائے موت کا مستحق بنانے کیلئے کافی تھا۔ جب اُس نے بنو نضیر کے یہودیوں سے کہا تھا:

﴿لَئِنْ أُخْرِجْتُمْ لَنَخْرُجَنَّ مَعَكُمْ وَلَا نُطِيعُ فِيكُمْ أَحَدًا أَبَدًا﴾

[الحشر: 11]

ترجمہ: اگر تمہیں تمہارے گھروں سے نکالا گیا تو ہم بھی تمہارے ساتھ نکلیں گے، اور تمہارے بارے میں کبھی کسی اور کا کہنا نہیں مانیں گے۔

کیونکہ یہ تمام عالمی اُصولوں کے مطابق ملک سے غداری کے زمرہ میں آتا ہے، پھر جب اُس پر ان الفاظ

﴿لَئِن رَّجَعْنَآ إِلَى ٱلْمَدِينَةِ لَيُخْرِجَنَّ ٱلْأَعَزُّ مِنْهَا ٱلْأَذَلَّ﴾ [المنافقون: 8]

ترجمہ: اگر مدینہ کو لوٹ جائیں گے تو جو عزّت والا ہے وہ وہاں سے ذِلّت والے کو نکال باہر کرے گا۔

کا اضافہ بھی کیا جائے، تو اِس کا جرم مزید سنگین بن جاتا ہے، کیونکہ اُس دریدہ دھن نے "اذل" سے رسول اللہ ﷺ کی ذات والا صفات مراد لیا تھا، لیکن اس سب کچھ کے باوجود رسول اللہ ﷺ نے اِسے سزائے موت نہیں دی اور آپ ﷺ کے بعض ساتھیوں مثلاً حضرت عمر رضی اللہ عنہ نے اُس کی گردن مارنے کی اجازت مانگی، بلکہ ایک دفعہ تو خود اُن کے اپنے بیٹے عبداللہ (جو رسول اللہ ﷺ کے انتہائی مخلص صحابی تھے) نے بھی اپنے باپ کو قتل کرنے کی اجازت مانگی، لیکن رسول اللہ ﷺ نے مصلحت کے تحت اسے سختی سے منع فرمایا۔

اگر رسول اللہ ﷺ عبداللہ بن ابی کو سزائے موت دیدیتے ہیں تو سزا کا اصل سبب تو لوگوں میں پھیلے یا نہ پھیلے، سزا کی خبر ضرور پھیل جائے گی اور لوگ اس سزا کی غلط تشریحات کریں گے اور اس کے بارے مختلف تبصرے کریں گے، ظاہر ہے کہ یہ سب کچھ رسول اللہ ﷺ کی دعوتِ توحید کی راہ میں رکاوٹ بن سکتا ہے اس لئے آپ علیہ الصلوۃ والسلام نے فرمایا: ''لوگوں کو یہ پراپیگنڈہ کرنے کا موقع نہ مل جائے کہ محمد ﷺ اپنے ہی ساتھیوں کو مروادیتے ہیں، بعض روایات کے مطابق: لوگوں کو کہیں یہ کہنے کا موقع نہ مل

جائے کہ محمد ﷺ اپنے ہی ساتھیوں پر حملہ آور ہو کر اُنہیں ہاتھ پاؤں باندھ کر قتل کروا دیتے ہیں.[13]

نیز عبداللہ بن ابی کو سزائے موت نہ دینے کی ایک وجہ بعض صحابہ کرام رضی اللہ عنہم کے جذبات کی رعایت بھی ہے، کیونکہ وہ جیسا کیسا بھی تھا وہ اپنے قبیلہ کا سربراہ تھا، اس لئے اُس کے خلاف ایسا کوئی اقدام اُس کی قوم کو سخت ناگوار گذر سکتا تھا اور اس سے دیگر لوگوں پر بھی ایک منفی اثر اثر پڑ سکتا تھا اور اس سے کوئی نیا فتنہ بھی کھڑا ہو سکتا تھا، لیکن جب نبی اکرم ﷺ نے صبر، عفو اور درگذر سے کام لیتے ہوئے اُسے سزا نہ دی تو اس کی قوم کے لوگ ہی اُس کی مذمت کرنے لگ گئے! چنانچہ اس موقع پر رسول اللہ ﷺ نے حضرت عمر رضی اللہ عنہ سے کہا: دیکھا جِس دن تُم مجھے ابن سلول کو قتل کرنے کی اجازت مانگ رہے تھے، اگر اُس دن میں اس کی اجازت دیدیتا تو کئی لوگ اُس کی حمایت میں کھڑے ہو جاتے، لیکن آج یہ حال ہے کہ اگر میں کہہ دوں تو اُسی کی قوم کے لوگ ہی اُس کی گردن اُتارنے میں دیر نہیں لگائیں گے۔[14]

آپ ﷺ کی سیرت مبارکہ کے اس واقعہ سے مصلحت کی رعایت (public interest) اور سدذریعہ (blocking the means)، اتحاد کی رعایت اور فتنہ اور فساد سے ممکن حد تک بچنے کا اُصول نکلتا ہے۔

---

[13] مسند أحمد (4820)، وصحيح البخاري (4905، 4907)، وصحيح مسلم (2584)، وجامع الترمذي (3315)، وفتح الباري (650/8)، وتفسير ابن كثير.(8/132)

[14] سيرة ابن هشام (493/2)، وتاريخ الطبري (608/2)، وتفسير الطبري (670/22)، والكامل في التاريخ (78/2)، والبداية والنهاية (188/6)، وفتح الباري (649/8)، وصحيح السيرة النبوية لإبراهيم العلي (ص253-254).

مکہ کا چودھری!

مدینہ منورہ کے مشہور قبیلہ اوس کی ذیلی شاخ بنو عبد الاشہل کے سردار حضرت سعد بن معاذ رضی اللہ عنہ اور مکہ مکرمہ کے امیہ بن خلف (قریش کی ذیلی شاخ بنو جمح) ایک دوسرے کے گہرے دوست تھے، امیہ بن خلف جب بھی شام جاتے تو مدینہ منورہ میں سعد بن معاذ کے پاس ٹھہرتے اور جب حضرت سعد نے مکہ جانا ہوتا تو امیہ کے مہمان بنتے، رسول اللہ ﷺ کی ہجرت اور حضرت سعد رضی اللہ عنہ کے ایمان لانے بعد ایک دفعہ اپنے دوست امیہ کے پاس مکہ مکرمہ چلے گئے، مکہ پہنچنے کے بعد امیہ سے کہنے لگے کہ میرے لئے کوئی ایسا مناسب وقت دیکھیں جس میں حرم شریف خالی ہو تاکہ میں عمرہ کر سکوں، امیہ بن خلف ان کو عین دوپہر کے وقت حرم میں لے گئے کیونکہ عموماً اس وقت گرمی کی شدت کی وجہ سے لوگ اپنے گھروں کو چلے جاتے تھے اور امیہ کو یہ امید تھی کہ سعد کی وہاں پر کسی سے ملاقات نہیں ہوگی۔ لیکن دوران طواف حضرت سعد کا اچانک ابو جہل سے سامنا ہوا، ابو جہل کو ظاہر ہے کہ یہ بات کب قابل برداشت ہو سکتی تھی، فوراً ہی چیخا: یہ کون ہے جو بڑے امن و سکون سے طواف کر رہا ہے؟۔

حضرت سعد کڑیل جوان اور اپنے قبیلہ کے قابل احترام سردار تھے، اس لئے اگر کوئی اُن کو مخاطب کرتا تو وہ خاموش نہیں رہتے تھے فوراً بول پڑے: میں ہوں سعد بن معاذ۔

ابو جہل کہنے لگا: تم اس طرح امن وسکون سے طواف کیسے کر سکتے ہو، حالانکہ تُم نے نہ صرف محمد اور اُس کے ساتھیوں کو پناہ دی ہے، بلکہ مسلسل اُن کی حمایت اور نُصرت کے دعویدار بھی ہو؟

جی بالکل! حضرت سعد نے انتہائی اطمینان سے جواب دیا۔

ابو جہل کہنے لگا: خدا کی قسم! اگر تم امیہ کے مہمان نہ ہوتے تو پھر تمہاری صحیح سلامت واپسی ممکن نہیں تھی، اس پر سعد نے بلند آواز میں کہا: خدا کی قسم! اگر تُم نے مجھے طواف سے روکا تو میں بھی مدینہ منورہ کا راستہ تمہارے لئے بند کر دوں گا۔

اِس پر امیہ نے حضرت سعد سے کہا: ابوالحکم (ابو جہل) اس شہر کے چودھری ہیں، لہٰذا اُن کے سامنے اتنی اونچی آواز میں بولنا مناسب نہیں، حضرت سعد اس بات پر امیہ سے ناراض ہو گئے کہ وہ اس کا دوست اور میزبان ہونے کے باجود بھی ابو جہل کی حمایت کر رہا ہے! اِدھر حضرت سعد اور ابو جہل میں لفظوں کی جنگ جاری ہے۔

سعد نے ناراض ہو کر امیہ کو دھکہ دیا اور کہنے لگے: امیہ بس رہنے دیں! ویسے بھی میں نے رسول اللہ ﷺ کو یہ فرماتے ہوئے سُنا ہے کہ ہم لوگ ہی تمہیں قتل کریں گے۔

یہ الفاظ سننے تھے کہ امیہ کے پاؤں تلے سے زمین نکل گئی اور بہت زیادہ گھبراہٹ کے عالم میں کہنے لگا: خدا کی قسم! محمد ﷺ کبھی جھوٹ نہیں بولتے! پوچھنے لگا: مکہ میں آکر؟ حضرت سعد نے کہا: جگہ کا مجھے علم نہیں، البتہ یہ ضرور فرمایا ہے، تمہیں ٹھکانہ لگایا جائے گا۔

امیہ بن خلف پر گھبراہٹ طاری تھی، واپس گھر جا کر اپنی بیوی سے کہنے لگا: ام صفوان! تُم نے سنا میرا یہ یثربی بھائی کیا کہہ رہا ہے؟

کیا کہہ رہا ہے؟ ام صفوان نے پوچھا۔

امیہ: کہہ رہا ہے کہ محمد (ﷺ) نے کہا ہے کہ یہ لوگ مجھے قتل کریں گے، البتہ جگہ کا تعین نہیں کیا ہے کہ کہاں مجھے قتل کریں گے؟! اس پہ ام صفوان بھی کہنے لگی: محمد ہمیں چھوڑیں گے نہیں، خدا کی قسم وہ کبھی جھوٹ نہیں بولتے۔

اس پہ امیہ نے قسم کھائی کہ وہ کبھی مکہ مکرمہ سے باہر ہی نہیں نکلے گا۔

بات آئی گئی ہو گئی، لیکن جب بدر کا موقع کا آیا تو ابو جہل بہت ہی جوش و خروش سے لوگوں کو گھروں سے نکال کر رسول اللہ ﷺ کے خلاف لڑنے پر آمادہ کر رہا تھا، اور ابو جہل کے خیال میں قریش کو جمع کر کے پیغمبر اسلام ﷺ اور آپ کے ساتھیوں کا قلع قمع کرنے کا یہ ایک بہترین موقع تھا۔ اِدھر اُمیہ کو حضرت سعد کی ایک ایک بات یاد تھی، اس لئے اُس نے یہ طے کر لیا کہ وہ کسی طرح بھی مکہ سے باہر نہیں جائے گا۔ لیکن ابو جہل آکر کہنے لگا: دیکھو امیہ تم وادی مکہ کے سردار ہو جب لوگ تمہیں پیچھے ہٹتے ہوئے دیکھیں گے تو ان کے حوصلے بھی پست ہو جائیں گے اور کوئی بھی آگے بڑھنے پر راضی نہیں ہو گا! لیکن اگر تُم نے نہ آنے کا ہی پکا ارادہ کر لیا ہے تو ایسا کرو کہ ابھی تو ہمارے ساتھ چلو، لیکن ایک دو دون قافلہ کے ساتھ رہنے کے بعد واپس آجانا، اس سے آپ کی قسم بھی پوری ہو جائے گی اور لوگوں کا حوصلہ بھی پست نہیں ہو گا۔ اور ابو جہل مسلسل اصرار کرتا رہا یہاں تک امیہ

مان گیا اور کہنے لگا: اب تُم مجھے اپنے ساتھ نکلنے پر مجبور کر ہی چکے ہو تو پھر میں ایک اچھا سا اونٹ خرید تا ہوں تاکہ موقع ملتے ہی واپسی کی راہ لے سکوں۔

پھر اپنی بیوی کی طرف متوجہ ہو کر کہنے لگا: ام صفوان میرا سامان تیار کر لو! ام صفوان کہنے لگی: وہ مدنی بھائی کی بات بھُول گئے؟ امیہ: نہیں، بھولا نہیں ہوں، لیکن ابو جہل جب اتنا اصرار کر رہا ہے تو ابھی تو اُن کے ساتھ چلے چلتا ہوں لیکن راستہ سے واپس آجاؤں گا، پھر قافلہ چل پڑھا، اس دوران اُمیہ نے واپسی کی نیت سے متعدد جگہوں پر اپنا اونٹ باندھا، لیکن قسمت اور موت اُسے کھینچ کر بدر تک پہنچانے میں کامیاب ہوگئی، جنگ شروع ہوئی تو گھمسان کا رن پڑا، نصرت خداوندی رسول اللہ ﷺ اور آپ کے جانثاروں کے شامل حال ہوئی اور شکست وذلت مشرکین کا مقدر بنی، قریش کے بڑے بڑے سردار اس جنگ میں کام آئے، البتہ ابتدا ابو جہل سے ہوئی جس نے بہلا پھُسلا کر امیہ کو بھی موت کے منہ دھکیل دیا تھا اور اُمیہ نے اپنی شکست اپنی آنکھوں سے دیکھ لی، سرداران قریش کے جسموں کے ٹکڑے بکھرے پڑے تھے اور جنگ ختم ہونے کے قریب تھی کہ مؤذن رسول اللہ ﷺ حضرت بلال حبشی رضی اللہ عنہ نے اُمیہ کو دیکھ لیا چونکہ حضرت بلال مکہ مکرمہ میں امیہ کے غُلام تھے اور اسلام قبول کرنے کی پاداش میں اُمیہ اُن پر مظالم کے ایسے پہاڑ توڑا کرتا تھا کہ اس کا تصور بھی بندے کے تن بدن کو کانپنے پر مجبور کردے، اس لئے ظلم وستم کے وہ سارے شکنجے، وہ اذیتیں اور حقارت سے بھرا سلوک! ایک ایک منظر بلال کی آنکھوں کے سامنے گھُومنے لگا تو بلال نے انصار کو آواز لگائی: یہ رہا اُمیہ بن خلف، اگر آج

بھی یہ بچ گیا تو پھر میں بچ نہیں سکوں گا! حضرات انصار بھی اُس پر جھپٹ پڑے اور تھوڑی دیر تھی کہ اُمیہ کی زندگی کا صفحہ بھی ہمیشہ کیلئے بند ہو گیا۔[15]

اُمیہ کی موت کئی حوالوں سے بڑی دردناک تھی، ایک تو اُس کو اپنے انجام کی پہلے سے اطلاع مل چکی تھی، دوسرا اُس نے اپنی آنکھوں سے شکست وہزیمت دیکھ لی اور تیسرا یہ کہ اُسے حضرت بلال کی موجودگی بلکہ تحریک پر قتل کیا گیا، حالانکہ کسی زمانہ میں یہی بلال رضی اللہ عنہ بطور غلام اسی اُمیہ کے ہاتھوں سے اذیتیں سہا کرتے تھے۔

عالمِ تصور میں یوں معلوم ہوتا ہے کہ حضرت سعد بن معاذ اُمیہ اور اُس کے ساتھیوں کو دیکھ کر یہ آیت پڑھ رہے ہوں:

﴿ هَٰذَا مَا وَعَدَنَا ٱللَّهُ وَرَسُولُهُۥ وَصَدَقَ ٱللَّهُ وَرَسُولُهُۥۚ وَمَا زَادَهُمۡ إِلَّآ إِيمَٰنٗا وَتَسۡلِيمٗا﴾ [الأحزاب: 22]

ترجمہ: یہ وہی بات ہے جس کا وعدہ اللہ اور اس کے رسول نے ہم سے کیا تھا، اور اللہ اور اُس کے رسول نے سچ کہا تھا۔ اور اس واقعہ نے ان کے ایمان اور تابعداری کے جذبے میں اور اضافہ کر دیا تھا۔

اس واقعہ میں درج ذیل چیزیں اِنسان کو رُک کر سوچنے پر مجبور کر دیتی ہیں:

ا) رسول اللہ ﷺ کی صداقت مشرکین کے دلوں میں اس حد تک گھر کر چکی تھی کہ وہ برملا اس کا اظہار کرتے تھے کہ محمد ﷺ کبھی جھوٹ نہیں بولتے اور اُمیّہ نے بھی

---

[15] مسند أحمد (3794، 3795)، وصحيح البخاري (2301، 3632، 3950، 3971)، ومعجم الطبراني الكبير (5350)، والبداية والنهاية (5/60-63)، وفتح الباري (4/480)، (7/272)، وعمدة القاري.(12/128)

جب اپنے قتل کی خبر سُنی تو پہلی بات یہی کہی: ''اِنَّہٗ لَا یَکْذِبُ اِذَا حَدَّثَ'' کہ محمد کی زبان پر سچ کے سوا کوئی دوسری بات جاری نہیں ہوسکتی! اسی لئے تو وہ معرکہ بدر میں شرکت پر آمادہ نہیں ہورہا تھا، اور یہی بات اُمیہ کی بیوی ام صفوان نے نہ صرف کہی، بلکہ جب اُمیہ ابوجہل کے اصرار پر بدر میں شرکت کرنے پر آمادہ ہُوا تو اُسے یاد بھی دلایا کہ: مَا قَالَ لَکَ أَخُوکَ الیَثْرِبِیُّ؟! مدینہ والے بھائی کی بات بھول گئے؟ اس سے یہ معلوم ہوتا ہے کہ قُریش کا کُفر کُفرِ جحود وانکار تھا، جیسا کہ اللہ تعالی کا فرمان ہے:

﴿فَإِنَّهُمْ لَا يُكَذِّبُونَكَ وَلَٰكِنَّ ٱلظَّٰلِمِينَ بِـَٔايَٰتِ ٱللَّهِ يَجْحَدُونَ﴾

[الأنعام: 33]

ترجمہ: کیونکہ یہ دراصل تمہیں جھٹلاتے، نہیں بلکہ یہ ظالم اللہ کی آیتوں کا انکار کرتے ہیں۔

سبحان اللہ! عجیب بات ہے کہ اگر نبی اُمی ﷺ یہ کہیں کہ وہ تُمہیں قتل کردیں گے، تو یہ لوگ فوراً یقین کرلیتے ہیں، لیکن وہ یہ کہیں میں اللہ کا بھیجا ہوا رسول ہوں، تو جھٹلانے لگ جاتے ہیں! یہ کیسے ممکن ہے کہ ایک شخص مخلوق سے تو ہمیشہ سچ بولے، لیکن خالق پر جھوٹ باندھے! یہ تضاد اس بات کی نشاندہی کرتا ہے کہ

﴿وَجَحَدُواْ بِهَا وَٱسْتَيْقَنَتْهَآ أَنفُسُهُمْ ظُلْمًا وَعُلُوًّا﴾ [النمل: 14]

ترجمہ: اگرچہ اُن کے دِلوں کو ان کی سچائی کا یقین ہو چکا تھا، مگر انہوں نے ظلم اور تکبر کی وجہ سے اُن کا انکار کیا۔

ہم دیکھتے ہیں کہ مسلمانوں اور مشرکین کے درمیان انسانی رشتہ قائم رہا اور مسلمانوں نے باوجود اپنے راسخ ایمان، اخلاص سے بھرپور اسلام اور شرک سے براءت کے باوجود مشرکین سے دوستی میل جول، مہمان نوازی اور انسانی تعلقات کو ختم کرنے کو ضروری نہیں سمجھا، بلکہ ہجرت کے بعد بھی حضرت سعد اور اُمیّہ کے درمیان آنا جانا باقی رہا۔ نیز اُمیّہ اور حضرت عبد الرّحمن بن عوفؓ کے درمیان ایک دوسرے کے خاندان اور مال کی دیکھ بھال اور ذمہ داری جاری رہی۔ [16]

۲) سلف صالحین رضی اللہ عنہم نے بھی مسلمانوں کو اسی انسانی برادری کا حصہ ہی سمجھا، لہٰذا ان کے اور دوسروں کے درمیان اعلیٰ ترین اخلاقی قدروں اور اعلیٰ ترین انسانی جذبات کے مطابق سلوک ہونا چاہیے اور کہیں بھی سلف صالحین نے اسلام کا مطلب اپنے آپ کو نفسیاتی طور پر عزلت نشینی اور اجتماعی طور پر تنہائی کا شکار ہونا نہیں سمجھا۔

۳) یہ حدیث مبارک رسول اللہ ﷺ کے واضح اور ناقابل انکار معجزہ کے بارے بتلاتی ہے کہ کیسے رسول اللہ ﷺ نے برملا حضرات انصار سے فرمایا کہ امیہ بھی مشرکین کے اُس لشکر کا سپاہی بن نکلا جو فخر و غرور کا مجسمہ بنے ہوئے بدر کی طرف آرہا تھا اور بالآخر حضرات انصار کی تلواروں کا نشانہ بنا، اُس کی احتیاط، ہوشیاری اور خریدا ہوا مکہ مکرمہ کا بہترین اونٹ سمیت کوئی بھی چیز کام نہ آسکی! دوسری طرف رسول اللہ ﷺ کی پیشنگوئی حرف بہ حرف سچ ثابت ہوئی اور مشرکین کو اُن کے کئے کی سزا مل گئی۔

---

[16] صحيح البخاري (2301، 3971)، وفتح الباري (4/480)، وعمدة القاري.(12/128)

۴)اُمیہ کی شدید احتیاط کے باوجود ابو جہل کتنی ہوشیاری اور چالاکی کے ساتھ اُس کو بہکانے میں کامیاب ہوا، کیونکہ ابو جہل نے یہ کہہ کر" اے ابو صفوان! أَنْتَ سَيِّدُ الْوَادِي (آپ تو مکہ کے سردار ہیں اگر آپ ہی پیچھے ہٹ گئے تو لوگوں کے حوصلے پست ہو جائیں گے اور وہ بھی گھر بیٹھنے کو ترجیح دیں گے اور اگر لوگ آپ کو پیچھے دیکھتے ہیں، تو وہ آپ کے ساتھ پیچھے ہو جائیں گے)اُمیّہ کو زعامت اور لیڈری کی خوش فہمی میں مبتلا کر دیا اور اُسے یہ باور کروایا کہ وہ تو اہل مکّہ کا سردار ہے اور باقی لوگ اُس کے پیروی کرنے والے عوام۔

نیز ابو جہل نے اُمیّہ کو دوسرا دھوکہ یہ دیا کہ بس ایک دو دن لشکر کے ساتھ چلو، پھر واپس آجاؤ، حالانکہ ابو جہل خوب جانتا تھا کہ اُمیّہ کے لئے یہ کسی طرح بھی ممکن نہیں تھا کہ وہ ایک دو دِن لشکر کے ساتھ چلنے کے بعد یہ کہتے ہوئے واپسی کی راہ لے لے کہ تُم جا کر بدر کا معرکہ لڑو، میں یہاں سے واپس جا رہا ہوں! ایک عرب سردار کیلئے تلواروں کا نشانہ بن کر موت کو گلے لگانا اس طرح کے موقف سے کئی گنا زیادہ آسان تھا! اور عملی طور پر بھی ایسا ہی ہوا، امیّہ ایک دو روز کے سفر کے بعد واپس نہ آسکا بلکہ ابو جہل اپنی ماہرانہ چال اور بلا کی ذہانت کے ذریعہ اُمیہ کو کشاں کشاں موت تک لیجانے میں کامیاب ہو گیا۔

۵)اس واقعہ سے ہمیں یہ بھی سبق بھی ملتا ہے کہ بسا اوقات ضلالت و گمراہی کے علمبردار دوسروں سے بڑھ کر ذہین، اعلی درجہ کی صلاحیتوں کے مالک، لوگوں میں اچھے تعلقات اور اثر و نفوذ کے حامل ہو سکتے ہیں۔ لیکن یہ ساری صلاحیتیں غلط اور باطل کاموں میں استعمال ہو جاتی ہیں اور جب عذابِ الٰہی اُن کو اور اُن کے راہبروں کو گھیر لیتا ہے

،توان میں سے کوئی بھی چیز ان کے کام نہیں آتی، بلکہ کیا راہرو اور کیا پیروکار سبھی مشترکہ طور پر اُس عذاب کا نشانہ بن جاتے ہیں۔

٦) اس واقعہ میں حضرت سعد رضی اللہ عنہ کی شخصیت شجاعت اور حکمت کا مرقّع نظر آرہی ہے کہ ایک طرف انہوں نے اُمیّہ سے کہا کہ وہ عُمرہ کی ادائیگی کیلئے ایسے وقت کا انتخاب کریں جس میں حرم خالی ہو، اس سے پتہ چلتا ہے کہ حضرت سعد رضی اللہ عنہ نے قریش اور مسلمانوں کے درمیان موجود سیاسی تناؤ کی پوری رعایت کرنا چاہی اور جان بُوجھ کر کفار کا سامنا کرنے اور جھگڑے کا ماحول بنا کر اُس میں اضافہ کرنے کے روادار نہیں تھے، لیکن جب اُنہوں نے ابوجہل کی آواز سُنی تو پھِر کسی نرمی یا کمزوری کا مظاہرہ کرنا بھی مناسب نہیں سمجھا، بلکہ پورے اعتماد کے ساتھ جواب دیا، حضرت سعد رضی اللہ عنہ ذاتی معاملات کو حکیمانہ انداز سے چلانے اور حریفوں سے مردانہ وار مقابلہ کرنے کا فن خُوب جانتے تھے، اس لئے انہوں نے ہر معروضی حالت کیلئے مناسب پالیسی اختیار کی اور ہر دیس کے مطابق بھیس اپنایا۔

٧) رسُول اللہ ﷺ کا حضرت سعد بن معاذ رضی اللہ عنہ کی سیاسی بصیرت پر اعتماد دیکھئے کہ تیس سال کی عمر کے کڑیل جوان جس کو ابھی دامنِ اسلام سے وابستہ ہوئے بمشکل تین سال ہوئے تھے کہ اُنہیں اپنے آبائی وطن مدینہ منورہ سے مکہ مکرمہ سفر کرنے کی اجازت مل جاتی ہے، حالانکہ اُس وقت مکّہ مکرّمہ صرف بُتوں اور بُت پرستوں کی آماجگاہ ہی نہیں بنا ہوا تھا، بلکہ وہاں کے سرداروں کے دلوں میں بھی رسول اکرم ﷺ کی عداوت کے انگارے سُلگ رہے تھے، لیکن اس سب کے باجود رسول اللہ ﷺ نے حضرت سعد کو مکہ

مکرمہ کا سفر کرنے سے منع نہیں فرمایا کہ کہیں وہ مکّہ مکرّمہ کے مشرکانہ ماحول سے متاثر ہو جائیں گے یا فتنہ میں مبتلا ہو جائیں گے یا اُن کے دین و ایمان کو کوئی خطرہ ہو گا۔

دوسری طرف حضرت سعد بن معاذ رضی اللہ عنہ نے بھی معاملات اتنی حکمت، بہادری، استقامت اور خوش اسلوبی سے نمٹائے کہ اگر اس حالت میں اُن کو رسول اللہ ﷺ دیکھ لیتے تو آپ ﷺ بہت خوشی کا اظہار فرماتے۔

نیز اس واقعہ سے پتہ چلتا ہے کہ جنابِ رسول اللہ ﷺ نے کتنی باریک بینی سے صحابہ کرام رضوان اللہ علیہم اجمعین کی نظریاتی اور نفسیاتی تربیت فرمائی تھی اور آپ ﷺ کی تربیت اِن حضرات کی خوداعتمادی میں جھلک رہی ہے اور یہ بھی معلوم ہو رہا ہے کہ تربیت کا مطب ہمیشہ کیلئے تنہا کر دینا اور چوبیس گھنٹے نگرانی کرنا نہیں بلکہ طالبِ تربیت کے اندر نظریاتی، فکری اور نفسیاتی طور پر وہ شُعور پیدا کرنا ہے کہ جس کے ذریعہ وہ مشکل سے مشکل حالات میں بھی عمدہ فیصلہ کر سکے۔

عائشہ! ذرا ٹھہر جایئے!

چونکہ یہود ایک ایسی زمین کی تلاش میں تھے جہاں سے نبی آخر الزمان ﷺ مبعوث ہوں گے اور اُن کی کتابوں کے مطابق یہ زمین موسم کے اعتبار سے گرم اور پھل کے حوالہ سے نخلستان (کھجوروں والی) ہوگی، اس لئے انہوں نے وادی یثرب (موجودہ مدینہ منورہ) کو اپنا وطن بنایا اور نبی اُمی ﷺ کی بعثت اور ہجرت کا انتظار کرتے رہے، حالانکہ یثرب پہنچتے ہوئے اُن کا گذر وادی قری جیسے علاقہ سے بھی ہوا تھا، جو مدینہ منورہ سے زیادہ سرسبز وشاداب، خوبصورت اور زرخیز ہے،

یہودی بت پرستوں کے خلاف اللہ سے فتح کی دعائیں مانگا کرتے تھے، جیسا کہ قرآن کریم کا ارشاد ہے:

﴿وَكَانُواْ مِن قَبۡلُ يَسۡتَفۡتِحُونَ عَلَى ٱلَّذِينَ كَفَرُواْ﴾ [البقرة: 89]

ترجمہ: باوجودیکہ یہ خود شروع میں کافروں (یعنی بت پرستوں) کے خلاف اس کتاب کے حوالہ سے اللہ سے فتح کی دُعائیں مانگا کرتے تھے اور اللہ تعالی سے مدد طلب کررہے تھے، اور عرب کے مشرکین کو آپ کی بعثت سے ڈرا رہے تھے۔

پھر یہود کی توقعات کے عین مطابق جب نبی اکرم ﷺ کی بعثت ہوئی اور آپ ﷺ نے اُن کے علاقہ کی طرف ہجرت کی۔ یہودیوں کا خیال یہ تھا کہ نبی آخر الزمان ﷺ بھی بنی اسرائیل میں سے ہوں گے، لیکن جب اُن کو پتہ چلا کہ محمد ﷺ تو عربی النّسل ہیں تو تو محض قومیت پرستی، حسد اور کینہ کی وجہ سے رسول اللہ ﷺ کو پہنچاننے کے باوجود ماننے سے انکار کردیا۔

﴿فَلَمَّا جَآءَهُم مَّا عَرَفُواْ كَفَرُواْ بِهِۦ فَلَعۡنَةُ ٱللَّهِ عَلَى ٱلۡكَٰفِرِينَ﴾
[البقرة: 89]

ترجمہ: مگر جب وہ چیز ان کے پاس آگئی جسے انہوں نے پہچان بھی لیا، تو اس کا انکار کر بیٹھے، پس پھٹکار ہے اللہ کی ایسے کافروں پر۔

جب رسول اللہ ﷺ ہجرت کر کے مدینہ تشریف لائے تو آپ ﷺ یہودیوں کیساتھ اُنہی عمدہ اخلاق اور اچھے انداز سے پیش آئے جن کا تذکرہ خود اللہ تعالی نے اپنی کتاب میں کیا ہے:

﴿وَإِنَّكَ لَعَلَىٰ خُلُقٍ عَظِيمٍ﴾ [القلم: 4]

ترجمہ: اور یقیناتم اخلاق کے اعلی درجہ پر فائز ہو۔

لیکن یہودیوں کے دلوں پر جلن اور حسد کی کالک مسلسل چھائی رہی جس کی جھلک اُن کی مختلف حرکتوں میں نظر آتی تھی۔ مثلاً یہودیوں کی ایک جماعت جب رسول اللہ ﷺ کے گھر آئی تو اس نے بجائے اَلسَّلَامُ عَلَیْکُمْ کے اَلسَّامُ عَلَیْکُمْ یَا اَبَا الْقَاسِم کے الفاظ کہے، جس کا معنی بنتا ہے: تمہیں موت آجائے! لیکن انہوں نے ظاہری لفظ کو ایسے انداز سے بگاڑ کر بولا کہ سُننے والوں کو بآسانی اس کا پتہ لگانا کافی مشکل تھا، لیکن رسول اللہ ﷺ اور آپ کی رفیقہ حیات، حضرت عائشہ رضی اللہ عنہا کو یہودیوں کے اِس خبث باطن کا اندازہ ہو گیا، جس پر نبی اکرم ﷺ نے تو صرف وَعَلَیْکُمْ (اور تُم پر بھی) کے الفاظ ادا کر کے خاموشی اختیار کی لیکن حضرت عائشہ سلام اللہ علیہا رسول اللہ ﷺ کے معاملہ میں کہاں خاموش رہ سکتی تھیں؟ انہوں نے ان بدنیتیوں کی ٹھیک ٹھاک خبر لی اور کہا: بَلْ عَلَيْكُمُ السَّامُ

وَالذَّامُ (جہاں بھر ذلتیں اور بربادیاں تمہارا مقدّر رہوں) اِس پہ رسول اللہ ﷺ نے ناراضگی کا اظہار فرمایا تو حضرت عائشہ رضی اللہ عنہا نے عرض کیا یا رسول اللہ! جو الفاظ ان لوگوں نے آپ کیلئے سلام کی جگہ استعمال کئے اُن سے تو آپ باخبر ہی ہوں گے؟ اس پہ نبی اکرم ﷺ نے فرمایا: اور جو الفاظ میں نے جواب میں کہے ان کے بارے تمہارا کیا خیال ہے؟ میں نے "وَعَلَيْكُمْ" (اور تم پر بھی) کہہ کر اُن کی بددُعا انہی پر لوٹادی۔

اور تم تو جانتی ہو کہ اُن کی بددُعا مجھے لگے گی نہیں، لیکن میری بددُعا رد نہیں ہوگی۔

پھر حضرت عائشہ سلام اللہ علیہا کو نصیحت کرتے ہوئے فرمایا: عائشہ! جلد بازی سے کام نہ لو، نیز بدگوئی اور شدت کی بجائے نرمی اور عمدہ الفاظ کو اپنی عادت بنالو! کیونکہ اللہ تعالیٰ کو بدگو، اور زبان دراز شخص پسند نہیں، چونکہ اللہ تعالیٰ کریم ہیں، اس لئے ہر معاملہ میں نرمی کو پسند کرتے ہیں! یادرکھو، نرمی جہاں بھی ہوگی، وہ خوبصورتی کا باعث ہے اور (ضرورت سے زائد) سختی جس چیز میں بھی ہوگی وہ اس کو بدصورت بنادے گی۔[17]

اس حدیث مبارک سے حاصل ہونے والے چند اسباق

ا) یہودیوں کی مسلسل ریشہ دوانیوں، کارستانیوں، شرارتوں اور بارہا دِلوں کے چھپے بھید اور ارادے الفاظ کی صورت میں زبان پر لانے کے باوجود رسول اللہ ﷺ نے اُن

[17] مسند أحمد (13531، 23171، 25029)، وصحيح البخاري (2935، 6024، 6256، 6257)، وصحيح مسلم (2165، 2166، 2592-2594)، وسنن أبي داود (2478)، وسنن النسائي الكبرى (11507)، وصحيح ابن خزيمة (574، 1585)، وصحيح ابن حبان (6441)، وشعب الإيمان (7722، 8413، 8418)، وشرح النووي على صحيح مسلم (145/14)، (115/16)، وفتح الباري (449/10)، (42/11)، (280/12).

کے ساتھ اپنے عُمدہ اخلاق اور پاکیزہ سیرت کے مطابق انتہائی نرمی، احترام اور عزت افزا سُلوک کیا اور ممکنہ حد تک اُن کی بُرائیوں کا جواب اچھائی سے دیتے رہے۔ اس سے زیادہ اور اچھا سُلوک کیا ہو سکتا ہے کہ نبی اکرم ﷺ کا دروازہ اُن کیلئے ہمیشہ کھلا رہتا تھا، چنانچہ وہ بے دھڑک آپ کے اُن حجروں میں آ جا سکتے تھے جن کی طہارت اور پاکیزگی کا گواہ قرآن ہے۔

۲) اِس واقعہ سے رسول اللہ ﷺ کی حسنِ سُلوک کے بارے مثالی خُود اعتمادی، لوگوں میں گھل ملنا، تاکہ ممکن حد تک لوگوں کو دینِ اسلام کی دعوت پہنچائی سکے، اور اس راستہ میں کی جانے والی بے پناہ کوششوں کا پتہ چلتا ہے۔ یہی وجہ ہے کہ یہ دعوتی ملاقاتیں یا تو آپ ﷺ کے گھر ہوتی تھیں یا پھر نبی اکرم ﷺ پیغامِ ربّانی سُنانے خود چل کر اُن لوگوں کی دہلیز پر پہنچ جایا کرتے تھے۔

۳) حضرت عائشہ رضی اللہ عنہا نے یہودیوں کو جو بھی سخت الفاظ کہے تھے، ظاہر ہے کہ وہ رسول اللہ ﷺ کے دفاع میں ہی کہے تھے اور حضرت عائشہ سلام اللہ علیہا یہ ردّ عمل بھی فطری تھا، لیکن اس کے باوجود بھی نبی اکرم ﷺ نے اِسے بد گوئی سے تعبیر فرما کر سیدہ عائشہ کو سختی سے منع کیا کہ وہ خواہ میرے دفاع کیلئے بھی ہو، اس طرح کا لب ولہجہ استعمال نہ کرے، کیونکہ اس طرح کی چیزیں اللہ اور اس کے رسول ﷺ کو پسند نہیں، لہٰذا ان کا استعمال کسی مؤمن مرد وعورت کے شایانِ شان نہیں، بلکہ مؤمن تو وہ ہے جو اُن چیزوں سے دُور بھاگے جو اللہ اور اُس کے رسول ﷺ کو پسند نہ ہوں۔

۴) باوجود اس کے یہودیوں نے جو کچھ کیا تھا اس کی سنگینی کے مقابلہ میں حضرت عائشہ سلام اللہ علیہا کا ردّ عمل بہت ہی کم اور نرم تھا (کیونکہ سیاہ نصیب یہودیوں نے یہ الفاظ رسول اللہ ﷺ کو مخاطب کر کے استعمال کئے تھے، جو قانونا سخت سزا کے مستوجب تھے، جبکہ حضرت عائشہ سلام اللہ علیہا نے یہودیوں کو مخاطب کر کے کہے تھے اور وہ ردّ عمل کے طور پر تھے) لیکن چونکہ مقام مقامِ تربیت تھا، اس لئے رسول اللہ ﷺ نے چاہا کہ حضرت عائشہ سلام اللہ علیہا جیسی پاکیزہ ہستی کی زبان ناشائستہ الفاظ کے استعمال کے شائبہ سے بھی پاک رہے۔ باقی رہے یہودی تو اُن کے ساتھ تعلقات برقرار رہیں اور اُن کی ہدایت کیلئے مسلسل کوشش بھی جاری رہے گی! تاکہ یا تو اُن کے دِل دین اسلام کی روشنیوں سے منور ہوں یا پھر اُن پر اتمام حجت ہو۔

۵) رسول اللہ ﷺ اپنی زوجہ مطہّرہ حضرت عائشہ رضی اللہ عنہا اللہ تعالیٰ کو نرمی اختیار کرنے حکم دے رہے ہیں اور بتا رہے ہیں کہ نرمی کی صفت اللہ اور اُس کے رسول ﷺ کو پسند ہے، اور نرمی ہر چیز کو حسین بنا دیتی ہے جبکہ (ضرورت سے زیادہ) سختی ہر چیز کو عیب دار! اور تعجب کی بات یہ ہے یہودیوں کے ساتھ بھی کہ نرمی کا برتاؤ کرنے کا حکم دیا جا رہا ہے، حالانکہ اُن کے بارے خود اللہ تعالیٰ نے بتایا ہے کہ یہ لوگ تمہارے شدید ترین دُشمن ہیں، نیز یہی وہ لوگ تھے جنہوں نے رسول اللہ ﷺ کو انتہائی حقارت آمیز لہجہ سے مخاطب کیا، آپ ﷺ کے گھر والوں کے سامنے آپ ﷺ کیلئے ایسے بُرے الفاظ استعمال کئے، پس اگر یوں حکم دیا گیا ہوتا کہ پوری مخلوق کے ساتھ نرمی کی جائے سوائے یہودیوں کے، تو اِس میں بھی کچھ بیجا نہ تھا، لیکن یہ رحمتِ کائنات رسول عربی ﷺ کا ظرف

تھا کہ اُس نے یہودیوں تک سے بھی نرمی کرنے کا حکم دیا! کیونکہ وہ نبی رحمت ہیں، جن کی تعلیم یہ ہے کہ ہر چیز کے ساتھ نرمی کی جائے۔

یہاں پہنچ کر ہمیں خود سے یہ سوال کرنا چاہیئے کہ اللہ کے رسول ﷺ تو ایسے لوگوں (جن کو اللہ تعالی نے شدید ترین دُشمن قرار دیا ہے) سے بھی نرمی کا معاملہ فرما رہے ہیں، اور حضرت عائشہ سلام اللہ علیہا کو بھی اس کا حکم دے رہے ہیں، لیکن ہماری زندگیوں میں نرم دلی کا کتنا حصہ ہے؟ ہم کہاں تک اپنے خاندان، رشتہ دار اور دوست احباب (جن کے ساتھ ہمارا ایمان کا تعلق ہے) کے ساتھ نرمی کا برتاؤ کرتے ہیں؟ اور اگر ہمارا معاشرہ اپنے تمام معاملات میں حسن سلوک سے آراستہ ہو جائے، تو پھر ہمارا معاشرہ کتنا امن وسکون کا گہوارہ بن سکتا ہے؟

٦) ہمارے ماں باپ فدا ہوں رحمتِ کائنات ﷺ کے قدموں پر کہ آپ نے یہودیوں کے کہے ہوئے الفاظ اچھی طرح سُن اور سمجھ لینے کے باوجود بھی جواب دینے میں عدالت اور انصاف سے کام لیا، چنانچہ آپ کا جواب تھا صرف "وَعَلَیْکُمْ" اور اس سے زیادہ کچھ نہیں! اگر یہ لوگ سلام کے لئے اچھے الفاظ کا انتخاب کرتے تو یقیناً ان کو جواب اُن سے بھی زیادہ اچھے الفاظ میں مل جاتا، لیکن چونکہ انہوں نے انتہائی برے الفاظ کا انتخاب کیا، تو نبی اکرم ﷺ نے بھی عدل وانصاف کے تقاضوں کے مطابق جواب دیا تاکہ جواب اصل برائی سے بڑھ نہ جائے! نیز آپ ﷺ نے صرف زبانی ہی جواب ارشاد فرمایا، ورنہ بطور صدرِ مملکت اور چیف جسٹس ہونے کے آپ کو اِن بدزبانوں کو سزا دینے کا بھی پورا حق تھا۔

۷) مثالی امن وسکون! اس واقعہ سے یہ بھی معلوم ہوتا ہے کہ رسول اللہ ﷺ نے مدینہ منوّرہ میں امن وامان کی صورتحال کس قدر مثالی تھی کہ ہر شخص اپنے آپ کو محمدی حفاظت میں محسوس کرتا تھا، یہودی بھی پورے امن وسکون کیساتھ آپ ﷺ کے گھر آسکتے تھے۔

نیز یہودی بھی اپنے آپ کو اس مثالی پُرامن معاشرہ میں مکمل محفوظ تصور کرتے تھے، اسی لئے تو انہوں نبی اکرم ﷺ کو سلام کرتے وقت ایسے الفاظ استعمال کئے جو ان کے تیئں سوائے یہودیوں کے کوئی دوسرا نہیں سمجھ سکتا تھا، اور اُن کو اس بات کا یقین تھا کہ رحمت کائنات ﷺ کی اپنی ذات کی خاطر کسی کو نہ سزا دیتے ہیں اور نہ کسی سے انتقام لیتے ہیں۔ وہ الگ بات ہے کہ ان کے یہ شرارت بھرے الفاظ صرف نبی اکرم ﷺ کو ہی سمجھ نہیں آئے اور جواب میں ''وَعَلَيْكُمْ'' بھی فرمایا، بلکہ حضرت عائشہ صدیقہ رضی اللہ عنہا باوجود اپنی کم سِنی کے سمجھ گئیں اور اس پر شدید ردّ عمل بھی دیا۔

۸) بعض روحیں فطری طور پر بانجھ ہوتی ہیں، چنانچہ نہ تو اچھے اخلاق ان کو کچھ فائدہ دے سکتے ہیں اور نہ ہی حسنِ سلوک اور دیرینہ تعلقات اُن کے حسد، کینہ اور اندر کی جلن کو ٹھنڈک پہنچا سکتے ہیں، یہودیوں کی اس جماعت کے قول وفعل پر یہ باتیں لفظ بہ لفظ صادق آتی ہیں، دیکھئے باوجود یہود کی ریشہ دوانیوں سے باخبر ہونے کے رسول اللہ ﷺ نے ان لوگوں کیلئے اپنے گھر کا دروازہ کھلا رکھا، اُن کو اپنی نشست پر بٹھا کر اُن کی عزت افزائی کی، لیکن ظلمتوں سے لبریز یہ رُوحیں اور نفرتوں سے بھرے یہ بدن اپنے اندر کی ظلمتوں کو ظاہر کئے بغیر نہ رہ سکے، بلکہ سلام تک کے جملوں کو توڑ مروڑ کر استعمال کرنے لگے، تاکہ کسی طرح ہی سہی آتش حسد کو کچھ ٹھنڈک تو پہنچے! لیکن نبی اکرم ﷺ اپنے اصولوں کے

باپند، اور اخلاقی قدروں کے وفادار تھے ،اس لئے آپ ﷺ نے وہی کچھ کیا جو آپ ﷺ کے شایانِ شان تھا۔

صَلَّى اللّٰهُ عَلَى حَبِيبِهِ سَيِّدِنَا وَمَوْلَانَا مُحَمَّدٍ وَآلِهِ وَصَحْبِهِ أَجْمَعِينَ

کامیاب نوجوان!

یہ اُس کامیاب نوجوان کی بسترِ مرگ کی تاریخ ہے، جو باوجود یہودی ہونے کے روز آکر رسول اللہ ﷺ کی خدمت کرتا، وضو کیلئے پانی لاتا، وضو کے بعد جوتے لا کر دیتا، گھر کا کوئی اور کام کرتا وغیرہ وغیرہ، لیکن کچھ دِن ہوگئے وہ لڑکا غائب ہے، رسول اللہ ﷺ کے پُوچھنے پر بتایا جاتا ہے کہ وہ تو بیمار ہے! رسول اللہ ﷺ فوراً اُس کی عیادت کیلئے اُس کے گھر تشریف لے جاتے ہیں، وہاں جا کر کیا دیکھتے ہیں کہ نوجوان کی آخری سانسیں چل رہی ہیں، کچھ لمحوں کی بات ہے وہ اِس فانی دُنیا کو الوداع کہنے والا ہے۔ رسول اللہ ﷺ اُس کے سرھانے بیٹھ جاتے ہیں اور اک مشفقانہ نظر سفرِ موت پہ روانہ ہونے والے اِس پابہ رُکاب مسافر پہ ڈالتے ہیں، دوسری طرف نوجوان کا والد اُس کے سامنے بیٹھا ہوا ہے، وقت کم، سفر انتہائی کھٹن، منزل دُور لیکن زادِ سفر کچھ بھی نہیں، اس لئے رسول اللہ ﷺ اُس نوجوان کو وہ توشہ دینا چاہتے ہیں جس کی اِس سمے نوجوان مسافر کو سب سے زیادہ ضرورت ہے یعنی ایمان اور اسلام کا توشہ، جو آخرت کے طویل اور ختم نہ ہونے والے سفر میں کام آتا ہے! چنانچہ رسول اللہ ﷺ شفقت اور محبت سے اسے کہتے ہیں کہ اللہ کی توحید اور میری رسالت کی گواہی دیدو، تاکہ سفرِ آخرت میں یہ زادِ راہ آپ کے کام آسکے اور حشر کی گرمی میں جب بدن بھڑکنے لگے، تو تمھیں شفاعتِ محمدی ﷺ کی ٹھنڈی ہوائیں میسّر آسکیں۔

نوجوان کو دعوتِ توحید موصول ہوگئی، اور وہ خوب جانتا ہے کہ یہ دعوت اُسی کریم محمد عربی ﷺ کی طرف سے ہے، جس کی خدمت کی سعادت اُسے ملتی رہی ہے، جِس کے دن رات، گھر بار اور حال واحوال سے وہ خوب باخبر ہے۔ مشکل کی اِس گھڑی میں

رحمت بھری آواز، محبت بھرا لہجہ اور یہ سراپا شفقت بلا واللہ کے برگزیدہ انسانوں کے علاوہ کسی اور کی طرف سے نہیں آسکتا! کبر و نخوت کے مجسمے بنے بادشاہوں اور افسانوں کی طرف سے تو بالکل بھی نہیں! نوجوان دل و جان سے آپ ﷺ کی دعوت پر لبیک کہنے کیلئے تیّار ہے، لیکن کیا کرے سامنے یہودی باپ بیٹھا ہوا ہے، اُس کی پدرانہ محبتوں کی زنجیریں شاہراہِ ہدایت کی طرف قدم بڑھانے کی اجازت نہیں دیتیں، بے بسی کے عالم میں والد کے چہرے پر ملتجیانہ نظر ڈالتا ہے شاید کہ والد کا دل پسیج جائے اور اجازت مل جائے! اُدھر داعی حق کی زبان پر ایک ہی دعوت، ایک ہی کلمہ اور ایک دعوت جاری ہے: " قُلْ لَا اِلٰہَ اِلَّا اللہ" کیونکہ حق کا یہ داعی ﷺ چاہتا ہے کہ نوجوان کا ایمان اس کی سانسوں کے سفر پر سبقت لے جائے۔ نوجوان کا شجرِ سعادت اور رسول اللہ ﷺ کا نخلِ تمنا ثمر بار ہوتے ہیں، نوجوان کے یہودی باپ کی زبان پر الفاظ جاری ہوتے ہیں: اَطِعْ اَبَا الْقَاسِم

بیٹا! اِس جہاں میں آج تمہارا آخری، لیکن اُس جہاں میں پہلا دن ہے، سفر بہت تھکا دینے والا، لمبا، دشوار اور منزل بہت دُور ہے، اگر چاہتے ہو کہ اتنے مشکل سفر سے سہولت کے ساتھ منزل تک پہنچ جاؤ تو پھر: اَطِعْ اَبَا الْقَاسِم! (ابو القاسم ﷺ کی بات مان لو) اور محمد ﷺ کا فرمان دوھرا لو، اور یوں آخری سانسوں سے قبل نوجوان کی زبان پر یہ جملے جاری ہوتے ہیں:

أَشْهَدُ أَنْ لَا إِلَهَ إِلَّا اللهُ وَأَنَّكَ رَسُولُ اللهِ

کلمہ شہادت پورا کرتے کرتے نوجوان کی سانسیں بھی پوری ہوجاتی ہیں۔دُوسری طرف رحمتِ کائنات ﷺ کا چہرہ خوشی سے ٹمٹمارہاتھااور زبان پر یہ کلمات جاری تھے:

الْحَمْدُ لله الَّذِي أَنْقَذَهُ بِي مِنَ النَّارِ

ترجمہ: تمام تعریفوں کے لائق اور مستحق وہی ذات عالی صفات ہے جس نے میری وجہ سےاِس نوجوان کوآتشِ جہنم سے نجات عطافرمائی۔

اور خوشی اس بات کی ہے کہ آج اُس کا ایک نواجون اُمّتی، نوجوان خادم سفرِ آخرت پر خالی ہاتھ روانہ نہیں ہوا، بلکہ جب کارِ جہاں کی درازیوں سے نکلاتو قلب کی قندیلوں میں عشقِ رسالت کی شمع روشن تھی! پھراپنے ساتھیوں کی طرف متوجہ ہوکر کہنے لگے: چلواب اس کی نمازِ جنازہ اداکرو.[18]

اِس حدیث مبارک سے ہم نے کیاسیکھا؟

ا) غیر مسلموں کے ساتھ حسن سلوک کی وجہ سے کسی کو بلاوجہ کے شک وشبہات اور اضطراب کا شکار نہیں ہوناچاہیئے، کیونکہ خود رسول اللہ ﷺ بسا اوقات ایسی مجلسوں میں تشریف لے جاتے ہیں جہاں مسلمان اور غیر مسلم دونوں موجود ہوتے ہیں اور کئی دفعہ تو رسول اللہ ﷺ یہودیوں سے ملنے کیلئے خصوصی طورپراُن کے گھر چلے جاتے ہیں،

---

[18] مسند أحمد (13377)، وصحيح البخاري (1356، 5657)، وسنن أبي داود (3095)، وصحيح ابن حبان (2960، 4883، 4884)، والمستدرك (516/1)، وغوامض الأسماء المبهمة لابن بشكوال (646/2)، وأسد الغابة (433/6)، وفتح الباري (172/6)، والإصابة (379/4)، وعمدة القاري.(8/175)

اُن کی دعوت قبول کرتے ہیں [19] اور جب وہ آتے ہیں تو اُن کیلئے اپنے گھر کے دروازے کھول دیتے ہیں، [20] بلکہ اس سے بھی ایک قدم آگے بڑھ کر یہودیوں کو اپنی ذاتی خدمت پر مامور فرماتے ہیں۔ یہ سب کچھ آپ ﷺ کی دعوت کی طاقت اور اعتماد کا مظہر ہے، کیونکہ یہ میل ملاقات ان لوگوں تک اسلام پہنچانے، اسلام اور ان لوگوں کے دلوں کے درمیان حائل رُکاوٹوں کو دُور کرنے کا مختصر ترین راستہ ہے! یہی وجہ ہے کہ جب رسول اللہ ﷺ نے اس نوجوان کو اُس کی زندگی کی آخری سانسوں کے وقت ایمان قبول کرنے کی دعوت دی تو ایسا نہیں تھا کہ وہ بالکل خالی الذھن ہو اور پہلی بار اسلام یا پیغمبر اسلام ﷺ کے بارے کچھ سن رہا ہو، بلکہ رسول اکرم ﷺ کے ساتھ اُس کا گذشتہ میل جول، آپ کی خدمت میں اٹھنا بیٹھنا اور گہرے تعلقات سب اس بات پر گواہی دے رہے تھے کہ محمد رسول اللہ ﷺ جس کی طرف بلاتے ہیں وہ حق کے سوا کچھ اور نہیں ہو سکتا! اسی لئے تو اُس نے فوراً ہی اسلام کی دعوت قبول کی۔ [21]

۲) اس واقعہ میں رسول اکرم ﷺ کا غیر مسلموں سے انسانی بنیادوں پر حُسنِ سلوک کا پہلو زیادہ نکھر کر سامنے آتا ہے اور ایسا کیوں نہ ہو کہ آپ پوری کائنات کیلئے رحمت بنا کر بھیجے گئے ہیں، اسی رحمت کا تقاضا تھا کہ آپ ﷺ کے خلاف لڑتے ہوئے گرفتار ہونے والا اسیر بھی بھوکا نہیں سوتا تھا، بیمار پڑوسی (قطع نظر اس کے دینی خیالات اور

---

[19] صحيح البخاري (2617)، وصحيح مسلم(2190)

[20] صحيح ابن خزيمة (574، 1585)، وصحيح ابن حبان (6441)، وشعب الإيمان (7722، 8413، 8418)، وشرح النووي على صحيح مسلم (145/14)، (115/16)، وفتح الباري (449/10)، (42/11(، .(12/280)

[21] مسند أحمد (21767)، وصحيح البخاري (2691، 4566، 5663، 6207، 6254)، وصحيح مسلم (1798)، وتاريخ المدينة لعمر بن شَبَّة (356/1)، وسنن النسائي الكبرى (7460)، وسنن البيهقي (18/9)، وشرح النووي على صحيح مسلم (157/12)، وفتح الباري (231/8(، .(10/592)

نسبی وابستگیوں کے ،اُس) کی خدمت اور عیادت کی جاتی تھی، حتی کہ اگر آپ ﷺ کا گذر کسی غیر مسلم میت سے ہو تو احترام میں کھڑے ہو جاتے اور پوچھے جانے پر جواب دیتے تھے اَلَيْسَتْ نَفْسًا ؟ ٹھیک ہے میت مسلمان نہیں، لیکن کیا انسان بھی نہیں ؟ اسی لئے رسول اکرم ﷺ کا ایک عام یہودی نوجوان خادم (جو اپنے قبیلہ کا سردار یا مشہور آدمی نہیں تھا) کی عیادت کیلئے جانا اسی انسانی عظمت کی رعایت، اخلاق نبوی اور کرمِ محمدی کا آئینہ دار ہے، آپ ﷺ کے بعد آپ کے جانثار صحابہ کرام اور تابعین رضی اللہ عنہم بھی آپ ﷺ کے نقشِ قدم کو حرزِ جاں بنائے رکھا، پس اسی کی برکت سے اللہ تعالی نے دلوں کے بند قفل کھول دیئے اور اُن کے قلوب کو نورِ ہدایت سے روشن کیا۔

۳) یہودی نوجوان کے ایمان قبول کرنے پر آپ ﷺ کا خوشی سے سرشار ہونا، مسرت و سرور کی وجہ سے آپ ﷺ کا چہرہ مبارک کا ٹمٹمانا اور زبان اقدس پر کلماتِ شُکر کا جاری ہونا، نیز اپنے ساتھیوں کو نوجوان کی تجہیز و تکفین کے بندوبست کا حکم دینا نبی کریم ﷺ اور آپ کے صحابہ کرام رضی اللہ عنہم کے درمیان ایک بے مثال تعلقِ خاطر، لازوال محبت، اور بھائی چارہ کی خبر دیتا ہے۔

۴) ایک اور سوال یہاں یہ کیا جا سکتا ہے کہ اس نوجوان لڑکے کے ایمان لانے کی وجہ سے رسول اللہ ﷺ یا آپ کے صحابہ کرام رضی اللہ عنہم کو مادّی طور پر تو کوئی فائدہ نہیں ہو سکتا تھا، کیونکہ اُس کے پاس نہ تو سانسوں کی اتنی مہلت باقی تھی کہ وہ کسی معرکہ میں آپ ﷺ کا دست و بازو بن سکے، یا ساتھ شریک ہو کر آپ کی جماعت کی تعداد میں اضافہ کر سکے یا کوئی دنیوی مال و متاع لا سکے حتی کہ اُس کے بعد تو اُس بیچارے کو زندگی نے اتنی بھی مہلت نہیں دی کہ وہ رسول اللہ ﷺ کی خدمت ہی کر سکے ! اگر ایسا کچھ بھی نہیں تھا

اور یقینا نہیں تھا تو پھر آپ ﷺ کی اس خوشی اور مسرّت کے پیچھے راز کیا تھا؟اس کی وجہ یہی تھی کہ انسانیت کو کفر وشرک کی دلدل سے نکال ایمان واسلام کی وسعتوں میں پہنچانا رسول اکرم ﷺ کا مشن بھی تھا اور مقصد زندگی بھی! اس لئے آپ کی خوشی اور غم، خوشنودی اور ناراضگی غرض تمام جذبات اسی مقصد سے وابستہ تھے، اس لئے آپ ﷺ کے ایک نوجوان اُمتی کا سفر آخرت پر روانہ ہونے سے تھوڑی ہی دیر قبل رسول اکرم ﷺ کی دعوت قبول کرنا، ہدایت نصیب ہونا، ابدی شقاوتوں سے محفوظ ہونا یقینا ایسی بڑی نعمت تھی کہ اُس پر آپ ﷺ کا خوشی کا اظہار اور اپنے رب کا شکر بجالانا بالکل بر محل اور دُرست تھا، کیونکہ یہ وہی نبی ہیں جس کو اپنی اُمت کے ہدایت سے محروم لوگوں کی اتنی فکر تھی کہ قُرآن کو کہنا پڑا:

﴿فَلَعَلَّكَ بَـٰخِعٌ نَّفْسَكَ عَلَىٰٓ ءَاثَـٰرِهِمْ إِن لَّمْ يُؤْمِنُوا۟ بِهَـٰذَا ٱلْحَدِيثِ أَسَفًا﴾ [الكهف: 6]

ترجمہ: اب (اے پیغمبر!) اگر لوگ (قرآن کی) اِس بات پر ایمان نہ لائیں، تو ایسا لگتا ہے جیسے تم افسوس کرکے ان کے پیچھے اپنی جان کو گھلا بیٹھو گے۔

دعوتِ دین میں جان اور تاثیر صرف انہی لوگوں کی ہوسکتی ہے جن کے دل دوسروں کے احساس سے بھرے ہوئے ہوں، اور اس کا اثر اُن کے جذبات اور افعال میں جھلک رہا ہو اور رسول اللہ ﷺ ایسے ہی تھے۔

۵) نیز یہ بھی دیکھئے کہ رسول اللہ ﷺ ہر وقت دعوت کیلئے چوکنّے اور تیار رہتے تھے، جہاں بھی انسانوں تک اپنا پیغام پہنچانے کا موقع ملے اسے ہاتھ سے جانے نہیں دیتے

تھے، حتی کہ ایسا جاں بلب مریض جو اپنی آخری سانسیں گن رہا ہو۔ باقی اس مریض کی عیادت میں رسول اللہ ﷺ کی تواضع، نرمی، لطف کے جو مناظر ہیں یہ آپ ﷺ کے اعلی اخلاق کے چند نمونے ہیں:

﴿يَٰٓأَيُّهَا ٱلَّذِينَ ءَامَنُواْ صَلُّواْ عَلَيۡهِ وَسَلِّمُواْ تَسۡلِيمًا﴾ [الأحزاب: 56]

ترجمہ: اے ایمان والو! تم بھی اُس نبی رحمت پر درود وسلام بھیجو۔

اللَّهُمَّ صَلِّ وَسَلِّمْ وَبَارِكْ عَلَى سَيِّدِنَا وَمَوْلَانَا مُحَمَّدٍ وَآلِهِ وَصَحْبِهِ أَجْمَعِينَ

مشرک مگر قابلِ احترام!

معرکہ بدر کی ابتداء اور انتہاء دونوں اپنے اندر چند اخلاقی اسباق لئے ہوئے ہیں، چونکہ نبی اکرم ﷺ کی بعثت ہی مکارمِ اخلاق کی تکمیل کیلئے ہوئی تھی اس لئے آپ ﷺ غیر معمولی جنگ کے دوران بھی اس کا خیال رکھا کرتے تھے، اخلاق کے اِن آفاقی اسباق میں سے پہلا سبق تو معرکہ بدر شروع ہونے سے قبل کا ہے۔ مکہ مکرمہ میں قریش کے مظالم کی وجہ سے مسلمانوں کے دِل بھرے ہوئے تھے، اس لئے وہ قریش سے ٹکرانے کیلئے مکمل طور تیار اور انتہائی پُرجوش تھے، اسی اثناء میں رسول اللہ ﷺ ایک ایسے غیر مسلم شخص کو امن دینے اور اُس کی حمایت کرنے کا اعلان کرتے ہیں جو نہ صرف مشرِک تھا، بلکہ مشرکین کے لشکر کی طرف سے مسلح ہوکر لڑنے کیلئے بھی آیا ہوا ہے، لیکن نبی اکرم ﷺ اعلان فرماتے ہیں:

مَنْ لَقِيَ أَبَا الْبُخْتَرِي بْنَ هِشَامٍ فَلَا يَقْتُلُهُ[22]

ترجمہ: دورانِ جنگ جس کا بھی سامنا ابو بختری سے ہو تو اس کو ہرگز قتل نہ کیا جائے۔

پیغمبرِ اسلام نے اپنے جانثاروں کی توجہ اس بات کی طرف متوجہ کروائی کہ ابوالبختری نامی یہ شخص اگرچہ مشرِک ہے، اسلحہ اُٹھائے ہمارے خلاف لڑنے کیلئے بھی آیا ہے، لیکن اپنے عُمدہ اخلاق اور اچھی عادتوں کی وجہ سے دوسرے مشرکین سے ممتاز

---

[22] ابن إسحاق، السيرة النبوية 275/2،

ہے، چنانچہ اس نے مکہ مکرّمہ میں رسول اللہ ﷺ کو مشرکین کی ایذار سانیوں سے بچانے کیلئے عُمدہ کوششیں کیں، اس کے علاوہ بنو ہاشم کے سوشل بائیکاٹ کیلئے لکھے جانے والی ظالمانہ دستاویز کو پھاڑنے میں بھی اس کا کردار بہت مثبت رہا، اس لئے نبی اکرم ﷺ نے اس کے ان احسانات کی وجہ سے صحابہ کرام کو یہ حکم دیا کہ اگر ابوالبختری تمہارے سامنے بھی آئے تو اس کو قتل نہیں کرنا ہے۔

مکتبِ بدر کا دوسرا اخلاقی سبق

مکتبِ بدر سے دوسرا اخلاقی سبق ہمیں یہ ملا کہ معرکہ بدر کے بعد جب ستّر مشرکین اسیر ہوئے، ان میں سے بعض لوگ نضر بن الحارث اور عقبہ بن ابی معیط جیسے رسول اللہ ﷺ کے سخت دُشمن اور آپ ﷺ کی ایذار سانی میں ہمیشہ پیش پیش رہنے والے بھی تھے جب مسلمانوں کے دلوں پر ابھی تک مکہ مکرمہ میں کمزور مسلمانوں اور رسول اللہ ﷺ کے خلاف کی گئی وحشیانہ کارروائی کی وجہ سے لگنے والے زخم ابھی تازہ تھے، لیکن اس کے باوجود اللہ کے رسول ﷺ فرماتے ہیں: ""اگر آج مطعم بن عدی زندہ ہوتے اور مجھ سے ان بدبوداروں کی سفارش کرتے تو میں ان سب کو چھوڑ دیتا[23]

یعنی اگر مطعم بن عدی زندہ ہوتے اور ایک دفعہ بھی رسول اللہ ﷺ سے ان کی سفارش کرتے تو اُس کے الفاظ کی لاج رکھتے ہوئے ان سب کی جان بخش دی جاتی اور ان کے تمام سابقہ جرائم اور مظالم سب کو بُھلا دیا جاتا اور انتقام کی تمام خواہشات دبادی جاتیں۔

[23] صحيح البخاري، باب ما من النبي صلى الله عليه وسلم ...2970

یاد رہے کہ مطعم بن عدی حالت کفر پہ مرا، اُس کو ایمان کی دولت نصیب نہیں ہو سکی، لیکن اُس کی خُوبی یہ تھی کہ وہ ایک بہادر اور صاحبِ مروّت آدمی تھے، جب آپ ﷺ اہل طائف کے ہاتھوں پتھر کھا کر، غمگیں و پریشان حالت میں واپس آئے تو مطعم بن عدّی نے آپ کو پناہ دی تھی! اُس وقت مشرکین کو کہنا پڑا تھا: تمہاری پناہ کو توڑا نہیں جا سکتا! مطعم بن عدّی اپنی خاندانی شرافت، حکمت اور دانش مندی میں بہت مشہور تھا، چنانچہ ہجرت کے بعد اُس نے قُریش کو جمع کر کے کہا کہ: تم محمد کے ساتھ جو بُرا سلوک کرنا تھا کر لیا، اب اس کی کوئی تلافی نہیں ہو سکتی البتہ اب لوگوں کو اُس کے خلاف لڑنے اور نقصان پہنچانے سے روکو۔[24]

مطعم بن جبیر مشرک ہونے کے باوجود بھی ایک صائب الرائے اور معزز انسان تھا، اس لئے رسول اللہ ﷺ نے بھی غزوہ بدر کی فتح جیسے عظیم دن اُس کی اس خوبی کے اعتراف میں اُس کو یہ عظیم تمغہ عطا فرمایا۔

مدرسہ بدر کے کچھ دیگر اخلاقی اسباق

رسول اللہ ﷺ نے اپنے شدید مخالفین حتی کہ جو میدانِ جنگ میں آپ ﷺ سے نبرد آزما تھے، اور دینِ اسلام کی رُو سے سب سے بڑے گناہ شرک کے مرتکب تھے، لیکن چونکہ اپنے معاشرہ میں وہ معزز اور قابل احترام لوگ تھے، اس لئے اُن کا تذکرہ پورے

---

[24] مسند أحمد (16733)، وصحيح البخاري (3139، 4024)، وسنن أبي داود (2689)، وتاريخ الطبري (34/2)، ودلائل النبوة للبيهقي (140/3)، والاستيعاب (1459/4)، والمنتظم (111/3)، والبداية والنهاية (128/5)، والإصابة (770/5)، وفتح الباري (243/6(، .(7/324)

احترام کے ساتھ کیا، اور اُن کا یہ گناہ اور بشری کمزوریاں اُن کی اخلاقی خوبیوں اور مروت کے اعتراف کی راہ میں رکاوٹ نہیں بن سکیں۔

قابل احترام اور محسن لوگوں کے ساتھ وفاداری اور انتہائی نازک حالات میں (جب وہ لوگ آپ ﷺ کے خلاف لشکر کشی کر رہے تھے) بھی اُن کے احسانات کو یاد رکھنا! یہ لوگ بھلے حالتِ شرک میں ہی سہی لیکن ایک ایسی ہستی کے ساتھ حسنِ سلوک کیا، اچھے اخلاق سے پیش آئے جن کی بعثت ہی اخلاقی قدروں کی تکمیل کیلئے ہوئی ہے، اور جس کی زبان اور عمل دونوں ہی پُکار پُکار کر کہہ رہے تھے حُسْنُ الْعَهْدِ مِنَ الْإِيْمَانِ (عہد وپیمان کی پاسداری اور کسی کے احسانات کو یاد رکھنا ایمان کا حصہ ہے!)[25] یہی وجہ ہے کہ نبی اکرم ﷺ نے ان شریف لوگوں کے احسانات نہ صرف یاد رکھے، بلکہ مختلف مواقع پر اُن کا تذکرہ کرتے رہے، نیز آپ ﷺ نے برملا اُن کی خوبیوں کا اعتراف کرنے کے ساتھ ساتھ اُن کے حسنِ سلوک کا اچھا بدلہ بھی دیا۔

حالات اتنے نازک ہیں کہ فریق مخالف کیل کانٹے سے لیس ہو کر لڑنے بلکہ صفحہ ہستی سے مٹانے کیلئے آیا ہوا ہے، پھر اُس نے اپنی سیاسی اور افرادی قُوّت کے عُروج کے زمانہ میں جو انسانیت سوز اور وحشت ناک مظالم ڈھائے ہیں، دلوں پر ایک ایک کر کے اُن کی داستانیں رقم ہیں، زخم تازہ ہیں، مظلوم ساتھیوں کا غصہ بادلوں کو چھوئے اور دلوں میں انتقام کا جذبہ تلاطم برپا کئے ہوئے ہے، لیکن رحمتِ کائنات ﷺ اس وقت بھی اپنے ان

---

[25] أخرجه الطبراني في "الكبير" (14/23) (23)، والحاكم (62/1)، والبيهقي في "شعب الإيمان" (9122، 9123) من حديث عائشة رضي الله عنها، وينظر: "السلسلة الصحيحة.(216) "

مُحسنین کا ذکر خیر کرتے ہیں، اُن کی خوبیوں کا اعتراف کر کے یہ ثابت کرتے ہیں کہ آپ ﷺ کا یہ موقف کوئی جنگی چال نہیں بلکہ ایک اخلاقی اور آفاقی اُصول ہے اور آپ ﷺ کی قیادت انہی اُصولوں پر مبنی ہے۔

جب نبی اکرم ﷺ نے ان مشرک شرفاء کا تذکرہ کیا تو اُن کے گھر والوں یا خاندان کو سُنانے کیلئے نہیں کیا، کیونکہ وہ تو وہاں موجود ہی نہیں تھے بلکہ اپنے جانثار صحابہ کرام رضی اللہ عنہم کی تربیت کے لئے کیا، تاکہ ان عمدہ انسانی اور اخلاقی قدروں کی عظمت اور قدر و منزلت صحابہ کرام کے دلوں میں رچ بس جائے اور ایسے اچھے اوصاف کے حامل لوگوں کی (خواہ وہ مشرک اور جان کے دُشمن ہی کیوں نہ ہوں) عظمت کے اعتراف کرنے کا ہنر بھی سیکھیں، تاکہ وہ اس کے زیادہ حق دار ہوں اور اس کا اچھا بدلہ دے سکیں۔ نیز اس میں ایک اور اخلاقی اصول "انصاف اور لوگوں کو اُن کی قدر و منزلت کے مطابق مقام و مرتبہ دینے" کی بھی اشارہ ہے۔

رسول اللہ ﷺ کے ہونہار شاگردوں نے یہ سبق اتنی عمدگی سے یاد کیا اور اس پر عمل کیا کہ ساری زندگی انہوں نے انصاف اور حق کا دامن تھامے رکھا اور اپنے مخالفین کی خوبیوں کا برملا اعتراف کرتے رہے، مثلاً حسان بن ثابت رضی اللہ عنہ کی مثال لیجئے کہ وہ مطعم بن عدی کا کئی اشعار پر مشتمل مرثیہ لکھتے ہیں، جس میں اُس کے عمدہ اخلاق کی تعریف کرتے ہیں، حضرت عمرو بن العاص رضی اللہ عنہ اپنے مخالفین رومیوں کا تذکرہ کرتے

ہوئے کہتے ہیں کہ: ہیں تو وہ ہمارے دُشمن لیکن اُن میں درج ذیل پانچ اچھی صفات موجود ہیں، پھر ایک ایک کر کے وہ صفات گنواتے ہیں ۔[26]

رسول اکرم ﷺ کی اتنی واضح تعلیمات کے باوجود ہم کئی بار اس پر عمل کرنے میں ناکام رہتے ہیں، مثلاً بہت سارے ایسے لوگ جو ہر وقت بڑھا چڑھا کر مغرب اور اہل مغرب کی خرابیاں گنواتے ہیں، جب اُن کے سامنے اُن کی کوئی اچھی بات آجائے یا وہاں پر موجود اچھائیوں اور حُسنِ سلوک (جو ان کی تہذیب کی اصل طاقت ہیں) کی بات آجائے تو جان بوجھ کر اس سے نظریں چرا لیتے ہیں، بسا اوقات جب ہم کسی کے بارے تبصرہ کرتے ہیں اور ہمارا سارا زور اُس غلطی کو سامنے لانے پر ہوتا ہے جو اُس نے زندگی میں کبھی کی تھی، لہٰذا پھر ہمارا تجزیہ اور تبصرہ اُسی غلطی تک محدود رہتا ہے، اور اُس کی خوبیوں تک ہماری نظر نہیں جاتی، خواہ وہ ہزاروں کی تعداد میں ہوں! بلکہ کئی بار ہمیں ایسے شخص کی اچھائیوں کا اعتراف کرتے ہوئے بھی ایک نفسیاتی تکلیف ہوتی ہے، جس سے ہمارا اختلاف بھی صرف اجتہادی نقطہ نظر کا ہے۔

اس لئے جب رسول اللہ ﷺ نے اپنے ایسے مخالفین (جو آپ ﷺ کے خلاف نبرد آزما ہونے کے ساتھ ساتھ مشرک بھی تھے) کے بارے بھی انصاف کا اعلیٰ معیار برقرار رکھا ہے تو ہمیں اس بات کی زیادہ ضرورت ہے کہ ہم اپنے اُن بھائیوں (جن کے اور ہمارے درمیان مشترکات زیادہ اور متفرقات کم ہیں) کے ساتھ برتاو کرتے وقت اس

---

26 أخرجه مسلم.(2898)

معیار کا پاس رکھیں۔ اُن کی غلطیوں کو ایسا زندان نہ بنائیں کہ جہاں وہ ایک دفعہ قید ہو جائیں تو پھر زندگی بھر اُن کی کوئی اچھائی یا خُوبی ہمیں نظر ہی نہ آئے۔

معاذ فتنہ انگیزی مت کرو!

سرمہ گیں آنکھوں سے چھلکتی ذکاوت، خوبصورت، چمکیلے دانت اور لمبے قد والا یہ نوجوان جس نے عمر کی بیس منزلیں بھی ابھی پوری نہیں کیں، لیکن رُعب ودبدہ سے لبریز اور رسول اللہ ﷺ کے اتنے قریب کہ ایک دفعہ آپ ﷺ نے قسم اٹھا کر فرمایا: معاذ، خدا کی قسم! میں تم سے اللہ کی رضا کے لیے محبت کرتا ہوں، تو جواب میں معاذ نے بھی یہی جملے دوہرائے۔[27]

اور ایک دفعہ آپ ﷺ نے معاذ رضی اللہ عنہ کی قدر ومنزلت بیان کرتے ہوئے فرمایا: قیامت کے دن علماء کے امام ہوں گے! اور فرمایا: حلال اور حرام (فقہ) کے بارے میری پوری امت میں معاذ سے بڑا عالم کوئی نہیں۔[28]

نیز حضرت معاذ بن جبل رضی اللہ عنہ وہ چوتھے آدمی تھے جنہوں نے آپ ﷺ کی حیاتِ مبارکہ میں ہی پورا قرآن حفظ کر لیا تھا۔[29].

حضرت معاذ رضی اللہ عنہ نے ہوش سنبھالتے ہی رسولِ اکرم ﷺ کی شاگردی کا شرف حاصل کر لیا تھا، چنانچہ وہ اپنے محلہ دیارِ بنی سلمہ سے آتے، عشاء کی نماز رسول اللہ ﷺ کی اقتداء میں ادا کرتے، پھر آپ کی صحبت میں بیٹھ کر علم کے موتی سمیٹتے اور واپس

---

27 أخرجه أحمد (22119)، وأبو داود (1522)، وابن حبان (2020، 2021)، والحاكم (273/1) من حديث معاذ رضي الله عنه.

28 أخرجه أحمد (108)، والحاكم (268/3) من حديث عمر رضي الله عنه.

29 صحيح البخاري (3810)، وصحيح مسلم.(2465)

جا کر اپنی قوم کو نماز پڑھایا کرتے تھے، چونکہ معاذ اپنی قوم میں سب سے اچھے قاری اور بڑے عالم تھے ،اس لئے اُن کی قوم کے لوگ روزانہ عشاء کی نماز اُن کی واپسی تک مؤخر کئے رکھتے اور معاذ واپس آکر ان کو عشاء کی نماز دوبارہ پڑھایا کرتے تھے، بایں طور کہ معاذ کی نماز نفل اور اُن کی فرض ہوا کرتی تھی۔

ایک دفعہ اس نوجوان عالم نے رسول اللہ ﷺ کے ساتھ عشاء کی نماز پڑھی، پھر جا کر اپنے محلہ کی مسجد میں دوبارہ عشاء کی نماز پڑھانے لگے تو قرآن کریم کی طویل ترین سورت بقرہ کی تلاوت شروع کی اور خُوب ٹھہر ٹھہر کر پڑھنے لگے ،اِدھر مقتدیوں میں ایک نوجوان جو دن بھر محنت مزدوری کی وجہ سے تھکا ہارا ہُوا تھا، جب اُس کو اندازہ ہوا کہ معاذ نے جِس وجد اور کیف کے ساتھ سورہ بقرہ شروع کی ہے، تو وہ سورت پوری کر کے ہی رُکوع کریں گے جبکہ میرا تھکا ٹُوٹا بدن اس کا متحمل نہیں، چنانچہ اُس نے جماعت سے الگ ہو کر اپنی نماز پڑھی اور اُونٹ کی لگام تھام کر گھر کی طرف چل پڑا۔ اُدھر کسی نے حضرت معاذ رضی اللہ عنہ کو اس کی شکایت لگائی تو حضرت معاذ نے اس پر بڑا سخت تبصرہ کیا اور کہا کہ: وہ منافق ہے۔

حضرت معاذ کی یہ بات شدہ شدہ اُس نوجوان تک پہنچ گئی تو وہ دوسرے دن رسول اللہ ﷺ کی خدمت میں حاضر ہوا، اتفاق سے حضرت معاذ بھی وہی پر موجود تھے، اُس نے یہ سارا ماجرا سُناتے ہوئے عرض کیا کہ: یارسول اللہ! ہم محنت مزدوری والے لوگ ہیں، دن بھر کام کاج میں لگے رہتے ہیں، جبکہ حضرت معاذ پہلے تو آپ ﷺ کے پاس آکر دیر تک بیٹھے رہتے ہیں، پھر واپس آکر ہمیں نماز پڑھاتے ہیں اور بہت لمبی نماز پڑھاتے ہیں۔ کل جب انہوں نے نماز پڑھائی تو سورہ بقرہ پڑھنی شروع کی اور مجھے میں تھکاوٹ کی

وجہ سے اتنی طاقت نہیں تھی کہ ان کے ساتھ نماز پڑھ سکوں، اس لئے میں نے جماعت سے الگ ہو کر اپنی نماز پڑھی اور گھر چلا گیا تو معاذ نے مجھے منافق قرار دیا۔

اس پر رسول اللہ ﷺ بہت ہی ناراضگی کے ساتھ معاذ کی طرف متوجہ ہوئے اور تین مرتبہ فرمایا: اَ فَتَّانٌ اَنْتَ ؟ (اے معاذ، تُم لوگوں کو فتنہ میں مبتلا کرنا چاہتے ہو؟) پھر فرمانے لگے: جب تم لوگوں کی امامت کرو، تو سورہ شمس، سورہ لیل اور اس جیسی مختصر سورتیں پڑھا کرو، کیونکہ مقتدیوں میں بوڑھے، کمزور اور ضرورت مند ہر طرح کے لوگ ہوتے ہیں۔

پھر رسول اللہ ﷺ اُس انصاری نوجوان کی طرف متوجہ ہوئے اور فرمایا: ''بھتیجے، تُم نماز کس طرح پڑھتے ہو؟ نوجوان کہنے لگا: (قیام کی حالت میں) فاتحہ پڑھتا ہوں، پھر تشہد کے بعد یہ دعا پڑھتا ہوں: اے اللہ میں تُجھ سے جنت کا سوال کرتا ہوں اور جہنم سے پناہ مانگتا ہوں! باقی مجھے معلوم نہیں کہ اس وقت آپ اور معاذ کیا سرگوشیاں کررہے ہیں؟ اِس پر آپ ﷺ نے فرمایا: حَوْلَهُمَا نُدَنْدِنُ (ہم بھی اسی جنت کو طلب کرنے اور جہنم سے پناہ مانگنے کے بارے میں سرگوشی کررہے ہیں)۔

غزوہ اُحد میں اس نوجوان کو شہادت نصیب ہوئی تو رسول اللہ ﷺ نے حضرت معاذ سے پوچھا: میرے اور تمہارے اُس فریق مخالف کا کیا بنا؟

معاذ کہنے لگے: یارسول اللہ! اللہ تعالی نے سچ کہا اور میں نے جھوٹ! وہ شہید ہو گیا۔[30]

اس واقعہ سے حاصل ہونے والے چند اہم اسباق!

اس واقعہ میں کئی اہم اسباق پنہاں ہیں:

ا......پہلا سبق یہ ہے کہ نماز جیسی اہم عبادت کی قدر و منزلت اوراس کی ادائیگی کے درمیان فرق ہے۔ بلاشبہ نماز دین کا ایک اہم رُکن اور مسلمانوں کی آنکھوں ٹھنڈک ہے، لیکن اس طرح کی اہم عبادت بھی اس طرح سے ادا کرنا، جس سے انسانوں کو تکلیف ہو اور مسلمانوں کیلئے اِس کی ادائیگی مشکل ہو جائے ایک ایسا ناپسندیدہ عمل ہے، جس پر رسول اللہ ﷺ نے سخت ناراضگی کا اظہار فرمایا ہے۔

نیز اس میں شرعی حکم اور اجتہادی اُمور کی تطبیق کے درمیان فرق بھی واضح ہے، چنانچہ رسول اکرم ﷺ نے جتنی ناراضگی کا اظہار اس واقعہ پر فرمایا، کسی اور واقعہ پر نہیں فرمایا، چنانچہ آپ ﷺ نے نمازِ فجر کی نماز کے بعد لوگوں کی طرف متوجہ ہو کر فرمایا: اے لوگو! تم لوگوں کو نفرت دِلانے والے ہو، تُم میں سے جو بھی لوگوں کی امامت کرے تو مختصر نماز پڑھائے۔)ا (

حالانکہ قرآنِ کریم کا اِرشاد ہے:

---

[30] مسند أحمد (12247، 14307، 20699)، وصحيح البخاري (701، 705، 6106)، وصحيح مسلم (465)، وسنن أبي داود (790)، وصحيح ابن حبان (1840)، وسنن البيهقي (116/3)، والأحاديث المختارة (2293)، وشرح النووي على مسلم (182/4)، وفتح الباري (195/2)، (699/8)، وعمدة القاري.(8/410)

﴿وَقُرْءَانَ ٱلْفَجْرِ ۖ إِنَّ قُرْءَانَ ٱلْفَجْرِ كَانَ مَشْهُودًا﴾ [الإسراء: 78]

ترجمہ: اور فجر کے وقت قرآن پڑھنے کا اہتمام کرو، یاد رکھو کہ فجر کی تلاوت میں مجمع حاضر ہوتا ہے۔

اسی طرح آپ ﷺ نے حضرت اُسامہ بن زید رضی اللہ عنہ پر سخت ناراض ہوئے، جب انہوں نے ایک شخص کو لَآ اِلٰہَ اِلَّا اللّٰہ کہنے کے باوجود بھی قتل کر دیا تھا، حالانکہ اُن سے یہ غلطی ایک ایسی جہادی مُہم میں سرزد ہوئی تھی جسے خود رسول اللہ ﷺ نے اپنے دستِ اقدس سے روانہ فرمایا تھا۔[31]

اسی طرح ایک اور موقع پر ایک شخص نے اپنا سارا مال اللہ کی راہ میں صدقہ کیا تو آپ ﷺ نے شدید ناراضگی کا اظہار کرتے ہوئے اُس کا مال واپس کر دیا اور فرمایا: تم میں سے بعض لوگ اپنا پورا مال صدقہ کر دیتے ہیں، لیکن پھر خود بھیک مانگنے پر مجبور ہو جاتے ہیں، یاد رکھو صدقہ وہ ہے جو مالداری کی حالت میں دیدیا جائے! حالانکہ آپ ﷺ نے خود ہی فرمایا تھا کہ: صدقہ ایمان کی دلیل ہے۔[32]

نیز اس حدیث نے دینی شعائر کی فضیلت، قدر و منزلت اور اُن کی ادائیگی اور تطبیق کے درمیان فرق بھی واضح کرتے ہوئے معاملات کو تجزیہ، تنقید اور غلطی کی تصحیح

---

[31] صحيح البخاري (4269، 6872)، وصحيح مسلم (96، 97)، والإيمان لابن منده (61-65)، وشرح مشكل الآثار (3227-3229)، والمفهم (293/1-298)، وشرح النووي على صحيح مسلم (99/2)، وفتح الباري (518/7)، (195/12)، وعمدة القاري.(24/260)

32 أخرجه أبو داود (673)، وأبو يعلى (2084)، وابن خزيمة (2441)، وابن حبان (3372)، وابن زنجويه في "الأموال" (1912)، والحاكم (413/1) من حديث جابر رضي الله عنه.

کے مراحل سے گُذارنے کی طرف راہنمائی فرمائی۔ پھر اُس کے بعد فضائل اعمال اور اُن کی ادائیگی کے طریقہ میں خلط ملط ہو گیا اور ایک طرف ایسے لوگ پیدا ہو گئے جو نماز جیسی اہم عبادت اور دینی رُکن کی غلط ادائیگی کی وجہ سے لوگوں کیلئے مشکلات پیدا کرتے ہیں تو دوسری طرف جہاد جیسا فریضہ، جِسے اللہ کے رسُول ﷺ نے اسلام کی کوہان قرار دیا ہے، کی غلط تشریح و تعبیر سے لوگوں کیلئے ہلاکت کا سامان بنا دیتے ہیں، نیز ایسے لوگوں کی بھی کمی نہیں جو غلط تطبیق کی وجہ سے نہی عن المنکر جیسا فریضہ بھی لوگوں کیلئے وبالِ جاں بنا کر رکھ دیتے ہیں! اور کچھ لوگ وعظ و نصیحت جو غافل دلوں میں ایمان کی رُوح پھونکنے کیلئے تھی، کو اپنے غلط طریقہ کار کی وجہ سے اُمت کیلئے سوہانِ رُوح بنا دیتے ہیں۔

یہاں یہ بھی سمجھنا لازمی ہے کہ دینی شعائر اور احکام کی تنفیذ و تطبیق میں غلطی کا سرزد ہونا ایک فطری امر ہے، کیونکہ اب ان احکام پر عمل درآمد کرانے کیلئے اللہ کے رسول اور فرشتے آنے سے تو رہے، بلکہ یہ ہمارے جیسے انسانوں کے ہاتھوں ہی سرانجام دیا جائے گا، لیکن اِس غلطی کی قباحت اُس وقت دوچند ہو جاتی ہے جب ایسی کسی غلطی پر تنبیہ کی جائے اور نیک نیتی سے اُس کی اصلاح کی کوشش کی جائے تو بجائے اپنی غلطی تسلیم کرنے کے اُلٹا لوگ سامنے سے قران وسنت کی نصوص کا سہارا لینے کر اپنی غلطی کا جواز بخشنے کی کوشش کرتے ہیں، مثلاً اگر کسی امام صاحب سے لمبی نماز پڑھنے کی شکایت کی جائے تو وہ آگے سے فوراً یہ آیت پڑھ دیتا ہے:

﴿وَإِنَّهَا لَكَبِيرَةٌ إِلَّا عَلَى ٱلْخَٰشِعِينَ﴾ [البقرة: 45]

ترجمہ: نماز بھاری ضرور معلوم ہوتی ہے، مگر اُن لوگوں کو نہیں جو خشوع (یعنی دھیان و عاجزی) سے پڑھتے ہیں۔

اور اگر کسی کو یہ سمجھانے کی کوشش کی جائے کہ بھائی جو کچھ تُم کر رہے ہو، اِس کو جہاد قرار دینا ممکن نہیں کیونکہ اِس میں فلاں فلاں غلطی ہے تو وہ سامنے سے فوراً ہی آیت پڑھ دیتا ہے:

﴿كُتِبَ عَلَيۡكُمُ ٱلۡقِتَالُ وَهُوَ كُرۡهٞ لَّكُمۡۖ﴾ [البقرة: 216]

ترجمہ: تم پر جہاد فرض کیا گیا ہے اور وہ تم پر گراں ہے۔

اسی طرح اگر کسی کو یہ بتانے کی کوشش کی جائے کہ نہی عن المنکر (بُرائی سے روکنے) کا جو طریقہ تم نے اختیار کیا ہے، اِس سے بُرائی کا سد باب تو شاید نہ ہو سکے لیکن لوگ دین سے بد ظن ضرور ہو جائیں گے، تو وہ سامنے سے یہ حدیث "کشتی کہیں ڈوب نہ جائے"[33] اور "دِل سے بُرا سمجھنا ایمان کا آخری درجہ ہے"[34]۔ سنا دیتا ہے۔[35]

جبکہ رسول اکرم صلی اللہ علیہ وآلہ وسلم نے اقامتِ صلاۃ کیلئے غلط طریقہ کار اختیار کرنے پر تنبیہ کرتے ہوئے فرمایا تھا: معاذ! تُم لوگوں کو فتنہ میں مبتلا کرنا چاہتے ہو؟ اور فرمایا: اے لوگو! تُم میں سے کچھ لوگ، عوام کو دین سے بیزار کرنے والے ہیں۔

اور اقامتِ جہاد کیلئے غلط طریقہ کار اختیار کرنے پر تنبیہ کرتے ہوئے فرمایا تھا: لا الہ الا اللہ کہنے کے باوجود بھی تُم نے اُسے مار دیا؟ اے اللہ! خالد نے جو کچھ کیا ہے میں اُس

[33] أخرجه البخاري (2493)، والترمذي (2173) واللفظ له، وأحمد(18361)

34 أخرجه أبو داود (1140)، وابن ماجه (1275) واللفظ لهما، ومسلم (49) بنحوه

35 صحيح مسلم

سے بری ہوں۔[36] اسی لئے تو آپ ﷺ کے سامنے دینی شعائر کی تطبیق اور تنفیذ کے معاملہ میں ہمیشہ تجزیہ، تنقید اور غلطی کی ہمیشہ تصحیح کی گنجائش رہتی تھی۔

۲) دُوسرا سبق: عبید اللہ بن عدی بن الخیار رضی اللہ عنہ سے روایت ہے، کہتے ہیں کہ میں نے حضرت عمر رضی اللہ عنہ کو منبر پر یہ فرماتے ہوئے سنا: لوگو، مخلوق کو اپنے خالق سے بیزار مت کرو، سامعین نے پوچھا: اللہ امیر المؤمنین کو ہمیشہ راہِ راست پہ قائم رکھے) یہ کیسے ممکن ہے؟ فرمایا: جب امام بہت زیادہ لمبی نماز پڑھائے گا تو لوگ نماز ہی سے بیزار ہو جائیں گے۔[37]

اللہ کی کروڑہا رحمتیں نازل ہوں حضرت عمر فاروق کی تربت پر! آج ہم نے کتنے ہی شعائر دین سے لوگوں کو بیزار کرا دیا ہے۔

---

36 أخرجه البخاري (4339) من حديث ابن عمر رضي الله عنهما

37 المدخل إلى السنن الكبرى للبيهقي باب التخول بالموعظة والعلم مخافة الملال 359/1

اُحد سے یرموک تک!

اُحد کی پہاڑی کی ڈھلوان سے شروع ہونے والی عزم وہمت کی داستان اتنی عجیب اور انوکھی ہے کہ اگر تخیلِ انسانی تاریخِ انسانی کی اِس سے زیادہ دلچسپ اور عجیب وغریب کہانی بُننا چاہے بھی تواُس کیلیئے شاید ممکن نہ ہو، ہجرت کے تیسرے سال اُحد کے مشرکین کا لشکر رسول اللہ ﷺ اور اہل ایمان کے خلاف میدانِ جنگ میں موجود ہے، مشرکین کی فوج کا اعلیٰ ترین کمانڈر ابوسفیان صخر بن حرب نے سیاسی، عسکری اور نفسیاتی طاقت کے اعلیٰ ترین معیارات کو سامنے رکھ کر اپنی فوج تیار کرر کھی ہے،اور ایسے نوجوانوں کا انتخاب کیاہے جونہ صرف لڑنے میں ماہر ہیں، بلکہ رسول اللہ ﷺ کے ساتھ شدید دشمنی میں بھر سرتاپاڈوبے ہوئے ہیں اور رسولِ خُدا ﷺ کی یہ دُشمنی اُن کو اپنے آباء سے وراثت میں ملی ہے۔ چنانچہ لشکر کے داہنے حصہ (میمنہ) کی قیادت خالد بن الولید بن المغیرہ، بائیں حصہ کی قیادت عکرمہ بن ابی جہل بن ہشام کو دی گئی ہے، جبکہ پورے لشکر کی کمانڈ ابوسفیان بن صخر کے پاس ہے اور اتفاق سے تینوں کمانڈروں کے دِلوں میں رسولِ خُدا ﷺ کی عداوت اور مسلمانوں سے انتقام کا جذبہ بھڑک رہاتھا، کیونکہ اس فوج کے اعلی ترین کمانڈر ابوسفیان کا بیٹابدر میں مارا گیا تھا، جبکہ عکرمہ کا باپ ابوجہل (جو کہ خالد کا چچا بھی تھا) بھی اسی معرکہ میں کام آیا تھا۔

جنگ شروع ہوتی ہے،اور گھمسان کارن پڑنے کے بعد مسلمانوں کو فتح ہو جاتی ہے، ابھی فتح اپنے ابتدائی مراحل تھی کہ خالد بن ولید نے انتہائی عسکری مہارت سے مسلمانوں کی فوج میں پیدا ہونے والے خلاسے فائدہ اٹھایا، چنانچہ جنگ کی کایاپلٹ گئی اور

مسلمانوں کے لشکر میں موت بٹنے لگی، یہاں تک کہ رسول اللہ ﷺ کے صحابہ کرام رضی اللہ عنہم میں سے ستر اعلی ترین افراد شہادت کے مرتبہ پر فائز ہو گئے، اور ان سب شہداء کا مثلہ کیا جاتا ہے، راہِ وفا کے اِن ستر مظلوم مسافروں میں ایک نام رسول اللہ ﷺ کے پیارے چچا حضرت حمزہ رضی اللہ عنہ کا بھی ہے، معرکہ اتنا سخت تھا کہ خود سرور کائنات ﷺ بھی فریق مخالف کی ضربوں کا نشانہ بن جاتے ہیں، آپ ﷺ کی جنگی ٹوپی سر کے اوپر ہی توڑ دی جاتی ہے، جس سے آپ کے سامنے والے دانت ٹوٹ اور نچلا ہونٹ زخمی ہو جاتا ہے اور جنگی ٹوپی کی کڑیاں آپ ﷺ کے رُخساروں میں پیوست ہو جاتی ہیں، چہرہ مُبارک زخمی، دِل رنجیدہ اور خون کے فوارے جاری ہیں۔

ابو سفیان نے گذشتہ شکست کے زخم بھرنے کیلئے فورا ہی اس اچانک اور غیر متوقع فتح کا اعلان کر دیا، أَعْلَى هُبَلُ، أَعْلَى هُبَلُ (ہمارے بُت ہبل زندہ باد) کے نعرے لگائے اور کہا: اُحد، بدر کا بدلہ ہے، اور جنگ کی مثال کنویں پر بندھے پانی کے ڈول کی طرح ہے، آج تمہارے ہاتھ تو کل میرے اور اِس اچانک کی فتح کو برقرار رکھنے کیلئے میدان سے نکل گئے۔

ادھر رسول اللہ ﷺ اپنے مُبارک چہرے سے خون پونچھتے ہوئے فرماتے ہیں: وہ قوم کیسے کامیاب ہو سکتی ہے جس نے صرف اس لئے اپنے نبی کو زخمی کیا، اُس کے دانت توڑے اور پورا چہرہ خون آلود کیا کہ وہ اُن کو اُن کے رب کی بندگی کی طرف بلا رہا تھا؟ خدا کا غضب ان لوگوں پر شدید ہو گیا جس نے رسول اللہ ﷺ کے چہرے تک پر زخم لگائے۔ پھر کچھ دیر خاموشی اختیار کرنے کے بعد فرمایا: اے اللہ میری قوم کو معاف فرما، کیونکہ وہ نہیں جانتے۔ اتنے میں قُرآن اُترتا ہے :

﴿لَيْسَ لَكَ مِنَ ٱلْأَمْرِ شَىْءٌ أَوْ يَتُوبَ عَلَيْهِمْ أَوْ يُعَذِّبَهُمْ فَإِنَّهُمْ ظَٰلِمُونَ﴾ [آل عمران: 128]

ترجمہ: اے پیغمبر! تُمھیں اِس فیصلہ کا کوئی اختیار نہیں کہ اللہ ان کی توبہ قبول کرے یا ان کو عذاب دے کیونکہ یہ ظالم لوگ ہیں۔

گردشِ دوراں نے ایک ہلکی سی کروٹ لی اور دس سال گزر گئے، اور خدا کی فتح و نصرت محمد رسول اللہ ﷺ کے در پر دستک دیتی ہے، لوگ فوج در فوج اسلام قبول کرتے ہیں، اور آپ ﷺ کو بھی رفیق الاعلی کی طرف سے بلاوا آجاتا ہے۔

ہجرت کو تیرہ سال کا عرصہ گُذر چُکا ہے، آج پھر مسلمانوں اور رومیوں کا لشکر آمنے سامنے ہے، یہ وہ معرکہ ہے جس نے بلادِ شام میں رومیوں کے مستقبل کا فیصلہ کر دیا تھا، لیکن اگر آپ اہل ایمان کے لشکر کے کمانڈر انچیف اور خصوصی دستہ (لشکرِ فدائین) کے سربراہ اور دُور بیٹھ کر اس لشکر کی معنوی راہنمائی کرنے والے کا نام پوچھیں گے تو یہ جان کر یقیناً حیران رہ جائیں گے کہ اس لشکر کے سربراہوں کے نام اس ترتیب سے ہیں: خالد بن ولید کمانڈر انچیف، عکرمہ بن ابو جہل خصوصی اور فدائی دستہ کا کمانڈر اور لشکر بھیجتے وقت خصوصی ہدایات دینے والا سفیان بن حرب ہیں۔

سبحان اللہ! وہ لوگ جو غزوہ اُحد میں مشرکین کے لشکر کی سربراہ تھے، آج اُن میں سے ایک شخص عکرمہ لوگوں سے شہادت پر بیعت لے رہا تھا اور چار سو کے قریب فدائی اُن کے ہاتھ پر موت پر بیعت کر چکے ہیں، پھر جنگ شروع ہوتی ہے اور گھمسان کا رن پڑتا ہے اور حضرت عکرمہ رضی اللہ عنہ جامِ شہادت نوش کر جاتے ہیں۔

دوسری طرف قریش کا کمانڈر انچیف، اسی سالہ عمر رسیدہ ابوسفیان صخر بن حرب رضی اللہ عنہ جو پہلے سے ہی اپنی آنکھ رسول اللہ ﷺ کے ساتھ غزوہ طائف میں شہید کروا چکے ہیں، اپنے بیٹے یزید کے جھنڈے تلے ایک آنکھ سے فوج کی نگرانی، ساتھ ساتھ لوگوں کو ثابت قدم رہنے کی تلقین بھی کر رہے ہیں، حضرت ابوسُفیان رضی اللہ عنہ اہل ایمان کو جہاد کی ترغیب دیتے ہوئے گویا ہوئے:

"اے لشکر ایمان کے جانباز سپاہیو، تم اسلام اور سرزمین عرب کے محافظ ہو، جبکہ تمہارے مد مقابل شرک اور رومی سرزمین کے انصار ہیں، اس لئے اللہ پر توکل کرو اور خوب حوصلہ اور شجاعت سے لڑو! اے اللہ! تیرے دنوں میں سے آج ایک خاص دن ہے، پس اپنی مدد بھیج دے، اے نصرتِ خداوندی قریب آ۔"

اسی سال کے ایک عمر رسیدہ بزرگ کی زبان سے نکلنے والے ہمت اور شجاعت بھرے اس جملے کی تاثیر کا کیا عالم ہوگا؟ اور جب وہ نوجوانوں کے کانوں سے ٹکرائے ہوں گے تو اُن کی ہمت، شجاعت اور حوصلوں کو کتنی مہمیز ملی ہوگی؟ اور اسی معرکہ اُحد میں مشرکین کے تیسرے کمانڈر خالد بن ولید (جس نے اپنی جنگی مہارت کے ذریعہ مسلمانوں کی فتح شکست میں بدل دی تھی) نے آج نہ صرف مسلمانوں کی کمان کی، بلکہ رومیوں کی زمین پر فتح و نصرت کے جھنڈے بھی گاڑ دیے۔[38]

[38] صحیح مسلم 1791؛ تاريخ الطبري 65/2، 335؛ سير أعلام النبلاء 105/2؛ البداية والنهاية 545/9–569؛ تفسير ابن كثير 112/2؛ الإصابة 412/3۔

اس واقعہ کے بارے چند علمی نکات!

اوّل:......اگر اس منظر کے دونوں حصّے اُحد اور یرموک کو آپس میں ملاکر دیکھا جائے، توان تینوں شخصیتوں حضرت ابوسفیان، حضرت خالد اور حضرت عکرمہ رضی اللہ عنہم کا رسول اللہ ﷺ کے خلاف مشرکین کے لشکر کی قیادت سے لیکر اہل ایمان کے کمانڈر بن کر دین محمدی کی حفاظت کیلئے لڑنے کا سفر کتنا حیرت انگیز تھا،ایک طرف وہ زمانہ کہ یہ لوگ کیل اور کانٹے سے لیس ہو کر رسولِ خُدا ﷺ کو نشانہ بنانے اور آپ ﷺ اور آپ ﷺ کے نام لیواؤں کو صفحہ ہستی سے مٹانے کیلئے سر توڑ کوششوں میں تھے، پھر کچھ وقت گذرتے ہی سارا منظر بدل جاتا ہے اور یہی لوگ جان کی بازی لگا کر اسی دینِ محمدی کی حفاظت کیلئے لڑتے ہیں، اور اُسی دین کی تبلیغ واشاعت کیلئے انتہائی خوفناک اور خطرناک میدانوں میں کُود جانیوالی جانیوالی جماعتوں کی قیادت کرتے ہوئے حضرت عکرمہ اپنی جان تک دیدیتے ہیں، ابوسفیان اپنی ایک آنکھ قربان کر چکے اور دوسری بھی ہتھیلی پر لے کر گھوم رہے ہیں، انہی قربانیوں کی بدولت بالآخر حضرت خالد بن ولید فتح ونُصرت کے جھنڈے گاڑھ کر واپس آتے ہیں۔

عجیب بات یہ ہے کہ یہ سب کچھ رسول اللہ ﷺ کی وفاتِ حسرتِ آیات کے بعد کیا جارہا ہے، لہٰذا اب اس کے پیچھے سوائے رسول اللہ ﷺ کی دعوت پر قلب وجگر سے اطمینان، اور آپ ﷺ کے وعدوں پر صدلِ دل سے یقین کے سوائے کوئی دوسری چیز بھی کارفرما نہیں ہوسکتی، پس کوئی بدنیت یہ اعتراض بھی نہیں کر سکتا کہ یہ لوگ کسی دنیوی منفعت یا ریاکاری کیلئے ایسا کر رہے ہوں گے! لہٰذا اب اس قُربانی کا ایک ہی مطلب نکلتا ہے محمد رسول اللہ ﷺ کی دعوت ان لوگوں کی روح تک میں سرایت کر گئی ہے، آپ ﷺ کے

وعدوں پر یقین ان کے خون میں شامل ہو چُکا ہے، اور باوجود عرب ہونے کے، جو جوشِ انتقام، اور خاندانی میراث اور دشمنیوں کو زندہ رکھنے میں اپنا ثانی نہیں رکھتے، یہ لوگ میراث میں ملنے والی دشمنیوں کو بھلا چکے ہیں، اور انتقام کے تلخ جذبوں کو قابو کرنے میں کامیاب ہو چکے ہیں۔

اسی لئے تو آپ ﷺ کے خلاف لشکر کشی کرنے والے آج آپ ﷺ کی وفات کے بعد آپ ﷺ کے دین کی حفاظت کیلئے سر دھڑ کی بازی لگانے کیلئے تیار ہو گئے ہیں، کیونکہ یہ لوگ اپنی فکر کی تعمیر نو کرنے، نفس کی تربیت، ایمان کو پختہ، دُرست سمت کے تعین میں کامیاب ہو چُکے ہیں۔ لہذا ان کے سامنے ان کے مستقبل کے اہداف واضح، وژن ظاہر اور نصب العین بالکل متعین ہے۔ یہ اُس دعوتِ محمدی کی حیرت انگیز کامیابیوں میں سے ایک چھوٹی سی مثال ہے، جس نے مردہ دلوں میں دعوت کی رُوح پھونکی تو ان دلوں کے گلستان سرسبز وشاداب ہو گئے اور ہر طرف ایمان واطاعت کے پھول کھلنے لگ گئے۔

دُوم:......اخلاق نبوی کی ایک اور مثال کہ اتنے سخت حالات میں بھی، جب آپ ﷺ جسمانی اور نفسیاتی طور پر سخت تکلیف سے گذر رہے تھے، لیکن آپ ﷺ نے نہ تو ظلم وستم ڈھانے والوں کے انجام کے بارے کوئی حتمی اور یقینی فیصلہ سُنایا اور نہ ہی اُن کیلئے یہ بد دُعا دی کہ اللہ اُن کو اپنی رحمت سے محروم کرے، یا اُن پر عذاب نازل کرے، بلکہ اپنے چہرہ مبارک سے خُون پونچھتے ہوئے فرماتے ہیں: وہ قوم کیسے فلاح پائے گی جو اپنے نبی ﷺ کے چہرہ تک کو نہ بخشے؟

ظاہر ہے کہ ایسی قوم کیسے فلاح پائے گی جس نے پہلے تو اس اُمت کی قیمتی ترین شخصیات کو خاک وخون میں نہلایا، اُن کی ناک، کان کاٹ کر جسموں کا مثلہ کیا، پھر اس پر بھی دل ٹھنڈا نہیں ہُوا تو آگے بڑھ کر رسولِ آخرالزماں ﷺ تک کو زخمی کیا، یہاں تک آپ ﷺ کا چہرہ مبارک خُون آلود ہوا، صرف اس لئے کہ آپ صرف ایک خُدا کی عبادت اور پرستش کی دعوت دیتے ہیں ؟۔

سُوم:...... عموماً تو جو شخص جسمانی اور نفسیاتی طور پر اتنے کرب سے گُذر رہا ہو وہ صرف سوالیہ انداز میں یہ پوچھنے پر اکتفا نہیں کرتا کہ ایسی قوم کو فلاح کیسے مل سکتی ہے؟ لیکن یہاں مُعاملہ چُونکہ رحمت للعالمین ﷺ اپنے رب کے بارے سب سے زیادہ علم رکھنے والے، اُس سے سب زیادہ ڈرنے والے ہیں، اس لئے آپ نے ایسے کٹھن حالات میں بھی ادب کا دامن نہیں چھوڑا۔

چہارم:...... آپ ﷺ نے تو یہ کہہ کر: كَيْفَ يُفْلِحُ قَوْمٌ...... ایسی قوم کیسے فلاح پائے گی۔ صرف اس بات کا اظہار فرمایا کہ اس قُماش کے لوگوں کا فلاح پانا بعید معلوم ہوتا ہے۔ لیکن عام طور انسانی معیارات کے مطابق اس طرح کے مناظر کے بعد جواب صرف استبعاد (کسی چیز کو بعید سمجھنا) تک محدود نہیں رہتا، بلکہ یقین کی حد تک حتمی بن جاتا ہے، لہذا جو بھی اس منظر کو دیکھے وہ یہی کہے گا کہ جو لوگ رسول اللہ ﷺ اور آپ کی دعوت کی دُشمنی میں آخری حد تک جائیں، وہ کبھی بھی فلاح کا مُنہ نہیں دیکھ سکتا! ظاہر ہے کہ اس سے بڑی اور کیا دُشمنی ہو گی کہ یہ لوگ کیل کانٹے سے لیس ہو کر محمد عربی ﷺ اور آپ کے ساتھیوں کی مکمل نسل کشی کے نہ صرف ارادے سے آئے تھے، بلکہ عملی طور پر

ممکنہ حد تک کوشش بھی کر چکے تھے، لیکن اس سب کے باوجود وحی نازل ہوتی ہے اور آپ ﷺ کو خطاب کر کے کہا جاتا ہے:

﴿لَيْسَ لَكَ مِنَ ٱلْأَمْرِ شَيْءٌ﴾ [آل عمران: 128]

ترجمہ: اے پیغمبر! تمہیں اس فیصلہ کا کوئی اختیار نہیں۔

تاکہ مخلوق کو یہ پیغام دیا جاسکے کہ کسی کی بھی ابدی سعادت یا بدبختی کا فیصلہ صرف اور صرف اللہ کے ہاتھ میں ہے:

﴿قُلْ إِنَّ ٱلْأَمْرَ كُلَّهُۥ لِلَّهِ﴾ [آل عمران: 154]

ترجمہ: کہہ دو کہ اختیار تو تمامتر اللہ کا ہے۔

اور اس معاملہ کا آخری فیصلہ تو اللہ کے علم و تدبیر کے حوالہ ہے:

﴿أَوْ يَتُوبَ عَلَيْهِمْ أَوْ يُعَذِّبَهُمْ فَإِنَّهُمْ ظَٰلِمُونَ﴾ [آل عمران: 128]

ترجمہ: اللہ ان کی توبہ قبول کرے یا ان کو عذاب دے، کیونکہ یہ لوگ ظالم ہیں۔

چشم تصور میں گویا کہ میں فقہاء صحابہ کرام رضی اللہ عنہم کے پاس بیٹھا ہوں اور وہ اس آیت کو اپنے لئے توبہ کی توفیق کی بشارت اور ہدایت کا پیش خیمہ سمجھتے ہوئے ایک دوسرے سے پوچھ رہے ہیں: جب ان کی یہ حالت ہے، تو پھر ان کو فلاح اور کامیابی کیوں ملے گی؟ لیکن اللہ تعالی کا لُطف و کرم ہمیشہ ہی بشری تدبیر اور اندازے سے بہت زیادہ اونچی اور اعلی ہے:

﴿إِنَّ رَبِّي لَطِيفٌ لِّمَا يَشَآءُ ۚ إِنَّهُۥ هُوَ ٱلْعَلِيمُ ٱلْحَكِيمُ﴾ [یوسف: 100]

ترجمہ: حقیقت یہ ہے کہ میرا پروردگار جو کچھ چاہتا ہے، اس کے لئے لطیف تدبیریں کرتا ہے۔

پنجم:...... ستّر صحابہ کرام رضی اللہ عنہم کی مظلومانہ شہادت، شہداء کی لاشوں کی بے حُرمتی، کئی جانثاروں سمیت خود بھی شدید زخمی ہونے والے، اور اوپر سے دُشمنوں کی طرف سے رُوح پر چرکے لگانے والے فقرے اور نعرہ بازی سن کر آپ ﷺ جسمانی اور نفسیاتی طور پر جس کرب سے گذر رہے ہوں گے، محتاجِ بیاں نہیں، لیکن اس سب کے باوجود بھی رسول اللہ ﷺ نے اپنی اُمّت کیلئے اللہ تعالی سے رحمت اور مغفرت ہی مانگی اور کہا کہ: اے اللہ میری قوم کو معاف فرمادیں کیونکہ ان کو اپنے اچھے بُرے کی تمیز نہیں، اسی کربناک حالت کو ذھن میں رکھتے ہوئے جب آدمی رسول اللہ ﷺ کی یہ دُعا:

اللَّهُمَّ اغْفِرْ لِقَوْمِي فَإِنَّهُمْ لَا يَعْلَمُونَ

پر غور کرتا ہے، تو آیت مبارکہ

﴿وَإِنَّكَ لَعَلَىٰ خُلُقٍ عَظِيمٍ﴾ [القلم: 4]

ترجمہ: یقیناتم اخلاق کے اعلی درجہ پر ہو۔

کا مفہوم سمجھ آجاتا ہے، کیونکہ رسول اللہ ﷺ نے نہ صرف یہ کہ اپنی فتح کیلئے اُن کے خلاف بددُعا نہیں فرمائی، بلکہ ان کو معاف کرنے کے ساتھ ساتھ اُن کے لئے دُعا بھی فرمائی اور ان کی جہالت کو باوجود قابلِ قبول عُذر نہ ہونے اُن کیلئے بطور عذر کے قبول کیا۔ فضل و کرم کی اور رحمتوں کی اسی ارزانی کا نام ہی تو رحمت للعالمین ﷺ ہے۔

ششم:......اپنی جلالتِ شان اور عظمتِ قدر (بعد از خُدا بزرگ توای قصہ مختصر) کے باوجود بھی جب رسول اللہ ﷺ کو اتنا شدید دُکھ پہنچایا گیا، تو آپ ﷺ نے سوائے ان جملوں کے:

كَيْفَ يُفْلِحُ قَوْمٌ شَجُّوْا نَبِيَّهُمْ[39]

ترجمہ: جو قوم نے اپنے نبی ﷺ کے چہرہ تک کو خُون آلود اور زخمی کرنے سے باز نہ آئے، وہ کیسے فلاح پائے گی؟

کے علاوہ کوئی دوسری بات ارشاد نہیں فرمائی۔ اس سے معلوم ہوتا ہے کہ نبی اکرم ﷺ تواضع اور بے نفسی کے کس مقام و مرتبہ پر فائز تھے۔ اس واقعہ میں اُن تمام لوگوں کیلئے ایک عظیم سبق پنہاں ہے جن کی نظر صرف اپنی ذات، علم اور اپنے اعمال تک محدود رہتی ہے، چنانچہ اُن کی نظر میں وہی اللہ کے خاص بندے ہیں، لہٰذا تمام کرامات کے اولین مستحق بھی وہی ہیں، پس جو کوئی بھی اُن کی شان میں ذرہ برابر گستاخی کا ارتکاب کر بیٹھے تو اُس پر تو فوراً سے پہلے غضبِ خُداوندی نازل ہونی چاہیئے۔

ہفتم:......اس واقعہ سے ایک اور سبق ہمیں یہ ملتا ہے کہ ہمیں کسی بھی حال میں مایوسی کا شکار نہیں ہونا چاہیئے اور نہ ہی کسی کی ظاہری حالت کو دیکھ کر اُس کی اصلاح کو ناممکن سمجھنا چاہیئے، کیونکہ جو شخص بھی اُحد کے موقع پر ان تینوں حضرات رضی اللہ عنہم کی حالت دیکھے تو شاید اُس کے وہم و گمان میں بھی یہ نہ ہو یہی لوگ بھی ہدایت پا کر ایسے مقام پر فائز ہو سکیں گے کہ مستقبل کی نسلوں کی ہدایت ان کی پیروی میں پنہاں ہو گی، اس

---

[39] النسائي، السنن الكبرى 11077؛ ابن ماجه 4027 (واللفظ له)؛ أحمد 12831۔

لئے کبھی بھی لوگوں کو ہمیشہ اُن کی ایک ہی حالت کے حصار میں بند کر کے دیکھنا نہیں چاہیئے۔

﴿عَسَى ٱللَّهُ أَن يَجْعَلَ بَيْنَكُمْ وَبَيْنَ ٱلَّذِينَ عَادَيْتُم مِّنْهُم مَّوَدَّةً ۚ وَٱللَّهُ قَدِيرٌ ۚ وَٱللَّهُ غَفُورٌ رَّحِيمٌ﴾ [الممتحنة: 7]

ترجمہ: کچھ بعید نہیں کہ اللہ تعالی تمہارے اور جن لوگوں سے تمہاری دُشمنی ہے، اُن کے درمیان دوستی پیدا کر دے، اور اللہ بڑی قدرت والا ہے، اور اللہ بہت بخشنے والا، بہت مہربان ہے۔

بیر معونہ سے غزوہ موتہ کا سفر!

ابو عامر بن مالک (جو اپنی بہادری کی وجہ سے ملاعب الاسنہ کے لقب سے مشہور تھے) مدینہ منورہ آئے، تو آپ ﷺ نے اُس کو اسلام کی دعوت دی۔ ابو عامر نے آپ ﷺ کی دعوت کا کوئی جواب نہیں دیا۔ البتہ یہ کہا: اے محمد! اگر آپ ﷺ اپنے چند ساتھیوں کو تبلیغ کیلئے نجد کے علاقہ میں بھیج دیں تو ممکن ہے کہ وہ لوگ اسلام قبول کرلیں۔ آپ ﷺ نے فرمایا کہ مجھے اس بات اندیشہ ہے کہ کہیں اہلِ نجد میرے ساتھیوں کو نقصان نہ پہنچادیں، اس پہ براء بن مالک نے کہا کہ میں ان کی حفاظت کی ضمانت دیتا ہوں! نبی اکرم ﷺ نے اپنے صحابہ کرام- رضی اللہ عنہم - میں سے ستّر بہترین افراد (جو قراء کے نام سے مشہور تھے) کا انتخاب کر کے نجد کی طرف روانہ کیا۔ یہ لوگ دن بھر لکڑیاں جمع کر کے بیچ کر اہل صفہ کے اخراجات کا بندوبست کرنے میں گزارا کرتے تھے اور راتیں قرآنِ کریم کی درس وتدریس اور عبادت میں گُذارتے تھے۔ حضرت عُروۃ بن اسماء، حرام بن ملحان اور عامر بن فہیرہ- رضی اللہ عنہم- بھی جانثاروں کی اسی جماعت کا حصہ تھے۔[40]

جب یہ جماعت عامر بن مالک کے بھتیجے عامر بن طفیل سے ملنے اور اسلام کی دعوت دینے بنو عامر کے علاقہ ”دیارِ عامر“ سے گذرنے لگے تو اس شخص نے غداری کرتے ہوئے اپنی قوم کو ان پر حملہ کیلئے اُبھارا، لیکن ان کی قوم کے افراد نے یہ کہتے ہوئے صحابہ کرام پر حملہ کرنے سے انکار کیا کہ وہ کبھی بھی ابو عامر بن مالک کی ضمانتِ امن کو نہیں

---

[40] فتح الباري شرح صحيح البخاري، باب غزوة الرجيع 449/7

توڑیں گے۔ اس پہ عامر بن طفیل نے بنو سلیم سے مدد طلب کی اور اُن لوگوں نے آکر ان ستّر سفیروں کو انتہائی بے دردی سے شہید کر دیا۔ رسول اللہ ﷺ کو بذریعہ وحی اس کی اطلاع مل گئی، تو آپ ﷺ کو اِس کا بہت دُکھ ہوا۔ حضرت انس رضی اللہ عنہ فرماتے ہیں: جتنے گہرے دُکھ اور رنج کا اظہار نبی اکرم ﷺ نے بئر معُونہ کے واقعہ پر فرمایا کسی اور پر نہیں فرمایا، چنانچہ تقریباً ایک مہینہ تک آپ ﷺ فجر کی نماز میں قاتلوں کیلئے بددُعا کرتے رہے، یہاں تک آپ ﷺ پر یہ وحی نازل ہوئی: ہماری قوم کو یہ بتادیجئے کہ ہماری اپنے پروردگار سے مُلاقات ہوگئی، ہمارا رب ہم سے خُوش ہوا اور ہمیں راضی کر دیا۔ [41]

انتہائی مظلومانہ انداز میں قتل کئے جانیوالے روئے زمین کے ان بہترین افراد کی جُدائی سے دیگر حضرات صحابہ کرام رضی اللہ عنہم بھی شدید رنجیدہ ہوئے، چنانچہ زُبیر نے ان کی یاد تازہ رکھنے اور دُکھ کم کرنے کی نیت سے اپنے بیٹوں عروہ اور منذر کا نام بھی ان شہداء میں حضرت عروبن اسماء اور منذر بن عمرو کے نام پر رکھ دیا تھا۔ اس سانحہ کو چار سال کا عرصہ بیت گیا، اس دوران اہل ایمان سیاسی اور عسکری اعتبار سے ایک مضبوط قوت بن کر سامنے آنے لگے، کیونکہ ایک طرف صلح حدیبیہ کی وجہ سے مشرکین نے پہلی بار مسلمانوں کو ایک سیاسی قوت تسلیم کیا تو دوسری طرف امن وامان کی صورت حال بہتر ہونے کی وجہ سے بہت سارے لوگوں کو اسلام اور مسلمانوں کو قریب سے دیکھنے کا موقع ملا، جس کا نتیجہ یہ ہوا لوگ جوق درجوق اسلام میں داخل ہونے لگے۔

---

[41] صحيح البخاري رقم الحديث 4093

نیز اسی سال رسول اللہ ﷺ نے مختلف بادشاہوں اور ریاستوں کے سربراہوں کو دعوتی خطوط بھی بھیجنے شروع کر دیئے تھے۔ اسی سلسلہ میں آپ ﷺ نے حضرت حارث بن عُمیر - رضی اللہ عنہ - کو ایک دعوتی مکتوب دیکر قیصرِ روم کی طرف بھیجا، لیکن قیصر کی طرف سے صوبہ بلقاء کے گورنر شرحبیل بن عمرو الغسانی نے رسول اللہ ﷺ کے سفیر کو گرفتار کر کے انتہائی سفاکانہ طریقہ سے شہید کیا۔ رسول اللہ ﷺ کو جب اس کی اطلاع ہوئی تو آپ ﷺ نے اپنے مظلوم سفیر کا بدلہ لینے کیلئے حضرت خالد بن ولید رضی اللہ عنہ کی سربراہی میں تین ہزار جنگجو پر مشتمل ایک لشکر جرار تیار کر کے روانہ فرمایا، جبکہ دوسری طرف سے دو لاکھ رومی مدمقابل تھے۔ جنگ شروع ہوئی اور گھمسان کا رن پڑا، رومیوں کو بہت زیادہ جانی نقصان اُٹھانا پڑا، رومیوں کے مقتولین کی صحیح تعداد تو شاید معلوم نہ ہو، البتہ حضرت خالد بن ولید رضی اللہ عنہ فرماتے ہیں کہ اُس دن میرے ہاتھ سے نو تلواریں ٹوٹ گئیں تھیں اور بالآخر ایک یمنی تلوار میرے ہاتھ میں ٹھہر سکی تھی۔ [42]

باقی مسلمانوں کے ہاتھوں کتنے رومی اپنے انجام کو پہنچے ہوں گے؟ اس کا اندازہ خود کیجئے۔ اہل اسلام میں سے بارہ سپاہی شہید ہوئے۔ جنگ کے بعد حضرت خالد بن ولید رضی اللہ عنہ انتہائی مہارت سے اپنے لشکر کو شہر لانے میں کامیاب ہوئے تھے اور آپ ﷺ نے اسے فتح قرار دیتے ہوئے فرمایا: پھر لشکرِ اسلام کا پرچم اللہ کی تلواروں میں سے ایک تلوار کے ہاتھ آیا اور مسلمانوں کو فتح ہو گئی۔ [43]

---

[42] طبقات ابن سعد 51/2؛ صحيح البخاري 1246، 4262؛ البداية والنهاية 412/6–438؛ فتح الباري 512/7۔

[43] صحيح البخاري 1246، 4262؛ البداية والنهاية 412/6–438؛ فتح الباري 512/7۔

واقعہ معونہ سے حاصل ہونے والے چند اہم اسباق!

اب ذرا چشمِ تصور میں یہ دونوں منظر ایک جگہ جمع کر کے اُن پر ایک نظرِ بصیرت ڈال دیجئے، تاکہ اس میں پنہاں عبرتیں، اسباق اور نکات سمجھنے میں آسانی ہو۔

اس سلسلہ میں سب پہلا نکتہ یہ ہے کہ جب رسول اللہ ﷺ سے اپنے صحابہ کرام رضی اللہ عنہم کو بھیجنے کا مطالبہ کیا گیا، تو آپ ﷺ نے قبیلہ کے سردار سے اپنے جانثاروں کی حفاظت کی ضمانت لینے تک اُن کو روانہ نہیں کیا۔ نیز شہداء کی تعداد بھی (غزوہ اُحد کے شہداء سے) زیادہ تھی، اور یہ سارے رسول اللہ ﷺ کے سفیر تھے، کسی جہادی مہم پر جانیوالے جنگجو سپاہی نہیں۔

رسول اللہ ﷺ اور آپ کے صحابہ کرام رضی اللہ عنہ اس سانحہ پر بہت زیادہ غمگیں ہوئے، کیونکہ اس سانحہ میں شہید ہونے والے لوگ رسولِ اکرم ﷺ کے بہترین ساتھی اور قُرآن کریم کے قُرّاء تھے۔

یہ علاقہ مدینہ منوّرہ سے صرف دو سو کلو میٹر کی دوری پر واقع تھا، اس لئے ان کے خلاف لشکر بھیج کر اس ظالم قبیلہ کو سبق سکھانا بھی نسبتاً آسان تھا، نیز شہید کئے جانیوالے سفیروں کی تعداد بھی زیادہ تھی، لیکن رسول اللہ ﷺ نے صرف بدُعا اور اور اللہ تعالی سے مدد مانگنے پر اکتفاء کیا، فوج کشی نہیں کی، جبکہ اس سانحہ کے صرف چار سال بعد جب قیصر کے گورنر نے آپ ﷺ کے سفیر کو قتل کیا تو آپ ﷺ نے ایک ہزار کلو میٹر کی مسافت پر دُور بیٹھے رومیوں کے خلاف تین ہزار کا لشکر بھیجا۔ آخر کیوں؟ کیونکہ اُس وقت مسلمان سیاسی اور عسکری لحاظ سے کمزور تھے، کیونکہ وہ اُحد کے اثرات سے پورے طور پر باہر نہیں

نکل سکے تھے، ایسی صورت میں عرب کے ریگزاروں میں، سینکڑوں دُشمن قبائل کی موجودگی میں کسی قبیلہ کے خلاف نیا محاذ کھول دینا ایک نئی آزمائش کا دروازہ کھٹکھٹانے کے مترادف تھا، چونکہ نئی قائم ہونے والی ریاست ابھی اپنے ابتدائی مرحلہ سے گذر رہی تھی، لہٰذا جذبات کی بنیاد پر لڑائی کے فیصلہ سے نوزائیدہ ریاست کے مستقبل پر انتہائی منفی اثرات مرتّب ہو سکتے تھے، اس لئے بھڑکتے ہوئے جذبات اور مشتعل احساسات نے دامنِ صبر میں پناہ لی اور صبر نے ان جذبات کو ممکنہ نتائج پر نظر رکھنے، بصیرت اور دور اندیشی اختیار کرنے کی راہ دِکھا کر انہیں مزید دانشمندانہ بنایا۔

یاد رکھئے کہ إِنِّي أَخَافُ عَلَيْهِمْ أَهْلَ نَجْدٍ (مجھے اس بات کا اندیشہ ہے کہ کہیں اہلِ نجد میرے ساتھیوں کو نقصان نہ پہنچائیں!) کہنے والی ہستی وہ ہے جنہوں نے خود دُنیا کو یہ آیتیں سکھائی ہیں:

﴿فَلَا تَخَافُوهُمْ وَخَافُونِ﴾ [آل عمران: 175]

ترجمہ: لوگوں سے نہیں، بلکہ مجھ سے ڈرو۔

﴿فَلَا تَخْشَوُا النَّاسَ وَاخْشَوْنِ﴾ [المائدة: 44]

ترجمہ: لوگوں سے نہیں، بلکہ مجھ سے ڈرو۔

﴿كَم مِّن فِئَةٍ قَلِيلَةٍ غَلَبَتْ فِئَةً كَثِيرَةً بِإِذْنِ اللَّهِ﴾ [البقرة: 249]

ترجمہ: نجانے کتنی چھوٹی جماعتیں ہیں جو اللہ کے حکم سے بڑی جماعتوں پر غالب آئی ہیں۔

اور وہ ہستی جس نے انتہائی مشکل حالات میں بھی اپنے رفیق سفر کو تسلّی دیتے ہوئے کہا تھا:

﴿لَا تَحْزَنْ إِنَّ ٱللَّهَ مَعَنَا﴾ [التوبة: 40]

ترجمہ: غم نہ کرو، اللہ ہمارے ساتھ ہے۔

وہ اپنے خالق کے بارے پوری مخلوق سے زیادہ علم، اُس پر بھروسہ اور توکل والے تھے، لیکن اُمت کے معاملات سنبھالنے میں دوراندیشی اور کسی بھی محاذ آرائی میں پڑنے سے قبل خُوب غور وفکر کرنا نبوی تربیت کا حصہ ہے، اسی کا نام احتیاط اور دوراندیشی ہے، جس کے اور بُزدلی کے درمیان زمین آسمان کا فرق ہے۔

جہاں تک ہجرت کے آٹھویں سال پیش آنیوالے واقعہ کا تعلق ہے، تو وہاں صورت حال بالکل مختلف تھی، کیونکہ صلح حدیبیہ کی برکت سے مسلمانوں کو دیگر قبائل کی طرف کسی قسم کا کوئی خطرہ نہیں تھا، اور یہودیوں کی سازشوں کا قلع قمع تو خیبر میں ہی کیا جاچکا تھا، گلشنِ اسلام میں بہار اپنے جوبن پر تھی، تعداد اور قوت کے لحاظ سے مسلمان مضبوط اور کسی بھی سرکش دُشمن سے ٹکرانے کی پوزیشن میں تھے، ایسے حالات میں جب آپ صلی اللہ علیہ وآلہ وسلم کے سفیر کو، پردیس میں گھر بار سے دُور انتہائی مظلومیت کے ساتھ شہید کر کے بین الاقوامی قانون کی دھجیاں بکھیر دی گئیں، تو رسول اللہ صلی اللہ علیہ وآلہ وسلم نے تین ہزار کا لشکر جرّار شام بھیجا، تاکہ ایک طرف سے اس شہید مظلوم کا بدلہ لیا جاسکے اور دوسری طرف بلادِ رُوم میں فتح اسلامی کا پیش خیمہ ثابت ہوسکے۔

رسول اللہ ﷺ کا پڑھایا ہوا یہ سبق ہمیں آج بھی یہی بتاتا ہے کہ جہاد بھڑکتے جذبات اور بنا کسی تیاری کے مہم جوئی کا نام نہیں، بلکہ ایک ایسے دینی شعار کا نام ہے، جس کی شرائط کا پورا اور ہدف متعین ہونا لازمی ہے۔

انصار کی دعوت

وہ جب آیا تو تھکاوٹ سے اُس کا بدن چور اور چہرہ زرد پڑ چکا تھا، ایک نظر صحابہ کرام اور پیغمبرِ اسلام ﷺ پر ڈالی، پیغمبر بھی وہ جس کے بارے قرآن کہتا ہے:

﴿ٱلنَّبِيُّ أَوْلَىٰ بِٱلْمُؤْمِنِينَ مِنْ أَنفُسِهِمْ﴾ [الأحزاب: 6]

ترجمہ: ایمان والوں کیلئے یہ نبی اُن کی اپنی جانوں سے بھی زیادہ قریب تر ہیں۔

اور نبی اکرم ﷺ مسلمانوں کیلئے اُن کے والد کی طرح ہیں، چنانچہ وہ آپ ﷺ کے پاس پہنچے تو زبانِ حال سے کہنے لگے: یارسول اللہ! مجھے بہت شدید بھوک لگی ہے، نبی اکرم ﷺ نے یکے بعد دیگرے اپنی تمام ازواجِ مُطہّرات رضی اللہ عنہن سے پوچھا، لیکن اُن سب کی طرف سے ایک ہی جواب آیا کہ قسم ہے اس ذات کی جس نے آپ کو حق کے ساتھ بھیجا ہے، ہمارے پاس سوائے پانی کے کچھ نہیں۔

پھر رسول اللہ ﷺ اپنے صحابہ کی طرف متوجہ ہوئے اور فرمایا: آج کی رات جو اِس مہمان میزبانی کرے گا اُس پر اللہ کی رحمتیں نازل ہوں گی؟[44]، ابو طلحہ الانصاری رضی اللہ عنہ نے کہا: میں اس کی میزبانی کروں گا یارسول اللہ! پھر وہ اپنے گھر چلے گئے اور بیوی سے کہا: جتنا ہو سکتا ہے رسول اللہ ﷺ کے مہمان کا اکرام کرو، اور کچھ بھی بچا کر مت رکھنا! سعادت مند بیوی نے قسم کھا کر کہا کہ میرے پاس بچوں کے رات کے کھانے کے علاوہ کچھ بھی نہیں، ابو طلحہ کہنے لگے: بچوں کو کسی طرح بہلا پھسلا کر سُلا دو، اور کھانا لگا دو،

---

[44] مسلم 2054؛ أبو يعلى 6168 (واللفظ لهم).

جب مہمان کھانا شروع کر دے، توچراغ دُرست کرنے کے بہانہ سے اُسے بجھادو! چنانچہ اُس نے ایسا ہی کیا، اور جب مہمان نے کھانا شروع کیا تو دُرست کرنے کے بہانے چراغ بجھا دیا، پھر حضرت ابو طلحہ اور بیوی دونوں بھی مہمان کے ساتھ بیٹھ گئے، گویا کہ وہ بھی ساتھ میں کھا رہے ہوں اور مہمان کو محسوس نہ ہونے دیا، رات بیت گئی، صبح کے وقت جب ابو طلحہ رضی اللہ عنہ، حسبِ عادت فجر کی نماز پڑھنے مسجدِ نبوی پہنچے، تو رسول اللہ ﷺ نے اُن کو اللہ تعالی کی رحمت اور خوشنودی کا مژدہ سُناتے ہوئے کہا: تمہارا کل رات والا عمل اللہ تعالی کو بہت پسند آیا ہے اور یہ اللہ تعالی کی رضامندی اور خوشنودی کا اثر ہے کہ اُس نے اس کے بارے اپنے نبی اکرم ﷺ پر وحی اُتاری، قیامت تک جس کی تلاوت ہوتی رہے گی:

﴿وَيُؤْثِرُونَ عَلَىٰٓ أَنفُسِهِمْ وَلَوْ كَانَ بِهِمْ خَصَاصَةٌ ۚ﴾ [الحشر: 9]

ترجمہ: اور (یہ انصار) اُن (مہاجرین) کو اپنے اوپر ترجیح دیتے ہیں، چاہے اُن پر تنگ دستی کی حالت گذر رہی ہو۔[45]

اس واقعہ سے متعلق کچھ گزارشات

۱) مسلمان اپنی ہر چھوٹی بڑی پریشانی میں رسول اللہ ﷺ کی طرف ہی رجوع کیا کرتے تھے، کیونکہ آپ ہی اہل ایمان کا آخری سہارا جو تھے، اس لئے بھوک کے ستائے اِس صحابی نے بھی آکر سیدھا آپ ﷺ ہی کا دروازہ کھٹکھٹایا اور بغیر کسی جھجک، ہچکچاہٹ یا

---

[45] ورد الحديث في صحيح البخاري (3798) (4889) وفي صحيح مسلم (2054) وفي جامع الترمذي (3304) كما ذكره الخطيب في كتابه الأسماء المبهمة (ص 398 400) وذكره ابن بشكوال في غوامض الأسماء المبهمة (455/1 457) وتعرض له النووي في شرحه على صحيح مسلم (11/4) وكذلك ابن حجر في فتح الباري (119/7) (632/8) وذكره العيني في عمدة القاري (264/16).(228/19)

لمبی چوڑی تمہید کے اپنی حاجت پیش کرتے ہوئے عرض کی یارسول اللہ! بھوک کا ستایا ہوا ہوں، تاکہ جتنا جلد ممکن ہو اُس کی حاجت روائی کی جاسکے، دوسری طرف رسول اللہ ﷺ بھی اس وقت تک اپنی جگہ سے نہیں اٹھے جب تک اُس کی ضرورت پوری نہیں ہوئی۔ رسول اللہ ﷺ کا اپنے اصحابِ کرام سے تعلق عام بادشاہوں کی اپنی رعایا کے ساتھ تعلق جیسانہ تھا، جہاں صرف حاکمانہ تسلط اور شاہانہ شان وشوکت کے علاوہ کوئی تیسری چیز نہ ہو، بلکہ آپ ﷺ کی اہل ایمان پر ولایت اُن کی خبر گیری، دادرسی اور مسلمانوں کی مادی اور معنوی ضروریات کو پوری کرنے کی فکر پر مبنی تھی، چنانچہ رسول اللہ ﷺ نے اس سلسلہ میں باقاعدہ ایک فرمان جاری کیا ہوا تھا کہ:

أَنَا أَوْلَىٰ بِالْمُؤْمِنِينَ مِنْ أَنْفُسِهِمْ، فَمَنْ مَاتَ وَعَلَيْهِ دَيْنٌ وَلَمْ يَتْرُكْ وَفَاءً فَعَلَيَّ قَضَاؤُهُ، وَمَنْ تَرَكَ مَالًا فَلِوَرَثَتِهِ.[46]

ترجمہ: میں ہر مسلمان کیلئے اُسکی جان سے بھی زیادہ قرب تر ہوں، پس جس نے ترکہ میں مال ودولت چھوڑی ہو تو وہ وارثوں کو ملے گی اور جو شخص قرضہ یا اہل و عیال چھوڑ کر مر جائے تو اُس قرضہ کی ادائیگی اور اہل وعیال کی کفالت میرے ذمہ ہے۔

۲) نبی اکرم ﷺ نے اس صحابی رضی اللہ عنہ کی ضرورت پوری کرنے کیلئے اپنے گھر سے ابتداء کی، چنانچہ ایک ایک کر کے اپنی تمام ازواج مطہرات رضی اللہ عنہن سے پوچھا اور جب اُن کے پاس سے کچھ بھی دستیاب نہیں ہو سکا تو پھر دوسروں سے بات کی۔

---

[46] صحيح البخاري، كتاب: الرقاق، باب: صفة النبي ﷺ، حديث نمبر: 6731

صحابہ کرام رضی اللہ عنہم کی لازوال قربانیوں اور آپ ﷺ کی بے مثال اتباعِ کے پیچھے ایک راز یہ بھی ہے کہ نبی اکرم ﷺ دوسروں کو جس چیز کا بھی حکم دیتے پہلے خود اس پر بہترین انداز میں عمل کر کے ایک اچھا عملی نمونہ پیش کرتے تھے۔ زیر نظر واقعہ میں حضرت ابو طلحہ رضی اللہ عنہ کی رسول اللہ ﷺ کے مہمان کے اکرام کے لئے رقم کی جانے والی انوکھی تاریخ اسی کی آئینہ دار ہے، چونکہ دِلوں کے بھید جاننے والے اللہ تعالی کو بھی اپنے رسول اکرم ﷺ کی سیرت کی پاکیزگی کا خوب علم تھا، جب ہی تو آپ ﷺ کو قیامت تک کے انسانوں کیلئے نمونۂ زندگی قرار دیتے ہوئے کہا ہے:

﴿لَّقَدْ كَانَ لَكُمْ فِي رَسُولِ ٱللَّهِ أُسْوَةٌ حَسَنَةٌ﴾ [الأحزاب: 21]

ترجمہ: حقیقت یہ ہے کہ تمہارے لئے رسول اللہ ﷺ کی ذات میں ایک بہترین نمونہ ہے۔

ہمیں یہ سبق اچھی طرح یاد کر کے اپنی رُوح میں اُتارنے کی ضرورت ہے، اپنے پیغام کو مثالی بنا کر پیش کرنے اور اصولوں کی تطبیق کی ابتدا اپنے آپ سے کرنے کی ہر داعی، ہر عالم اور ہر مربی کو شدید ضرورت ہے، ایک مغربی مقولہ ہے: اپنے بارے میں کچھ بھی مت بتائیے، کیونکہ تمہارے اعمال نے مجھے تمہاری بات سُننے سے بہرا کر دیا ہے۔

۳) حضرت ابو طلحہ رضی اللہ عنہ نے اپنے مہمان کے اکرم اور ضیافت کی جو تاریخ رقم کی وہ ایثار اور قربانی کی ایک انوکھی مثال اور لازوال داستان ہے، جس میں ابو طلحہ نے مہمانِ رسول کے مقابلے میں نہ صرف اپنی بیوی اور بچوں کو بھوکا سلانے کو ترجیح دی، بلکہ میزبان کے جذبات کا خیال رکھتے ہوئے چراغ بھی بجھا دیا، کیونکہ اگر مہمان کو یہ

معلوم ہوتا کہ میری وجہ سے آج میرا میزبان، اس کی بیوی اور معصوم بچوں تک کو فاقہ کرنا پڑ رہا ہے، تو وہ کبھی بھی سیر ہو کر کھانا نہ کھاتا، اس منظر کے عجیب، بے مثال اور تاریخی ہونے کیلئے اس سے زیادہ کیا ہو سکتا ہے کہ خود اللہ تعالیٰ نے اس پر اپنی خوشنودی کا اظہار کیا اور اسے اپنے قرآن کا حصہ بنا کر رہتی دنیا تک کیلئے امر کر دیا، اب قیامت تک جو بھی قرآن کریم پڑھے گا، تو اس کو سمجھے یا بغیر سمجھے طور پر حضرت ابو طلحہ انصاری رضی اللہ عنہ کی دریا دلی کا اعتراف کرتے ہوئے اس آیت سے گذرنا پڑے گا۔

قارئین کرام! اگر حضرت ابو طلحہ انصاری کی یہ سخاوت، قربانی اور ایثار کا انوکھا واقعہ آپ کو بھی محظوظ کر رہا ہے، اور دامنِ دل پر دستک دے رہا ہے تو یہ بھی ضرور ذہن میں رہے کہ یہ سب کچھ محمدی مدرسہ کی تعلیم اور تربیت کا اثر ہے۔

۴) اس واقعہ میں خاندان کے باہم اتفاق، اجتماعی موقف، تقسیمِ کار اور حالات کو بہترین انداز میں سامنے لانے میں خاندان کے مختلف افراد کے باہم تعاون کا شاندار منظر بھی پنہاں ہے، ایک طرف ایک ماں اپنے بچوں کے کھانے تک کو قربان کر کے اپنی مامتا پر قابو پاتی ہے، تو دوسری بطور ایک وفادار بیوی اپنے شوہر کا دست و بازو بن کر مہمان کی مانوسیت اور اس کے جذبات تک کی حفاظت کرتی ہے، اور مہمان کو کسی طرح بھی کھانا کم ہونے کی بھنک پڑنے نہیں دیتی، تاکہ اُس کے جذبات مجروح نہ ہوں، چنانچہ یہ وفا سرشت خاتون رسول اکرم ﷺ کے مہمان کے اکرام اور خدمت میں اپنے شوہر کی مددگار ثابت ہوئیں، خاندانی اتفاق اور نیک کاموں میں میاں بیوی کی فکری ہم آہنگی ہمیں خاتونِ خانہ کی دینداری اور قناعت پسندی کی اہمیت بتلاتی ہے، کیونکہ اگر خاتونِ خانہ صبر و قناعت میں اپنے شوہر کے برابر نہ ہوتی، تو کبھی بھی ایسی انوکھی تاریخ رقم نہیں ہو سکتی تھی، اسی لئے تو

وفا سرشت خاتون نے اپنے شوہر کے مشورہ اور فیصلہ کے سامنے سرِ تسلیم خم کیا، حالانکہ حضراتِ انصار کی خواتین رضی اللہ عنہن مہاجر خواتین کے مقابلہ زیادہ مستقل اور خاندانی زندگی میں زیادہ اثر رسوخ کی حامل تھیں۔

یہ واقعہ ہمیں تعلیم و تربیت کے سلسلہ میں معاشرہ کی مختلف اکائیوں بالخصوص خواتین کی تربیت ایسی نہج پر کرنے کی ترغیب دیتا ہے کہ وہ مشترکہ ذمہ داریاں نبھانے میں ایمان، اور قناعت سے متصف ہو کر اپنے شوہروں کا تعاون کر سکیں۔

یہ واقعہ بھی نبی اکرم ﷺ کے اُن معجزات میں سے ایک ہے جو صحابہ کرام رضی اللہ عنہم کی زندگیوں میں بارہا پیش آئے، چنانچہ آپ ﷺ نے حضرت ابو طلحہ رضی اللہ عنہ کو وہ ساری بات بتلائی جو آپ ﷺ کی عدم موجودگی میں ہوئی تھی، جبکہ وہاں موجود اور واقعہ میں شریک مہمان کو اس کی بھنک تک نہ پڑ سکی۔

﴿وَيَزْدَادَ ٱلَّذِينَ ءَامَنُوٓاْ إِيمَـٰنًا وَلَا يَرْتَابَ ٱلَّذِينَ أُوتُواْ ٱلْكِتَـٰبَ وَٱلْمُؤْمِنُونَ﴾ [المدثر: 31]

ترجمہ: اور جو لوگ ایمان لا چکے ہیں، اُن کے ایمان میں اور اضافہ ہو، اور اہل کتاب اور مؤمن لوگ کسی شک میں نہ پڑیں۔

نیز نبی اکرم ﷺ کی ازواجِ مُطہرات رضی اللہ عنہن کی قناعت پسندی اور درویشی بھی دیکھئے کہ سوائے پانی کے مسلمانوں کی ماؤں کے پاس کچھ میسر نہیں۔

۴) رسول اللہ ﷺ نے فقرائے صحابہ کرام کو عملی طور پر یہ تسلی دی کہ دنیوی مال و دولت کا کم یا بالکل نہ ہونا کوئی خامی نہیں، اور اگر رسول اللہ ﷺ ان کو قناعت پسندی

کی ترغیب دیتے ہیں تو پہلے خود اس پر عمل کرتے ہیں، آپ ﷺ نے اپنے گھروں میں دنیوی خزانے جمع نہیں کئے اور نہ ہی اپنے خاندان کیلئے دنیا کی ہر عیش و آرام کا سامان مہیا کیا، بلکہ کئی کئی مہینے گذر جاتے تھے لیکن آپ ﷺ کے گھروں میں کچھ پکانے کی نوبت نہیں آتی تھی، جبکہ صحابہ کرام کے لئے بادِ نسیم سے زیادہ سخی اور فیاض تھے، اور صحابہ کرام کو اس بات کا پورا پورا ادراک اور یقین تھا، چنانچہ تاریخ میں ایسے دن میں بھی آئے کہ آپ ﷺ نے ایک ایک شخص کو دو دو سو اونٹ عطا فرمائے، اُن کی چادروں میں بھر بھر کر سونا و چاندی عطا فرمائی، لیکن کبھی بھی اپنے آپ ﷺ یا اپنے خاندان کو دوسروں پر ترجیح نہیں دی۔

۵) اس واقعہ میں بھوک کے ستائے اِس صحابی رضی اللہ عنہ کیلئے بھی تسلی اور تسکین قلب کا سامان موجود ہے کہ اگر بھوک کی شدت نے تمہیں تنگ کر رکھا ہے، تو اس باب میں تُم اکیلے نہیں ہو، بلکہ سید الاولین والاخرین کا پورا گھرانہ بھی تمہارے ساتھ برابر کا شریک ہے، چنانچہ نبی اکرم ﷺ کے کسی گھر سے اتنا بھی برآمد نہیں ہو سکا جس سے کسی ایک انسان کا پیٹ بھر سکے، جب صحابی نے آپ ﷺ کے اپنے خاندان کے فقر اور قناعت پسندی کا یہ عالم دیکھا تو اُس کو بھی صبر آگیا اور اس نے مزید کسی بے چینی اور بے قراری کا اظہار نہیں کیا، کیونکہ اس کو یقین تھا کہ یہی محمد عربی ﷺ اُس لئے نمونۂ زندگی بھی ہے اور امام بھی۔

اے معاذ!

ابھی تو اُس کی داڑھی مونچھ بھی پوری طرح نہیں نکلی تھے کہ اُس نے بیعتِ عقبہ میں رسول اللہ ﷺ کے دستِ مُبارک پر بیعت کی، پھر ایمان سے بھرپور دل، روشن اور عقل کے ساتھ رسول اللہ ﷺ کی صحبت اُٹھائی تو ذکاوت اور تزکیہ، سخاوت اور شرافت، پاکیزگی اور وقار باہم مل کر دو آتشہ ہو گئے۔ اُس کا چہرہ سب سے حسین ترین، اخلاق عمدہ ترین، علم خوب اور ہاتھ بھی کشادہ اور سخی تھے، رسول اللہ ﷺ کا دامن تھاما تو پھر زندگی بھر تھامے ہی رکھا، آپ ﷺ ہی کی خدمت میں رہ کر پہلے قرآن کریم کے حفظ، پھر علم دین سے اپنا سینہ بھرا اور خوب بھرا، یہاں تک کہ رسول اللہ ﷺ نے "أَعْلَمُ الْأُمَّةِ بِالْحَلَالِ وَالْحَرَامِ[47] (امت کا سب سے بڑا فقیہ) کا لقب عطا فرمایا، اور بے پناہ پیار، محبت اور شفقت سے نوازا۔

آپ ﷺ کا حضرت معاذ رضی اللہ عنہ سے تعلقِ خاطر کی ایک جھلک اس واقعہ میں نظر آتی ہے، ایک بار حضرت معاذ رضی اللہ عنہ عفیر نامی سواری پر رسول اللہ ﷺ کے ردیف (پیچھے سوار) تھے، معاذ اور رسول اللہ ﷺ کے درمیان سوائے پالان کے پچھلے حصہ کے کوئی دوسری چیز حائل نہیں تھی کہ رسول اللہ ﷺ نے قدرے بلند آواز سے حضرت معاذ کو پکارا، جیسے دُور سے کسی شخص کو پکارا جاتا ہے، حضرت معاذ نے عرض کیا

---

[47] جامع الترمذي، حديث نمبر **3791** كتاب المناقب، باب مناقب أبي بكر وعمر رضي الله عنهما و**ابن ماجه** في السنن (حديث 154)

، یارسول اللہ! میں حاضر ہوں ، فرمایئے! پھر تھوڑی دیر خاموش رہنے کے بعد آپ ﷺ نے دوبار آواز دی اے معاذ! اور حضرت معاذ رضی اللہ عنہ نے بھی وہی جواب دیا۔

رسول اللہ ﷺ نے فرمایا: معاذ تم جانتے ہو کہ اللہ کا اپنی مخلوق پر کیا حق ہے؟ معاذ نے عرض کی: ''اللہ اور اُس کا رسول ہی بہتر جانتے ہیں''۔

رسول اکرم ﷺ نے فرمایا: اللہ کا اپنے بندوں پر حق یہ ہے کہ وہ اُس کی عبادت کریں اور اُس کے ساتھ کسی کو شریک نہ کریں۔ پھر رسول اکرم ﷺ نے پوچھا: معاذ کیا تُم جانتے ہو کہ اگر لوگ ایسا کریں تو پھر اُن کا اللہ پر کیا حق ہے؟ حضرت معاذ نے پھر کہا کہ اللہ اور اس کا رسول ہی بہتر جانتے ہیں، نبی اکرم ﷺ نے فرمایا:۔ پھر اللہ پر اُن کے بندوں کا حق یہ ہے کہ وہ ان کو عذاب نہ دے، ان کی بخشش کرے اور اُن کو جنت میں داخل کرے۔ جو بھی شخص صدق دل سے یہ کہے :

أَشْهَدُ أَنْ لَا إِلَهَ إِلَّا اللهُ وَأَنَّ مُحَمَّدًا رَسُولُ اللهِ

اللہ تعالی اُس پر جہنم کی آگ حرام کردیں گے۔ حضرت معاذ نے عرض کیا یارسول اللہ! کیا میں لوگوں کو اس کی خوشخبری نہ سُناوں؟ آپ ﷺ نے فرمایا: نہیں، مجھے اندیشہ ہے کہ کہیں وہ اسی پر توکل کر کے نہ بیٹھ جائیں۔ [48]

سیدنا رسول اکرم ﷺ کی اس خوشخبری پر حضرت معاذ رضی اللہ عنہ کی خوشی کا کیا ٹھکانہ ہوگا؟ ہر شخص خود ہی اندازہ کر سکتا ہے۔ تاہم امر نبوی کی تعمیل کرتے ہوئے

---

[48] صحيح البخاري كتاب الجهاد، باب من ردف رجلاً على الدابة حديث نمبر 2856 وكتاب التوحيد، باب ما جاء في دعاء النبي ﷺ أمته إلى توحيد الله تعالى (حديث 7373)

انہوں نے کسی کو بھی بتایا نہیں، یہاں تک کہ جب رسول اکرم ﷺ دُنیا سے پردہ فرما گئے اور لیلائے شہادت کی طلب معاذ کو کشاں کشاں سرزمین شام کی طرف لے گئی، ابھی زیادہ دن نہیں گذرے تھے کہ شام میں طاعون کی بیماری پھیلی اور حضرت معاذ بھی اسی کا شکار ہو گئے تو کہنے لگے: مجھے یہ پسند نہیں کہ اس بیماری کے بدلہ مجھے سُرخ اونٹ ملیں (کیونکہ رسول اکرم ﷺ نے طاعون کی موت کو شہادت قرار دیا ہے) جب آپ کو اس بات کا یقین ہو گیا کہ اب چراغِ عمر کی لو کسی دم کی مہمان ہے، تو فرمایا: ذرا قبہ کا پردہ ہٹاؤ تو میں تمہیں ایک ایسی حدیث سناؤں، جو میں نے خود رسول اللہ ﷺ سے سُنی تھی۔ پھر انہوں نے یہ سارا واقعہ سُنایا۔ چونکہ حضرت معاذ نہیں چاہتے تھے کہ وہ رسول اکرم ﷺ کی زبانِ اقدس سے نکلی ہوئی اتنی عظیم خوشخبری اور علم کا ایک پورا باب اپنے ساتھ ہی قبر میں لیکر جائیں، اس لئے انہوں نے اپنے پاس موجود خصوصی ساتھیوں کو یہ حدیث سنادی۔

اس حدیث مبارک سے ہم نے کیا سیکھا؟

اول:......رسول اکرم ﷺ کا اسلوبِ تعلیم کہ جس میں آپ ﷺ نے طالب علم کے ذھن کو متوجہ کرنے، اُس کو جسمانی، وجدانی اور نفسیاتی طور پر قریب کر کے سبق میں شریک کرنے کا دلکش اُسلوب، پھر رسول اکرم ﷺ کا حضرت معاذ رضی اللہ عنہ کو اُن کا اور اُن کے والد کا نام لیکر پُکارنا، اور باوجود قریب تر ہونے کے ایسا انداز اختیار کرنا کہ گویا کہ رسالت مآب ﷺ حضرت معاذ کو دُور سے آواز دے رہے ہیں، ان میں ہر ہر ادا، ہر ہر طریقہ اپنے اندر ایک مستقل تعلیم و تربیت کا پورا باب لئے ہوئے ہے۔ ذرا تصور تو کیجئے جب رسول اللہ ﷺ نے تین بار حضرت معاذ کو اس انداز سے آواز دی ہو گی اور ہر بار آواز دینے کے بعد سکوت اختیار کیا ہو گا تو حضرت معاز کے دل میں افکار اور سوچوں کا کیا طوفان

بپاہوا ہوگا، کیونکہ جہاں آپ ﷺ اس انداز سے بُلانا اپنے اندر ترغیب کا ایک سمندر لیئے ہوئے تھا تو وہاں اس کے بعد آپ ﷺ کی خاموشی بھی اس بارے کچھ کم نہ تھی، پھر جب حضرت معاذ پوری طرح ہمہ تن گوش ہوئے تو علم کا ایک اہم باب سوال کی شکل میں آیا:

أَتَدْرِي مَا حَقُّ اللهِ عَلَى الْعِبَادِ؟

جانتے ہو کہ بندوں پر اُن کے خالق کا کیا حق ہے؟ حضرت معاذ نے پوری بیداری، ادب، احترام اور شوقِ علم میں گندھا ہوا جواب دیا: "اَللہُ وَرَسُوْلُہٗ اَعْلَمُ" اللہ اور اس کا رسول ہی خوب جانتے ہیں۔

آپ ﷺ کا آواز دیکر خاموش ہونے کا یہ سلسلہ کئی بار پیش آیا، اس لئے عین ممکن ہے کہ حضرت معاذ رضی اللہ عنہ نے بھی الفاظِ نبوی فوراً سے اُچک لئے ہوں اور دل و دماغ میں بٹھا دیے ہوں، چشم تصور میں لگتا ہے کہ حضرت معاذ نے ساری عمر نداءِ نبوی کا رس اپنے کانوں میں ضرور محسوس کیا ہوگا، اس کا اندازہ اس بات سے لگایا جا سکتا ہے کہ حالت نزع کی تکلیف، جان کنی کی پریشانی اور موت کی دہشت بھی حضرت معاذ کو رسول اللہ ﷺ کے الفاظ نہیں بُھلا سکی، چنانچہ انہوں نے اُس پورے منظر کی مکمل تصویر کشی کی اور مکمل تفاصیل اپنے سامعین کو بتا دیں۔

انسانیت کو خیر و بھلائی کی تعلیم دینے والے اُس معلم نبی پر ان گنت بار درود و سلام ہو۔

دُوم:...... حضرت معاذ رضی اللہ عنہ ایک نوخیز جوان تھے، اُن کی عمُر شاید بیس سال سے کچھ اوپر ہوئی ہوگی، اس لئے رسول اللہ ﷺ نے اُن کو یہ حدیث سُناتے وقت یہ

منع فرمایا تھا کہ وہ کسی اور کو نہ بتائیں، کیونکہ ہو سکتا ہے کہ دوسرے لوگ یہ بات حضرت معاذ کی طرح سے نہ سمجھ سکیں، یہ اس بات کی دلیل ہے کہ ہر طالب علم کو اس کی ذھنی اور فکری سطح کے مطابق تعلیم دی جانی چاہیئے۔

سوم:...... حضرت مُعاذ رضی اللہ عنہ کثرتِ عبادت میں مشہور تھے، چنانچہ وہ جب نماز شروع کرتے تو گویا کہ تسبیح و مناجات میں ڈُوب جاتے تھے اور خوب ٹھہر ٹھہر کر قرآن کریم کی تلاوت کیا کرتے تھے، حتی کہ رسول اللہ ﷺ نے اُن کو نماز پڑھاتے وقت لمبی قراءت کرنے سے منع فرمایا تھا۔

رسولِ اکرم ﷺ کی رحلت کے بعد جب جہاد میں شرکت کیلئے شام جانے لگے، تو حضرت عمر رضی اللہ عنہ نے حضرت ابو بکر رضی اللہ عنہ سے درخواست کی کہ حضرت معاذ کو شام جانے کی اجازت نہ دی جائے، کیونکہ اُمت کو اُن کی ضرورت ہے، لیکن حضرت ابو بکر صدیق رضی اللہ عنہ نے کہا کہ میں کسی شخص کو راہِ خُدا میں شہید ہونے سے نہیں روک سکتا۔[49]

مرض الوفات میں حضرت معاذ رضی اللہ عنہ نے دُعا کرتے ہوئے کہا: اے اللہ! تُو خُوب جانتا ہے کہ مجھے دنیا میں زندہ رہنے کا شوق زراعت اور مال و دولت کمانے کیلئے نہیں، بلکہ صرف اس لئے ہے کہ گرم اور لمبے دنوں میں بھوک و پیاس برداشت

---

[49] طبقات ابن سعد 348/2، وتاريخ دمشق 423/58، وسير أعلام النبلاء 452/1

کر کے تیری رضا کیلئے روزہ رکھ سکوں، اور راتوں کو جاگ تیرے سامنے سجدہ ریز ہو سکوں اور علم وذِکر کی مجلسوں میں اہل علم کے پاس بیٹھ کر علم حاصل کر سکوں۔

اس سے یہ بھی معلوم ہو رہا ہے کہ رسول اللہ ﷺ کی اس خوشخبری نے حضرت معاذ رضی اللہ عنہ کے شوقِ عبادت اور لذتِ طاعت، طولِ قیام کو آنکھوں کی ٹھنڈک بنانے اور ہر کارِ خیر میں بڑھ چڑھ کر حصہ لینے کے جذبہ میں مزید اضافہ کیا، چونکہ اللہ تعالی نے حضرت معاذ رضی اللہ عنہ کو ذہانت، فقاہت اور پاکیزہ سیرت بھی عطا فرمائی تھی، اس لئے وہ اس حدیث کی وجہ سے نیک اعمال چھوڑ کر صرف بشارتِ نبوی پر اکتفاء کر کے نہیں بیٹھے، بلکہ زبانِ نبوت سے نکلنے والی خوشخبری نے اچھے اعمال اور کارِ خیر میں حصہ لینے کے شوق کو مزید مہمیز لگائی۔[50]

چہارم:...... یہ حدیث حضرت معاذ رضی اللہ عنہ فقہ الحدیث میں گہری نظر اور بلند پایہ کی بھی خبر دیتی ہے، چنانچہ حضرت معاذ نے بجائے حدیث کے ظاہری الفاظ کے مقتضی پر اکتفا کرنے کے اصل علت اور مقصد کو سامنے رکھا، کیونکہ حدیث کے ظاہری الفاظ کے مطابق تو رسول اللہ ﷺ نے یہ حدیث کسی کو سُنانے سے منع فرمایا تھا، لیکن دُوسری طرف خود رسول اللہ ﷺ نے علم چُھپانے والے کو روزِ محشر سخت سزا دیے جانے کی وعید بھی سُنائی ہے۔ نیز ممانعت کی اصل علت یہ اندیشہ تھا کہ لوگ صرف اس خوشخبری پر اکتفاء کر کے نیک اعمال کو ترک کر دیں گے، اس لئے حضرت مُعاذ رضی اللہ

---

50 الزهد لأحمد ص180–181، والمحتضرين لابن أبي الدنيا 127، والمجالسة للدينوري 187، وحلية الأولياء 239/1، وجامع بيان العلم وفضله 249، وتاريخ دمشق 449/58، والثبات عند الممات لابن الجوزي ص118–119.

عنہ نے بجائے عوام کے اپنے مرض الوفات میں صرف اپنے اُن خصوصی شاگردوں کو یہ حدیث سُنائی جو ایک لمبے عرصہ تک حضرت معاذ کی خدمت میں بیٹھ کر علم حاصل کر چکے تھے اور وہ ظاہری الفاظ کے مقتضیٰ سے لیکر ممانعت کی علت تک اِن باتوں کو خوب اچھی طرح سمجھتے تھے اور اُن کے بارے کوئی ایسا اندیشہ نہیں تھا کہ وہ حدیث شریف کو اُس کے اصل مفہوم اور معنیٰ سے ہٹ کر سمجھیں گے۔

اس لئے یہ دعوی کرنا کہ حضرت معاذ رضی اللہ عنہ نے رسول اللہ ﷺ کے منع کرنے باوجود یہ حدیث کیسے سُنا ڈالی، یہ صرف عجیب ہی نہیں انتہائی بیہودہ بھی ہے، کیونکہ ممانعت کی علت اس اندیشہ تک محدُود تھی کہ لوگ اس خوشخبری پر اکتفا کر کے نیک اعمال کو خیر باد کہہ دیں گے اور جہاں یہ اندیشہ نہ ہو وہاں روایت نقل کرنے میں حرج نہیں، کیونکہ خود رسول اللہ ﷺ نے دوسری حدیث میں کتمانِ علم پر سخت وعید بھی سُنائی ہے۔

پنجم:...... نزع کی حالت، موت کی دہشت، آخری سانسیں اور جان کنی کی تکلیف (اللہ پاک ہم سب کے لئے آسانی کا معاملہ فرمائے) کے باوجود بھی حضرت معاذ رضی اللہ عنہ یا عشقِ علم اور رسول اللہ ﷺ کی طرف سے دی گئی ذمہ داری تبلیغ دین کی ادائیگی کا یہ عالم قلب وجگر میں ایک عجیب وجد کی کیفیت پیدا کرتا ہے، اللہ کی کروڑہا رحمتیں ہوں حضرت معاذ بن جبل پر کہ جب تک وہ زندہ رہے، تو ایک داعی اور مُعلم کی طرح اور جب وفات پائی تو تب بھی اسی حیثیت سے، کیا صحت، کیا بیماری حتی کہ بستر مرگ پر بھی اُن کا ایک ہی عشق اور ایک ہی شوق تھا، علم دین کی تعلیم اور احکام دین کی تبلیغ۔

اور اگر کسی بیمار یا عذر کی وجہ سے حضرت معاذ رضی اللہ عنہ تبلیغ اور تعلیم کے سلسلہ کو وقتی طور پر روکنا چاہتے، توان کے پاس ایک معقول عذر موجود تھا، اور اس سے بڑھ کر کونسا عُذر معقول اور مقبول ہو گا کہ جب وہ بسترِ مرگ پر اپنی آخری سانسیں گِن رہے ہیں، لیکن انہوں نے کبھی مشکلات اور بیماری کو عذر نہیں بنایا۔

ششم :...... سرورِ کائنات ﷺ کی تواضع، عاجزی اور مقامِ عبدیت کی ایک جھلک جو سرورِ کون و مکاں ﷺ کو تکبر و نخوت کے مجسمہ بنے بادشاہوں سے ممتاز کر دیتی ہے ،اس طرح کہ کہ عام لوگوں کی طرح ایک گدھے پر سوار ہو کر ایک انصاری نوجوان کو اپنے پیچھے بٹھائے جا رہے ہیں، بیشک یہ اُس مولائے کل، ختمِ رُسُل کی شان ہے کہ انہوں نے بادشاہ بننے کی بجائے "مقامِ نبوت اور عبدیت" کا انتخاب فرمایا۔

سنتِ حسنہ

دِن چڑھ چکا تھااور رسول اللہ ﷺ اپنی مجلس میں اپنے جانثار صحابہ کرام رضی اللہ عنہم کے ساتھ تشریف فرما تھے، اتنے میں چند دیہاتی لوگ آپ ﷺ کی خدمت میں حاضر ہوئے، یہ لوگ دُور دراز کا سفر طے کر کے صرف ایمان قبول کرنے کیلئے آئے تھے، لیکن غُربت اور فقر کا یہ عالم تھا کہ پہننے کیلئے جُوتے اور جسم چھپانے کیلئے کپڑا میسر نہیں تھا، خستہ حال چادروں کو بیچ میں سے کاٹ کر جسم کا کچھ ضروری حصہ چھُپانے کی کوشش کی گئی تھی، اور اگر کسی کو کوئی عبا میسر آئی تو اُس وہ ستر چھپانے کیلئے لپیٹ لی، مسلسل بُھوک کی وجہ سے، تھکاوٹ اور محنت نے اُن کے بدن لاغر اور رنگ بھی زرد پڑ چُکا تھا، سرکارِ دوجہاں ﷺ کی نظر رحمت جب اِن خستہ حال جسموں اور فقر وفاقہ کی داستان سُناتے چہروں پر پڑی تو آپ کا دِل بھر آیا، فوراہی اپنے حجرہ میں تشریف لے گئے اور پھر باہر آکر حضرت بلال کو اذان کہنے کا حکم دیا، اذان ہوگئی، آپ ﷺ نے ظُہر کی نماز پڑھا کر خُطبہ دینے منبر پر بیٹھ کر اور حمد وثنا کے بعد درج ذیل آیات کی تلاوت فرمائی:

﴿يَٰٓأَيُّهَا ٱلنَّاسُ ٱتَّقُواْ رَبَّكُمُ ٱلَّذِي خَلَقَكُم مِّن نَّفۡسٖ وَٰحِدَةٖ وَخَلَقَ مِنۡهَا زَوۡجَهَا وَبَثَّ مِنۡهُمَا رِجَالٗا كَثِيرٗا وَنِسَآءٗۚ وَٱتَّقُواْ ٱللَّهَ ٱلَّذِي تَسَآءَلُونَ بِهِۦ وَٱلۡأَرۡحَامَۚ إِنَّ ٱللَّهَ كَانَ عَلَيۡكُمۡ رَقِيبٗا﴾ [النساء: 1]

ترجمہ: اے لوگو! اپنے پروردگار سے ڈرو جس نے تمہیں ایک جان سے پیدا کیا، اور اسی سے اِس کی بیوی پیدا کی، اور ان دونوں سے بہت سے مرد اور عورتیں (دُنیا میں) پھیلا دیئے۔

﴿يَٰٓأَيُّهَا ٱلَّذِينَ ءَامَنُواْ ٱتَّقُواْ ٱللَّهَ وَلۡتَنظُرۡ نَفۡسٌ مَّا قَدَّمَتۡ لِغَدٍۖ وَٱتَّقُواْ ٱللَّهَۚ إِنَّ ٱللَّهَ خَبِيرُۢ بِمَا تَعۡمَلُونَ﴾ [الحشر : 18]

ترجمہ: اے ایمان والو! اللہ سے ڈرو، اور ہر شخص یہ دیکھے کہ اُس نے کل کیلئے کیا آگے بھیجا ہے۔

اس پہ صحابہ کرام رضی اللہ عنہم نے اِن لوگوں کیلئے صدقات جمع کرنا شروع کردیئے، چنانچہ کسی نے ایک دینار دیا اور کوئی ایک درھم لایا، کسی نے ایک صاع گندم دی، تو کسی ایک صاع کھجور۔ آپ ﷺ نے لوگوں کو صدقہ دینے کی ترغیب دیتے ہوئے فرمایا وَلَوْ بِشِقِّ تَمْرَةٍ (یعنی خیرات کیجئے اگرچہ کھجور کا ایک ٹکڑا ہی ہو!)[51] اور دیگر صحابہ کرام رضی اللہ عنہم کا انتظار کرنے لگے، تھوڑی دیر گُذری لیکن کوئی شخص بھی کچھ لیکر نہیں آیا تو نبی اکرم ﷺ کے چہرہ انور پر فکر مندی کے آثار ظاہر ہونے لگے، اتنے میں ایک انصاری صحابی رضی اللہ عنہ چاندی سے بھری ایک تھیلی لے آئے، وہ تھیلی اتنی بھری ہوئی تھی کہ اُس صحابی کی انگلیاں اُس کو اُٹھانے سے عاجز آگئیں گئی تھیں اور کہنے لگے یارسول اللہ! یہ اللہ کی راہ میں صدقہ ہے۔ انصاری صحابی کے اس صدقہ سے کافی سے چھائی خاموشی ٹوٹ گئی اور لوگ پھر سے صدقات لانے لگے، حضرت ابو بکر صدیق رضی اللہ عنہ نے کچھ مال لاکر صدقہ کردیا، پھر حضرت عمرؓ اُٹھے اور انہوں نے بھی کچھ مال لاکر پیش کیا، پھر حضرات مہاجرین رضی اللہ عنہم نے بھی بہت سارا مال لاکر پیش کیا حتی کہ رسول اللہ ﷺ کے سامنے دو بڑے برتن کھانے پینے اور کپڑوں سے بھر گئے، صحابہ کرام رضوان اللہ علیہم

[51] مجمع الزوائد الصفحة أو الرقم : 109/3

اجمعین کی اِس سخاوت اور دریادلی کی وجہ سے رسول اللہ ﷺ کا سُرخی مائل سفید چہرہ انور خوشی سے ٹمٹمانے لگا، گویا کہ سفید چاندی کے ٹکڑے پر سونے کا پانی چڑھادیا گیا ہو۔

آپ علیہ السلام نے بعام ولباس سے بھرے دونوں برتنوں کو دیکھا لیکن نظروں کے سامنے اُس انصاری صحابی رضی اللہ عنہ کی سخاوت کا منظر گھوم رہا تھا، جو ایسے وقت میں درہموں سے بھری تھیلی لے آیا تھا جب وقتی طور پر لوگوں میں خاموشی چھاگئی تھی اور مزید صدقات کی آمد کا سلسلہ رُک گیا تھا، اِس انصاری صحابی رضی اللہ عنہ کی وجہ سے دوسرے لوگوں کو بھی ترغیب ہوئی تھی اور اُن کے جذبہ انفاق کو مہمیز ملی تھی، اس لئے آپ ﷺ صحابہ کرام رضوان اللہ علیہم اجمعین کی طرف متوجہ ہو کر، اس کارِ خیر میں پہل کرنے والے کو مبارکباد دیتے ہوئے گویا ہوئے: "جو شخص اسلام میں کوئی اچھا عمل جاری کرے، پھر اس کے بعد اس پر عمل کیا جائے، تو جو لوگ بھی اس پر عمل کریں گے، ان کے اجر کی مثل اس کے لیے بھی لکھا جائے گا-اور خود ان عمل کرنے والوں کے اجر میں سے کچھ کم نہ ہوگا اور جو کوئی اسلام میں کسی برے کام کی طرح ڈالے، پھر اس کے بعد لوگ اس کو اپنے عمل میں لائیں، تو ان سب کو جو گناہ ہوگا وہ اس کے نامہ اعمال میں بھی لکھا جائے گا، جبکہ عمل کرنے والوں کے گناہ میں کچھ کمی نہ ہوگی۔ [52]

اس واقعہ سے مستفاد ہونے والے چند اہم نکات

اول:......حاجت مندوں کے ساتھ رسول اللہ ﷺ کی ہمدردی کا یہ حسین منظر، اور اسی واقعہ میں مختلف مواقع پر آپ کے چہرہ انور پر ظاہر ہونے والا گہرا اثر ہمیں اس

---

[52] صحیح مسلم کتاب الزکاۃ، باب الحث علی الصدقۃ حدیث نمبر: 1017 (بعض نسخوں میں 69/1017)

بات کی طرف توجہ دلاتا ہے کہ ضرورت مندوں کی دادرسی کیلئے ہمیں ہر ممکن کوشش کرنی چاہئیے، چنانچہ جیسا کہ ابھی اس حدیث میں بیان ہُوا کہ جب نبی اکرم ﷺ نے اُن لوگوں کے فقر وفاقہ کو دیکھا تو آپ ﷺ کے چہرہ انور پر دُکھ کے اثرات، اور جب وقتی طور پر اُن لوگوں کیلئے صدقات جمع کئے جانے کا سلسلہ موقوف ہوا تو فکر مندی کے آثار، اور جب ان لوگوں کی ضرورت کیلئے کافی مقدار میں مال جمع ہُوا تو خوشی کے آثار کا نمودار ہونا اور مسرت سے آپ ﷺ کا چہرہ تمتمانا، یہ سب اس بات پر دلالت کرتا ہے کہ رسول اللہ ﷺ کے قلب مبارک میں لوگوں کے دُکھ اور درد کا احساس اس قدر گہرا ہوتا تھا کہ اُس کا اثر آپ ﷺ کے چہرہ انور پر ظاہر ہو جاتا تھا اور صحابہ کرام رضوان اللہ عنہم اجمعین اس کو بآسانی پڑھ سکتے تھے۔

یہ لوگ تو آپ ﷺ کے پاس پہلی بار آئے تھے، اور اُن سے آپ ﷺ کی پہلی ملاقات اور ابھی شناسائی ہوئی تھی، لیکن اس کے باوجود بھی اُن کی مشکلات کا اثر آپ ﷺ پر اتنا تھا کہ چہرہ انور کے تاثرات سے بآسانی اُس کا اندازہ لگایا جاسکتا تھا۔ اس کے پیچھے وہ رحمت، شفقت اور رحمت للعالمین ہونے کی صفت کی جھلک تھی جس کی تعریف کرتے ہوئے اللہ تعالی نے آپ کو رؤف رحیم کا لقب عطا فرمایا ہے، لہٰذا ہر نرم دل، اور دوسروں پر ترس کھانے والا مومن مُبارکباد کا مستحق ہے، جو اپنے نبی اکرم ﷺ کی سنت کی اتباع کرتا ہے اور اُس کے رویہ اور اعمال میں رسول اللہ ﷺ کی صفتِ رحمت کی جھلک موجود ہوتی ہے۔

دُوم:...... نبی کریم ﷺ جب اس منظر کو دیکھ متاثر ہوئے، تو آپ ﷺ نے اس تاثر کا فوری طور پر عملی جواب دیا، اور اس سلسلہ میں اپنے آپ سے ابتداء کرتے ہوئے گھر تشریف لے گئے اور غالب گمان یہی ہے کہ آپ ﷺ کسی ایسی چیز کی تلاش میں گئے تھے

جس سے اِن مفلوک الحال لوگوں کی کوئی مدد کی جا سکے، لیکن رسول اللہ ﷺ کو ایسے چھوٹے سے گھر، جہاں دُور دُور تک دنیوی مال و متاع کا کوئی نام و نشاں موجود نہ ہو، بلکہ ایسا گھر جہاں دو دو مہینوں تک چولہا جلانے کی نوبت تک نہ آتی ہو، وہاں سے کیا مل سکتا تھا؟ چنانچہ آپ ﷺ اپنے گھر سے خالی ہاتھ ہی نکلے، لیکن آپ نے ابتداء اپنے گھر سے ہی فرمائی، کیونکہ ہر کارِ خیر کی طرف سبقت لے جانا اور اُس کے بارے دوسروں کو بتانے سے قبل خود اس پر عمل کرنا آپ ﷺ کی عادت مبارکہ تھی۔

رسول اللہ ﷺ نے اپنے خطبہ میں لوگوں کو صدقہ دینے کی ترغیب دی، حالانکہ خود آپ ﷺ ایسے سخی تھے جس کو کبھی غربت کا خوف نہ ہو، چنانچہ آپ ﷺ نے کئی لوگوں کو اُن کی چادروں میں بھر بھر کر سونا چاندی دیا تو کسی کو اتنی زیادہ بکریاں عطا کیں جو دو پہاڑوں کے درمیان آ سکیں۔ [53]

آپ ﷺ ہی کا فرمان ہے کہ اگر میرے پاس احد پہاڑ کے برابر بھی سونا ہو تو مجھے اس میں خوشی ہو گی کہ تین راتیں بھی مجھ پر اس حال میں نہ گزرنے پائیں کہ اس میں سے میرے پاس کچھ بھی باقی بچے، سوائے اُس مال کے جو کسی کا قرضہ ادا کرنے کیلئے بچا کر رکھا ہو۔ [54] جی ہاں وہی سخیوں کے سردار جس نے دُنیا سے جاتے ہوئے فرمایا تھا: ""ہم انبیاء کی جماعت کسی کو اپنا وارث نہیں بناتے، بلکہ جو کچھ ہم چھور کر جاتے ہیں وہ لوگوں کیلئے صدقہ ہوا کرتا ہے. [55]

---

[53] صحيح البخاري 3137، وصحيح مسلم 2312، 2314.

[54] أخرجه البخاري (6445)، ومسلم (991) من حديث أبي هريرة رضي الله عنه.

[55] أخرجه البخاري (3093، 3711)، ومسلم (1758، 1759) من حديث أبي بكر وعائشة رضي الله عنهما

اس میں کوئی شک نہیں کہ نبی اکرم ﷺ لوگوں میں سب سے زیادہ فصیح اور صاف گو تھے، لیکن آپ ﷺ کے مبارک اعمال آپ کے اقوال سے زیادہ واضح اور بلیغ ہوا کرتے تھے۔

سُوم:......اس حدیث سے اُس انصاری صحابی رضی اللہ عنہ کے عمل کی اہمیت بھی ظاہر ہوتی ہے جو آپ ﷺ کی فکرمندی کو دیکھ کر فوراً ہی جا کر چاندی سے بھری تھیلی لے آئے تھے، کیونکہ اُن کا یہ عمل بعد کے صدقات کیلئے ایک عملی ترغیب اور پیش خیمہ ثابت ہوا، یقیناً ان کے بعد آنیوالوں نے یقیناً زیادہ صدقات دیئے ہوں گے، لیکن چونکہ اس سنتِ حسنہ کی ابتداء اُن سے ہوئی تھی، اور انہی کا یہ عمل بعد میں آنے والوں کیلئے سنگِ میل ثابت ہوا تھا، اسی لئے جب آپ ﷺ کے سامنے صدقات کا ڈھیر لگ گیا، تو اس سارے نیک عمل کا سبب بننے والے کارِ خیر کی تعریف کرتے ہوئے بطور مبارکباد یہ جملہ ارشاد فرمایا۔

چہارم:...... یہ انصاری صحابی زیادہ مشہور نہیں تھے، یہی وجہ ہے کہ کسی حدیث میں اُن کا نام مذکور نہیں، نیز دوسری طرف مجلس میں حضرت ابو بکر، حضرت عمر فاروق رضی اللہ عنہم جیسی قدآور شخصیات بھی موجود تھیں، اس سے ہمیں یہ سبق ملتا ہے کہ کسی بھی نیک عمل کیلئے سبقت لے جانے میں احساسِ کمتری کا شکار نہیں ہونا چاہیئے اور نہ ہی خود کو چھوٹا سمجھ کر کوشش کرنے سے باز رہنا چاہیئے، جیسا کہ اوپر گُذرا، مجلس میں کئی قدآور شخصیات اور سابقین اولین کی موجودگی نے اس صحابی کے کارِ خیر میں دوسروں پر سبقت لے جانے کے جذبہ کی راہ میں رکاوٹ نہیں بن سکی، بلکہ انہوں نے آگے بڑھ کر ایک اچھے عمل کی ابتداء کی، اور اُن لوگوں کے اعمال کے اجر و ثواب کا بھی مُستحق بنا جنہوں نے

اُن کے بعد صدقات پیش کئے، اگرچہ وہ لوگ فضیلت میں ان سے زیادہ تھے اور اور اُن کے صدقات کی مقدار بھی زیادہ تھی۔

پنجم:...... صدقات جمع کرنے کا سلسلہ جو رُک گیا تھا، اس کی وجہ بخل یا خود غرضی ہر گز نہیں تھی کیونکہ اللہ تعالی نے صحابہ کرام رضوان اللہ اجمعین کو ایسی عادات سے پاک کیا تھا، چنانچہ اُن کی سخاوت اور دریادلی کی گواہی تو خود اللہ تعالی نے اپنے پاک کلام میں دی ہے کہ وہ باوجود شدید ضرورت کے دوسروں کو اپنے اوپر ترجیح دیتے ہیں، بلکہ اس کی وجہ یہ تھی کہ شاید وہ اس بارے پہل کرنے میں یا کم مقدار میں صدقہ کرنے میں تردد کا شکار تھے، لیکن جب اس صحابی نے پہل کی تو یہ دیگر لوگوں کیلئے راہِ خُدا میں خرچ کرنے اور مقدار دونوں کیلئے سنگ میل بنا! لہٰذا اِس انصاری صحابی کا یہ عمل سُنت حسنہ بنا، جس نے ایک طرف رُکے سلسلہ انفاق کو مہمیز دی تو دوسری طرف صدقات اور عطایا کو کو بھی دوچند کرکے رکھ دیا۔

ششم......:

مَن سَنَّ في الإسْلَامِ سُنَّةً حَسَنَةً، فَلَهُ أَجْرُهَا وَأَجْرُ مَن عَمِلَ بهَا بَعْدَهُ، مِن غيرِ أَنْ يَنْقُصَ مِن أُجُورِهِمْ شَيءٌ، وَمَن سَنَّ في الإسْلَامِ سُنَّةً سَيِّئَةً، كانَ عليه وِزْرُهَا وَوِزْرُ مَن عَمِلَ بهَا مِن بَعْدِهِ، مِن غيرِ أَنْ يَنْقُصَ مِن أَوْزَارِهِمْ شَيءٌ.-[56]

[56] مسند أحمد 18381، وصحيح مسلم 1017، وجامع الترمذي 2675، وسنن النسائي 2554، وإكمال المعلم 3/539-541، 8/170-171، وشرح النووي على صحيح مسلم 7/102-105.

ترجمہ: جو شخص اسلام میں کوئی اچھا عمل جاری کرے، پھر اس کے بعد اس پر عمل کیا جائے تو جو لوگ بھی اس پر عمل کریں گے ان کے اجر کی مثل اس کے لیے بھی لکھا جائے گا۔اور خود ان عمل کرنے والوں کے اجر میں سے کچھ کم نہ ہو گا اور جو کوئی اسلام میں کسی برے کام کی طرح ڈالے، پھر اس کے بعد لوگ اس کو اپنے عمل میں لائیں تو ان سب کو جو گناہ ہو گا وہ اس کے نامہ اعمال میں بھی لکھا جائے گا، جبکہ عمل کرنے والوں کے گناہ میں کچھ کمی نہ ہو گی۔

زبانِ نبوت سے نکلا ہوا یہ جملہ اس سلسلہ میں اچھے اعمال کرنے میں سبقت لے جانے کے عظیم اثرات اور اس کے مثبت نتائج کی طرف اشارہ کرتا ہے، جن لوگوں نے عظیم شخصیات کی زندگیوں کا مطالعہ کیا ہے وہ جانتے ہیں کہ ان لوگوں نے ہمیشہ مثبت کاموں میں سبقت لے جانے کی وجہ سے لوگوں کے دِلوں پر حکومتیں کی ہیں، ہم نے اپنے شیخ اور اُستاذ عبد العزیز بن باز رحمہ اللہ کی زندگی میں بارہا اس بات کا مشاہدہ کیا کہ جب بھی کہیں خیر اور بھلائی کا موقع میسر آتا تو استادِ محترم فوراً ہی اس سے فائدہ اٹھاتے ہوئے وہ کام کر جاتے تھے، شیخ مرحوم اگرچہ اپنے علمی رُسوخ کی وجہ سے بھی بہت مشہور تھے، لیکن صرف علمی رُسوخ ہی اُن کا طرہ امتیاز نہیں تھا، بلکہ مثبت کاموں میں سبقت لیجانا بھی ان کی ایک ایسی صفت تھی، جس نے اُن کے بعد بھی اُن کے شروع کئے ہُوئے پراجیکٹس کو زندہ رکھا اور سالکین کیلئے خیر اور بھلائی کے راستے کُھلے رکھے۔

سٹیفن کووی(Stephen Covey)نے اپنی کتاب میں لوگوں کو متاثر کرنے والی سات عادات میں لکھا ہے: اگرچہ مثبت کاموں میں سبقت لے جانے کو اچھی

عادات کی ماں قرار دیا جاتا ہے، لیکن میری رائے میں یہ اس قابل ہے کہ اِسے تمام اچھی عادات کی ماں اور باپ دونوں قرار دیا جائے۔ [57]

The Seven Habits of Highly Effective People pg 145-46[57]

حضرت ثمامہ کی باتیں

ایک دفعہ مدینہ منورہ کی مشرقی جانب کی حفاظت پر مامور مجاہدین اسلام کی جماعت بنو حنیفہ کے سردار ثُمامہ بن اُثال کو گرفتار کرکے لائے، رسول اکرم ﷺ نے ثمامہ کو بجائے کسی جیل یا فوجی بیرک میں قید کرنے کے مسجدِ نبوی کے ایک ستون کے ساتھ بندھوادیا، تاکہ ثُمامہ پیغمبر اسلام اور اہل ایمان کی روزمرہ کی زندگی کے معمولات قریب سے دیکھ سکے۔

نبی اکرم ﷺ نے نہ تو ثمامہ کو کوئی طعن و تشنیع کا نشانہ بنایا اور نہ ہی اس کی توہین کی، بلکہ ثُمامہ کے پاس سے گُذرتے ہوئے پوچھا: ثمامہ (اسلام قبول کرنے کے بارے) تمہاری کیا رائے ہے؟ ثمامہ کو یہ توقع تھی کہ پیغمبرِ اسلام ﷺ ان کو کوئی سزا وغیرہ سُنادیں گے، لیکن اس کے برعکس رسول اللہ ﷺ نے اُس کی رائے پوچھ کر اُن کو حیران کردیا۔

ثمامہ چونکہ اپنی قوم کے سردار اور ایک معزز گھرانے کے چشم وچراغ تھے، اس لئے وہ گفتگو کے آداب اور اسلوب سے بھی خوب واقف تھے، اس لئے انہوں نے اُسی رئیسانہ اندازِ تخاطب اور وثوق کے ساتھ کہا: اے مُحمد! میری رائے خیر اور بھلائی کی ہے! باقی اگر آپ مجھے قتل کردیتے ہیں تو یقینا یہ ایک قدر وقیمت والے شخص کا قتل شمار ہوگا اور اگر آپ مجھے پہ احسان کرتے ہوئے میری جان بخش دیتے ہیں، تو ایک قدردان پر مہربانی ہوگی! اور اگر آپ کو مال چاہئے تو جتنا مال چاہیئے، بتادیجئے، اُس کا انتظام کردیا جائے گا۔

رسول اللہ ﷺ کوئی جواب دیئے بغیر وہاں سے تشریف لے گئے، تاکہ وہ کچھ دن مزید آپ ﷺ اور صحابہ کرام رضی اللہ عنہم کی زندگی کے معمولات کا مشاہدہ کر سکے اور ہو سکتا ہے کہ اس کو اپنے انجام کے بارے بھی کچھ دیکھ سکے۔

ایک قیدی ہونے نے ناطے اگرچہ ثمامہ مسجد نبوی کے سُتون کے ساتھ بندھے ہوئے تھے، لیکن پیغمبرِ اسلام ﷺ اور صحابہ کرام رضوان اللہ علیہم اجمعین کی طرف سے اُن کے ساتھ کوئی ایسا سُلوک روا نہیں رکھا گیا تھا، جس سے اُس کی عزتِ نفس مجروح ہو، بلکہ اس کے برعکس اُن کے لئے کھانا خصوصی طور پر رسول اللہ ﷺ کے گھروں سے آتا تھا، اسی حالت میں ایک دن اور گُذرا، اور ثمامہ کو رسولِ اکرم ﷺ کے حسنِ اخلاق اور اپنے ساتھیوں کے ساتھ حُسن تعامل کا مشاہدہ کرنے کا مزید موقع ملا، ثُمامہ دیکھ رہے ہیں کہ پیغمبرِ اسلام باوجود سب کے سربراہ اور امام ہونے کے اپنے ساتھیوں کے ساتھ اُنہی کی طرح رہ رہے ہیں، آپ کا دامنِ اخلاق اتنا وسیع ہے کہ ہر ایک اُس میں بآسانی سما سکتا ہے، اور جب نماز کا وقت آتا ہے تو عبادت اور مُناجات کا عجیب منظر ہوتا ہے، سینکڑوں کی تعداد میں صحابہ شمع رسالت کے گرد پروانوں کی طرح جمع ہوتے ہیں، قیام ہوتا ہے، پھر رُکوع اور پھر سجود! اور ساتھ ثُمامہ کو رسول اللہ ﷺ کی آواز میں قُرآنِ کریم کی تلاوت سُننے کا موقع بھی خُوب مل رہا ہے، درحقیقت یہ سب کچھ دینِ اسلام کے وہ عملی پیغامات تھے جو چُپکے سے ثُمامہ کے دِل میں اُتر رہے تھے۔

دُوسرے دِن پھر نبی اکرم ﷺ نے وہاں سے گُذرتے ہوئے دریافت فرمایا: ثمامہ پھر تمہاری کیا رائے ہے؟ ثمامہ کہنے لگے: بات وہی ہے جو میں کل عرض کر چکا

ہوں، اگر آپ معاف کر دیتے ہیں تو یہ ایک قدر دان پر مہربانی ہو گی! اب کی بار ثمامہ نے اتنی ہی بات کہی، جس کی اُس کو رسول اللہ ﷺ کے اخلاقِ حسنہ سے اُمید تھی۔

شاید اُن کو یہ اندازہ ہو چکا تھا کہ رسول اکرم ﷺ کی ذات ایسی ذات ہے کہ نہ تو اُن کو دنیوی مال واسباب کی کوئی لالچ ہے اور نہ ہی کسی سے انتقام آپ ﷺ کی تسکینِ قلب کا ذریعہ بن سکتا ہے! اس لئے جواب کو مختصر رکھا۔[58]

رسول اللہ ﷺ نے اس دفعہ بھی ثمامہ کو اسی حالت میں رہنے دیا تاکہ اُن کو مکتبِ نبوی میں ایک اور دن گذارنے کا موقع مل جائے، اور تیسرے دن تشریف لائے اور دریافت فرمایا۔ ثمامہ اب تمہاری کیا رائے ہے؟ انہوں نے کہا: میری تو وہی رائے ہے جو میں پہلے عرض کر چکا ہوں، اب کی بار ثُمامہ نے جواب کو مزید مختصر کر کے گویا کہ اپنا معاملہ رسول اکرم ﷺ کے اخلاقِ حسنہ کے سپرد کر دیا۔

رسول اللہ ﷺ نے صحابہ کرام رضی اللہ عنہم کو حکم دیا کہ ثُمامہ کو آزاد کر دو اور یوں ثُمامہ کو غیر مشروط رہائی اور معافی مل گئی۔ ثُمامہ چونکہ تین دِن مسجدِ نبوی میں گُذارنے کے بعد اخلاق نبوی اور آیات قران اُن کے دِل میں گھر چکی تھیں، چنانچہ ثمامہ جب مسجد نبوی سے نکلے تو سیدھے قریبی باغ میں گئے، البتہ اس بار ثُمامہ کے پہلو وہ دِل نہیں تھا، جسے لیکر وہ مسجد نبوی میں داخل ہوئے تھے، بلکہ وہ دل بدل چُکا تھا، خوب اچھی طرح غسل کیا اور واپس مسجد نبوی میں آکر سب لوگوں کے سامنے باآواز بلند کہا۔

---

[58] شرح النووي على صحيح مسلم 87/12، وفتح الباري 1/8.

أَشْهَدُ أَنْ لَا إِلَٰهَ إِلَّا ٱللَّهُ وَأَشْهَدُ أَنَّ مُحَمَّدًا رَسُولُ ٱللَّهِ

ترجمہ: میں اس بات کی گواہی دیتا ہوں کہ اللہ کے سوا کوئی عبادت کے لائق نہیں اور اس بات کی بھی گواہی دیتا ہوں کہ محمد ﷺ اس کے بندے اور رسول ہیں۔

اور کہنے لگے: اے محمد! اس پہلے میرے نزدیک مجھے سب سے زیادہ نفرت آپ سے، آپ کے دین بلکہ آپ کے شہر سے تھی، لیکن اب یہ حال ہے کہ رُوئے زمین پر مصطفی کے رُخِ زیبا سے زیادہ محبوب اور پیارا چہرہ کوئی دُوسرا نہیں! اور صرف یہی نہیں بلکہ اب تو آپ کا دین، حتیٰ کہ آپ کا شہر بھی کائنات میں سے سب زیادہ محبوب اور پسندیدہ ترین شہر بن گیا ہے۔[59]

اِس نے اپنا بنا کے چھوڑ دِیا
کیا اِسیری ہے، کیا رِہائی ہے

رسول اللہ ﷺ نے اُن کو عمرہ کی خوشخبری سنائی! چنانچہ ثُمامہ مکہ مکرمہ پہنچے، طواف اور سعی سے فارغ ہو کر اہلِ مکہ کی شدید مخالفت کے باوجود اپنے ایمان کا اعلان کیا! اہل مکہ میں سے کسی نے اُس کو کہا: صَبَوْتَ (باپ دادا کا دین چھوڑ کر بے دین ہو گئے ہو؟) ثُمامہ کہنے لگے: نہیں بلکہ اصل دین تک رسائی تو اب ملی ہے! میں رسول اللہ ﷺ کی آغوشِ نبوت میں پناہ لے چکا ہوں، خدا کی قسم! اب محمد رسول اللہ ﷺ کی اجازت کے بغیر تمہیں یمامہ سے گندم کا ایک دانہ بھی نصیب نہیں ہو سکے گا، چونکہ وہ یمامہ کے سردار تھے

[59] صحيح البخاري 462، 4372، وصحيح مسلم 1764، وشرح النووي على صحيح مسلم 87/12، وفتح الباري 87/8، والإصابة 410/1، 581/3.

،اس لئے جاتے ہی انہوں نے مکہ کی طرف گندم کی ترسیل پر پابندی لگادی جس کا قُریش کو بہت سخت نقصان ہوا تو انہوں نے قرابتوں کا واسطہ دیکر رسول اللہ ﷺ کی خِدمت میں خط بھیجا اور یہ لکھا کہ چونکہ آپ خود ہی صلہ رحمی اور رشتہ داروں کے ساتھ اچھا سُلوک کرنے کا حکم دیتے ہیں، اس لئے ہمارے ساتھ بھی عفو درگذر کا معاملہ فرماتے ہوئے یمامہ سے گندم کی ترسیل پر پابندی ہٹوادیجئے،اس پہ آپ ﷺ نے حضرت ثمامہ رضی اللہ عنہ کو خط لکھ کر گندم کی ترسیل بحال کروادی۔[60]

اس واقعہ سے متعلق چند اہم اسباق!

ا) حضرت ثمامہ کی مضبوط شخصیت اور خودداری: ثمامہ ایک پابہ زنجیر قیدی کے طور رسول اللہ ﷺ کے سامنے لائے گئے، جہاں مختلف انجام اُن کا انتظار کر رہے ہیں، جن میں سے ایک موت بھی ہے، لیکن اس کے باوجود بھی ثُمامہ انتہائی پُر سُکون گفتگو کرتے ہوئے صاف الفاظ میں نبی اکرم ﷺ کو اس بات کی پیش کش کر رہے ہیں کہ آپ ﷺ ان میں سے کسی ایک کا انتخاب کریں۔ عجیب بات ہے کہ ثمامہ اپنی جان بخشی کیلئے کوئی چاپلوسی یا ذِلت کا اظہار تو کیا کرتے،اُنہوں نے رحم کی اپیل تک نہیں کی اور رسول اللہ ﷺ نے بھی ثُمامہ کی اِس خودداری اور عزتِ نفس کا پورا پورا خیال رکھا اور کوئی بھی ایسی نوبت نہیں آنے دی جو ثمامہ کی عزتِ نفس کو ٹھیس پہنچائے! آپ علیہ الصلاۃ والسلام کے اِس حسنِ سلوک کا یہ فائدہ ہوا کہ ثُمامہ کی یہ قوت اور خودداری اسلام میں بھی نہ صرف بدستور برقرار رہی بلکہ مسلمانوں کی شان وشوکت کا بھی ذریعہ بنی۔ یہی وجہ ہے کہ اُنہوں نے

[60] صحيح البخاري 462، 4372 وصحيح مسلم 1764 وشرح النووي على صحيح مسلم 87/12 وفتح الباري 87/8 والإصابة 410/1، 581/3

قریش کے سامنے اُن کے گھر جا کر اپنے ایمان کا اعلان کیا اور برملا اس بات کا بھی اعلان کیا کہ اب رسول اللہ ﷺ کی اجازت کے بغیر تمہیں گندم کا ایک دانہ بھی نہیں ملے گا اور اپنی مضبوط قُوت ارادی کے ساتھ قریش کو رسول اللہ ﷺ کی اجازت کا محتاج بنا کر دِکھایا، پیغمبرِ اسلام ﷺ کی عادتِ مبارکہ یہ تھی کہ آپ ﷺ لوگوں کی عزتِ نفس، مقام و مرتبہ اور خُصوصیات کا خُصوصی خیال رکھتے تھے۔

۲) نبی اکرم ﷺ نے نہ تو ثمامہ کو اسلام کی دعوت دی اور نہ ہی اُن کی جان بخشنے کیلیئے اسلام قبول کرنے کی شرط رکھی، بلکہ ثُمامہ اپنی رضا اور رغبت اور نبی کریم ﷺ اور صحابہ کرام رضوان اللہ عنہم اجمعین کی روزمرہ زندگی کے معمولات کے مسلسل مشاہدہ، نبی اکرم ﷺ کی آواز میں قُرآنِ کریم تلاوت سن کر حاصل ہونے والے ذاتی اطمینان کی بنیاد پر اسلام لائے، چنانچہ ثُمامہ نے جو کچھ اپنے کانوں سے سُنا، یا اپنی آنکھوں سے دیکھا وہ درحقیقت رسول اکرم ﷺ کی رسالت کی تصدیق اور صحیح ہونے کی عملی دلیل تھی، اس لئے حضرت ثمامہ پورے وثوق کے ساتھ ایمان لائے اور ساری زندگی اسی پر قائم رہے، حتی کہ جب آپ ﷺ کی وفاتِ حسرت آیات کے بعد ان کی قوم کے کئی سارے لوگ مرتد ہو کر مسیلمہ کذاب کے پیروکار بنے، تو حضرت ثمامہ نہ صرف اپنے ایمان پر ثابت قدم رہے، بلکہ بہت سارے بھٹکنے والوں کو صراط مُستقیم کی طرف بلانے میں بھی ہراول دستہ کا کردار ادا کرتے رہے۔

۳) تکبر و نخوت کے مجسمہ بننے والے سردارانِ قریش کو غذائی اجناس کی قلت سے بچنے کیلیئے رسول اللہ ﷺ کے سامنے فریاد کرنے اور آپ ﷺ سے سفارش کروانے پر مجبور کرنا بھی حضرت ثمامہ کی اسی مضبوط قوت ارادی اور شخصیت کا کارنامہ ہے۔

دوسری طرف جب قریش نے مجبور ہو کر آپ ﷺ کو قرابت داری کا واسطہ دیا اور یہ دلیل دی کہ آپ خود ہی تو صلہ رحمی اور عزیز واقارب کا خیال رکھنے کا حکم دیتے ہیں، تو نبی اکرم ﷺ اُن کو شعبِ ابو طالب کا محاصرہ اور سوشل بائیکاٹ یاد دلا سکتے تھے، نیز آپ ﷺ کیلئے یہ بھی ممکن تھا کہ وہ مشرکین کو یادِ دلاتے کہ تمہی لوگوں نے رشتہ، قرابت اور انسانیت کے تمام تقاضوں کو بالائے طاق رکھ کر مجھے اور میرے ساتھیوں کو دیس سے نکالا دیا تھا، لیکن انتقام لینا اور بدلے اُتارنا، رحمتِ کائنات، مولائے کل، فخر الرسل ﷺ کے اعلیٰ اخلاق کا حِصہ نہیں تھا، اور آپ لوگوں سے اُن کی کارستانیوں کے مطابق نہیں بلکہ اپنے عظیم اخلاق کے مطابق معاملہ کیا کرتے تھے، اس لئے آپ ﷺ ثُمامہ سے کہہ کر گندم کی ترسیل بحال کروادی! کیونکہ آپ کا ہدف لوگوں کو دین اسلام کے قریب کرنا تھا، تاکہ اگر تمام اہل مکہ ایمان کی ابدی سعادتوں سے بہرہ ورنہ بھی ہوسکے، تو بعض اہل مکہ کے دل نرم پڑ جائیں، جو آگے چل کر ان کے ایمان لانے کا سبب بن سکے گا۔

حضرت سلمہ بن اکوع رضی اللہ عنہ کا واقعہ

حضرت سلمہ بن الاکوع طاقتور، متناسب الجسم، غضب کے جنگجو اور اتنے مضبوط ڈیل ڈول کے مالک تھے کہ تنِ تنہا پورے لشکر کو شکست دیتے تھے، دوڑنے میں اتنے تیز کہ کبھی کوئی ان سے آگے نہ بڑھ سکا۔

صُلح حُدیبیہ کے موقعہ پر جب صلح کی شرائط اور تفصیلات کیلئے نبی اکرم ﷺ کی خِدمت میں مختلف سفراء کی آمد و رفت جاری تھی، اس دوران ایک عجیب واقعہ یہ پیش آیا کہ ایک دفعہ حضرت سلمہ بن اکوع دوپہر کے وقت تھوڑی دیر ستانے کیلئے قریب ہی کسی درخت کے سایہ میں چلے گئے، کانٹے اور درخت کی گری ہوئی شاخیں وغیرہ صاف کر کے لیٹنے لگے تھے کہ مشرکین مکہ میں چار آدمی بھی اُدھر آئے، وہ لوگ اپنا اسلحہ درخت پر ٹانک کر بیٹھ گئے اور باہم گفتگو میں مصروف ہو گئے، دورانِ گفتگو انہوں نے رسول اللہ ﷺ کے بارے میں کچھ ناتراشیدہ الفاظ استعمال کئے، جو حضرت سلمہ کو بہت سخت ناگوار گزرے، لیکن دُوسری طرف صلح کا معاملہ تھا اور رسول اللہ ﷺ نے کوئی بھی ایسا کام کرنے سے سختی سے منع کیا تھا کہ جس سے صُلح کا عمل سبوتاژ ہونے کا اندیشہ ہو، سلمہ بھی صبر و برداشت کا کڑوا گھُونٹ پی کر وہاں سے دوسرے درخت کی طرف چل دیئے، تاکہ کم از کم مشرکین کی آواز اور الفاظ اُن کے کانوں میں نہ پڑیں، اتنے میں کسی نے یہ آواز لگائی: ''اے مہاجرین کی جماعت ابن زنیم کو قتل کیا گیا ہے! اس سے حضرت سلمہ یہ سوچ کر کہ مشرکین نے صُلح اور جنگ بندی کی شرائط کی خلاف ورزی کی ہے، پہلے تو درخت سے ان کا اسلحہ اُتار کر اپنے قبضہ میں لے لیا، پھر ان پر تلوار سونت کر کہنے لگے: ''اُس ذات پاک کی قسم جس نے محمد

رسول اللہ ﷺ کو دو جہانوں کی عزت سے سرفراز کیا ہے، تم میں سے جو بھی سر اُٹھائے گا، اُس کی گردن ہمیشہ کیلئے کندھوں سے الگ کر دی جائے گی"، پھر اُن کو ہنکا کر رسول اللہ ﷺ کی خدمت میں لے آئے، دوسری طرف حضرت سلمہ کے چچا مشرک (جو رسول اللہ ﷺ پر حملہ کے ارادے سے آئے تھے) کو گرفتار کر کے آپ ﷺ کی خدمت میں لے آئے! رسول اللہ ﷺ نے بہادر چچا اور شُجاع بھتیجے کو دیکھا اور پھر ان مشرِکین کی طرف دیکھ کر فرمایا: "اِن کو رہا کر دو، تا کہ عہد شکنی جیسی قبیح بُرائی کی ابتداء بھی انہی سے ہو اور انتہا بھی"، اور نبی اکرم ﷺ نے سب کو معاف کر دیا۔[61]

اس واقعہ سے حاصل ہونے والے چند اہم اسباق!

ا) صحابہ کرام رضی اللہ عنہم سے زیادہ رسول اللہ ﷺ سے محبت کرنے والے چشمِ فلک نے کبھی نہیں دیکھا، آپ کے چہرہ کی زیارت اُن کی آنکھیں روشن کر دیتی تھی اور آپ ﷺ کی آواز اُن کے کانوں میں رس گھول دیتی تھی۔ زندگی کے مُختلف نشیب وفراز میں صحابہ کرام رضی اللہ عنہم نے آپ ﷺ کا ساتھ نہیں چھوڑا، اس لئے حب نبوی ﷺ اِن قلندروں کے رگ وپے میں رچ بس گئی تھی، اللہ کی رحمتیں نازل ہوں حضرت سلمہ رضی اللہ عنہ پر، جب انہوں نے چند مشرکین کو رسول اکرم ﷺ کے بارے ناشائستہ الفاظ استعمال کرتے ہوئے سُنا، تو اُن کو کتنی تکلیف ہوئی ہو گی اور خون اور جذبات میں کتنا تلاطم بپا ہوا ہو گا؟ لیکن چونکہ اس وقت مسلمانوں کے سامنے سب سے بڑا ہدف صُلح کے عمل کو پایہ تکمیل تک پہنچانا تھا (کیونکہ صلح حدیبیہ پہلا موقع تھا، جب مشرِکین نے

---

[61] صحيح البخاري 2960 4209 6148 وصحيح مسلم 1807 وشرح النووي على صحيح مسلم 176/12 والإصابة 151/3 وفتح الباري 465/7 543/10

اہل اسلام کو باقاعدہ ایک سیاسی فریق اور علاقائی قُوت کے طور پر تسلیم کیا) اِس لئے اُن کے خلاف کوئی عملی اقدام کرنا بھی ممکن نہیں تھا، چنانچہ حضرت سلمہ رضی اللہ عنہ نے اپنے جذبات کو قابُو میں رکھا اور سایہ چھوڑ کر چلے گئے، اور باوجود عنفوانِ شباب (صرف بیس سال کی عمر) کے کوئی بھی ایسا کام نہیں کیا جس کے نتائج اہل اسلام کے لئے نقصان دہ ہوں۔

نیز جب یَا لِلْمُهَاجِرِينَ! (اے مہاجرین کی جماعت ، زنیم کو قتل کر دیا گیا ہے) کی آواز سُنی اور حضرت سلمہ سمجھ بھی گئے کہ مشرکین کی طرف سے عہد شکنی ہوئی ہے، لہٰذا اُس وقت اگر وہ اُن چاروں مشرِکین کو قتل کر دیتے تو تب بھی حق بجانب تھے، لیکن پھر بھی ایسا کوئی قدم اُٹھانے کی بجائے اُن لوگوں کو گرفتار کر کے رسول اللہ ﷺ کی خدمت میں پیش کیا، تاکہ کوئی بھی اہم فیصلہ (بالخصوص جس کے اثرات پوری قوم اور ملک پر پڑ سکتے ہوں) میں انفرادی جذبات، رائے یا سمجھ بوجھ کی روشنی میں کرنے کے بجائے ملک وملت کے سربراہ کے سپرد کیا جائے۔

حضرت سلمہ رضی اللہ عنہ نے اپنے اِس عمل سے اُمت کو یہ تعلیم دی ہے کہ ایسے مواقع پر اپنے جذبات پر قابو رکھتے ہوئے قاعدہ اور قانون کی پابندی کرنی چاہئیے، اور اُکسانے والے کا قول و فعل جتنا بھی شدید ہو، مسلمان کسی بھی رد عمل کی نفسیات کا شکار ہو کر ایسا کوئی کام ہر گز نہ کرے، جس کا خمیازہ پوری قوم اور ملک کو بھگتنا پڑے۔

۲)... نبی اکرم ﷺ کا حسنِ خلق دیکھئے کہ آپ علیہ السلام اِن بدزبان مشرِکین کے ساتھ باوجود اُن کی یاوہ گوئی کے انتہائی حسنِ اخلاق کے ساتھ پیش آئے، اور اِن کے

ساتھ ساتھ اُن نوّے لوگوں کو بھی معاف فرمایا جو آپ ﷺ کی جان کے در پے تھے، حتی کہ اُن کو زبانی طور پر بھی کوئی ڈانٹ ڈپٹ بھی نہیں کی، صرف یہ کہا کہ اِن کو رہا کر دو، چلیں عہد شکنی جیسی قبیح رسم کی ابتداء اور انتہا دونوں انہی ہی طرف سے سہی۔ یقیناً اتنا بڑا حوصلہ سرکارِ دو جہاں ﷺ کا ہی ہو سکتا ہے۔

دوسری بات یہ ہے کہ اُس وقت رسول اللہ ﷺ کے سامنے ایک بہت بڑا ہدف صلح کے معاہدہ کو پایہ تکمیل تک پہنچانا تھا، اِس لئے مشرکین کی طرف سے اہلِ اسلام کو اشتعال دِلانے کی تمام کوششوں اور حرکتوں کو رسول اللہ ﷺ نے اپنی سیاسی بصیرت کے ساتھ صُلح کے راستہ میں رُکاوٹ بننے نہیں دیا، کیونکہ یہ معروضی واقعات تھے، جن کا حجم اور مدت دونوں مختصر تھے، لیکن جس ھدف کی طرف آپ ﷺ بڑھ رہے تھے وہ بہت بڑا اور مقصد بہت ہی عظیم تھا، کیونکہ اُس پر مسلمانوں کے مستقبل کا دار و مدار تھا، چنانچہ آپ ﷺ کا صبر، عفو در گزر اور مشرکین کی طرف سے انتہائی سخت اشتعال انگیزی کے باوجود بھی نرمی سے کام لینے کا نتیجہ صُلح حُدیبیہ کی کامیابی کی شکل میں ظاہر ہُوا، پس صُلح کا عمل بخیر وخوبی مکمل ہو گیا، معاہدہ لکھا گیا جو آگے چل کر فتحِ مبین کا پیش خیمہ ثابت ہوا۔ اور جب رسول اللہ ﷺ نے جب مدینہ مُنورہ کی طرف واپسی کا سفر شروع کیا تو جبریل علیہ السلام فتح کی خوشخبری لے کر آئے۔

﴿إِنَّا فَتَحْنَا لَكَ فَتْحًا مُّبِينًا﴾ [الفتح: 1]

ترجمہ: اے پیغمبر! ہم نے آپ کو فتحِ مبین عطا کی۔

آج اُمت کے سامنے نہ تو کوئی واضح اور متعین ھدف ہے اور نہ ہی اُس کو حاصل کرنے کیلئے قابلِ عمل منصوبہ بندی! جس کی وجہ سے اُمت ہمیشہ تذبذب اور ردعمل کا شکار ہے! اور بغیر سوچے سمجھے انفرادی ردِ عمل نہ صرف آپ کی رفتارِ سفر کو متاثر کرسکتا ہے، بلکہ اہم مواقع کو ضائع اور مقاصد کو حاصل کرنے میں ناکامی کا بھی سبب بن جاتا ہے، پس دُرود وسلام ہوں اُس رسولِ اکرم ﷺ پر، جس کو اللہ نے اپنی کتاب اور حکمت دونوں سے سرفراز فرمایا، اور جس کو حکمت مل گئی، دین ودُنیا دونوں کی بھلائی اور خیرِ کثیر اُس کے ہاتھ لگ گئی:

﴿وَمَن يُؤۡتَ ٱلۡحِكۡمَةَ فَقَدۡ أُوتِيَ خَيۡرٗا كَثِيرٗاۗ﴾ [البقرة: 269]

ترجمہ: اور جس کو حکمت ملی، اسے حقیقت میں بڑی دولت مل گئی۔

جو کی روٹی!

رسول اللہ ﷺ اہلِ صفہ کو قُرآن کریم پڑھارہے تھے کہ مشہور صحابی ابو طلحہ انصاری رضی اللہ عنہ وہاں سے گُذرے، بھوک کی شدت آپ ﷺ کے چہرہ اور آواز دونوں سے عیاں تھیں، ابو طلحہ سے یہ منظر دیکھا نہیں گیا تو بھاگ کر گھر پہنچے اور اپنی زوجہ سے پوچھا: رسولِ اکرم ﷺ کے چہرہ مبارک سے جھلکنے والی بھوک، اور نڈھال آواز ،دونوں نے مجھے تڑپا کرر کھ دیا ہے، تُمھارے پاس کھانے کو کچھ ہے؟

تھوڑا سا کھانا موجود ہے، ایک سے ڈیڑھ سیر جو کے برابر! ام طلحہ نے ہاتھ کے اشارہ سے بتادیا۔ اور کہنے لگیں: البتہ اگر رسول اللہ ﷺ اکیلے تشریف لائیں تو آپ کیلئے کافی ہو گا، لیکن اگر کوئی دُوسرا شخص بھی شریک ہوا، تو پھر کم پڑ جائے گا۔

اچھا تُم ذرا اُسے گوندھ کر تیار رکھو، میں جا کر رسول اللہ ﷺ کو بُلاتا ہوں۔ ام طلحہ نے اُسے فورا گوندھ دیا، تھوڑا سا ہی تو تھا، اور اس کی روٹیاں بنانے کیلئے اپنے بیٹے انس کو لکڑیاں چُننے کیلئے بھیجا، انس لکڑیاں لے آئے تو ابو طلحہ نے اُسے کہا کہ جا کر رسول اللہ ﷺ کو بلاو، لیکن کہیں لوگوں کے سامنے مت بلا لینا، بلکہ پاس جا کر کھڑے ہو جاؤ، یہاں تک جب سب لوگ چلے جائیں تو عرض کرنا کہ یارسول اللہ! میرے ابو نے آپ کی دعوت کی ہے، لیکن ساتھ میں یہ بھی کہا ہے کہ دعوت صرف آپ کی ہے، کسی اور کو ساتھ میں مت بلا لینا، ورنہ ہم شرمسار ہو جائیں گے، کیونکہ کھانا بہت کم ہے۔

حضرت انس چلے گئے، مسجد میں جا کر دیکھا تو آپ ﷺ کے ارد گرد اسی آدمی بیٹھے ہُوئے ہیں، حضرت پاس جا کر لوگوں کے جانے کا انتظار کرنے لگے۔ اتنے میں رسول

اللہ ﷺ نے خود ہی حضرت انس سے پوچھا: تمہارے ابو نے بلا رہے ہیں؟ حضرت انس: جی ہاں۔

کھانے کیلئے رسول اللہ ﷺ کا سوال تھا! جی، بالکل! حضرت انس ابھی اتنا ہی کہہ پائے تھے کہ نبی اکرم ﷺ نے پوری مجلس میں اعلان کر دیا کہ ابو طلحہ کے گھر دعوت ہے، لہٰذا سب اللہ کا نام لیکر چلیں۔ اور خود حضرت انس کا ہاتھ پکڑ کر ابو طلحہ کے گھر کی طرف روانہ ہو گئے، اُدھر رسول اللہ ﷺ نے حضرت کا انس کا ہاتھ بھی قدرے زور سے پکڑا ہُوا تھا، اِس لئے اب انس ہاتھ چھڑا کر پہلے جا کر گھر اطلاع بھی نہیں دے سکتے، لیکن دِل ہی دِل میں یہ سوال بھی پریشان کر رہا ہے کہ جا کر ابو طلحہ کو کیا جواب دوں گا؟ حالانکہ انہوں نے خصوصیت کے ساتھ کہا تھا کہ کھانا کم ہے، لہٰذا رسول اللہ ﷺ کے علاوہ کسی اور کو مت بُلا لینا، اور رسول اللہ ﷺ نے جب پوچھا تو سچ بتانے کے علاوہ کوئی اور چارہ کار بھی تو نہیں تھا، دوسری طرف وہ تھوڑا سا کھانا کس کس کو کافی ہو گا؟ یہ سوالات سوچ سوچ کر انس دل ہی دِل میں پریشان ہو رہے ہیں۔

ابو طلحہ کے گھر کے پاس پہنچے، تو رسول اللہ ﷺ نے انس کا ہاتھ چھوڑ دیا، تو انس نے بھی دوڑ لگائی اور جا کر ابو طلحہ کو بتا دیا کہ رسول اللہ ﷺ تو اپنے ساتھیوں کو بھی ساتھ لیکر آ رہے ہیں، ابو طلحہ نے شدید پریشانی کے عالم میں انس کو ہاتھ سے دھکا دیتے ہوئے کہا کہ تو نے مجھے اللہ کے رسول ﷺ کے سامنے شرمندہ کر دیا، تجھے معلوم نہیں تھا کہ ہمارے پاس کھانا تھوڑا ہے؟

ابو طلحہ نے غصہ سے پوچھا: جی، وہ تو معلوم تھا! انس نے جواب دیا، لیکن مجھے رسول اکرم ﷺ نے مزید تفصیل بتانے کا موقع نہیں دیا، بلکہ میں جُوں ہی جا کر آپ ﷺ کے پاس کھڑا ہُوا، تو آپ ﷺ نے پوچھا: ابو طلحہ نے بلایا ہے؟ میں نے عرض کیا جی بالکل۔

کھانے کیلئے؟ رسول اللہ ﷺ کا دُوسرا سوال تھا! اب میں جُھوٹ بھی نہیں بول سکتا تھا!

اُم سلیم! رسول اللہ ﷺ اپنے ساتھیوں سمیت تشریف لا رہے ہیں، جبکہ ہمارے پاس تو اُن کو کھلانے کیلئے کچھ نہیں! ابو طلحہ نے اپنی بیگم سے کہا۔ اللہ اور اُس کا رسول ﷺ خوب جانتے ہیں۔ اُم سلیم کا جواب تھا۔

اتنے میں نبی اکرم ﷺ بھی اپنے ساتھیوں سمیت پہنچ گئے، حضرت ابو طلحہ باہر نکلے اور آپ علیہ السلام کے پاس جا کر سرگوشی کی: یا رسول اللہ! گھر میں تھوڑا سا آٹا تھا، اُم سلیم نے اُس سے چند روٹیاں بنائی ہیں، اس لئے میں انس کو صرف آپ کو بُلانے کیلئے بھیجا تھا، لیکن آپ کے ساتھ تو پوری جماعت آئی ہوئی ہے، میرا خیال ہے کہ کھانا کم پڑ جائے گا۔

نبی اکرم ﷺ نے فرمایا: بے فکر رہو، کھانا جتنا بھی ہے اللہ پاک اُس میں بھی برکت ڈال دے گا، رسول اللہ ﷺ گھر میں داخل ہُوئے اور حضرت اُم سلیم سے فرمایا: جو کچھ بھی ہے لیتے آو۔

اُم سلیم نے ایک رکابی میں چند روٹیاں لیکر حاضر ہوئیں۔ آپ علیہ السلام نے پوچھا: گھی ہے تمہارے پاس؟ جی، یارسول اللہ، مشکیزہ میں تھوڑا سا گھی ہے۔

آپ علیہ السلام نے اُسے بھی لانے کا حکم دیا، چنانچہ ایک خشک اور سُوکھا سا مشکیزہ آپ کی خدمت میں پیش کیا گیا، جسے دیکھنے والا یہی کہے گا کہ پتہ نہیں اس میں کچھ ہے بھی یا نہیں؟ رسول اللہ ﷺ نے

بِسْمِ اللهِ، اللَّهُمَّ أَعْظِمْ فِيهَا الْبَرَكَةَ

(اللہ کے نام سے شروع کرتا ہوں، اے اللہ! اس میں خوب برکت عطا فرما)

پڑھ کر مشکیزہ کا تسمہ کھولا اور اُم سلیم سے کہا اب اِسے پلٹ دیجئے۔ انہوں نے پلٹ دیا، پھر رسول اللہ صلی اللہ علیہ وسلم اور ابو طلحہ دونوں مل کر اُسے نچوڑنے لگے تو اُس میں سے تھوڑا سا گھی نکلا۔ نبی اکرم ﷺ نے اپنی انگلیوں پہلے گھی کو پھر ان روٹیوں کو چھوا اور بسم اللہ کہا، جس سے وہ مشکیزہ پھول گیا اور یہی عمل اُن جو کی روٹیوں کے ساتھ بھی کیا، جس سے وہ روٹیاں بھی اتنی پھول گئیں کہ برتن بھر گیا۔ پھر آپ ﷺ نے حضرت انس سے کہا: مہمانوں میں صرف دس آدمیوں کو بلاو، دس آدمی آئے تو آپ ﷺ نے اپنا دستِ مُبارک روٹی کے اوپر رکھا اور مہمانوں نے اللہ کا نام لیکر کھانا کھانا شروع کر دیا، حتیٰ کہ سب کے سب خوب سیر ہو گئے، پھر دس دس کرتے پوری جماعت نے خوب سیر ہو کر کھانا کھایا، پھر نبی اکرم ﷺ نے ابو طلحہ، اُن کی زوجہ ام سلیم اور انس کو بلا کر کھانا کھانے کا حکم دیا، انہوں نے بھی رسول اللہ ﷺ کے ساتھ خوب سیر ہو کر کھانا کھایا، پھر جب نبی اکرم ﷺ روٹی کے اوپر سے اپنا دستِ مُبارک ہٹایا تو وہ روٹی اُسی طرح برقرار تھی، گویا کہ کسی

نے ہاتھ بھی نہ لگایا ہو۔ نبی اکرم ﷺ اُم سلیم کی طرف متوجہ ہو کر فرمانے لگے: اُم سلیم جو کھانا تُم لے آئی تھیں وہ کہاں ہے؟ ام سُلیم کہنے لگیں: میرے ماں باپ آپ پر فدا ہوں یارسول اللہ! اگر میں نے اپنی آنکھوں سے ان لوگوں کو کھانا کھاتے ہوئے نہ دیکھا ہوتا تو کہہ سکتی تھی کہ ہمارا کھانا تو اُسی طرح برقرار ہے، اس کو کسی نے ہاتھ تک نہیں لگایا ہے! بچا ہُوا کھانا ام سلیم نے پڑوسیوں کو بھیج دیا۔[62]

حدیث مُبارک سے مستفاد چند نکات

سید المُرسلین ﷺ کی بھوک سے ایسی حالت ہونا کہ اس کا اثر آپ ﷺ کے چہرہ انور اور آواز مبارک سے ظاہر ہونا، باوجودیہ کہ اللہ تعالی فرماتا ہے:

﴿تَبَارَكَ ٱلَّذِيٓ إِن شَآءَ جَعَلَ لَكَ خَيۡرٗا مِّن ذَٰلِكَ جَنَّٰتٖ تَجۡرِي مِن تَحۡتِهَا ٱلۡأَنۡهَٰرُ وَيَجۡعَل لَّكَ قُصُورٗا﴾ [الفرقان: 10]

ترجمہ: بڑی شان ہے اس اللہ کی جو اگر چاہے تو تمہیں ان سب سے کہیں بہتر چیز (ایک باغ کی بجائے) بہت سے باغات دیدے جن کے نیچے نہریں بہتی ہوں، اور تمہیں بہت سے محلات کا مالک بنادے۔

اگر اللہ چاہتے تو زمین کی ساری دولتیں آپ کے قدموں میں رکھ دیتے، لیکن اللہ کی حکمت عالیہ کا تقاضا یہ تھا کہ دُنیا کو اپنے محبوب ﷺ سے دُور رکھا جائے۔ اور آپ فقر

---

[62] مسند أحمد 12034، 12806، 13058، صحيح البخاري 3578، 5381، 5450، 6688، صحيح مسلم 2040، جامع الترمذي 3630، مسند أبي يعلى 2830، صحيح ابن حبان 5285، مستخرج أبي عوانة 6710، دلائل النبوة للبيهقي 363/1، شرح النووي على صحيح مسلم 73/10، فتح الباري 588/6، 574/9، 571/11، وعمدة القاري 427/6.

وُدرویشی کی زندگی گذاریں، اس میں کیا حکمت تھی؟ اس کا حقیقی علم تو اللہ تعالی کو ہی ہے۔ البتہ چند ایک وُجوہات یہ ہو سکتی ہیں:

۱) رسول اللہ ﷺ کا سارا وقت بجائے دنیوی اُمور میں مشغول ہونے کے، صرف اور صرف تبلیغِ رسالت کے فریضہ کی ادائیگی میں لگ جائیں، تاکہ مخالفین کو یہ اعتراض کا موقع نہ مل سکے کہ حاشا، والعیاذ باللہ رسول اللہ ﷺ کا دین کی دعوت دینے کا مقصد دنیوی مال یاسامانِ عشرت حاصل کرنا تھا۔ یا عیش و آسائش کی زندگی گذارنا تھا۔ اس لئے رسول اکرم ﷺ نے تبلیغ دین کے راستہ میں خود تو بے شمار مصیبتیں اُٹھائیں، مشکلات جھیلیں، بھوک سہی، اور بہت ہی کم (بقدرِ کفاف) دنیوی نعمتوں سے مستفید ہوئے، لیکن اپنی اُمت کو یہ خوشخبری سُنائی کہ زمین کے خزانوں کے دھانے اُن کیلئے کھول دیئے جائیں گے۔

۲) بے پناہ دولت کا ہجوم بسا اوقات انسانوں کے درمیان رکاوٹ بن جاتا ہے، اس لئے اللہ تعالی حکمت بالغہ کا تقاضا یہ تھا کہ رسول اللہ ﷺ اور لوگوں کے درمیان کوئی چیز حائل نہ ہو، اور نہ ہی دنیوی مال آپ کو مشغول رکھے، چونکہ آپ ﷺ ایک مکمل مشن اور ضابطہ حیات لیکر آئے تھے، جو نسبتاً لوگوں کیلئے نیا بھی تھا اور عجیب بھی، اس لئے یہ ضروری تھا کہ نبی اکرم ﷺ کا پورا وقت، تمام توانائیاں اور تمام تر صلاحیتیں اپنے مشن کی کامیابی اور پیغام کے نشر و اشاعت میں صرف ہوں۔ لوگوں کے ساتھ زیادہ سے زیادہ اُٹھنا بیٹھنا ہو، دُوسری طرف اللہ کا یہ دین صرف کتابوں اور واقعات تک محدود رہنے کیلئے نہیں، بلکہ دُنیا میں عملی طور پر نافذ ہونے کیلئے آیا ہے، اور آپ ﷺ اس کیلئے اولین نمونہ اور قدوہ حسنہ تھے، اس لئے یہ ضروری تھا کہ آپ علیہ السلام بھی زندگی کو اُسی طرح سے دیکھیں،

جس طرح دوسرے لوگ دیکھتے ہیں اور زندگی کے مختلف نشیب وفراز سے دوسرے لوگوں کی طرح آپ بھی گذریں، اس لئے آپ کا لوگوں کے ساتھ گھل مل کر بیٹھنا، دُوسروں کی طرح بھوک، پیاس، گرمی، سردی، غمی اور خوشی کی کیفیات سے دوچار ہونا لازمی تھا۔

۳) دنیا کے غریبوں، لاچاروں اور فقیروں کیلئے سامانِ تسلی: اس میں شک نہیں کہ کُرہ ارض کی وُسعتوں کے باوجود بھی یہاں غریب، فقیر اور نادار لوگوں کی کثرت ہے، نبی اکرم ﷺ کا یہ فقر ان جیسے ہر شخص کیلئے ایک سامانِ تسلی اور مقام اطمینان ہے، پس جو شخص بھی سفرِ زیست میں غربت جیسی مشکلات کا سامنا کررہا ہے، اُس کو یہ اطمینان ہونا چاہیئے کہ کائنات کے بہترین انسان، سید الاولیاء محمد عربی ﷺ بھی انہی نشیب وفراز سے گُذرے تھے۔

۴) رسول اکرم ﷺ کی عمومی عادت یہ تھی کہ کسی بھی دعوت میں بن بُلائے نہ خُود تشریف لیجاتے اور نہ ہی کسی کو بلا اجازت ساتھ لے جاتے اور اگر کوئی ساتھ آجاتا تو آپ ﷺ میزبان سے اجازت لیا کرتے تھے، لیکن اس واقعہ میں ابو طلحہ کی مرضی اور دعوت کے بغیر بھی آپ علیہ الصلاہ والسلام نے اسی سے زائد اہل صفہ کو ساتھ لئے حضرت ابو طلحہ کے گھر مہمان بنے۔ بظاہر اس کی وجہ یہ ہوسکتی ہے کہ (واللہ اعلم) رسول اللہ ﷺ کو بذریعہ وحی اس بات کی خبر دی گئی تھی کہ ابو طلحہ کے گھر جو کچھ پکایا گیا ہے، اس میں اللہ کی طرف سے اتنی برکت ہوگی کہ ایک طرف سے تو وہ تھوڑا سا کھانا اس پوری جماعت کو کیلئے کافی ہوگا، تو دوسری طرف رسولِ اکرم ﷺ کا مُعجزہ بن کر نہ صرف حاضرینِ مجلس بلکہ رہتی دُنیا تک یاد رکھا جائے گا۔

۵) رسول اکرم ﷺ کا بھوک کی اس شدت میں بھی کہ چہرہ انور سے لیکر آواز تک ضُعف اور کمزوری کے آثار نمایاں ہوں، اپنے جانثار طلبہ کرام کو بلاکسی تعطیل کے قُرآنِ مجید پڑھانا، رسول اللہ ﷺ کی قُربانیوں، شوقِ ہدایت اور تبلیغ رسالت کے فریضہ کی ادائیگی کیلئے آپ کی طرف سے سرانجام دی جانے والی بے مثال کاوشوں اور ہر طرح کی مشکلات کو خندہ پیشانی کے ساتھ سہہ جانے کی خبر دیتا ہے، صحابہ کرام کی تعلیم و تربیت اور وحیِ الٰہی سے اُن کے سینے منور کرنا دراصل آپ کی وہ وجدانی قوت اور رُوحانی غذا تھی، جو آپ ﷺ کو ہمہ وقت تازہ دم رکھتی تھی، جیسا کہ آپ ﷺ کا ایک ارشاد مُبارک ہے:

"إِنِّي أَبِيتُ يُطْعِمُنِي رَبِّي وَيَسْقِيْنِي"[63]

ترجمہ: میں اس حال میں رات گذارتا ہوں کہ میرا رب رُوحانی اور وجدانی غذا عطا فرماتا ہے۔

٦) یہ منظر ہمیں نبی اکرم ﷺ کا اپنے صحابہ کرام رضوان اللہ علیہم اجمعین سے گھرے، بے مثال تعلقات اور قلبی لگاو کی خبر دیتا ہے کہ جب آپ ﷺ مسجد میں بیٹھ کر بیک وقت آپ کے گرد پروانوں کی طرح جمع ہو جانے والے اسی سے زائد افراد کو قران کریم کی تعلیم دیتے ہیں۔ اور یہ تمام وہ لوگ تھے جو اپنا گھر بار، عزیز واقارب چھوڑ کر، پردیس کے دُکھ، غُربت اور فقر وفاقہ کے درد والم اس لئے سہہ رہے تھے کہ اُن کی آنکھوں کو ٹھنڈک اور دلوں کو تسکین صرف دیدار نبوی سے ملتی تھی اور نبی اکرم ﷺ بھی ہر وقت اُن کے ساتھ رہ کر اُن کے ساتھ مل کر تمام مشکلات اور پریشانیوں کو خندہ پیشانی سے سہتے

---

63 كما في الحديث الذي أخرجه مسلم.(2037)

تھے، حتیٰ کہ اِس شدید بھوک کے عالم میں بھی جب آپ ﷺ کو تھوڑے سے کھانے کیلئے دعوت گئی تو آپ کے عظیم اخلاق اور عمدہ صفات نے اکیلئے جانے کی اجازت نہیں دی، اس لئے آپ ﷺ اپنے ساتھیوں کو بھی لے گئے اور حضرت عیسی علیہ السلام کی طرح اللہ تعالی سے برکت کی دُعا کی۔

۷) نبی اکرم ﷺ حضرت انس رضی اللہ عنہ کا ہاتھ اپنے ہاتھ میں لئے اسی سے زائد صحابہ کرام رضوان اللہ علیہم اجمعین کے ساتھ جا رہے ہیں، حالانکہ حضرت انس کی عمُر اُس وقت چودہ پندرہ سال ہوگی، جبکہ رسول اللہ ﷺ کی عمر پچاس سال سے زائد تھی۔ عمر کے اعتبار سے اس فرق کے باوجود یہ منظر جہاں نبی اکرم ﷺ کی شفقت، چھوٹوں کی حوصلہ افزائی اور اُن کے ساتھ اپنائیت کے اظہار کی خبر دیتا ہے تو وہاں نوجوان انس بن مالک اور رسول اللہ ﷺ کے درمیان قلبی تعلق دو مختلف نسلوں کے درمیان حُسنِ تعلق بھی سکھاتا ہے۔ بڑوں اور چھوٹوں کے درمیان ایسا مضبوط اور قابلِ اعتماد تعلق عمُر کے مختلف مراحل کے درمیان گہرا رابطہ پیدا کرتا ہے اور معاشرتی تبدیلیوں کو ٹکڑوں میں بانٹنے کی بجائے مناسب رفتار اور تسلسل بخشتا ہے۔

۸) انس بن مالکؓ جب نبی اکرم ﷺ کی خدمت میں حاضر ہُوئے تو اُن کو اپنے والدین کی حالت، کھانا کی مقدار، حضرت ابو طلحہ کا بار بار اصرار کہ صرف رسول اکرم ﷺ کی دعوت کرنی ہے، اور کسی اور کو نہ بُلانے کی تنبیہ ایک ایک چیز یاد تھی، لیکن جب نبی اکرم ﷺ نے پُوچھا تو انس نے سوائے سچ کے کچھ بھی نہیں کہا اور انس بن مالک کیلئے آسمان سے گرنا اس سے زیادہ آسان تھا کہ وہ سید العالمین ﷺ کے سامنے جھوٹ بولیں، اس لئے انہوں نے سچ سچ بتا دیا، اگرچہ آگے چل کر اُن کو اس سچ کی ہلکی سی قیمت بھی

چکانی پڑی، لیکن انہوں نے اسی کو ترجیح دی۔ یہ سب کچھ مدرسہ نبوت کی تربیت کا کمال تھا جہاں رہ کر انہوں نے اپنے نبی اکرم ﷺ سے یہ آیت سیکھی تھی:

﴿يَٰٓأَيُّهَا ٱلَّذِينَ ءَامَنُوا۟ ٱتَّقُوا۟ ٱللَّهَ وَكُونُوا۟ مَعَ ٱلصَّٰدِقِينَ﴾ [التوبة: 119]

ترجمہ: اے ایمان والو، اللہ سے ڈرو اور ہمیشہ سچے لوگوں کا ساتھ دو۔

۹)... نبی کریم ﷺ کے اس معجزہ کا چشم دید گواہ بننے والے اس مجمع کے دِل پہلے سے ہی ایمان کی دولت سے معمور اور عشقِ نبوی کی دولت سے سرشار تھے، وہ پہلے سے ہی اللہ کی ربوبیت، رسول اللہ ﷺ کی نبوت اور اسلام کے دین ہونے پر دل و جان سے ایمان لا چکے تھے، ایسے میں یہ معجزہ اللہ تعالی کی ایک مترقبہ نعمت تھی جس کا مقصد اُن کے ایمان میں اضافہ کرنا تھا، لہٰذا اِس واقعہ میں جہاں اُن کے بھوک کا علاج ہوا وہاں اُن کے ایمان میں بھی اضافہ ہوا۔

۱۰)... حضرت ابو طلحہ نے جب اتنی بڑی تعداد میں لوگوں کو اپنے گھر کی طرف آتے ہُوئے دیکھا تو پریشان ہو گئے کیونکہ گھر میں اتنی مقدار میں کھانا نہیں جو ان سب کیلئے کافی ہو سکے، تو انہوں نے مجبور ہو کر اپنی رفیقۂ حیات اُم سلیم سے جو عقل، رائے اور بصیرت میں اپنا ایک مقام رکھتی تھیں، سے مشورہ مانگا، لیکن حضرت اُم سلیم پریشانی و کرب سے اُس طرح دوچار نہیں تھیں، جس طرح اُن کے رفیقِ حیات دوچار تھے، اس لئے انہوں نے پورے اطمینان اور سکون سے جواب دیا: اَللهُ وَرَسُوْلُهٗ اَعْلَمُ (اللہ اور اُس کا رسول ہی بہتر جانتے ہیں) ہماری معاشی حالت سے نبی اکرم ﷺ ہرگز بے خبر نہیں، چونکہ آپ

ﷺ اتنی کثرت سے ابو طلحہ کے گھر آیا جایا کرتے تھے کہ لوگ اسے بھی رسول اللہ ﷺ کے گھروں میں سے ایک گھر سمجھتے تھے۔

اُم سلیم رضی اللہ عنہا نے اپنے ان چند لفظوں سے پریشانی اور اس کے اسباب کا یوں سد باب کیا کہ اُسے اللہ اور اُس کے رسول ﷺ کے حوالہ کر دیا، اور جب مشکلات عظیم ذات کے سُپرد کی جائیں تو پھر ان کے آسان ہونے میں دیر نہیں لگتی۔

۱۱) حضرت ابو طلحہؓ حضرت انسؓ کے سوتیلے والد تھے، لیکن اس کے باوجود بھی رسول اللہ ﷺ نے انس سے پوچھا: اَرۡسَلَکَ اَبُوۡکَ ؟(تمہارے ابو نے تمہیں بھیجا ہے ؟) رسول اللہ ﷺ اپنے تمام صحابہ کرام کیلئے رُوحانی والد کی طرح تھے، لیکن یہاں آپ علیہ الصلاۃ والسلام نے انس کے سوتیلے والد کیلئے بھی وہی الفاظ استعمال کئے جو حقیقی والد کیلئے جاتے ہیں، لہٰذا آپ ﷺ کے شفقت و محبت سے لبریز الفاظ نے انس کے قلب و جگر میں کتنی خوشی، مسرت اور رحمت بھری ہوگی اور کتنا وجد طاری کیا ہوگا، دوسری طرف حضرت ابو طلحہ نے بھی انس کو مخاطب کرتے ہُوئے یا بُنی ! (اے پیارے بیٹے

چونکہ رسول اللہ ﷺ اپنی اُمت کیلئے روحانی والد کی طرح کے تھے، اس لئے آپ ﷺ تمام صحابہ کرام رضوان اللہ علیہم اجمعین کے ساتھ ایسے رہتے تھے، جیسے ایک شفیق باپ اپنے جگر گوشوں کے ساتھ رہتا ہے، اُن کا خیال رکھنا، اُن میں محبتیں بانٹنا وغیرہ اس لئے عہد نبوی کا معاشرہ صرف دینی طور پر ایک دُوسرے سے ملا ہوا معاشرہ نہیں تھا، بلکہ اس معاشرہ کی اکائیوں کے درمیان جذبات، محبت اور رحمت کا تعلق بھی تھا اور ایسا کیوں نہ ہو جب معاشرہ کے سربراہ ہی رحمت للعالمین ﷺ ہوں۔

پرچم نبوی!

خیبر کی پہاڑیوں سے جھانک کر دیکھا جائے تو سامنے دُور دُور تک کھجور کے سرسبز و شاداب باغات دکھائی دیتے ہیں، جبکہ خیبر کی پہاڑیاں یہودیوں کے بنائے ہوئے قلعوں کیلئے پشتیبان کا کردار کرتی نظر آتی ہیں، یہود کی بزدلی کا یہ عالم تھا کہ وہ اِن قلعوں کے اندر چھپ کر ہی لڑا کرتے تھے۔ غزوہ خیبر کے دوران سرکارِ دوجہاں ﷺ نے اِن قلعوں میں سے سب سے بڑا اور مضبوط قلعے حصن القموص کا دو ہفتوں سے زیادہ محاصرہ کئے رکھا اور مجاہدین نے بار اس قلعہ کو فتح کرنے کی کوشش بھی کی، لیکن کامیابی نہیں ہو سکی، پہلی بار آپ ﷺ نے جھنڈا حضرت ابو بکر صدیق کے ہاتھ میں دیا تھا، اُنہوں اپنے ساتھیوں سمیت بے جگری سے مقابلہ کیا، لیکن قلعہ فتح نہ ہو سکا، دوسری بار حضرت عمر کے ہاتھ پرچمِ نبوی آیا، حضرت عمرُ بھی مردانہ وار لڑے، گھمسان کا رن پڑا، لیکن فتح پھر بھی نہ ہو سکی! اسی دِن شام رسول اللہ ﷺ نے یہ اعلان کیا کہ کل میں یہ پرچم اُس کے ہاتھ میں دُوں گا جس کو اللہ اور اُس کے رسول سے اور اللہ اور اُس کے رسول کو اُس سے بے پناہ محبت ہے، وہ میدانِ جنگ سے بھاگنے والا نہیں، اس لئے جب تک یہ قلعہ فتح نہ ہو، وہ بھی واپس نہیں لوٹے گا! کون ہے یہ ہستی؟ اور کس شخصیت کو ملے گا کل پرچمِ نبوی، جس کے ہاتھوں میں پرچمِ نبوی اور سر پر فتح خیبر کا تاج سجے گا؟

رات بھر لوگ مختلف تبصرے اور اندازے کرتے رہے، اور رسول اللہ ﷺ سے تعلقِ خاطر کی وجہ سے ہر ہر شخص اس کا امیدوار تھا، حتی کہ حضرت عمر جیسی عبقری شخصیت کا قول ہے: بخُدا، میری زندگی میں یہ پہلا اور آخری موقع تھا جب مجھے امارت (کی

ذمہ داری) اچھی لگی! البتہ اُمیدوں اور آرزوں کی اس اس بھیڑ چال میں ایک شخص ایسا بھی تھا جو اس کا اُمیدوار نہیں تھا، اس کی وجہ یہ نہیں تھی کہ اُس کو اپنے فضائل، مقام اور رسول اللہ ﷺ سے تعلق کا اندازہ نہیں تھا، کیونکہ وہ تو تھا ہی نجیب الطرفین! اور نہ ہی کم ہمتی کا شکار تھا، کیونکہ وہی تو تھا جس نے میدانِ بدر میں نکل کر بڑے بڑے سردارانِ قُریش کو للکارا تھا! بلکہ اس لئے اُن دِنوں اُن کی صحت کسی بری مہم جوئی کی متحمل نہیں تھی، آنکھوں کی شدید تکلیف کی وجہ سے کچھ دیکھ نہیں پاتے تھے۔

خدا خدا کر کے صبح ہوگئی، سب لوگ انتہائی ہیجان، شوق اور تجسس کے ساتھ رسول اللہ ﷺ کی خدمت میں حاضر ہیں، ہر شخص یہی سوچ رہا ہے کہ کون ہے وہ خوش نصیب جس کو "یُحِبُّہُ اللہُ وَرَسُوْلُہٗ" کا سرٹیفکیٹ عطا ہوگا اور وہ پرچمِ نبوی تھامے فتح کے جھنڈے گاڑنے میدانِ خیبر کا رُخ کرے گا؟! اتنے میں رسول اکرم ﷺ کی آواز کانوں میں رس گھولنے لگی: اَیْنَ عَلِیُّ ابْنُ اَبِیْ طَالِبٍ؟ (علی کہاں ہے؟) یارسول اللہ! بیمار ہے، آنکھوں کی شدید تکلیف کی وجہ سے کچھ دیکھ نہیں سکتے! حاضرین کا جواب تھا۔

ممکن ہے کسی نے یہ بھی سوچا ہو کہ شاید رسول اللہ ﷺ علی کی بیماری کی وجہ سے کسی تندرست شخص کا انتخاب کریں گے! اَرْسِلُوْا اِلَیْہِ! علی المرتضیٰ کو ہی بلاؤ! علی آگئے، آنکھوں کی تکلیف کی وجہ سے دیکھنا بھی دُشوار ہو رہا تھا، سید الکونین ﷺ نے علی کا سر اپنی گود میں رکھا اور اپنا مبارک لُعاب اُن کی آنکھوں میں ڈالا، چشمِ علی کو شاید لعابِ محمدی کا انتظار تھا، پلک جھپکتے ہی ایسے تندرست ہوگئے گویا کہ زندگی میں کبھی بیمار ہی نہ ہوں! سیدھا میدانِ کارزار میں اُتر جاؤ، اور سنو واپس اُسی وقت آنا جب خیبر کی سرسبز وادیوں پر فتح وکامرانی کا پھریرا لہرا سکو، پرچمِ نبوی پکڑاتے ہوئے رسول اللہ ﷺ نے حکم دیا۔

علی المرتضی نے پرچم نبوی تھامے دوڑ لگائی تو دیگر صحابہ کرام بھی ساتھ ہو گئے۔ اللہ کے رسول! ذرا یہ بتلا دیجئے کہ اِن سے کس بات پہ لڑنا ہے؟

پیچھے مڑے یارُ کے بغیر ہی اونچی آواز سے پوچھا۔ کیا اِس بات پر کہ جب تک وہ ہمارے جیسے نہ بن جائیں اُن کو تلواروں کی دھار اور نیزوں کی نوک پر رکھنا ہے؟

رسول اکرم ﷺ کی آواز مبارک آئی: سیدھے چلتے رہو، یہاں تک جب دُشمنوں سے سامنا ہو جائے تو سب سے پہلے اُنہیں اِسلام کی دعوت دیدینا، اور اُن کو یہ بھی بتادینا کہ اُن کے حُقوق کیا ہیں اور فرائض کیا کیا؟ اللہ کی قسم! تمہاری وجہ سے کسی ایک شخص کا راہِ راست پہ آنا، تمہارے لئے سُرخ اونٹوں سے بہتر ہے۔

سوال کا کافی اور شافی جواب مل چکا تھا، چنانچہ اللہ اور رسُول کا یہ محب اور محبوب پرچمِ نبوی اُٹھائے میدان کارزار کی طرف چل پڑا، ابتداء دعوت سے کی، حقوق اور فرائض کی تفصیلات بتائیں، پیار اور محبت سے دین کی طرف بلایا، لیکن شاید لاتوں کے بھوت باتوں سے ماننے پر راضی نہ تھے، کبر و نخوت کے مجسموں کو زبانی بات سمجھ نہیں آتی اس لئے وہ سیدھے مقابلہ پر اُتر آئے، بات دعوت سے نکل کر تیر و تلوار تک پہنچی تو پھر حیدر کرار کا ہاتھ، ذوالفقار، صحابہ کرام کی قُربانیاں اور رسول اکرم کی دُعائیں آپس میں ملیں تو فتح و کامرانی اہلِ اسلام کا مقدر بنی۔ [64]

[64] أخرجه البخاري (1965)، ومسلم.(1103)

اِس واقعہ سے جڑے چند اسباق!

ا ......ہدف کا تعین: ہجرت کے ابتدائی سات سالوں میں اہلِ اسلام نے یہودیوں کے ہاتھوں کیا کیا دُکھ نہیں اُٹھائے؟ عہد شکنی، عداوت سے لیکر موقع ملتے ہی فورا یذار سانی پر اُتر آنے تک، بنو قینقاع کی چھیڑ خوانی، بنو نضیر کی سازشوں سے لیکر بنو قریظہ کی عہد شکنی اور غداری تک اہلِ اسلام کو تکلیف پہنچانے میں کوئی کسر نہیں اُٹھا رکھی، لیکن پھر بھی اہلِ ایمان کا ہدف جہاد و قتال سے ذاتی رنجشوں کا بدلہ لینا یا جذبہ انتقام کو تسکین بخشنا نہ تھا، نہ ہے اور نہ ہو سکے گا! اسی طرح وادی خیبر کے تاحد نظر پھیلے ہُوئے سر سبز و شاداب باغات، مضبوط قلعے اور اُن میں رکھے ہُوئے سونا چاندی کے ڈھیر وادی خیبر کی طرف ہر جھانکنے والے کی توجہ اپنی طرف کھینچ لیتے تھے، لیکن دُرویش منش، فقر و فاقہ کے ستائے اور بھوک سے نڈھال جانثارانِ مصطفی ﷺ کا ہدف اِن دنیوی ثروتوں تک رسائی بھی ہر گز نہ تھا۔

تو پھر وہ ہدف، وہ مقصد اور وہ مطلوبہ چیز کیا تھی جِس نے عرب کے ریگزاروں سے اُٹھنے والے اِس قافلہ کو خیبر کی چٹانوں اور قلعوں سے ٹکرانے پر آمادہ کیا تھا؟ وہ ہدف ہر طرح سے متعین، وہ موقف نہایت واضح اور مقصد بہت صاف تھا، وہی جس کی طرف رسول اللہ ﷺ نے حضرت علی رضی اللہ عنہ کو رُخصت کرتے ہوئے اشارہ فرمایا: اگرچہ مخاطب تو علی المرتضی تھے، لیکن ہر اُس فرد و بشر کو سُنانا مقصود تھا جو نبی آخر الزمان کے دین کی حفاظت کیلئے محنت کرتا ہے! اگر تمھاری وجہ سے کسی ایک کو بھی اللہ رسول کا پتہ مل جائے، تو سمجھو کہ دُنیا کی سب سے بڑی دولت تمہیں مل گئی! عرب کے نزدیک سُرخ

اونٹ قیمتی ترین مال شمار ہوتے تھے، اسی لئے تو عرب بڑے شوق سے ان کو پالنے اور ان میں اضافہ کرنے کی کوشش میں لگے رہتے تھے۔

۲...... حضرتِ علی کرم اللہ وجہہ آپ ﷺ کے چچازاد ہونے کے ساتھ ساتھ داماد بھی تھے، لیکن رسول اللہ ﷺ نے فاتح خیبر سے اپنی رشتہ داری اور نسبی قرابت کے بجائے آپ کی قیادت کی صلاحیتوں اور درج ذیل ایمانی قدر و منزلت کا ذکر فرمایا:

الف:...... میں پرچم اُس خوش نصیب کو دوں گا، جس کا دِل اللہ اور اُس کے رسول ﷺ کی حقیقی اور کامل محبت سے لبریز ہوگا۔

ب:...... وہ زندگی کے ہر ہر مرحلہ میں رسول اللہ ﷺ کی اتباع کرتا ہے، اور اسی عمل کی برکت سے وہ اللہ اور اُس کے رسول ﷺ دونوں کا محبوب ہے:

﴿قُلْ إِن كُنتُمْ تُحِبُّونَ ٱللَّهَ فَٱتَّبِعُونِى يُحْبِبْكُمُ ٱللَّهُ﴾ [آل عمران: 31]

ترجمہ: تم کہہ دواے نبی کہ اگر تم اللہ سے محبت رکھتے ہو رومیری پیروی کرو، اللہ تمہیں اپنا محبوب بنالے گا۔

ج:...... فاتح خیبر ایک ایسا بہادُر اور نڈر شخص ہے کہ میدانِ جنگ سے فرار نہیں ہوتا ہے۔

یہ وہ عظیم صفات اور صلاحتیں تھیں جنہوں نے حضرت علی رضی اللہ عنہ کو پرچمِ نبوی اُٹھاکر لشکرِ اسلام کی قیادت کا اہل بنایا، حالانکہ علی المرتضی رضی اللہ عنہ اپنی

بیماری کی وجہ سے اس منصب کے اُمیدوار ہی نہیں تھے، نیز فتح وکامیابی بھی آپ ہاتھوں مقدر ہوئی، ہوسکتا ہے کہ کسی کو اِس کی اُمید بھی نہ ہو۔

۳ ......یہاں ایک اور بات سمجھنے کی ضرورت ہے وہ یہ کہ رسول اللہ ﷺ نے فتح اور کامیابی کو چند صفات اور صلاحیتوں کے ساتھ ملا کر بیان فرمایا ہے، اِس سے ہمیں یہ سبق ملتا ہے کہ قیادت اور اہم مناصب اور ذمہ داریوں کیلئے باصلاحیت افراد کا انتخاب ہی قوموں کی کامیابی کا راز ہے اور جہاں پر یہ اُصول اقرباپروری اور دُوسری چیزوں پر قربان کیا جائے گا وہاں وہاں ناکامیاں ہی مقدر بنیں گی، اسی کی طرف اشارہ کرتے ہوئے رسول اللہ ﷺ نے ارشاد فرمایا ہے: قیادت نااہل لوگوں کے ہاتھ لگنا قیامت کی نشانی ہے۔

۴ ......اچھے اعمال اور بھلائی کے کاموں میں صحابہ کرام رضوان اللہ علیہم اجمعین کا ایک دُوسرے پر سبقت لے جانے کی کوشش کرنا، چنانچہ جب نبی اکرم ﷺ نے اِن صفات کا ذکر فرمایا تو ہر صحابی کی کوشش اور تمنا یہی تھی کہ آج پرچم اُسے مل جائے اور ہر شخص زبانِ حال سے حضرت عمر کا یہ الہامی جملہ : وَمَا تَمَنَّيْتُ الْأَمَارَةَ إِلَّا يَوْمَئِذٍ"(زندگی میں آج پہلی بار ایسا موقع تھا کہ مجھے امیر بننے کی تمنا ہونے لگی!

﴿أُوْلَٰٓئِكَ يُسَٰرِعُونَ فِي ٱلۡخَيۡرَٰتِ وَهُمۡ لَهَا سَٰبِقُونَ﴾ [المؤمنون: 61]

ترجمہ: وہ ہیں جو بھلائیاں حاصل کرنے میں جلدی دکھا رہے ہیں، اور وہ ہیں جو اُن کی طرف تیزی سے آگے بڑھ رہے ہیں۔

دو دو ہجرتوں والے

حضرت جعفر بن ابی طالب اور اُن کی رفیقۂ حیات حضرت اسماء بنت عُمیس رضی اللہ عنہا کا شمار اُن خوش نصیبوں میں ہوتا ہے جنہوں نے دینِ اسلام کیلئے دو دو ہجرتیں کیں، پندرہ پندرہ سال پردیس کاٹا، یہاں تک کہ جب چمنِ اسلام میں بہار آئی، تو رسول اللہ ﷺ نے حضرت عمرو بن اُمیہ ضمری کو بھیج کر اِن حضرات کو مدینہ منورہ بلوایا، یہ لوگ جب مدینہ منورہ پہنچے، تو وہاں ایک جشن کا سماں تھا، رسول اللہ ﷺ کی ایک صدا پر اپنا گھر بار، عزیز و اقاب سب کچھ کو خیر باد کہہ کر اتنے طویل عرصہ تک پردیس جھیلنے والے جانثار جب رسول اللہ ﷺ سے ملے، تو آپ ﷺ کی مسرتوں کی کوئی انتہاء نہیں رہی۔

ایک دفعہ حضرت اسماء بنت عمیس رضی اللہ عنہا ام المؤمنین حضرت حفصہ رضی اللہ عنہا کے گھر میں تھیں کہ کسی کام سے حضرت عمر رضی اللہ عنہ بھی آگئے۔ حضرت اسماء بنت عُمیس کو دیکھا تو ازراہِ مزاح فرمایا: وہ سمندروں کی مسافر، حبشہ والی خاتون یہی ہیں؟ حضرت حفصہ رضی اللہ عنہا نے اثبات میں جواب دیا۔

اِس پہ حضرت عمر رضی اللہ عنہ نے کہا: ’’ہم نے تم لوگوں سے پہلے ہِجرت کی ہے، اس لئے ہم تُم سے زیادہ حضور ﷺ کے مستحق ہیں۔

یہ سن کر حضرت اسماء رضی اللہ عنہا کو غصہ آیا، کہنے لگیں: ’’ہرگز نہیں! تم لوگ تو رسول اللہ ﷺ کے ساتھ ہی رہتے تھے، حضور ﷺ تمہارے بھوکوں کو کھانا کھلاتے تھے اور جاہلوں کو تعلیم دیتے تھے، لیکن ہمارا حال یہ تھا کہ ہم حبشہ کی دور دراز، ناپسندیدہ ترین سرزمین میں پردیسی کاٹ رہے اور تکلیفیں جھیل رہے تھے، ہر وقت مختلف

طرح کے خطرات کا خوف ہمارے سروں پر منڈلا رہا تھا، اور یہ سب کچھ ہم نے صرف اور صرف اللہ اور اس کے رسول ﷺ کی خوشنودی کی خاطر کیا ہے اور سنو! خدا کی قسم! مجھ پہ کھانا پینا سب کچھ حرام! اگر میں نے رسول اللہ ﷺ کو تمہاری شکایت نہ لگائی اور تمہاری کہی ہوئی یہ بات من و عن رسول اللہ ﷺ تک نہیں پہنچائی، البتہ اس بات کا بھی وعدہ کرتی ہوں کہ شکایت لگاتے ہوئے بھی صرف وہی کچھ کہوں گی جو تم نے کہا ہے، اس پر اپنی طرف سے کوئی اضافہ نہیں کروں گی اور نہ کوئی کجی اختیار کروں گی۔

چنانچہ جب سرور دو عالم ﷺ تشریف لے آئے، تو حضرت اسماء بنت عُمیس نے حضرت عمر رضی اللہ عنہما کی شکایت لگانا شروع کر دی اور عرض کیا: ’’یا رسول اللہ! میرے ماں باپ آپ پر قربان! عمر نے یوں کہا ہے کہ وہ رسول اللہ ﷺ کے ہم سے زیادہ مُستحق ہیں۔

حضور ﷺ نے پوچھا: اچھا، پھر تم نے انہیں کیا جواب دیا؟ حضرت اسماء رضی اللہ عنہا بولیں: ’’میں نے انہیں کہا کہ ہر گز نہیں، تم لوگ تو رسول اللہ ﷺ کے ساتھ ہی رہتے تھے، حضور ﷺ تمہارے بھوکوں کو کھانا کھلاتے تھے اور جاہلوں کو تعلیم دیتے تھے، لیکن ہمارا حال یہ تھا کہ ہم حبشہ کی دور دراز، ناپسندیدہ ترین سرزمین میں پردیسی کاٹ رہے اور تکلیفیں جھیل رہے تھے، ہر وقت مختلف طرح کے خطرات کا خوف ہمارے سروں پر منڈلا رہا تھا، اور یہ سب کچھ ہم نے صرف اور صرف اللہ اور اس کے رسول ﷺ کی خوشنودی کی خاطر کیا ہے۔

حضور ﷺ نے فرمایا: نہیں! وہ تم سے زیادہ میرے مستحق نہیں ہیں، کیونکہ عمر اور ان کے ساتھیوں نے تو صرف ایک ہی ہجرت کی ہے، جبکہ تم اہلِ سفینہ (کشتی والوں) نے دو دو ہجرتیں کی ہیں (ایک مکہ مکرمہ سے حبشہ کی طرف اور دوسری حبشہ سے مدینہ منورہ کی طرف) مت پوچھئے کہ حضور ﷺ کے اس ارشاد مبارک سے حضرت اسماء اور اُن کے ساتھیوں رضی اللہ عنہم کو کس قدر مسرت ہوئی؟ بعض روایات کے مطابق حضرت اسماء نے خوشی سے نعرہ تکبیر بلند کیا، پھر جب اس گفتگو کی خبر پھیلی، تو مہاجرینِ حبشہ جوق در جوق حضرت اسماء رضی اللہ عنہا کے پاس آکر اس واقعہ کی تفصیل سنا کرتے ۴۴۴۴ تھے اور خوش ہوتے تھے، حضرت اسماء رضی اللہ عنہا کہتی ہیں کہ مہاجرینِ حبشہ کیلئے دنیا میں رسول اللہ ﷺ کے اس ارشاد مبارک سے بڑھ کر حوصلہ افزا اور مسرت انگیز کوئی اور چیز نہ تھی۔

اس واقعہ سے حاصل ہونے والے چند فوائد

دین اسلام کی خاطر حضرت جعفر طیار، اُن کی شریکِ حیات حضرت اسماء بنت عُمیس اور اُن کے ساتھ حبشہ کی طرف ہجرت کرنے والے دیگر جانثار صحابہ کرام رضی اللہ عنہم کی بے مثال قربانی کی لازوال داستان کہ لمبے عرصہ تک ایک ایسے ملک میں پردیس کاٹنے پر مجبور ہوئے کہ وہاں سب پرائے ہیں، اپنا کوئی نہیں، ملک اجنبی، زبان نئی، دین الگ، ثقافت اور روایات مختلف، دِل دُکھانے کیلئے یہ سب کچھ کیا کم تھا کہ اوپر سے غربت اور فقر و فاقہ، لیکن صبر و شکر کے ساتھ ڈٹے رہے، یہاں تک رسول اکرم ﷺ نے مدینہ منورہ بلایا، تو فوراً چل پڑے، اس لئے نہیں کہ اب آرام و آسائش کی زندگی گزاریں گے، کیونکہ وہ تو شاید ممکن نہ ہو، کیونکہ وقتِ فرصت ہے کہاں، کام ابھی باقی ہے، نورِ توحید کے

اتمام سے وقتِ فرصت کہاں مُیسر اور آرام کیسا؟ بلکہ اس لئے قُربانی کی کوئی نئ داستان رقم کریں، اور ایسا ہی ہوا، لمبے عرصہ تک پردیس کاٹنے والے جعفر طیار رضی اللہ عنہ اپنی ٹیم سمیت ہجرت کے ساتویں سال مدینہ منورہ آتے ہیں، ابھی چند مہینے ہی گزرتے ہیں کہ رسول اللہ ﷺ کا حکم آتا ہے تو رختِ سفر باندھ کر غزوہ موتہ کے دائمی سفر پر نکلتے ہیں، پھر نہ رُوح واپس آتی ہے اور نہ جسم، البتہ خوشبو بن یادوں کی آمد کا سلسلہ جاری تھا، ہے اور قیامت تک رہے گا، دُوسری طرف صبر واستقامت کی پیکر، اسماء بنت عمیس رضی اللہ عنہا لمبے عرصہ تک پردیس کاٹ کر ابھی واپس آئی تھیں کہ اب بیوگی کا عذاب کاٹنا پڑا، لیکن ڈٹی رہی، کیونکہ اُس نے اپنی تمام سانسیں اُس وقت ہی اللہ کے نام کر دی تھیں جب پہلی بار اُس کی زبان نے "أَشْهَدُ أَنَّ مُحَمَّدًا رَسُوْلُ اللهِ" کے جملے ادا کئے تھے.

ا) صحابہ کرام رضی اللہ عنہم کا خیر کے کاموں میں باہم مقابلہ اور دوسرے پر سبقت لے جانے کا شوق دیکھئے کہ ہر شخص کی یہی کوشش ہے کہ اُس کو رحمت للعالمین ﷺ کا قرب زیادہ نصیب اور اپنائیت زیادہ میسر ہو، حضرت عمر فاروق رضی اللہ عنہ کے جملہ نَحْنُ سَبَقْنَاكُمْ بِالْهِجْرَةِ" (ہم نے تم سے پہلے ہجرت کی ہے)[65] اسی کارِ خیر میں دوسروں سے سبقت لے جانے کے جذبہ کا آئینہ دار ہے، اور جہاں اللہ اور رسول ﷺ کی رضا والے کاموں میں دُوسروں پر سبقت نہ لے جاسکیں وہاں حسرت کا اظہار کرتے ہیں، چنانچہ حضرت عمر خود ہی فرماتے ہیں: "جب بھی کسی نیکی میں حضرت ابو بکر سے مقابلہ کیا

---

[65] صحيح البخاري 3136، 3876، 4230، 4231، وصحيح مسلم 2503، وأسد الغابة 16/7، وفتح الباري 241/6، 190/7، 485.

تو جیت ابو بکر ہی کی رہی،[66] حتی کہ وہ غریب الدیار اور فقر وفاقہ کے ستائے ہوئے صحابہ کرام جن کے پاس کھانے کو روٹی، پہننے کو کپڑا اور سر چھپانے کو گھر تک میسر نہ تھا، اعمالِ خیر میں اپنی سبقت لے جا سکنے کی شکایت کرتے ہوئے عرض کرتے ہیں: یارسول اللہ! مال ودولت والے تو ہم سے آگے بڑھ گئے، کیونکہ وہ ہماری طرح، روزہ، جیسی بدنی عبادات کے ساتھ ساتھ صدقات بھی کرتے ہیں، جبکہ ہمارے پاس تو خود کھانے کو کچھ نہیں، تو صدقہ کیا کریں؟ اِس لئے اللہ کے رسول ﷺ ہمیں ایسا کچھ بتلا دیں کہ ہم اِس کمزوری کی تلافی کر سکیں،[67] نیز یہی اصحابِ سفینہ، مہاجرینِ حبشہ ہی کو دیکھ لیجئے، جب سے رسول اللہ ﷺ کا فرمان "لَيْسَ بِأَحَقَّ بِي مِنْكُمْ" (عمر تم سے زیادہ میرے مستحق نہیں، کیونکہ تمہارے پاس دو دو ہجرتوں کا ثواب موجود ہے) ابدی سعادتوں کی خوشخبری بن کر اُن کے کانوں سے ٹکراتا ہے، اس کے سامنے پوری دُنیا کی دولت اُن کو ہیچ نظر آتی ہے۔

۲) صحابہ کرام رضوان اللہ عنہم اجمعین کے باہم مقابلہ کا میدان نیک اعمال ہوا کرتا تھا۔

﴿وَفِي ذَٰلِكَ فَلْيَتَنَافَسِ ٱلْمُتَنَٰفِسُونَ﴾ [المطففين: 26]

ترجمہ: یہی وہ چیز ہے جس کیلئے للچانے والوں بڑھ چڑھ کر للچانا چاہئیے۔

---

66 صحيح البخاري 3136، 3876، 4230، 4231، وصحيح مسلم 2503، وأسد الغابة 16/7، وفتح الباري 241/6، 190/7

67 أخرجه البخاري (843)، ومسلم (595، 1006) من حديث أبي هريرة وأبي ذر رضي الله عنهما.

۳) حضرت اسماء بنت عُمیس رضی اللہ عنہا کا جاندار اور دلیر موقف اس بات کی گواہی دیتا ہے کہ وہ خوب سوچ سمجھ اور پوری آگہی کے ساتھ اپنی ذمہ داری ادا کر رہی تھیں، اگر حضرت اسماء حضرت عمر کے جواب میں صرف یہ کہہ کر "میں نے اپنے شوہر کے ساتھ ہی ہجرت کی اور اُنہی کے ساتھ ہی واپس آئی" اپنے شوہر کے ساتھ اپنی وفا، تابعداری کا اظہار کر دیتیں تو بھی کافی تھا، لیکن انہوں نے حضرت عمر کے سامنے ایسا جاندار اور شاندار موقف اپنایا اور بتایا کہ جو کچھ انہوں نے کیا ہے، وہ محض شوہر کی تابعداری کا عمل نہ تھا، بلکہ ایک ایسی بے مثال قربانی کی لازوال داستان ہے جس کو رقم کرنے کیلئے وہ فکری، اور ذہنی طور پر بھرپور تیار اور انتہائی پُراعتماد تھیں، اسی لئے تو انہوں اِس بات کی قسم کھائی کہ وہ اِس معاملہ کو رحمت للعالمین کی بارگاہ میں لیکر جائیں گی، اس سے یہ بھی معلوم ہوتا ہے کہ دعوتِ توحید کا جو عظیم الشان پروجیکٹ اور مشن لیکر محمد رسول اللہ ﷺ تشریف لائے تھے، اُس کی تکمیل میں خواتین مکمل معلومات، فکری اور ذہنی تیاری اور مکمل اطمینان اور اعتماد کے ساتھ عملاً شریک تھیں اور اُن کی یہ شراکت اپنی خوشی، رغبت اور پوری آزادی کے ساتھ تھی، اس لئے تو ہر طرح سے بھرپور، زبردست اور بابرکت ثابت ہوا، ورنہ اگر خواتین اُس وقت پسماندگی، مجبوری اور محکومیت کی زندگی گزار رہی ہوتیں تو یہ سب کچھ کبھی بھی ممکن نہ ہوتا۔

رسول اللہ ﷺ نے سارا واقعہ سنا، تو فوراً جواب دینے کی بجائے فرمایا: پھر تم نے کیا جواب دیا؟ اور جب اسماء نے اپنا جواب سُنایا تو رسول اکرم ﷺ نے اس کی تصدیق کرتے ہوئے فرمایا: تم نے دُرست کہا ہے، رحمت للعالمین ﷺ کا یہ عمل خود خواتین میں خود اعتمادی پیدا کرنے اور ان کی رائے پر غور کرنے کی تعلیم ہے۔

اس واقعہ سے ہمیں عہد نبوی میں مرد وخواتین کے درمیان باہمی تعلقات اور حسنِ معاشرت کا بھی پتہ چلتا ہے کہ ایک طرف تو خواتین اپنی شرم وحیا کی مکمل حفاظت کرنے کے ساتھ ساتھ بول چال میں سر تسلیم خم نہیں کرتیں، تو دوسری طرف یہ واضح کر دیتی تھیں کہ نہ تو اُن کو نظر انداز کیا جاسکتا تھا اور نہ ہی ان سے حدود میں رہتے ہوئے بات کرنے پر بھی پابندی ہو، چنانچہ حبشہ کے مہاجرین جوق در جوق آکر حضرت اسماء رضی اللہ عنہا سے یہ حدیث سُنا کرتے تھے اور رہے خود حضرت ابو موسی رضی اللہ عنہ یہ واقعہ کو سننے کے بعد بھی صرف رسول اللہ ﷺ کی بشارت سے محظوظ ہونے کیلئے حضرت اسماء سے خصوصی فرمائش کر کے یہ حدیث سنتے ہیں، اس کا مطلب یہ ہوا کہ عورت کی حیا اور اس کے پردہ کا مطلب یہ نہیں ہے کہ اُسے اجتماعی زندگی سے باہر دھکیل کر منظرِ عام سے ہی غائب کر دیا جائے۔

اُسامہ تم نے یہ کیا کر دیا؟

وہ جب اپنی زندگی کے پہلے غزوہ میں اسلحہ باندھ کر نکلا، تو باوجود لشکر کے کم سن ترین فرد ہونے کے جذبہ جہاد، شوقِ شہادت سمیت وہ جوش و خروش موجود تھا جو ایک سولہ سترہ سال کے نوجوان میں ہونا چاہیئے۔ شجاعت کا یہ عالم تھا کہ ہمیشہ مشرکین میں سے سب سے زیادہ خطرناک، قاتل اور طاقتور ترین شخص سے مُقابلہ کی تمنا رہتی تھی۔

مشرکین میں سے ایک شخص ایسا تھا کہ اگر کوئی اِس کے مُقابلہ پر اُتر آتا، تو یہ اُس کیلئے پیغامِ موت ثابت ہوتا، لیکن اگر وہ اپنی شکست تسلیم کرتے ہوئے بھاگ جائے، تو یہ اُس کا محافظ بن جاتا، اور جس شخص کی طرف بڑھا، اُس کی زندگی کا چراغ گل کر کے ہی واپس آتا، چنانچہ حضرت اُسامہ اور ایک انصاری صحابی رضی اللہ عنہما اِس قاتل کو سبق سکھانے کی نیت سے اُس کی طرف دوڑ پڑے، تھوڑی دیر کے مُقابلہ کے بعد جب دونوں شاہینوں نے اُس کو ہر طرف سے گھیر لیا، تو اُس نے بلند آواز سے کلمہ شہادت کا وِرد کرنا شروع کر دیا: (لَا اِلٰہ اِلَّا اللہ......) یہ سنتے ہی انصاری صحابی نے اپنی تلوار روک لی، لیکن حضرت اُسامہ یہ سمجھتے رہے کہ اس شخص نے محض اپنی جان بچانے کیلئے لَا اِلٰہَ اِلَّا اللہ کا سہارا لیا ہے، کیونکہ اس کی تلوار کا نشانہ بننے والے کئی مسلمان ابھی بھی خاک و خود میں لت پت تڑپتے ہوئے اپنی آخری سانسیں گن رہے ہیں، لٰہذا یہ لَا اِلٰہَ اِلَّا اللہ کا ورد جاری رکھے اور میں اپنا کام، اور یوں اُس کو قتل کر دیا، گویا کہ کہہ رہا ہو:

یُذَکِّرُنِي حٰمٓ وَالرُّمْحُ شَاجِر

فَهلَّا تَلَا حٰمٓ قَبْلَ التَّقَدُّمِ

لڑائی کے عین درمیان اور بدن میں نیزہ پیوست کرتے وقت وہ مجھے حم یاد دِلا تا ہے، مُقابلہ پر آپ نے پہلے حم کی تلاوت کیوں نہیں کی؟!

اس شہسوار سے قتل کے ساتھ ہی مشرکین کے لشکر کی بُنیادیں بھی ہل گئیں اور بالآخر شکست وریخت کا شکار ہو گئے اور قاصد پیغام فتح لیکر رسول اللہ ﷺ کی خدمت میں حاضر ہوا، معرکہ کی داستان سُناتے ہوئے جب قاصد نے اس واقعہ کا بھی ذکر کیا، تو رسول اللہ ﷺ نے اسامہ بن زید رضی اللہ عنہ کو طلب فرمایا اور انتہائی ناراضگی کا اظہار کرتے ہوئے فرمایا: اُسامہ! یہ تُم نے کیا کردیا؟ لَا اِلٰہَ اِلَّا اللہُ پڑھنے کے باوجود بھی اُس کو قتل کردیا؟ آخر کیوں؟ یارسول اللہ! وہ مسلمانوں کا قاتل تھا اور صرف جان بچانے کیلئے لَا اِلٰہَ اِلَّا اللہُ پڑھ رہا تھا، اِس پہ رسول اللہ ﷺ نے فرمایا: "تم نے اس کا دِل چیر کے کیوں نہیں دیکھا ،تاکہ تم جان سکو کہ اُس نے کس نیت سے کلمہ شہادت پڑھا تھا۔

حضرت اُسامہ نے یہ کہہ کر رسول اللہ ﷺ کو قائل کرنے کی کوشش کی، اِس شخص نے مسلمانوں کو بہت زیادہ نقصان پہنچایا تھا اور چند ایسے معروف صحابہ کرام رضی اللہ عنہم کو قتل کیا تھا، حتی کہ اس کے قتل کے بعد جنگ کیا کایا پلٹ گیا اور مسلمانوں کو فتح ہوئی ، لیکن رسول اللہ ﷺ بار بار یہی ایک جُملہ دوہراتے رہے: "جب وہ قیامت کے دن لَا اِلٰہَ اِلَّا اللہُ لیکر آجائے، تو تم کیا کروگے؟"۔

حضرت اُسامہ رضی اللہ عنہ کو ایک مسلمان کو قتل کرنے کی برائی معلوم ہوئی اور سمجھ گئے کہ اسی لئے رسولِ اکرم ﷺ اُس کا کوئی عُذر، کوئی تاویل قبول نہیں کررہے، تو اپنے گناہ کا اعتراف کرتے ہوئے عرض کرنے لگے: یارسول اللہ! میری مغفرت کی دُعا

کیجئے! اور اِس بات کا انتظار کر رہے تھے کہ اب رسول اللہ ﷺ کے مُبارک ہونٹوں سے میرے لئے دُعا نکلے گی، لیکن رحمت للعالمین کی زبان ایک ہی جملہ دوہرا رہی تھی: ''اگر وہ شخص قیامت کے دن لَااِلٰہَ اِلَّا اللہُ لیکر آ جائے، تو پھر تمہارا جواب کیا ہوگا؟''۔

اُسامہ کہتے ہیں کہ مجھے اتنی پشیمانی ہوئی کہ میں تمنّا کرنے لگا کہ کاش میں نے آج ہی اسلام قبول کیا ہوتا، تاکہ میرے تمام سابقہ گناہ معاف کر دیئے جاتے۔

رسول اللہ ﷺ کی اس تادیبی عمل کا حضرت اُسامہ پر اتنا اثر رہا کہ زندگی بھر مختلف جنگوں میں اِس بارے بہت محتاط رہے، حتی کہ حضرت سعد بن ابی وقّاص رضی اللہ عنہ جیسے جلیل القدر اور سابقون الاولون میں شمار ہونے والے صحابی بھی باوجود اپنی بزرگی کے کہا کرتے تھے کہ ''میں کسی بھی مسلمان کے خلاف اُس وقت تک اسلحہ نہیں اُٹھاؤں گا جب تک اُسامہ اُس کے خلاف نہ لڑے''، کیونکہ اخیر زمانہ میں مسلمانوں کے باہم اختلافات کی وجہ سے معاملہ بہت زیادہ مبہم ہوگیا تھا اور حضرت اُسامہ کو جب سے رسول اللہ ﷺ سے ڈانت پڑی تھی، اُس کے بعد اِس بارے بہت زیادہ محتاط ہو گئے تھے۔[68]

اس واقعہ جڑے چند اسباق

ا) ایک انتہائی قابلِ رشک اور حیران کن بات یہ ہے کہ سولہ، سترہ سال کا ایک نوجوان اپنے آپ کو ایک واضح نقطہ نظر اور ایک خاص ہدف کے حصول کیلئے اپنے آپ کو

---

[68] صحيح البخاري 4269، 6872، وصحيح مسلم 96، 97، والإيمان لابن منده 61–65، وشرح مشكل الآثار 3227–3229، والمفهم 1/293–298، وشرح النووي على صحيح مسلم 2/99، وفتح الباري 7/518، 12/195، وعمدة القاري 24/260.

راہ خدا میں جہاد کیلئے وقف کر دیتا ہے، حالانکہ یہ بات کسی سے پوشیدہ نہیں کہ میدانِ جہاد میں اترنے سے قبل انسان کی فکری تربیت، تشکیل اور ذھنی اور رُوحانی اعتبار سے بھر پور تیاری کرنا لازمی ہے، تاکہ میدانِ جہاد میں اُترنے والا مردِ مجاہد یقین کے اعلیٰ درجہ پر فائز ہو اور لشکرِ ایمان کا حصہ بن سکے۔

نیز رسول اکرم ﷺ کا لطف بھرا عتاب اور تربیت بھری تادیب بھی حضرت اُسامہ کی ذہنی پختگی کی طرف اشارہ کرتی ہے، تاکہ کسی ذہن میں یہ نہ آئے کہ سولہ سترہ سال کے کسی نوجوان سے ایسی غلطیاں سرزد ہونا کوئی اچھنبے کی بات نہیں، لہٰذا اِس عمر کے لڑکے کو ایسے انداز سے مخاطب نہیں کرنا چاہیئے، بلکہ مجھے تو یوں لگ رہا ہے کہ یہ حدیث پڑھتے ہوئے قاری بھی حضرت اُسامہ کی کم سِنی کے باوجود اس درجہ کی عقلمندی، وفا شعاری اور فکری پختگی پر ضرور حیران ہوا ہوگا۔

یہ سب کچھ انسانیت کے روح ودِل کے تعمیر کا ہدف لیکر اور پیغام لیکر آنیوالے رسول اکرم ﷺ کی حسنِ تربیت کا اثر تھا کہ نوجوان لڑکے بھی عقل و دانش کے اُس مقام و مرتبہ پر فائز ہوا کرتے تھے کہ بڑی بڑی عمر والے بھی اُنہیں رشک بھری نظروں سے دیکھیں۔

۲) رسول اللہ ﷺ کی حسنِ تعلیم اور حسنِ تربیت کہ آپ ﷺ نے کس باریکی سے صحابہ کرام رضوان اللہ عنہم اجمعین کے دِلوں میں مسلمان کے خون کی عظمت، اہمیت اور حساسیت پیدا کی، یہاں تک کہ صحابہ کرام کے دِل و دماغ میں یہ بات اچھی طرح رچ بس گئی کہ قتلِ مسلم جیسے قبیح جرم میں کسی طرح بھی ملوث نہیں ہونا ہے، بھلے اس پر

اُبھارنے والے اسباب اور عوامل جیسے اور جتنے بھی ہوں، یہی وجہ ہے کہ حضرت اُسامہ کے مشیر اور ساتھی انصاری صحابی نے باوجود اپنے مخالف پر مکمل قابو پانے کے محض لَا اِلٰہَ اِلَّا اللہ کی آواز سنتے ہی فوراً اپنی تلوار روک دی، حالانکہ وہ خوب جانتے تھے کہ اِس شخص نے کئی جلیل القدر صحابہ کا خون کیا ہے۔

اور رسول اللہ ﷺ کو فتح کی خوشخبری کیساتھ ساتھ اِس واقعہ کی خبر پہنچانا بھی اِس بات کی علامت ہے کہ خود صحابہ کرام بھی حضرت اُسامہ کے اس عمل پر دل سے راضی نہیں تھے، لیکن چونکہ حضرت اُسامہ کے پاس ایک اجتہادی دلیل موجود تھی، اِس لئے وہ حضرت اُسامہ کو کچھ کہہ بھی نہیں سکتے تھے، تا آنکہ رسول اللہ ﷺ نے انتہائی واضح اور دوٹوک الفاظ میں اس عمل کی شناعت بیان فرمادی۔

۳) حضرت اُسامہ رسول اللہ ﷺ کے مُنہ بولے بیٹے حضرت زید رضی اللہ عنہ کے بیٹے ہونے کی وجہ سے آپ علیہ الصلاۃ والسلام کے پوتے لگتے تھے، اور مُنہ بولے بیٹے کا حکم منسوخ ہونے سے قبل لوگ اُن کو اسامہ بن زید بن محمد کے نام سے پکارا کرتے تھے، بعد میں اگرچہ مُنہ بولے بیٹے کو شرعی طور پر اولاد تسلیم کرنے کا حکم منسوخ ہوگیا، لیکن رحمت للعالمین ﷺ کی شفقتوں اور پیار کا سلسلہ حضرت زید اور اُن کے بیٹے اسامہ بن زید کے ساتھ ہمیشہ رہا، بلکہ اُسامہ تو رسول اللہ ﷺ کے اتنے لاڈلے تھے کہ رسول اللہ ﷺ اپنے دستِ اقدس سے اُسامہ کا مُنہ دُھلاتے تھے اور ایک دفعہ تو اُسامہ کا مُنہ دُھلاتے ہوئے فرمایا: ''اُسامہ تُم اگر لڑکی ہوتی، تو میں اپنے ہاتھوں سے تیرا بناو سنگھار کرتا، بہت سارے زیور اور خوبصورت کپڑے پہناتا۔ اور ایک دفعہ اُسامہ گر گئے اور اُن کا چہرہ زخمی

ہوا تو آپ ﷺ نے اپنے دستِ مُبارک سے اُسامہ کا چہرہ صاف کیا اور اُس کو کُلّیاں کروائیں[69].

اس لئے اُسامہ کو عشقِ نبوی ماں کی گود میں، بلکہ بچپن سے غذا کے طور پر ملا تھا، لیکن اس سب کچھ کے باوجود نبی اکرم ﷺ نے اُسامہ بن زید رضی اللہ عنہ کو اُن کی غلطی پر سخت تنبیہ فرمائی، اور پیغمبرِ اسلام ﷺ کی تنبیہ اور عتاب کی شدت کا اندازہ اُسی وقت ہو سکتا ہے جب اُسامہ بن زید کی رسول اللہ ﷺ سے قرب، تعلق اور آپ کی نظروں میں اُسامہ کی قدر و منزلت کا علم ہو، حتیٰ کہ جب اُسامہ بن زید نے اپنی غلطی تسلیم کرتے ہوئے رسول اللہ ﷺ سے اپنے لئے دُعائے مغفرت کی درخواست کی، تو مجلس ختم ہو جاتی ہے، لوگ اُٹھ کر چلے جاتے ہیں، رحمت للعالمین ﷺ کی زبان اقدس سے اپنے لئے مغفرت کی دُعا سننے کیلئے اُسامہ ترس کر رہ جاتے ہیں، لیکن رحمت کائنات علیہ السلام بار بار یہی جملہ دوہراتے رہے: ''اگر وہ شخص قیامت کے دن لاالہ الا اللہ لیکر آجائے، تو کیا کرو گے؟''۔

۴) اگر ایسے معاملات میں غلطی کی وجہ سے کسی کو رحمت کائنات ﷺ کی دُعائے مغفرت نصیب ہوتی، تو حضرت اُسامہ اِس کے زیادہ حق دار تھے، رسول اکرم ﷺ کے اِس تنبیہ اور ناراضگی کا اتنا گہرا اثر ہوا کہ اُسامہ جیسے خوش قسمت جس کو ماں کی گود میں ہی اسلام اور نبی کی محبت ملی تھی، تمنا کرنے لگے کہ کاش! وہ آج کے دِن مسلمان ہوئے ہوتے اور زندگی بھر اِس کا اثر رہا۔

---

[69] مسند أحمد 23931، 24677، وسنن ابن ماجه 1976، وصحيح ابن حبان 7056.

اب رہا سوال یہ کہ حضرت اُسامہ نے ایک کلمہ گو مسلمان کو کیسے قتل کیا؟ تو حضرت اُسامہ کے مؤقف کا تجزیہ کرنے سے یہ بات سامنے آتی ہے کہ اُس وقت کی معروضی حالت کے پیشِ نظر حضرت اُسامہ کے پاس اپنے موقف کیلئے اتنے دلائل موجود تھے جو اُن کیلئے اسبابِ معذرت بن سکیں، مثلاً حضرت اُسامہ نے ایک ایسے شخص کو قتل کیا تھا جو نہ صرف دشمن کی طرف سے شمشیر بدست ہو کر دُشمنوں کے صف میں موجود تھا ، بلکہ وہ مضبوط ترین جنگجو اور مردِ میدان تھا، اُس کی تلوار کئی جلیل القدر صحابہ کرام رضی اللہ عنہم کو نشانہ بنا چکی تھی، جن میں سے کئی تو رُتبہ شہادت پر فائز ہو چکے تھے اور بعض ابھی بھی زخموں سے چور ہو کر خاک و خون میں لت پت آخری سانسیں گن رہے تھے، اس پر مستزاد یہ کہ اُس نے کلمہ توحید کا اعلان بھی اُس وقت کیا جب حضرت اُسامہ مکمل طور پر اُس کو قابو کر چکے تھے اور موت کے سایے اُس کے سر پر منڈلا رہے تھے اور بظاہر اُس کے سامنے زندگی بچانے کی کوئی اُمید باقی نہیں تھی۔

لیکن رسول اللہ ﷺ نے اپنے ارشاد مبارک سے اس جیسی تمام تاویلات کا دروازہ ہمیشہ ہمیشہ کیلئے بند کر دیا اور واضح الفاظ میں یہ بتادیا کہ دِلوں میں چُھپی نیّتوں پر حکم لگانے کا اختیار بھی اُسی ذات کو ہے جو نیّتوں کو جانتا ہو اور پورے مُعاملہ کی بنیاد اس ضابطہ پر رکھی کہ اصولی طور پر کسی بھی انسان کا خون بہانا جائز نہیں، کیونکہ اس سلسلہ میں تھوڑی سی بھی نرمی کئی سنگین خطرات کا دروازہ کھول سکتی ہے، کیونکہ جب تاویل اور جواز تلاش کرنے کا سلسلہ ایک دفعہ شروع ہو جائے تو پھر معاملہ یہاں پر نہیں رُکتا، بلکہ اتنا آگے بڑھ جاتا ہے کہ پھر شکوک و شُبہات اور محض الزامات اور خواہشاتِ نفس کی بُنیاد پر بھی قتل وغارت گری شروع ہو جاتی ہے، چھوٹے سے شُبہ اور شک کی بنیاد پر بھی مسلمانوں کے

خون سے اپنے ہاتھ رنگنے والوں کو ہم نے اپنی آنکھوں سے دیکھا ہے کہ ابتداء انہوں نے بھی اس بارے قتلِ ناحق کی حُرمت کے دروازے میں چھوٹ سا سوراخ ہی کیا تھا، اور وہ یہ سمجھ رہے تھے کہ وہ یہ کام پہلی اور آخری بار کر رہے ہیں، لیکن پھر مختصر سے وقت میں وہ شگاف بڑھ کر اُن کیلئے اتنا بڑا دروازہ بنا کہ اُس میں سے داخل ہو کر وہ بآسانی چھوٹے چھوٹے شبہات کی بنا پر بھی معصوموں کا خون بہاتے ہیں، حالانکہ رسول اکرم ﷺ کی سیرتِ مقدّسہ نے انسانی خون کے بہانے کو جواز بخشنے کی طرف جانے والے ہر راستہ کو بند، ہر تاویل کو ختم اور ہر شبہ کا سدِّ باب کیا ہے، اور نہایت محکم اور واضح انداز میں خونِ انسانی کی حرمت کا اعلان کیا ہے، لہٰذا اِس اُصول سے انحراف دُنیا و آخرت کی ہلاکت کو گلے لگانے کے سوا کچھ نہیں۔

۵) یاد رہے کہ اپنی زندگی کے آخری لمحے موت سامنے دیکھ کر صرف لا الہ الا اللہ کا اقرار کرنے والے کے قتل پر رسول اکرم ﷺ نے اتنی ناراضگی کا اظہار فرمایا، تو اُن لوگوں کا کیا بنے گا جن کے ہاتھ کئی ایسے معصوموں کے خون سے رنگین ہیں، جن کی زبان پر زندگی بھر سوائے کلمہ توحید کے کوئی دوسری چیز ہی نہیں رہی۔

یا اللہ! تو نے ہمارے لئے دین میں جو وُسعتیں رکھی ہیں، اُن سے ہمیں کبھی محروم نہ فرما، کیونکہ آپ کے حبیب ﷺ کے فرمان کے مطابق " مسلمان آدمی کو ہمیشہ اپنے دین کی طرف سے وسعت حاصل رہتی رہے، جب تک قتل جیسے سنگین گناہ کا ارتکاب نہ کرے[70]."

---

70 كما في حديث ابن عمر رضي الله عنهما: أخرجه البخاري.(6862)

باندی اور اُس کا بچہ

رسول اکرم ﷺ کے سامنے جب ہوازن کے جنگی قیدی لائے گئے، تو اُن میں سے خاتون دیوانہ وار اپنے گم شدہ دُودھ پیتے بچے کو تلاش کررہی تھی، جو قیدیوں کے درمیان گم ہوگیا تھا، وارفتگی کا یہ عالم تھا کہ بیچاری کی نگاہ پریشان، چہرہ اُترا ہوا اور پستانوں سے دُودھ بہہ رہا تھا، نبی اکرم ﷺ سمیت تمام حاضرین کی نگاہیں بچے کی تلاش میں بھٹکتی اِس مامتا پر لگی ہوئی تھیں، بچّے کی تلاش میں سرگرداں اِس ماں کو اچانک اُس کا بچّہ مل گیا، تو اُس نے اپنے بچے کو سینے سے لگایا اور دُودھ پلانا شروع کردیا، بچہ کی گُمشدگی کی وجہ سے بے قرار، سہمی اور مختلف سوچوں اور اندیشوں سے گھری ماں کو جب اپنا بچہ صحیح سلامت ملا تو یقیناً یہ ایک جذباتی منظر تھا۔

اس موقع پر رسول اکرم ﷺ نے اپنے صحابہ کرام کو مخاطب کرکے پوچھا تمہارا کیا خیال ہے؟ کیا یہ خاتون اپنے اِس بچے کو خوشی خوشی آگ میں پھینکنے پر آمادہ ہوسکتی ہے؟ سوال بڑا عجیب تھا، کیونکہ ایک ایسی ماں جو اپنے جس لختِ جگر کے فراق میں ہوش و حواس کھو بیٹھی ہو، کیسے وہ اُسی کو آگ میں پھینک سکتی ہے؟ اس لئے صحابہ کرام رضی اللہ عنہم نے بیک زبان ہوکر عرض کیا: ہرگز نہیں، یارسول اللہ! نبی اکرم ﷺ نے فرمایا: ''اللہ کی قسم! جس قدر یہ ماں اپنے بچے پر مہربان ہے، اس سے کہیں زیادہ اللہ تبارک و تعالیٰ اپنے بندوں رحیم ہے۔[71]

---

[71] صحيح البخاري 5999، وصحيح مسلم 2754، وفتح الباري 430/10.

تعلیم وتربیت کا عظیم نبوی اُسلوب

۱) تعلیم و تربیت کیلئے نبی اکرم ﷺ کا اختیار کردہ اُسلوب ویسے ہی انتہائی خوبصورت اور بے مثال تھا، لیکن جب آپ نے دیگر مؤثر مناظر اور واقعات بھی اِس کے ساتھ ملائے، تو اس سے ایک طرف آپ کے اندازِ تعلیم کو چار چاند لگ گئے، تو دوسری طرف آپ کا پیغام پوری طرح سامعین کے دلوں میں اُتر گیا اور اپنے بچے کی طلب میں تڑپنے والی مامتا نے اس پیغام کے مفہوم اور مطلب کو مزید واضح کر دیا، چنانچہ پہلے آپ کے اِس سوال (تمہارا کیا خیال ہے کیا وہ اپنے بچہ کو آگ میں پھینکنے پر راضی ہو جائے گی؟) نے ہی سامعین کی توجہ مکمل طور پر اپنی طرف کھینچ لی تھی، وہ بہت بے چینی سے آپ ﷺ کے اگلے جملہ کے منتظر تھے کہ آپ ﷺ فرمایا کہ "اللہ کی قسم! جس قدر یہ ماں اپنے بچے پر مہربان ہے، اس سے کہیں زیادہ اللہ تبارک و تعالیٰ اپنے بندوں رحیم ہے"، تو گویا کہ اب اللہ تعالیٰ رؤف اور رحیم کا پیغام اچھی طرح طرح لوگوں کے دل ودماغ میں اُتر گیا۔

اَن گنت مرتبہ درود وسلام ہو اُس معلمِ انسانیت پر جس نے اپنا پیغام انسانیت کے دلوں میں اُتارنے کیلئے اپنے اُسلوبِ تعلیم کو سامعین کی توجہ مبذول کرانے کے لئے لطیف انداز، واضح الفاظ اور توقف واطمینان سے مزین کیا۔

۲) عین ممکن تھا کہ یہ منظر صرف اُس دُکھیاری خاتون کی مامتا اپنے بچّے کیلئے تڑپ اور محبت کی داستان سُنا کر ختم ہو جائے اور اس کے بعد لوگ اگر اِسے یاد رکھ بھی لیں، تو صرف اِس حد تک کہ دورانِ جنگ کسی قیدی خاتون کا بچہ گُم ہوا تھا، جس کے لئے وہ بہت زیادہ پریشان تھی اور بالآخر اُس کا بچہ گم مل گیا اور بس، لیکن رسول اکرم ﷺ نے اپنے

بے مثال اُسلوبِ تعلیم کے ذریعہ نہ صرف اُس واقعہ کو امر کر دیا، بلکہ موقع سے فائدہ اُٹھاتے ہوئے اِسے لوگوں کے دِلوں میں رحمتِ اِلٰہی اور شفقتِ ربّانی کے یقین کا بیج بونے کیلئے بھی استعمال فرمایا، چونکہ آپ علیہ السلام کی یہ مبارک عادت تھی کہ آپ تعلیم کیلئے ایسے مناسب مواقع کی تلاش اور موزوں ترین حالات کا انتخاب کیا کرتے تھے جس میں سامعین کی تیاری، توجہ اور دلچسپی میسر ہو، اس اعتبار سے یہ منظر اللہ تعالی کی رحمت، لطف اور بندوں کے ساتھ مہربانی کا سبق پڑھانے کیلئے ایک سازگار ماحول اور موزوں محل تھا، جس سے فائدہ اٹھاتے ہوئے نبی اکرم ﷺ نے انتہائی مختصر الفاظ میں رحمتِ اِلٰہی کی تفاصیل سمجھائیں اور یقینا آپ ﷺ کے یہ مختصر الفاظ کئی طویل خطبوں سے زیادہ بلیغ اور افضل تھے، یہاں ہمیں خود سے یہ سوال کرنا چاہیئے کہ کیا ہم بھی تعلیم اور تربیت کیلئے اوقاتِ تاثیر تلاش کرنے میں نبی اکرم ﷺ کی اتباع کرتے ہیں؟

۳) یہ جنگ کا موقع تھا، جہاں فتح کے بعد مختلف قیدیوں کی آمد اور اُن کے متعلق مستقبل کا فیصلہ کیا جانا تھا، کوئی مجلسِ وعظ، یا حلقہ درس نہیں تھا، لیکن اس کے باوجود بھی رسول اللہ ﷺ نے موقع کی مُناسبت سے فائدہ اُٹھتے ہُوئے اِسے حلقۂ تعلیم میں بدل دیا، کیونکہ رسول اللہ ﷺ کی تعلیم و تربیت صرف مجلسِ درس، حلقۂ تعلیم یا منبر و منبر محراب تک محدود نہیں تھی، بلکہ آپ ﷺ کی مبارک زندگی کا ہر لمحہ تعلیم اور تربیت سے بھرپور تھا، چنانچہ جہاں آپ بیٹھ جاتے وہ جگہ حلقۂ تعلیم اور مجلسِ درس بن جاتی، لہٰذا اگر آپ کا کھانا کھانے کیلئے دستر خوان پر بیٹھنا، بازار جانا، راستہ پر چلنا، اور ساتھیوں کے ساتھ کہیں بیٹھ جانا وغیرہ، غرض حیاتِ نبوی کا ہر ہر لمحہ ایک کھلی دانش گاہ اور مجلسِ علم ہوا کرتی تھا، جس میں آپ علیہ السلام علمِ الٰہی کو زندگی کے علمی تجربات کے ساتھ دو آتشہ کر کے تشنگانِ

معرفت کو عطا کرتے تھے اور آپ کے جانثار صحابہ کرام رضی اللہ عنہم جی بھر کر سیراب ہو جایا کرتے تھے۔

اِس حدیث سے ہمیں یہ بھی سبق ملتا ہے کہ ہم بھی اپنے بچوں اور شاگردوں کی تعلیم و تربیت کو زندگی کی مختلف سرگرمیوں کے ساتھ منسلک کر کے جاری رکھیں، اگر ہم ایسا کر سکیں تو اپنے مُناسب مقام اور وقت پر دیئے جانے والی عملی تعلیم کے چند مختصر گھونٹ گھنٹوں پر مشتمل وعظ و نصیحت کا نعم البدل ہو سکتے ہیں۔

۴) نبی اکرم علیہ الصلاۃ والسلام نے اس واقعہ کے توسط سے لوگوں کو اللہ تعالیٰ کی بے انتہا رحمت اور بے پایاں مہربانی کے بارے بتلایا، تاکہ اُن کے دِلوں میں رحمتِ الٰہی کے بارے اُمید میں اضافہ ہوگا، کیونکہ لوگوں نے کبھی یہ سُنا تھا کہ کوئی ایسی ہستی بھی ہو سکتی ہے کہ جو اپنے بندوں سے اتنی محبت کرتی ہے جتنی محبت ایک ماں اپنے ضرورت مند، دُودھ پیتے بچّے سے کرتی ہے، جس کی زندگی کو کئی خطرات لاحق ہوں اور ایسے میں ماں کی محبت دوچند ہو جاتی ہے اور رسول اللہ ﷺ اور واقعہ میں مذکور خاتون کا یہی حال تھا۔

اس منظر کو دیکھنے کے بعد جب رسول اللہ ﷺ نے صحابہ کرام کو یہ بتایا کہ جس قدر یہ ماں اپنے بچے پر رحیم ہے، اللہ تعالیٰ اپنے بندوں پر اس سے زیادہ رحم و مہربانی کرنے والے ہیں، اس مختصر سے پیغام نے اہل ایمان کے دلوں کو اطمینان اور تسلیم و رضا سے بھر دیا، چنانچہ اب اگر کسی کو اپنا کوئی نیک عمل یاد آیا تو ساتھ ہی اُس کے دِل میں اپنے رب سے قبولیت کی اُمید بھی جاگ اُٹھی اور اگر کسی کو اپنے سابقہ گناہ یاد آئے، تو ساتھ ہی اِس پیغام نبوی نے اُسے بخشش کی اُمید دلا دی، اسی طرح اگر کوئی مشکل پیش آئی، تو فوراً ہی اُس

کا دِل رحمت الٰہی کو یاد کر کے اس پریشانی کے ازالہ کی دُعا کیلیئے آمادہ ہوا اس یقین کے ساتھ کہ ماں سے زیادہ پیار کرنے والا خالق کبھی بھی اُس کو برباد نہیں ہونے دے گا، حتیٰ کہ اگر فانی دُنیا میں اُس کا سفر مکمل ہو جائے اور موت کی آغوش میں چلا جائے، تب بھی گھبرانے کی کوئی بات نہیں، کیونکہ وہ اُس کے پاس جا رہا ہے جو ستر ماؤں سے زیادہ پیار کرنے والا رحیم رب ہے، پس اللہ تعالی کے بارے اِس حسنِ ظن نے اُس کے دِل میں اللہ کی ملاقات کا شوق پیدا کر دیا۔

ام خالد ۔۔۔۔ رسول اللہ ﷺ کی لاڈلی!

اُس کا پورا نام "امہ بن خالد" تھا، لیکن اُس کے والد نے بچپن میں اُسے "اُمّ خالد" (خالد کی ماں) کی کنیت عطا کی تھی، حبشہ میں پیدا ہوئی تھی، جب اُس کے والدین ہجرت کی وجہ سے پردیس کاٹ رہے تھے، بچپن ہی سے اُس کے ذھن میں ایک واقعہ پتھر کی لکیر طرح نقش ہوگیا تھا، جسے یاد کر کے اپنے بچپن کی حسین یادیں تازہ کرتی تھی، اور جو آثار باقی ہیں اُن کو تھامے رکھتی تھی۔

واقعہ کی تفصیلات یہ ہیں کہ ایک دفعہ رسول اللہ ﷺ لوگوں کے درمیان کچھ کپڑے تقسیم فرمارہے تھے، نبی اکرم ﷺ نے سارے کپڑے حاضرین میں تقسیم کر دیئے ، سوائے ایک چھوٹی سی خوبصورت چادر کے جس پر نقش و نگار بنے ہوئے تھے، چادر بہت خوبصورت تھی، اس لئے کئی نظریں اُس پر لگی ہوئی تھیں، آپ ﷺ نے فرمایا: "تمہارے خیال میں ہم یہ چادر کسے عطا کریں گے؟، سامعین کے ذہنوں میں کئی نام آگئے ہوں گے، لیکن احترام کی وجہ سے خاموش ہی رہے، اتنے میں رسول اللہ ﷺ نے فرمایا:

اُم خالد کو بلاؤ۔

نبی اکرم ﷺ کی آواز سنتے ہی اُس کے والد خالد رضی اللہ عنہ اُس بچّی کو گود میں اُٹھائے حاضر ہوئے، نبی اکرم ﷺ نے اپنے دستِ اقدس سے اُسے یہ چادر پہنائی اور اُس پر بنے نقش و نگار کی طرف اشارہ کرتے ہوئے فرماتے: "سناسنا"، (حبشی زبان میں) بہت ہی خوبصورت، بہت ہی خوبصورت، آپ ﷺ نے یہ دُعا بھی دی:

" أبلي وأخلقي، ثم أبلي وأخلقي، ثم أبلي وأخلقي"۔

(اللہ کرے تیری عمر اتنی لمبی ہو کہ تو اس کپڑے کو پہن پہن پر انا کرے اور اللہ تجھے اس کی جگہ دوسرا کپڑا عطا کرے۔)##

بچّی رسول اللہ ﷺ کے حسنِ سلوک اور پیار سے اتنی زیادہ مانوس ہو گئی کہ آپ ﷺ کے ساتھ کھیلنے لگی، اور کھیلتے کھیلتے آپ علیہ السلام کے دونوں کندھوں کے درمیان بنی مہرِ نبوت تک پہنچ گئی اور کھیلنے لگی، اُس کے والد نے منع کیا، تو آپ ﷺ نے فرمایا: "اِسے کھیلنے دو"، چنانچہ کافی دیر تک وہ بچی اپنے کھیل کود میں مشغول رہی۔

وقت اور امِّ خالد رضی اللہ عنہا کی عمر دونوں گذرتے رہے، لیکن ام خالد کے دل میں بھی اس واقعے کی معنویت اور اس کی حسین یاد کے نقش مزید گہرے ہوتے گئے۔ چنانچہ وہ اس واقعے کی باقی رہ جانے والی نشانی سے بھی مضبوطی سے جڑی رہیں، اور اسے اپنے پاس اس وقت تک محفوظ رکھا یہاں تک کہ اس کا رنگ ماند پڑ گیا اور اس کے نشانات مدھم ہو گئے۔ مگر یہ کپڑا انہیں رسولِ اللہ ﷺ کے مبارک ہاتھوں کی لمس، برکت اور اس پُر فیض ملاقات کی ہیبت و عظمت ہمیشہ یاد دلاتا رہا۔[72]

اس حدیث سے حاصل ہونے والے کچھ اسباق

۱) فریضہ رسالت جیسے بھاری ذمہ داری کی ادائیگی، اُمورِ سلطنت کی انجام دہی سمیت بے شمار مصروفیتیوں کے باوجود بھی نبی اکرم ﷺ کا اپنے خصوصی جانثاروں کیلئے

---

[72] مسند أحمد 25811، وصحيح البخاري 3071، 5823، وسنن أبي داود 4024، وسير أعلام النبلاء 470/3، والإصابة 506/7، وفتح الباري 184/6، 279/10.

وقت نکالنا، اُن کا خاص خیال رکھنا، حتی کہ اُن کے بچوں کے چہروں پر خوشیاں اور مُسکراہٹیں لانے کا سبب بننا، نیز معصوم بچوں کی چھوٹی چھوٹی خوشیوں (اگرچہ بچوں کیلئے تو وہ بہت بڑی ہوتی ہیں) تک میں شریک ہو کر اُن کا دِل جیتنا۔

نبی اکرم ﷺ کا اپنی مصروفیات میں سے اِس کیلئے وقت نکالنا اِس بات کی غمازی کرتا ہے کہ آپ ﷺ کے نزدیک اپنے ساتھیوں کی خبر گیری اور بچوں کی خوشیوں میں شریک ہونا خاص اہمیت کے حامل تھا، اور ایسا کیوں نہ ہوتا کہ آپ کو بھیجا ہی اس لئے گیا تھا کہ آپ غموں میں گھری انسانیت کو دُنیا و آخرت کی سعادتوں اور خوشیوں سے مالامال کر سکیں نیز آپ نے خود اعمالِ صالحہ کی تفصیل بتلاتے ہوئے فرمایا تھا: ''کسی مسلمان کا دِل خوش کرنا بھی صدقہ ہے۔[73]

۲) رسول اللہ ﷺ کا مقصد چونکہ ایک طرف تو انسانوں کو خوشی دینا (جو بذاتِ خود صدقہ ہے) اور اُن کے چہروں پر مُسکراہٹ لانا تھا، دُوسری طرف ایک ایسی سنت اور اُسوہ حسنہ کی بھی داغ بیل ڈالنا تھا، جس پر عمل کر کے لوگ دنیا و آخرت کی سعادتیں سمیٹ سکیں، اِس لئے آپ ﷺ نے وہ چادر گھر بھیجنے کے بجائے اپنے مبارک ہاتھوں سے امّ خالد کو پہنائی، سیرت مُطہّرہ میں اِس کی مثالیں موجود ہیں۔ (بس ضرورت اُن پر عمل کرنے کی ہے)

۳) نیز نبی کریم ﷺ کے حسنِ اخلاق کا کمال تو دیکھئے کہ آپ نے ایک عمل کو مختلف اعمال خیر کا گلدستہ بنایا، چنانچہ آپ علیہ السّلام کا یہ سوال کرنا کہ یہ چادر کس کو ملے

[73] الترغيب والترهيب 955، 2622 2623

گی ؟اِس سے چادر کوایک نشانِ امتیاز اور تمغہ کی حیثیت مل گئی، پھر آپ ﷺ کا اُس معصوم بچّی کو بُلا کر اپنے ہاتھوں سے اُسے یہ چادر پہنانا، اُس کے ساتھ کھیلنا اور دُعائیں دینا، بچّی کا رسول اللہ ﷺ سے مانوس ہو کر مہرِ نبوت کے ساتھ کھیلنا، والد کے روکنے پر اُن کو منع کرنا، ایک ایک عمل ایک مستقل سُنت اور ہر ہر ادا اُسی گلدستہ کا پھول ہے، نیز اِس میں اِس بات کی طرف بھی اشارہ ہے کہ نیکی کرنا صرف ایک سخاوت اور کرم ہی نہیں، بلکہ ایک فن اور صفت بھی ہے۔

۴) سیرتِ نبوی کے مطالعہ سے سرورِ دوجہاں ﷺ کا بچوں کے ساتھ حسنِ سُلوک کے درج ذیل مناظر سامنے آتے ہیں:

- ✓ ......بچوں کے ساتھ انتہائی محبت، گرمجوشی، شفقت اور نرمی سے پیش آنا اور اُن کو خوش رکھنا۔
- ✓ ☆......بچپن سے ہی اپنے قریب اور مانوس کرنا حتی کہ بچّے بغیر کسی جھجھک اور خوف کے نبی اکرم علیہ السّلام کے ساتھ کھیل سکتے تھے۔

نبی اکرم ﷺ بچوں کے ساتھ انتہائی نرمی اور شفقت سے پیش آتے تھے، ڈانٹتے نہیں تھے۔ یہی وجہ ہے کہ جب ام خالد کو اُس کے والد نے آپ علیہ السلام کے شانوں کے درمیان بنی مہرِ نبوت سے کھیلنے سے منع کیا، تو آپ ﷺ نے بچپن کے احساسات کی خصوصی رعایت کرتے ہوئے اُس کے والد سے فرمایا: "دَعْهَا" (اسے کھیلنے دو)

۵) اُمّ خالد کے ساتھ اِس حسنِ سلوک کا اُس کے والدین پر کتنا گہرا اثر ہوا ہو گا، خصوصاً نبی کریم ﷺ کے حکم کی تعمیل کرتے ہوئے اپنی بیٹی کو گود میں اُٹھا کر لاتے وقت

حضرت خالد کے دِل میں سوچوں اور احساسات کا کیا تلاطم بپا ہوا ہو گا؟ اور نبی اکرم ﷺ کو اپنے دستِ اقدس سے اُمّ خالد کو چادر پہناتے دیکھ کر باپ کی خوشیوں کا کیا ٹھکانہ ہو گا؟

نیز رحمت للعالمین ﷺ کی زبان اقدس پر اُم خالد کیلئے دُعائیں جاری سُن کر حضرت خالد کا چہرہ کس قدر خُوشی سے ٹمٹمایا ہو گا؟ کیونکہ چھوٹوں کے ساتھ عزت و احترام سے پیش آنا، حقیقت میں اُن کے بڑوں کے ساتھ عزّت و احترام سے پیش آنا ہے اور بچوں کے ساتھ حسنِ سلوک در حقیقت اُن کے والدین اور رشتہ داروں کے ساتھ حسنِ سُلوک کرنا ہے۔

نبی اکرم ﷺ کا معجزہ اور دُعائے نبوی "ابلی و اخلقی" (درازی عمر کی دُعا) کا اثر تھا کہ حضرت ام خالد لمبی عمر پائی اور صحابیات میں سے سب آخر میں اُن کا انتقال ہوا تھا۔ رضی اللہ عنہا

چشمِ تصور میں ذرا اِن واقعات کو یکجا کر کے دیکھ لیجئے اور یہ تصور کیجئے کہ گویا آپ خود یہ منظر اپنی آنکھوں سے دیکھ رہے ہیں، نبی اکرم ﷺ کا امّ خالد کو بلوانے سے لیکر اُن کو چادر پہنانے تک ...... پھر اپنا جائزہ لیجئے کہ کیا آپ کے دِل میں ایسے شفیق اور رحیم نبی ﷺ کی مُلاقات کی تمنّا انگڑائی لے رہی ہے یا نہیں؟

اگر جواب ہاں میں ہو تو الحمد للہ اور اگر جواب نفی میں ہے، تو اِس کا مطلب یہ ہوا کہ آپ کے دِل پر مزید محنت کی ضرورت ہے، تاکہ اُسے اِس قابل بنایا جاسکے کہ اُس میں اِن واقعات اور مناظر کے توسط سے قربِ نبوی کا احساس پیدا ہو سکے اور حب نبوی رگ رگ میں رچ بس سکے۔

خوب کھیلو

عید کا مبارک اور پر مسرت دن تھا، رسول اللہ ﷺ اپنی زوجہ مُطہّرہ سیّدہ عائشہ صدیقہ رضی اللہ عنہا کے ساتھ اپنے گھر پہ تشریف فرما تھے، اُدھر حبشہ کے لوگوں نے تلواروں اور نیزوں کے ساتھ مسجد نبوی کے صحن میں آکر کھیلنا شروع کردیا، کوئی کھیل کود، تلوار بازی، نیزہ بازی اور رقص، گویا کہ ایک میلے جیسا سماں تھا، حجرہ نبوی چونکہ پاس ہی تھا، اِس لئے کھیل کود اور رجزیہ شاعری کی آوازیں صاف سُنائی دینے لگیں، رسول اللہ ﷺ نے حضرت عائشہ صدیقہ رضی اللہ عنہا سے پوچھا: حمیرا! اہلِ حبشہ کا میلہ دیکھنا ہے؟۔

حضرت عائشہ نے کہا: جی ہاں، بالکل، رسول اللہ ﷺ اپنے حجرہ مبارک کے دروازہ پر کھڑے ہوئے اور حضرت عائشہ رضی اللہ عنہا آپ کے کندھے پر ٹھوڑی رکھ کر آپ ﷺ کے ساتھ میلہ دیکھنے لگی، رسول اللہ ﷺ کھیلنے والوں کو داد دیتے ہوئے فرمارہے تھے: بنوارفدہ! خوب کھیلو۔

نبی اکرم ﷺ کی داد اور شرکت کی وجہ سے اُن لوگوں کا حوصلہ مزید بلند ہوا، چنانچہ وہ آپ ﷺ کے سامنے آکر ناچنے اور اپنی زبان میں کچھ کہنے لگے، حضرت عائشہ نے پوچھا: یارسول اللہ! یہ لوگ کیا کہہ رہے ہیں؟ اِس پہ آپ ﷺ نے فرمایا: محمد (ﷺ) اللہ کے نیک بندے ہیں"، حضرت عائشہ فرماتی ہیں کہ مجھےاُن کی باتوں سے صرف اتنا سمجھ آیا کہ وہ کہہ رہے تھے: اَبَاالْقَاسِم طَيِّبًا، اَبَاالْقَاسِم طَيِّبًا (ابوالقاسم محمد ایک بہترین انسان ہیں)۔

اسی دوران حضرت عمر مسجد میں داخل ہوئے تو دیکھا کہ آج یہاں کا سماں ہی بدلا ہوا ہے اور حضرت عمر یہ سب کچھ پہلی بار دیکھ رہے تھے، اس لئے انہوں نے اہلِ حبشہ کو منتشر کرنے کیلئے ہاتھ میں کنکر اُٹھائے اور اُن کی طرف پھینکنے ہی والے تھے کہ رسول اللہ ﷺ نے دیکھ لیا، چنانچہ آپ ﷺ نے حضرت عمر کو منع کرتے ہوئے فرمایا: ''عمر! انہیں کچھ نہ کہو، یہ حبشہ والے ہیں''، (یعنی یہ اُن کی ثقافت ہے) اور اُن سے مخاطب ہو کر فرمایا: أَمْنًا بَنِيْ أَرْفِدَةَ (بے فکر ہو جاؤ اور کھیلتے رہو) حضرت عمر کی ڈانٹ کی وجہ سے وہ لوگ گھبرا چکے تھے، لیکن رسول اللہ ﷺ کے اِن الفاظ کے بعد وہ مطمئن ہو کر دوبارہ اپنے کھیل میں مصروف ہو گئے۔

نبی اکرم ﷺ نے اِن کی حوصلہ افزائی کرتے ہوئے فرمایا: "حبشہ والو! خوب کھیلو کودو، تاکہ یہود و نصاری کو یہ معلوم ہو جائے کہ ہمارے دین میں کافی وُسعت ہے اور میں ایک متعدل اور آسان دین لیکر آیا ہوں۔

اہلِ حبشہ کا میلہ جاری رہا، کھیل کود اور شاعری ہوتی رہی، کافی دیر بعد رسول اللہ ﷺ نے حضرت عائشہ پوچھا: ابھی تمہارا جی نہیں بھرا؟ ابھی تمہارا جی نہیں بھرا؟ ہر کم سن لڑکی کی طرح حضرت عائشہ کو بھی کھیل کود میں دلچسپی تھی، اس لئے کہنے لگی: یارسول اللہ! جلدی مت کیجئے، میں نے تھوڑا اور دیکھنا ہے۔

حضرت عائشہ کہتی ہیں کہ میرے لئے اہل حبشہ کا کھیل دیکھنے سے بھی زیادہ اہم یہ بات تھی کہ خواتین کو رسول اللہ ﷺ کی نظر میں میری قدر و منزلت کا پتہ چل جائے اور یہ کہ مجھے کھیل دِکھانے لئے اللہ کے رسول ﷺ کافی دیر تک کھڑے رہے، چنانچہ نبی

اکرم ﷺ اُن کے سامنے کھڑے رہے، یہاں تک جب عائشہ کا جی بھر گیا، تو رسول اللہ ﷺ نے پوچھا: کافی ہے؟ کہنے لگی: یارسول اللہ! کافی ہے بس![74]

ہم نے اِس حدیث سے کیا سیکھا؟

۱) رسول اللہ ﷺ کا اپنی ازواجِ مُطہرات رضی اللہ عنہن کے ساتھ حسنِ معاشرت، لطف، اُن کو مانوس کرنا، اُن کا دِل جیتنا اور اُن کی چھوٹی چھوٹی خوشیوں کا خیال رکھنا، مثلاً نبی اکرم ﷺ کا حضرت عائشہ سلام اللہ علیہا کو خود ہی اہل حبشہ کا میلہ دیکھنے کی پیش کش کرنا، اور حضرت عائشہ کو پیار اور ناز بھرے لہجے اور نام ""حمیرا"" (خوبصورت) سے پکارنا! (عرب سماج میں حمیرا نام حسن وجمال کی تعریف کیلئے بولا جاتا ہے) پھر آپ ﷺ کا حضرت عائشہ کا دِل رکھنے کیلئے اتنی دیر تک آپ کے سامنے کھڑے رہنا، جو بذات خود بے انتہا محبت، پیار اور تعلق خاطر کی دلیل ہے، نیز حضرت عائشہ رضی اللہ عنہا کا رسول اللہ ﷺ کے کندھے پر سر رکھ کر، اپنا چہرہ رسول اللہ ﷺ کے چہرۂ انور سے ملا کر بڑی دیر تک کھڑی رہنا، غرض ہر ہر منظر حسنِ تعلق، حسنِ معاشرت، رحمت اور محبت سے لبریز ہے۔

۲) اہل حبشہ کا اپنے کھیل کود کیلئے مسجد نبوی کے صحن کا انتخاب کرنا اِس بات کی دلیل ہے کہ عہد نبوی میں مسجد صرف ایک عبادت خانہ نہیں تھی، بلکہ ایک ایسی جگہ تھی جہاں شعائرِ دین کا قیام، عبادات کا اعلان، باجماعت نمازوں کی ادائیگی، صدقات کو جمع

---

[74] صحیح البخاري 454، 950، 2906، وصحیح مسلم 892، وسنن النسائي الكبرى 1798–1800، 8951، وشرح النووي على صحيح مسلم 182/6، وفتح الباري 549/1، 440/2، 95/6.

کرنا، مالِ غنیمت کی تقسیم اور غمی خوشی کی تقاریب بھی منعقد کی جاتی تھیں، یہی وجہ تھی کہ اُس وقت زندگی سماجی مسجد سے وابستہ تھی اور مسجد زندگی کے تمام شعبوں کا احاطہ کرتی تھی۔

۳)اسلام اتنا وسیع النظر اور کشادہ دِین ہے کہ اس کا دروازہ مختلف ثقافتوں اور قوموں کیلئے ہر وقت کھلا رہتا ہے، مثلاً زیر نظر واقعہ میں اہلِ حبشہ اپنی خوشی کا اظہار اسلحہ کے ساتھ کھیل اور شعر وشاعری کرکے کرتے ہیں جو اُس زمانہ کی عرب ثقافت سے بالکل مختلف تھی، لیکن وہ اپنی ثقافتی شناخت اور لسانی خصوصیت کو برقرار رکھتے ہوئے بھی اسلامی سوسائٹی کا حصہ تھے۔

۴) یہ ایک خوشی اور کھیل کود کا موقع تھا، لیکن چونکہ نبی اکرم ﷺ کی زندگی کے تمام پہلو اپنے عظیم مشن، فریضہ رسالت کی ادائیگی سے وابستہ اور حیات کے تمام لمحات اِسی کے نام تھے، اس لئے آپ ﷺ اِسے اتنی کمالِ مہارت اور خوبصورتی سے دعوت اور تعلیم کا موقع بنایا کہ اُس کی اصل رُوح بھی برقرار رہی اور لوگوں کو تعلیم نبوی سے بھی بہرہ ور ہونے کا پورا پورا موقع ملا، چنانچہ آپ ﷺ نے جب اپنی زبان مبارک سے کہا کہ: ''یہود ونصاری کو بھی معلوم ہو جائے کہ ہمارا دین انتہائی آسان اور وسعتوں والا ہے''، تو اپنے عمل سے اِسے ثابت بھی کر دکھایا۔

۵)حافظ ابن حجر رحمہ اللہ نے لکھتے ہیں کہ یہ حدیث کئی علمی نِکات پر مشتمل ہے، عید جیسے خوشی کے موقع پر اہل وعیال پر مختلف انداز سے وسعت کرنا، جس سے اُن کو

خوشی اور آرام واستراحت کا موقع سکے اور عیدین کے موقع پر خوشی منانا دینی شعائر میں ہے۔

٦) عید کے موقع پر اہل حبشہ کے خوشی منانے کا انداز عرب ثقافت سے مختلف اور نسبتاً نیا تھا، لیکن اِس کے باوجود بھی نبی اکرم ﷺ نے نہ صرف اُس کی اجازت مرحمت فرمائی، بلکہ خود اُس میں شریک بھی ہُوئے، اس سے یہ معلوم ہوتا ہے کہ خوشی کے اظہار کیلئے علاقہ، زمانہ اور عمُر کے اعتبار سے مختلف انداز اپنائے جاسکتے ہیں بشرطیکہ وہ دینِ اسلام کے مُسلّمہ اُصولوں سے متصادم نہ ہوں۔

٧) نبی اکرم ﷺ نے دین میں موجود گنجائش اور وُسعت کی تاکید کرتے ہوئے یہ بتلادیا کہ دینِ اسلام صرف ممنوعہ قول وفعل تک محدود نہیں اور نہ ہی کوئی ایسا دین ہے جس کے گرد محرمات کی خندقیں کھود کر محصور کردیا گیا ہو، اِس میں گنجائشیں اور وُسعتیں بھی بہت موجود ہیں، بلکہ اِس میں اصل تو جواز ہے، حرمت ایک استثنائی معاملہ ہے، چنانچہ ارشادِ باری تعالی ہے:

﴿خَلَقَ لَكُم مَّا فِي ٱلْأَرْضِ جَمِيعًا﴾ [البقرة: 29]

ترجمہ: زمین میں جو کچھ بھی ہے، وہ تمہارے نفع کیلئے پیدا کیا ہے۔

یہی وجہ ہے کہ دینِ اسلام نے انسان کی گردن اُن تمام پابندیوں سے آزاد کردی جو سابقہ مذاہب میں اُس پر عائد تھیں، لہٰذا یہود ونصاری کو اِس کی لازماً خبر ہونی چاہئیے کہ دینِ محمد عربی ﷺ میں وُسعت، گنجائش اور آسانیاں ہیں، وہ اہلِ ایمان کیلئے پاکیزہ

چیزوں کو حلال اور خبیث چیزوں کو حرام قرار دیتا ہے اور اِنسانوں کی گردنوں کو اُن تمام پابندیوں کے بوجھ آزاد کرتا ہے جو سابقہ ادیان میں اُن پر عائد تھی۔

روزِ عید

وہ ایک دلہن ہے، جسے کھیلنا پسند ہے، اور آج عید کا دن ہے، خوشی اور مسرت کا دِن، اس لیے اس کی سہیلیاں آئی ہوئی ہیں، لیکن خالی ہاتھ نہیں، بلکہ ساتھ میں دف بھی لے کر آئی ہیں، تاکہ آج کے دِن کی مسرّتوں میں اُس نوخیز دُلہن کو بھی شریک کر سکیں، چنانچہ سہیلیاں حجرہ نبوی میں پہنچ گئیں، اور حضرات انصار کے جنگوں کے دروان پڑھے گئے اشعار گانا شروع کر دیئے، اِسی دوران نبی اکرم ﷺ حجرہ مُبارکہ میں داخل ہوئے اور سیدھے جاکر اپنے بستر پر دیوار کی طرف رُخ کر کے لیٹ گئے، اور چادر اوڑھ لی، لیکن آپ کی آمد کی وجہ سے نہ تو حضرت عائشہ کی سہیلیوں کو ڈر یا خوف محسوس ہوا اور نہ ہی دَف، شاعری اور بجانے کا سلسلہ موقوف ہوا، فرحت و سرور بھری یہ مجلس جاری رہی، حضرت عائشہ صدیقہ اپنی سہیلیوں کے ساتھ بیٹھی ہوئی ہیں، دَف بج رہا ہے، شاعری ہو رہی ہے، اور گھرانۂ نبوت جس کو حق تعالی نے ظاہری اور باطنی پاکیزگی کا مرکز بنایا ہے، انفاسِ نبوی سے مُعطّر ہے، اِتنے حضرت ابو بکر صدّیق رضی اللہ عنہ گھر میں داخل ہوتے ہیں اور اُن بچیوں کو ڈانٹتے ہوئے کہتے ہیں:

"رسول اللہ ﷺ کے پاکیزہ گھر میں شیطان کی گھنٹیاں بجارہے ہو؟"۔

رسول اکرم ﷺ جو ابھی تک دیوار کی طرف رُخ کر کے چادر اوڑھے لیٹے ہوئے تھے، فوراً فرماتے ہیں: ""ابو بکر ان لڑکیوں کو کچھ نہ کہو، کیونکہ آج عید کا دِن ہے، عیدِ قربان کے دِن تھے۔ رسول اکرم ﷺ کے اِن الفاظ نے گویا کہ ایک بار پھر اِن لڑکیوں کے حوصلوں کو جلا بخشی۔ حضرت ابو بکر رسول اللہ ﷺ کے پاس جاکر بیٹھ

گئے، حضرت عائشہ کہتی ہیں کہ میں نے موقع پاکر اپنی سہیلیوں کو اشارہ کیا، تو وہ چلی گئیں۔[75]

اِس حدیث سے حاصل ہونے والے چند اسباق

ا)اول: رسول اللہ ﷺ کے تشریف لانے کے باوجود اِن لڑکیوں نے اپنے گانے بجانے کا سلسلہ جاری رکھا، اور آپ علیہ الصلاۃ والسّلام اُن کے اور اُن کی خوشیوں کے درمیان حائل نہیں ہوئے، لیکن اگر نبی اکرم ﷺ ناراضگی کے اظہار کرتے ہوئے گھر میں داخل ہوتے، تو کیا یہ لڑکیاں گانے بجانے کا سلسلہ جاری رکھ سکتی تھیں؟ کیونکہ ایک تو لڑکیاں کم عمر تھیں اور چھوٹی عمر میں انسان کو ڈر بھی جلدی لگتا ہے، دُوسرا رسول اللہ ﷺ کی ذات کا رُعب اور دبدبہ ہی اتنا تھا کہ بڑے بڑے طاقتور آپ کا سامنا نہیں کر سکتے تھے۔

اس سے معلوم ہوا کہ رسول اللہ ﷺ جب گھر میں داخل ہوئے تو آپ کے چہرہ مُبارک پر تبسّم کھیل رہا تھا اور ناراضگی کے کوئی آثار آپ کے چہرہ پر نمایاں نہیں تھے، رسول اکرم ﷺ کی یہی وہ عادت مُبارکہ تھی جِس کا ذکر کرتے ہوئے حضرت عائشہ نے کہا تھا: رسول اکرم ﷺ اپنے گھر میں ایک عام آدمی کی طرح رہتے تھے، البتہ آپ علیہ السلام ہمیشہ مُسکراتے تھے"۔ یہی وجہ ہے کہ جب آپ ﷺ گھر میں داخل میں ہوتے تھے، تو گھر والوں کی خوشی اور سعادت کو چار چاند لگتے تھے، لہٰذا اُس شوہر اور باپ کیلئے اِس سے زیادہ واضح پیغام اور کیا ہوگا جو گھر میں داخل ہوتے ہی ناراضگی اور غضب کی تصویر بن

---

[75] مسند الحميدي 254، صحيح البخاري 454، 950، 2906، صحيح مسلم 892، سنن النسائي الكبرى 1798 تا 1800، صحيح ابن حبان 5870، شرح النووي على صحيح مسلم 182/6، فتح الباري 549/1، 440/2، 95/6.

جاتے ہیں اور اُن کی زبان سے سوائے ڈانٹ ڈپٹ اور احکام صادر کرنے کے کوئی دوسری بات نہیں نکلتی۔

۲) بظاہر حدیث مبارکہ سے یہی معلوم ہو رہا ہے کہ رسول اللہ ﷺ اُن بچیوں کا گانا نہیں سن رہے تھے، کیونکہ اِس طرح کی چیزیں عموماً بچپن اور جوانی میں اچھی لگتی ہیں، جبکہ رسول اللہ ﷺ کی عمر اُس وقت پچاس سے زائد تھی، لیکن چونکہ رسول اکرم ﷺ کی شریکِ حیات حضرت عائشہ صدیقہ رضی اللہ عنہا اپنی سہیلیوں کے ساتھ خوش اور ہشّاش بشّاش تھیں، اور ظاہر ہے کہ عائشہ کی خوشی میں رسول اللہ ﷺ کی بھی خوشی ہے، اس لئے آپ ﷺ لوگوں کی مسرت اور خوشی کو برقرار رکھنے کیلئے چادر اوڑھ کر لیٹ گئے اور چہرہ مبارک بھی دُوسری طرف کر لیا، تاکہ وہ بغیر کسی روک ٹوک اور جھجھک کے اپنا کام جاری رکھ سکیں۔

۳) نبی اکرم ﷺ نے جس لطافت اور باریکی سے اِن لوگوں کے جذبات اور احساسات کا خیال رکھا، اِس سے زیادہ لطیف اور خوبصورت انداز شاید ہی ممکن ہو۔ ہمیں یہ سمجھنا ہوگا کہ خوشی کا اظہار تفریح اور گانے کے ذریعے کرنا ایک فطری خواہش ہے، کیونکہ خوشی ایک ایسی زبردست نفسیاتی کیفیّت ہے کہ اُس کا اظہار خشک اور دکھاوے والی ہمدردی سے ہونا ممکن نہیں، بلکہ دوطرفہ اور جاندار تعاون، خوشگوار حرکات اور ایسی کھیل کود اور تفریح سے ہوسکتا ہے جو خوشی اور مسرت کے جذبات کی ترجمانی کریں، اس لیے رسول اللہ ﷺ نے عید، شادی بیاہ اور سفر سے واپسی جیسے خوشی کے مواقع پر انسانی فطرت کا حق ادا کیا اور اِس کے اظہار کیلئے صحابہ کرام رضی اللہ عنہم میں سے ہر صنف نے اپنے حالات اور ثقافتی پسِ منظر کے مطابق ایسا طریقۂ کار اپنایا جو شرعی حدود کے اندر رہتے

ہوئے اُن کے جذبات واحساسات کا اظہار کر سکے، چنانچہ خوشی کے مواقع پر لڑکیاں دف بجا کر اور گانا کر، جبکہ اہلِ حبشہ نیزہ بازی، تلوار بازی اور شعر وشاعری کے ذریعہ اپنی خوشی کا اظہار کیا کرتے تھے، چونکہ خوشی اور مسرت کے جذبات کا اظہار ایک انسانی فطرت ہے، اور فطرت کے ساتھ حسن سلوک سنت نبوی ہے، جیسا کہ ہمارے رسول اللہ ﷺ (جن کا دین انتہائی واضح اور معتدل ہے) کی سیرت مطہرہ اس کی گواہی دیتی ہے۔

۴) آپ ﷺ کا حجرہ مسجد نبوی سے بالکل متصل تھا، حتیٰ کہ اُس کا دروازہ بھی مسجد میں ہی کھلتا تھا، اس لئے جب آپ گھر میں تشریف فرما ہوتے، تو مسجد سے صحابہ کرام کی باہم گفتگو کی آواز صاف سنائی دیتی تھی، اسی طرح حضرت ابو بکر مسجد میں بیٹھے ہوتے، تو انہیں اپنی لختِ جگر حضرت عائشہ صدیقہ رضی اللہ عنہا کی بولنے اور ہنسنے کی آواز بھی صاف صاف سُنائی دیتی تھی، جیسا کہ متعدد روایات سے معلوم ہوتا ہے، اگر روز مرّہ کی عام گفتگو کا یہ حال تھا تو پھر خُود ہی سوچئے کہ دَف بجانے اور گانا گانے کی آواز کہاں تک گئی ہو گی؟ دُوسرے الفاظ میں رسول اللہ ﷺ کے حجرہ مبارک سے دَف اور اشعار کی آواز آنا اِس بات کا عملی اعلان تھا اور کیا خوبصورت اعلان تھا کہ خوشی اور مسرّت کے مواقع کے اپنے تقاضے ہوتے ہیں۔

۵) حضرت عائشہ رضی اللہ عنہا غضب کی ذہین، بلا کی فطین اور موقع شناس تھیں، اِس واقعہ میں بھی جب رسول اللہ ﷺ نے حضرت ابو بکر کو مخاطب کر کے فرمایا کہ "دَعْهُنَّ" (اِن کو گانے دو) تو حضرت عائشہ نے منع بھی نہیں کیا اور وہ لڑکیاں خود ہی رُک بھی گئیں۔ اب جب حضرت ابو بکر رسول اللہ ﷺ کے ساتھ گفتگو کرنے بیٹھ گئے اور اپنی گفتگو میں مشغول ہو گئے، پھر اِن حضرات کی توجہ حضرت عائشہ اور اُن کی سہیلیوں کی

طرف نہیں رہی، تو حضرت عائشہ نے اپنی سہیلیوں کو آہستہ سے نکل جانے کو کہا، گویا کہ اُن لوگوں نے جتنی تفریح کرنی تھی وہ کرلی، لہٰذا اب اُن کو جانے کیلئے کسی مُناسب موقع کی تلاش تھی، اس لئے حضرت عائشہ نے بڑی عمدگی سے ان کو یہ مُناسب موقع فراہم کیا، چھوٹی سی عمر میں مختلف معاملات کو سنبھالنا حضرت عائشہ رضی اللہ عنہا کی ہی خصوصیت تھی۔

تمہارا بھائی!

اللہ رسول ﷺ کی محبت حضرت عبد اللہ رضی اللہ عنہ کے دِل میں اِس قدر رچ بس گئی تھی کہ خود رسول اللہ ﷺ اِس کی تصدیق کرتے ہوئے فرمایا تھا: ''وہ تو اللہ اور اُس کے رسول ﷺ سے بے پناہ محبت کرتے ہیں، اور رسول خدا ﷺ سے بے تکلفی کا یہ عالم تھا کہ مارکیٹ میں جو بھی نئی چیز، اچھا کھانا وغیرہ آجائے تو سب سے پہلے خرید کر رسول اکرم ﷺ کی خدمت میں پیش کرتے، اور آپ ﷺ سے اس کی قیمت بھی وصول کرتے، چنانچہ کئی بار ایسا ہوا کہ کوئی دیہاتی تازہ گھی یا شہد لے کر مارکیٹ میں آیا، حضرت عبد اللہ اُس سے خرید کر رسول اللہ ﷺ کی خدمت میں پیش کرتے اور پھر چپکے سے مالک کو کہتے کہ اب قیمت بھی جا کر رسول اللہ ﷺ سے وصول کرلیں، نبی اکرم ﷺ پوچھتے تھے کہ آپ نے تو یہ چیز مجھے ہدیہ نہیں دی تھی؟ جواب میں عبد اللہ مُسکرا کر کہتے: یا رسول اللہ! بالکل میں نے ہدیہ تو دیا ہے، لیکن میرے پاس اتنے پیسے نہیں کہ قیمت ادا کرسکوں، لہٰذا اب آپ ہی اِس کی قیمت دیدیجئے۔ آپ علیہ السلام مُسکراتے اور قیمت ادا کردیتے، اتنی بے تکلّفی اور مزاح سرورِ کون و مکان ﷺ اور صحابہ کرام کے درمیان دِلی محبت اور حسنِ معاشرت کے اعلیٰ درجہ کی گواہی دیتی ہے۔

دُوسری طرف حضرت عبد اللہ کو شراب نوشی کی عادت تھی، اور بارہا ایسا ہوا کہ اُن کو نشہ کی حالت میں آپ ﷺ کی خدمت میں پیش کیا جاتا اور آپ اُن کو کوڑوں کی سزا دِلواتے، ایک دِن پھر اِسی طرح اُن کو نشہ کی حالت میں گرفتار کرکے لایا گیا، آپ ﷺ نے اُن کو شراب نوشی کی سزا سُنائی، عمل درآمد بھی ہوگیا، جب جانے لگے، تو کسی صحابی کے مُنہ

سے یہ لفظ نکلا: خدا کی لعنت ہو اِس شخص پہ، کتنی بار اِس کو سزا ملی ہے، لیکن یہ پھر بھی باز نہیں آتا، یہ سنتے ہی کہ نبی اکرم ﷺ نے فرمایا: اپنے بھائی پر لعنت بھیج کر اُس کے خلاف شیطان کی مدد کرو، اللہ کی قسم! کہ مجھے اتنا معلوم ہے کہ یہ اللہ اور اُس کے رسول سے سچّی محبت رکھتا ہے'۔[76]

اِس حدیث مُبارک سے مستفاد چند باتیں:

اوّل:...... بڑا عجیب منظر ہے، ایک طرف سے اِس صحابی کی نبی اکرم ﷺ کے ساتھ اِس قدر بے تکلّفی، تعلق اور محبت اور دُوسری طرف شراب نوشی جیسی غلطی کا اِرتکاب، اِس سے یہ معلوم ہوتا ہے کہ آپ ﷺ کے زمانہ میں معاشرہ کے تمام افراد باہم گھل مل کر رہتے تھے اور نبی اکرم ﷺ بھی سب کے ساتھ برابری کا سلوک رکھتے تھے، معاشرہ کے افراد کے درمیان درجہ بندی یا طبقاتی نظام نہیں تھا اور نہ ہی الفتِ نبوی پر کسی ایک فریق کی اجارہ داری تھی کہ آپ ﷺ تک صرف انہی کی رسائی ہو اور بس۔ نہیں، بلکہ ظاہری تعلق اور میل جول میں سبھی یکساں شمار ہوتے تھے، البتہ آخرت کے اعتبار سے کوئی اپنے اوپر ظلم کرتا تھا، کوئی میانہ رو اور کوئی تو نیکی کے کاموں میں بہت زیادہ آگے بڑھنے والا تھا، لیکن کسی کی غلطی کو بنیاد بنا کر اُس کو معاشرہ سے کاٹ کر پھینکنے اور دُور کرنے کے بجائے اُس شخص کو اپنایا جاتا تھا، یہ وجہ تھی کہ اگر کوئی بتقاضائے بشریت غلطی کا ارتکاب کر بھی لے، تو اس کے اثرات محدود اور کم ہوا کرتے تھے، چونکہ یہ معاشرہ چاروں طرف سے باہمی احترام اور اپنائیت میں گھرا ہوا تھا، جس کی وجہ سے جرائم کو پنپنے اور بڑھنے کا موقع کم

---

[76] صحيح البخاري 6780، أسد الغابة 64/2، الإصابة 117/2، 251/4، 275/4، 463/6 تا 465، فتح الباري 75/12 تا 81، عمدة القاري 270/23 تا 271.

ملتا تھا، چنانچہ کسی سے بھی کوئی غلطی سرزد ہو جاتی، اور کسی کو ٹھوکر لگ بھی جاتی، تو فوراً کئی ہاتھ اس کو گرنے سے بچانے کیلئے آگے آجاتے تھے۔

دُوم:......خوبیوں پر نظر رکھنا: موقع محل سزا کا تھا، چنانچہ ایک سے زائد بار شراب نوشی جیسی غلطی کے ارتکاب پر سزا دی بھی گئی تھی، لیکن نبی اکرم ﷺ نے پھر بھی حاضرین کی توجہ عبداللہ کی خوبیوں کی طرف دِلائی، اور فرمایا: یہ اللہ اور آپ کے رسول سے محبت کرتا ہے۔

غور کیا جائے تو نبی اکرم ﷺ نے عبداللہ کی ایک ایسی صفت کا ذکر کیا جو درجات کے تفاوت کے ساتھ ہر مسلمان میں موجود ہے، کیونکہ ہر مسلمان اللہ اور اُس کے رسول ﷺ سے محبت کرنے والا ہے اور اِس کے بغیر تو ایمان ہی دُرست نہیں، لیکن اِس کے باوجود بھی نبی اکرم ﷺ نے اِس صفت کو نمایاں کیا اور تربیت کا اِس سے بہترین انداز نہیں ہو سکتا، تعلیم و تربیت کا یہ ایک عجیب، مؤثر اور منفرد طریقہ ہے جو دِلوں میں اعمالِ خیر کیلئے مزید گنجائش پیدا کرنے اور رُوحانی ترقی کیلئے مزید کوشش کرنے کی حوصلہ افزائی کا ذریعہ ہے، اور اِس بات کا پیغام ہے کہ اگر کسی سے غلطی سرزد ہو جائے تو اُس کو اُس غلطی کی زنجیروں میں باندھ کر ہمیشہ کیلئے قید کرنے اور معصیت کے گڑھے میں دھکا دینے کے بجائے اُس کا ہاتھ تھام لینا چاہئیے۔ تھوڑی دیر کیلئے ذرا حضرت عبداللہ رضی اللہ عنہ کے بارے سوچیں کہ جب نشہ اُترنے کے بعد اُس کو اِس بات کی اطلاع ملی ہو گی کہ اُس وقت بھی رسول اللہ ﷺ نے اُس کے بارے کتنے اچھے جملے ارشاد فرمائے تھے، تو اُس کی سرشاری کا کیا عالم ہو گا؟ اور وہ یہ محسوس کریں گے کہ گویا کہ وہ ایسی بلندیوں کی جانب پابہ سفر ہیں جہاں گناہوں کی کثافتیں بہت نیچے رہ جاتی ہیں۔

یہ طریقہ معاصی سے چھٹکارہ حاصل کرنے کا آسان ترین، مگر مضبوط نسخہ ہے کہ انسان کو اِس بات کا یقین دلایا جائے کہ گناہوں کا ارتکاب ایک حادثاتی اور وقتی کمزوری ہے، اصل حالت تو اللہ اور اُس کے رسول ﷺ کی محبت ہی ہے۔

سوم:...... تربیت کا اہم پہلو جسے ہم اکثر اوقات نظر انداز کر دیتے ہیں، وہ یہ ہے کہ گناہ میں مبتلا افراد کو طعن و تشنیع کا نشانہ بنانے کی بجائے اُن کی خوبیوں کا تذکرہ کیا جائے اور اور اچھے اعمال کو سراہا جائے، اِس سے اُن کے دِلوں میں خیر کی طرف رغبت پیدا ہو گی اور بری عادات سے توبہ اور اچھے اعمال کی طرف بڑھنے کا حوصلہ پیدا ہو جائے گا، اور یہی تربیت نبوی کا حصہ ہے، جبکہ ہم لوگ بسا اوقات لوگوں کو اُن کی غلطیوں کے زندانوں میں بند کر کے چاروں طرف اُن کی غلطیوں کی انتہائی لمبی لمبی دیواریں کھڑی کر دیتے ہیں، پھر ساری زندگی ہم اُسی خطا کو اُن کا تعارف بنا دیتے ہیں، لہٰذا جب کبھی اُن کا نام لینا ہو یا اُن کا تعارف کروانا ہو، تو بجائے اُن کی کسی اچھائی کا تذکرہ کرنے کے اِسی خود ساختہ پہچان اور نام سے یاد کرتے ہیں جو ہم نے اُنہیں دِیا ہوتا ہے اور ایسا کرتے ہوئے ہم یہ بھول جاتے ہیں کہ اُس کے خلاف شیطان کی مدد کر رہے ہوتے ہیں، جبکہ رحمتِ کائنات ﷺ کا اُسلوبِ تربیت یہ تھا کہ آپ ﷺ نے اِس صحابی رضی اللہ عنہ کی عمدہ ترین صفت اور کا تذکرہ ہوئے فرمایا: ''میں تو اتنا جانتا ہوں کہ وہ اللہ اور اُس کے رسول ﷺ سے سچّی محبت کرتا ہے، حالانکہ اس کو عدالتِ نبوی سے ایک بار سے زائد شراب نوشی کی سزا ہوئی تھی۔

چہارم:...... شراب نوشی صرف غلطی ہی نہیں، بلکہ کبیرہ گناہوں میں سے ایک ہے، بلکہ شراب کی وجہ سے دس ایسے افراد پر رسول اللہ ﷺ نے لعنت فرمائی ہے، جو اِس گناہ میں حِصّہ دار بنے ہوں، اِس لئے اِس کی قباحت میں کسی تاویل یا دُوسری رائے کی

گنجائش نہیں، یہی وجہ ہے کہ سرکارِ دوعالم ﷺ نے اُس صحابی کو سزادی، لیکن ساتھ ہی آپ علیہ الصّلاۃ والسلام نے اُس پر شرعی سزا کے نفاذ علاوہ اُس پر زبان درازی کرنے کو شیطان کی معونت قرار دیکر اُس کی اِجازت نہیں دی اور حاضرین کی توجہ اُس کے اچھے اعمال اور عمدہ صفات کی طرف مبذول کروائی۔

یہاں پہنچ کر ہمیں اپنا محاسبہ کرنا چاہیئے کہ بسا اوقات ہم اپنے ہی بھائیوں کی چھوٹی چھوٹی غلطیوں کی وجہ سے اُن کے دُشمن بن جاتے ہیں اور اُن کی تمام خوبیوں سے آنکھیں میچ لیتے ہیں، حالانکہ وہ معمولی درجہ کی غلطیاں ہوتی ہیں، بلکہ بسااوقات وہ بھی اجتہادی معاملات ہوتے ہیں، جہاں ایک سے زائد رائے کی بھی گنجائش ہوتی ہے، لیکن ہم پہلے تو شعُوری یالاشعُوری طور پر اُس قضیہ کو کھینچ تان کر اتنا حساس بنادیتے ہیں، گویا کہ ہمارا مخالف کسی ایسے حکمِ شرعی کی خلاف ورزی کا مرتکب ہوا ہے جِس میں اجتہاد اور رائے کا کوئی عمل دخل ہی نہ ہو، پھر اپنے جذبہ عداوت اور کٹ حجتی کو سندِ جواز بخشنے کیلئے اُس کو مذہب سے منسوب کر دیتے ہیں اور یہ دعوی کرتے ہیں کہ ہمارا کیا ہوا صرف مستند ہی نہیں، بلکہ دین کا حصہ اور دین ہی کیلئے ہے، جبکہ رحمت للعالمین ﷺ کی سیرت یہ ہے کہ آپ ﷺ نے ایک ایسے شخص کے حق کا دفاع کیا جس کو شراب نوشی جیسے کبیرہ گناہ کی پاداش میں بار بار سزا ہوئی تھی اور آپ ﷺ نے نہ صرف یہ کہ اِس گناہ کی آڑ میں اُس کی عزّت وآبرُو پر حملہ آور ہونے کی ہرگز اجازت نہیں دی، بلکہ اِس سب کچھ کے بعد بھی وہ اللہ اور اُس کے رسول ﷺ سے محبت کرنے والے رہے، اور اُس کے ساتھ آپ ﷺ کا تعلقِ خاطر، محبت، مزاح اور لطف وکرم کا سلسلہ جاری رہا، اور تحفہ تحائف لینے دینے کا سلسلہ بھی جاری رہا۔

رحمتِ کائنات ﷺ کی سیرتِ مبارکہ سے حاصل ہونے والے یہ فوائد اور مفاہیم اگر ہماری زندگیوں کا حصہ بن جائیں، تو معاشرہ میں اچھے اعمال کی سطح مزید بلند ہو جائے گی اور بہت ساری غلطیوں کے گرد باڑ لگ جانے کے ساتھ ساتھ سماج باہم متحد اور مضبوط بھی رہے گا، جس سے معاشرہ میں سے کئی ایسی مہلک بیماریوں کا بھی خاتمہ ہو جائے گا جنہیں طرح طرح کے غلط سہارے اور سندِ جواز بخشے گئے ہیں۔

غصہ نہ کریں!

کسی دعوتی سفر سے واپسی کا موقع تھا، تشنگانِ علم ودعوت پر اپنا لطف وکرم لٹانے کے بعد رحمت کائنات ﷺ تھکے ہارے اپنے حجرات کے قریب پہنچے تھے، کئی دِن کے مسلسل سفر اور دعوتی مُہم کے بعد آپ علیہ السلام کو آرام کی سخت ضرورت تھی، آپ علیہ السّلام نے ایک نجرانی دھاری دار چادر اِس طرح زیبِ تن کر رکھی تھی کہ اُس چادر کا ایک حصہ گردن مُبارک کے گرد لپیٹنے کے بعد بچنے والا حصہ شانوں پر ڈال رکھا تھا، ابھی آپ اپنے حجرہ مُبارک میں داخل ہونے ہی لگے تھے کہ ایک دیہاتی نے دوڑتے ہوئے آکر آپ ﷺ کی چادر مبارک کا پلو پکڑا اور اتنی زور سے اپنی طرف کھینچا کہ آپ علیہ السلام کی گردن مُبارک پر نشان پڑ گئے، چادر پھٹ گئی اور آپ علیہ السلام ایڑیوں کے بل لڑکھڑاتے ہوئے جا کر اُس دیہاتی کے سینے پہ گر گئے، پھٹی ہوئی چادر کا ٹکڑا رسول اللہ ﷺ کی مُبارک گردن کے گرد پھندے کی طرح لپٹ گیا اور چونکہ آپ ﷺ کا رنگ مُبارک چاندی کی طرح صاف اور سفید تھا، اِس لئے نشان پڑ گئے، خادمِ رسول ﷺ حضرت انس بن مالک رضی اللہ عنہ یہ سار منظر دیکھ رہے تھے، اب ہونا تو یہ چاہئے تھا کہ یہ دیہاتی ایسا بُرا سلوک کرنے پر شرمسار ہو جاتا اور سرورِ دوجہاں ﷺ کے قدموں میں گر کر معافی مانگ لیتا، لیکن اُلٹا اُس نے مزید بداخلاقی کا مظاہرہ کرتے ہوئے نبی اکرم ﷺ کو نام لیکر آواز دی اور کہا: ''یا مُحمّد!'' حالانکہ قرآنِ کریم نے واضح الفاظ میں رسول اللہ ﷺ کو نام لیکر آواز دینے سے منع کیا ہے، چنانچہ ارشادِ ربّانی ہے:

﴿لَّا تَجۡعَلُواْ دُعَآءَ ٱلرَّسُولِ بَيۡنَكُمۡ كَدُعَآءِ بَعۡضِكُم بَعۡضٗاۚ﴾ [النور: 63]

ترجمہ: اللہ کے نبی کو اِس طرح مت پکارو، جیسے تم ایک دُوسرے کو نام لیکر پکارتے ہو۔

پھر ایک قدم اور آگے بڑھاتے ہوئے کہا: تمہارے پاس جو اللہ کا مال رکھا ہوا ہے، اُس میں سے کچھ مجھے دیدیں۔

قارئینِ کرام سے میری گزارش یہ ہوگی کہ وہ جب یہاں پہنچ جائیں، تو آگے بڑھنے سے قبل تھوڑی دیر کیلئے آنکھیں بند کرکے سوچیں کہ اِس طرح کی غیر شائستہ حرکتوں کے جواب میں آپ کے جذبات کیسے ہونے چاہئیں؟ ایک تو اُس بندہ خُدا نے سرورِ کائنات ﷺ کو اتنے زور سے کھینچا کہ آپ ﷺ گرتے گرتے بچ گئے، چادر پھٹ گئی، گردن مبارک پر نشان پڑ گئے، پھر انتہائی ناشائستہ انداز میں بلایا اور پھر مال بھی مانگا۔ اِن تمام معاملات کو باہم ملا کر سوچیں کہ اِن میں سے کوئی ایک کام بھی رسول اکرم ﷺ کو سخت ناراض کرنے کیلئے کافی تھا، چہ جائیکہ یہ سب جمع ہو جائیں، نیز اِس ظلم و جفا کا بدلہ کیا ہونا چاہیئے، اُس کے بارے بھی سوچئے۔

اب آگے بڑھیں اور جانیں کہ آپ کے نبی اکرم، سرور دوعالم ﷺ کا ردعمل بہت ہی عجیب، بے مثال اور آپ کی عظمت کے شایان شان تھا، ایک ایسا عظیم الشان ردعمل کہ جہاں بھر کے ضابطے اور قانون اُس کی گرد تک بھی نہیں پہنچ سکتے، چنانچہ آپ ﷺ اُس سے رُخ پھیرنے کی بجائے اُس کی طرف متوجہ ہوئے، ترش روئی سے پیش

آنے کی جگہ مسکرائے، سزا دینے کی بجائے احسان فرمایا، حضرت انس جو اِس سارے منظر کو ورطۂ حیرت میں ڈوب کر دیکھ رہے تھے، کہتے ہیں کہ رحمتِ کائنات ﷺ اُس کی طرف متوجّہ ہو کر مُسکرائے اور اُس کو مال دینے کا حکم دیتے ہوئے فرمایا غصہ مت کیا کرو۔ [77]

سیرتِ نبوی کا یہ خوبصورت واقعہ تو ختم ہو گیا، لیکن ہمیں اِس واقعہ کو دوہرا کر پڑھنے اور سکوت کے عالم میں خوب غور و فکر کرنے کی ضرورت ہے، تاکہ ہمارے وجدان کے رگ وپے میں یہ رچ بس جائے، ہم یہاں تین اہم اُمور کے بارے کچھ گزارشات کریں گے اور باقی اُن کے نتائج قارئین کے حوالہ کریں گے۔

ا)...واقعہ میں مذکور ساری جفائیں اور اچانک کی جانے والی ناشائستہ حرکتیں کسی بھی انسان کے دِل میں غصہ کی آگ اور جذبۂ انتقام بڑھکانے کیلئے کافی ہیں اور عموماً غصہ کی وجہ سے ردعمل بھی فوری ہوتا ہے، فزکس کا قانون یہ کہتا ہے کہ ہر عمل کا ردعمل قوت کے اعتبار سے اُس جیسا اور جہت کے اعتبار سے اُس کے برعکس ہوتا ہے، لیکن رحمتِ کائنات ﷺ لوگوں کے ساتھ فزکس کے اُصولوں کے تحت نہیں، بلکہ اپنے خلق عظیم والے قانون کے تحت سلوک کرتے ہیں، جیسا کہ ارشادِ ربّانی ہے:

﴿وَإِنَّكَ لَعَلَىٰ خُلُقٍ عَظِيمٍ﴾ [القلم: 4]

ترجمہ: اور آپ اخلاق کے بلند رتبہ پر فائز ہیں۔

---

[77] مسند أحمد 12090، صحيح البخاري 3149، 5809، 6088، صحيح مسلم 1057، شرح النووي على صحيح مسلم 7/146–147، فتح الباري 10/506.

اِس پورے واقعہ میں انسان کو سب سے زیادہ ورطۂ حیرت میں ڈالنے والی چیز نبی اکرم صلی اللہ علیہ وآلہ وسلم کا فوری طور پر ایسا ردعمل دینا ہے جو مکمل توجہ، اہتمام، ترحیبی تبسُّم، اور عطاء سب پر مشتمل تھا، جِس کے پیچھے رحمتِ کائنات صلی اللہ علیہ وآلہ وسلم کے عظیم اخلاق کارفرما تھے۔

سیرتِ مُبارکہ سے حاصل ہونے والے اِس سبق میں غور وفکر اور اِس کو اپنے قلب ودماغ میں اُتارنے کی کوشش جہاں ایک طرف ہمارے دِلوں میں غُصّہ کی شعلہ زن آگ کو بجھانے اور ہمارے دِلوں کو صبر اور تسکین پہنچانے کا ایک مؤثر سبب بن جائے گی، وہاں ہمیں اِس قابل بھی بنائے گی کہ ہمارے جذبات ہمارے اپنے قابو اور ہاتھ میں ہوں، بجائے اِس کے کہ جذبات ہمیں اپنے قبضہ میں لے لیں۔

۲)... جیساکہ ابھی اوپر حدیث میں گزرا، نصیحت طلب کرنے والے کو "لَاتَغۡضَبۡ" (اپنے غُصّہ پر قابو رکھو) جیسی انمول نصیحت اور دُنیا کو "لوگوں کو پچھاڑنے والا پہلوان نہیں، بلکہ اصل پہلوان تو وہ ہے جو غُصّہ کے وقت اپنے نفس کو قابو میں رکھے" جیسا اُصولِ تربیت عطا کرنے والے رحمتِ کائنات صلی اللہ علیہ وآلہ وسلم کو غُصّہ دِلانے کی کوشش کی جاتی ہے اور اِس کے لئے انتہائی ناشائستہ حرکتیں بھی کی جاتی ہیں، لیکن میرے ماں باپ فدا ہوں اُس رسولِ اُمی صلی اللہ علیہ وآلہ وسلم پر کہ آپ اپنے غُصّہ پر قابو کرنے کی ایسی مثال قائم کرتے ہیں کہ دُنیا اِس کی نظیر پیش کرنے سے ہمیشہ قاصر رہتی ہے۔[78]

۳)... نبی اکرم صلی اللہ علیہ وآلہ وسلم کے قول وفعل، اور دعوت اور سیرت میں سو فیصد ہم آہنگی نے آپ علیہ السّلام کی شخصیت کو مکارم اخلاق کا نمونہ بنایا تھا، اور ایسا کیوں نہ ہوتا کہ آپ

---

[78] أخرجه البخاري (6116) من حديث أبي هريرة رضي الله عنه.

کی بعثت ہی مکارمِ اخلاق کی تکمیل کیلئے ہوئی تھی اور ہر دعوت اُس وقت اثر سے محروم رہتی ہے جب تک اُس کی جھلک خود داعی کی اپنی عملی زندگی میں صاف دِکھائی نہ دے۔[79]

۴)... یہاں ایک اور سوال یہ بھی اُٹھتا ہے کہ یہ دیہاتی شخص رسول اللہ ﷺ سے اتنے وثوق اور اعتماد سے کیوں مانگ رہا تھا؟ بلکہ یہی غیر ضروری خود اعتمادی کی وجہ سے سرکارِ دوعالم ﷺ سے نامناسب سلوک تک کر بیٹھا، آخر اِس کی کیا وجہ ہو سکتی ہے؟ کیا اُسے اِس بات کا خوف نہیں تھا کہ اُس کا یہ رویہ سزا کا مستوجب بھی ہو سکتا ہے؟ جواب صاف ظاہر ہے کہ یہ شخص سرکارِ دوعالم ﷺ کے عظیم اور عمدہ اخلاق کے حصار میں تھا، جس نے اُسے ہر طرح سے بے خوف کر دیا تھا، تاکہ وہ اپنی زندگی مکمل طور پر جی سکے، اُس کا دِل خوف اور ڈر سے خالی اور شخصیت کسی بھی بے وُقعتی سے دُور ہو، بلا جِھجک اپنے دِل کی بات کہہ سکے، اور اُس چیز کا مطالبہ کر سکے جسے وہ اپنا حق سمجھتا تھا، یہی وجہ تھی کہ اپنے حقوق کا مطالبہ بھی وہی لوگ کرتے تھے جو اپنی ذمہ داری ادا کرتے ہوئے اقوامِ عالم تک اپنے رسول اکرم ﷺ کا پیغام پہنچا چکے تھے، اِس دعوت کو گھر گھر تک پہچانے کیلئے اپنی ہر قیمتی ترین چیز قربان کرنا اُن کی نظر میں بڑا سستا سودا تھا، اُن کے پہلوں میں دِل موجود تھا، لیکن اُس کی ملکیت گویا کہ سرکار دوعالم ﷺ کی تھی، نبی اکرم ﷺ کی حسنِ تربیت کی بدولت اِن میں سے ہر شخص کا یہ حال تھا کہ اُس کی شخصیت نکھر چکی تھی، اعتماد میں اضافہ ہوا تھا، اور ہر شخص کو اپنی قیمت اور اہمیت کا اندازہ تھا، اِس لئے نبی اکرم ﷺ کے ہر ہر صحابی کی شخصیت اپنے حقوق اور فرائض کے اعتبار سے دوسروں کے مساوی، نہایت پر اعتماد،

---

[79] أخرجه البخاري (6114)، ومسلم (2609) من حديث أبي هريرة رضي الله عنه.

صاف، واضح اور بے غبار تھی۔ اِس کے بر عکس جہاں زبانوں پر خوف کے تالے لگے ہوئے ہوں، وہاں دِل کینہ اور حسد کی قبریں بن جاتے ہیں۔

گھر والوں کی خدمت!

یہ اُس حجرہ نبوی کا منظر ہے، جسے حق تعالی نے دائمی طہارت اور پاکیزگی کی سند عطا کی ہے، کاشانہ نبوت کی یہ جھلک بھی اُس روشندان سے دِکھائی دے رہی ہے، جسے ام المؤمنین سیدہ عائشہ صدیقہ رضی اللہ عنہا نے اُس وقت کھولا تھا، جب حضرت امّاں جان رضی اللہ عنہا سے آپ کے کئی شاگرد تابعین کرام نے رسول اللہ ﷺ کی گھریلو زندگی کے بارے ایک سوال پوچھا تھا، سوال کا خلاصہ یہ تھا کہ رسول اللہ ﷺ کا اپنے گھر والوں کے ساتھ رویّہ کیسا ہوا کرتا تھا، خصوصاجب آپ ﷺ سیّدہ عائشہ کے ساتھ ہوتے تھے؟

رحمتِ کائنات ﷺ چونکہ پوری عالمِ انسانیت کیلئے بھیجے گئے، آپ کا پیغام، دعوت اور مشن کسی مخصوص قوم، جغرافیائی حدود یا نسل کیلئے نہیں، بلکہ بنی نوعِ انسان کیلئے تھا، اور آپ ﷺ گھر سے باہر ہمیشہ اُمت کے مسائل کے حل کیلئے کوشاں رہتے تھے، اس لئے جِس ہستی کا مشن اتنا عام اور وسیع ہو، اُس ہستی کی گھریلو اور نجّی زندگی کیسی ہوگی؟ یقیناہر شخص اس سوال کا جواب جاننے کیلئے بے تاب ہوگا، اس لئے حضرت عائشہ صدیقہ رضی اللہ عنہا نے بھی اِس سوال کا خیر مقدم کیا اور بڑے اہتمام کے ساتھ سُنا اور جو جامع جواب ارشاد فرمایا، وہ صرف ایک سوال کا جواب نہیں، بلکہ کاشانہ نبوت علی صاحبہا الصلاۃ والسّلام کی طرف سے ایک ایسا روشن دان تھا، جس سے رحمتِ کائنات ﷺ کی گھریلو اور نجی زندگی کا منظر بھی اُمت کیلئے صاف اور واضح طور پر دِکھائی دے سکے، تاکہ اجتماعی زندگی کی طرح انفرادی اور نجّی زندگی میں سنت رسول ﷺ کی اتباع کرنے والوں کے سامنے ایک نمونہ اور مثال موجود ہو، چنانچہ حضرت عائشہ صدیقہ رضی اللہ عنہا فرماتی ہیں:

"رسول اللہ ﷺ اپنے گھریلوں اور نجّی زندگی میں انتہائی نرم، سخی اور بردبار تھے، آپ ﷺ اپنے گھر میں ایک عام انسان کی طرح رہتے تھے، اور ہمیشہ اپنے اہل وعیال کی خدمت میں لگے رہتے، جوتا گانٹھنا، کپڑوں پر پیوند لگانا، بکری کا دُودھ نکالنا، یہ سارے کام خود اپنے ہاتھ سے کرتے تھے، جیسا کہ تم لوگ کرتے ہو، البتہ تبسّم آپ ﷺ کے لبوں سے کبھی جُدا نہیں ہوتا تھا، اسی اثنا میں اگر اذان ہو جاتی تو آپ علیہ السلام نماز پڑھانے نکل جاتے، میں نے کبھی رسول اللہ ﷺ کو اپنے کسی خادم یا نوکر کو مارتے نہیں دیکھا۔"[80]

حضرت عائشہ صدیقہ رضی اللہ عنہا کا یہ جواب درحقیقت صفاتِ نبوی علی صاحبہا الصلاۃ والسّلام کا وہ حسین اور معطر گلدستہ ہے جسے حضرت عائشہ صدیقہ رضی اللہ عنہا نے انتہائی مہارت اور خوبصورتی سے چند جملوں میں سمو دیا ہے۔ جَزَاهَا اللّٰهُ خَيْرًا.
اب ذرا اِس حدیث سے حاصل ہونے والے فوائد پر اک نظر ڈالتے ہیں:

ا ......اِس جملہ "مَا كَانَ إِلَّا بَشَرًا مِنَ الْبَشَرِ "(رسول اللہ ﷺ دیگر انسانوں کی طرح ایک انسان تھے) سے حضرت عائشہ رضی اللہ عنہا کا مقصد اِس بات پر زور دینا تھا کہ آپ علیہ السّلام صرف اپنی ذات کے اعتبار سے ہی انسان نہیں تھے، بلکہ اپنے رویہ، سلوک اور حسنِ تعامل کے لحاظ سے بھی ایک کامل انسان اور نمونہ اخلاق تھے، چنانچہ جب

---

[80] مسند إسحاق بن راهويه 1550، مسند أحمد 23093، صحيح البخاري 676، 6039، صحيح ابن حبان 5676، مكارم الأخلاق لابن أبي الدنيا 397، الكنى للدولابي 360، تاريخ أبي زرعة الدمشقي 1/659–660، غرائب شعبة لأبي الحسين بن المظفر 81، فتح الباري لابن رجب 6/108–109، طبقات الشافعية للسبكي 6/294، فتح الباري لابن حجر 2/163، 10/461.

آپ ﷺ اپنے گھر میں داخل ہوتے تھے، تو بطور ایک لیڈر یا امام بن کر نہیں، بلکہ دلجوئی کرنے والے شوہر بن کر داخل ہوتے تھے، تاکہ آپ علیہ السلام کے اہلِ خانہ آپ کے ساتھ گھر کے ایک فرد کی طرح زندگی گزار سکیں، گویا کہ رسول اللہ ﷺ کی زندگی کے اِس پہلو میں عظمتِ محمدی اور بطور شوہر حسنِ سُلوک دونوں کی جھلک موجود ہے، چنانچہ آپ علیہ السلام باوجود تمام انسانوں کے سردار اور اولادِ آدم مخلوق میں سب سے افضل واعلی ہونے کے اپنے اہلِ خانہ کے ساتھ ایک لیڈر اور سربراہِ مملکت کے طور پر نہیں، بلکہ انتہائی سادہ اور بے تکلف زندگی گزارا کرتے تھے، اِس میں دورائے نہیں کہ رسول اللہ ﷺ جیسی عظیم ہستی، جہاں عظمتیں اپنی اونچائی کھو جاتی ہیں، کی طرف دیکھنے والے آپ کی ہیبت اور رعب سے مرعوب ہو جاتا تھا، لیکن آپ اپنے اہلِ خانہ کے ساتھ ایک محبت کرنے والے شوہر کی طرح زندگی گزارتے تھے۔

گھر جاتے ہوئے ہم لوگ جب اپنے بھاری بھر کم القابات اور منصب کو بھی ساتھ کھینچ کر لے جاتے ہیں تو ہم سیّد دوعالم ﷺ کی سیرت طیبہ کے اِس پہلو کو نظرانداز کر جاتے ہیں اور گھر میں بھی انھی القاب اور مناصب کے ساتھ زندگی گزارنا چاہتے ہیں، حالانکہ ہونا تو یہ چاہئیے کہ یہ سارے القابات اور مناصب دروازہ سے باہر رکھ کر گھر میں داخل ہوا جائے، تاکہ سیرتِ دوعالم ﷺ کی زندگی کے اِس پہلو ''كَانَ بَشَرًا مِنَ الْبَشَرِ'' کی جھلک ہماری زندگیوں میں بھی نظر آسکے۔

۲) حضرت عائشہ صدیقہ کا یہ جملہ " كَانَ يَكُوْنُ فِي مَهْنَةِ أَهْلِهِ"(یعنی رسول اللہ ﷺ اپنے اہلِ خانہ کی خدمت میں مصروف ہوا کرتے تھے) پڑھ کر یہ سوال پیدا

ہوتا ہے کہ کیا حضرت عائشہ صدیقہ سلام اللہ علیہا کے گھر میں اتنا زیادہ کام ہوتا تھا کہ انہوں نے اِس کی شکایت کی ہو اور رسول اکرم ﷺ کو اُن کا ہاتھ بٹانا پڑ رہا ہو؟ کیونکہ اگر جگہ کے اعتبار سے دیکھا جائے تو دستیاب معلومات کی روشنی میں سیدہ عائشہ صدیقہ رضی اللہ عنہا کا حجرہ ۵.۵×۳ میٹر سے زیادہ نہیں تھا، جبکہ گھر کے کام کاج کا یہ حال تھا کہ حجرہ صدیقہ رضی اللہ عنہا میں کھانا پکائے بغیر دو دو مہینے گزر جاتے تھے، اس لحاظ سے حضرت عائشہ کے گھر کا کام کتنا ہوتا ہوگا کہ رسول اللہ ﷺ کو حضرت عائشہ کا ہاتھ بٹانا پڑے؟

اِس سوال کا جواب یہ ہے کہ رسول اللہ ﷺ ہمدردی، اور ازدواجی زندگی میں باہم تعاون کی وجہ سے حضرت عائشہ رضی اللہ عنہا کا ہاتھ بٹاتے تھے، تاکہ رسول اکرم ﷺ کی ازدواجی زندگی میں ارشادِ ربانی ﴿لِتَسْكُنُوٓا۟ إِلَيْهَا﴾ {الروم 21} کا مفہوم اور مطلب نکھر کر سامنے آجائے۔

ایسے چھوٹے چھوٹے کاموں میں گھر والوں کا ہاتھ بٹانا حقیقت میں اہل خانہ کے دِل میں محبت، رحمت اور اپنائیت پیدا کرتی ہے، جو رُوحانی اور جذباتی احساسات کا حسین امتزاج بن کر میاں بیوی کو ایک دوسرے کے قرب کا احساس دِلاتا ہے، کیونکہ شوہر کا کسی بھی طریقہ سے اپنی شریکِ حیات کا ہاتھ بٹانا دراصل اِس بات کا احساس دِلانا ہے کہ ہمارا گھر، ہماری زندگی، اور غم خوشی سانجھی ہیں، اور ازدواجی بندھن انہی تاثرات سے عبارت ہیں، لہٰذا ایسے عاجزانہ اعمال جہاں شوہر کو اندرونی طور پر خوشی عطا کرتے ہیں، وہاں اُس کی شریکِ حیات کی نظر میں اُس کی قدر و منزلت میں بھی اضافہ کرتے ہیں۔

۳......جب ہم حجرہ نبوی علی صاحبہا الصلاۃ والسلام پر اِس پہلو سے نظر ڈالتے ہیں ، یا اِسی روشندان سے حجرہ نبویہ کی طرف جھانکتے ہیں ، تو بظاہر حُجم اور سائز کے اعتبار سے چھوٹا سا یہ آنگن ، جس کی دیواریں مختصر ، مسافت کم ، سامان قلیل سادہ نظر آتا ہے ، لیکن عظیم پیغمبرانہ کردار نے اسے خوشی اور مسرتوں کے چار چاند لگادیے ہیں ، جس میں ہر وقت مُسکراہٹیں بکھرتی ہیں ، خوشیاں بٹتی ہیں ، اور لُطف وعنایت کا پہرہ ہوتا ہے ، اسی لئے تو عائشہ صدیقہ کہتی ہیں : رسول اکرم ﷺ تھے ، تو تمہارے جیسے ایک انسان ہی ، لیکن اُن کے لبوں پر مسکراہٹ ہمیشہ کھیلتی رہتی تھی " .

خانہ نبوت میں تکلفانہ احترام ، زبردستی والا تقوی اور تُرش روئی جیسی چیزوں کا کوئی نام ونشان موجود نہیں تھا ، بلکہ کاشانہ نبوت سُکون ، خوشیوں اور شادمانی کا ڈیرہ تھا ، ہر طرف مُسکراہٹوں کی وہ بہار اور مسرتوں کی وہ ارزانی تھی کہ گویا اس گھر کے مکین جنت کے ایک کونے میں رہتے ہوں ۔

ازدواجی معاملات میں اس کا اچھا سلوک ، جس میں شوہر اپنی بیوی کے ساتھ اظہار محبت اور خوشی بھری قربت کیلئے پہل کرے ، بیوی کے دل میں شوہر کیلئے مزید جگہ پیدا کرتی ہے ، بلکہ بیوی کو شوہر کی محبت کی اسیر بنادیتی ہے ، جو لوگ ازدواجی زندگی میں خشکی اور سرد مہری کی شکایت کرتے ہیں ان کو سیرت نبوی کے اس پہلو سے خصوصی سبق حاصل کرنے کی ضرورت ہے کہ جب شوہر اپنی بیوی کو اِس بات کا احساس دِلانے میں کامیاب ہو جائے کہ اُن کی زندگی کا ہر ہر لمحہ مشترک اور سانجھا ہے اور زندگی کے ہر ہر لمحہ کو مُسکراہوٹوں سے منور کر دیتا ہے ، تو ایسے دلکش انداز اور حسنِ تعلق سے اپنائیت کو جلا ملتی ہے اور بیوی کے قلب ووجدان کے چپے چپے پر شوہر کی محبت قابض ہو جاتی ہے ۔

۴......نبی اکرم ﷺ کی حیاتِ مبارکہ کا مثالی توازن اور اعتدال کہ آپ علیہ السّلام اپنے اہلِ خانہ اور عوام کے ساتھ انتہائی خندہ پیشانی اور کے ساتھ پیش آتے تھے، گھر میں ہوتے تو کام کاج میں ہاتھ بٹانے میں اپنے اہلِ خانہ کے ساتھ، باہر نکلتے تو بادِ نسیم کے جھونکوں سے زیادہ سخی، اور ایسا کیوں نہ ہوتا کہ آپ ﷺ خلقِ خدا میں افضل ترین اور نہ صرف اپنے اہلِ خانہ کیلئے بلکہ پوری خلقِ خدا کیلئے بہترین ذات تھے۔

بہت سارے لوگوں کی زندگی میں اِس طرح کے توازن کا عموماً فقدان پایا جاتاہے، یہ لوگ جب عام لوگوں کے ساتھ ہوتے ہیں تو خوب ہنستے اور مسکراتے ہیں، چھوٹی چھوٹی باتوں پر دوسروں کی تعریف کرتے ہیں، لیکن جوں ہی وہ اپنے گھر میں داخل ہوتے ہیں، تو اُن کے چہروں پر ناراضگی، ترشی اور نفرت کا قبضہ ہو جاتا ہے، پس اُن کے اہلِ خانہ کو اِن کا یہی لٹکا ہوا چہرہ اور اُس پر چھائی ہُوئی بلاوجہ کی اکتاہٹ کے سوا کچھ دیکھنے کو نہیں ملتا، حالانکہ یہی اہلِ خانہ اُن کی مُسکراہٹوں، حسنِ خلق اور حسنِ مُعاشرت کی زیادہ حقدار ہیں، جبکہ ہمارے رسولِ اکرم ﷺ کا حسنِ خُلق اور کرم تو سب کو اپنی آغوش میں لئے ہوئے ہوتا تھا، لیکن آپ ﷺ کے اہلِ خانہ کو اِس میں سے خصوصی اور وافر مقدار میں حصہ ملتا تھا۔

٦......بہت سارے لوگوں کو قرآن کریم کی اصطلاح ''قَوَّامٌ'' (مرد عورتوں کے سرپرست اور نگہبان ہیں) {النساء: 34} کا مفہوم اور مطلب سمجھنے میں غلطی لگی ہے، چنانچہ اُن کے نزدیک قوام کا مطلب:

" ایک ایسا شخص ہے جو ہر وقت کبر و نخوت کا مجسمہ بنے، ماتھے پر شکن چڑھائے ڈانٹنے، جھگڑنے اور سرزنش کرنے پر مامور ہو، کسی سے بات نہ کرے اور اگر منہ کھولے بھی تو صرف آرڈر دینے، یا تنبیہ کے لئے اور بس۔ "

ایسے لوگوں کے لئے رسول اللہ ﷺ کی سیرتِ مبارکہ کے اِس پہلو میں ایک خاص پیغام اور سبق پوشیدہ ہے۔

۷ ......اللہ تعالی کروڑہا رحمتیں نازل ہوں ام المؤمنین سیدہ عائشہ صدیقہ رضی اللہ عنہا پر، کہ اُن کی برکت سے کاشانۂ نبوت کی طرف کھلنے والا یہ روشندان رسول اللہ ﷺ کی رِحلت کے بعد بھی تقریباً نصف صدی تک برقرار رہا، جہاں سے جھانک کر اہل ایمان اپنے نبی مکرم ﷺ کی سیرت کے اِس پہلو کا منظر دیکھتے اور راہنمائی حاصل کرتے رہے، حضرت ام المؤمنین سیدہ عائشہ صدیقہ رضی اللہ عنہا سے راضی ہو اور پوری اُمت کی طرف سے آپ کو جزائے خیر عطا فرمائے۔ آمین

ہار والا دِن!

مسجد نبوی میں داخل ہوتے ہی کونے میں ایک چھوٹا سا حجرہ دِکھائی دیتا تھا، حجر ے کی دیواریں اتنی مختصر تھیں کہ یوں لگ راتھا گویا کہ حجرے کا فرش چھت سے لگا ہوا ہو، اِس حجرے میں ایک ہی آدمی سما سکتا تھا،اِس پنجرہ نما حجرہ میں ایک سیاہ فارم باندی رہائش پذیر تھی، یہ خاتون اکثر وبیشتر رسول اللہ ﷺ کے گھر جایا کرتی تھی اور حضرت عائشہ صدیقہ رضی اللہ عنہا کے ساتھ بیٹھ کر دیر تک بات چیت میں لگی رہتی، لیکن ہر دفعہ وہ ایک شعر دوہرایا کرتی تھی :

وَيَوْمَ الْوِشَاحِ مِنْ تَعَاجِيبِ رَبِّنَا

عَلَى أَنَّهَا مِنْ دَارِ الْكُفْرِ نَجَتْ

وہ کمر بند ہار والا دِن قدرت الٰہی کی عجیب نشانیوں میں سے ایک ہے، وہ اور بات ہے کہ اِسی کی بدولت مجھے دار الکفر سے نجات ملی۔

حضرت عائشہ کو اِس پر بڑا تعجب ہوا، تو ایک دِن پوچھ ہی لیا کہ اِس یوم الوشاح (ہار والے دن) کا کیا قضیہ ہے؟ کیونکہ جب بھی تم میرے ساتھ بیٹھتی ہو، تو یہ شعر تمہاری زبان پر ہوتا ہے، آخر ماجرا کیا ہے؟۔

سیاہ فارم باندی کہنے لگی: غلامی سے آزادی ملنے کے بعد بھی میں اُسی قبیلہ کے ساتھ رہائش پذیر تھی، کیونکہ میرے پاس کوئی ٹھکانہ نہیں تھا، ایک دِن اُسی قبیلہ کی ایک لڑکی جس نے چمڑے کا ہار پہنا ہوا تھا غسل کرنے نکلی، تو اُس نے اپنا ہار غسل خانہ کے

دروازہ پر ہی رکھ دیا، اتنے میں ایک چیل آئی اور گوشت سمجھ کر اُسے لے اُڑی، لڑکی جب باہر نکلی، تو ہار ندارد، اُس نے اپنے گھر والوں کو آواز دی اور یوں پورا قبیلہ اکٹھا ہو گیا، اُن سب کو اِس باندی پر شک تھا کہ ہو نہ ہو اِسی نے یہ ہار چرایا ہوگا، چنانچہ انہوں نے اِس کو سخت سزا دی اور اُس کی تلاشی لینا شروع کر دی، جب اُن ظالموں کو کہیں اور وہ ھار نہ ملا، تو انہوں نے اِس بیچاری باندی کی شرمگاہ تک کی تلاشی لی، ظاہر ہے کہ تذلیل اور اہانت کا یہ آخری درجہ تھا، لیکن دُوسری طرف اِس باندی کے پاس کوئی اور چارہ کار، یا پناہ کی جگہ بھی نہیں تھی، اِس لئے سوائے آہ و فغاں اور فریاد کے اُس کے پاس راستہ بھی کوئی نہیں تھا، کرب والم کے اِس عالم میں اس نے تمام معبودوں کو بھول کر اللہ تعالی سے دُعا کرنا شروع کر دی، اور باندی کے قلبِ حزیں سے نکلنے والی دُعا تاثیر کے ہاتھوں ایسے عجیب انداز سے بِک گئی کہ وہی چیل اپنی چونچ میں وہ ھار لئے واپس آگئی اور قبیلہ والوں کے سامنے پھینک کر چلی گئی۔

یہ خاتون قبیلہ والوں سے مخاطب ہو کر کہنے لگی: یہ وہی ھار جس کیلئے تُم نے مجھ پہ الزام لگایا، سزائیں دیں اور شرمگاہ تک کی تلاشی لیکر مجھے اذیت دی، لیکن میرا دامن اِس سے بالکل پاک تھا، پھر اُس نے مدینہ منورہ کی طرف ہجرت کی، ایمان قبول کیا اور مسجد نبوی میں اُس کی رہائش کا انتظام کیا گیا اور رسول اللہ ﷺ کے تمام حجرات کے دروازے اُس کیلئے کھلے تھے اور اہل ایمان سب اُس کے ساتھ برادرانہ سلوک کیا کرتے تھے، بعض اہلِ علم کا خیال ہے کہ یہ وہی خاتون ہے جس نے اپنے آپ کو مسجدِ نبوی کی صفائی کیلئے وقف کر رکھا تھا۔

ایک دفعہ چند دِن تک وہ دِکھائی نہیں دی، تو رسول اللہ ﷺ نے پوچھا کہ وہ کہاں ہے؟ صحابہ کرام رضی اللہ عنہم نے بتایا کہ یارسول اللہ! وہ تو سفرِ آخرت پر روانہ ہو گئی ہے، آپ علیہ السلام نے فرمایا: تم لوگوں نے مجھے بتایا کیوں نہیں؟ کہنے لگے: یارسول اللہ! چونکہ اُس کی وفات رات کے وقت ہوئی تھی، اِس لئے ہم نے آپ کو تکلیف دینا مناسب نہیں سمجھا، نبی اکرم ﷺ نے فرمایا: مجھے اِس کی قبر دِکھاؤ، چنانچہ اُس کی قبر دِکھائی گئی اور آپ ﷺ نے قبر پر ہی اُس کی نمازِ جنازہ ادا فرمائی اور فرمایا: یہ قبریں ظلمت اور اندھیروں سے اٹی پڑی ہوتی ہیں اور میری نماز کی وجہ سے اللہ تعالیٰ اِن کو روشن کر دیتا ہے۔[81]

حدیث سے مستنبط ہونے والے چند علمی نِکات

ا) واقعہ میں مذکورہ اذیتوں نے اِس خاتون کی زندگی کا رُخ فطرت کی طرف واپس موڑ دیا، وہ کرب والم کی آندھیوں اور ظلم وستم کی گھاٹیوں سے گزر چکی تھی، الزام تراشی اور ایذارسانی جب جسمانی حدود کو پھلانگتے ہوئے عزت وآبرو کی حدود میں داخل ہونے لگی، تو اِس کے پاس سوائے بے بسی کے آنسوؤں اور آہ وفغان کے کچھ نہ تھا، نہ کوئی مددگار جو اِسے عربی قبیلہ کی دست درازیوں سے بچا سکے، اور نہ ہی کوئی ولی وارث جو اِس کا دفاع کر سکے، ایسے میں اُس کو سمجھ آگئی کہ قوم وقبیلہ کے خود ساختہ معبود اپنا دفاع نہیں کر سکتے

---

[81] مسند الطيالسي 2568، مسند أحمد 8634، 9037، صحيح البخاري 439، 458، 1337، 3835، صحيح مسلم 956، سنن أبي داود 3203، مسند أبي يعلى 6429، صحيح ابن خزيمة 1332، صحيح ابن حبان 1655، 3086، معجم ابن الأعرابي 671، معجم ابن المقرئ 803، الفرج بعد الشدة لابن أبي الدنيا 96، العظمة لأبي الشيخ 1773/5، حلية الأولياء 71/2، شعب الإيمان 1060، سنن البيهقي 32/4، إثبات عذاب القبر للبيهقي 162، الآداب للبيهقي 765، فتح الباري 534/1، عمدة القاري 195/4.

، تو اِس کے کام کیا خاک آئیں گے ؟ اِس لئے اُس نے بھی اُسی وحدہ لاشریک کا دروازہ کھٹکھٹایا جہاں سے مظلوموں کے مسائل حل اور مشکلات ختم ہو جاتی ہیں، وہ بے قراروں کی تڑپ سنتا ہے اور مظلوموں کی دُعائیں قبول کرتا ہے، چنانچہ اُس کی عرضی بھی سُن لی گئی اور سرِ عام اُس کی براءت اور پاکیزگی کا ثبوت دیا گیا، انسان کو مشکلات میں ساتھ دینے والا اپنا ہی ہم جنس انسان بھی دیر تک یاد رہتا ہے، چہ جائیکہ خالق کائنات ! اِس لئے اُس نے بھی مدینہ منوّرہ کا رخت باندھا اور ہجرت کو اپنا ہمسفر بنایا، تا کہ ایک ایسی سرزمین میں پہنچ سکے جہاں وہ پوری آزادی کے ساتھ اپنے خالق کے سامنے آہ وزاری کر سکے، اور باقی سانسیں اُسی کی بندگی میں گزار سکے۔

۲) اچھے اور پاکیزہ دِل کی مالکن خاتون پر اپنے کریم رب کا شکر ادا کرتے ہوئے خماری سی چھاگئی تھی، پھر جب اُس نے ہجرت کی، تو گمراہی کے بعد ہدایت، ذِلّت کے بعد عزت کا ذائقہ بھی چکھ لیا، ایک طرف اُس کے حافظہ میں وہ لمحات تھے جب وہ ہر طرف سے تہمتوں، الزامات، ظلم وستم اور آبروریزی کا شکار تھی، یہ اُس کا ماضی تھا، لیکن دُوسری طرف اُس کا حال اور مستقبل دونوں تابناک اور خوشحال تھے، اب وہ اہلِ ایمان کے درمیان زندگی گزار رہی تھی جہاں اُس کی آبرو، حقوق اور زندگی ہر چیز محفوظ تھی، اہلِ ایمان کے درمیان موجود اُخوت اور بھائی چارہ اُسے معلوم ہی نہیں محسوس بھی ہو رہا تھا، بالخصوص جب وہ بغیر کسی روک ٹوک کے اُن گھروں میں بھی آ جا سکتی تھی، بیٹھ کر دیر تک بات چیت کر سکتی تھی، جن کی تطہیر، پاکیزگی اور عزت کی ضمانت اللہ پاک نے دی ہے، ایسے عالم میں عین ممکن ہے کہ جب وہ اپنی زندگی کے سابقہ اور موجودہ لمحات کے درمیان

تقابل کرتی ہوگی، تو اللہ تعالی کی معرفت اور محبت مزید دو آتشہ ہو کر اُس کے قلب و جگر میں جگہ پاتی اور اِسی فضل و کرم اور معرفت سے سرشار ہو کر وہ یہ شعر پڑھتی تھی:

وَيَوْمَ الْوِشَاحِ مِنْ تَعَاجِيبِ رَبِّنَا

عَلَى أَنَّهَا مِنْ دَارِ الْكُفْرِ نَجَتْ

اللہ تعالی نے اُس کو ذلت اور رسوائی کی حالت سے نجات دی اور رسول اللہ ﷺ کی صحبت کی سعادت سے بہرہ ور کیا، مسجد نبوی میں جہاں دُنیا ایک نماز پڑھنے کیلئے ترستی ہے، اِسے رہائش عطا کی، اور صرف یہی نہیں، بلکہ اپنے خاتم النبیین ﷺ کا پڑوس بھی عطا فرمایا۔

۳) اس واقعہ میں یہ بھی دیکھا جا سکتا ہے کہ رسول اللہ ﷺ کا گھر کس طرح عام مسلمانوں بالخصوص کمزور اور پسے ہوئے طبقات کیلئے ایک پناہ گاہ کی حیثیت رکھتا تھا، آپ علیہ السلام کا حجرہ جو اپنے حُجم اور مسافت کے اعتبار سے زیادہ بڑا نہیں تھا، لیکن اُس کا دروازہ ہر کمزور، ضعیف اور مظلوم کیلئے کھلا تھا، چنانچہ یہ سیاہ فارم خاتون بھی بغیر کسی روک ٹوک کے اُس مقدّس حجرہ رسولِ خدا ﷺ کی ازواج مُطہرات کے ساتھ گپ شپ لگانے آیا کرتی تھیں، تاکہ ماضی کی تلخ یادوں اور پردیس کے دُکھوں سے نجات حاصل کر سکے، اُدھر اُمّ المؤمنین سیدہ عائشہ سلام اللہ علیہا و علی زوجہا و اُبیہا اِس غریب الدّیار خاتون کے ساتھ اخلاقِ نبوی کے عین مطابق برتاو کیا کرتی تھیں، اِسی لئے تو اس سیاہ فارم خاتون کو بھی نہ صرف حجرہ عائشہ میں جگہ ملتی تھی بلکہ وہ سید الاولین والآخرین ﷺ کے عطایا سے بھی بھرپور طریقہ سے اپنا حصہ وصول کرتی تھیں۔

۴) ایک اور قابل توجہ بات یہ ہے کہ جب یہ خاتون ہجرت کر کے مدینہ منورہ پہنچی، تو بجائے دیگر مسلمانوں پر بوجھ بننے اور اُن کے صدقات کا انتظار کرنے کے خود ہی کام کرنا شروع کیا، چونکہ وہ اپنی زندگی کا ایک اچھا خاصا حصہ کام کاج میں گذار چکی تھی اِس لئے محنت اور جفاکشی کے اِس پس منظر نے اس کو مزید حوصلہ بخشا، چنانچہ اُس نے مسجدِ نبوی میں جھاڑو لگانا اور صفائی کرنا شروع کر دیا، اِس صحابی خاتونؓ نے مسلمانوں کی زندگیوں میں ایک اور مثبت کردار یہ ادا کیا کہ مسجد نبوی میں آنے والے ہر شخص کو اِس کی نظافت وطہارت کا خیال رکھنے کا پیغام بھی مل گیا۔

۵) نبی اکرم ﷺ کا دامنِ رحمت تمام لوگوں کیلئے کشادہ تھا، آپ ہر ایک کے بارے فکر مند رہتے، حتیٰ کہ وہ لوگ جو آپ ﷺ پر ایمان نہیں لائے تھے، بلکہ آپ ﷺ کی دُشمنی پر تُلے ہوئے تھے، اُن کیلئے بھی رسول اللہ ﷺ کے دِل میں جگہ موجود تھی، آپ ﷺ اُن کی خبر گیری فرماتے اور خیال رکھا کرتے تھے، اِسی سیاہ فارم صحابیہ رضی اللہ عنہا ہی کو دیکھ لیجئے، اُس کی زندگی میں رسول اللہ ﷺ اُس کا پورا خیال رکھتے تھے اور جب وہ کچھ دِن تک نبی اکرم ﷺ کو نظر نہیں آئی، تو آپ ﷺ نے صحابہ کرام رضی اللہ عنہم سے اُس کے بارے پوچھا، اور وفات کی خبر نہ دینے پر سخت ناراضگی کا اظہار فرمایا اور قبر پر جاکر نماز جنازہ پڑھی، تاکہ آپ علیہ الصلاۃ والسلام کی دُعا اور نماز کی بدولت اِن قبروں کو روشن کر دے! نبی اکرم ﷺ جس کی خبر گیری کر رہے تھے، وہ ایک ایسی غریب الدیار خاتون تھی جِس سے کوئی دُنیوی فائدہ ملنے کا امکان بھی نہیں تھا اور نہ ہی مدینہ مُنورہ میں اُس کا کوئی رشتہ دار زندہ تھا کہ اُس کے سامنے مرحومہ کا تذکرہ کر کے اُس کا قرب حاصل کیا جاسکے، لیکن یہ رحمت للعالمین ﷺ کے اخلاقِ حسنہ تھے کہ آپ ﷺ بے سہاروں کا

سہارا، بے کسوں کیلئے جائے پناہ اور یتیموں کے والی تھے، اِس لئے آپ ﷺ نے پوری زندگی اُس کا بھرپور خیال رکھا اور وفات کے بعد اُس کی قبر پر کھڑے ہو کر اُس کی نمازِ جنازہ پڑھی اور دُعا فرمائی۔ مسجدِ نبوی علی صاحبہا الصلاۃ والسّلام کی اِس بے لوث خادمہ سے اللہ تعالی راضی ہو، اور دُرُود وسلام اور اللہ کی رحمتیں ہوں رسول اللہ ﷺ پر جنہیں اخلاقی قدروں کیلئے بھیجا گیا تھا۔

حضراتِ شیخین رضی اللہ عنہما

دونوں کا شمار سردارانِ قریش میں ہوتا تھا اور سب سے پہلے اِسلام قبول کرنے کی سعادت حاصل کرنے والوں میں سے بھی، رسول اللہ ﷺ کے اتنے قریب تھے کہ بہت کم ہی آپ ﷺ سے جدا ہوتے تھے، یہاں تک کہ رسول اللہ ﷺ اکثر وبیشتر دونوں کا نام اپنے ساتھ ملا کر لیا کرتے تھے اور فرماتے تھے: میں، ابو بکر اور عمر چلے گئے، میں ابو بکر اور عمر داخل ہوئے، میں ابو بکر اور عمر کسی جگہ سے نکلے۔[82]

اِس مثالی تعلقِ خاطر کے باوجود ایک دفعہ اِن دونوں حضرات کے درمیان کسی بات پر ناراضگی پیدا ہوگئی، حضرت ابو بکر صدیق رضی اللہ عنہ نے کوئی بات کہہ دی جس سے حضرت عمر ناراض ہوگئے، حضرت ابو بکر کو جلد ہی اپنے دوست کی ناراضگی کا احساس ہوا، انہوں معذرت کرلی، لیکن حضرت عمر راضی نہ ہُوئے، حضرت ابو بکر معافی مانگنے اُن کے پیچھے پیچھے بھاگتے رہے، لیکن حضرت عمر چونکہ سخت غُصّہ میں تھے، اس لئے انہوں نے ابو بکر کی ایک نہ سُنی اور گھر میں داخل ہو کر اندر سے دروازہ بند کرلیا۔

حضرت ابو بکر نے حضرت عمر کو منانے کی ہر ممکن کوشش کی، لیکن کوئی ترتیب کارگر نہ ہوئی، تو گھبرا کر رسول اللہ ﷺ کی خدمت میں اِس طرح حاضر ہُوئے کہ آپ نے اپنی تہہ بند کے دونوں پہلو پکڑے ہوئے تھے اور گھٹنے نظر آرہے تھے، حضرت ابو بکر کو اِس حالت میں دیکھ کر رسول اللہ ﷺ نے صحابہ کرامؓ سے مخاطب ہو کر فرمایا: آج تمہارا

---

[82] أخرجه البخاري (3685)، ومسلم (2389) من حديث علي رضي الله عنه.

دوست ضرور کسی سے لڑ کے آ رہا ہے، اتنے میں حضرت ابو بکر بھی پہنچے اور کہنے لگے: یارسول اللہ! میرے اور عمر کے درمیان کسی بات پر اختلاف ہوا اور تکرار کی نوبت آ گئی، اور میں نے کوئی نامناسب بات کہہ دی، جس سے عمر مجھ سے روٹھ گئے، میں نے اُن سے معذرت کی، بلکہ منانے کیلئے گھر تک گیا، لیکن انہوں نے میری کوئی بات نہیں سُنی، اُلٹا گھر کا دروازہ سے بند کر دیا۔

اس پر رسول اللہ ﷺ نے تین بار یہ فرمایا: اے ابو بکر! اللہ تمہاری مغفرت کرے، اِدھر حضرت عمر کا غصہ ٹھنڈا ہوا، تو اُن کو بھی احساس ہو گیا کہ جب حضرت ابو بکر جیسی شخصیت مجھ سے معافی مانگنے میرے دروازے تک آئی تھی، تو مجھے معاف کر دینا چاہیئے تھا، یہ سوچ کر اُن کو بھی ندامت ہوئی اور انہوں نے حضرت ابو بکر کو تلاش کرنا شروع کر دیا، حتی کہ آپ کے گھر جا کر بھی پوچھا، لیکن وہاں ابو بکر موجود نہیں تھے، تو حضرت عمر کو یقین ہو گیا کہ ابو بکر رسول اللہ ﷺ کی مجلس میں ہی گئے ہوں گے، چنانچہ وہ بھی چلے آئے، مجلسِ نبوی میں پہنچ کر دیکھا کہ رسول اللہ ﷺ اس بات سے سخت ناراض ہیں کہ جناب ابو بکر اپنی غلطی پر نادم ہو کر حضرت عمر سے معافی مانگنے اُن کے گھر تک گئے تھے، لیکن انہوں نے بجائے معاف کرنے کے گھر کا دروازہ ہی بند کر دیا اور ناراضگی کے آثار رُخِ انور سے ظاہر ہیں۔

نبض شناسِ نبوت حضرت ابو بکر کو جب یہ محسوس ہوا کہ رسول اللہ ﷺ حضرت عمر سے ناراض ہیں، تو آپ نے عرض کیا: یارسول اللہ! خدا کی قسم غلطی میری تھی، میں نے عمر پہ ظلم کیا تھا (تین بار یہ کلمات دھرائے) اِس پر فرمایا: اے لوگو، مجھے اللہ تعالی تمہاری ہدایت کیلئے بھیجا ہے، میں نے جب تم سب کو دینِ اسلام کی طرف بلایا

اور یہ کہا کہ میں تم سب کے لئے اللہ کا بھیجا ہوا رسول ہوں، تو تُم سب نے مجھے جھٹلایا، جبکہ ابو بکر نے میری تصدیق کی اور اپنی جان اور مال سے میرا ساتھ دیا، کیا تُم میرے لئے میرے دوست (ابو بکر) کی جان بخش سکتے ہو؟ (تین بار فرمایا)۔ [83]

صحابہ کرام رضی اللہ عنہم نے جب زبانِ نبوت سے حضرت ابو بکر رضی اللہ عنہ کی عظمت شان اور تقدس کے بارے یہ جملے سنے، تو اِس کے بعد کبھی کسی نے حضرت ابو بکر کو ناراض نہیں کیا۔ [84]

اِس حدیث سے مستفاد چند علمی نکات:

ا) صحابہ کرام رضی اللہ عنہم کا معاشرہ اخلاقی طور پر ایک آئیڈیل اور مثالی معاشرہ تھا اور ایسا کیوں نہ ہوتا کہ صاحبِ خلقِ عظیم رسول اللہ ﷺ نے اُن کی انتہائی باریک بینی اور اہتمام سے تربیت کی تھی، لیکن اِس کے باوجود بھی انسان ہونے کے ناطے اُن کے درمیان غلط فہمیاں بھی پیدا ہو جاتی تھیں اور ناچاقیاں بھی۔ اگر کوئی انسانی سوسائٹی غلطیوں اور انسانی تقاضوں سے خالی ہوتی، تو حضرات صحابہ کرام رضی اللہ عنہم کی سوسائٹی اِس قابل تھی کہ وہ اِن تمام چیزوں سے خالی ہوتی اور اُمت میں سے اگر کوئی شخص اس طرح کی بشری کمزوریوں سے معصوم ہوتا، تو حضرت ابو بکر و عمر اِس قابل تھے کہ وہ معصوم ہوتے، لیکن اِیسے پاکیزہ معاشروں میں وقتی اونچ نیچ اور اختلاف کا وجود ہمیں یہ سکھلاتا ہے کہ جب ہم سے اِس طرح کی لغزشیں صادر ہو جائیں، تو آئیڈیلزم کا شکار ہو کر اپنے اوپر ظلم نہ کریں،

---

83 صحيح البخاري 3661، 4640، معجم الطبراني الكبير 13383، حلية الأولياء 304/9، المطالب العالية 3865، فتح الباري 25/7.

84 صحيح مسلم 2611 من حديث أنس رضي الله عنه.

کیونکہ انسان کی خلقت ہی ایسی ہے کہ اُس کو غلطیوں کے ارتکاب سے روکا نہیں کیا جاسکتا، لہٰذا غلطیوں کے صدور کو روکنا تو ہمارے بس میں نہیں، لیکن بجائے اپنی غلطی کو جواز بخشنے کیلئے دلائل تراشنے اور بہانے بنانے کے اُس سے رُجوع کر کے اور دوسروں سے معذرت اور معافی مانگ اُن غلطیوں کے حُجم اور اثرات کو تو محدود کیا جاسکتا ہے۔

۲) **حضرات شیخین رضی اللہ عنہما معافی تلافی کیلئے بھرپور کوششیں:** زیر نظر واقعہ کا ایک اور قابل توجہ پہلو یہ ہے کہ حضرات شیخین رضی اللہ عنہما نے کا وقتی طور پر جذبات کی وجہ سے پیدا ہونے والی ناخوشگوار صورتِ حال کو سنبھالنے اور اُس کی تلافی کرنے کیلئے فوری طور پر کوششیں شروع کر دیں، چنانچہ حضرت ابو بکر کو جب اِس بات کا حساس ہوا کہ انہوں نے حضرت عمر کا دِل دُکھایا ہے، تو حضرت عمر کے دروازہ تک جا کر اُن سے معذرت کی اور معافی مانگی، دُوسری طرف جب حضرت عمر کا غصہ ٹھنڈا ہوا اور اُن کو یہ محسوس ہوا کہ حضرت ابو بکر جیسی ہستی میرے دروازہ پر مجھ سے معافی مانگنے آئی تھی ، لیکن میں نے دروازہ بند کر دیا، تو واپس اُن کی تلاش میں اُن کے گھر تک چلے گئے۔

اِدھر حضرت ابو بکر پریشانی کے عالم میں رسول اللہ ﷺ کی مجلس میں بظاہر اِس لئے حاضر ہوئے تھے کہ آپ ﷺ اُن کی سفارش کریں اور حضرت عمر اُن سے ناراضگی ختم کر دیں، یہی وجہ ہے کہ جب حضرت ابو بکر کو یہ محسوس ہُوا کہ رسول اللہ ﷺ حضرت عمر سے ناراض ہو رہے ہیں، تو آگے بڑھ کر خود ہی اپنی غلطی کا اعتراف کرتے ہوئے فرمایا: ''یارسول اللہ! **غلطی میری تھی**، زیادتی میں نے کی تھی''۔

اِس سے یہ بات ثابت ہوتی ہے کہ حضرت ابو بکر اپنے دوست حضرت عمر سے دِل وجان سے راضی تھے اور اُن کو بھی راضی کرنے پر تیار، اور ایسا کیوں نہ ہو کہ اِن قُدسی صفات ہستیوں کے دِل محبت اور اپنائیت کے ایسے گلستان ہیں کہ وہاں حسد، کینہ اور عداوتوں کی جھاڑیوں کیلئے کوئی جگہ نہیں۔

﴿إِذَا مَسَّهُمْ طَٰٓئِفٌ مِّنَ ٱلشَّيْطَٰنِ تَذَكَّرُوا۟ فَإِذَا هُم مُّبْصِرُونَ﴾

[الأعراف: 201]

ترجمہ: جو لوگ پرہیز گار ہیں جب اُن کو شیطان کی طرف سے کوئی وسوسہ پیدا ہوتا ہے، تو چونک پڑتے ہیں اور دِل کی آنکھیں کھول کر دیکھنے لگ جاتے ہیں۔

۳) اس طرح کے رویے جذبات پر اثرانداز ضرور ہوتے تھے، لیکن یہ اثرات وقتی تھے، البتہ جو مضبوط بھائی چارہ اُن کے درمیان قائم تھا وہ ہمیشہ برقرار رہا، بلکہ اِس طرح کی وقتی ناراضگیاں اور گلے شکوے بھی اسی تعلقِ خاطر کی وجہ سے ہوتے تھے، یہی وجہ ہے کہ اِس موقع پر تو حضرت عمر وقتی طور پر حضرت ابو بکر سے رُوٹھ گئے تھے، لیکن جب حضرت ابو بکر کی وفات کا وقت قریب آیا، تو انہوں نے اپنے بعد خلافت کیلئے حضرت عُمر فاروق کا نام تجویز کیا، جبکہ حضرت عمر حضرت ابو بکر کا اتنا احترام کرتے تھے کہ خود ہی کہا کرتے تھے: میرے لئے کسی کے ہاتھوں قتل ہونا اِس بات سے زیادہ پسند ہے کہ حضرت ابو بکر جیسی ہستی کے ہوتے ہوئے بھی مجھے سربراہ بنادیا جائے۔

۴) رسول اللہ ﷺ کا حضرت ابو بکر صدیق کیلئے ایک عظیم تحفہ، اُن کی جانی اور مالی قربانیوں کی حوصلہ افزائی اور اُن کا بہترین اعتراف، یہی وجہ ہے کہ نبی اکرم ﷺ نے

جہاں ایک طرف حضرت عمر رضی اللہ عنہ کے اِس رویہ پر شدید ناراضگی کا اظہار فرمایا، وہاں دُوسری طرف حضرت ابو بکر کی قربانیوں، وفاؤں، فضائل و مناقب اور عظمت کا بھی تذکرہ فرمایا، رسول اللہ ﷺ کی سیرتِ مطہرہ میں اِس طرف بھی اشارہ ہے کہ فضیلت اور عظمت کی حامل شخصیات کے ساتھ اُن کے شایان شان طریقے سے سلوک کیا جائے اور ایسے مواقع پر بھی اُن کی عظمت، جلالتِ قدر اور قربانیاں نظر سے اوجھل نہیں ہونی چاہئیں۔

ابو تراب

سرورِ دو عالم ﷺ اپنی لختِ جگر حضرت فاطمہ سَلَامُ اللہِ عَلَیْہَا وَعَلٰی اَبِیْہَا وَزَوْجِہا سے ملنے دوپہر کے وقت آپ کے گھر تشریف لے گئے، لیکن وہاں پہنچ کر دیکھا تو حضرت علی رضی اللہ عنہ گھر پر موجود نہیں، حالانکہ عرب کلچر کے مطابق اِس وقت عموماً لوگ اپنے اپنے گھروں میں آرام کر رہے ہوتے تھے، رسول اللہ ﷺ نے حضرت فاطمہ رضی اللہ عنہا سے پوچھا کہ آپ کے شوہر کہاں ہیں؟ حضرت فاطمہ رضی اللہ عنہا نے کہا: ہمارے درمیان کسی بات پر تکرار ہو گئی تھی، تو وہ بجائے یہاں سونے کے ناراض ہو کر باہر چلے گئے ہیں، نبی اکرم ﷺ نے ایک صحابی کو حضرت علی رضی اللہ عنہ کی تلاش میں بھیجا، وہ ڈھونڈنے نکلے، تو دیکھا کہ حضرت علی کرم اللہ وجہہ مسجدِ نبوی میں دیوار کے سایہ میں سو رہے ہیں، صحابی نے آکر رسول اللہ ﷺ کو خبر دی کہ یا رسول اللہ! علی تو مسجد میں سو رہے ہیں، رسول اللہ ﷺ جب مسجد چلے گئے، تو دیکھا علی المرتضیٰ سوئے ہوئے ہیں، پہلو سے چادر بھی گری ہُوئی ہے اور بدن پر کافی ساری مٹی لگ گئی ہے، سرورِ دو عالم ﷺ اپنے مُبارک ہاتھوں سے حضرت علی کا بدن جھاڑ رہے تھے اور ساتھ فرما رہے تھے:

''قُمْ أَبَا التُّرَابِ، قُمْ أَبَا التُّرَابِ[85]

ترجمہ: مٹی میں سونے والے اُٹھو، مٹی میں سونے والے اُٹھو۔

---

[85] صحيح البخاري 441، 3703، 6204، صحيح مسلم 2409، فتح الباري 536/1، 72/7، 587/10.

حدیث مبارک چند قابل غور پہلو:

۱) ماں باپ کا اولاد پر یہ حق ہے کہ وہ وقتاً فوقتاً جا کر اُن سے ملاقات کریں، لیکن نبی کریم ﷺ نے اِس کا انتظار نہیں فرمایا کہ بیٹی مجھ سے ملنے آئے گی، بلکہ آگے بڑھ کر خود ہی اپنی بیٹی کے گھر تشریف لے گئے اور خبر گیری فرمائی اور ویسے بھی سرورِ دو عالم ﷺ کو خاتونِ جنت حضرت فاطمہ رضی اللہ عنہا سے تعلقِ خاطر اتنا تھا کہ آپ گھر جا کر ان سے ملاقات کیا کرتے تھے۔

۲) فاطمہ سلام اللہ علیہا کا اعلیٰ اخلاق اور جملوں کے انتخاب میں بھی انتہائی نفیس اور اعلیٰ ذوق کہ آپ نے حضرت علی رضی اللہ عنہ کے ساتھ ہونے والے گھریلو جھگڑے کے بارے نہ تو تفصیلات بتائیں اور نہ ہی اِس کی ذمہ داری کسی ایک فریق پر ڈالی، بلکہ بڑے ہی لطیف پیرایہ اور انتہائی مناسب جملوں میں بیان کرتے ہوئے فرمایا: كَانَ بَيْنِيْ وَبَيْنَهٗ شَيْءٌ (ہمارے درمیان کسی بات پر کوئی تکرار ہو گئی تھی) اور الفاظ اور جملوں کے انتخاب میں بھی اِس درجہ نفاست پسندی کیوں نہ ہو کہ آپ نے آنکھ سید الاوّلین والآخرین ﷺ کے گھر کھولی تھی، جہاں ہر وقت کتاب و حکمت اور دانائی تقسیم ہوتی تھی اور آپ ﷺ کی تربیت یافتہ تھیں۔

یہاں ہمیں یہ بات سمجھ لینی چاہئیے کہ جب کوئی بھی خاتون اپنی زبان اور الفاظ پر قابو نہیں پاتی، تو اُس سے نہ صرف شوہر کی نظر میں اپنی قدر و قیمت کھو جاتی ہے، بلکہ اُس کیلئے گھریلو مشکلات میں بھی اضافہ ہو جاتا ہے اور نتیجتاً چھوٹے سے مسئلہ میں ایک سے زائد

لوگوں کو بلاوجہ ملوث کرنے سے جو طرفین پر جو اثرات پڑیں گے، یا نتائج برآمد ہوں گے، وہ آپ کے قابو میں نہیں ہوتے۔

۳) میاں بیوی کے درمیان ہونے والی اُونچ نیچ کو حل کرنے کا حکیمانہ اُسلوب کہ رسول اللہ ﷺ نے بھی حضرت فاطمہ سے تکرار کی تفصیلات کے بارے سوال کرنے کے بجائے اُن کے شوہر کو ڈھونڈنے کا حکم دیا، کیونکہ وہ رُوٹھ کر گھر سے چلے گئے تھے، عموما چونکہ خاندان کے بڑے حضرات کو اگر چھوٹے مسائل میں ملوث کیا جائے، تو اِس سے وہ مسائل بڑھ جاتے ہیں، اِس لئے آپ ﷺ نے تفصیلات کو نظر انداز کر کے ایسے معاملات کو فطری طریقہ سے حل فرمایا۔

۴) نبی اکرم ﷺ کا اپنے داماد کے ساتھ حسنِ تعامل: رسول اللہ ﷺ نے حضرت علی رضی اللہ عنہ کے ساتھ اتنا لطیف اور پیار بھرا سُلوک اختیار کر کے حضرت علی کو یہ باور کروایا کہ وہ صرف فاطمہ کے نہیں، علی کے بھی والد ہیں (ﷺ) اور اُن کی رحمت، شفقت اور محبت دونوں پر سایہ فگن ہے، چنانچہ حضرت علی رضی اللہ عنہ کو منانے آپ ﷺ کا بنفسِ نفیس تشریف لے جانا، بدن سے مٹی صاف کرنا، اور اپنائیت اور محبت والے الفاظ کا استعمال کرنا، بالخصوص حضرت علی کی موجودہ حالت سے ہی اُن کیلئے لقب اختیار کرنا، اور اپنی لختِ جگر حضرت فاطمہ جیسی ہستی سے رُوٹھنے پر بھی کچھ نہ کہنا، سب اسی سلسلہ کی کڑیاں ہیں۔

۵) حضرت علی کا دانشمندانہ عمل: میاں بیوی کے درمیان ہونے والی اُونچ نیچ میں چونکہ عموماً غُصّہ کا عنصر موجود ہوتا ہے، اور اگر اِس کو عقل مندی سے حل نہ کیا جائے، تو یہ

کسی بڑے نقصان کا پیش خیمہ بھی ہو سکتا ہے، لیکن حضرت علی المرتضیٰ کرّم اللہ وجہہ نے بجائے بات آگے بڑھانے گھر سے باہر چلے گئے اور مسجد میں جا کر سو گئے، تاکہ اُبھرے ہُوئے جذبات اور وقتی غصہ ٹھنڈے پڑ جائیں، اور ہر چیز اپنے معمول پر آ جائے، اور وقتی جُدائی پھر سے فریقین کے دِل میں محبت، خلوص اور تعلق کو جگا سکے۔

٦) حضرت علی المرتضیٰ کرّم اللہ وجہہ ساری زندگی رسول اللہ ﷺ کے اِس لُطف و کرم والے مُعاملہ کی حلاوت اور شیرینی محسوس کرتے رہے، چنانچہ رسول اللہ ﷺ نے اُس وقت آپ کو جو "ابو تراب" والا لقب عطا فرمایا تھا، یہ ساری زندگی آپ کا پسندیدہ ترین لقب رہا۔

اللہ تعالیٰ کی ان گنت رحمتیں اور برکتیں نازل ہوں، خاتونِ جنت، سیدہ فاطمہ، آپ کے شوہر اور والد مکرم اور تمام اہل بیت اور اصحاب نبی پر۔

مجھے اُس سے محبت ہے!

دوپہر کا وقت تھا اور سرزمین عرب کی گرمی اپنی جوبن پر تھی، اس وقت عموماً لوگ باہر نہیں نکلتے تھے، لیکن رسول اللہ ﷺ گھر سے نکلے، حضرت ابوہریرہ رضی اللہ بھی ساتھ تھے، لیکن اُن کو یہ معلوم نہیں تھا کہ رسول اللہ ﷺ کہاں تشریف لے جارہے ہیں اور پوچھ بھی نہیں سکتے تھے، چنانچہ آپ ﷺ بنو قینقاع کے بازار سے ہوتے ہُوئے سیدھے حضرت فاطمہ سَلَامُ اللہِ عَلَیۡہَا وَعَلَى أَبِیۡہَا کے پاس پہنچے اور فرمانے لگے: کدھر ہے وہ چھوٹا؟ (آپ ﷺ نے لُکَعُ کے الفاظ استعمال فرمائے، جس کے لفظی معنی کمینہ کے آتے ہیں، اور عموماً بڑے پیار اور لاڈ سے اپنے بچوں کو ایسے القاب سے پکارتے ہیں، مثلاً شرارتی، عربی میں شاطر وغیرہ، لیکن حقیقی معنی مراد نہیں ہوتے)۔

سیدنا حسن نے اپنے نانا کی آواز سنی، تو دوڑ کر آنے لگے، لیکن آپ کی والدہ سیدہ فاطمہ رضی اللہ عنہا نے روکا اور اُسے نہلا کر، صاف کپڑے اور لونگ کا ہار پہنا کر باہر بھیج دیا، سرورِ دوعالم ﷺ برابر انتظار کرتے رہے، حضرت حسن دوڑتے ہوئے آئے، تو رسول اللہ ﷺ اُس کو اُٹھانے کیلئے گھٹنوں کے بل زمین پر بیٹھ گئے اور حضرت حسن رضی اللہ عنہ کو اپنی باہنوں میں لے لیا، اور دیر تک اُن کو چومنے اور سونگھنے لگے، پھر فرمایا:

اللَّهُمَّ إِنِّي أُحِبُّهُ فَأَحِبَّهُ، وَأَحِبَّ مَنْ يُحِبُّهُ

ترجمہ: اے اللہ مجھے اِس سے محبت ہے، تو بھی اِس سے محبت کر اور جو اِس سے محبت رکھے اسے بھی اپنا محبوب بنا۔

حضرت ابو ہریرہ رضی اللہ عنہ فرماتے ہیں کہ رسول اللہ ﷺ کی یہ دُعا سننے کے بعد میری نظر میں حسن بن علی سے زیادہ محبوب کوئی اور نہیں رہا۔ [86]

نسیمِ محبت کے جھونکے:

۱) گرمیوں میں دوپہر کے وقت موسم کی شدت سے بچنے کیلئے عرب لوگ عُموما گھروں کا رُخ کر لیتے تھے اور بلا کسی سخت ضرورت کے کوئی بھی باہر نہیں نکلتا تھا، لیکن رسول اللہ ﷺ موسم کی شدّت کی پرواہ کئے بغیر اپنے نواسے سے ملنے، اُسے گود میں اُٹھانے، پیار کرنے اور سینے لگانے اور دُعاؤں سے نوازنے تشریف لے گئے، اِس سے سیّدنا حسن مجتبی رضی اللہ عنہ سے مُلاقات کی اہمیّت کا اندازہ لگایا جاسکتا ہے، رسول اللہ ﷺ کی حیاتِ مُبارکہ میں خاندان کے حقوق کا ایک اہم مقام و مرتبہ تھا اور آپ علیہ الصلاۃ والسّلام اِس کا بھرپور خیال رکھا کرتے تھے، چونکہ نبی اکرم ﷺ کی سیرتِ مُطھّرہ کا سبق بھی یہی تھا کہ ہر حقدار کو اُس کا حق دیا جائے اور آپ ﷺ کی لخت جگر سیّدہ فاطمۃ الزھراء اور اُن کے شہزادے اِس بات کے زیادہ حقدار تھے کہ اُن کے حقوق ادا کئے جائیں، یہی وجہ ہے کہ آپ ﷺ نے اپنے ان شہزادوں سے ملنے کیلئے کسی فارغ وقت نہیں، بلکہ ایک ایسی گھڑی کا انتخاب کیا جس میں لوگ سوائے ضروری کام کے گھر سے باہر نہیں نکلتے تھے، موسم کی شدت، گرم دُھوپ اور گرم لو برداشت کرتے ہوئے عین دوپہر کے وقت اِس حق کی ادائیگی کیلئے تشریف لے گئے۔

---

[86] صحيح البخاري 2122، صحيح مسلم 2421، سير أعلام النبلاء 245/3، شرح النووي على صحيح مسلم 193/15، فتح الباري 341/4.

۲) رسول اللہ ﷺ کا حضرت حسن بن علی کی محبت کے اعلان کا حسین اور جذباتی منظر، جہاں رسول اللہ ﷺ حضرت حسن کے استقبال کیلئے دونوں ہاتھ پھیلائے کھڑے ہیں، پھر انتہائی شفقت و محبت سے اُنہیں گلے لگاتے ہیں، چومتے اور سونگھتے ہیں، اُس کے بعد اپنے ان الفاظ اللَّهُمَّ إِنِّي أُحِبُّهُ (اے اللہ مجھے اِس سے بے پناہ محبت ہے) کہہ کر یہ حضرت حسن کے کانوں میں رس گھول دیا، بعد ازاں فَأَحِبَّهُ (یا اللہ تو بھی اسے محبوب بنا) کہہ کر اِس محبت کو ملاءِ اعلیٰ تک پہنچا دیا، پھر وَأَحِبَّ مَنْ يُحِبُّهُ (اور اس کے چاہنے والوں کو بھی اپنا محبوب بنا) کہہ کر آفاقیت، اور دوام بخشا، کیونکہ اولاد کی جذباتی تشنگی کو بجھانا ان کی نفسیاتی ضرورت کو حل کرنے کے مترادف ہے اور جب یہ ضرورت پوری ہو جائے، تو پھر اولاد بھی زندہ دِل، نیک اور صالح بن جاتی ہیں اور اُن کو پوری محبت سے ساتھ زندگی گزارنے کا موقع مل جاتا ہے، نیز وہ معاشرہ کے ساتھ بھی اِسی محبت، پیار اور شائستگی کے ساتھ پیش آتے ہیں، اِس برعکس والدین کی خشک مزاجی، تُرش روئی یا محبت کے اظہار میں ہچکچاہٹ کی وجہ سے بچوں کے دِل میں ایک خلا سا باقی رہتا ہے، جو اُن کو نفسیاتی طور پر بھی متاثر کر دیتا ہے۔

۳) سرورِ کائنات ﷺ اپنے شہزادے حسن مجتبیٰ کے انتظار میں اپنی لختِ جگر حضرت فاطمہ سلام اللہ علیہا کے دروازہ پر کھڑے رہے، گھر کے اندر نہیں گئے، اِس منظر سے سیّدہ فاطمہ رضی اللہ عنہا کے دِل میں حضرت حسن مجتبیٰ کی کتنی قدر، منزلت اور عظمت کو جگہ مل گئی ہو گی کہ فاطمۃ الزہراء کے والدِ گرامی ﷺ اتنی کڑی دُھوپ اور سخت موسم میں دروازہ پر کھڑے اپنے شہزادے کا انتظار کر رہے ہیں۔

اولاد کا احترام حقیقت میں ماں باپ کا احترام ہے، اور ماں باپ کو خوش کرنے کا ایک مختصر راستہ ہے، چشمِ تصور میں ذرا دیکھئے اور سوچئے کہ جب حضرت حسن آکر رسول اللہ ﷺ سے لپٹے ہوں گے، تو آپ علیہ الصلاۃ والسلام کو کتنی خوشی ہوئی ہو گی اور نانا اور نواسے کی یہ محبت، تعلقِ خاطر اور خوشی دیکھ سیّدہ فاطمۃ الزہراء علیہا السلام کی خوشی کا کیا ٹھکانہ ہوگا؟ یقیناً رسول اللہ ﷺ کا اپنے نواسوں کا احترام اور اُن سے محبت در حقیقت اُسی محبت اور تعلق کا ایک حصہ ہے، جو آپ کو اپنی لختِ جگر حضرت فاطمہ اور دیگر بیٹیوں سلام اللہ علیہن سے تھی۔

۴) بچّے کا بانہیں اور ہاتھ پھیلائے دوڑ کر اپنے نانا جان کی طرف آنا، دراصل ایک ایسے محبت بھرے تعلق کی نشاندہی کرتا ہے، جس کو بنانے میں کافی عرصہ لگ چکا تھا، کیونکہ حضرت حسن مُجتبیٰ رضی اللہ عنہ کو رسول اللہ ﷺ کی طرف سے پیار، لطف اور شفقت کے کئی رنگ دیکھنے کو ملے، چنانچہ آپ ﷺ اکثر وبیشتر حضرت حسن رضی اللہ عنہ کو اپنے سینے سے لگاتے، چومتے اور پھولوں کی طرح سونگھ کر فرماتے "إِنِّيْ أُحِبُّهُ" (مجھے حسن سے بے پناہ محبت ہے) اور ایک مرتبہ تو آپ ﷺ منبر پر خطبہ ارشاد فرما رہے تھے کہ حضرت حسن اور حضرت حسین رضی اللہ عنہما آئے، تو آپ نے منبر سے اُتر کر اُن کو گود میں اُٹھا کر سورہ تغابن کی یہ آیت

﴿إِنَّمَآ أَمۡوَٰلُكُمۡ وَأَوۡلَٰدُكُمۡ فِتۡنَةٞۚ﴾ [التغابن: 15]

ترجمہ: بیشک تمہارا مال اور اولاد تمہارے لئے ایک امتحان ہیں۔

کی تلاوت کی اور پھر اپنا خطبہ مبارک مکمل فرمایا اور ایک بار تو نبی اکرم ﷺ نماز پڑھ رہے تھے، سجدہ میں گئے ،تو حضرت حسن رضی اللہ عنہ آکر آپ کی پُشت پر سوار ہو گئے، آپ نے سجدہ لمبا کیا اور نماز کے بعد فرمایا: دورانِ سجدہ میرا شہزادہ میری پشت پر سوار ہو گیا تھا،اِس لئے میں نے اُسے جلدی اُترنے پر مجبور کرنے کو مُناسب نہیں سمجھا۔[87]

رسول اللہ ﷺ کی حضرت حسن پہ یہ عنایت، یہ تعلق خاطر اور محبت چند دنوں یا لمحوں کا قصہ نہیں، بلکہ ایک مضبوط اور مسلسل تعلق کا نتیجہ تھا، جس نے سرورِ دوعالم ﷺ اور اُن کے نواسے کے درمیان تعلق اور شوق ملاقات کو مہمیز دے رکھی تھی۔

۵) رسول اللہ ﷺ اپنے نواسوں کے ساتھ نہ صرف بے انتہا شفقت اور مثالی محبت سے پیش آتے تھے، بلکہ اُس محبت اور تعلق کا سرِعام اعلان بھی فرمایا کرتے تھے، چنانچہ آپ نے فرمایا: ھذانِ اِبْنَایَ وَابْنَا ابْنَتِیْ "[88](حسن و حسین، میرے بیٹے اور نواسے ہیں)اور ایک روایت میں حضرت حسن کے بارے فرمایا: اِنَّ ابْنِیْ ہٰذَا سَیِّدٌ[89](میرا یہ بیٹا تو سردار ہے)۔

زمانہ جاہلیت میں عرب بیٹیوں کو حقیر سمجھتے اور نواسوں سے اپنی قرابت جتلانے کو باعثِ عار اور شرمندگی سمجھتے تھے، چنانچہ عربی کا مشہور شعر ہے:

بَنُونَا بَنُو أَبْنَائِنَا وَبَنَاتُنَا بَنُوهُنَّ أَبْنَاءُ الرِّجَالِ الْأَبَاعِدِ

---

[87] ( ) أخرجه أبو داود (1109) ، والترمذي (3774) ، وابن حبان (6039) من حديث بُريدة رضي الله عنه

[88] أخرجه النسائي (1411)، والحاكم (4775) من حديث شداد بن الهاد رضي الله عنه.

[89] أخرجه الترمذي (3769) من حديث أسامة بن زيد رضي الله عنهما

ہمارے پوتے تو ہمارے ہی بیٹے ہیں، البتہ نواسے تو غیر مردوں کی اولاد ہیں۔

پس ہادی دوعالم ﷺ لوگوں کو آپس کے تعلقات، اور معاملات میں فطرت سلیمہ کی طرف اور جذبات واحساسات میں عدل وانصاف کی طرف راہنمائی فرماتے تھے۔

٦) نبی اکرم ﷺ کی اہلِ بیت بالخصوص دونوں شہزادوں سے محبت اور دُعا کا صحابہ کرام رضی اللہ عنہم کی زندگیوں پر گہرا آثر تھا، چنانچہ انہوں نے بھی اُن ہستیوں کو محبوب رکھا، جنہیں رسول اللہ ﷺ نے اپنا محبوب بنایا تھا، مثلاً حضرت ابوہریرہ رضی اللہ عنہ کہتے ہیں کہ رسول اللہ ﷺ کے اِس فرمان مُبارک کو سننے کے بعد میری نظر محبوب ترین ہستی حضرت حسن تھے اور ابوہریرہ جب بھی حضرت حسن سے ملتے، تو اُن کی آنکھیں بے اختیار اشکبار ہو جاتی تھیں۔

خلافت سنبھالنے کے بعد ایک دفعہ حضرت ابوبکر رضی اللہ عنہ مسجد سے باہر نکلے، تو دیکھا کہ حضرت حسن رضی اللہ عنہ لڑکوں کے ساتھ کھیل رہے ہیں، حضرت ابوبکر اُن کے پاس آئے، اپنے کندھے پر اٹھایا اور یہ شعر پڑھنے لگے:

وابِأَبِي، شِبْهُ النَّبِيِّ   لَيْسَ شَبِيهًا بِعَلِيٍّ

ترجمہ: مجھے اپنے والد کی قسم! یہ بچہ نبی کریم ﷺ کی طرح ہیں، بالکل بھی علی کی طرح نہیں۔

جبکہ حضرت علی مسکراتے ہُوئے اُن کے ساتھ ساتھ چل رہے تھے۔

اے اللہ ! ہمیں آپ کے نبی کے دونوں شہزادوں سے محبت ہے، اور ہماری دُعا ہے کہ آپ ہمارے دِلوں کو اپنی اور اپنے نبی اکرم ﷺ کی محبت سے بھر دے اور ہمیں اُن کے نقشِ قدم پر چلنے کی توفیق عطا فرما اور روزِ حشر اُنہی کے جھنڈے کے نیچے جگہ عطا فرمائے۔ آمین یارب العالمین

امامہ

نمازِ ظہر کا وقت ہے، صحابہ کرام رضی اللہ عنہم رسول اللہ ﷺ کے منتظر ہیں، حضرت بلال رضی اللہ عنہ رسول اللہ ﷺ کو نماز کیلئے بلا چکے ہیں، ہر آنکھ حجرہ مُبارک کے دروازہ پر لگی ہوئی ہے، اتنے میں سرورِ دوعالم ﷺ گردن پر اپنی نواسی اُمامہ بن زینب سلام اللہ علیہم اجمعین کو اُٹھائے باہر تشریف لاتے ہیں، تکبیر کہی گئی اور صفوف دُرست کر دی گئیں اور نماز شروع ہو گئی، لیکن بچی بدستور سرورِ دوعالم ﷺ کی گردن پر سوار ہے، جب آپ ﷺ رُکوع میں جانے لگے، تو آپ ﷺ نے انتہائی نرمی سے معصوم اُمامہ کو زمین پر رکھا، رُکوع اور سجدہ سے فارغ ہوئے، تو اُس کو گردن پر اٹھالیا، چنانچہ آپ ﷺ نے اِسی طرح کر کے اپنی نماز مکمل فرمائی کہ جب رُکوع اور سجدہ کیلئے جھکتے، تو بچی گردن سے اُتار دیتے اور جب قیام کے لئے اُٹھتے، تو دوبارہ اُٹھالیتے۔ [90]

حدیث مبارک سے مستفاد چند باتیں!

ا) حدیث مبارک میں مذکور منظر سے معلوم ہوتا ہے کہ رسول اللہ ﷺ کی حیاتِ مبارکہ کتنی بے تکلّف اور سادہ تھی، کائنات کا آخری نبی جب سینکڑوں جانثاروں کے جھرمٹ میں نماز کیلئے نکلتا ہے، تو ایک چھوٹی سی بچی، جو رشتہ میں آپ کی نواسی لگتی ہے، آپ کی گردن پر سوار ہے، یقیناً یہ منظر مصنوعی وقار اور تکلّفانہ احترام سے کوسوں دُور ہے، لیکن انسانی زندگی کا عمدہ ترین مظہر اور انسانی احساسات کے ساتھ فطری طور پر ہم آہنگ

---

[90] صحيح البخاري (516، 5996)، صحيح مسلم (543)، شرح النووي على صحيح مسلم (33/5)، فتح الباري (591/1)، (10/429).

ہے۔ اتنی سادگی کے باوجود بھی آپ ﷺ کا دبدبہ، وقار اور قدرتی طور پر عطا کیا جانے والا رُعب اپنی جگہ برقرار تھا، چنانچہ آپ ﷺ اپنی زندگی کے لحاظ انتہائی سادہ تھے، لیکن عظمت کے اعتبار سے بہت بڑے، اتنے بڑے کہ خداوند تعالی کے بعد آپ ہی عظیم تر! آپ کی عظمت آپ کی سادگی میں اور آپ کی سادگی آپ کی عظمت میں پنہاں تھی اور آپ کی بشریت بہت واضح اور انسانیت کھلی کتاب کی طرح تھی اور کیوں نہ ہوتی کہ خود کائنات کے مالک نے آپ کی زبانی اعلان کروایا ہے:

﴿قُلۡ سُبۡحَانَ رَبِّي هَلۡ كُنتُ إِلَّا بَشَرًا رَّسُولًا﴾ [الإسراء: 93]

ترجمہ: کہہ دیجئے کہ میرا رب پاک ہے، اور میں ایک انسان اور رسول ہوں۔

۲) چشمِ تصور میں ذرا سرکارِ دوعالم ﷺ کی گردن پر سوار اُس بچّی کو دیکھئے کہ کائنات کی سب سے عظیم ہستی کے کندھے پر سوار ہے، اپنے معصوم ہاتھوں سے رسول اللہ ﷺ کا مُبارک سر پکڑ کر چمٹ کر بیٹھی ہُوئی ہے، اِس سے معلوم ہوتا ہے کہ یہ منظر اُسی منظر کا تسلسل ہے جو نماز سے پہلے آپ ﷺ کے گھر میں موجود تھا، جو زبانِ حال سے یہ بتاتا ہے کہ رسول اللہ ﷺ اپنی نواسی کے ساتھ کھیلنے میں مشغول تھے کہ نماز کا وقت آگیا، اب جب آپ ﷺ باہر نکلنے لگے ہوں گے، تو بچّی آپ کو چھوڑنے پر آمادہ نہ ہوئی ہو گی اور نہ ہی آپ ﷺ بچی کو روتا چھوڑ کر آنے پر راضی، اِس لئے اُس کو اپنی گردن پر سوار کر کے ساتھ ہی لے آئے اور اِس سے قیامت تک آنے والی انسانیت کو پدرانہ شفقت اور پیغمبرانہ رحمت سے لبریز ایک حسین منظر دیکھنے کو ملا۔

۲) سرورِ کونین ﷺ جب نماز کیلئے باہر تشریف لائے، تو آپ کی مبارک گردن پر ایک ایسی انسان بیٹھی ہوئی تھی جس کا تعلق صنف نازک سے ہے، ایک ایسا نسبت جہاں نسوانیت ایک سے زائد طرف سے تھی، یعنی نواسی، بیٹی کی بیٹی، سرکارِ دوعالم ﷺ نمازیوں کے سامنے جاتے ہیں، تکبیر ہوتی ہے، صفیں دُرست کی جاتی ہیں اور نماز پڑھائی جاتی ہے، جبکہ یہ معصوم بچّی بدستور آپ کی گردن پر سوار ہے، رسول اللہ ﷺ نے اپنی اِس مبارک سنت سے نہ صرف بیٹیوں کے اعزاز واکرام کا درس دیا، بلکہ لوگوں کے دِلوں میں موجود زمانہ میں جاہلیت سے باقی رہنے والی صنفی تفریق کی اُن چنگاریوں کو بھی بجھایا جو بچیوں کے بارے سرد مہری کا شکار ہو جاتی ہیں اور بچوں کے بارے سلگنے لگ جاتی تھیں۔

قرآن کریم جاہلیت کی اِسی قبیح رسم کا ذکر کرتے ہوئے کہتا ہے:

﴿وَإِذَا بُشِّرَ أَحَدُهُم بِٱلْأُنثَىٰ ظَلَّ وَجْهُهُۥ مُسْوَدًّا وَهُوَ كَظِيمٌ يَتَوَٰرَىٰ مِنَ ٱلْقَوْمِ مِن سُوٓءِ مَا بُشِّرَ بِهِۦٓ ۚ أَيُمْسِكُهُۥ عَلَىٰ هُونٍ أَمْ يَدُسُّهُۥ فِى ٱلتُّرَابِ ۗ أَلَا سَآءَ مَا يَحْكُمُونَ﴾ [النحل: 58-59]

ترجمہ: اور جب اُن میں سے کسی کو بیٹی کی (پیدائش) کی خوشخبری دی جاتی ہے، تو اُس کا چہرہ سیاہ پڑ جاتا ہے، اور وہ دِل ہی دِل میں کڑھتا رہتا ہے (کہاں وہ لوگ جو بیٹی کی پیدائش کی خبر ملنے پر لوگوں سے مُنہ چھپائے پھرا والا اور کہاں وہ ذات والا صفات جو بچّیوں کو اپنی گردن پر بٹھا کر لوگوں کے مجمع میں جاتا ہے)۔

۳) معصوم اُمامہ کے ساتھ رسول اللہ ﷺ کا لطف وکرم اور پیار بھرا برتاؤ صرف امامہ تک محدود نہیں، بلکہ اِس کی سرحدیں اُس کی والدہ، رسول اللہ ﷺ کی لختِ جگر

حضرت زینب رضی اللہ عنہا کو بھی شامل ہیں، تاکہ اُن کی خوشی دوآتشہ ہو جائے، حضرت زینب کی خوشی کا اُس وقت کیا عالم اور کیا ٹھکانہ ہو گا جب اُن سے پوچھا جائے کہ اُمامہ کہاں ہے؟ اور وہ جواب میں یہ کہیں کہ اُسے رسول اللہ ﷺ اپنے ساتھ نماز کیلئے لے گئے ہیں، اولاد بالخصوص بچوں کے ساتھ حسنِ سُلوک کا دائرہ صرف اُن تک محدود نہیں رہتا، بلکہ اُن کے بچوں اور بچیوں اور آئندہ نسلوں تک وسیع ہو جاتا ہے۔

۴) اپنی نواسی کو گردن پر بٹھا کر نماز ادا کرنے والی ہستی کوئی اور نہیں، بلکہ وہ ذاتِ والاصفات تھی جس کا فرمان ہے:

وَجُعْلَتْ قُرَّةُ عَيْنِي فِي الصَّلَاةِ[91].

ترجمہ: نماز میری آنکھوں کی ٹھنڈک ہے۔

مخلوق میں سب سے زیادہ خشوع و خضوع کے مالک اور نماز کے قدردان تھے، لیکن اِس کے باوجود بھی نبی اکرم ﷺ کا اپنی نواسی کو گردن پر اُٹھائے نماز پڑھنا در حقیقت شریعت مُطہرہ کی طرف سے دی ہوئی اُس آسانی اور رخصت کی طرف اشارہ تھا، چنانچہ امام شمس الدین ذھبی رحمہ اللہ اِسی حدیث پر تبصرہ کرتے ہوئے لکھتے ہیں:

---

[91] أخرجه أحمد (3940)، والنسائي (3939)، والحاكم (2676) من حديث أنس رضي الله عنه.

"یہاں سخت گیر مفتی کا کیا کام؟ عین ممکن ہے کہ یوں کہا جائے کہ سرکارِ دو جہاں ﷺ بیک وقت دو دو عبادتیں اکٹھی فرما رہے ہوں، نماز اپنے رب کے لئے اور حسنِ سُلوک اپنی نواسی کے ساتھ۔[92]

[92] سير أعلام النبلاء .(3/257)

دنیا کی حقیقت!

عوالی مدینہ (مدینہ منورہ کے نواحی گاؤں) سے واپسی پر رسول اللہ ﷺ بازار کی طرف تشریف لے گئے، بازار میں گہما گہمی جاری ہے، دونوں طرف لوگ اپنے کاروبار میں مصروف ہیں، رسول اللہ ﷺ نے دیکھا کہ وہاں پر بکری کا ایک مرِدہ بچہ پڑا ہوا ہے، (چھوٹے چھوٹے کانوں والا، کمزور کا سا بچہ، عموماً کوئی بھی اِس طرح کا جانور خریدنا نہیں چاہتا) آپ ﷺ نے اُس کا کان پکڑا اور حاضرین سے پوچھا: تم میں سے کون اِسے ایک درھم میں خریدنے کیلئے تیار ہے ؟۔

حاضرین کو بڑا تعجب ہوا کہ بکری کا ایک ایسا مردہ بچہ جسے اُس کا مالک بھی بے قیمت سمجھ کر گندگی کے ڈھیر پہ پھینک گیا ہو، کون خریدنے پر راضی ہو گا اور وہ بھی چاندی کا پورا ایک درھم دیکر؟ چنانچہ حاضرین نے بیک آواز کہا: ہم تو کسی حقیر سی چیز کے بدلہ بھی اِس کو نہیں خریدیں گے، کیونکہ یہ کسی کام کا تو ہے نہیں، تو اِسے خرید کر کیا کریں؟ آپ ﷺ نے تین بار یہ سوال دوہرایا اور حاضرین کی طرف سے بھی تینوں بار یہی جواب ملا، بخدا اگر یہ بچہ زندہ ہوتا، تب بھی کوئی اِس کو خریدنے پر راضی نہ ہوتا، چہ جائیکہ مرنے کے بعد کوئی اِسے خریدے ؟۔

اب جب لوگوں کی پوری توجہ آپ ﷺ کے سوال کی طرف مبذول ہو گئی اور وہ تجسّس بھری گاہوں سے سوال کا پسِ منظر اور اُس میں چھپے ہوئے سبق کی طرف دیکھنے لگے

،تو نبی اکرم، سیّد المعلمین ﷺ نے وہ حقیقت بتلادی جو آپ ﷺ چاہتے تھے کہ لوگوں کے دِلوں میں پیوست ہو جائے اور اُن کو سمجھ آجائے، چنانچہ فرمایا:

''اللہ کی قسم! پوری دُنیا اللہ کے نزدیک اِس سے زیادہ حقیر ہے، جتنا بکری کا یہ مردہ بچہ تمہارے نزدیک حقیر ہے۔[93]

اِس حدیث سے مستفاد چند باتیں:

ا) متعدد احادیث میں نبی اکرم ﷺ کا عوالی مدینہ جانے کا کثرت سے ذِکر ملتا ہے، مثلاً آپ ﷺ عصر کے بعد بنو حارثہ کی بستی تشریف لے گئے تھے،[94] وہاں ایک اونٹ ذبح ہو رہا تھا، آپ ﷺ قبیلہ بنو سلمہ کی بستی تشریف لے گئے تھے، بلکہ ایک دفعہ آپ ﷺ نماز میں اِس لئے دیر سے پہنچے تھے کہ آپ ﷺ بنو عمرو بن عوف قبیلہ کے درمیان صلح کرانے تشریف لے گئے تھے، آپ ﷺ کسی مریض کی تیمارداری کیلئے تشریف لے جاتے تھے،[95] وغیرہ وغیرہ۔

آپ ﷺ کی سیرت سے یہ ظاہر ہوتا ہے کہ آپ ﷺ لوگوں سے دُور کسی کونے میں انسانوں سے الگ تھلگ بیٹھ کر تسبیح و مُناجات میں مصروف نہیں رہتے تھے، بلکہ اپنے ساتھیوں کی بھرپور خبر گیری فرماتے تھے اور پورے اہتمام کے ساتھ اُن کے گاؤں

---

[93] الزهد لابن المبارك (508)، ومسند أحمد (14402)، والأدب المفرد (962)، وصحيح مسلم (2957)، وسنن أبي داود (186)، والزهد لابن أبي عاصم (131-133)، وشعب الإيمان (10467)، وسنن البيهقي (129/1)، وعون المعبود (1/222).

[94] صحيح مسلم(624)

[95] صحيح البخاري (685)، وصحيح مسلم.(421)

اور گھر جاکر اُن کی غمی خوشی میں شریک ہوا کرتے تھے، آپ ﷺ کے اس عمل نے نہ صرف لوگوں کو قریب سے اور براہِ راست آپ کی اتباع کا موقع فراہم کیا تھا، بلکہ اُن کے دِلوں میں اپنائیت اور تعلق کے گہرے اثرات بھی چھوڑے، اپنی دعوت اور فکر میں جان اور تاثیر پیدا کرنے والی عبقری شخصیات ہمیشہ رسول اللہ ﷺ کی اِس سُنّت کی پورے اہتمام سے اتباع کرتے رہے ہیں، اور عوام الناس کے ساتھ میل جول رکھتے تھے، اِس وجہ سے عوام میں اُن کا بیانیہ نہ صرف بے حد مقبول ہوا، بلکہ سماج میں اُن کی تعلیمات کا اثر بھی کافی گہرا تھا، ماضی قریب کی تاریخ میں استاذ حسن البناء شہید، شیخ عبد الحمید بن بادیس اور شیخ عبد العزیز بن باز کے نام اِس سلسلہ میں کافی نمایاں ہیں، اللہ پاک ان سمیت تمام مسلمانوں پر، بالخصوص ہمارے والدین اور اساتذہ پر رحمت نازل کرے۔

۲) تعلیم و تربیت کا شاندار طریقہ، عموماً سیرتِ مُطہّرہ میں اِس کی کئی مثالیں ملتی ہیں کہ آپ ﷺ نے تعلیم و تربیت کیلئے مؤثر ترین وسائل اور اسلوب استعمال فرمائے، زیر نظر واقعہ میں ہی دیکھئے کہ آپ ﷺ اپنے موقف کی وضاحت اور بات سمجھانے کیلئے بکری کے ایک مردہ بچّے کی طرف اشارہ فرما کر لوگوں کی توجّہ اپنی طرف مبذول کرائی، پھر مثال دیکر اپنے موقف کی وضاحت کی اور معلومات کو ایک دلچسپ مکالمے (Interactive dialogue) کے انداز میں منظم کیا، تاکہ تمام حاضرین نتیجہ تک مشترکہ طور پر پہنچ سکیں، بظاہر تو اِس منظر اور طریقہ تعلیم کا دورانیہ مختصر وقت کیلئے تھا، لیکن اُس کا اثر بہت ہی گہرا اور دیر پا تھا اور یہ منظر بہت دیر تک سامعین کی نظروں کے سامنے رہا، انسانیت کو خیر و بھلائی سکھانے والے معلم و مربّی پر لاکھوں دُرود اور کروڑوں سلام۔

۳) حدیث میں نبی اکرم ﷺ نے دُنیا کی بے ثباتی اور کم قیمت ہونے کو بیان کرنے کیلئے اِس اُسلوب اور طریقہ کار کو اپنایا اور اُس کیلئے بازار کا انتخاب فرما کر اِس طرف باریک اشارہ فرمایا کہ عموماً بازار ایک ایسی جگہ ہے جس میں ضرورت سے زیادہ ڈوبنا آخرت کو انسان کی نظروں سے اوجھل کر سکتا ہے اور عین ممکن ہے کہ انسان حرام معاملات، مثلاً دھوکہ دہی، ملاوٹ، جھوٹی قسمیں کھا کر چیزیں بیچنا، لغو اور بے کار مُعاملات میں پڑ جائے اور آخرت کے مقابلہ میں دُنیا کو ہی مقصدِ زندگی بنالے، پھر اِسی کی عیش کوشیوں کے حصول کی کوششوں میں لگا رہے، اِن سب چیزوں سے بچانے کیلئے نبی اکرم ﷺ نے یہ اُسلوب اختیار فرمایا۔

۴) رسول اللہ ﷺ کی پوری حیاتِ مبارکہ کے گوشہ گوشہ میں تعلیم پھیلی ہوئی تھی، بلکہ زندگی کا ہر ہر میدان آپ ﷺ کی نظر میں ایک درس گاہ تھا، کیونکہ آپ کا دین صرف عبادات یا چند مذہبی رُسومات تک محدود نہیں، بلکہ ایک مکمل ضابطہ حیات ہے، ارشاد باری تعالی ہے:

﴿ٱسْتَجِيبُواْ لِلَّهِ وَلِلرَّسُولِ إِذَا دَعَاكُمْ لِمَا يُحْيِيكُمْ﴾ [الأنفال: 24]

ترجمہ: اللہ کے رسول کی آواز پر لبیک کہو، کیونکہ وہ تمہیں ایک ایسی چیز کی طرف بلا رہے ہیں جس میں تمہارے لئے زندگی ہے۔

اِسی لئے تو رسول اللہ ﷺ کی تعلیم صرف منبر و محراب، یا مسجد کے حلقات تک محدود نہیں تھی، بلکہ بازار، مارکیٹیں، راستے، کھانے کے دستر خوان، بسترِ مرگ، بلکہ

زندگی کی آخری سانسوں تک آپ ﷺ کی تعلیم و تربیت اپنی اُمت کیلئے زندگی کے ہر ہر میدان میں راہنمائی کا سامان عطا کرتی رہی۔

۵) حدیث مُبارک میں دُنیا کی جو بے ثباتی اور حقارت کا ذِکر کیا گیا ہے، وہ آخرت کے مقابلہ میں ہے، کیونکہ آخرت کے مقابلہ میں سوائے ایک لمحہ یا چمک کے دنیوی زندگی کی حیثیت ہی کیا ہے؟ یہی وجہ ہے کہ جب قیامت کے دِن اہلِ دُنیا سے سوال ہوگا کہ تُم لوگ دُنیا میں کتنے سال ٹھہرے تھے؟ تو وہ کہیں گے: ایک دن یا اِس سے بھی کم،[96] لہٰذا گنتے والوں سے پوچھئے، نیز دنیوی زندگی کی عیش و عشرت یا محرومیوں کا آخرت کی سعادتوں یا شقاوتوں کے ساتھ تقابل نہیں کیا جا سکتا، کیونکہ از روئے حدیث دُنیا میں سب سے زیادہ عیش و عشرت کی زندگی گزارنے والے کو بھی جب روزِ حشر ایک بار جہنم کے عذاب میں غوطہ دیا جائے گا، تو وہ دُنیا کی ساری لذتوں اور نعمتوں کو بھول جائے گا اور اِس کے برعکس جب ایک غریب ترین مسلمان (جِس نے ساری زندگی فقر و غربت میں کاٹی ہو) کو جب لمحہ بھر کیلئے جنت میں بھیج دیا جائے اور پھر پوچھا جائے گا تو وہ کہہ اُٹھے گا کہ میں نے تو دُنیا میں کوئی تکلیف دیکھی ہی نہیں،[97] جب یہ معاملہ ہے، تو پھر دُنیا کی حقیر اور کم عمُری کا آخرت کی ہمیشہ اور دائمی زندگی کے ساتھ تقابل کیسے کیا جا سکتا ہے؟

۶) زندگی کے بارے ایک جامع نظر اور پلان زندگی کے مختلف معاملات کو بنیادی اصولوں کے ساتھ مزید منظم اور منضبط کر دیتا ہے، جس سے حیاتِ فانی کے تمام معاملات

---

[96] النور 113

[97] صحیح مسلم.(2807)

اپنی سیدھ اور فطری رو میں جاری رہتے ہیں، اِس طرح نظم وضبط والی زندگی کا مطلب معاملاتِ زندگی میں خلل ڈالنا نہیں، بلکہ اِسے مزید مضبوط اور منظم بنانا، اِس کیلئے نئے اُفق کھولنے کی طرف بلاتا ہے، مثلاً اِس حدیث میں اگرچہ رسول اللہ ﷺ نے حاضرین کے سامنے دُنیا کے بے ثباتی اور حقارت کی مثال بیان فرمائی، لیکن بازار میں خرید وفروخت کرنے کے بارے کچھ نہیں کہا، اُن پر کوئی نکیر نہیں فرمائی، بلکہ بعض احادیث کے مطابق آپ ﷺ نے صادق اور امین تاجروں کا انبیا، صدیقین اور شہدا کے ساتھ حشر ہونے کی خوشخبری سُنائی ہے، البتہ جب انسان دُنیا میں رہتے ہوئے اور اُس کے کاروبار سے منسلک ہوتے ہوئے بھی جب اُس کی نظر آخرت کی ہمیشہ اور دائمی زندگی پر رہتی ہے، تواُس سے معاملاتِ زندگی میں مزید سدھار اور صفائی آجاتی ہے۔

مغیث کی محبت اور بریرہ کی نفرت: دو دلوں کی متضاد داستان!

حضرت بریرہ رضی اللہ عنہا نے اپنے مالک انصاری صحابہ کرام رضی اللہ عنہم کے ساتھ نو اوقیہ (اور سالانہ ایک اوقیہ) چاندی پر مکاتبت کرلی (یعنی مذکورہ رقم ادا کرنے کے بعد وہ آزاد شمار ہوں گی) جب پانچ اوقیے باقی رہ گئے، تو بریرہ حضرت عائشہ صدیقہ رضی اللہ عنہا کے پاس آگئیں، حضرت ام المؤمنین نے وہ پانچوں اوقیہ یکمشت ادا کرکے حضرت بریرہ کو آزاد کردیا، آزادی کے بعد جب اُن کو خیارِ عتق (اگر کسی باندی کا حالتِ غلامی میں نکاح ہو جائے، تو آزادی کے بعد اُس کو اِس بات کا اختیار ہوتا ہے کہ چاہے تو وہ اپنے اُسی شوہر کے ساتھ رہے یا الگ ہو جائے) ملا تو انہوں نے اپنے شوہر مغیث کے ساتھ ازدواجی تعلق برقرار رکھنے سے صاف انکار کردیا اور اپنا حق "خیارِ عتق" استعمال کرتے ہوئے الگ ہوگئیں۔

دُوسری طرف اُن کے شوہر مغیث کو اپنی سابقہ شریکِ حیات (بریرہ) سے محبت نہیں، بلکہ جنون کی حد تک عشق تھا، چنانچہ جب مغیث کو بریرہ کے اِس فیصلہ کی خبر ہوئی، تو وہ مدینہ منورہ کی گلیوں میں روتے ہوئے بریرہ کے پیچھے پیچھے بھاگتا اور اُسے منانے کی کوشش کرتا، اور اتنا روتا کہ آنسوؤں سے داڑھی تر ہو جاتی تھی، جبکہ بریرہ تھیں کہ مان کر نہیں دیتیں۔

ایک دفعہ رسول اللہ ﷺ اور آپ کے محترم چچا حضرت عباس نے دونوں کو اِسی حالت میں دیکھ لیا، رسول اللہ ﷺ حضرت عباس سے فرمانے لگے: آپ کو مُغیث کی بریرہ سے اِس درجہ کی محبت اور بریرہ کی مُغیث سے نفرت دیکھ تعجب نہیں ہو رہا؟۔

حضرت مغیث نے رسول اللہ ﷺ سے اپنی سفارش کروائی، تو آپ ﷺ نے حضرت بریرہ رضی اللہ عنہا سے فرمایا: ''تم اپنے سابق شوہر میث سے رُجوع کرلو، کیونکہ وہ تمہارے بچوں کا باپ ہے''، اِس پہ حضرت بریرہ پُوچھنے لگی: ''یارسول اللہ! یہ آپ کا حکم ہے، یا صرف سفارش ہے؟''، آپ ﷺ نے فرمایا: ''صرف سفارش ہے''، بریرہ کہنے لگیں: ''پھر مجھے مغیث کی کوئی ضرورت نہیں، اگرچہ وہ مال وزر کے ڈھیر میرے قدموں میں لاکر ڈال دے۔[98]

اور یوں مغیث کی محبت اور رسول اللہ ﷺ کی سفارش کے باوجود حضرت بریرہ نے اپنا فیصلہ برقرار رکھا، اور مُغیث سے رُجوع نہیں کیا۔

حدیث سے مُستفاد چند باتیں:

ا) انسانوں کے دِلی جذبات اور احساسات کے بارے رسول اللہ ﷺ کا گہرا اِدراک اور عمیق احساس: سرورِ دوعالم ﷺ کو انسانی جذبات اور احساسات کا خوب اِدراک اور احساس تھا، اس لیے زیرِ نظر واقعہ میں بھی آپ نے کوئی ایسا موقف نہیں اپنایا، جس میں کسی کی ملامت ہو، یا کوئی انوکھی اور انہونی بات کہی گئی ہو، بلکہ آپ ﷺ کو مغیث اور بریرہ

---

[98] صحيح البخاري (5280-5283)، والاستيعاب (1443/4)، وسير أعلام النبلاء (297/2)، وأسد الغابة (256/5)، (43/7)، والإصابة (196/6)، (535/7)، وفتح الباري (408/9-409)، وعمدة القاري(20/268)

کے اِس متضاد تعلق سے تعجب ہو رہا تھا۔ (رضی اللہ عنہما) کہ ایک طرف مغیث ہے کہ وہ اپنی سابقہ شریکِ حیات سے جنون کی حد تک عشق کرتا ہے اور اُس کو منانے کیلئے مدینہ کی گلیوں میں اس کے پیچھے پھرتا ہے، رو رو کر داڑھی تک بھگو دیتا ہے، دوسری طرف اِس کے بالکل بر عکس بریرہ ہے کہ وہ اپنے سابق شوہر کی شکل دیکھنے کی بھی روادار نہیں، چنانچہ آپ نے اِس تعجب کا اظہار اپنے محترم حضرت عباس بھی کیا، کیونکہ عموماً محبت کرنے والا دوسرے کی نظر میں محبوب بھی ہوتا ہے، لیکن یہاں معاملہ بالکل عجیب اور عام طریقہ سے ہٹ کر تھا کہ شدید محبت بلکہ جنون کی حد تک عشق کو سخت نفرت کا سامنا تھا۔

قلبی جذبات اور احساسات اور اُن کی طاقت کا ادراک اور انسانی جذبات کو ایسے ہی حقیقت پسندانہ نظر سے دیکھنا شریعت اور فطرت کے درمیان ہم آہنگی کا حصہ ہے، چنانچہ خوشی کے موقع پر خوشی کا اظہار اور غمی کے موقع پر غمزدہ ہونا، انسانی جذبات اور احساسات کے اظہار کی گنجائش رسول اللہ ﷺ کی سیرت مبارکہ کا حصہ ہے، یہی وجہ ہے کہ زیر نظر واقعہ میں بھی آپ ﷺ کی موجودگی میں اِنسان کے ایک فطری جذبہ محبت اور نفرت کا اظہار، بلکہ اعلان کیا گیا، اُن کی راہنمائی کی گئی، شائستگی سکھائی گئی، اُن پر کسی قسم کا قدغن نہیں لگایا گیا، اور نہ ہی اُن کو دبانے کی کوشش کی گئی۔

رسول اللہ ﷺ کا حضرت بریرہ سے حضرت مُغیث (جو اُسے چھوڑ کر جانے والی سابقہ شریک حیات سے جنون کی حد تک عشق کرتے تھے) کی سفارش کرنا در حقیقت اُسی فطری جذبہ اور احساسِ محبت کا اعتراف ہے۔

۲) حدیث نبوی کے یہ الفاظ:

أَلَا تُعْجِبُ مِنْ حُبِّ مُغِيثٍ لِبَرِيرَةَ وَبُغْضِ بَرِيرَةَ لِمُغِيثٍ

ترجمہ: مغیث کی بریرہ سے بے پناہ محبت اور بریرہ کی مُغیث سے بے پناہ نفرت سے آپ کو تعجب نہیں ہو رہا؟۔

اِس بات پر دلالت کر رہے ہیں کہ نبوی معاشرہ، محبت کا معاشرہ تھا، وہاں پہ محبت قابل تعجب نہیں تھی، بلکہ محبت کا جواب نفرت سے دینا قابل تعجب شمار ہوتا تھا۔

۳) مشہور محدث علامہ بدرالدین عینی رحمہ اللہ لکھتے ہیں کہ اِس حدیث سے یہ بات بھی ثابت ہو رہی ہے کہ مسلمان کیلئے کسی خاتون کی محبت میں گرفتار ہونا جائز ہے، خواہ وہ اپنی محبت چھپا سکے یا نہیں، حتی کہ اگر وہ کسی کی محبت میں افراط کا بھی شکار ہو جائے ،تب بھی کوئی حرج نہیں، بشرطیکہ وہ کسی گناہ کا ارتکاب نہ کرے اور حرام میں نہ پڑے۔[99]

۴) رسول اللہ ﷺ کا دامنِ رحمت اور اپنے ساتھیوں کی رعایت کا دائرہ کتنا وسیع تھا کہ آپ ﷺ حضرات صحابہ کرام رضی اللہ عنہم کی زندگی میں پیش آنے والے چھوٹے چھوٹے معاملات میں بھی اُن کی سرپرستی فرماتے تھے اور جہاں ضرورت پڑے اپنی خدمات پیش فرماتے تھے، زیر نظر واقعہ ہی کو دیکھ لیجئے کہ کائنات کے سب سے عظیم نبی، سید الاولین والآخرین ﷺ اپنی امت کے ایک غلام کا گھر بچانے کے لئے اُس کی بیوی سے سفارش فرماتے ہیں، دُوسری طرف صحابہ کرام رضی اللہ عنہم کو بھی سرورِ دوعالم ﷺ پر اتنا مان تھا کہ ایک غلام بھی یہ اپنا حق سمجھتا تھا کہ سرکارِ مدینہ ﷺ اُن کے

---

[99] عمدة القاري شرح صحيح البخاري، باب قول الله لاتنكحوا المشركات...269/20

ایک نجّی اور گھریلو معاملہ میں سفارش کریں اور اُس کو پیش آنے والی مشکل کو حل کریں، جب رسول اللہ ﷺ کا اپنے ساتھیوں کی جذباتی ضرورتوں کے بارے فکر مندی کا یہ حال تھا، تو پھر دیگر ضرورتیں جو انسانی زندگی کے لئے لازمی ہیں ان کے بارے رسول اللہ ﷺ کتنے فکر مند ہوتے ہوں گے؟

۵) حضرت بریرہ رضی اللہ عنہا کی مسحور کن شخصیت، مستقل مزاجی اور اپنے فیصلے خود کرنے اور اُن کے ممکنہ نتائج کو سمجھنے اور قبول کرنے کی صلاحیت دیکھئے، چنانچہ انہوں نے سرکارِ دوعالم ﷺ سے باقاعدہ طور پر مکالمہ کیا اور آخر میں جو بات اُن کو مُناسب لگی اسی کو اپنایا، نیز حضرت بریرہ کی معاملہ فہمی اور شرعی احکام کی گہرائی میں جاکر سمجھنے کی صلاحیت پر رشک کیجئے کہ جب رسول اکرم ﷺ نے اُن کے شوہر کی سفارش کی، تو الفاظ کے ظاہری معنی کے ساتھ چمٹے رہنے کی بجائے سب سے پہلے تو انہوں نے آپ ﷺ کے الفاظ مُبارکہ کی تکییف فقہی یا قانونی پوزیشن معلوم کی ،تاکہ یہ معلوم ہوسکے کہ یہ رسولِ خدا کا حکم ہے، یا گھریلو مسئلہ سلجھانے کیلئے ایک سفارش؟ اور جب یہ معلوم ہوا کہ آپ ﷺ نے یہ جملے سفارش کیے لئے ارشاد فرمائے ہیں، شرعی حکم کے طور پر نہیں، تو حضرت بریرہ نے ایک ایسے شخص کے ساتھ مستقل وابستہ رہنے سے صاف انکار کر دیا ِجس کے لئے اُس کے دِل میں جگہ نہیں، اگرچہ سفارش کرنے والے سیّد الاوّلین والآخرین مولائے کل ختم الرسل ﷺ ہی کیوں نہ ہوں۔

انسان یہ سوچ کر ورطہ حیرت میں ڈوب جاتا ہے کہ ایک ایسی خاتون جس کو غلامی کی زنجیر سے آزادی حاصل کئے ابھی چند دِن ہی ہوئے ہیں، اور آزادی کے حصول کے لئے ادا کی جانے والی رقم کا اکثر حصہ بھی رسول اللہ ﷺ کی زوجہ مُطہّرہ سیدہ عائشہ صدیقہ سلام

اللہ علیہا نے ادا کی ہے، لیکن بلا کسی جھجک اور روک ٹوک کے سرور دو عالم ﷺ کے سامنے کھڑے ہو کر اپنی رائے کا اظہار کرتی ہیں اور ایسا کیوں نہ ہو کہ اُس نے خود اعتمادی، حقوق شناسی اور فرائض کے احساس کا علم اور تربیت معلم انسانیت رسول اکرم ﷺ کے "مدرسہ محمدیہ" سے پائی تھی، جہاں سے نکلنے والا ہر ہر طالب علم ایک مکمل اور پُر اعتماد شخصیت بن کر نکلتا تھا، جسے اپنے حقوق کا مکمل اِدراک اور فرائض کا مکمل احساس ہوتا تھا، نہ اُس کو حقیر سمجھ کر نظر انداز کیا جا سکتا تھا اور نہ ہی طاقت کے بل بوتے پر اسے خاموش کروایا جا سکتا تھا ۔

۵) رسول اللہ ﷺ کی وسعتِ قلبی کی مثال دینے کے لئے وسعتِ صحرا یا یا وسعتِ کائنات کا استعارہ یقینا ناکافی ہوگا، تاہم سمجھانے کیلئے یہ کہا جا سکتا ہے کہ قربان جائیے رحمت للعالمین ﷺ کے قدموں پر کہ آپ ﷺ نے اِس بات کو لمحہ بھر کے لئے بھی محسوس نہیں فرمایا کہ بریرہ نے میری سفارش قبول نہیں کی اور نہ ہی کبھی اُن کے لئے اپنے لُطف و کرم میں کمی فرمائی اور نہ ہی آپ ﷺ کے ہاں بریرہ کی جو قدر و منزلت تھی، اُس میں کمی آئی۔

دُوسری طرف حضرت بریرہ نے بھی یہ محسوس نہیں کیا کہ رسول اکرم ﷺ کی سفارش کو قبول نہ کرنے کی وجہ سے آپ ﷺ کی نظر میں بریرہ کی قدر و منزلت میں کوئی کمی واقع ہوگی، یا نعوذ باللہ اِس سے خود بریرہ کے دِل میں عشقِ محمدی کی جو شمع روشن تھی اُس کی روشنی پر کوئی اثر پڑے گا، بلکہ حضرت بریرہ کی برکت سے رہتی نسلوں کو یہ اُصول ملا کہ "سفارش کرنے کا مطلب کسی پر اپنی رائے مسلط کرنا نہیں، بلکہ اُس طرف ثانی (جس

سے سفارش کی گئی ہو) کو یہ اختیار دینا ہے کہ اگر وہ سفارش مان کر مذکورہ کام کر لے، تو خوشی ہوگی، لیکن نہ کرنے کی صورت میں ناراضگی نہیں۔

نوجوان سائل

سرورِ دوعالم ﷺ اپنے جانثاروں کے جھرمٹ میں تشریف فرما ہیں، اتنے میں ایک شہوتِ نفسانی کا ستایا ہُوا ایک نوجوان آگے بڑھتا ہے اور باوجود اپنی کم سِنی اور نوجوانی کے بلا جھجھک انتہائی حساس موضوع چھیڑ دیتا ہے، مطالبہ کرتا ہے یارسول اللہ! مجھے زنا کرنے کی اجازت دیجئے۔

مطالبہ کیا تھا گویا کہ بجلی کی کڑک تھی جس نے شمع رسالت کے گرد جمع ہونے والے پروانوں کی نظریں اپنی طرف کھینچ لی، انہوں نے چیخنا شروع کر دیا، رُک جاؤ، رُک جاؤ! کیا کہہ رہے ہو؟ زِنا کی اجازت مانگ رہے ہو؟ وہ بھی اُس عصمت وعفّت کی پیکر ہستی سے جس پر اِس فعلِ بد کی حرمت نازل ہُوئی ہے، بھلا جِن سیّد الطاہرین امام المعصومین کی بعثت ہی مُعاشرہ کو ایسی رذالتوں اور کثافتوں سے پاک کرنے کے لئے ہوئی ہو، وہ کسی کو اِس کی اجازت دیں گے؟ اِسے چھوڑ دو، اور دِل میں کھٹکنے والی بات، اُٹھنے والے سوال اور پیدا ہونے والے شبہ کے بارے کھل کر پوچھنے دو، رحمت للعالمین ﷺ کی آواز کانوں میں رس گھولنے لگی۔

پھر رسول اکرم ﷺ نوجوان کی طرف متوجّہ ہوتے ہیں اور انتہائی پیار و محبت سے فرماتے ہیں: قریب آجاؤ۔ نوجوان نبی اکرم ﷺ کے سامنے آکر بیٹھ جاتا ہے، اب رسول اللہ ﷺ پدری شفقت، داعیانہ حکمت اور مُبلغانہ اُسلوب سے دو آتشہ مکالمہ شروع فرماتے ہیں، نبی ﷺ نے اس سے پوچھا کیا: کیا تمہیں یہ بات پسند ہے کہ کوئی شخص تمہاری والدہ

کیساتھ اِس شنیع فعل کا ارتکاب کرے؟۔نوجوان :اللہ کی قسم! ہرگز نہیں! میں آپ پر قربان جاؤں، نبی اکرم ﷺ نے فرمایا کہ لوگ بھی اسے اپنی ماں کے لیے پسند نہیں کرتے۔

پھر آپ ﷺ نے پوچھا: کیا تمہیں یہ بات پسند ہے کہ کوئی شخص تُمہاری بیٹی کیساتھ اِس شنیع فعل کا ارتکاب کرے؟، نوجوان :اللہ کی قسم! ہرگز نہیں! میں آپ پہ قربان جاؤں۔ نبی اکرم ﷺ نے فرمایا: لوگ بھی اسے اپنی بیٹی کے لیے پسند نہیں کرتے۔

پھر پوچھا: کیا تمہیں یہ بات پسند ہے کہ ”کوئی شخص تمہاری بہن کیساتھ اِس شنیع فعل کا ارتکاب کرے؟ ،نوجوان: اللہ کی قسم! ہرگز نہیں؟ میں آپ پہ قربان جاؤں، نبی اکرم ﷺ نے فرمایا: ”لوگ بھی اسے اپنی بہن کے لئے پسند نہیں کرتے“۔

پھر پوچھا: کیا تمہیں یہ بات پسند ہے کہ کوئی شخص تمہاری پھوپھی کے ساتھ اِس شنیع فعل کا ارتکاب کرے؟،نوجوان :اللہ کی قسم! ہرگز نہیں!؟ میں آپ پہ قربان جاؤں، نبی ﷺ نے فرمایا کہ لوگ بھی اسے اپنی پھوپھی کے لیے پسند نہیں کرتے۔

پھر پوچھا: کیا تمہیں یہ بات پسند ہے کہ کوئی شخص تمہاری خالہ کے ساتھ اِس شنیع فعل کا ارتکاب کرے؟ نوجوان: اللہ کی قسم! ہرگز نہیں!؟ میں آپ پہ قربان جاؤں، نبی ﷺ نے فرمایا کہ لوگ بھی اسے اپنی خالہ کے لیے پسند نہیں کرتے۔

پھر نبی ﷺ نے اپنا دست مبارک اس کے سینہ پر رکھا اور یہ دعاء کی: اے اللہ! اس کے گناہ معاف فرما، اس کے دل کو پاک فرما اور اس کی شرمگاہ کی حفاظت فرما۔

راوی کہتے ہیں کہ اس کے بعد اس نوجوان نے کبھی اِس عملِ بد کی طرف توجہ بھی نہیں کی۔[100]

اِس حدیث سے مستفاد چند نکات

ا) زیر نظر واقعہ پر تعجب بھری ذرا نگاہ ڈالئے کہ ایک کڑیل نوجوان بغیر کسی جھجھک اور خوف کے اتنے حساس موضوع پر رسول اللہ ﷺ کے ساتھ گفتگو کرتا ہے اور اپنی حاجت پیش کرتا ہے، یہ اِس لئے ممکن بلکہ آسان تھا کہ سرورِ دعالم ﷺ اور آپ کے جانثار صحابہ کرام رضی اللہ عنہم کے درمیان تعلق اتنا بے تکلّف اور ایسا گہرا تھا کہ دُنیا میں موجود رنگ، نسل، جنس، طبقہ اور علاقائی تفریق وہاں پہنچ نہیں سکتی تھی، بلکہ شمع محمدی کا ہر ہر پروانہ رحمت للعالمین کی طرف کھنچا چلا جارہا تھا، یہی وجہ ہے کہ سیرت کے مطالعہ کے دوران کبھی تو ایک معصوم سی بچّی رسول اللہ ﷺ کے دونوں شانوں کے درمیان موجود مہر نبوت کے ساتھ کھیلتے ہوئے دِکھائی دیتی ہے، تو کبھی ایک عام سی خاتون رسول اللہ ﷺ کو روک کر آپ کا ہاتھ پکڑ کر جہاں چاہے لے جاتی ہے، دیہاتی آکر کہتا ہے کہ یارسول اللہ! میں نے ذرا سخت سوالات پوچھنے ہیں اور پھر پوچھ بھی لیتا ہے، اور اسی نوجوان کو دیکھ لیجئے کہ رحمتِ کائنات ﷺ کا مقام ومرتبہ، آپ کا رُعب ودبدبہ اور عمر کا فرق کوئی چیز بھی اس کو اپنے دِل میں کھٹکنے والی بات، اُٹھنے والے سوال اور انگڑائی لینے والا مطالبہ واشگاف الفاظ میں دربارِ نبوی میں پیش کرنے سے روک نہیں سکی۔

---

[100] مسند أحمد (22211)، ومعجم الطبراني الكبير (162/8)، ومسند الشاميين (139/2، 373)، وسنن البيهقي (45/9)، وشعب الإيمان.(5032)

معاشرہ کو سمیٹنے اور تمام اکائیوں کو آپس میں جوڑنا اور اپنی طرف متوجّہ کئے رکھنا یہ صرف رحمت للعالمین ﷺ کے خلقِ عظیم کی ہی خصوصیت ہے، آج بھی جو شخص وراثتِ نبوت کا اُمیدوار بننا چاہتا ہے، تو اُس کو سیرتِ مُطہّرہ کے اِس پہلو کو اپنانا ہوگا۔

۲) اِس حدیث میں آپ نے ملاحظہ کیا ہوگا کہ سرورِ دوعالم ﷺ کتنے خوبصورت انداز سے نوجوان کو دعوتِ فکر دیتے ہوئے ایک طرف عقل استعمال کرنے کی دعوت دے رہے ہیں، تو دوسری طرف مکالمہ کا طریقہ اختیار کرتے ہوئے ایسا اُسلوب اختیار فرمارہے ہیں کہ وہ دلیل کی قوت کا قائل بھی ہو جائے۔

رسول اللہ ﷺ دوٹوک الفاظ میں یہ جواب بھی دے سکتے تھے کہ بھائی! اسلام میں ایسی کسی چیز کی گنجائش نہیں، اور اگر آپ ایسا کر بھی لیتے، تو یقینی طور پر یہ نوجوان اِس کو قبول کرلیتا اور راضی برضا ہو جاتا، لیکن رسولِ اکرم ﷺ نے اِس عملِ بد کے دیگر ایسے پہلوؤں کی طرف بھی اُس کی توجہ مبذول کروائی جن کی طرف بظاہر اُس نوجوان کی نظر نہیں گئی تھی، چنانچہ آپ ﷺ نے اُس جوان کو عقلی طور پر مطمئن اور قائل کرنے کے لئے انتہائی باریک بینی اور عمدہ اُسلوب کے ساتھ جب اِس معاملہ کا دُوسرا وہ منظر بھی پیش فرمایا جس کا صرف تصور ہی اِس عملِ بد اور اِس کے مضر اثرات کی قباحت اور شناعت کیلئے کافی تھا۔

آپ ﷺ کی سیرت کا یہ پہلو ایک داعی کو اِس بات کا پابند بناتا ہے کہ وہ لوگوں کو دین کی طرف بلاتے ہُوئے ایسا اُسلوب اختیار کرے جو سامع کو اس بات پر مطمئن کر سکے کہ اُس کو جس چیز کی طرف دعوت دی جارہی ہے وہ عقلی طور پر قابل اطمینان اور تسلّی بخش

ہے، دُنیا میں اگر کوئی اِس طرح کے عقلی اُسلوب اختیار کرنے سے مستغنی ہو سکتا تھا، تو وہ سرورِ دوعالم ﷺ کی ذات تھی، کیونکہ وہ صاحبِ وحی تھے، لہٰذا وہ ڈائریکٹ فیصلہ سنانے اور حکم دینے کے حقدار تھے، لیکن آپ ﷺ کی سیرتِ مُبارکہ سے ہمیں یہ سبق ملتا ہے کہ آپ ﷺ نے ہمیشہ غور و فکر، اور عقل کے استعمال کے ذریعہ صحیح اعتقادات تک پہنچنے کی حوصلہ افزائی فرمائی ہے اور اِسی کے ذریعہ انسانیت کو فکری زنجیروں سے آزادی بخشی ہے، تاکہ وہ دُرست سمت میں سفر کر سکے، استاذ عقاد پر اللہ کی کروڑوں رحمتیں ہوں، انہوں نے بالکل درست بر محل لکھا ہے: "اَلتَّفْكِيْرُ فَرِيْضَةٌ إِسْلَامِيَّةٌ" یعنی غور و فکر کرنا اور عقل کا استعمال ایک دینی فریضہ ہے۔[101]

اِس واقعہ میں ایک اور بات جو قاری کے دِل کے ساتھ چپک سی جاتی ہے وہ رحمت للعالمین کا محبت بھرا اُسلوب ہے، چنانچہ آپ ﷺ نے اپنے دلائل (جو پہلے سے ہی فریق ثانی کو قائل اور مطمئن کرنے کیلیئے کافی تھے) کو رشتوں کے تقدس اور احساسات کے رنگ میں رنگا، تو اُن کی قوتِ تاثیر مزید دو آتشہ ہو گئی، اور اُس نوجوان کو یہ محسوس ہو گیا کہ رحمتِ کائنات ﷺ مجھے جِس چیز سے روک رہے ہیں، اِس کے پیچھے سوائے آپ ﷺ کی محبت، پیار، اور پدرانہ شفقت کے سوا کوئی اور چیز کارفرما نہیں، اور یہی احساس آپ ﷺ کے اُس مُبارک عمل میں بھی جھلکتا ہے جب صحابہ کرام رضی اللہ عنہم نے اُس نوجوان کو ایسا سوال سے منع کیا تھا، تو آپ ﷺ نے نہ صرف اُس کو سوال کی اجازت دی ، بلکہ اُس کو اپنے بہت قریب لا کر بیٹھا دیا اور اِتنی جسمانی قربت بذات خود ایک پیار، شفقت

---

[101] فريضة التفكير في كتاب الإسلام یہ کتاب اب پی ڈی ایف کی صورت میں اہل ذوق کیلیے ان لائن بھی دستیاب ہیں، ا

اور دِلی تعلق کا پتہ دے رہی تھی کہ آپ ﷺ نے اُس کے لئے خصوصی دُعا فرما کر اور اپنا دستِ مُبارک اُس کے سینہ پر رکھ اِس اپنائیت کو دوام بخشا۔

چشمِ تصور میں مجھے یوں لگ رہا ہے کہ جب سرکارِ مدینہ ﷺ نے اپنا دستِ مُبارک اُس نوجوان کے سینہ پر رکھا، تاکہ دستِ نبوی کی ٹھنڈک اُسے اپنے دِل کی گہرائیوں میں محسوس ہو، تو اِس کے بعد ساری زندگی اُس نوجوان نے اِسی لمسِ نبوی کے خُمار سے سرشار ہو کر گزاری ہوگی، اور رہ رہ کر اُس کو اپنے دِل اور وجدان میں دستِ نبوی کی ٹھنڈک یوں محسوس ہوتی ہوگی گویا کہ آپ ﷺ نے ابھی ابھی اُس کے سینہ سے اپنا ہاتھ اُٹھا لیا ہو۔

محبت و پیار میں گندھا ہوا یہ لمس درحقیقت وہ چابیاں تھیں جن کے ذریعہ محمد عربی ﷺ دِلوں کے بند دروازے کھول دیا کرتے تھے، پس اِس خوش نصیب اور سعادت مند نوجوان کو رسول اللہ ﷺ کا قرب، دست اقدس کا لمس، دُعا اور وہ انمول لمحات ہر ہر چیز ہزار ہا بار مُبارک ہو اور اُس کے اِس سوال میں بھی اللہ کی برکتیں نازل ہوں کہ اُس کے ایک سوال نے ہم جیسوں کو بھی رحمت نبوی سے دامن بھرنے کا موقع بخشا۔

اب ذرا اپنا جائزہ لینا ہے، کیا ہم لوگ خود بھی یہ سیکھنے اور سمجھنے کی کوشش کرتے ہیں کہ دعوتِ دین، تعلیم، زندگی سب نام ہی پیار و محبت کے ہیں، اور ان منزلوں تک جانے والا ہر راستہ محبت، نرمی اور شفقت سے ہو کر گزرتا ہے اور لوگوں کے دِلوں تک ہمارا پیغام جب ہی پہنچ سکتا ہے، جب پہلے محبت نے وہاں تک اپنا راستہ اور وہاں پہنچ کر ٹھکانہ بنایا ہو۔

۴) ماحول اور سوسائٹی کی رعایت: ایک اور بات جو ہمیں اِس حدیث مُبارکہ سے سیکھنے کو ملتی ہے، وہ ہے: "رسول اللہ ﷺ کی طرف سے ماحول اور سوسائٹی کی رعایت"، چنانچہ آپ ﷺ نے اِس نوجوان کے ساتھ مکالمہ کے دوران اُس ماحول اور سماج کے جذبات اور احساس کا بھی بھرپور خیال رکھا، جس سے آپ ﷺ کے دلائل میں مزید قوت پیدا ہوئی اور تاثیر میں اضافہ ہوا، چونکہ نبی اکرم ﷺ اچھی طرح جانتے تھے کہ آپ سرزمینِ عرب سے تعلق رکھنے والے ایک نوجوان سے مخاطب ہیں، جن کی زندگی میں سب سے اہم چیز ہی خاندانی غیرت اور حمیت ہے اور اِسی خاندانی غیرت کے دفاع کا یہ حال تھا کہ وہ اِس کے لئے انسانی حدود تک کو بھول جاتے تھے، چنانچہ بیٹیوں کو زندہ در گور کرنے کے پیچھے بھی یہی سوچ کارفرما تھی، اِس لئے آپ ﷺ نے اِس نوجوان سے اُس کے قریبی اور مقدس ترین رشتوں (ماں، بہن بیٹی......) کا نام لیکر سوال کیا، تو گویا کہ آپ ﷺ نے اُس کی رگِ غیرت پر ہاتھ رکھا تو اُس کے اندر حمیت کی چنگاری بھڑک اُٹھی۔

چشمِ تصور میں یوں لگتا ہے کہ جب سرورِ دوعالم ﷺ نے اِس نوجوان سے یہ سوالات کئے ہوں گے، تو یہ منظر سوچ کر ہی اُس کے پسینے چھوٹ گئے ہوں گے اور تن بدن میں آگ لگ گئی ہو گی، اِسی لئے تو آپ ﷺ کے سوالات کے جواب میں اِس نوجوان نے فوراً ہی کہا تھا:

لَا، واللهِ! يَا رَسُولَ اللهِ، جَعَلَنِي اللهُ فِدَاءَكَ

ترجمہ: ہرگز نہیں! یارسول اللہ! میں آپ پہ قربان جاؤں۔

لیکن ابھی یہی سوال آپ کسی ایسے شخص سے پوچھیں جہاں جنسی عمل کے بارے کوئی قدغن نہیں، تو وہ جواب مین کندھے اچکا کر یہی کہے گا: "یہ اُس کا ذاتی معاملہ ہے"۔

رسول اللہ ﷺ اپنی دعوت اور تعلیمی سرگرمیوں میں سیکھنے والے کے ماحول، سماج اور پس منظر کا بہت خیال رکھا کرتے تھے اور اُسی کی روشنی میں دعوت اور تعلیم دیتے تھے، تاکہ سامنے والا آپ ﷺ کی دعوت اور تعلیم باآسانی سمجھے اور دِل میں اُتار سکے، مثلا ایک مشہور حدیث کے مطابق ایک دیہاتی نے اپنی بیوی پر اس بنیاد پر الزام لگایا تھا کہ "اُس کے بچّے کے خدوخال اِس سے نہیں ملتے ہیں، وہ کالا ہے اور یہ گورا"۔

اِس پہ رسول اللہ ﷺ نے پوچھا کہ تمہارے پاس اُونٹ ہیں؟ ظاہر ہے کہ اونٹ اور عرب کے دیہاتی لازم وملزوم تھے، اُس نے فوراً کہا: جی ہاں، یارسول اللہ! اُونٹ تو ہیں میرے پاس۔

اچھا پھر اُن کا رنگ کیسا ہے؟ نبی اکرم ﷺ نے پُوچھا۔ سُرخ، دیہاتی کا جواب تھا۔ اِن اُونٹوں میں سے کوئی خاکی رنگ کا بھی ہے؟ رسول اللہ ﷺ کا اگلا سوال تھا۔ جی ہاں، یارسول اللہ، کچھ اُونٹ خاکی رنگ کے بھی ہیں۔ دیہاتی نے جواب دیا، اچھا پھر وہ کہاں سے آئے؟ (یعنی جب سارے اُونٹ سرخ ہیں، تو بیچ میں یہ چند خاکی اونٹ کہاں سے آئے؟

خاندان میں کسی رگ نے اپنی طرف گھسیٹ لیا ہوگا۔ (یعنی خاندان میں کوئی اونٹ خاکی رنگ کا ہوگا، جس کی وجہ سے میرا یہ اونٹ بھی اُسی پر گیا ہوگا) دیہاتی نے جواب

دیا۔اِس پہ رسول اللہ ﷺ نے فرمایا: یہی تو، تمہارا بچّہ بھی اپنے خاندان میں کسی کالے رنگ والے پر گیا ہو گا۔ [102]

آپ ﷺ کے اِس خوبصورت اُسلوب تعلیم سے دیہاتی کے ذھن میں جو شبہ پیدا ہوا تھا وہ ختم ہو گیا، ظاہر ہے کہ یہ سوالات ایسے شخص کو سمجھانے کیلئے مؤثر اور معاون ثابت ہو سکتے تھے، جو اُونٹوں کے حسب نسب اور نسل ور نگ سے واقف ہو۔

اِس واقعہ سے یہ معلوم ہوتا ہے کہ رسول اللہ ﷺ کو دعوت اور تعلیم کے سلسلہ میں سامع کے سماج اور ماحول کی رعایت رکھتے ہوئے اُس کو اپنی بات سمجھانے میں کتنا کمال حاصل تھا۔

---

[102] صحیح البخاری: 7314 وصحیح مسلم: 1500

مکتوبِ امن!

گھڑ سواروں کی ایک مسلح بٹالین اُس کو دور ہٹانے میں مصروف تھی، جبکہ وہ ہاتھ میں ایک خط اُٹھائے ایک ہی آواز لگا رہا تھا: آج کا دن، وفاداری اور راستبازی کا دن ہے! یہ تُمہارا خط ہے، جو امن وامان کی ضمانت اور زندگی کی نوید ہے، یعنی مکتوبِ امن ہے،اُس نے ایک کتاب اِس کی طرف بڑھاتے ہوئے کہا۔ دوسری طرف یہ مکتوب لکھے ہوئے آٹھ سال کا عرصہ بیت چکا تھا، آج یہ کہاں اور کیسے سامنے آیا؟ البتہ جِس دِن اُس نے یہ مکتوب لکھا تھا وہ دِن اب بھی اُسے اچھی طرح یاد تھا، اور جس چیز کی اُس کو توقّع تھی، آج اُسے وہ اپنی آنکھوں سے دیکھ رہا تھا۔

اُسے یاد آیا کہ ایک دِن قریش کا ایک وفد اِس کی قوم بنو مدلج کے پاس ایک پیشکش لیکر آیا تھا، پیشکش کیا تھی؟ یہی کہ قریش نے محمد ﷺ اور اُس کے رفیقِ سفر، یارِ غار و مزار ابو بکر صدیق رضی اللہ عنہ دونوں کی سر کی قیمت لگائی ہے، پورے سو اونٹ، پس جو بھی شخص اِن میں سے کسی کو بھی زندہ یا مردہ حالت میں پکڑ لائے، تو وہ اِس گراں قدر انعام کا مُستحق ہو گا، کیونکہ یہ دونوں دوست مکہ مکرمہ سے مدینہ منورہ کی طرف سفر ہجرت کے لئے پابہ رُکاب ہیں، اِس نے جب اپنی جوانی، قوت اور شہسواری کو دیکھا، تو اپنے آپ کو اس اعزاز کا مستحق سمجھا، اور دیہاتی رواج کے مطابق اُونٹ جمع کرنے کا شوق اور اُن کی کثرت پر فخر کرنے کے لئے بے تابی یہ سب مجھے اندر سے اِس اقدام پر مجبور کر رہی تھی۔

اسی دوران جب میں اپنے لوگوں کے ساتھ کسی مجلس میں بیٹھا ہوا تھا، ایک دیہاتی آیا اور کہنے لگا: بخدا! میں نے ابھی ابھی تین آدمی قریب والی ساحلی پٹی سے گزرتے دیکھے ہیں، اور مجھے یقین ہے کہ یہ محمد اور اُس کے ساتھی ہی ہیں۔

دیہاتی کی فراست اور ادراک کی وجہ سے بھی یہ سمجھ گیا کہ عام اور مروج راستہ چھوڑ کر ساحل کی طرف سے مدینہ منورہ کا سفر کرنے والے یہی ہو سکتے ہیں، انہوں نے اِس راستہ کا انتخاب اِسی لئے کیا ہوگا کہ دُشمن اُنہیں دیکھ نہ پائے اور اُسے یہ بھی محسوس ہونے لگا کہ اتنا بڑا انعام حاصل کرنے کا موقع خود چل کر اس کے پاس آرہا ہے، پھر دیہاتی کو آنکھ مار کر خاموش ہونے کا حکم دیتے ہوئے کہا: ''نہیں، یہ لوگ محمد ور اُس کے ساتھی نہیں، بلکہ فلاں فلاں آدمی ہیں، جو ہمارے سامنے اپنے کسی گمشدہ جانور کی تلاش میں گئے تھے، اِس پر دیہاتی بھی صرف اتنا ہی کہہ سکا: ہو سکتا ہے۔

تھوڑی دیر مجلس میں مزید بیٹھا، تاکہ کسی کو شک نہ گزرے، پھر تیزی سے اُٹھ کر گھر چلا گیا اور اپنی باندی کو حکم دیا کہ میرا گھوڑا تیار کر کے فلاں فلاں ٹیلوں کے پاس لے آنا اور خود گھر کے پچھواڑے سے اسلحہ سے لیس ہو کر نکل پڑا، ہاتھ میں ترکش، تھیلی، نیزہ اور وہ تیر بھی اُٹھا لایا جن سے وہ فال نکالا کرتے تھے۔ پھر کھسک کر گھوڑے کے پاس پہنچا اور سب سے پہلے فال نکالنے لگا کہ مجھے اِن کا تعاقب کرنا چاہیئے یا نہیں؟، لیکن عجیب بات یہ ہے کہ فال نفی میں نکلا، دُوسری طرف سو اونٹوں کی لالچ نے اُسے بے چین کر رکھا تھا، اِس لئے فال کے خلاف ہی گھوڑے کو ایڑ لگائی، زمین سخت تھی، اِس لئے گھوڑے نے تھوڑی ہی دیر میں اپنی رفتار پکڑ لی، تھوڑی دیر بعد ہی اُس کو دُور سے جاتے ہُوئے لوگوں کے جُثّے دِکھائی دینے لگے، اُس نے گھوڑے کو ایک اور ایڑ لگائی تو اُس کو رسول اللہ ﷺ کی تلاوت کی

آواز سُنائی دینے لگی، نبی اکرم ﷺ کی عادت مُبارک یہ تھی کہ آپ راہ چلتے ہوئے اِدھر اُدھر نہیں دیکھتے تھے، جبکہ حضرت ابو بکر تھوڑی تھوڑی دیر بعد پیچھے مڑ کر دیکھتے تھے۔ یارسول اللہ! کسی نے ہمیں ڈھونڈ لیا ہے، اِس پہ رسول اللہ ﷺ نے فرمایا: ''گھبرانے کی ضرورت نہیں، اللہ تعالی ہمارے ساتھ ہیں''، پھر آپ ﷺ نے فرمایا: اے اللہ! تو ہی ہماری کفایت فرما، اور اُس کو گرادے۔

سرورِ دوعالم ﷺ کی زبانِ مُبارک سے یہ الفاظ نکلنے کی دیر تھی کہ ٹھوس زمین جس کے اُوپر سے گھوڑا چھلانگیں مار مار کر بھاگ رہا تھا اور زمین بہت مشکل سے اُس کے کھروں کو چھو سکتی ہے، یکدم ہی زمین دھنس گیا اور دھڑام سے شہسوار گر گیا، اُٹھا تو تعجب سے اپنے گھوڑے کو دیکھنے لگا کہ گھوڑے کے کھر زمین میں دھنس گئے ہیں، حالانکہ یہ وہی زمین تھی جِس کی شدت اور صلابت کے بارے اُس کا تجربہ تھا، لہٰذا اُسے معلوم ہوا کہ یہ رسول اللہ ﷺ کی دُعا کا اثر ہو سکتا ہے، تو اُس نے مجبور ہو کر آواز دی: یا محمد، میں جانتا ہوں کہ یہ سب کچھ آپ کا کیا دھرا ہے، اور آپ نے مجھے بددُعا دی ہے، آپ میرے لئے دُعا کیجئے کہ مجھے اللہ تعالی اِس سے نجات عطا فرمائے، خدا کی قسم! میرا وعدہ ہے کہ میری طرف سے آپ کو کبھی بھی کوئی پریشانی نہیں ہو گی۔

رسول اللہ ﷺ نے دُعا فرمائی، تو اُس کا گھوڑا ہنہناتے ہوئے اُٹھ کھڑا ہوا، جب گھوڑے نے اپنے کھر زمین سے نکالے تو دیکھا کہ زمین سے ایک دُھواں آسمان کی طرف اُٹھ رہا ہے، اُس کے دِل میں یہ بات آئی کہ دینِ محمدی کو غلبہ حاصل ہو گا، لیکن وہ چونکہ اخلاق نبوی سے واقف نہیں تھا، اِس لئے دُوسری طرف یہ بھی خیال آیا کہ کل کلاں جب سرزمین عرب پر محمد عربی ﷺ کا غلبہ ہو گا، تو وہ سب سے پہلے کہیں یہ نہ کہہ دیں

کہ ''ہجرت کے سفر میں ہمارا تعاقب کرنے والے بنی مدلج کو لے آؤ، تاکہ اُس کو سبق سکھایا جاسکے۔ اِس لئے ابھی اس بات کا اطمینان کر لیا جائے کہ کل کو ایسا کوئی معاملہ پیش نہیں آئے گا، چنانچہ اُس نے زور سے آواز دی: رُک جایئے! میں آپ لوگوں سے بات کرنا چاہتا ہوں۔

رسول اللہ ﷺ نے اپنے ترجمانِ نبوت حضرت ابو بکر صدیق سے فرمایا: اس سے کہیں کہ تُمھیں کیا چاہئیے؟ اس نے کہا کہ مجھے امن کا مکتوب لکھ دیں، تاکہ سند رہے اور بوقتِ ضرورت کام آئے۔

اِس پر رسول اللہ ﷺ اور حضرت ابو بکر رُک گئے، سُراقہ گھوڑے پر سوار ہو کر آپ کے پاس پہنچے اور کہنے لگے: آپ کی قوم نے آپ لوگوں کے سروں کی قیمت مقرر کی ہوئی ہے اور لوگ آپ دونوں کو ڈھونڈ رہے ہیں اور ساری تفصیلات بتائیں اور آپ ﷺ کی خدمت میں کچھ زادِ سفر پیش کیا، جسے اِن نفوس قدسیہ نے شکریہ کے ساتھ واپس کیا، اُس نے کہا کہ راستہ میں آپ لوگ میرے اُونٹوں اور بکریوں کے پاس سے گزرو گے، اگر آپ کو ضرورت ہو، تو اُن میں سے جتنی چاہو لے سکتے ہو، آپ ﷺ نے فرمایا: ہمیں ضرورت نہیں۔

پھر اُس نے کہا کہ میرے لائق کوئی حکم ہو تو بتادیجئے۔ آپ ﷺ نے فرمایا: ہمارا بوجھ ہلکا کر دیں اور کسی کو ہم تک پہنچنے مت دیجئے اور ساتھ ہی حضرت ابو بکر صدیق رضی اللہ عنہ کے غلام عامر بن فہیرہ کو امن کی سند لکھ کر دینے کا حکم دیا، سُراقہ خط اپنی ترکش میں ڈالتے ہوئے واپس آیا اور جو بھی شخص آپ ﷺ کے قافلہ کو ڈھونڈتا ہوا ملتا اُس کو یہ

کہہ کر واپس بھیج دیتا تھا کہ اِس طرف اُن کو ڈھونڈنے کے لئے میں کافی ہوں، میں نے کافی آگے تک جا کر ڈھونڈا ہے، لیکن مجھے کوئی چیز نظر نہیں آئی اور یہ سُن کر اِس طرف ڈھونڈنے کیلئے آنے والے لوگ واپس چلے جاتے۔

بات آئی گئی ہو گئی، اور چند سال ہی گزرے تھے کہ رسول اللہ ﷺ کے بارے مختلف خبریں مکّہ مکرمہ میں پہنچا کرتی تھی، ایک دِن خبر آئی کہ آپ ﷺ نے مکہ فتح کر لیا ہے، اور حنین کے معرکہ میں ہوازن کے جنگجوؤں کو بھی شکست ہو گئی ہے اور طائف بھی آپ ﷺ کے ساتھیوں کے محاصرہ میں ہے، اب گرا کہ تب گرا! دُوسری طرف لوگ فوج در فوج دین اسلام میں داخل ہو رہے ہیں، تو سُراقہ بھی اپنا مکتوبِ امن لئے گھر سے نکل پڑا، آپ ﷺ اُس وقت جعرانہ کے مقام پر تھے، مکّہ مکرّمہ سے چند کلو میٹر دُور، اور حضرات انصار کا ایک چاق وچوبند دستہ آپ ﷺ کی حفاظت پر مامور تھا، سُراقہ نے مجمع کو چیر کر رسول اللہ ﷺ تک پہنچنے کی کوشش کی، تو یہ شہسوار تیروں سے اُس کو دُور ہٹانے کی کوشش کر رہے تھے، اسی دھکم پیل میں وہ رسول اللہ ﷺ کے قریب پہنچا، آپ ﷺ اپنی سواری پر بیٹھے ہوئے اور کھجور کے درخت کے گوند کی طرح سفید پنڈلی مبارک سے کپڑا ہٹا ہوا تھا، سراقہ نے خط ہوا میں بلند کیا اور عرض کیا: یارسول اللہ! یہ آپ کا والا نامہ ہے، میں سراقہ بن جعشم ہوں! اور آج کا دِن وفاداری اور راست بازی کا دِن ہے۔ اس پہ آپ ﷺ نے فرمایا: بالکل، آج کا دن، وفاداری، نیکی، سچائی اور صلہ رحمی کا دِن ہے۔ قریب آجاؤ، سُراقہ حاضر خدمت ہوئے اور ایمان لے آئے۔

رسول اللہ ﷺ کے قریب ہونے کی وجہ سے مختلف احساسات سُراقہ کو گھیرے ہوئے تھے، ایک طرف قربِ نبوی کا خمار، تو دوسری طرف آپ کا رعب ودبدبہ، اِس لئے

کوئی چیز یاد نہیں رہی، بس بمشکل اتنا کچھ کہہ پایا: یارسول اللہ ! میں نے اپنے اونٹوں کیلئے حوض بنار کھا ہے، اور بسا اوقات گُم شدہ اونٹ اُدھر پانی پینے آجاتے ہیں، اگر میں ان اونٹوں کو پانی پلادوں، تو مجھے ثواب ملے گا؟ آپ ﷺ نے فرمایا: ''جی بالکل۔ ہر تر کلیجہ والی چیز کے ساتھ بھلائی کرنے پر اجر وثواب ملتا ہے۔

رسول اللہ ﷺ نے سراقہ کا استقبال کیا، اُس کو اپنے پاس بُلایا اور اُس کا اکرام کیا، لیکن کوئی بھی چیز یاد نہیں دِلائی، گویا کہ کچھ ہوا ہی نہیں، تاہم مجھے اِس بات کا کامل یقین ہے کہ سُراقہ نے جب رسول اللہ ﷺ کے عظیم اخلاق کی جھلک دیکھی ہوگی، تو سوچا ہوگا کہ اُس وقت دستاویز لکھوانے کی ضرورت ہی نہیں تھی، کیونکہ وہ محمد رسول اللہ ﷺ کے سایہ امن اور سایہ محبت میں تھے۔ سُراقہ نے واپس آکر کئی اونٹ رسول اللہ ﷺ کی خدمت میں بطور صدقہ پیش کئے۔[103]

اِس واقعہ سے جڑے چند دلچسپ سوالات

اول:...... سوال یہ ہے کہ رسول اللہ ﷺ سے خط مانگنے کا ہے، کیا دُنیا کی تاریخ میں کبھی ایسا ہوا ہے کہ ایک ایسے مہاجر سے امن طلب کیا جائے جو خود اپنا وطن چھوڑ کر جارہا ہو، اور اُس کے سر کی قیمت لگ گئی ہو اور دُشمنوں کو مطلوب ہو۔

دوم:...... وہ کیا چیز تھی کہ جس کی وجہ سے وہی سراقہ جو صبح کے وقت رسول اللہ ﷺ کے قتل کے درپے تھے، شام کو آپ کے محافظ بن کر آپ کا دِفاع کرنے لگے؟

[103] أخرجه أحمد 17581 17584 وابن ماجه 3686 وابن حبان 542 والخرائطي في مكارم الأخلاق 108

سوم:...... حضرت سُراقہ کی رسول اللہ ﷺ کے ساتھ پہلی ملاقات میں رحمتِ کائنات ﷺ مہاجر تھے اور آپ کے ساتھ صرف دو آدمی اور تھے، ایک حضرت ابو بکر صدیق اور دُوسرے آپ کے خادم جو رہبر بھی تھے، جبکہ قریش اور دیگر عرب قبائل آپ ﷺ کی تلاش اور تعاقب میں تھے، اور دُوسری بار حضرت سُراقہ رسول اللہ ﷺ سے ملے، تو آپ ﷺ کے ارد گرد بارہ ہزار شہسواروں کا لشکرِ جرار، جس کے ہاتھوں مکہ مکرمہ فتح ہوا تھا اور عرب قبائل جوق در جوق اسلام قبول کر رہے تھے، گو کہ دونوں بار ملاقات تھی، لیکن دونوں میں آسمان و زمین کا فرق تھا۔

چہارم:...... ایک وقت وہ تھا کہ جب سراقہ سو اونٹوں کی لالچ میں رسول اللہ ﷺ کو تلاش کر رہے تھے، اور پھر چشمِ فلک نے ایک ایسا وقت بھی دیکھا کہ یہی سُراقہ اونٹوں کا ریوڑ لئے رسول اللہ ﷺ کو تلاش کر رہے تھے، تاکہ آپ کی خدمت میں صدقہ کیلئے پیش کر سکیں، پہلی تلاش دُنیا کے لئے تھی اور دُوسری اللہ کی رضا اور آخرت کے لئے۔

پنجم:...... گردشِ ایام میں آٹھ سال کی عمر کتنی مختصر ہوتی ہے کہ بجلی کی چمک کی طرح گزر جاتی ہے، لیکن رسول اللہ ﷺ کی زندگی میں یہ سال اپنے اندر بڑے بڑے حادثے، تابناک تاریخ اور عدیم المثال واقعات لئے ہوئے تھے، ہجرت ہوئی تو گھر بار، عزیز و اقارب سب کچھ چھوڑنا پڑا، پھر بدر، اُحد، خندق، حدیبیہ اور آخر میں فتح مکہ اور مدد و نصرت خداوندی، تاکہ سُراقہ ان تمام واقعات اور تاریخ انسانی کے عجیب اتفاقات کو اپنی آنکھوں سے دیکھ سکیں۔

جوانی کی طاقت اور چستی دونوں تھیں، لیکن دُوسری طرف اللہ اور اُس کے رسُول ﷺ کی محبت اور جنت کا شوق اُس کے رگ وپے میں رچ بس چکا تھا، اِس لئے اُس نے اپنی تمام تر توانائیاں حصول جنت کی جدوجہد میں لگا دیں اور یہ عزم کیا کہ وہ ساری زندگی پوری رات نماز اور ہر دِن روزہ میں گزارے گا، اور روزانہ ایک قرآن مجید ختم کیا کرتے تھے۔

اِس سے افضل کوئی اور طریقہ نہیں

جوانی کی طاقت اور چستی دونوں تھیں، لیکن دُوسری طرف اللہ اور اُس کے رسُول ﷺ کی محبت اور جنت کا شوق اُس کے رگ وپے میں رچ بس چکا تھا، اِس لئے اُس نے اپنی تمام تر توانائیاں حصول جنت کی جدوجہد میں لگادیں اور یہ عزم کیا کہ وہ ساری زندگی پوری رات نماز اور ہر دِن روزہ میں گزارے گا، اور روزانہ ایک قرآن مجید ختم کیا کرتے تھے۔

اِسی دوران اُس کے والد نے قریش کے ایک اچھے خاندان سے ایک شائستہ لڑکی سے اُس کی شادی بھی کرادی، لیکن ذکر و مناجات میں مصروف نوجوان کو شادی وغیرہ سے کچھ لینا نہیں تھا، اِس لئے وہ کبھی اپنی دُلہن کے پاس بھی نہیں آیا۔ صبح سسر نے اپنے بیٹے کے بارے پوچھا، تو بہو نے کہا: آپ کا بیٹا تو انتہائی نیک، صالح اور مُتقی آدمی ہے، راتیں اُس کی عبادت میں اور دِن روزہ سے گزرتا ہے، البتہ ہماری طرف کبھی اُس کی توجّہ نہیں ہوئی، بہو کی یہ بات سُن کر عمرو کو سخت غُصّہ آیا، انہوں نے اپنے بیٹے کو ڈانٹا اور کہا کہ میں نے ایک اچّھے خاندان کی بیٹی سے تمہاری شادی کروائی ہے اور تم ہو کہ صرف تسبیح و مُناجات میں لگے ہوئے ہو، لیکن بیٹے پر اس کا کوئی اثر نہیں ہوا، وہ بدستور اپنی عبادت و ریاضت میں مگن رہے، اِس پہ حضرت عمرو رضی اللہ عنہ ناراض ہو کر رسول اللہ ﷺ کی خدمت میں حاضر ہوئے اور سارا ماجرا عرض کیا۔ رسول اللہ ﷺ اس نوجوان حضرت عبد اللہ بن عمرو کے گھر تشریف لائے ، حضرت عبد اللہ بن عمرو نے آپ ﷺ کیلئے تکیہ بچھایا ، لیکن آپ ﷺ بجائے تکیہ پر بیٹھنے کے زمین پر ہی تشریف فرما ہوگئے اور فرمایا: عبد اللہ میں نے سُنا ہے کہ تُم ساری ساری رات نماز میں گزار دیتے ہو اور دِن روزہ میں اور ساتھ میں یہ عزم بھی

کر رکھا ہے کہ تُم ساری زندگی اِسی معمول پر کاربند رہوگے ؟ جی ہاں، یارسول اللہ ! میرے ماں باپ آپ پر فدا ہوں، میں نے ایسا ہی عزم کر لیا ہے، اور میں ایسا کر بھی سکتا ہوں، نیز اِس سے میرا مقصد صرف اور صرف نیک اعمال کرنا اور جنت کمانا ہے اور بس۔ حضرت عبداللہ نے جواب دیا۔

تم ایسا کر نہیں پاؤگے، لہٰذا یہ طریقہ چھوڑ دو، کیونکہ اگر تم ایسا کرلو، تو ایک زمانہ ایسا آئے گا کہ تُم اتنے کمزور ہو جاؤگے کہ تمہاری آنکھیں اندر کو دھنس جائیں گی، جبکہ میں رات کو سوتا بھی ہوں اور تہجد کے لئے جاگتا بھی ہوں، روزہ بھی رکھتا ہوں اور افطار بھی کرتا ہوں، لہٰذا تم بھی ایسا ہی کرو، کیونکہ تمہارے نفس کا تم پر حق ہے، تمہاری آنکھوں اور تمہارے بدن کا بھی تم پر حق ہے اور تمہاری بیوی کا بھی تم پر حق ہے، تمہارے بچوں کا تم پر حق ہے اور تمہارے مہمان کا تم پر حق ہے اور تمہارے لئے اتنا ہی کافی ہے کہ تم ہر مہینہ میں تین دن روزہ رکھو، کیونکہ ہر نیکی کا بدلہ دس گنا ہے اور یہ تمہیں پوری زندگی روزہ رکھنے کے برابر ثواب ملے گا۔

عبداللہ بن عمرو کہنے لگے : یارسول اللہ ! میں اِس سے زیادہ کی طاقت رکھتا ہوں، تو آپ ﷺ نے فرمایا: پھر ہر مہینہ پانچ دِن روزہ رکھا کرو، عبداللہ بن عمرو کہنے لگے : یارسول اللہ ! میں اِس سے بھی زیادہ کی طاقت رکھتا ہوں، آپ ﷺ نے فرمایا: پھر ہر مہینہ میں سات دن روزہ رکھا کرو، لیکن عبد اللہ بن عمرو اِس پہ بھی راضی نہیں ہوئے ، تو آپ ﷺ نے فرمایا: ایک دِن روزہ رکھو اور دو دِن افطار کرلو، عبد اللہ بن عمرو اِس پہ بھی راضی نہیں ہوئے ، تو آپ ﷺ نے فرمایا: پھر حضرت داؤد علیہ السلام کی طرح روزہ رکھو،

وہ ایک دن روزہ رکھتے اور اور ایک دِن افطار کرتے تھے، وعدہ کے بہت ہی پکے تھے اور اگر دُشمن سے مڈ بھیڑ ہو جائے، تو پیٹھ نہیں دِکھاتے تھے۔

عبداللہ بن عمرو کہنے لگے: یارسول اللہ! (حضرت داؤد تو اللہ کے نبی تھے، لیکن میں تو ایک عام آدمی ہوں، اس لئے) میرے لئے اِن تمام باتوں کی کون ضمانت دے سکتا ہے؟ (اِس لئے مجھے ہمیشہ روزہ رکھنے کی اجازت دی جائے)۔

رسول اللہ ﷺ نے فرمایا:۔ جس نے ہمیشہ روزہ رکھا، اُس نے گویا روزہ رکھا نہیں، جس نے ہمیشہ روزہ رکھا، اُس نے گویا روزہ رکھا نہیں، جس نے ہمیشہ روزہ رکھا، اُس نے گویا روزہ رکھا نہیں

نیز آپ ﷺ نے فرمایا: اور پورے مہینہ میں تہجد میں ایک بار قرآن مجید ختم کیا کرو، عبداللہ بن عمرو نے اصرار کرتے ہوئے کہا: یارسول اللہ! میں اِس سے زیادہ کی طاقت رکھتا ہوں، آپ ﷺ نے فرمایا: پھر بیس دِن میں ایک قرآن ختم کیا کرو، عبداللہ نے پھر کہا: یارسول اللہ! میں اِس بھی زیادہ کی طاقت رکھتا ہوں، تو آپ ﷺ نے فرمایا: پھر دس دِن میں ایک قرآن کریم ختم کر لیا کریں، اِس پہ رسول اللہ ﷺ نے فرمایا: پھر سات دِن میں ایک قرآن ختم کیا کرو، اور اِس سے کم میں نہیں۔

عبداللہ بن عمرو پھر اصرار کرنے لگے اور کہنے لگے: یارسول اللہ! مجھے اپنی جوانی سے فائدہ اُٹھانے دیجئے، میں اس سے زیادہ کی طاقت رکھتا ہوں، اِس پہ رسول اللہ ﷺ نے فرمایا: اللہ کو حضرت داؤد کا طریقہ عبادت سب سے زیادہ پسند ہے، وہ آدھی رات آرام فرماتے تھے، پھر ایک تہائی حصہ جاگ کر عبادت کرتے تھے اور پھر چھٹا حصہ آرام فرماتے

تھے، یاد رکھو! ہر عمل کیلئے ایک نشاط اور چستی کا وقت ہوتا ہے، جسے بالآخر ایک دن تھکاوٹ کا سامنا کرنا پڑتا ہے، لہٰذا جس کی جوانی کی چستی میری سُنّت کے مطابق ہو، تو وہ ہدایت پا گیا اور جس کی چستی سنت کے خلاف ہو تو ہو ہلاک ہو گیا۔ پھر آپ ﷺ نے فرمایا: تمہیں معلوم نہیں کہ شاید تمہاری زندگی لمبی ہو (اور بڑھاپا آجائے) تو پھر اِس ترتیب کو برقرار رکھنا تمہارے لئے بہت مشکل ہو گا۔

رسول اللہ ﷺ کی پیشین گوئی کے عین مطابق حضرت عبداللہ بن عمرو کی عمر نوے سال ہوئی اور کثرتِ عبادت کی وجہ سے قوت جواب دے گئی، اِس لئے انہوں نے رات کی بجائے سات دِنوں میں قرآن مجید ختم کرنا شروع کر دیا اور کمزوری کی وجہ سے کئی دِن تک مسلسل افطار کرتے، پھر اُن کی قضا کر لیتے تھے، نبی اکرم ﷺ کے سامنے جس چیز کا عزم کیا ہے، وہ چھوٹ نہ جائے اور وہ خود ہی لوگوں کو یہ حدیث سُنا کر کہتے تھے: "اب مجھے بڑھاپے نے آلیا ہے، لیکن دوسری طرف مجھے رسول اللہ ﷺ نے جس چیز کا حکم دیا ہے، اُسے چھوڑنا بھی نہیں چاہتا، کاش میں نے رسول اللہ ﷺ کی طرف سے عطا کردہ رُخصت قبول کی ہوتی، تو آج میرے لئے آسانی ہوتی، لیکن میں نے اپنے اوپر خود ہی سختی کی ، تو مجھ پہ شدت کی گئی۔[104])

[104] مسند أحمد (6760-6762، 6867)، صحيح البخاري (1131، 1152، 1153، 1974-1980، 5052، 5199)، صحيح مسلم (1159)، صحيح ابن خزيمة (2110، 2152)، سنن النسائي (2388-2404)، مستخرج أبي عوانة (2350-2353، 2370، 2371)، شرح النووي على صحيح مسلم (8/40-47)، فتح الباري (3/16، 37؛ 4/217-225؛ 9/95)، الإصابة (4/192)، عمدة القاري.(17/63-79)

اِس حدیث سے مستفاد چند باتیں!

اوّل :......اِس منظر سے یہ معلوم ہوتا ہے کہ رسول اللہ ﷺ اور آپ کے صحابہ کرام رضوان اللہ علیہم اجمعین کے درمیان کس قدر مضبوط رابطہ اور تعلق تھا کہ عمرو بن العاص کو اپنے بیٹے کے بارے میں کوئی اندیشہ لاحق ہوتا ہے کہ وہ عبادات میں سنت نبوی سے ہٹ کر کوئی پگڈنڈی کا مسافر بن رہا ہے، اور والد کے منع کرنے پر اُس پر کوئی خاص اثر نہیں ہو رہا، تو فوراً ہی سرورِ دوعالم ﷺ کی خدمت میں حاضری دیتے ہیں، بظاہر یہ باپ بیٹے کے درمیان ایک نجی معاملہ ہے لیکن نبی اکرم ﷺ اِس مشکل کی حل کیلئے بھی نہ صرف پورا پورا تعاون فرماتے ہیں، بلکہ خود چل کر عبداللہ بن عمرو کے گھر مہمان بنتے ہیں، اِس سے پتہ چلتا ہے کہ صحابہ کرام کی زندگیوں میں رسول اللہ ﷺ کی موجودگی کتنی گہری اور تعلق کتنا مضبوط تھا، صحابہ کرام کے مختلف مُعاملات میں رسول اللہ ﷺ کی طرف سے تعاون اور ساتھ دینے کی بے مثال داستانوں کے پیچھے ایک سبب یہ بھی تھا۔

دوم :......زیر نظر قضیہ میں نبی اکرم ﷺ نے یک طرفہ طور صرف حضرت عمرو کی اپنے بیٹے کے خلاف شکایت سن کر اپنی رائے یا حکم نہیں دیا، بلکہ خود چل حضرت عبداللہ کے پاس جا کر حقیقتِ حال اور اُس کے اسباب کی تاکید کی اور اُن سے پوچھا کہ کیا واقعتا ایسا ہی ہے؟

اور یہ بھی معلوم ہُوا کہ حضرت عبداللہ رضی اللہ عنہ کو نفلی عبادات میں حد اعتدال سے نکالنے کے پیچھے ذوقِ عبادت بلکہ عشقِ عبادت کے ساتھ ساتھ اپنی جوانی اور قوت پر اعتماد اور بھروسہ بھی کارفرما تھا، یہی وجہ ہے کہ جب بھی رسول اللہ ﷺ اُن سے

کہتے کہ اتنے روزے رکھ لو، یا اتنی رات کو صرف اتنی دیر جاگ کر عبادت کیا کرو، تو وہ فوراً ہی کہہ دیتے تھے: یارسول اللہ! میں تو اِس سے بھی زیادہ کی طاقت رکھتا ہوں۔ پھر نبی اکرم ﷺ نے اُن سے فرمایا کہ: تم اِیسا نہیں کر پاؤ گے، کیونکہ جب بڑھاپا آجائے گا اور جسمانی قوتیں جواب دیں گی، تو پھر کمزوری اور مسلسل بے خوابی کی وجہ سے تمہاری آنکھیں اندر کو دھنس جائیں گی اور کمزور پڑ جاؤ گے، پھر آپ علیہ الصلاۃ والسّلام نے اپنا اُسوہ بھی اُن کے سامنے پیش کرتے ہوئے فرمایا کہ: میں سوتا بھی ہوں اور جاگتا بھی ہوں، اور روزہ بھی رکھتا ہوں اور افطار بھی کرتا ہوں، لہٰذا جس ذات والا صفات نے ہمیں رات کو نماز پڑھنے اور روزہ رکھنے کا حکم دیا ہے وہ خود سوتے بھی ہیں اور عبادت کیلئے جاگتے بھی ہیں، روزہ بھی رکھتے ہیں اور افطار بھی کرتے ہیں، لہٰذا ہمیں بھی اُنہی کے نقشِ قدم پر چلنا چاہئیے۔ نیز رسول اللہ ﷺ نے یہ بھی فرمایا کہ اگر عبادات میں بھی اگر اعتدال نہ ہو تو اِس سے بہت سارے لوگ، بیوی، مہمان، بچے، بلکہ خود اپنی جان اور اعضائے بدن کے حقوق ضائع ہو جائیں گے۔

یہ جملے باوجود مختصر ہونے کے اِس عمل کے تمام نفسیاتی اسباب اور نقطہائے آغاز کا احاطہ کرتے ہیں، چنانچہ انہوں نے پہلے تو اِس کے تصور کو ایک دُرست سمت عطا کی، پھر اِس کے زندگی پر پڑنے والے متوقع اثرات سامنے لائے، دیکھئے کہ زبان نبوت سے نکلنے والے مختصر جُملوں نے اِس مُعاملہ کے تمام پہلوں کا کتنی خوبصورتی سے احاطہ کیا۔

سوم:......اِس حدیث میں مذکور رسول اللہ ﷺ کی تعلیمات کا خلاصہ یہ ہے کہ زندگی کے تمام میدانوں میں اعتدال کا دامن تھامے رکھنا اور ہر حقدار کو اُس کا حق دینا ضروری ہے، چنانچہ آپ ﷺ کے مُبارک الفاظ (تمہارے نفس، آنکھیں، بدن، بیوی،

بچوں اور مہمان کا بھی تُم پر حق ہے) سے اسی عالمگیر اور اہم اُصول کی طرف راہنمائی ملتی ہے، رحمت دوعالم ﷺ نے مختصر سے جملوں میں نہ صرف زندگی کے مختلف پہلوؤں کی طرف اشارہ فرمایا، بلکہ اِن سب کے درمیان توازن کو برقرار رکھنے اور غلو سے بچنے کی ضرورت پر بھی زور دیا ہے، کیونکہ زندگی کے ان مختلف پہلوؤں میں سے کسی ایک میں بھی غلو یا کسی بھی طرف زیادہ جھکاؤ سے دُوسری طرف کے حقوق متاثر ہو جاتے ہیں،اِس لئے زندگی کے مختلف پہلوؤں سے جڑے متنوع حقوق کی رعایت بہت ضروری ہے۔

چہارم:...... حضرت عبد اللہ بن عمرو اور رسول اللہ ﷺ کے درمیان جب یہ گفتگو ہوئی، تو اُس وقت حضرت عبد اللہ کی عمر لگ بھگ تیس سال کی تھی، آپ ﷺ نے اُن کو درازی عمر کی خوشخبری دی، تو آپ ﷺ کی اس پیشین گوئی کے بعد حضرت عبد اللہ ساٹھ سال مزید حیات رہے اور نوے سال کی عمر میں وفات پائی، اللہ کی ان گنت رحمتیں اور برکتیں ہوں محمد ﷺ پر کہ ان کی زبان مُبارک سے نکلنے والا ہر جملہ وحیِ اِلٰہی کے سوا کچھ نہیں ہوتا۔

پنجم:...... حضراتِ صحابہ کرام رضوان اللہ علیہم اجمعین کی زندگیوں میں قوتِ التزام (کسی بھی اچھے کام کو پابندی سے کرنے) کا پہلو بہت نمایاں ہوا کرتا تھا، چنانچہ زیرِ نظر واقعہ میں ہی جب حضرت عبد اللہ بن عمرو کو رسول اللہ ﷺ کے ساتھ ایک طویل سوال وجواب کے بعد ایک دِن روزہ رکھنے اور دوسرے دِن افطار کرنے اور سات دِنوں میں تہجد میں قرآن کریم ختم کرنے کی اجازت ملی، تو یہ اُن کی جوانی کا زمانہ تھا، پھر گردشِ ایام میں جب وہ بوڑھے ہو گئے، اعضاء کمزور اور جوانی کا وہ جوش وولولہ اور طاقت نہ رہی ،تب بھی انہوں نے اپنا اُسلوبِ عبادت نہیں بدلا، حالانکہ یہ نفلی عبادت تھی، اگر وہ چاہتے

تو چھوڑ بھی سکتے تھے، لیکن جس چیز کو کرنے کا عزم وہ رسول اللہ ﷺ کے سامنے کر چکے تھے، اُسے چھوڑنا گوارا نہیں کیا، اِس سے پتہ چلتا ہے کہ حضرات صحابہ کرام رضوان اللہ عنہم اجمعین نیکی کے کاموں میں کس قدر پابندی کیا کرتے تھے، اور جب وہ نوافل کے بارے اتنے پابند تھے، تو فرائض کا کیا حال ہوگا؟

ششم:......اِس حدیث سے یہ بھی معلوم ہو رہا ہے کہ حضرت عمرو ابن العاص رضی اللہ عنہ کس قدر شفیق اور باشعور والد تھے، چونکہ آپ کا تجربہ، سیاسی سمجھ بوجھ اور دانش مندی مشہور تھی، یہی وجہ ہے کہ آپ عمر اور زمانہ سے قطع نظر اپنے بیٹے کی تربیت، نگرانی، حتیٰ گھریلو معاملات میں بھی اُس کی خبر گیری کیا کرتے تھے، اور اگر اُن کو کہیں کوئی کمزوری نظر آئے، تو اپنی دانش اور طویل ترین تجربہ کی روشنی میں اُس کا علاج کیا کرتے تھے، اُن کو یہ توقع تھی کہ عبادات میں اِس قدر غلو نہ صرف میرے بیٹے کی صحت کو متاثر کر دے گا، بلکہ اِس سے اُس کی پوری زندگی کے معاملات بھی غیر متوازن ہو جائیں گے، اِسی لئے تو اُنہوں نے اپنی بہو سے ایک ایسا سوال بھی کر لیا جس کے بارے خواتین عموماً کسی کو کچھ بتانا پسند نہیں کرتیں، بلکہ فطری شرم و حیا کی وجہ سے اس کو موضوعِ سخن بنانے سے بھی گریز کرتی ہیں، لیکن اللہ پاک جزائے خیر عطا فرمائے اِس جُراٗت مند خاتون کو کہ اِس نے بہت ہی مناسب اور ادبی الفاظ میں اُس چیز کی نشاندہی کر دی جس سے اُس کی عائلی زندگی پر بُرے اثرات پڑ سکتے تھے، چنانچہ اِس کے لئے انہوں ایک خوبصورت، علمی اور ادبی اُسلوب اپناتے ہُوئے پہلے تو اپنے شوہر کی خوب تعریف کی اور ساتھ ہی دبے الفاظ میں اُس کمزوری کی طرف بھی اشارہ کر دیا جو اُن کی عائلی زندگی پر اثر انداز ہو سکتی ہے۔ اِن الفاظ سے جہاں حضرت عمرو بن العاص کی بہو کے کمالِ عقل، دانش، ذہانت اور اپنے حقوق کے

بارے آگاہی کا پتہ چلتا ہے، وہاں بے اختیار حضرت عبد اللہ بن عمرو کے والد کے حسنِ انتخاب کو بھی داد دینے کو دِل چاہتا ہے کہ انہوں نے اپنے بیٹے کے لئے کیسی عقل مند اور سلیقہ شعار شریکِ حیات کا انتخاب کیا تھا، خاتون کے الفاظ ذرا دوبارہ پڑھئے:

"عبد اللہ تو کیا خوب آدمی ہیں، ساری ساری رات جاگ کر نوافل میں مشغول رہتے ہیں، تو ہر دِن روزہ رکھتے ہیں، تسبیح و مُناجات میں اتنے مشغول ہوتے ہیں، قرب ووِصال کے کچھ لمحات میسر آنا تو در کنار، جب سے میں بیاہی گئی ہوں ابھی تک اُن کی مجھ سے کبھی ملاقات نہیں ہوئی ہے"۔

اشعریوں کے ساتھ!

وہ ایک قابل فخر، قابل احترام اور اہل سخاوت کی جماعت تھی، جن کے حصہ میں اللہ اور اُس کے رسول ﷺ کیلئے ہجرت کی سعادت آئی تھی، نیز یہ لوگ ایسے زاہدِ شب زندہ دار تھے کہ لوگ اِن کے گھروں کو اِس لئے پہچانتے تھے کہ رات کو وہاں سے قرآن کریم کی تلاوت اور تسبیح و مناجات کی آوازیں فضاء میں رس گھولا کرتی تھیں۔ نیز ایثار، ہمدردی اور سخاوت کا یہ عالم تھا کہ کسی بھی غیر معمولی حالات میں اگر قبیلہ والوں کو اشیاء خورونوش میں قلت کا سامنا کرنا پڑے، تو غربت کے باوجود یہ سارا قبیلہ اُمڈ آتا تھا اور ہر شخص جو کچھ اُس کے پاس ہے، لاکر ایک جگہ جمع کر دیتا تھا، پھر اُسے قبیلہ کے تمام گھروں کے درمیان برابر تقسیم کیا جاتا تھا۔

غزوہ تبوک کے موقع پر جب رسول اللہ ﷺ نے جہاد کا اعلان فرمایا، تو کئی سارے جذبہ جہاد اور شوقِ شہادت سے سرشار چلے آئے، لیکن فقر و فاقہ کا یہ عالم تھا کہ اُن کے پاس اتنی سواریاں نہیں تھیں، اِس لئے اُنہوں رسول اللہ ﷺ سے یہ مطالبہ کر دیا کہ افرادی قوت تو ہمارے پاس ہے، لیکن چونکہ سواریاں نہیں ہیں، اِس لئے ریاست ہمارے لئے سواریوں کا انتظام کرے۔

سرورِ دوعالم ﷺ چونکہ بہت زیادہ مصروف تھے، کیونکہ آپ ﷺ کی حیاتِ مُبارکہ میں مسلمانوں کا سب سے بڑا لشکر تیار کیا جا رہا تھا، اِس لئے تھکاوٹ بھی اور شاید کسی معاملہ پر ناراضگی بھی ہو گی، تو آپ ﷺ قسم کھاتے ہوئے فرمایا: میں تمہارے لئے

سواریوں کا انتظام نہیں کروں گا ،رحمتِ کائنات ﷺ کے یہ الفاظ سن کر یہ لوگ بہت غمگین ہوئے اور واپس جانے لگے ،اِن کو یہ ڈر تھا کہ آپ ﷺ ان سے ناراض ہو گئے ہیں۔

اسی دوران حضرت بلال حبشی رضی اللہ نے اِن کو آواز دی اور پانچ موٹی تازی اونٹنیاں اِن کے حوالہ کرتے ہوئے کہا: یہ رسول اللہ ﷺ نے بھیجی ہیں، لیکن یہ لوگ آپس میں یہ مشورہ کرنے لگے کہ چونکہ رسول اللہ ﷺ نے ہمیں سواری نہ دینے کی قسم کھائی تھی، ہوسکتا ہے کہ آپ اپنی قسم بھول گئے ہوں، اس لئے اگر ہم یہ سواریاں رسول اللہ ﷺ کو بتائے بغیر استعمال کریں گے، تو نہ ہم کامیاب ہو سکیں گے اور نہ ہی کبھی بھی اِن سواریوں میں برکت ہوگی، اس لئے ہمیں سب سے پہلے رسول اللہ ﷺ کی خدمت میں حاضر ہو کر یہ سارا ماجرا سنانا چاہئیے۔

یہ سوچ کر یہ حضرات واپس رحمت للعالمین ﷺ کی خدمت میں حاضر ہوئے اور عرض کیا یارسول اللہ ! جب ہم نے آپ سے سواری مانگی، تو آپ نے قسم کھائی تھی کہ آپ ہمارے لئے سواری کا بندوبست نہیں کریں گے، لیکن ابھی آپ کی طرف سے بلال بن رباح ہمیں پانچ اُونٹنیاں دیکر چلے گئے ہیں، تو ہم نے یہ سوچا کہ شاید آپ اپنی قسم بھول گئے ہیں، لہٰذا آپ کو بتائے بغیر انہیں لے جانا ہمارے لئے مفید بھی نہیں ہوگا اور مُناسب بھی۔

جواب میں رحمتِ کائنات ﷺ نے فرمایا: ’’تمہارے لئے سواریوں کا انتظام میں نے نہیں، بلکہ اللہ تعالیٰ نے کیا ہے، اور میں جب بھی کوئی کام نہ کرنے کی قسم اُٹھالیتا ہوں ،لیکن پھر مجھے یہ معلوم ہو جاتا ہے کہ اِس قسم کو توڑنا زیادہ بہتر ہے، تو میں وہ کام کرلیتا ہوں

اور اپنی قسم کا کفارہ ادا کر دیتا ہوں، رحمتِ کائنات ﷺ کے لطف وکرم سے لبریز یہ جملے سُن کر ان حضرات کو تسلی ہوئی، تو دِلی اطمینان اور فتح کے خوشخبری کے ساتھ اپنی سواریاں لے آئے۔

حدیث مبارک سے مستفاد چند باتیں:

۱) زیر نظر واقعہ میں رسول اللہ ﷺ کا کسی بات پر غصّہ ہونا ایک فطری اور بشری تقاضا ہے:

﴿قُلْ سُبْحَانَ رَبِّي هَلْ كُنتُ إِلَّا بَشَرًا رَّسُولًا﴾ [الإسراء: 93]

ترجمہ: کہہ دو میرا رب پاک ہے، میں تو فقط ایک انسان اور رسول ہوں۔

بلکہ رحمت کائنات ﷺ کے کندھوں پر نبوت جیسی عظیم ترین ذمہ داری رکھ کر گویا کہ تکوینی طور پر اِس بات کا انتظام کیا گیا تھا کہ کسی معاملہ میں بتقاضائے بشریت رسول اللہ ﷺ کو بھی غصّہ آئے، یا بھول جائیں، تاکہ آپ ﷺ حالتِ نسیان یا حالتِ غضب میں جو کام کریں وہ اُمت کی تعلیم و تربیت کیلئے بطور قانون موجود ہو، تاکہ کل کلاں اُمت کو بھی جب غُصّہ اور نسیان طرح فطری تقاضے پیش آئیں، تو اُن کے سامنے رحمتِ کائنات ﷺ کی عملی مثال موجود ہو۔

۲) ایسے مواقع پر رسول اللہ ﷺ کی ناراضگی اگرچہ بہت ہی نادر اور استثنائی صورتحال ہوتی تھی، لیکن اِس سے بھی رحمت دوعالم ﷺ کی عظمت کا پہلو زیادہ نمایاں ہوتا ہے، کیوں کہ آپ ﷺ غصہ میں اپنے نفس پر سب سے زیادہ قابو پانے والے تھے اور اِس بات کی بھی دلیل ہے کہ رسول اللہ ﷺ کا عفوودرگزر سے کام لینا

ملکوتی (فرشتہ) صفت کی وجہ سے نہیں تھا کہ آپ علیہ الصلاۃ والسلام کو سرے سے غُصہ ہی نہ آئے، کیونکہ یہ تو کمال نہیں، بلکہ انسانِ کامل کی صفت کی وجہ سے تھا، بایں طور کہ آپ ﷺ کو بھی دوسرے انسانوں کی طرح دُکھ ہوتا تھا، غُصّہ آتا تھا، لیکن آپ ﷺ غُصّہ کو پی جاتے تھے اور درگزر فرماتے تھے اور آپ عظمتِ اخلاق کی اُس بلندی پر فائز تھے کہ تمام فطری اور انسانی جذبات آپ کے کنٹرول میں ہوتے تھے۔

۳) راہِ خُدا کے مہاجر اشعری قبیلہ والوں سے بظاہر ایسی کوئی بات یا کام صادر نہیں ہوا تھا، جس سے آپ ﷺ ناراض ہوں، کیونکہ اُن کا مقصد دُنیوی مال ومتاع یا غنیمت حاصل کر کے عیش وعشرت کی زندگی بسر کرنا نہیں تھا، بلکہ وہ لوگ تو صرف اور صرف اللہ کی راہ میں اپنی جان لُٹانے آئے تھے اور پیغمبرِ اسلام ﷺ کی خدمت میں اپنی رگوں میں دوڑنے والے خون اور سینے میں دھڑکتے دِلوں کی قربانی پیش کرنے آئے تھے، البتہ فقر وغربت اُن کو براہِ راست میدانِ کارزار تک پہنچنے میں رُکاوٹ بن رہی تھی، اِس لئے اُن کو صرف ایسی کوئی چیز چاہئے تھی جو اُن کو وہاں تک پہنچا سکے، تاکہ یہ لوگ خدائے تعالیٰ کی امانت جسے وہ اپنی رگوں اور سینوں میں لئے پھر رہے تھے، اصل مالک کو لوٹا سکیں اور بس! اِس لئے رسول اللہ ﷺ کی ناراضگی اُن کی وجہ سے نہیں تھی، ظاہر ہے کہ رحمتِ کائنات ﷺ تو گلے میں چادر ڈال کر کھینچنے اور انتہائی بدسلوکی کرنے والے دیہاتیوں پر بھی مسکرا کر لطف وعطا لُٹانے والے تھے، اور بعض دیہاتیوں کے بار بار اصرار کر کے مانگنے پر

لَوْ كَانَ لِي عَدَدُ هَذِهِ الْعِضَاهِ نَعَمًا لَقَسَّمْتُهُ بَيْنَكُمْ، ثُمَّ لَا تَجِدُونِي بَخِيلًا وَلَا جُبَّانًا[105]

ترجمہ: اگر میرے پاس ببول کے درختوں جتنے جانور ہوتے، تو میں وہ سب تُم پر لٹاتا، اور تمہیں میری سخاوت اور شجاعت میں کمی دیکھنے کو نہیں ملتی۔

چہ جائیکہ ایسے مخلص سر فروشوں پہ ناراض ہوں۔

۴) بلکہ جن لوگوں سے رحمتِ کائنات ﷺ محبت فرماتے تھے اور وہ لوگ بھی رسول اللہ ﷺ سے بے پناہ محبت کرتے تھے، ان کے ساتھ چونکہ اپنائیت تھی، اِس لئے ایسی کوئی بات ہو بھی جائے تو برداشت اور ایک دوسرے سے معذرت کا سلسلہ چلتا رہتا ہے، کبھی وہ آپ ﷺ سے معذرت کرتے تھے اور کبھی آپ ﷺ اُن سے، البتہ لُطف وعطا میں ہمیشہ اُن لوگوں کا خیال زیادہ رکھتے تھے جو آپ کے زیادہ قریب نہ ہوں، اِس لئے نہیں کہ آپ ﷺ کو اُن سے محبت زیادہ تھی، بلکہ اِس لئے کہ وہ ایک تو نو مسلم تھے، اور زیادہ ضرورت مند تھے، اِس لئے اُن کی تالیفِ قلب کی زیادہ ضرورت تھی، یہی وجہ ہے کہ ایک حدیث کے مطابق آپ ﷺ نے فرمایا:

" فَوَاللهِ إِنِّي لَأُعْطِي الرَّجُلَ وَأَدَعُ الرَّجُلَ، وَالَّذِي أَدَعُ أَحَبُّ إِلَيَّ مِنَ الَّذِي أُعْطِي، وَلَكِنْ أُعْطِي أَقْوَامًا لِمَا أَرَى فِي قُلُوبِهِمْ مِنَ الْجَزَعِ وَالْهَلَعِ، وَأَكِلُ أَقْوَامًا إِلَى مَا جَعَلَ اللهُ فِي قُلُوبِهِمْ مِنَ الْغِنَى وَالْخَيْرِ. "[106].

---

[105] أخرجه البخاري (2821) من حديث جبير بن مُطْعِم رضي الله عنه.

[106] أخرجه البخاري (27، 923)، ومسلم (150) من حديث سعد بن أبي وقاص رضي الله عنه

ترجمہ: جب دُنیوی مال واسباب کی تقسیم کی بات آجائے تو بسا اوقات میں اپنے محبوب ترین افراد کو چھوڑ کر دُوسرے لوگوں کو زیادہ دیتا ہوں، کیوں کہ مجھے وہ لوگ زیادہ جزع فزع کرتے ہیں، جب کہ دُوسرے لوگ اگر مالی طور پر کمزور بھی ہوں تو اُن کے دِل امیر اور صبر سے بھرے ہوتے ہیں) اور یہ عطا صرف مال واسباب سے متعلق نہیں تھا، بلکہ اخلاق اور تعامل سب چیزوں کو شامل تھا، کیونکہ انسانی فطرت یہ ہے کہ وہ جب ایسے لوگوں سے معاملات کرتے وقت ایسے لوگوں سے محتاط رہتا ہے جن سے کسی معافی یا نرمی کی اُمید نہ ہو۔

۵) سرورِ دوعالم ﷺ کی اخلاقی عظمت اور جرات کہ جب آپ ﷺ نے ایک دفعہ سب کے سامنے قسم کھائی تھی کہ وہ اِن لوگوں کیلئے سواریوں کا بندوبست نہیں کریں گے، لیکن جب آپ ﷺ کو یہ محسوس ہوا کہ جو کام میں نے نہ کرنے کی قسم کھائی ہے، اُسے کرنا زیادہ بہتر اور اُمت کیلئے مفید ہے، تو نہ صرف اپنے سابقہ موقف سے رُجوع فرمایا، بلکہ سرعام اِس رُجوع کا اعلان بھی فرمایا، تاکہ بہتر سے بہترین کی طرف بآسانی جایا جاسکے۔

دُوسری طرف ہم ہیں کہ کئی بار ہم وقتی جذبات کا شکار ہو کر کوئی غلط موقف اپنا لیتے ہیں، لیکن جب ہمیں اپنی غلطی کا احساس ہو جاتا ہے اور واضح طور پر اپنے موقف کی کمزوری سامنے آنے کے باوجود بھی صرف اِس لئے اُس کو چھوڑ نہیں سکتے کہ ہمارے بارے یہ کہا جائے گا کہ اُس نے اپنے موقف سے رُجوع کر لیا ہے، اگرچہ یہ معاملہ باپ بیٹے کے درمیان ہو، یا استاد اور شاگرد، یا حکمران اور عوام کے درمیان اور اِس کبر و نخوت کی وجہ سے کتنے ہی لوگ اپنی غلطیوں پر اصرار کرتے رہے اور نتیجتاً اُن کو جانی یا مالی طور پر بھاری نقصانات اُٹھانے پڑتے ہیں، لیکن چونکہ شیطان نے اُن کے رگ وپے میں

خود پسندی اتنی بھری ہوتی ہے کہ اُن کو اپنی شخصیت سب سے اونچی اور اعلی نظر آتی ہے، اِس لئے وہ اپنی غلطی سے رُجوع اپنی شخصیت کی توہین سمجھتے ہیں، جبکہ رحمتِ کائنات ﷺ کا اُسوہ حسنہ یہ ہے کہ آپ کو جب اپنے موقف سے دُوسرا موقف بہتر نظر آتا ہے، تو فورا رُجوع کر کے اپنی امت کے سامنے اُس کا اعلان فرماتے ہیں۔

۶) روئے زمین پر چلنے والے اِن فرشتہ صفت، قُدسی نفس، تسلیم ورضا کے پیکر اور پاکیزہ ارواح کے مالک اشعریوں کو دیکھئے کہ اُن کو اِس بات پر کوئی شکوہ نہیں کہ وہ سب کچھ چھوڑ چھاڑ کر راہِ خُدا میں قربان ہونے آئے ہیں، لیکن اُن کو لیلائے شہادت تک پہنچانے کیلئے کوئی بندوبست موجود نہیں، اور رحمت للعالمین ﷺ بھی قسم کھا کر فرما رہے ہیں کہ میں تمہارے لئے اِس کا بندوبست نہیں کروں گا، بلکہ جب رسول اللہ ﷺ کی طرف سے انتظام ہو جاتا ہے، تو انہیں اپنے رہبر ورہنما، سید عالم ﷺ کے بارے فکر مند ہیں کہ کہیں ایسا تو نہیں کہ رسولِ اکرم ﷺ ہم سے ناراض ہوں، لیکن اپنی قسم بھول گئے ہوں، اور ہم اِس کا فائدہ اُٹھائیں، نہیں، بلکہ ہماری غُربت اور فقر وفاقہ اپنی جگہ، لیکن جب تک سرورِ دوعالم ﷺ کو ساری صورتِ حال بتا نہ دیں، اور آپ کو اپنی قسم یاد نہ دِلا دیں، ہم یہ سواریاں کسی صورت استعمال نہیں کریں گے، چنانچہ دوبارہ بارگاہِ نبوی میں حاضر ہوتے ہیں، معذرت کرتے ہیں اور قسم یاد دلاتے ہیں، لیکن پھر رسول اللہ ﷺ کا محبت بھرا جواب سن کر خُمارِ عشقِ نبوی سے سرشار اور مطمئن ہو کر واپس آتے ہیں اور ایسا کیوں نہ ہو کہ خود اللہ تعالی نے ان کو اپنے آخری نبی ﷺ کی صحبت اور محبت کیلئے عرب کے ریگزاروں میں ایسے چھان کر اور چن کر الگ کیا تھا، جیسے ریت میں سے سونا الگ کیا جاتا ہے۔

﴿مُّحَمَّدٌ رَّسُولُ ٱللَّهِۚ وَٱلَّذِينَ مَعَهُۥٓ﴾ [الفتح: 29]

۷) رسول اللہ ﷺ کا اپنے ساتھیوں کے ساتھ سلوک ہمیشہ نرمی، محبت اور رعایت سے لبریز ہوا کرتا تھا، اور جس ہستی کا معاملہ ہمیشہ لطف و کرم والا ہو، وہاں اگر ایک آدھ مرتبہ کوئی محبوبانہ عتاب سامنے آ بھی جائے، تو اِس سے کوئی صدمہ یا ہلچل نہیں مچتی، بلکہ اُس کے اثرات محدود اور وقتی ہوتے ہیں اور اُن کو بھی ایک خوبصورت تفسیر دی جاتی ہے، گویا کہ جذبات اور احساسات کے وسیع اکاونٹ میں سے تھوڑی سی محبت، کچھ دیر کیلئے نکالنے کے بعد دوبارہ جمع کروایا جائے۔

زلفوں والے!

وادی نعمان! جس کو چاروں طرف سے گھیرے میں لینے والے پہاڑ اتنے بلند و بالا ہیں گویا کہ آسمان اِن پہاڑوں کے کندھوں پر سر رکھ سو رہا ہے اور مدینہ منورہ سے اتنی دُور کہ تیز رفتار اونٹ بھی بمشکل آٹھ دِنوں میں پہنچ سکے، یہاں سے ایک جوان اور جفاکش، دیہاتی بود باش کا حامل شخص جِس نے اپنے لمبے اور گھنگریالے بالوں کو دو چوٹیوں میں تقسیم کر رکھا ہے، آج پابہ سفر ہے، وادی یثرب کا رخت باندھ چکا ہے، لیکن اِس طویل اور پر خطر سفر کا مقصد کوئی تجارت یا کسی عزیز سے ملنا نہیں، بلکہ اُس عظیم ہستی کی خدمت میں حاضری دینا ہے جِس کا کہنا یہ ہے کہ کائنات کے مالک نے اُس کو اپنا فرستادہ بنا کر بھیجا ہے، اور یہ بھی کہنا ہے کہ ختم نبوّت کا تاج صرف اُسی کے سر پر سجایا گیا ہے، لہٰذا اب اُس کے بعد کوئی دوسرا اِس منصب پر فائز بھی نہیں ہو سکتا، اِس لئے یہ مسافر بھی چاہتا ہے کہ اِس ہستی سے مل کر اپنے دِین اور عقیدہ کے بارے کوئی فیصلہ کر سکے، سفر کٹ جاتا ہے اور بالآخر مسافر منزلِ مقصود تک پہنچ جاتا ہے، سامنے اُس رسولِ ہاشمی ﷺ کا عبادت خانہ ہے، جس کو یہاں کے لوگ مسجد کا نام دیتے ہیں، اپنا اُونٹ دروازہ پر باندھ کر اندر داخل ہوتا ہے، لیکن اپنے جانثاروں کے جھرمٹ میں بیٹھے رحمت للعالمین ﷺ کو پہچان نہیں پاتا، اور پہنچانتا بھی کیسے کہ رحمت للعالمین جب اپنے ساتھیوں کے ساتھ بیٹھتے ہیں تو اُن میں ایسے گھل مل جاتے تھے کہ بندہ اور بندہ نواز کی تفریق ختم ہو جاتی تھی، اِس لئے مدینہ کا یہ مسافر پوچھنے لگتا ہے أَيُّكُمُ ابْنُ عَبْدِ الْمُطَّلِبِ؟ تم میں عبد المُطّلب کا پوتا کون ہے؟

صحابہ کرام رضوان اللہ علیہم اجمعین نے اشارہ کر کے بتادیا کہ وہ حسن وجمال کا پیکر جو ٹیک لگائے بیٹھے ہُوئے ہیں، مدینہ کا یہ مسافر بارگاہ نبوی میں حاضر ہوتا ہے اور اپنے اُسی دیہاتی لہجہ اور انداز میں گویا ہوتا ہے: ''اے ابن عبدالمطلب! رحمت للعالمین ﷺ فرماتے ہیں کہ میں جواب دے چکا ہوں، میں عبدالمُطّلب کا پوتا بھی ہوں اور محمد بھی۔

دیہاتی مسافر کہتا ہے کہ میں نے کچھ سخت سوالات کرنے ہیں، اِس لئے مجھ سے ناراض مت ہو جایئے گا، رحمتِ دوعالم ﷺ فرماتے ہیں: ''جو چاہو پوچھ لو، میں ناراض نہیں ہوں گا، کیونکہ آپ ﷺ کا دِین کسی خاص قوم، زبان یا جغرافیہ تک محدود نہیں، اور نہ ہی اِس میں کوئی ایسی بات ہے جس کو لوگوں سے چھپایا جائے، بلکہ وہ ایک واضح اور واشگاف پیغام ہے جس میں رنگ ونسل کی تفریق سے بالاتر ہو کر ہر قوم، ہر علاقہ، ہر زمانہ اور ہر زبان کے انسانوں کی فلاح وبہبود پنہاں ہے۔

اب دیہاتی مسافر کے عقل ودانش کی شفافیت اور فکر وفہم کی گہرائی کی خبر دینے والے سوالات شروع ہوتے ہیں:

پہلا سوال تھا: اتنے بلند اور خوبصورت آسمان کو بنانے والا کون ہے؟ محمد عربی ﷺ فرماتے ہیں: اللہ تعالی۔ پھر اتنی وسیع اور مختلف رنگوں اور مخلوقات سے بھری زمین کا خالق کون ہے؟ دیہاتی مسافر کا اگلا سوال تھا۔ اللہ تعالی ہی، رسول اللہ ﷺ نے مختصر سا جواب ارشاد فرمایا۔

میں تمہیں اُس ذات والا صفات، جِس نے آسمان کو بلندیوں، زمین کو وسعتوں اور پہاڑوں کو مضبوطی سے نوازا ہے، جو تمہارا بھی اور تم سے پہلے گزرے ہؤوں کا اور

آئندہ آنے والوں کا بھی معبود ہے، اُس کی قسم دیکر پوچھتا ہوں: کیا اُس ذات نے پوری انسانیت کی طرف تمہیں اپنا رسُول بنا کر بھیجا ہے؟ دیہاتی نے سوال کیا۔ جی بالکل، رسول اللہ ﷺ نے جواب دیا۔

تُمہیں اُسی رب کی قسم جس نے تمہیں اپنا رسول بنا کر بھیجا ہے کہ اُسی نے تُمہیں یہ حکم دیا ہے کہ ہم صرف اُسی کی عبادت کریں اور اُن تمام بتوں کی عبادت سے دستبردار ہو جائیں جِن کو ہمارے آباء واجداد پوجتے تھے؟ دیہاتی مسافر نے اگلا سوال کیا۔

رسول اللہ ﷺ نے جواب دیا: جی بالکل۔

دیہاتی مسافر: "اچھا پھر تمہیں اُسی رب کی قسم جس نے تُمہیں اپنا رسول بنا کر بھیجا ہے کہ اُسی نے تمہیں یہ حکم دیا ہے کہ ہم دِن رات میں پانچ نمازیں پڑھیں؟ رسول اللہ ﷺ: جی بالکل!

دیہاتی مسافر: تُمہیں اُسی رب کی قسم جس نے تُمہیں اپنا رسول بنا کر بھیجا ہے کہ ہمارے امیر لوگوں سے صدقات وُصول کر کے غریبوں میں تقسیم کرنے کا حکم بھی اُس ذات عالی نے دِیا ہے؟ رسول اللہ ﷺ: جی بالکل!

دیہاتی مسافر: تمہیں اُسی رب کی قسم جس نے تمہیں اپنا رسول بنا کر بھیجا ہے کہ رمضان کے مہینہ میں روزہ رکھنے کا حکم بھی اُسی نے دیا ہے؟ رسول اللہ ﷺ: جی بالکل۔ یہ بھی اُسی ذات کا حکم ہے۔

دیہاتی مسافر: تمہیں اُسی رب کی قسم جس نے تمہیں اپنا رسول بنا کر بھیجا ہے کہ اُسی رب نے ہمیں یہ بھی حکم دیا ہے کہ ہم میں جس کے پاس گنجائش ہو وہ بیت اللہ کا حج کریں؟ رسول اللہ ﷺ: جی ہاں!

دیہاتی مسافر: میں گواہی دیتا ہوں کہ اللہ کے سِوا کوئی معبود نہیں اور یہ بھی گواہی دیتا ہوں محمد ﷺ اللہ کے رسول ہیں۔

یارسول اللہ! میرا نام ضمام بن ثعلبہ ہے، بنو سعد بن بکر قبیلہ سے میرا تعلق ہے، مجھے اُس ذات کی قسم جس نے آپ کو اپنا رسول بنا کر بھیجا ہے، میں آپ کا یہ پیغام اپنی قوم کو من وعن پہنچاؤں گا، اِس میں اپنی طرف سے کوئی کمی یا زیادتی نہیں کروں گا، باقی جہاں تک آپ نے بے حیائی کی مختلف باتوں سے رُکنے کا حکم دیا ہے، تو یقین جانیے ہم اِن سے زمانہ جاہلیت میں دُور تھے، تو اِسلام میں تو اِن سے اور زیادہ اجتناب کریں گے۔

یہ کہہ کر وہ واپس پلٹا، اونٹ کی رسّی کھولی اور واپس چلا گیا، چونکہ وہ صرف تعلیمِ دین کی نیت سے اتنا لمبا سفر کر کے مدینہ مُنورہ آیا تھا، اب اُس کا مقصد حاصل ہو گیا، اِس لئے اُس نے واپسی کی راہ لی۔

رسول اللہ ﷺ نے فرمایا: "زلفوں والے جوان کو بات سمجھ آ گئی، اگر یہ اپنی بات پر پکا رہا تو ضرور جنت میں داخل ہو گا"، جبکہ صحابہ کرام، حتیٰ کہ حضرت عمرؓ سے جیسے عقل و دانش کے پیکر بھی اِس دیہاتی مسافر کی فہم و فراست پر تعجب کا اظہار کرتے رہے، چنانچہ

حضرت عُمرؓ کہتے ہیں: میں نے ضمام سے زیادہ مختصر اور بہترین سوال کرنے والا نہیں دیکھا[107].

ضمام جب واپس اپنے علاقہ میں پہنچے، تواُن کی قوم کے لوگ اُن کے پاس آ گئے، تو اُنہوں نے جاتے ہی پہلا کام یہ کیا کہ لوگوں کے دِلوں میں اِن خود ساختہ معبودوں کی خیالی عظمت کا پندار توڑ دیا اور ببانگِ دُھل اعلان کیا: "لات، منات اور عزّیٰ نامی ہمارے اپنے ہاتھوں کے تراشے ہوئے ہیں، اُن کی کوئی حقیقت نہیں، اور اُن کی پرستش سوائے نجاست کے کچھ نہیں"۔

قوم کے لوگوں کو اِس پہ بہت تشویش ہوئی، کیونکہ وہ یہ سمجھ رہے تھے کہ اِن بُتوں کی گستاخی کرنے پر مختلف عذاب آتے ہیں، اور ایسا شخص مختلف بیماریوں مبتلا ہوتا ہے، چنانچہ اُنہوں نے ضمام کو بھی ڈرانے دھمکانے کی کوشش کی اور کہنے لگے کہ اگر تُم نے اِن بتوں کو بُرا بھلا کہا، تو تمہیں جُذام اور برص کی بیماری لگ جائے گی، وغیرہ وغیرہ، لیکن ضمام چونکہ اِس طرح کے خیال اور خوف وڈر کے حصار بہت آگے نکل چکے تھے، کیونکہ جس نے رسول اللہ ﷺ کے دستِ اقدس سے جامِ توحید نوش کیا ہو، بھلا وہ ایسی موہوم چیزوں کی کب پرواہ کرتا ہے؟ اِس لئے اُنہوں نے اپنی قوم کو جمع کر کے کہا کہ یہ ہمارے ہاتھوں کے تراشے ہُوئے پتھر کے صنم، کسی کو کوئی فائدہ یا نقصان کیا دیں گے، خود اپنی حفاظت کرنے سے بھی قاصر ہیں، اِس لئے اِن کو چھوڑ دو، اور اُس رسول عربی ﷺ کے دامنِ

---

[107] مسند أحمد (2254، 2380، 22719)، صحيح البخاري (63)، صحيح مسلم (12)، شرح النووي على صحيح مسلم (169/1)، الأسماء المبهمة للخطيب (ص154-155)، غوامض الأسماء المبهمة لابن بشكوال (1/55-58 (1/130-131).

رحمت سے چمٹ جاؤ، جسے اللہ تعالیٰ نے اپنی آخری کتاب اور رسالت دیکر بھیجا ہے، اب ہمیں شرک وکفر کے اندھیروں سے صرف وہی نکال سکتا ہے، اِس لئے میں تو اِس بات کا صدقِ دل سے اقرار کرتا ہوں کہ اللہ کے سِوا کوئی معبود نہیں اور محمد ﷺ اُس کے بندے اور رسُول ہیں، میں اُن کا پیغام تُم لوگوں کو پہنچا چکا ہوں، اور آپ ﷺ نے جن جن باتوں کا حکم دیا تھا اور جن چیزوں سے رُکنے کا حکم دیا تھا، وہ ساری باتیں تمہیں بتا چکا ہوں۔

یوں حضرت ضمام بن ثعلبہ رضی اللہ عنہ اپنی قوم کے لوگوں سے مکالمہ کرتے رہے، یہاں تک سب لوگ مسلمان ہوگئے۔ صحابہ کرام رضوان اللہ عنہم اجمعین کو اِن پر بڑا رشک آتا تھا، حتیٰ کہ حضرت عباس رضی اللہ عنہ کہا کرتے تھے: ہم نے اپنی زندگی میں ضمام بن ثعلبہ سے بہتر کوئی وفد نہیں دیکھا۔[108]

اِس حدیث سے مستفاد چند باتیں:

ا) حضرت ضمام بن ثعلبہ کے نزدیک صحیح دین تک پہنچ کر اُس پر ایمان لانے کا معاملہ انتہائی اہم اور ضروری تھا، اِس لئے وہ اتنے لمبے سفر کی مشقّتیں برداشت کرکے مدینہ منورہ پہنچا، تاکہ اُس کو رسول اللہ ﷺ کے متعلق جو اطلاعات ملی تھیں، اُن کی کے بارے حقیقتِ حال معلوم کرکے اپنے مستقبل کے بارے کوئی فیصلہ کرسکیں، اتنی دُور دارز کے سفر سے لیکر رسول اللہ ﷺ سے سوال وجواب کے الفاظ تک ایک ایک چیز دین وعقیدہ کے مُعاملہ میں اُن کی سنجیدگی، اور نبی اکرم ﷺ کی صداقت واضح ہونے کے

---

[108] المفهم للقرطبي (157/1، 162)، الإصابة (486/3-487)، فتح الباري(1/106) ، 150.(مسند أحمد (22181)، سنن أبي داود (5230)، سنن ابن ماجه (3836)، الشفا للقاضي عياض

بعد آپ ﷺ کے دین کو قبول کر کے دوسروں تک پہنچانے کی ذمہ داری قبول کرنے کی استعداد کی گواہی دے رہی ہے۔

۲) سرکارِ دوعالم ﷺ کا اپنے صحابہ کرام رضوان اللہ عنہم اجمعین کے ساتھ اِس طرح گھل مل کر رہنا کہ نووارد کو پوچھنا پڑتا تھا، رحمتِ دوعالم ﷺ سادگی کے ایسے پیکر تھے کہ آپ اپنے ظاہری لباس، رہن سہن یا نشست و برخاست میں کوئی ایسی چیز اختیار نہیں فرماتے تھے جو آپ ﷺ کو دوسرے بالخصوص غریب صحابہ کرام رضی اللہ عنہم سے ممتاز کرے، اور نہ ہی آپ تشریف فرما ہوں، تو لوگ آپ کے گرد کھڑے ہوتے تھے، جیسا کہ بادشاہوں کا مزاج اور عادت تھی، بلکہ اہلِ تکبّر کی ہر ہر عادت، نشانی اور طریقہ سے کوسوں دُور، سادگی اور تواضع کے پیکر تھے۔ اسی اپنائیت، تواضع اور سادگی بھرے سلوک کا نتیجہ تھا کہ آپ کی محبت صحابہ کرام رضی اللہ عنہم کے رگ وپے میں رچ بس چکی تھی، اور وہ ہر وقت آپ پر جان چھڑکنے کیلئے تیار رہتے تھے۔

۳) حضرت ضمام بن ثعلبہ فتحِ مکہ کے بعد رسول اللہ ﷺ کی خدمت میں حاضر ہوئے تھے اُس وقت سرزمین عرب کے مختلف قبائل جوق در جوق اسلام قبول کر چکے تھے اور جزیرہ عرب کے اکثر حصہ پر اسلام کا پرچم لہرا چکا تھا، اور آپ ﷺ سرزمین عرب کے کے فاتح اور پہلی اسلامی ریاست کے سربراہ کے طور پر سامنے آئے تھے، لیکن اِس کے باوجود بھی یہ آپ ﷺ کا حسن خُلق تھا کہ آپ ﷺ نے حضرت ضمام کو اپنے چاپلوسی اور بناوٹی وفاداری کے اظہار سے دُور، انتہائی بے تکلّف اور ٹھیٹھ دیہاتی طریقہ کے مطابق مکالمہ کرنے کی مکمل اجازت مرحمت فرمائی تھی، کیونکہ سرورِ دوعالم ﷺ کا سایہ رحمت لوگوں کی جان، مال، عزت و آبرو سمیت اُن کی علاقائی ثقافتی قدروں کی حفاظت کا بھی

ضامن تھا، دربارِ نبوی میں کسی کی قدروں کو توہین اور شخصیت کو تذلیل کے ذریعہ کچلنے کا رواج نہیں تھا، بلکہ ہر آنے والا خود پہلے سے بڑھ کر محفوظ، محترم، معزز اور قابلِ اعتماد محسوس کرتا تھا، آپ ﷺ کے عمدہ اخلاق، نرمی، شفقت اور محبت ہی وہ چیزیں تھیں جس کی وجہ سے آپ انسانوں کے دِل فتح کرنے میں کامیاب ہوئے تھے، اور اگر حَاشَا وَكَلَّا مُعاملہ اِس کے برعکس ہوتا تو آپ تنہائی کا شکار ہو جاتے۔

۴) حدیث مُبارکہ کے الفاظ سَلْ عَمَّا بَدَا لَكَ جو چاہو سوال کرو، حق کی جستجو اور تلاش میں آنے والوں کیلئے ایک صدائے عام تھے، پس اُن کیلئے کوئی سوال ممنوع نہیں تھا، کیونکہ رسول اللہ ﷺ کے لائے ہُوئے دین میں ایسی کوئی چیز تو ہے نہیں کہ اُس کے بارے سوال کرنے میں کسی کو کوئی سبکی یا شرمندگی محسوس ہو، یا کسی کو پریشانی لاحق ہو، اور نہ دینِ اسلام کا کوئی حکم ایسا دیومالائی طرح کا ہے کہ عقل اُس کو سمجھنے سے قاصر ہو، اِسی لئے تو رسول اللہ ﷺ نے ''سَلْ عَمَّا بَدَا لَكَ'' (جو جی میں آئے پوچھ لو) فرما کر ایک طرف سے گویا کہ سوال کا دروازہ کھول کر رکھ دیا، تو دوسری طرف ''فَلَنْ أَجِدُ عَلَيْكَ'' (میں تمہارے کسی سوال پر بھی ناراض نہیں ہوں گا) فرما کر اُس کو اطمینان دِلایا کہ طلبِ علم ایک محترم اور قابل قدر جذبہ ہے، کوئی جُرم نہیں کہ اُس پر سزا دی جائے اور جب مسلمان کے دِل میں علم دین اور اعتماد جمع ہو جائیں، تو پھر اُسے کسی سوال سے گھبرانے کی ضرورت نہیں ہوتی۔

۵) حضرت ضمام صرف اِس لئے مسلمان نہیں ہوئے تھے کہ جب اُس نے قسم دیکر سوال کیا تو رسول اللہ ﷺ نے اُس کی قسم قبول کر لی تھی، کیونکہ صرف قسم کو قبول کرنا کوئی ایسی بات نہیں کہ اُس سے متاثر ہو کر آدمی ایک نیا دین قبول کر بیٹھے، اور ویسے بھی

اگر کوئی شخص کسی مُعاملہ میں جھوٹا دعوی کرے، وہ جھوٹی قسم اُٹھانے سے بھی نہیں چوکے گا، بلکہ حضرت ضمام اِس لئے مسلمان ہُوئے کہ آپ ﷺ کے قسم اُٹھانے نے اُن دلائل کی بھی توثیق کی جو ابھی تک حضرت ضمام کے سامنے آئے تھے۔ مثلاً:

آپ ﷺ کی دعوت کے مضامین کی معرفت یوں ہی ابھی تک حضرت ضمام تک آپ ﷺ کی طرف سے بھیجے ہُوئے مبلغین کی زبانی دینِ اسلام کے مختلف مضامین پہنچ چکے تھے، لیکن وہ مُبلّغین اُس وقت وہاں موجود بھی نہیں تھے اور نہ ہی وہ مضامین کوئی تحریری شکل میں رسول اللہ ﷺ کے پاس موجود تھے، اِس لئے جب ضمام بن ثعلبہ اُن مضامین کو آپ ﷺ کے سامنے پیش کرکے سوال پوچھتے کہ کیا واقعتاً یہ بات ایسی ہی ہے، اور جواب میں نبی اکرم ﷺ اُس کی تصدیق فرماتے، تو آپ ﷺ کا تصدیق کرنا ہی آپ ﷺ کی صداقت کی دلیل تھی۔

نیز اس کے ساتھ ساتھ حضور اکرم ﷺ کی زیارت بھی بذات خود آپ کی رسالت کی ایک بڑی دلیل تھی، کیونکہ آپ ﷺ کا چہرہ مبارک ہی آپ ﷺ کی صداقت کا شاہد عدل تھا، یہی وجہ ہے کہ حضرت عبداللہ بن سلام نے آپ کو دیکھنے کے بعد کہا تھا: ''یہ چہرہ کسی دروغ گو شخص کا نہیں ہو سکتا۔[109]

نیز عرب قبائل میں آپ کی سچائی ضرب المثل کی حیثیت رکھتی تھی، اِس لئے آپ ﷺ کی گفتگو خود آپ کی صداقت کی ایک دلیل ہوا کرتی تھی، یہی وجہ ہے کہ ضمام بن

---

[109] مسند أحمد (22668)، جامع الترمذي (2485)، سنن ابن ماجه (1334، 3251)، المستدرك (160/4)، المختارة للضياء (25/4).(404-401)

ثعلبہ نے بھی آپ کو حلف دیکر سوالات کئے، کیونکہ ضمام بن ثعلبہ کو اِس بات کا پورا یقین تھا کہ ایسا نہیں ہو سکتا کہ سرزمینِ عرب کا سچا ترین شخص بات تو سچّی کرے، لیکن قسم جھوٹی اُٹھائے اور یہ بھی ممکن نہیں کہ ایک شخص مخلوق کے ساتھ اتنا سچا ہو کہ اُس کی مثال دی جائے، لیکن وہی شخص خالق پر جھوٹ باندھے، اِس لئے جب یہ سارے قرائن ضمام بن ثعلبہ کے سامنے آئے، تو انہوں نے بلاکسی تامل کے اعلان کر دیا أَشْهَدُ أَنْ لَا إِلَهَ إِلَّا اللهُ

.

٦) وَاللهِ لَا أَزِيدُ عَلَى ذَلِكَ وَلَا أَنْقُصُ (بخدا! میں اِس میں اپنی طرف سے کوئی کمی بیشی نہیں کروں گا) ارکانِ اسلام کے بارے معلومات حاصل کرنے کے بعد یہ وہ الفاظ تھے جو ضمام بن ثعلبہ نے رسول اللہ ﷺ کے پاس سے رُخصت ہوتے ہوئے کہے تھے، اور یہ عہد کیا کہ نہ تو مزید سوالات پوچھوں گا اور نہ اِن کی تبلیغ میں کوئی کوتاہی کروں گا، پھر جب اپنی قوم کے پاس آئے، تو ایک داعی، ایک متکلم اور ایک مُعلّم بن کر آئے اور ایسی محنت کی کہ حق تعالیٰ جل مجدہ اِن کی برکت سے اُن سب کے دِل اپنے دین کیلئے کھول دئے۔

اُس وقت شاید ضمام کے ذھن میں یہ بات نہ ہو کہ ''دعوت'' بھی توانہی چیزوں میں سے ایک ہے، جن کے بارے وہ کہہ چکے تھے، مزید کچھ نہیں پُوچھوں گا، لیکن دُوسری طرف دعوت اُن چیزوں میں بھی شامل تھی جِن کے بارے وہ کہہ چکے تھے کہ میں اُن میں کسی قسم کی کمی نہیں کروں گا۔

یہی وجہ ہے کہ اپنی قوم کے پاس جانے کے بعد پہلا کام ہی دعوت کا کیا، اور یہی وہ دانش اور فہمِ دین ہے جس کے بارے رسول اللہ ﷺ نے فرمایا تھا: ''آدمی کو میری بات سمجھ آگئی ہے''۔

عبادت والی رات!

رسول اللہ ﷺ کی حیاتِ مبارکہ کی دیگر مبارک راتوں کی طرح یہ رات بھی انتہائی پرسُکون رات تھی، البتہ چند جاگتی آنکھوں نے غروبِ آفتاب سے لیکر طلوع فجر تک اِس رات کی انتہائی باریک بینی سے نگرانی کر کے لمحہ لمحہ کی خبر اُمت تک پہنچائی۔

ابتداء یوں ہوئی کہ حضرت عباس نے اپنے صاحبزادے عبد اللہ رضی اللہ عنہما کو کسی کام سے رسول اللہ ﷺ کی خدمت میں بھیجا، لیکن آپ ﷺ کے پاس کے رش کی وجہ سے حضرت عبد اللہ آپ ﷺ سے بات نہیں کر سکے، حضرت عبد اللہ مسلسل انتظار کرتے رہے، یہاں تک شام ہوگئی، مغرب کی اذان اور نماز کے بعد پھر آپ ﷺ کی مصروفیت کا آغاز ہوا اور عشاء تک جاری رہی، پھر عشاء کی نماز کے بعد آپ ﷺ نے چار رکعت نوافل پڑھے، اِس دوران کوئی بھی مسجد میں نہیں رہا، تو آپ ﷺ اپنے گھر، حضرت میمونہ رضی اللہ عنہا کے حجرہ میں تشریف لے گئے، اِدھر حضرت ابن عباس رضی اللہ عنہ پہلے سے وہاں موجود، بلکہ آپ ہی کے انتظار میں تھے، چنانچہ اُنہوں نے اپنے والد کا پیغام آپ ﷺ تک پہنچایا، اِس پہ نبی اکرم ﷺ نے حضرت ابن عباس کو آج کی رات اپنے ہاں رُکنے کا حکم دیا، ابن عباس رضی اللہ عنہما نے اِسے خوشی خوشی قبول کیا، چونکہ ایک تو رسول اللہ ﷺ اُن کے چچازاد بھائی تھے اور دوسرا حضرت میمونہ حضرت ابن عباس کی سگی خالہ تھیں۔

گھر میں آتے ہی ابن عبّاس نے دِل ہی دِل میں یہ عزم کر لیا تھا کہ آج کی رات وہ سونے کی بجائے جاگ کر رسول اللہ ﷺ کے رات کے معمولات کا مشاہدہ کریں گے، نیز

احتیاطاً اپنی خالہ ام المؤمنین سیّدہ میمونہ رضی اللہ عنہا کو بھی بتادیا کہ جس وقت رسول اللہ ﷺ تہجد کے لئے اُٹھیں تو مجھے بھی جگادیجئے گا، رسول اللہ ﷺ تھوڑی دیر تو اپنے اہلِ خانہ سیّدہ میمونہ رضی اللہ عنہا کے ساتھ بات چیت کی، پھر سونے لگے، سادگی کا یہ عالم تھا کہ ایک ہی لمبا سرہانہ تھا، جس کی لمبائی میں رسول اللہ ﷺ اور حضرت میمونہ آرام کرنے کے لئے لیٹے اور چوڑائی کی طرف حضرت ابن عبّاس لیٹ گئے۔

حضرت ابن عبّاس فرماتے ہیں کہ میں انتظار کررہا تھا کہ رسول اللہ ﷺ کب جاگ کر نماز شروع کرتے ہیں، تاکہ میں بچشمِ خود آپ ﷺ کی عبادت کا مشاہدہ کرسکوں، چنانچہ جب آدھی رات گزری تو رسول اکرم ﷺ جاگ گئے اور حضرت ابن عباس کی طرف دیکھ کر پوچھنے لگے: نَامَ الْغُلَیِّم؟ (چھوٹا سوگیا؟) پھر آپ ﷺ نے جاگنے کے بعد آنکھیں ملیں، پھر رُخِ انور آسمان کی طرف کرکے تھوڑی دیر فکر وتدبر کرتے رہے اور ساتھ میں اِن آیات کی تلاوت کرتے رہے:

﴿إِنَّ فِي خَلْقِ ٱلسَّمَٰوَٰتِ وَٱلْأَرْضِ وَٱخْتِلَٰفِ ٱلَّيْلِ وَٱلنَّهَارِ لَءَايَٰتٍ لِّأُو۟لِى ٱلْأَلْبَٰبِ ٱلَّذِينَ يَذْكُرُونَ ٱللَّهَ قِيَٰمًا وَقُعُودًا وَعَلَىٰ جُنُوبِهِمْ وَيَتَفَكَّرُونَ فِي خَلْقِ ٱلسَّمَٰوَٰتِ وَٱلْأَرْضِ رَبَّنَا مَا خَلَقْتَ هَٰذَا بَٰطِلًا سُبْحَٰنَكَ فَقِنَا عَذَابَ ٱلنَّارِ﴾ [آل عمران: 190-191]

ترجمہ: بیشک آسمان وزمین کی تخلیق اور رات دِن کے بدل کر آنے جانے عقل والوں کیلئے بڑی نشانیاں ہیں۔ وہ لوگ جو اُٹھتے بیٹھتے اور کروٹوں پر لیٹے ہُوئے اللہ

کاذکر کرتے ہیں۔اے ہمارے رب! تونے یہ سب بے مقصد پیدا نہیں کیا، تو پاک ہے، ہمیں دوزخ کے عذاب سے بچالیجئے۔

یہاں تک آپ ﷺ نے سورہ نساء کی آخری دس آیات کی تلاوت فرمائی، پھر قریب موجود مشکیزہ میں سے پانی نکال کر، مسواک اور وضو فرمایا، چونکہ سردی کا موسم تھا، اِس لئے خفیف سا وضو کیا اور پھر اپنی یمنی چادر اوڑھ کر نماز شروع کردی۔

ابن عباس کہتے ہیں کہ میں یہ سارا منظر دیکھ رہا تھا، لیکن کہیں رسول اللہ ﷺ کو یہ محسوس نہ ہو کہ ابن عباس میری نگرانی کررہا ہے، میں نے جان بوجھ کر انگڑائیاں لینا شروع کردیں، گویا کہ میں نیند سے ابھی جاگ رہا ہوں، پھر نبی اکرم ﷺ کی طرح وضو کرکے جاکے آپ ﷺ کے بائیں جانب کھڑے ہو کر نماز میں شریک ہو گیا، رسول اللہ ﷺ نے میرا کان پکڑ کر گھما کر اپنی داھنی طرف کھڑا کیا۔

ابن عباس کہتے ہیں کہ چونکہ رات تھی اور اندھیرا تھا، تو آپ ﷺ نے مجھے مانوس کرنے کے لئے ایسا کیا، ابن عباس نے اُس رات آپ ﷺ کی نماز کی پوری پوری نگرانی کی، چنانچہ آپ ﷺ نے پہلے ہلکی دو رکعتیں پڑھیں، پھر گیارہ رکعت نماز نماز ادا کی، کل ملا کر آپ ﷺ نے تیرہ رکعت نماز ادا کی۔

ابن عباس کا بیان ہے کہ آپ ﷺ کی نماز خشوع اور خضوع سے بھرپور تھی، تقریبارات کا ایک تہائی حصہ آپ ﷺ نے نماز میں گزارا۔

حضرت ابن عباس کہتے ہیں کہ آپ ﷺ نماز شروع کرنے کے بعد یہ دُعا پڑھی :

اللَّهُمَّ لَكَ الحَمْدُ، أَنْتَ نُورُ السَّمَاوَاتِ وَالْأَرْضِ وَمَنْ فِيهِنَّ، وَلَكَ الحَمْدُ، أَنْتَ قَيِّمُ السَّمَاوَاتِ وَالْأَرْضِ وَمَنْ فِيهِنَّ، وَلَكَ الحَمْدُ، أَنْتَ رَبُّ السَّمَاوَاتِ وَالْأَرْضِ وَمَنْ فِيهِنَّ، أَنْتَ الحَقُّ، وَوَعْدُكَ الحَقُّ، وَقَوْلُكَ الحَقُّ، وَلِقَاؤُكَ الحَقُّ، وَالجَنَّةُ حَقٌّ، وَالنَّارُ حَقٌّ، وَالنَّبِيُّونَ حَقٌّ، وَالسَّاعَةُ حَقٌّ.

اللَّهُمَّ لَكَ أَسْلَمْتُ، وَبِكَ آمَنْتُ، وَعَلَيْكَ تَوَكَّلْتُ، وَإِلَيْكَ أَنَبْتُ، وَبِكَ خَاصَمْتُ، وَإِلَيْكَ حَاكَمْتُ، فَاغْفِرْ لِي مَا قَدَّمْتُ وَمَا أَخَّرْتُ، وَمَا أَسْرَرْتُ وَمَا أَعْلَنْتُ، أَنْتَ إِلَهِي، لَا إِلَهَ إِلَّا أَنْتَ.

نیز آپ ﷺ سجدہ کی حالت میں یہ دُعا کیا کرتے تھے:

اللَّهُمَّ اجْعَلْ فِي قَلْبِي نُورًا، وَفِي لِسَانِي نُورًا، وَفِي بَصَرِي نُورًا، وَفِي سَمْعِي نُورًا، وَعَنْ يَمِينِي نُورًا، وَعَنْ يَسَارِي نُورًا، وَمِنْ فَوْقِي نُورًا، وَمِنْ تَحْتِي نُورًا، وَمِنْ أَمَامِي نُورًا، وَمِنْ خَلْفِي نُورًا، وَاجْعَلْ لِي فِي نَفْسِي نُورًا، وَأَعْظِمْ لِي نُورًا[110] .

ابن عباس کہتے ہیں کہ نماز سے فارغ ہو کر آپ ﷺ دوبارہ استراحت فرمانے لگے، یہاں تک کہ خراٹوں کی آواز میں نے خود سُنی، پھر جب حضرت بلالؓ نے فجر کی اذان دی، تو آپ ﷺ نے اُٹھ کر ہلکی سی دو رکعت سنت پڑھی اور مسجد میں جا کر لوگوں کو فجر کی نماز پڑھائی۔[111]

---

[110] صحيح البخاري (117، 138، 183، 992، 6316)، صحيح مسلم (763)، سنن أبي داود (1356، 1365)، فتح الباري (212/1، 239، 288؛ 482/2؛ 116/11).

[111] كما في حديث أبي هريرة رضي الله عنه: أخرجه مسلم.(983)

اور یوں سرورِ دوعالم ﷺ کی ایک روشن اور پرنور رات مکمل ہوئی، ان گنت دُرود و سلام ہو آپ اور آپ ﷺ کی آل واولاد پر۔

اِس حدیث سے مستفاد چند باتیں

ا) یہ حدیث رسول اللہ ﷺ کی نبوت کی صداقت کے دلائل میں بیان کی جانی چاہئیے، کیونکہ یہ حدیث آپ ﷺ کی نبوت کی صداقت پر کئی حوالوں سے شاہد عدل ہے، مثلاً جو شخص رات کو اپنے ہی گھر میں نیند کی لذت سے بیدار ہو کر اپنے رب کے حضور تسبیح ومُناجات میں مصروف ہو، حالانکہ پورے گھر میں سِوائے اُس کی شریکِ حیات خاتون اور ایک چھوٹے بچے کے کوئی نہ ہو، جہاں نمود و نمائش کا کوئی شائبہ تک نہ ہو، تو اِس کی وجہ سوائے اِس کے کہ اِس ہستی کو اپنے لائے ہوئے پیغام کی حقانیت پر مکمل یقین اور اطمینان ہے اور جو خبر آپ ﷺ کو بذریعہ وحی ملتی ہے، وہ سو فیصد دُرست اور یقینی ہے، ورنہ رات کی ایسی تنہائیوں اور خلوتوں میں عموماً انسان اپنی طبعی اور فطری حالت کی طرف لوٹتا ہے، اس لئے کہ اگر کوئی شخص دِن کے اُجالے میں اپنے ماننے والوں کو متاثر کرنے کے لئے اُن کے سامنے بتکلّف کوئی خاص ہیئت یا کوئی مخصوص طریقہ کار اپنا بھی لے، تو رات کی تنہائیوں اور خلوتوں میں وہ اُس چیز کو برقرار نہیں رکھ سکتا، جبکہ یہاں سرورِ کون و مکان ﷺ دِن کے اُجالوں میں جو بات اپنے ماننے والوں کو بتاتے ہیں، عبادات کی لذّت اور اپنے معبود کے سامنے آہ وزاری کی ترغیب دیتے ہیں، تو رات کی خلوتوں میں اُس پر سو فیصد عمل بھی فرماتے ہیں، اِس لئے یہ حدیث پکار پکار کر کہہ رہی ہے کہ رسول اللہ ﷺ کی شانِ والا صفات سے حَاشَا، أَسْتَغْفِرُ اللهُ ثُمَّ مَعَاذَ اللهِ اِس وسوسہ سے بہت بلند اور بعید ہے کہ آپ اپنی طرف سے کوئی بات بنا کر لوگوں کو اُس کی اتباع کا حکم دیں۔

۲) یہ حدیث ایک اور حدیث وَجُعِلَتْ قُرَّةُ عَيْنِ لِي فِي الصَّلَاةِ (نماز میری آنکھوں کی ٹھنڈک ہے) کا عملی ثبوت ہے کہ آپ ﷺ نے مغرب اور عشاء کے درمیان کا وقت نماز میں گزارا، پھر عشاء کی نماز پڑھی، اُس کے بعد چار رکعت اتنی لمبی نماز پڑھی کہ مسجد میں موجود تمام لوگ اپنے گھروں کو چلے گئے، اُس کے بعد آپ نے تیرہ رکعت نمازِ تہجد پڑھی، پھر تھوڑی دیر آرام کرنے کے بعد فجر کی نماز۔اس سے معلوم ہوتاہے کہ رسول اللہ ﷺ کا نماز کے ساتھ کتنا والہانہ تعلق تھا کہ زندگی کی ایک بڑی مصروفیت پیغمبرانہ ذمہ داریوں کے علاوہ نماز بھی تھی۔

یادرہے کہ اگرچہ رسول اللہ ﷺ کا دامنِ عصمت ہر طرح کے گناہوں سے پاک وصاف ہے، کیونکہ خود حق تعالی کا اعلان ہے:

﴿لِّيَغْفِرَ لَكَ ٱللَّهُ مَا تَقَدَّمَ مِن ذَنْبِكَ وَمَا تَأَخَّرَ﴾ [الفتح: 2]

ترجمہ: تاکہ اللہ تعالی آپ کے اگلے پچھلے سب گناہ معاف کردے۔

لیکن پھر بھی خاتم المعصومین ﷺ کا راتوں کو جاگ کر دیر تک سر بسجود رہنے کا حق تعالی جل شانہ کے سامنے اپنی بندگی کا اظہار، اُس کی محبت کا اِحساس اور اُس کے سامنے تسبیح ومُناجات سے لُطف اندوز ہونا تھا، چنانچہ نماز آپ ﷺ کے لئے سامانِ لذّت واستراحت تھی، جیساکہ آپ ﷺ حضرت بلال کو مخاطب کرکے فرماتے ہیں: أَرِحْنَا بِهَا يَا بِلَالُ (بلال! نماز کے لئے تکبیر کہہ کر ہمیں راحت پہنچادیجئے اور کبھی فرماتے ہیں: وَجُعِلَتْ قُرَّةُ عَيْنِي فِي الصَّلَاةِ کہ نماز میری آنکھوں کی ٹھنڈک ہے۔

۳) مذکورہ واقعہ سنہ ۹ ہجری یا اُس کے بھی بعد کا ہے، حالانکہ اُس وقت مکّہ مکرّمہ فتح ہو چکا تھا اور دین محمدی کا پھریرا پورے جزیرہ عرب میں بلند تھا، دُوسرے لفظوں میں نو سال قبل مکّہ مکرمہ سے پردیس نکال دیئے جانے والے یتیم مہاجر، آمنہ کے لعل، محمد عربی آج صرف تمام پیغمبروں کی سرداری کے رُوحانی منصب پر ہی فائز نہیں تھے، بلکہ تاریخ کی پہلی اسلامی فلاحی ریاست کے سربراہ، سپہ سالار اور قاضی القضاۃ جیسے دنیوی مناصب کو بھی زینت بخش رہے تھے، لیکن اِس کے باوجود بھی رحمت للعالمین ﷺ کی زندگی سراپا سادگی تھی، اسبابِ عیش و عشرت سے کوسوں دُور، صرف بقدرِ ضرورت دنیوی مال واسباب سے استفادہ کیا جاتا تھا، حتی کہ رسول اللہ ﷺ کے گھر (جن کی پاکیزگی اور طہارت کی گواہی خود اللہ تعالی نے قرآن کریم میں دی ہے) کا کل سامان ایک مشکیزہ اور ایک ہی بستر ے کے سوا کچھ نہیں تھا، اِسی لئے تو ابن عباس رضی اللہ عنہما کیلئے الگ سے بستر ہ حتی کہ الگ سے سرہانہ تک کا انتظام نہیں ہو سکا، بلکہ ایک ہی سرہانہ کی لمبائی میں سرورِ دو عالم ﷺ اور ام المؤمنین حضرت میمونہ سلام اللہ علیہم اور چوڑائی کی طرف حضرت ابن عباس رضی اللہ عنہما نے آرام کیا اور حدیث شریف میں آپ ﷺ کی رات کی زندگی کا تفصیلی ذِکر میں کسی بھی کھانے کا ذِکر نہیں ہوا کہ مثلاً اُس دِن رات حضرت میمونہ کے گھر یہ پکا تھا اور ناشتہ میں ایسا کھانا پکا تھا، نہیں۔

۴) سرورِ دو عالم ﷺ ساری زندگی دعوت اور جہاد سے عبارت ہے، تاکہ لوگوں کی دُنیا اور آخرت دونوں سنور جائیں، لیکن خود دُنیا سے ایسے رُخصت ہوئے کہ نہ تو آپ کے ذمہ کسی کا حق موجود تھا اور نہ ہی اسبابِ دُنیا میں سے کسی چیز کے بارے خود یا اپنے اہل وعیال کو دُوسروں پر ترجیح دی، ارشادِ باری تعالی ہے:

﴿يَـٰقَوْمِ لَآ أَسْـَٔلُكُمْ عَلَيْهِ أَجْرًا ۖ إِنْ أَجْرِىَ إِلَّا عَلَى ٱلَّذِى فَطَرَنِىٓ ۚ أَفَلَا تَعْقِلُونَ﴾ [هود: 51]

ترجمہ: اے میری قوم! میں تم سے اِس تبلیغ کے بدلہ کوئی بدلہ نہیں مانگتا، میرا بدلہ تو بس اُسی پر ہے جِس نے مجھے پیدا کیا ہے، کیا تم سمجھتے نہیں ہو۔

۵) رسول اللہ ﷺ کی زندگی کے مختلف شعبوں میں کمالِ توزان کہ گھر سے باہر حضرت ابن عباس آپ ﷺ کو لوگوں کے مُعاملات میں مصروف نظر آتے ہیں، تاکہ اُمت کا حق ادا کر سکیں، پھر جب گھر آتے ہیں تو اپنے اہل وعیال کے ساتھ بات چیت میں مشغول، تاکہ اُن کا حق بھی ادا ہو سکے، پھر تھوڑی دیر آرام فرماتے ہیں، کیونکہ انسان کے بدن کا بھی اُس پر حق ہے، اُس کے بعد پھر تسبیح مُناجات تاکہ اپنے رب کا حق ادا کر سکیں، اِس ایک رات میں زندگی کے مختلف میدانوں میں رسول اللہ ﷺ کی سیرتِ مُطہّرہ کے مختلف رنگ نظر آتے ہیں، چنانچہ گھر سے باہر مسلمان سر براہِ مملکت، مسجد میں امام، گھر میں شوہر اور رات کے پچھلے پہر میں ایک بندہ خدا اور عابد شب زندہ دار۔

۶) رسول اللہ ﷺ کا اپنے چچازاد بھائی حضرت ابن عباس رضی اللہ عنہما کے ساتھ حُسنِ سلوک، شفقت اور مہربانی کا خوبصورت منظر، چنانچہ حضرت ابن عباس رضی اللہ عنہما کو اپنے گھر رات گزارنے کی دعوت دینا، سونے کے لئے موجود سرہانے تک کو اُن کے ساتھ بانٹنا، دورانِ نماز پیار سے کان پکڑ کر اپنی داھنی طرف لاکر کھڑا کرنا اور لُطف وکرم کے ساتھ یا بُنَیَّ (اے پیارے بیٹے!) کے لقب سے پکارنا سب اِسی لطفِ نبوی کے آئینہ دار ہیں۔ اور ظاہر ہے پیار، اپنائیت اور محبت بھرے اِس سُلوک کا اپنا ایک اثر تھا، رسول اللہ ﷺ کا حضرت ابن عباس رضی اللہ عنہما کے ساتھ حسن سلوک درحقیقت عزیز

واقارب کیساتھ صلہ رحمی اور محترم چچا کے مقام و مرتبہ کی رعایت کا ثبوت ہے، چشمِ تصور سے ذرا دیکھئے کہ جب ابن عباس نے واپس آکر اپنے والد محترم کو رات کا واقعہ سُنایا ہوگا تو حضرت عباس رضی اللہ عنہ کو کتنی خوشی ہوئی ہوگی، کیونکہ یہ سب کچھ اُسی ہستی کی طرف سے اپنے عمِ مکرم کے ساتھ حسنِ سلوک ہے جس کا فرمان ہے: آدمی کا چچا اُس کے والد کی طرح ہوتا ہے۔

۷) حضرت ابن عباس کی قابلیت اور خداداد صلاحیت دیکھئے کہ اِس رات اُن کی عمر بارہ سال سے زیادہ نہیں تھی، لیکن اِس کے باوجود بھی رسول اللہ صلی اللہ علیہ وآلہ وسلم کے معمولات کا مشاہدہ کرنے اور اُمت تک پہنچانے کا اتنا اہتمام کہ پوری رات جاگ کے ایک ایک چیز کو محفوظ کرنا، حالانکہ اِس عمر نیند کا جتنا غلبہ ہوتا ہے، محتاجِ بیاں نہیں، یہ حضرت ابن عباس رضی اللہ عنہما کی برکت تھی، آج اُمت کو رسول اللہ صلی اللہ علیہ وآلہ وسلم کی حیاتِ مُبارکہ کی اُس رات کے پروگرام کی مکمل تفصیلات دستیاب ہیں، گویا کہ بچشمِ خود یہ سارا منظر دیکھ رہی رہو۔

اللہ تعالی حضرت ابن عباس رضی اللہ عنہما سے راضی ہو۔

زمانہ جاہلیت کے جراثیم!

دینِ اسلام قبول کرنے والوں میں اُس کا نمبر چوتھا تھا، مکہ مکرمہ کے ابتدائی سالوں میں رسول اللہ ﷺ کی خدمت میں حاضر ہوئے اور کہا: اے اللہ کے نبی! آپ پر سلامتی ہو، یہ الفاظ سُن کر نبی اکرم ﷺ کا چہرہ اقدس کھل اُٹھا، آپ ﷺ نے تعارف پوچھا تو کہا: میرا نام جُندب ہے، قبیلہ بنو غفار سے تعلق ہے۔ پھر اُسی مجلس میں ایمان لائے، حضرت ابوذر رضی اللہ عنہ اپنے بارے خود کہا کرتے تھے کہ مجھ سے پہلے صرف تین آدمی اسلام قبول کر چکے تھے، اِس لحاظ سے میں اسلام قبول کرنے والا چوتھا آدمی تھا۔ اسلام قبول کرنے میں سبقت لے جانے کی وجہ سے رسول اللہ ﷺ کی نظر میں آپ کا ایک خاص مقام و مرتبہ تھا، چنانچہ جب ہجرت کر کے مدینہ منورہ چلے گئے، تو آپ ﷺ اُن کا اتنا خیال رکھتے تھے کہ اگر مجلس میں ابوذر موجود ہوں، تو انہی سے ابتداء کرتے تھے اور جس دِن ابوذر مجلس میں نہ ہوں، تو پوچھتے تھے۔ سرورِ دوجہاں ﷺ سے اتنے گہرے تعلق کے اور آپ ﷺ کی نظر میں اتنی قدر و منزلت کے باوجود ایک بار ایک ایسا منظر پیش آیا جس کا اثر ابوذر رضی اللہ عنہ پر ساری زندگی رہا۔

واقعہ یوں ہوا کہ ایک بار حضرت ابوذر اور ایک دوسرے صحابی (حضرت بلال رضی اللہ عنہ، جن کی والدہ حبشہ کی رہنے والی باندی تھیں) کے درمیان کسی بات پر تلخ کلامی ہو گئی، تو حضرت ابوذر رضی اللہ عنہ نے غصہ میں آکر اُن کو کالی عورت کا بچہ کہہ دیا! اور اِس صحابی نے فوراً ہی اِس کی شکایت رسول اللہ ﷺ سے کر دی، اگلے دِن جب ابوذر

کی رسول اللہ ﷺ ملاقات ہوئی، تو آپ ﷺ نے پوچھا: ابوذر! تمہاری فلاں کے ساتھ تلخ کلامی ہوئی تھی؟

ابوذر نے کہا: جی ہاں، یارسول اللہ! اچھا تم نے اُس کو اُس کی ماں کے رنگ کا ذکر کرکے عار دلایا تھا؟ نبی اکرم ﷺ نے پوچھا۔اِس پر بھی ابوذر کا جواب اثبات میں تھا، اور کہا : یارسول اللہ! جب کوئی شخص جھگڑے میں گالی دے گا، تو جواب میں اُس کی ماں اور باپ کو بھی گالی ہی دی جائے گی۔

نبی اکرم ﷺ نے فرمایا: ابوذر! تم میں اب تک زمانہ جاہلیّت کے آثار موجود ہیں۔ رسول اللہ ﷺ کی زبانِ اقدس سے یہ الفاظ سن کر ابوذر کے پاؤں تلے سے زمین نکل گئی، کیونکہ وہ تو جاہلیت اور اُس کی عادات سے بہت دُور تھے، کیوں نہ ہوتے اسلام قبول کرنے میں چوتھا نمبر جو تھا، اِس لئے گھبرا کر پوچھنے لگے : یارسول اللہ! عمر کے اِس حصہ میں بھی میرے اندر جاہلیت کے آثار موجود ہیں؟ آپ ﷺ نے فرمایا: جی ہاں، تمہارے غلام لوگ تمہارے ہی بھائی ہیں، البتہ اللہ تعالی نے اُن کو تمہارا ماتحت بنایا ہے، پس ہر مسلمان کو چاہئیے کہ وہ اپنے ماتحت بھائی کو وہ کھانا کھلائے جو خود کھاتا ہے اور وہ کپڑا پہنائے جسے وہ خود پہنتا ہے، اور اُس کی طاقت سے زیادہ اُس پر بوجھ نہ ڈالے اور اگر اُن کو کوئی مشکل کام کرنے کا حکم دیا ہے، تو پھر اُس کی مدد کرے۔[112]

---

[112] مصنف عبد الرزاق (17965)، مسند أحمد (20461)، صحيح البخاري (30، 2545، 6050)، صحيح مسلم (1661)، سنن أبي داود (5157)، مسند البزار (3992)، مسند أبي عوانة (6068-6072)، سنن البيهقي (7/8)، فتح الباري (86/1؛ 174/5)، عمدة القاري.(1/204)

رسول اللہ ﷺ کے یہ جملے حضرت ابوذر رضی اللہ عنہ کے دِل ودماغ میں رچ بس گئے، اور اخیر عمر تک اُنہوں نے اِس نصیحت کو حرزِ جاں بنائے رکھا، حتی کہ زندگی کے آخری حصہ میں جب وہ مدینہ منورہ کے قریب ربذہ نامی گاؤں میں رہتے تھے، تو اُن سے معرور بن سُوید کی ملاقات ہوئی، معرور کہتے ہیں کہ ابوذر نے اپنے جوڑے میں ایک کپڑا خود زیب تن کیا ہوا ہے اور دوسرا اپنے غلام کو دیا ہے، یہ صورتحال دیکھ کر مجھے بڑا تعجب ہوا، کیونکہ عموما لوگ اپنے غلاموں کو اپنے جیسا لباس نہیں پہناتے ہیں، اِس لئے میں کہا کہ اگر آپ اپنے غلام سے یہ چادر واپس لیکر اُس کو دوسرا کوئی کپڑا دیدیں، تو ایک ہی کپڑے سے آپ کا جوڑا بن جائے گا، جواب میں حضرت ابوذر نے یہ سارا واقعہ سُنایا۔[113]

اِس حدیث سے حاصل ہونے والے چند اسباق

ا) نبی اکرم ﷺ کا تمام صحابہ کرام رضوان اللہ اجمعین سے قرب و تعلق کہ اگر کوئی اُن میں سے کسی کو بُرا بھلا کہہ دے، تو اُن سروں پہ رحمت للعالمین کا سایہ شفقت موجود ہے، جہاں جاکر وہ اپنے اُوپر بیتنے والی گرم سرد گھڑیوں کی شکایت کر سکتے تھے، اور زیادتی کرنے والے کو معافی مانگنے کا مطالبہ کر سکتے تھے، اور رسول اللہ ﷺ بھی شکایت کنندگان کی شکایت دُور کرنے کا پورا اہتمام فرماتے تھے، چنانچہ زیرِ نظر حدیث میں آپ ﷺ نے حضرت ابوذر رضی اللہ عنہ کی سخت سرزنش فرمائی، رحمت للعالمین ﷺ کا کمالِ مساوات دیکھئے کہ اُن کے قلمرو میں کسی کا غُلام ہونا، یا مختلف رنگ ونسل سے تعلق دربارِ نبوی تک رسائی اور اپنی شکایت پہنچانے کے راستے میں رکاوٹ نہیں تھا، کیونکہ رحمت

---

[113] صحيح البخاري (30، 2545، 6050)،

للعالمین کا سایہ رحمت ہر ایک کیلئے میسّر اور ہر ایک کے قریب تھا، نبی اکرم ﷺ نے اپنے جانثاروں کی تربیت ایسی فرمائی تھی کہ ہر ایک اپنی عزتِ نفس، اور اپنے حقوق کا مکمل ادراک اور ذمہ داریوں کا پورا احساس ہوا کرتا تھا، لہٰذا جب حضرت ابوذر رضی اللہ عنہ نے دُوسرے ساتھی کے ساتھ تلخ کلامی کے دوران اُن کو بُرا بھلا کہا، تو ان کو فوراً اِس بات کا خیال آیا کہ وہ اور ابوذر دونوں انسانیت اور عزتِ نفس میں ایک جیسے ہیں، جیسا کہ حضرت ابوذر کے الفاظ اِنِّیْ سَابَبْتُ رَجُلاً (میری ایک شخص تلخ کلامی ہو گئی) اسی طرف اشارہ کر رہے ہیں کہ یہ جھگڑا ایکطرفہ نہیں تھا، بلکہ دونوں جانب سے تھا، لیکن جب اُن کو یہ احساس ہوا کہ ابوذر نے ماں کے رنگ کا طعنہ دیکر زیادتی کی ہے، حالانکہ ماں کے رنگ کا سیاہ ہونا کوئی عار یا کمتر ہونے کی بات نہیں، تو فوراً ہی نبی اکرم ﷺ کو شکایت لگائی، تاکہ ابوذر کو اُس کی قدر ومنزلت اور اسلام قبول کرنے والوں میں سبقت لے جانے والوں میں ہونے کے باوُجود اپنی غلطی کی سزا مل سکے، کہاں عزتِ نفس اور شخصی آزادی کا یہ شعور اور زمانہ جاہلیت کا وہ دور کہ جہاں ایک غلام کو صرف یہی محسوس ہوتا تھا کہ کچھ لوگوں کی ذاتی ملکیت ہے، لہذا اس طرح کے بلکہ اِس سے بھی سخت جملے صبح شام سُن کر ہضم کرنے پڑتے تھے، انسان کا اپنی قدر و قیمت اور حقوق کا احساس کرنا یقیناً ایک ایسی تبدیلی ہے جو انسان کے اندر کی تعمیر سے شروع ہوتی ہے اور یہ وہ رفعت اور سربلندی ہے، انسانیت کو جِس پر فائز کرنے کیلئے اللہ تعالیٰ نے اپنے رسول محمد عربی ﷺ کو کائنات کیلئے رحمت بنا کر بھیجا تھا۔

۲) یہ حدیث نسل پرستی کے جراثیم (جن کے کچھ آثار انسانوں کے نفوس میں کافی دیر تک باقی رہتے ہیں) کے خاتمہ کا نبوی نسخہ ہے، چنانچہ انہی جراثیم کی طرف اشارہ کرتے ہوئے محمد عربی ﷺ نے فرمایا تھا: تم میں جاہلیت کے جراثیم اب بھی موجود ہیں، تم

نے اُسے اُس کی ماں کے رنگ کا طعنہ دیدیا؟ رنگ کا سیاہ ہونا کوئی عار اور شرمندگی کی بات نہیں، کیونکہ رنگ کی سیاہی نہ تو اُس بیچاری خاتون کا انتخاب تھا اور نہ ہی اِس طرف رنگ کا سفید ہونا ابوذر کا اختیار، لہٰذا کسی کو بھی دُوسرے کے والدین کے حوالہ سے عار دلانے اور طعنے دینے کا اختیار نہیں، کیونکہ کوئی بھی شخص اپنے اختیار سے اپنے لئے ماں باپ کا انتخاب نہیں کر سکتا، پس اِس کے باوجود بھی کسی کو ایسا طعنہ دینا درحقیقت زمانہ جاہلیت کی بقایہ جات میں سے ہے، کیونکہ رنگ و نسل پر فخر کرنے اور لوگوں کے نسب پر اعتراض کرنے کی روایت اسلام کی نہیں، بلکہ جاہلیت کی تھی، یاد رہے کہ شرم اور عار کا باعث کالی رنگت نہیں، بلکہ زمانہ جاہلیت کی عادتوں اور جراثیم کا موجود ہونا ہے، اِسی لئے حضرت ابوذر رضی اللہ عنہ پر آپ ﷺ کے یہ جملے بہت سخت گزرے، چنانچہ اُنہوں نے پریشان ہو کر پوچھا یارسول اللہ! عمر کے اِس حصہ میں بھی میرے اندر جاہلیت کے اثرات موجود ہیں، حالانکہ میں تو جاہلیت کو خیر باد کہنے والوں کے اولین ترین قافلہ میں شامل تھا؟

۳) رسول اللہ ﷺ ایک طرف تو رنگ و نسل پر فخر، اور دوسروں کے حسب و نسب پر طعنہ جیسی زمانہ جاہلیت کے نعروں اور شعار کا خاتمہ فرما رہے تھے، تو دوسری طرف ایک ایسے معاشرہ کی داغ بیل ڈال رہے تھے جِس کی تعمیر کا بنیادی عنصر مسلمانوں کے درمیان بھائی چارہ ہو، اور زیرِ نظر حدیث میں اُس کی ایک جھلک نظر آتی ہے، چنانچہ آپ ﷺ فرمایا "إِخْوَانُكُمْ خَوْلُكُمْ" (تمہارے بھائی تمہارے ماتحت، غلام ہیں)، حالانکہ زبان کے اعتبار سے جملہ کی ترتیب یوں ہونی چاہیئے " خَوْلُكُمْ إِخْوَانُكُمْ" (تمہارے ماتحت غلام، نوکر وغیرہ تمہارے بھائی ہیں) لیکن آپ ﷺ زیادہ تاکید اور حصر کے لئے دوسرے جملہ کو (جو کہ عربی گرائمر کے لحاظ سے خبر ہے) مقدم فرمایا اور اِس بات کی

طرف اشارہ فرمایا کہ یہ لوگ پہلے تو تمہارے بھائی ہیں، پھر جاکر وہ تمہارے غلام یا نوکر ہیں۔

نیز اگلے جملہ میں فرمایا جَعَلَهُمُ اللّٰهُ تَحْتَ أَيْدِيكُمْ (اُن کو اللہ تعالیٰ نے تُمہارے ماتحت بنایا ہے) یعنی آج جو تم آقا اور وہ غلام بنے ہوئے ہیں، اِس میں تمہارا کوئی کمال یا اُن کا کوئی قصور نہیں، بلکہ یہ سب تقسیم اِلٰہی ہے، اس لئے خوب سوچ لو کہ اگر منظر بدل جائے تو کیا ہوگا؟ پھر آگے اِس مضمون کو مزید واضح کرتے ہوئے فرمایا کہ اللہ تعالیٰ کی تقدیر کی وجہ سے جس شخص کے بھائی اُس کے ماتحت ہوں تو اُن کی رعایت رکھے۔

اِن الفاظ سے دوبارہ اللہ تعالیٰ کی نعمت کے شُعور اور احساس دِلایا کہ یہ سب کچھ اُسی کا کرم ہے کہ اُس نے اپنی مخلوق میں چند لوگوں کو تمہاری خدمت پر مامور کیا ہے، نیز اِس پوری حدیث میں نبی اکرم ﷺ نے بار بار ''اخ'' کا لفظ استعمال فرمایا بمعنی بھائی، اِس سے یہ اشارہ ملتا ہے کہ اگر کوئی شخص تُمہارا غُلام بھی ہے، تو اُس کی غلامی اُس کو تمہارے بھائی ہونے سے نہیں نکال سکتی ہے، لہٰذا اُس کے ساتھ کھانے، پینے، لباس اور کام میں نرمی، ہمدردی اور مدد کرنا اور اُن کے جذبات کا خیال رکھنا، اور جذبات کو ٹھیس نہ پہنچانا تُمہاری ذمہ داری ہے۔ سرکارِ دوعالم ﷺ کے جوامع الکلم اور الہامی جملوں کو دیکھئے کہ کس کمال سے مختصر جملوں میں اخوت اور بھائی چارہ کے مفہوم، اُس کے حقوق کی حفاظت کی طرف توجہ دلائی ہے، یقیناً اتنے مختصر جملوں میں مفاہیم و مطالب کی یہ وُسعتیں وہی ہستی کرسکتی ہے جس کو حق تعالیٰ نے جوامع الکلم کی خصوصیت عطا فرمائی ہے۔

۴)ایک اور چیز جو انسان کو حیران کردینے کیلئے کافی ہے، وہ حضرت ابوذر پر ان الفاظ کا گہرا اثر اور پھر ساری زندگی اُصولِ مساوات کی پابندی ہے، چنانچہ جب اخیر عمر میں مدینہ منورہ کے قریب ایک گاؤں ربذہ میں مقیم تھے، اور وفات بھی وہی پائی، تواُس وقت اپنے غلام کو اپنے جیسا لباس عطا کرنا اور سوال کرنے پر واقعہ سُناتے ہوئے یہ الفاظ " كَانَ بَيْنِي وَبَيْنَ رَجُلٍ مِنْ إِخْوَانِي " میرے اور میرے چند بھائیوں (جو غُلام بھی تھے) کے درمیان کسی بات پر تلخ کلامی ہوگئی۔ (جھگڑا کا قصہ سُناتے ہوئے بھی فریق ثانی جِس نے تلخ کلامی کی تھی، کیلئے إِخْوَانِي یعنی میرے بھائی کا لفظ استعمال کررہے ہیں، گویا کہ وہ رسول اللہ ﷺ کے یہ جملے إِخْوَانُكُمْ خَوْلُكُمْ کو دوہرا رہے ہوں) بھی اسی ہدایات نبوی کی پیروری پر کاربند رہنے کا آئینہ دار ہیں، پھر ربع صدی قبل پیش آنے والے واقعہ کو اس طرح سے من وعن سُنانا جیسا کہ کل ہی یہ واقعہ پیش آیا ہو۔

۵) نبی اکرم ﷺ کی سیرت کی اتباع اور احکامات پر عمل کرنے کے سلسلہ میں آپ کے جانثار صحابہ کرام رضوان اللہ عنہم اجمعین کا یہی اُسلوب ہوا کرتا تھا، چنانچہ صحابہ کرام کی زندگیوں میں آپ ﷺ کے احکامات پر اس قدر پابندی سے عمل پیرا ہوتے تھے کہ ساری زندگی یہ احکامات ان حضرات کی زندگیوں میں زندہ رہتے تھے۔

٦) چودہ سو سال قبل جب رحمت کائنات ﷺ نے رنگ ونسل پر مبنی تمام تر تفریق اور امتیازات کا خاتمہ کیا، تواُس وقت کوئی عالمی رائے یا انسانی حقوق کی تنظیمیں موجود نہیں تھیں، البتہ انسانوں کے عمومی اجتماعی حالات کی بنیاد اِسی رنگ ونسل کی تفریق اور تمیز پر تھی، تو گویا کہ رسول اللہ ﷺ چودہ سو سال قبل انسانیت کو جو رنگ ونسل کی تفریق سے

بالا ہو کر صرف انسانی مساوات کا درس دے چکے تھے، اقوامِ عالم آج جا کر اُس حقیقت تک پہنچ سکی ہیں، حتیٰ کہ امریکا جیسے ملک میں بیسویں صدی کے دوسرے نصف تک انسانوں کے درمیان رنگ اور نسلی امتیازات پر مبنی قوانین موجود تھے، چنانچہ میں منگمری شہر میں روزا بارکز نامی ایک خاتون نے جب اپنی سیٹ ایک سفید فارم کو حوالہ کرنے سے انکار کیا، تو اس کو گرفتار کیا گیا تھا اور عدالت نے اُسے سزا سُنائی تھی اور تک اِس طرح کیسز جاری رہے۔ سیرتِ نبوی کا کئی سو سال قبل عالمی سماجی حالات کی دُرستگی اور عالمی ثقافتی اور سماجی غلطیوں کی تصحیح کرنے کے قابل بننا اِس بات کی دلیل ہے کہ رسول اللہ ﷺ جو کچھ لیکر آئے ہیں وہ اُس خالق کی طرف سے بھیجی ہوئی ہے، جو اپنی مخلوق کو سب سے زیادہ جانتا ہے اور باریک بین اور خبر رکھنے والا بھی ہے۔

ابو بکر کی بیٹی

نبی اکرم ﷺ نے حضرت عائشہ صدیقہ رضی اللہ عنہا کو دیکھا کہ وہ اپنی کم سنی کے باوجود پورے ہوش وحواس، ثابت قدمی، یکسوئی اور حاضر جوابی کے ساتھ اپنا دفاع کر رہی تھیں، تو آپ ﷺ نے حضرت عائشہ کے اِس دفاعی عمل کو پسندیدگی کی نظر سے دیکھا اور پیار سے فرمایا: عائشہ بھی اپنے باپ کی بیٹی ہے۔

واقعہ یہ ہے کہ حضرات ازواجِ مُطہّرات رضی اللہ عنہن میں دو گروپ تھے، پہلا گروپ حضرت عائشہ صدیقہ کا تھا، جس میں حضرت حفصہ، حضرت سودہ اور حضرت صفیہ رضی اللہ عنہن شامل تھیں، جبکہ دُوسرا گروپ حضرت زینب اور حضرت امّ سلمہ کا تھا، جِس میں حضرت اُمّ حبیبہ، حضرت جوریہ اور حضرت میمونہ رضی اللہ عنہن اجمعین شامل تھیں، حضرات ازواجِ مُطہّرات کے پڑوس میں انصاری صحابہ کرام رضی اللہ عنہم کے گھر تھے، مثلاً اسعد بن معاذ، سعد بن عبادہ اور حضرت ابوایوب انصاریؓ، اور یہ لوگ رسول اللہ ﷺ کی خدمت میں کثرت سے ہدایا بھیجا کرتے تھے، چونکہ اِن حضرات کو رسول اللہ ﷺ کا حضرت عائشہ صدیقہ سے تعلق خاطر کا علم تھا، اِس لئے وہ لوگ حضرت عائشہ صدیقہ سلام اللہ علیہا کی باری کا انتظار کرتے تھے اور جس دِن پیغمبرِ خدا ﷺ آپ کے حجرہ میں موجود ہوں، تو وہاں ہدیہ بھیجا کرتے تھے، تاکہ آپ ﷺ زیادہ خوش ہوں۔

ظاہر ہے کہ یہ بات دُوسرے گروپ پر گراں گزرتی تھی، چنانچہ انہوں نے حضرت امّ سلمہ کے گھر میٹنگ بلائی اور اُن سے شکایت کی کہ لوگ صرف اُسی دِن رسول اللہ ﷺ کی خدمت ہدیہ بھیجتے ہیں، جس دِن آپ ﷺ حضرت عائشہ صدیقہ کے گھر ہوں،

اور اِس دِن کے انتظار میں بیٹھے رہتے ہیں، حالانکہ ہم چاہتے ہیں کہ یہ سلسلہ ختم ہو، اور دوسری ازواج مطہرات کی باری کے دنوں میں بھی لوگ ہدیہ بھیجا کریں، لہٰذا آپ نبی اکرم ﷺ سے بات کیجئے کہ وہ لوگوں کو حکم دیں کہ جِس نے ہدیہ بھیجنا ہے وہ حضرت عائشہ رضی اللہ عنہا کی باری کا انتظار نہ کرے، رسول اللہ ﷺ جس گھر میں تشریف فرما ہوں وہاں بھیج دیا کرے، چنانچہ انہوں نے اپنے گروپ کا یہ مطالبہ رسول اللہ ﷺ تک پہنچا دیا، لیکن آپ ﷺ نے اس مطالبہ کو نظر انداز کر دیا اور کوئی جواب نہیں دیا۔

جب اُنہوں نے پوچھا تو حضرت اُمّ سلمہ رضی اللہ عنہا نے کہا کہ میں نے آپ کا مطالبہ رسول اللہ ﷺ کے سامنے رکھا تھا، لیکن اُنہوں اِس کا کوئی جواب نہیں دیا، اِس پر اُنہوں نے کہا کہ آپ بار بار رسول اللہ ﷺ سے اِس بات کا اصرار کریں، یہاں تک آپ ﷺ کوئی جواب دیدیں، حضرت امّ سلمہ رضی اللہ عنہا نے اُن کی بات مان کر دو تین بار یہ بات دوہرائی، تو رسول اللہ ﷺ نے فرمایا: اُمّ سلمہ! مجھے عائشہ کی شکایت لگا کر دُکھ مت دو، کیونکہ تُم میں وہی ایک ہی تو ہے جس کے لحاف میں بھی مجھ پہ وحی اُترتی ہے، رسُول اللہ ﷺ کا جواب سُن کر حضرت ام سلمہ نے معذرت کی اور کہنے لگی: یارسول اللہ! میں توبہ کرتی ہوں، آئندہ ایسا نہیں ہوگا”۔

ازواجِ مُطہرات کے اِس گروپ کو احساس ہوگیا کہ آئندہ اُمّ سلمہ تو رسول اللہ ﷺ تک ہمارا مطالبہ پہنچانے سے رہی، اِس لئے انہوں اِس بار آپ کی لختِ جگر حضرت فاطمہ سلام اللہ علیہا کا انتخاب کیا اور اُن کو یہی مطالبہ دیکر رسول اللہ ﷺ کی خدمت میں بھیجا، حضرت فاطمہ نے بھی حامی بھرلی، کچھ دِنوں تک حضرت فاطمہ رضی اللہ عنہا خاموش رہیں، لیکن ایک دِن حضرت ام سلمہ کے اصرار پر وہ رسول اللہ ﷺ کی خدمت میں حاضر

ہوئیں اور اجازت لیکر عرض کرنے لگیں: یارسول اللہ! آپ کی ازواج ابن ابی قحافہ کی بیٹی کے بارے انصاف کا مطالبہ کر رہی ہیں، نبی اکرم ﷺ اُس وقت حضرت عائشہ کے گھر لیٹے ہوئے تھے، آپ ﷺ نے پوچھا: تمہیں اُم سلمہ نے بھیجا ہے؟ حضرت فاطمہ رضی اللہ عنہا نے کہ اثبات میں جواب دیا، رسول اللہ ﷺ مُسکرائے اور فرمایا: بیٹا! کیا تم اُس سے محبت نہیں کروگی جس سے تمہارے والد کو محبت ہو؟ حضرت فاطمہ کہنے لگیں: ضرور، یا رسول اللہ! اچھا پھر اِس سے محبت کرو، رسول اللہ ﷺ نے حضرت عائشہ کی طرف اشارہ کرتے ہوئے فرمایا۔

حضرت فاطمہ نے واپس آکر سارا واقعہ سُنایا، تو اِس نے گروپ نے کہا: آپ کو بھیجنے کا ہمیں کوئی فائدہ نہیں ہوا، لہٰذا آپ دوبارہ جاکر رسول اللہ ﷺ سے بات کیجئے، اِس پہ حضرت فاطمہ رضی اللہ عنہا نے انکار اور فرمایا: خدا کی قسم! میں اب رسول اللہ ﷺ سے اِس سلسلہ میں کوئی بات نہیں کروں گی، اِس پر انہوں نے حضرت زینب سے بات کی، وہ رسول اللہ ﷺ سے اِس سلسلہ میں بات کریں، چونکہ حضرت زینب سے رسول اللہ ﷺ کی رشتہ داری بھی تھی، کیونکہ آپ ﷺ کی پھوپھی زاد تھیں اور حضرت عائشہ خود اس بات کا اعتراف کرتی ہیں کہ وہ میری ہم پلہ خاتون تھیں، حضرت زینب راضی ہو گئیں، اور اپنا اور اپنی سہیلیوں کا مطالبہ لیکر رسول اللہ ﷺ کی خدمت میں حاضر ہوئیں، سرورِ دوعالم ﷺ اُس وقت حضرت عائشہ رضی اللہ کے گھر لحاف اوڑھے آرام فرما رہے تھے، حضرت زینب اجازت لیکر اندر آئیں، وہ شدید غُصّہ میں تھیں، چنانچہ آتے ہی کہا: یارسول اللہ! آپ کی ازواجِ مُطہّرات آپ سے ابو قُحافہ کی پوتی کے معاملہ انصاف کا مطالبہ کر رہی ہیں، پھر حضرت عائشہ پر چڑھائی شروع کر دی اور بہت سخت بُرا بھلا کہا، حضرت عائشہ کچھ

دیر تو خاموش رہیں، پھر انہوں نے ملتجیانہ نظروں سے آپ ﷺ طرف دیکھا، گویا کہ جواب دینے کی اجازت مانگ رہی ہوں، آپ کی طرف سے خاموشی کے بعد جب حضرت عائشہ کو یہ محسوس ہُوا کہ اب حضرت زینب کو جواب دیدوں، تو رسول اللہ ﷺ ناراض نہیں ہوں گے، چنانچہ انہوں نے جواب دینا شروع کردیا اور تھوڑی دیر میں ہی اُن کو خاموش کردیا، یہاں تک کہ حضرت زینب کے مُنہ میں لُعاب خشک ہوگیا،اس پر رسول اللہ ﷺ مُسکرائے، آپ ﷺ کا چہرہ ٹمٹمارہاتھااور فرمایا: یہ ابو بکر کی بیٹی ہیں!،[114] یعنی جس طرح کمالِ عقل، وسعتِ علم، قوتِ دلیل اور شخصیت میں حضرت ابو بکر صدیق رضی اللہ عنہ کا کوئی ہم پلہ نہیں تھا،اِسی طرح حضرت عائشہ صدیقہ بھی اُنہی کی بیٹی تھی، لہٰذا وہ بھی اپنے والد جیسی تھیں۔

اس حدیث سے مُستفاد چند باتیں

ا) رسول اللہ ﷺ کی حضرت عائشہ صدیقہ رضی اللہ عنہا سے قلبی لگاؤ اور محبت کوئی ڈھکی چھپی نہیں تھی، بلکہ ظاہر اور واضح تھی اور سول اللہ ﷺ مختلف اوقات میں اِس کا ببانگ دُھل اظہار بھی فرمایا کرتے تھے اور صحابہ کرام رضوان اللہ علیہم اجمعین کواِس بات کا پتہ تھا، چنانچہ صحابہ کرام آپ ﷺ کی خدمت میں ہدایا بھیجنے کے لئے حضرت عائشہ صدیقہ رضی اللہ عنہا کی باری کا انتظار کیا کرتے تھے، نبی اکرم ﷺ محبت کا اظہار فرماتے

---

[114] جامع معمر (20925)، طبقات ابن سعد (163/8، 171)، مسند إسحاق بن راهويه (871)، مسند أحمد (23436، 24019)، صحيح البخاري (2580، 2581، 3775)، الأدب المفرد (559)، صحيح مسلم (2441، 2442)، سنن النسائي (3944)، مشكل الآثار (5259)، اعتلال القلوب للخرائطي (24)، فضائل الخلفاء الراشدين لأبي نعيم (152)، سنن البيهقي (299/7)، شرح النووي على صحيح مسلم (205/15)، فتح الباري (206/5؛ 108/7)، تغليق التعليق (353/3)، الفتح الرباني.(22/114)

تھے، کیونکہ یہ ایک فطری جذبہ، اور کمالِ انسانی ہے، یہی وجہ ہے کہ عہدِ نبوی میں محبت کو آسانی سے کھلی ہوا میں سانس لینے کی کھلی آزادی تھی، اُس کے بعد ایک ایسا زمانہ آیا، جِس میں سیرت نبوی کے چراغوں کی روشنیاں مدہم اور آثار مٹ گئے، اور اپنی بیوی کا نام لینا باعثِ عار اور اُس سے محبت کا اظہار باعثِ شرمندگی ٹھہرنے لگا۔

۲) رسول اللہ ﷺ کو اللہ تعالی نے خصوصی رُعب و دبدبہ عطا فرمایا تھا اور آپ کے کندھوں پر پوری کی قیادت کی ذمہ داری ڈالی گئی تھی، لیکن اِس کے باوجود آپ ﷺ کے گھروں میں ہر ایک کو اپنے فطری جذبات اور احساسات کے اظہار کی مکمل اجازت تھی، یہی وجہ ہے کہ حضرت اُمّ سلمہ نے ایک سے زائد بار رسول اللہ ﷺ سے ایک ہی موضوع پر بات کی، اپنا مطالبہ دوہرایا، ناراضگی کا اظہار کیا اور بلکہ کسی حد تک تکرار کی بھی نوبت آئی۔ اگر اِس کے جواب میں رسول اللہ ﷺ ایک بار ہی سہی گھور کر دیکھ لیتے، یا ڈانٹ ڈپٹ کا ایک جملہ ہی ارشاد فرما دیتے تو کافی تھا، لیکن رسول اللہ ﷺ نے کسی کے ساتھ بھی غصہ اور زبردستی کا رویّہ نہیں اپنایا، بلکہ اِس کے برعکس اُن کو اپنے جذبات کے اظہار کی اجازت دی، یہی وجہ ہے کہ مختلف اوقات میں اپنے فطری عادت اور حالت کے مطابق جذبات کا ظہار ہوتا رہا، البتہ رسول اللہ ﷺ کی طرف سے ردِ عمل ہمیشہ محبت و نرمی کا ہی آیا اور آپ ﷺ نے اِسی کا حکم دیا، اسی رواداری اور محبت کا کمال ہے کہ بیوی کو اپنے انسانی کمال کا اِحساس ہوتا ہے اور دِل میں چھپے ہوئے جذبات رنجشوں اور منفی احساسات میں نہیں بدلتے۔

۳) غلطی کو اُس کے حُجم اور مقام پر رکھنے اور اُس کی اصلاح کیلئے اُسی طرح کی اصلاح کرنے میں واقعیت اور حقیقت پسندی کہ زیرِ نظر واقعہ میں حضرت زینب نے

حضرت عائشہ کو رسول اللہ ﷺ کی موجودگی میں بُرا بھلا کہا، ناراضگی اور منفی جذبات کی چنگاری کو بھڑکانے کیلیئے اتنا کچھ کافی تھا، لیکن رسول اللہ ﷺ اس غلطی کو اُس کے حجم کے مطابق مناسب جگہ پر رکھا، چونکہ حضرت زینب اور اُن کے گروپ کی ناراضگی کا سبب رسول اللہ ﷺ کا حضرت عائشہ صدیقہ رضی اللہ عنہا سے گہرا تعلق خاطر اور محبت تھی، جس پر وہ نالاں تھیں، اِس لئے آپ ﷺ نے اِس میں مداخلت کرنے کی بجائے حضرت عائشہ کو جواب دینے کا موقع دینے پر اکتفا فرمایا، تاکہ غلطی کا حُجم نہ بڑھے اور نہ اِس سے حضرت زینب اور اُن کی ساتھیوں کے موقف میں مزید سختی آئے۔

۴) حضراتِ ازواجِ مُطہّرات کے اِس گروپ کا مطالبہ یہ تھا کہ یارسول اللہ! حضرت عائشہ کے مُعاملہ میں اپنی دوسری ازواج کے ساتھ بھی انصاف کیجئے، اِسی کیلیئے اُنہوں نے حضرت فاطمہ کو نبی اکرم ﷺ کی خدمت میں بھیجا اور یہی مطالبہ لیکر حضرت زینب بھی حاضر ہوئی تھیں، تھوڑی دیر کیلیئے سوچیئے کہ عدل اور انصاف کا مطالبہ کس سے ہو رہا ہے؟ کیا تاریخِ انسانیت میں محمّد رسول اللہ ﷺ سے بڑھ کر کوئی پیکر عدل وانصاف گزرا ہے؟ میرے باپ آپ پر قربان۔

نیز حضراتِ ازواج مُطہّرات کا مطالبہ اور اُس شخص کی بات کا آپس میں تقابل کر لیجئے، جو اُس نے کہا تھا یارسول اللہ! عدل کیجئے، نیز اُس نے کہا تھا کہ غنیمت کی اِس تقسیم میں عدل وانصاف کے تقاضے پورے نہیں کئے گئے ہیں، اس پہ آپ ﷺ نے انتہائی ناراضگی کا اظہار کرتے ہوئے فرمایا تھا: تمہارا ناس ہو، اگر میں نے بھی عدل نہیں کیا تو پھر کون عدل کرے گا؟ پھر تو میں ناکام و نامراد ہوا اگر عدل وانصاف کو قائم نہ کرسکوں، لیکن یہاں رسول اللہ ﷺ نے حضرات ازواج مطہرات کے ان جملوں پر ناراضگی کا اظہار نہیں

فرمایا، کیونکہ اگرچہ جملہ یہ بھی نادرست تھا، لیکن وہ مقصد اور وہ نیت نہیں تھی جس کی وجہ سے آپ ﷺ نے اُس شخص پر ناراضگی کا اظہار فرمایا تھا، بلکہ آپ ﷺ یہاں غلطی کو اُس کے حُجم اور مقام تک ہی محدود رکھا، کیونکہ آپ ﷺ جانتے تھے کہ ازواجِ مُطہرات یہ الفاظ محض اپنی سوکن پر غیرت ،اُس سے زیادہ محبت کی وجہ سے معاصرانہ چشمک کا شکار ہو کر کہہ رہی ہیں، ورنہ تو حَاشَا ثُمَّ حَاشَا اُن کو رسول اللہ ﷺ کے عدل وانصاف میں ذرّہ بھر بھی شک نہیں تھا۔

آج لوگوں کی باتوں کو اپنے صحیح یا کم از کم مُناسب محمل پر محمول کرنے اور اُس کے اسباب اور پس منظر کو سمجھنے کیلئے اُمت کو اِس نبوی تربیت کی کتنی زیادہ ضرورت ہے، کیونکہ آج ہمارے مُعاشرہ میں چھوٹی سی بات کسی سے سرزد ہو جائے، یا ذرا سی کسی کی زبان پھسل جائے، تو اُس کے خلاف تحقیقات کا آغاز ہو جاتا ہے اور اُس کو بُلا بُلا کر طرح طرح کی تفتیش کی جاتی ہے، حالانکہ اِس بات کو اپنے حُجم اور مقام کے مطابق اور صحیح تناظر میں دیکھ کر کئی مسائل سے بچا جا سکتا تھا۔

۵) رسول اللہ ﷺ نے اپنی ازواجِ مُطہرات کا یہ مطالبہ صحابہ کرام رضوان اللہ عنہم اجمعین کو یہ حکم دیں کہ وہ ہدیہ بھیجنے کیلئے حضرت عائشہ صدیقہ کی باری کا انتظار نہ کریں، بلکہ جہاں آپ ﷺ موجود ہوں وہاں بھیجیں، انہنے سے انکار کیا، چونکہ اِس میں دبے الفاظ میں ہدیہ بھیجنے کی طلب شامل تھی، جو کہ مروّت کے خلاف ہے، اور سرورِ کون ومکان ﷺ کی ذات والا صفات اِس سے بہت بلند و بالا ہے۔ باقی اگر رسول اللہ ﷺ کو حضرت عائشہ صدیقہ رضی اللہ عنہا سے زیادہ محبت ہے تو اِس میں اُن کی کیا غلطی ہے؟ بلکہ وہ رسول اللہ ﷺ کی محبت اور تعلق خاطر کی قابل تھیں، اور اِس کی بڑی دلیل اور کیا ہو سکتی

ہے کہ خود اللہ سبحانہ وتعالی نے ان کے لحاف میں اپنا کلام اُتار کر حضرت عائشہ کی لیاقت اور عظمت کو پسندیدگی کی سند بخشی۔ یہی وجہ ہے کہ نبی اکرم ﷺ نے ان پر کوئی ناراضگی کا اظہار نہیں فرمایا، بلکہ اِس سے بھی ایک قدم آگے بڑھ کر اپنی لختِ جگر حضرت فاطمہ سلام اللہ علیہا کو بھی حضرت عائشہ سے محبت رکھنے کا حکم دیا۔

۶) رسول اللہ ﷺ نے اپنی ازواجِ مُطہّرات رضی اللہ عنہنّ اجمعین کو گھریلو معاملات میں بہت آزادی اور وسعت عطا فرما رکھی تھی، البتہ وہ اِس بات کا پورا خیال رکھتی تھیں کہ کہیں اُن سے کوئی ایسی بات سرزد نہ ہوجائے، جو رسول اللہ ﷺ کی ناراضگی کا سبب بن جائے، یہی وجہ ہے کہ جب آپ ﷺ نے حضرت ام سلمہ سے کہا کہ عائشہ کے بارے شکایتیں کر کے مجھے تکلیف مت پہنچاؤ، تو انہوں نے فوراً ہی توبہ کی اور اپنے کئے پر معذرت کی۔

۷) اُمّت کی مائیں ازواجِ مُطہّرات رضی اللہ عنہن بھی انسان تھیں اور صنف نازک، اِس لئے اُن کے درمیان بھی ایسی چیزیں ہوجایا کرتی تھیں جو عام انسانوں کے درمیان ہوتی ہیں، لیکن اِس کے باوجود بھی وہ دِلوں کے اعتبار سے بہت زیادہ پاکیزہ تھیں، سوکنوں کے درمیان پیدا ہونے والی رنجشوں کو بغض، کینہ اور انتقام کی بنیاد بنانے سے پرہیز کرتی تھیں، چنانچہ انہی حضرت زینب (جن کی حضرت عائشہ رضی اللہ عنہما سے تلخ کلامی ہوئی تھی) سے جب حادثہ افک کے بعد حضرت عائشہ کے بارے پوچھا گیا تو انہوں نے فوراً ہی کہہ دیا: میں اپنی نظروں اور کانوں کو برائی دیکھنے اور سُننے سے محفوظ رکھتی ہوں، میں نے کبھی حضرت عائشہ رضی اللہ عنہا میں اچھائی کے سوا کچھ نہیں دیکھا ہے۔

اور خود عائشہ صدیقہ رضی اللہ عنہا حضرت زینب رضی اللہ عنہا کے بارے فرماتی ہیں: میں نے حضرت زینب سے بڑھ کر کسی کو دیندار، خوف خدا سے سرشار، راست گو، صلہ رحمی کرنے والی، متواضع اور صدقہ وخیرات والی خاتون نہیں دیکھی، البتہ غُصّہ کی تھوڑی سی تیز تھیں، لیکن اُس سے بھی جلدی رُجوع کرلیتی تھیں۔

اللَّهُمَّ صَلِّ وَسَلِّمْ وَبَارِكْ عَلَى نَبِيِّكَ وَحَبِيبِكَ مُحَمَّدٍ النَّبِيِّ الصَّادِقِ الْأَمِينِ، وَعَلَى آلِهِ الطَّيِّبِينَ الطَّاهِرِينَ، وَعَلَى أَزْوَاجِهِ أُمَّهَاتِ الْمُؤْمِنِينَ.

سراپا برکت!

اِس بار اپنے محبوب شوہر کے ساتھ سفر پر جانے کیلئے قرعہ سعادت حضرت عائشہ صدیقہ رضی اللہ عنہا کے نام نکلا تھا، کم سنی اتنی کہ عمر پندرہ سال کے لگ بھگ ہو گی، عام بچیوں کی طرح سجنا سنورنا آپ کو بھی پسند تھا، اِس لئے اپنی ہمشیرہ حضرت اسماء رضی اللہ عنہا سے اُن کا ہار لیکر پہن لیا اور سفر پر روانہ ہو گئیں، اگرچہ سفر بھی کوئی عام سفر نہ تھا، بلکہ جہاد کا سفر تھا، جہاں ویسے بھی ہر ہر موڑ پر مشقّتیں، تکلیفیں اور خطرات جبڑے کھول کر انتظار کر رہے ہوتے ہیں، لیکن اِس سفر میں تو غربت، بھوک اور بے سر و سامانی اضافی طور پر ساتھ ہوں گے، اسی لئے تو اِس کا نام ذات الرقاع (چیتھڑوں والا غزوہ) رکھا گیا تھا کہ پیدل چلنے کی وجہ سے صحابہ کرم رضی اللہ عنہم کے قدم پتھروں اور کانٹوں سے ٹکرا ٹکرا کر زخمی ہوئے تھے، جنہیں کپڑوں کے چیتھڑوں سے باندھا گیا تھا، غزوہ سے واپسی پر جب رسول اللہ ﷺ مدینہ منورہ کے قریب عقیق کی طرف جھانکنے والے ٹیلوں کے پاس بیداء نامی وادی میں پہنچے، تو حضرت عائشہ صدیقہ رضی اللہ عنہا نے دیکھا کہ اُن کا ھار موجود نہیں، حضرت عائشہ سخت گھبرائیں اور رسول اللہ ﷺ سیشکایت کی، اگرچہ اِس ھار کی قیمت دس بارہ درھم سے زیادہ نہیں تھی، لیکن چونکہ اگر حضرت عائشہ صدیقہ رضی اللہ عنہا پریشانی اور اضطراب کی کیفیت سے دوچار ہوں، تو آپ ﷺ بھی فکرمند ہوتے تھے، اِس لئے آپ ﷺ نے چند صحابہ کرام کو ہار تلاش کرنے کیلئے بھیجا، اور خود رسول اللہ ﷺ اُن کا انتظار کرتے رہے، یہاں تک شام ہوگئی اور اندھیرا چھا گیا، لہٰذا پورا قافلہ رات گزارنے کیلئے اِسی جگہ ہی رُکا رہا، لیکن کسی کے پاس بھی پانی موجود نہیں تھا، اِسی لئے

صحابہ کرام کو یہ فکر لاحق ہو گئی کہ نماز کے لئے وضوء کیسے اور کہاں کیا جائے؟ صحابہ کرام رضی اللہ عنہم نے جا کر حضرت ابو بکر کو شکایت لگائی کہ آپ کی صاحبزادی حضرت عائشہ کی وجہ سے رسول اللہ ﷺ اور پورا لشکر پڑاؤ ڈالنے پر مجبور ہوا ہے، جبکہ پانی نہیں ہے، اب لوگ نماز کیسے پڑھیں گے؟

حضرت ابو بکر صدیق بھی پریشان ہو گئے اور افک والا واقعہ بھی اُن کی نظروں کے سامنے گھومنے لگا کہ وہاں بھی اِسی ہار کے گُم ہونے کی وجہ سے اتنی پریشانی بنی کہ کلیجے پھٹنے کے قریب ہو گئے تھے، بدزبانوں نے طرح طرح کی باتیں کر کے اپنے لئے سامانِ آخرت بنا دیا تھا، اور اب پھر ہار کی وجہ سے سارا لشکر پریشان ایسے لق دق صحرا میں ٹھہرنے پر مجبور ہے کہ وہاں دُور دُور تک پانی کا نام ونشان نہیں، اب لوگ وضوء کیسے کریں گے؟! یہ سوچ کر حضرت ابو بکر غُصّہ میں حضرت عائشہ کے خیمہ میں داخل ہوئے تو دیکھا کہ رسول اللہ ﷺ حضرت عائشہ کے زانو پر اپنا مبارک سر رکھ آرام کر رہے تھے، حضرت ابو بکر نے دھیمی آواز حضرت عائشہ کو ڈانٹا، تاکہ رسول اللہ ﷺ جاگ نہ جائیں اور اُن کے پہلو میں کچوکے لگائے، لیکن حضرت عائشہ صدیقہ نے اِس لئے حرکت نہیں کی کہ کہیں رسول اللہ ﷺ کے آرام میں خلل نہ آئے، یہاں تک کہ صُبح کے وقت جب رسول اللہ ﷺ نے دیکھا کہ وضوء کیلئے پانی موجود نہیں، اِسی دوران وحی کے آثار نمایاں ہوئے اور تیمم والی آیات نازل ہوئیں:

﴿يَٰٓأَيُّهَا ٱلَّذِينَ ءَامَنُوٓاْ إِذَا قُمۡتُمۡ إِلَى ٱلصَّلَوٰةِ فَٱغۡسِلُواْ وُجُوهَكُمۡ وَأَيۡدِيَكُمۡ إِلَى ٱلۡمَرَافِقِ وَٱمۡسَحُواْ بِرُءُوسِكُمۡ وَأَرۡجُلَكُمۡ إِلَى ٱلۡكَعۡبَيۡنِۚ

وَإِن كُنتُمْ جُنُبًا فَٱطَّهَّرُوا۟ ۚ وَإِن كُنتُم مَّرْضَىٰٓ أَوْ عَلَىٰ سَفَرٍ أَوْ جَآءَ أَحَدٌ
مِّنكُم مِّنَ ٱلْغَآئِطِ أَوْ لَٰمَسْتُمُ ٱلنِّسَآءَ فَلَمْ تَجِدُوا۟ مَآءً فَتَيَمَّمُوا۟
صَعِيدًا طَيِّبًا فَٱمْسَحُوا۟ بِوُجُوهِكُمْ وَأَيْدِيكُم مِّنْهُ ۚ مَا يُرِيدُ ٱللَّهُ
لِيَجْعَلَ عَلَيْكُم مِّنْ حَرَجٍ وَلَٰكِن يُرِيدُ لِيُطَهِّرَكُمْ وَلِيُتِمَّ نِعْمَتَهُۥ
عَلَيْكُمْ لَعَلَّكُمْ تَشْكُرُونَ﴿ [المائدة: 6]

ترجمہ: اے ایمان والو! جب تم نماز کیلئے اُٹھو تو اپنے چہرے، اور کہنیوں تک اپنے ہاتھ دھولو، اور اپنے سروں کا مسح کرو، اور اپنے پاؤں (بھی) ٹخنوں تک (دھولیا کرو)۔ اور اگر تم جنابت کی حالت میں ہو تو سارے جسم کو (غُسل کے ذریعے) خوب اچھی طرح پاک کرو۔ اور اگر تُم بیمار ہو، یا سفر پر یا تم میں سے کوئی قضائے حاجت کر کے آیا ہو، یا تم نے عورتوں سے جسمانی ملاپ کیا ہو، اور تمہیں پانی نہ ملے تو پاک مٹی سے تیمّم کرو، اور اپنے چہروں اور ہاتھوں کا مسح کر لو، اللہ تُم پر کوئی تنگی مسلّط کرنا نہیں چاہتا، لیکن یہ چاہتا ہے کہ تم کو پاک صاف کرے، اور یہ کہ تُم پر اپنی نعمت تمام کر دے، تاکہ تُم شکر گزار بنو۔

چونکہ ان آیات میں مسلمانوں کیلئے پانی نہ ہونے کی صورت میں مٹی سے تیمُّم کرنے کی اجازت دی گئی ہے، اِس لئے اِس آسانی اور رُخصت کے نازل ہونے کے بعد رسول اللہ ﷺ اور صحابہ کرام کی خوشی دیدنی تھی، نیز جو ہستی اِس رُخصت کیلئے سبب بنی تھی اُن پر صحابہ کرام کو جتنا رشک آیا اور اُن کو لوگوں کے دلوں سے جو دُعائیں اور

مبارکبادیں ملیں، اُن کا تو مت پوچھئے، حتی کہ خود سرورِ دوعالم ﷺ نے فرمایا: عائشہ! تمہارے گلے کا ہار کتنا مُبارک ہے۔[115]

اور حضرت اُسید بن حضیر رضی اللہ عنہ آئے اور کہنے لگے: ''اے خانوادہ ابو بکر! تُم لوگ کتنے بابرکت ہو، اللہ پاک تُمہیں اِس کا اچھا بدلہ عطافرمائے، کیونکہ جب بھی تمہیں کوئی ناخوشگوار واقعہ پیش آیا، اللہ تعالیٰ اُس میں تمہارے لئے راستہ نکالا اور اُس میں مسلمانوں کیلئے کوئی نہ کوئی آسانی کا پہلو نکل آیا۔

اور حضرت ابو بکر صدیق رضی اللہ عنہ جو کل رات آپ کو ڈانٹنے آئے تھے، آج آئے تو خوشی سے اُن کا چہرہ ٹمٹمارہا تھا اور آنسوں رواں تھے اور زبان پر یہ کلمات جاری تھے: تُم بہت بابرکت ہو، خدا کی قسم! تم بہت بابرکت ہو۔[116]

حکم نازل ہونے کی دیر تھی کہ پاک ہاتھ زمین کی طرف لپکے، تیمم کیا گیا، تاکہ اُمت آج اپنی تاریخ کی پہلی نماز تیمّم کے ساتھ ادا کر سکے۔

ہار کی مزید تلاش روک دی گئی، کیونکہ مزید ملنے کی امید نہ تھی، البتہ اِس کی جگہ پُوری اُمّت کو ایک عظیم تحفہ اور آسانی مل چُکی تھی، اِسی خوشی سے سرشار ہو کر نماز فجر ادا

---

[115] وفي تفسير إسحاق البستي من طريق ابن أبي مليكة عنها " أن النبي – صلى الله عليه وسلم – قال لها : ما كان أعظم بركة قلادتك " وفي رواية هشام بن عروة الآتية في الباب الذي يليه " فوالله ما نزل بك أمر تكرهينه إلا جعل الله للمسلمين خيرا. عمدة القاري شرح صحيح البخاري، باب قول الله تعالى: فلم تجدوا ماء فتيمموا صعيدا...4/3

[116] صحيح البخاري (334، 3672، 4607)، صحيح مسلم (367)، شرح النووي على مسلم (58/4)، فتح الباري (432/1)، عمدة القاري.(6/18)

کی گئی اور سفر کی تیّاری شروع ہو گئی، سفر پر روانہ ہونے کیلئے جب اونٹ کو اُٹھایا گیا، تو دیکھا کہ عائشہ الصدیقہ رضی اللہ عنہا کا ہار بھی اُس اونٹ کے نیچے پڑا ہوا تھا۔ [117]

اِس حدیث سے مستفاد چند باتیں!

ا) عمر مبارک کے حوالہ سے رسول اللہ ﷺ اُس وقت ساٹھ سال کے قریب تھے، جبکہ حضرت عائشہ صدیقہ رضی اللہ عنہا نوعمر اور نوخیز، لیکن اِس کے باوجود بھی آپ ﷺ نے حضرت عائشہ کی فکر اور اضطراب کو مکمل سنجیدگی اور اہتمام سے لیا، چونکہ نبی اکرم ﷺ کو اپنی رفیقۂ حیات کی پسند ناپسند کا نہ صرف علم تھا، بلکہ آپ اُس کا بہت خیال بھی رکھا کرتے تھے، زیرِ نظر واقعہ میں مذکور ہار اُس کی ایک بہترین مثال ہے، یہ ہار اپنی قیمت کے اعتبار سے کوئی بہت زیادہ مہنگا یا منفرد نہیں تھا کہ اُس جیسا دوسرا نہ مل سکے، یہی وجہ ہے کہ آپ کے والد حضرت ابو بکر صدیق رضی اللہ عنہ نے اِس پہ ناراضگی کا اظہار کرتے ہوئے فرمایا تھا: حَبَسْتِ النَّاسَ فِي عَقْدٍ؟ایک معمولی سے ہار کی وجہ سے اتنے بڑے لشکر کو تم نے روک رکھا ہے؟ البتہ یہ ہار کسی اور کیلئے کوئی معنی رکھتا ہو یا نہیں، لیکن حضرت عائشہ کیلئے تو سامانِ زیب وزینت ہونے کی وجہ سے وہ ایک اثاثہ تھا، اِس لئے رسول اللہ ﷺ نے پورے اہتمام کے ساتھ اِس کی تلاش کروائی، نیز آپ ﷺ کا یہ لُطف وکرم آپ کے خلقِ عظیم اور اپنے اہل وعیال کیلئے بہترین ہونے کا آئینہ دار بھی ہے، جو ذیل کے نکات میں مزید نکھر کر سامنے آجاتا ہے:

---

117 صحيح البخاري (334، 3672، 4607)، صحيح مسلم (367)، شرح النووي على مسلم (58/4)، فتح الباري (432/1)، عمدة القاري.(6/18)

اول :......رسول اللہ ﷺ کا اپنی رفیقہ حیات کے ہار کی تلاش میں ایک ایسی جگہ پڑاؤ ڈالنا جہاں دُور دُور تک پانی کا نام ونشان بھی نہ ہو۔

دوم :...... صحابہ کرامؓ کی ایک جماعت کو ہار تلاش کرنے بھیجنا۔

سوم :......اِن سب سے بڑھ کر رسول اللہ ﷺ کا یہ سارے کام انتہائی خوش دِلی اور رضامندی سے کرنا، ایسا نہیں کہ آپ ﷺ ناراضگی اور بددلی سے ایسا کررہے ہوں، چنانچہ آپ ﷺ کا حضرت عائشہؓ کے زانو پر سر رکھ کر آرام کرنا اِسی دِلی رضامندی، رحمت، حضرت عائشہ سے قلبی لگاؤ، سُکون اور اطمینان کی خبر دیتا ہے۔

چہارم :......ایک عام سفر بھی خصوصاً واپسی کا مرحلہ تھکاوٹ اور کمزوری کا موقع ہوتا ہے، اِس مرحلہ پر بسا اوقات انسان کی نفسیاتی قوت بھی جواب دے جاتی ہے، اور کسی بھی معاملہ کو صبر اور تحمل سے کام لینا مشکل ہو جاتا ہے اور پھر جب سفر جہاد کا ہو، جہاں قدم قدم پر جان لینے یا جان دینے کی بات ہوتی ہے، لیکن قربان جایئے سرورِ دوعالم ﷺ کے قدموں پر کہ ایسے مشکل ترین مرحلہ میں بھی حسبِ روایت آپ ﷺ شفقت، محبت اور نرمی فرماتے ہیں اور ایسا کیوں نہ ہو کہ آپ ﷺ نے خود ہی اپنی امت کو یہ تعلیم دی تھی خَیرُ النَّاسِ لِلنَّاسِ، وَخَیرُ ھُم لِاَھلِہٖ ۔لوگوں میں سے بہترین وہ شخص ہے جو لوگوں کیلئے اور اہل وعیال کیلئے اچھا ہو! راستہ کی مسافت، سفر کی تھکاوٹ اور جہاد جیسے کٹھن عمل کی وجہ سے بھی رحمت للعالمین ﷺ کی صفتِ رحمت وشفقت میں کوئی تبدیلی واقع نہیں ہوئی۔

۲)سفر کا عمومی قانون یہ ہے کہ جہاں پانی میسر نہ ہو، وہاں پڑاؤ ڈالنا اپنے اور اپنے ساتھیوں کو ہلاکت میں ڈالنے کے مترادف ہے، اب سوال یہ ہو سکتا ہے کہ رسول

اللہ ﷺ نے ایسا کیوں فرمایا؟اِس کا جواب یہ ہے کہ حاشاو کلا کہ رسول اللہ ﷺ ایک معمولی سے ہار کی وجہ سے اتنے بڑے لشکر کی جان خطرے میں ڈالدیں، یا تکلیف میں مبتلا کریں، بلکہ مسئلہ یہ تھا کہ یہ جگہ مدینہ منورہ سے بہت دُور نہیں تھی، صرف دس میل کا فاصلہ ہو گا،اِس لئے نبی اکرم ﷺ کا اِس جگہ پڑاؤ ڈالنے سے نہ تو کسی کو کوئی خطرہ ہو سکتا تھااور نہ ہی تکلیف،البتہ صحابہ کرام رضوان اللہ علیہم اجمعین کو سب سے زیادہ اندیشہ نماز کا تھا، لیکن اُس کیلیئے بھی حق تعالی نے ایک ایسی بہترین سہولت عطافرمائی کہ آپ کی وجہ سے صرف صحابہ کرام ہی نہیں،بلکہ رہتی دُنیا تک اُمت حضرت عائشہ صدیقہ سلام اللہ علیہا کی شکر گزار رہے گی۔

۳) حضرت عائشہ صدیقہ رضی اللہ عنہا کا زُہد اور سادگی،ایک اور چیز جِس کی طرف دامنِ دِل کھنچاہی چلا جاتاہے ، وہ ہے کہ حضرت عائشہ صدّیقہ رضی اللہ عنہا کی سادگی، زُہد اور دُنیوی سامانِ عشرت سے دُوری، باوجود اِس کے کہ حضرت ام المؤمنین رسول اللہ ﷺ کی سب سے چہیتی زوجہ ہیں اور آپ ﷺ کے ساتھ سفر پہ جانے کی سعادت بھی نصیب ہورہی ہے، لیکن اپنے محبوب شوہر ﷺ کیلیئے بن سنورنے کیلیئے سوائے اپنی بہن سے امانت لئے ہوئے بارہ درھم (گرام چاندی) کے ہار کے کوئی دُوسری چیز میسر نہیں، یہ منظر اِس بات کی واضح دلیل ہے کہ رسول اللہ ﷺ کی بعثت کا مقصد دُنیوی مال وسامانِ عشرت جمع کرنا یالوگوں کے مال ودولت ہتھیاناہرگز نہیں تھا، بلکہ نورِ توحید کا اِتمام تھا، رہی دُنیوی زندگی تو آپ ﷺ اور آپ کے اہلِ بیت علیہم السلام نے انتہائی سادگی کے ساتھ بسر کی، دُنیوی مال ومتاع میں سے صرف اتنالیا جس سے جسم اور رُوح کا رشتہ برقرار رہ سکے، یہی وجہ ہے کہ اپنی باری آئے تو سرورِ دوعالم ، پہلی اسلامی ریاست کے سربراہ کی

چہیتی زوجہ کو موجودہ دور کے حساب کے صرف ستر ریال کی قیمت کا ہار بھی دستیاب نہیں تھا، لیکن جب اُمت پر مال لٹانے کی بات آئے، تو لوگوں کو جھولیاں بھر بھر کر عطا فرماتے تھے اور اتنی سخاوت فرماتے تھے کہ بادِ نسیم بھی آپ کی سخاوت اور فیاضی کو اشک بھری نگاہوں سے دیکھنے پر مجبور ہو جائے۔

۴)اُمّ المؤمنین سیّدہ عائشہ صدیقہ رضی اللہ عنہا کی برکت دیکھئے کہ جب بھی اُن کو کوئی مشکل پیش آئی، نہ صرف یہ ہے کہ اللہ تعالی نے اُنہیں اُس سے نجات عطا فرمائی، بلکہ اُس میں اُمت کیلئے خیر کے کئی دروازے بھی کھول دیئے، افک کا طوفان حشر بداماں ہو کر آیا، اُمّ المؤمنین غمزدہ ہو گئیں، گو کہ انتہائی مشکل مرحلہ تھا، قریب تھا کہ رِشتے ٹوٹ اور کلیجے پھٹ جاتے، لیکن اُمّ المؤمنین نے صبر واستقامت کا دامن نہیں چھوڑا، تو انجام آپ اور امت دونوں کیلئے بہتر ہوا، خود حق تعالی نے آپ کی براءت اور پاکیزگی کا اعلان اپنی آخری کتاب کا حصہ بنا کر کیا اور ساتھ یہ فرمایا :

﴿لَا تَحْسَبُوهُ شَرًّا لَّكُمْ ۖ بَلْ هُوَ خَيْرٌ لَّكُمْ ۚ﴾ [النور : 11]

ترجمہ :اِس سازش کو اپنے خلاف نہیں سمجھو، بلکہ یہ تو تمہارے حق میں ہے۔

آج پھر ہار گم ہو گیا، اُمّ المؤمنین پھر غمگیں وپریشان، رسُول اللہ صلی اللہ علیہ وآلہ وسلم نے اُس کی تلاش میں پورا لشکر روک دیا، اُمّ المؤمنین کے والد کو تشویش ہوئی، کیونکہ نماز کا وقت ہو چکا ہے، جبکہ پانی ندارد، فوراً اللہ تعالی نے وحی اُتاری، اور صرف آپ کیلئے نہیں، بلکہ قیامت تک اُمت کیلئے تیمّم کی سہولت مل گئی۔

۵) حج کیلئے اپنے محبوب شوہر، سید الاولین والآخرین کے ساتھ نکلیں، ابھی مکّہ مکرّمہ پہنچی ہی تھیں کہ ماہواری شروع ہو گئی، سب لوگوں کو عمرہ کرتے دیکھ اماں جان کا بھی دِل بھر آیا، تڑپ کر رسول اللہ ﷺ سے عرض کی:

واللهِ، لَوَدِدْتُ أَنِّي لَمْ أُخْرَجْ مَعَكُمْ عَامِي هٰذَا فِي هٰذَا السَّفَرِ.[118]

کاش، میں اِس سفر میں آپ کے ساتھ نہ آئی ہوتی! اللہ کے محبوب، رسُول اللہ ﷺ نے تسلّی دیتے ہُوئے فرمایا: اِس میں بھلا غمگیں ہونے کی کیا بات ہے؟ خالق کائنات نے ہر آدم کی بیٹی کی تخلیق ہی ایسی کی ہے، اِس لئے طواف نہ کرو، باقی سارے اعمال کر سکتی ہو، وہ دِن اور آج کا دِن، اُمت کی خواتین کو جب بھی کوئی اس طرح کا مسئلہ پیش آتا ہے، تو اُمّ المؤمنین کے غمگیں ہونے کی برکت سے اُن کو سہولت مل جاتی ہے۔

٦) اور آپ ہی کی برکت تھی کہ جب آپ بیاہی گئیں، تو کم سن اور نو عمر تھیں، کھیل کود میں دلچسپی تھی، تو آپ ﷺ نے اپنی حیات مُبارکہ اور قلبِ اطہر کے دروازے عائشہ صدیقہ کیلئے کھول دیئے، تاکہ رحمت للعالمین ﷺ کی معیّت میں گزرا ابو بکر کی صاحبزادی کی زندگی کا لمحہ لمحہ اِس بات کی گواہی دے سکے کہ رحمت للعالمین ایک آسان، سادہ اور صاف وشفّاف دین لیکر آئے تھے، جس کی راتیں بھی اتنی ہی روشن تھیں، جتنا کہ دِن، اور آپ رضی اللہ عنہا کی برکت سے دیگر آسمانی مذاہب والوں کو بھی پتہ چلا کہ محمد عربی ﷺ صرف خود ہی فیاض، نرم خو اور شفقتوں کے پیکر نہیں، بلکہ آپ ﷺ کا دین بھی وسعتوں کا علمبردار اور آسانیوں کا پرچار ہے۔

---

[118] السيرة النبوية (ابن هشام) – حجة الوداع – ما أمر به الرسول عائشة في حيضها 602/2

نوجوان لڑکا اور دوشیزہ

وہ اُنّیس سالہ ایک نوجوان، ظاہری و باطنی حسن و جمال سے مالا مال، سُرخ و سپید چہرہ، اوپر سے خوبصورت بالوں نے اُس کے حسن کو چار چاند لگا دیئے تھے، قصواء نامی اونٹنی پر رسول اللہ ﷺ کا ردیف بن کر مِنی سے مزدلفہ کی طرف پابہ رُکاب تھا، رسُول اللہ ﷺ جب جمرہ عقبہ کی رمی سے فارغ ہوئے، تو جمرہ صغری کے پاس قربان گاہ میں تشریف لائے اور اعلان فرمایا: صرف یہ جگہ ہی نہیں، بلکہ پورا مِنی ہی قربان گاہ ہے، لہٰذا تم لوگ اپنے خیموں میں بھی قربانی کر سکتے ہو، آپ ﷺ اِسی جگہ ٹھہرے ہوئے تھے اور لوگ آپ ﷺ سے مختلف موضوعات پر سوالات پوچھ رہے تھے کہ اتنے میں بنو خثعم کی ایک خوبصورت دوشیزہ آئیں اور کہنے لگیں: یارسول اللہ! میرے والد پر عمر کے ایسے مرحلہ میں جا کر حج فرض ہوا ہے کہ وہ بڑھاپے کی وجہ سے سواری پر ٹھہر نہیں سکتے، تو کیا میں اُن کی طرف سے حج (بدل) کر سکتی ہوں؟ آپ ﷺ نے فرمایا: جی ہاں کر سکتی ہو۔

اِسی دوران آپ ﷺ نے اپنے ردیف نوجوان فضل بن العبّاس رضی اللہ عنہما کو دیکھا کہ وہ اِس خوبصورت دوشیزہ کو دیکھ رہے ہیں، اور وہ دوشیزہ فضل کو دیکھ رہی ہیں اور قریب ہے کہ دونوں ایک دوسرے کے دِل میں گھر کر جائیں، رسول اللہ ﷺ نے حضرت فضل کی ٹھوڑی پکڑ کر اُن کا چہرہ دُوسری طرف موڑ دیا، پھر جب وہ دوشیزہ دُوسری طرف سے آئیں، تو آپ ﷺ نے دوبارہ فضل بن العبّاس کی ٹھوڑی پکڑ کر اُن کا چہرہ دُوسری طرف کر دیا، اِس پر حضرت عبّاس نے کہا: یارسول اللہ! آپ نے تو اپنے بھائی کی گردن

مروڑ دی، رسول اللہ ﷺ نے فرمایا: میں نے ایک نوجوان لڑکے اور لڑکی کو دیکھا، تو مجھے اندیشہ ہوا کہ کہیں اِن کے بیچ میں شیطان نہ آجائے، پھر حضرت فضل کی طرف متوجہ ہو کر فرمایا: ''میرے بھائی !آج کے دِن جس نے اپنی نظر اور کانوں کی حفاظت کی ، تو وہ بخشا گیا.[119]

اس حدیث سے مستفاد چند اہم نکات :

۱) کسی بھی غلطی کی تصحیح، یا فرد کی اصلاح کرتے وقت رسول اللہ ﷺ ہمیشہ لطف وکرم اور نرمی سے کام لیتے تھے، زیرِ نظر واقعہ ہی میں دیکھ لیجئے کہ آپ ﷺ نے جب محسوس کیا کہ حضرت فضل ٹکٹکی باندھے اُس نوجوان اور خوبرو دوشیزہ کو دیکھ رہے ہیں، تو آپ ﷺ آرام سے حضرت فضل کی ٹھوڑی پکڑ کر اُن کا چہرہ دُوسری طرف موڑ دیا، اِس عمل میں جہاں محبت، پدرانہ شفقت اور اپنائیت ہے، وہاں غلطی کی تصحیح کے ساتھ ساتھ حضرت فضل کے ساتھ بے تکلّفی کا اظہار بھی ہے اور یقینا رسول اللہ ﷺ کے اِس عمل نے نہ صرف حضرت فضل کے دِل میں رسول اللہ ﷺ سے قرب کی لذت پیدا کی ہوگی، بلکہ یہ واقعہ اُن کی زندگی کا ایک حسین اور یادگار واقعہ بھی بن گیا ہوگیا۔

رسول اللہ ﷺ کیلئے یہ ممکن تھا کہ وہ حضرت فضل کو ڈانٹتے یا جھڑکتے، کیونکہ آپ ﷺ کو بطور سربراہِ مملکت، بطور بڑے بھائی اور خاندانی قرابت کی وجہ سے بھی اِس کا پورا حق حاصل تھا، لیکن رحمت للعالمین ﷺ نے نرم اور شفقت بھرا انداز اختیار فرمایا،

[119] أخرجه البخاري (305)، ومسلم (1211) من حديث عائشة رضي الله عنها.

کیونکہ حق تعالیٰ شفقت اور نرمی پر جو کچھ عطا فرماتے ہیں وہ سختی اور تُرش روئی پر نہیں دیتے۔

۲) حضرت عباس رضی اللہ عنہ کے سوال (یارسول اللہ! آپ نے تو اپنے چھوٹے بھائی کی گردن ہی مروڑ دی تھی) کے جواب رسول اللہ ﷺ نے اصلاح میں اپنی شخصیت کا حصہ نہیں ڈھونڈا، مثلاً یہ نہیں فرمایا کہ میرے ساتھ ایک ہی سواری پر سوار ہو کر، روئے زمین کی مبارک ترین سرزمین پر فضل ایسا کیسے کر سکتا ہے؟ بلکہ یہ فرمایا کہ دونوں ہی نوجوان اور خوبرُو ہیں، اِس لئے مجھے اندیشہ ہوا کہ کہیں شیطان اِن کے بیچ میں آنہ ٹپکے، اِس سے ہمیں یہ بات اچھی طرح ذہن نشین کر لینی چاہئیے کہ وہ لوگ صریح غلطی پر ہیں جو کسی کی خطا اور لغزش کو اپنی ذات کیلئے چیلنج سمجھ کر اسے "انا" کا مسئلہ بنا دیتے ہیں، اور اِسے اپنے منصب کی توہین اور اپنی شان کے خلاف سمجھتے ہیں، پھر نتیجہ یہ ہوتا ہے کہ وہ بجائے اصل اور بڑی غلطی کی اصلاح کے اپنی ذات کے پندار میں پھنس کر رہ جاتے ہیں۔

نیز اگر ہم رسول اللہ ﷺ کے لطف و کرم اور شفقت کو گہرائی سے سمجھنا چاہیں، تو پھر ہمیں یہ پورا پس منظر ذہن میں رکھنا ہو گا، پہلے تو مدینہ منورہ سے مکہ مکرمہ پہنچنے تک مسلسل اور لمبے سفر کی مشقّت اور تھکاوٹ، پھر وقوفِ عرفہ، اُس کے بعد مزدلفہ سے مِنیٰ کی طرف سخت رش، ایک لاکھ بیس ہزار کے قریب افراد کی ذمہ داری کا بوجھ، اوپر سے آپ ﷺ اپنی اُمت کو علمی و دعوتی سرگرمیوں کیلئے تیار کر رہے تھے، اگرچہ اِس تیاری میں ہلکا سا پیغامِ جُدائی بھی شامل تھا، یہ ساری چیزیں ایسی ہیں جو انسان کی جسمانی اور نفسیاتی طور پر نچوڑ کر رکھ دیتی ہیں، اور ایسے وقت میں فطری طور پر انسان جذبات کا شکار ہو جاتا ہے اور غصہ بھی آتا ہے، لیکن ایسے تلخ ترین حالات میں بھی محبت، شفقت اور لطف و کرم لٹانا،

صرف رحمت للعالمین، فخر الرسل ﷺ کی خصوصیت ہے، چنانچہ آپ ﷺ نے غلطی کی تصحیح فرمائی، تو نرمی کے ساتھ اور فرد کی اصلاح فرمائی تو محبت اور شفقت کے ساتھ۔

۳) رسول اللہ ﷺ کا طرزِ استدلال کتنا دِلکش اور جاذب ہے کہ جب حضرت عباس نے کہا یارسول اللہ! قریب تھا کہ آپ نے اپنے بھائی کی گردن مروڑدی تھی، تواِس کے جواب میں رسول اللہ ﷺ نے جو جملہ ارشاد فرمایا،اُس کے ایک لفظ پہ غور کیجئے اور اپنے وجدان پر وجد طاری کیجئے، آپ ﷺ نے فرمایا:-(کیا کروں) میں ایک خوبرو نوجوان اور خوبرو دوشیزہ کو ٹکٹکی باندھ کر ایک دوسرے کو دیکھتے ہُوئے دیکھا، تو مجھے یہ اندیشہ ہوا کہ کہیں شیطان بیچ میں آنہ ٹپکے۔

آپ ﷺ کے ان الفاظ میں نوجوانوں کے جذبات کو سمجھ کر اُن کو کم سنی، قلت تجربہ اور جذبات کی وجہ سے ایک طرح کی رعایت دی گئی ہے، لیکن یہاں بھی کسی ایک شخص کی تخصیص کر کے یہ نہیں فرمایا کہ مجھے اپنے بھائی فضل کے بارے کوئی خوف لاحق ہوا، یااُس دوشیزہ کے بارے کوئی اندیشہ ہوا، بلکہ دونوں کے بارے میں اس اندیشہ کا اظہار فرمایا کہ باہر کا دُشمن شیطان کہیں اِن کے فطری جذبات کو حرام کا راستہ نہ دِکھادے، اِس حدیث کے الفاظ ہمیں سُورہ یوسف کی وہ آیت یاد دِلاتے ہیں، جس میں حق تعالی حضرت یوسف کا واقعہ بیان کرتے ہوئے فرماتے ہیں:

﴿وَقَدْ أَحْسَنَ بِيٓ إِذْ أَخْرَجَنِي مِنَ ٱلسِّجْنِ وَجَآءَ بِكُم مِّنَ ٱلْبَدْوِ مِنۢ بَعْدِ أَن نَّزَغَ ٱلشَّيْطَٰنُ بَيْنِي وَبَيْنَ إِخْوَتِيٓۚ إِنَّ رَبِّي لَطِيفٌ لِّمَا يَشَآءُۚ إِنَّهُۥ هُوَ ٱلْعَلِيمُ ٱلْحَكِيمُ﴾ [یوسف: 100]

ترجمہ: میرے رب نے مجھ پہ بڑا کرم کیا، مجھے جیل سے رہائی دِلائی اور آپ لوگوں کو دُور دراز دیہات سے یہاں لے آیا، باوجود اِس کے کہ شیطان نے میرے اور میرے بھائیوں کے درمیان پھوٹ ڈال دی تھی، میرا رب بڑے لطف و کرم والا ہے اور خوب علم و حکمت والا بھی۔

اِس میں بھی سیدنا یوسف علیہ السلام نے اپنے بھائیوں کی شکایت نہیں کی، بلکہ یہ فرمایا کہ ہم تو آپس میں بھائی تھے، البتہ ایک خارجی دُشمن نے ہمارے درمیان پھوٹ ڈال دی اور ایک دوسرے سے جدا کر دیا۔

۴) ایک اور بات یہ نوٹ کرنے کے قابل ہے کہ رسول اللہ ﷺ نے اِس مسئلہ میں چچازاد بھائی حضرت فضل کو اُس دوشیزہ کی طرف دیکھنے سے منع فرمایا، لیکن کسی بھی روایت میں یہ مذکور نہیں کہ آپ ﷺ نے اُس دوشیزہ کو بھی کچھ کہا ہو، اِس کی کیا وجہ ہو سکتی ہے؟

اِس کا بظاہر جواب یہ ہو سکتا ہے کہ رسول اللہ ﷺ کا حضرت فضل بن عبّاس کے ساتھ جِس درجہ کا تعلق تھا وہ اُس خاتون کے ساتھ تو نہیں تھا، اِس لئے حضرت فضل بن عبّاس جتنی دِلی رضامندی، خوشی اور سعادت کے ساتھ آپ ﷺ کی نکیر برداشت کر سکتے تھے، شاید وہ خاتون نہ کر سکتی، باقی جہاں تک بنو خثعم کی دوشیزہ کی بات ہے، تو چونکہ رسول اللہ ﷺ کے ساتھ اُس کی یہ پہلی ملاقات تھی اور وہ ویسے بھی رسول اللہ ﷺ کے رُعب کی وجہ سے سہمی ہوئی تھی، اِس پر اگر آپ ﷺ اس کو ڈانٹ دیتے، یا کوئی سخت جملہ ارشاد فرماتے، تو اِس سے وہ مزید مشکل میں پڑ جاتی۔ اور عین ممکن تھا کہ وہ رو پڑتی، اِس لئے نبی

اکرم ﷺ نے براہِ راست کچھ کہنے کے بجائے بالواسطہ اصلاح فرمائی، نیز اِس دوشیزہ کے سوال سے یہ معلوم ہوا تھا کہ حق تعالی نے اُس کو اتنا فہم اور ذکاوت عطا فرمایا ہے کہ وہ اِشارہ سے پوری بات سمجھ گئی اور رسول اللہ ﷺ کے حکم کی پوری پوری اطاعت بھی کی۔

۵) اِس منظر سے یہ بھی معلوم ہوتا ہے کہ رسول اللہ ﷺ کا لوگوں کے ساتھ سماجی تعلق کتنا گہرا اور قریبی تھا، آپ ﷺ اور عوام کے درمیان کوئی رکاوٹ، کوئی دیوار حائل نہیں تھی، بلکہ ہر شخص بآسانی رحمت للعالمین ﷺ تک رسائی حاصل کر سکتا تھا۔ اِسی منظر کی مثال لیجئے کہ ایک نوجوان دوشیزہ بغیر کسی روک ٹوک کے سرورِ دوعالم ﷺ کے پاس پہنچتی ہے اور انتہائی سکون و اطمینان کے ساتھ اپنا سوال پوچھ کر واپس چلی جاتی ہے اور ایسا کیوں نہ ہوتا کہ وہ اُس ہستی کے سامنے کھڑی تھی جس کی سخاوت، فیاضی اور سایہ رحمت نے اُسے ہی نہیں، بلکہ ہر بہن بیٹی کو اپنے حق تک پہنچنے کیلئے اور سمجھنے کیلئے سوال اُٹھانے کا حوصلہ اور احساسِ تحفظ بخشا تھا۔

۶) رسول اللہ ﷺ کے اپنے چچازاد بھائی حضرت فضل کو اپنا ردیف بنانے سے سرورِ دو عالم ﷺ کا نوجوان طبقہ کے ساتھ انتہائی قریبی تعلق رکھنے، اُن کو اہمیت اور قدر و منزلت بخشنے اور اُن کے معاملات میں دلچسپی لینے کا پتہ چلتا ہے، یقیناً اِس طرح کا حسنِ سُلوک عمروں کے درمیان موجود خلیج کو پاٹنے اور ماضی اور مستقبل کی دو نسلوں کے درمیان مضبوط تعلق کا بھی ضامن ہے، نیز اِس میں حضرت عبّاس رضی اللہ عنہ کے اکرام اور احترام کا پہلو بھی واضح ہے، خصوصاً جب حضرت عباس کے الفاظ:

يَا رَسُولَ اللهِ! لَوَيْتُ عُنُقَ ابْنِ عَمِّكَ

ترجمہ: یارسول اللہ! قریب تھا کہ آپ نے اپنے چچازاد بھائی کی گردن مروڑدی تھی۔

حضرت عباس نے اپنے فضل کو "ابنی" کہہ کر اپنی طرف منسوب کرنے کے بجائے "اِبنِ عَمِّکَ" (آپ کے چچازاد بھائی) کہہ کر رسول اللہ ﷺ کی طرف منسوب کرنے سے جو اپنائیت اور سرشاری کی کیا کیفیت ہو گی، گویا کہ دوسرے الفاظ میں حضرت عبّاس یہ کہہ رہے تھے کہ اے لوگو! قصوانامی اونٹنی پر سوار حرمِ مکی کے ان دو مسافروں میں سے ایک میرا بھتیجا ہے، جس کے سرپر ختمِ نبوت کا تاج سجا ہوا ہے اور دوسرا میرا بیٹا ہے، جسے آپ ﷺ کیساتھ ایک ہی سواری پر سوار ہونے کی سعادت حاصل ہو رہی ہے، اِس سے دُنیا اِس بات کا اندازہ لگاسکتی ہے کہ محمد رسول اللہ ﷺ کا ہمارے ساتھ حسنِ سلوک، قرب اور تعلق خاطر کا کیا عالم ہے اور رسول اللہ ﷺ اپنے محترم چچا حضرت عبّاس کے ساتھ حسنِ سُلوک کیوں نہ فرماتے کہ آپ ﷺ نے ہی دُنیا کو یہ بات بتائی تھی کہ آدمی کا چچا اُس کے والد جیسا ہوتا ہے۔

رسول اللہ کی لختِ جگر (سلام اللہ علیہا)

حضرت فاطمہ سَلَامُ اللهِ عَلَيْهَا وَعَلَى أَبِيهَا وَزَوْجِهَا وَابْنَيْهَا ،اپنی سیرت، گفتار، وقار، سنجیدگی اور چال چلن، اُٹھنا بیٹھا، غرض ایک ایک چیز رسول اللہ ﷺ جیسی تھی، اور سب سے چھوٹی اور لاڈلی بیٹی ہونے کی وجہ سے رسول اللہ ﷺ کا آپ رضی اللہ عنہا سے پیار، شفقت، اور اُنس بھی بہت زیادہ تھا، چنانچہ جب حضرت فاطمہ رضی اللہ عنہا آپ ﷺ کے ہاں تشریف لاتیں، تو سرورِ دوجہاں ﷺ کھڑے ہو کر اُن کا استقبال کرتے، اُن کا ہاتھ چومتے اور اپنی جگہ پر اُنہیں بِٹھاتے تھے اور اگر رسول اللہ ﷺ حضرت فاطمہ کے گھر تشریف لے جاتے، تو حضرت فاطمہ بھی کھڑے ہو کر آپ ﷺ کا استقبال کرتیں، ہاتھ چومتیں اور گھر میں موجود سب سے اچھی قابلِ تکریم جگہ آپ ﷺ کو بِٹھاتیں، آپ ﷺ کی یہ محبت اور تعلقِ خاطر صرف حضرت فاطمہ تک محدود نہیں تھا، بلکہ آپ کے شوہر حضرت علی المرتضی اور حضرات حسنین کریمین رضی اللہ عنہم اجمعین کے ساتھ بھی آپ ایسی ہی محبت، پیار اور احترام والا سلوک فرماتے تھے۔

مرض الوفات میں رسول اللہ ﷺ نے حضرت فاطمہ کو گھر سے بلایا، تو آپ رضی اللہ عنہا تشریف لائیں، آپ کی چال چلن ہو بہو رسول اللہ ﷺ کی چالن چلن جیسی تھی، لیکن اِس بار بیماری اور کمزوری کی وجہ سے سرورِ دوعالم ﷺ اپنی بیٹی کے استقبال کیلئے کھڑے نہ ہو سکے اور نہ اُن کو اپنی جگہ بٹھا سکے، حضرت فاطمہ جب رسول اللہ ﷺ کا ہاتھ چومنے آگے بڑھیں، تو آپ ﷺ نے اُن سے پہلے ہی اُن کے ہاتھ کا بوسہ لیا اور اپنے پاس بٹھایا، آپ ﷺ کی ازواجِ مُطہّرات رضی اللہ عنہن آپ دونوں کے گرد بیٹھ گئیں، رسول

اللہ ﷺ کافی دیر تک حضرت فاطمہ رضی اللہ عنہا کے ساتھ گفتگو میں مشغول رہے، پھر آپ ﷺ نے حضرت فاطمہؓ سے کسی بات کی سرگوئی کی، جِس کے اثرات حضرت فاطمہ کے منور چہرے پر واضح دِکھائی دے رہے تھے، اِس لئے ازواجِ مُطھّرات بھی پوری توجہ اور انہماک سے یہ منظر دیکھ رہی تھیں، ابھی رسول اللہ ﷺ کی سرگوشی ختم ہوگئی تھی کہ اِس حضرت فاطمہ کے ضبط کے سارے بندھن توڑ دیئے، چنانچہ وہ پھوٹ پھوٹ کر رونے لگیں، حضرت عائشہ رضی اللہ عنہا نے حضرت فاطمہ سے کہا: دیکھئے رسول اللہ ﷺ نے سب کو چھوڑ کر آپ سے سرگوشی فرمائی اور آپ رو رہی ہیں، اگر اِس کی خبر دیگر ازواجِ مُطھّرات کو ہوگئی، تو وہ بھی برداشت نہیں کر پائیں گی اور رونے لگ جائیں گی، جس سے ظاہر ہے پورا گھر ایک ماتم کدہ بن جائے گا۔

پھر آپ ﷺ دوبارہ حضرت فاطمہ کے ساتھ سرگوشی کی، جس سے اُن کے چہرے پر مسرت اور خوشی کے آثار ظاہر ہونے لگے! ازواجِ مُطھّرات کو اِس پر بڑا تعجب ہوا، چنانچہ حضرت عائشہ صدیقہ رضی اللہ عنہا فرماتی ہیں کہ میں نے اپنی زندگی میں خوشی اور غم کا ایسا حسین امتزاج نہیں دیکھا، میں یہ سمجھ رہی تھی کہ حضرت فاطمہ تو عقل مند ترین خواتین میں سے ایک ہیں، اور وہ آسانی سے جذبات کا شکار نہیں ہوتی ہیں، لیکن آج مجھے لگا کہ وہ بھی عام خواتین کی طرح جذباتی ہو جاتی ہیں۔

چونکہ حضرت عائشہ صدیقہ رضی اللہ عنہا کو حقیقتِ حال کے بارے علم نہیں تھا، اگر آپ کو معلوم ہوتا کہ آج رسول اللہ ﷺ نے اپنی لختِ جگر کے ساتھ کیا سرگوشی کی ہے، تو ضرور عائشہ صدیقہ بھی حضرت فاطمہ کی کمالِ دانش اور رسول اللہ ﷺ سے بے پناہ محبت کا اعتراف کرتیں۔

رسول اللہ ﷺ جب وہاں سے تشریف لے گئے، تو حضرت عائشہ صدیقہ رضی اللہ عنہا بھاگ کر حضرت فاطمہ الزھراء رضی اللہ عنہا کے پاس گئیں اور اِس راز کے بارے پوچھا جو بیک وقت اُن کے چہرے پر غم اور خوشی لانے کا سبب بنا، لیکن حضرت فاطمہ رضی اللہ عنہا نے رسول اللہ ﷺ کا راز بتانے سے انکار کیا، رسُول اللہ ﷺ کی وفات کے بعد دوبار جب حضرت عائشہ صدیقہ نے حضرت فاطمہؓ سے اپنے حق کا واسطہ اور قسم دیکر پوچھا تو انہوں بتایا کہ پہلی مرتبہ رسول اللہ ﷺ نے مجھ سے یہ فرمایا کہ ہر سال رمضان میں حضرت جبرئیل علیہ السلام میرے ساتھ ایک بار قرآن کریم کا دور کرتے تھے، لیکن اِس بار انہوں نے میرے ساتھ دو مرتبہ قرآن کریم کا دور کیا، اِس کا مطلب یہی نکلتا ہے کہ میں عنقریب اپنے رب کے پاس جانے والا ہوں، پس تم اللہ سے ڈرتے رہنا اور صبر کرنا، میں تمہارے لئے بہتر سلف ہوں، ظاہر ہے کہ اِس بات سے میرے آنسوؤں کہاں اور کیسے تھم سکتے تھے؟ اِس لئے میں جی بھر کر روئی، پھر آپ ﷺ نے دُوسری بار مجھ سے سرگوشی کرتے ہوئے فرمایا کہ خاندان میں تم سب سے پہلے میرے پاس آؤ گی، اور یہ بھی فرمایا کہ !کیا تم اِس بات پر راضی نہیں ہو کہ تم جنت کی عورتوں کی سردار بن جاؤ، اِس لئے میں مسکرائی۔[120]

[120] صحيح البخاري (3624، 6286)، صحيح مسلم (2450)، جامع الترمذي (3872)، شرح النووي على صحيح مسلم (5/16)، سير أعلام النبلاء (118/2)، فتح الباري(8/135)

اس وقت حضرت عائشہ صدیقہ کو یہ معلوم ہوا کہ حضرت فاطمۃ الزہرا سلام اللہ علیہا کا رونا اور مسکرانا، رسول اللہ ﷺ کا راز آج تک درون دل چھپائے رکھنا آپ رضی اللہ عنہا کی دانش مندی اور بالغ نظری ہی کی وجہ سے تھا۔

اللہ تعالیٰ کی کروڑہا رحمتیں اور برکتیں نازل ہوں حضرت محمد ﷺ اور آپ کی آل اولاد اور اصحاب وازواج پر۔

اس حدیث سے مستفاد چند باتیں

ا) رسول اللہ ﷺ اور آپ کی لخت جگر حضرت حضرت فاطمہ رضی اللہ عنہا کی باہم ملاقات سے سامنے آنے والی پدرانہ شفقت اور محبت کا تلاطم، رسول اللہ ﷺ کا کھڑے ہو کر اپنی صاحبزادی کا استقبال کرنا، یہ سب چیزیں باپ بیٹی کے تعلق کی مضبوطی، خوبصورتی اور گہرائی کی خبر دیتے ہیں، والد کے دل میں ہمیشہ ہی ایک پدری شفقت اور محبت موجزن رہتی ہے، البتہ اس تعلق کے اظہار میں بسااوقات کسک رہ جاتی ہے، جس سے بچے پدری محبت کے اظہار سے محروم ہو جاتے ہیں اور حرارت کو محسوس نہیں کر پاتے، جبکہ بعض والدین اپنی اس کمزوری کی یہ توجیہ کر لیتے ہیں کہ کیا بچوں کو ہماری ساری زندگی کی محنت، مشقت اور تڑپ نظر نہیں آتی؟ ظاہر ہے یہ سب کچھ ہم نے انہی کیلئے تو کیا ہے، لیکن رسول اللہ ﷺ کی سیرت مطہرہ ہمیں یہ بتاتی ہے کہ پدری محبت کا مناسب انداز میں اظہار کرنے کی اہمیت اور ضرورت بھی والدین کی دیگر ذمہ داریوں سے کسی طرح کم نہیں ہے، جب ایک طرف سے والدین اپنے بچوں کیلئے جی بھر کر محنت کریں،

دل سے ان سے محبت کریں، اور کرتے بھی ہیں، اور پھر زبان سے اس کا اظہار بھی کریں، تو یہ بچوں کی اپنے والدین کے ساتھ حسن سلوک کیلئے معاون اور مددگار ثابت ہوگا۔

۲) رسول اللہ ﷺ کا اپنی صاحبزادی حضرت فاطمہ رضی اللہ عنہا کا کھڑے ہو کر استقبال کرنا، ان کا ہاتھ پکڑنا، اور اپنی جگہ پر بٹھانا، اور اپنی ازواج مطہرات کے سامنے اپنی لخت جگر سے اس تعلق خاطر کا اظہار کرنے سے بھی رسول اللہ ﷺ کی پدرانہ شفقت اپنی بیٹی سے محبت کے ساتھ مل کر دو آتشہ ہو کر جھلکتی ہے۔ یاد رہے کہ سرور دو عالم ﷺ نے اپنی بیٹی کے احترام اور ان سے محبت کا اعلان ایک ایسے معاشرہ میں کیا جہاں بچیوں کو انتہائی حقارت کی نظر سے دیکھا جاتا تھا، اور ان بیچاریوں کو حقیقی یا معنوی طور پر زندہ در گور ہونا پڑتا تھا، جیسا کہ قرآن کریم نے اس کی منظر کشی کی ہے:

﴿أَيُمْسِكُهُۥ عَلَىٰ هُونٍ أَمْ يَدُسُّهُۥ فِى ٱلتُّرَابِ ۗ أَلَا سَآءَ مَا يَحْكُمُونَ﴾ [النحل: 59]

ترجمہ: اب بیٹی کا باپ اس سوچ میں رہتا تھا کہ ذلت و رسوائی کے ساتھ اسے زندہ رکھے، یا زندہ در گور کرے۔

لیکن سرور دو عالم ﷺ انسانیت کی راہنمائی اور فلاح کیلئے بھیجے گئے تھے، اس لئے آپ ﷺ اپنی سنت کی بنیاد معاشرہ کے بیمار رویوں پر نہیں، بلکہ وحی الٰہی پر رکھتے تھے، چنانچہ آپ علیہ السلام کی ابوت میں انسانیت کیلئے یہ سبق پنہاں ہے کہ اولاد کو ایک مکمل اور قابل اعتماد شخصیت بنانے کیلئے ظاہری غذاؤں کے علاوہ دو طرح کی مزید غذاؤں کی بھی

ضرورت ہے: اول احترام اور دوسری محبت، تاکہ ان کی جذباتی نشو ونما بھی اچھی طرح ہو سکے۔

۳) رسول اللہ ﷺ کی وفات حسرت آیات کا یہ راز چونکہ خصوصی طور پر خود رسول اللہ ﷺ اور حضرت فاطمہ رضی اللہ عنہا سے متعلق تھا، اس لئے آپ ﷺ نے اپنے دیگر صحابہ کرام مثلاً حضرات خلفاء راشدین، ازواج مطہرات رضی اللہ عنہم میں سے کسی سے بھی اس کا ذکر نہیں کیا، اس سے ہمیں یہ سبق ملتا ہے کہ ماں باپ کو اپنے مسائل اور زندگی کے اہم معاملات میں اپنے بچوں کو شریک کرنا چاہئیے، اس سے بچوں میں جہاں خود اعتمادی اور ذمہ داری کا احساس پیدا ہوگا، وہاں والدین سے قرب اور تعلق میں بھی اضافہ ہوگا، کیونکہ یہ ایک طرح کا ان پر اعتماد کا اظہار کرنا ہے، اور اس کے برعکس والدین اگر اپنی پریشانیاں اور مسائل بچوں سے چھپائیں گے، تو اس سے دلوں میں دوریاں بڑھنے اور اعتماد کی فضا کو نقصان پہنچنے کا اندیشہ ہوگا، چنانچہ رسول اللہ ﷺ کا حضرت سیدہ فاطمہ رضی اللہ عنہا کو یہ راز بتانا در حقیقت حضرت خاتون جنت کی شخصیت پر اعتماد کے اظہار کے ساتھ ساتھ باپ اور بیٹی میں ایک مثالی تعلق اور محبت کی بھی گواہی تھی۔

۴) ایک اور بات جسے سمجھنے کی ہم سب کو ضرورت ہے، وہ یہ ہے کہ اولاد، اولاد ہوتی ہے کھلونا نہیں، کہ بچپن میں ان کے ساتھ کھیل کود اور دل لگی کرتے رہیں، لیکن جوں ہی وہ بڑے ہوئے تو ان سے غفلت برتنا شروع کر دی، زیر نظر واقعہ ہی کو دیکھ لیجئے کہ حضرت فاطمہ رضی اللہ عنہا اس وقت پچیس سال کی جوان، شادی شدہ اور پانچ بچوں کی والدہ تھیں، لیکن اس کے باوجود بھی رسول اللہ ﷺ کا آپ کے بارے پدرانہ اہتمام اور خبر گیری میں کمی نہیں آئی، بلکہ یہ واقعہ بذات خود آپ ﷺ کی حضرت فاطمہ رضی اللہ عنہا

سے بے انتہا محبت، شفقت اور قلبی تعلق کی دلیل ہے، عموماً ہم لوگ خود اپنے بچوں سے محبت کا اظہار نہیں کر پاتے، بلکہ اپنے رسمی مرتبہ کے اظہار کیلئے کیلئے ہمیشہ اس انتظار میں رہتے ہیں کہ اس کام کی ابتداء بھی اولاد کی طرف سے ہو، اس لئے رسول اللہ ﷺ کی سیرت مبارکہ سے ہمیں سبق حاصل کرنے کی ضرورت ہے۔

۵) رسول اللہ ﷺ نے جب تمام صحابہ کرام اور ازواج مطہرات کو چھوڑ کر صرف حضرت فاطمہ رضی اللہ عنہا کو یہ راز بتایا، تو اس تخصیص نے حضرت سیدہ سلام اللہ علیہا کو دنیا کے سب سے بڑے دکھ اور غم کو سہنے اور صبر کرنے کا حوصلہ بخشا، چنانچہ وہ ذہنی طور پر اس بات کیلئے تیار ہو گئیں کہ ان پر ٹوٹنے والی افتاد کوئی چھوٹی موٹی نہیں، بلکہ وہ اتنی بڑی ہے کہ شاید الفاظ اس کے بیان کا حق ادا نہ کر سکیں، بلکہ خود سیدہ رضی اللہ عنہا کے الفاظ میں اگر یہ مصیبت دنوں پر ٹوٹتی، تو وہ گہری راتوں میں ہو جاتے، ذرا سوچئے تو سہی کہ اس وقت سیدہ خاتون جنت رضی اللہ عنہا کے دل پہ کیا بیت رہی ہو گی، جب ان کو سرورِ دو عالم ﷺ جیسا پیکر محبت، مجسمہ رحمت و شفقت باپ اپنی جدائی کی خبر دے رہے ہوں اور یہ بتا رہے ہوں کہ اس بیماری سے وہ جانبر نہیں ہو پائیں گے اور حضرت فاطمۃ الزہراء رضی اللہ عنہا سرورِ دو عالم ﷺ کے چہرہ انور کی طرف یہ سوچتے ہوئے دیکھ رہی ہوں گی کہ اب اس رشک آفتاب و ماہتاب رخ انور کا دوبارہ دیدار نہیں ہو سکے گا۔

آپ ﷺ نے حضرت فاطمہ کو یہ راز بتلا کر حقیقت میں ان کو ان کو صبر، تسلیم و رضا اور پوری استقامت کے ساتھ اس عظیم اور ناقابل تلافی دکھ کو سہنے کا حوصلہ دیا، اور پیکر صبر و استقامت، تسلیم و رضا کی پتلی سیدہ فاطمہ پر قربان جایئے کہ وہ بھی اس کٹھن ترین مرحلہ جس سے دشوار کوئی اور مرحلہ ہو نہیں سکتا، پورے صبر کے ساتھ اس مرحلہ سے

گذر گئیں، چنانچہ جب آپ ﷺ پر نزع کی کیفیت طاری ہوئی تو سیدہ فاطمہ تڑپ کر کہتی تھیں، واہ کرب ابتاہ! ہائے میرے پیارے والد، سید الاولین والآخرین ﷺ کی تکلیف، اس پر سرکار دوعالم ﷺ نے فرمایا: "آج سے تمہارے ابو ہر درد اور دکھ سے آزاد ہو جائیں گے۔

پھر جب آپ ﷺ کا وصال ہوا، تو سیدہ فاطمہ رضی اللہ عنہا کی زبان مبارک پر یہ الفاظ تھے: اے میرے پیارے والد! جس نے اپنے رب کے بلاوے پر لبیک کہی، اے پیارے باباجانم جنت الفردوس تیرا مسکن ہو، اے پیارے باباجان! آج تیری جدائی کی خبر ہم انسان تو رہے، جبریل امین جیسے سید الملائکہ کو سنا کران سے بھی تعزیت کرتے ہیں۔

اور آپ ﷺ کی تدفین کے بعد اماں جان انتہائی کبیدہ خاطر ہوکر فرماتی تھیں: اے لوگو! میرے باباجان، رحمت للعالمین، سید الآولین والآخرین ﷺ کو دفن کرکے تمہارا دل خوش ہوا؟[121]

اور سیدہ جانتی تھیں کہ اگر سید عالم ﷺ کی تعلیمات، آپ کا حکم نہ ہوتا تو اس ہستی کو سپرد خاک کرنے پر کسی کا دل بھی راضی نہیں ہو سکتا تھا، لیکن امر خداوندی اور سنت مصطفوی کے سامنے سبھی بے بس اور مجبور تھے۔

اللَّهُمَّ صَلِّ وَسَلِّمْ عَلَى سَيِّدِنَا وَمَوْلَانَا مُحَمَّدٍ وَآلِهِ وَصَحْبِهِ أَجْمَعِينَ أَلْفَ أَلْفَ مَرَّةٍ بِعَدَدِ كُلِّ ذَرَّةٍ، آمِينَ يَا رَبَّ الْعَالَمِينَ

---

121 أخرجه البخاري (4462) من حديث أنس رضي الله عنه.

لوگوں نے نماز پڑھ لی؟

بدھ کے دن مغرب کی نماز میں اہل ایمان کو قرآن مجید کی سورہ مرسلات کی تلاوت اِس کائنات کی مقدس ترین زبان سے سننے کی سعادت حاصل ہو رہی تھی، وہی ہستی جس پر یہ کلام اُتارا گیا ہے اور ساتھ میں حکم بھی دیا گیا ہے:

﴿وَرَتِّلِ ٱلْقُرْءَانَ تَرْتِيلًا﴾ [المزمل: 4]

ترجمہ: اور قرآن کریم خوب ٹھہر ٹھہر کر پڑھیں۔

لیکن صحابہ کرام رضوان اللہ عنہم اجمعین میں کسی کے حاشیہ خیال میں یہ بات نہیں تھی کہ اُن کے کانوں میں رس گھولنے والی آوازِ محمدی دوبارہ سن نہیں پائیں گے، کیونکہ حبیب مصطفی ﷺ نے آج سخت سر درد اور بخار کی وجہ سے مُبارک سر پر پٹی باندھ کر نماز پڑھائی تھی، وہ آخری نماز ثابت ہوئی، نماز کے بعد جب گھر تشریف لے گئے ،تو صاحبِ فراش ہو گئے، اور آپ ﷺ کو اس اُمت کے دو طاقتور مردوں جتنی تکلیف ہو رہی تھی،[122] اور بخار اتنا شدید تھا کہ اوڑھے ہوئے کپڑے کے اُوپر سے بھی بدن مُبارک کی گرمی محسوس ہو رہی تھی، پھر آپ ﷺ پر غشّی طاری ہوئی اور اُدھر سے عشاء کی اذان ہو گئی، لوگ مسجدِ نبوی میں جمع ہو کر آپ ﷺ کا انتظار کرنے لگے اور خود اہلِ بیت اطہار رضوان اللہ عنہم اجمعین آپ ﷺ کے گرد جمع ہو کر ہوش آنے کا انتظار کر رہے تھے،

---

[122] كما في حديث ابن مسعود رضي الله عنه: أخرجه البخاري (5648)، ومسلم.(2571)

اِسی دوران آپ نے آنکھیں کھولیں اور مبارک ہونٹ ہلا کر پوچھا: لوگوں نے نماز پڑھ لی؟ حاضرین نے عرض کیا: نہیں، یارسول اللہ! وہ آپ کا انتظار کر رہے ہیں، فرمایا: میرے لئے کسی بڑے برتن میں پانی رکھ دو، پانی حاضر کیا گیا، تو آپ ﷺ نے غسل فرمایا، تاکہ پانی کی ٹھنڈک سے بخار کی شدت ٹوٹ جائے، پھر دو صحابہ کرامؓ کے سہارے سے نماز پڑھانے کیلئے مسجد کی طرف روانہ ہونے لگے تھے کہ پھر غشّی طاری ہوگئی اور گر گئے، ہوش آیا تو زبانِ مبارک وہی سوال تھا: لوگوں نے نماز پڑھ لی؟ حاضرین نے پھر عرض کیا: نہیں، یارسول اللہ! وہ آپ کے منتظر ہیں۔

پھر آپ ﷺ نے کسی بڑے برتن میں پانی لانے کا حکم دیا، پانی لایا گیا، تو آپ ﷺ نے غسل فرمایا اور دو آدمیوں کے سہارے سے مسجد کی طرف جانے لگے تھے کہ دوبارہ غشی طاری ہوگئی، ہوش آنے پر وہی سوال دوہرایا أَصَلَّى النَّاسُ ؟ لوگوں نے نماز پڑھ لی؟

نہیں، یارسول اللہ! وہ مسجد میں آپ کے منتظر بیٹھے ہیں، رحمت للعالمین ﷺ کو اندازہ ہوگیا کہ آپ ﷺ مسجد نہیں جاسکیں گے، اس لئے فرمایا: ابو بکر کو کہو کہ وہ لوگوں کو نماز پڑھائے۔[123]

حضرت ابو بکر صدیق رضی اللہ عنہ نے تعمیل ارشاد میں نماز پڑھائی، لیکن چونکہ وہ بہت زیادہ رقیق القلب تھے، اس لئے رونے کی وجہ سے تلاوت میں تسلسل برقرار نہیں رہ سکتا تھا، پانچ راتیں اسی طرح حضرت ابو بکر نماز پڑھاتے رہے، آپ کی تلاوت کی آواز

---

[123] صحيح البخاري (664) ، وصحيح مسلم(418)

حجرہ مُبارک میں نبی اکرم ﷺ کو صاف سُنائی دیتی تھی، دِن گزرتے گئے، حتی کہ پیر کے دِن حضرت ابو بکر رضی اللہ عنہ فجر کی نماز پڑھا رہے تھے، کیا امام کیا مقتدی سبھی غم میں ڈوبے ہوئے تھے، کیونکہ آج پانچواں دن ہے، لیکن زینت محراب، بلکہ زینتِ کائنات موجود نہیں، اسی دوران آپ ﷺ نے حجرہ مبارک کا پردہ اُٹھا کر اپنے صحابہ کو دیکھا کہ وہ دلوں سے دِل اور کندھے سے کندھا مِلائے، خشوع وخضوع سے نماز میں مگن ہیں، آپ ﷺ مسکرانے لگے، صحابہ کرام کہتے ہیں کہ ہم نے جب قرآنِ کریم کے صفحات کی طرح صاف اور چمکتے دمکتے رخ مصطفی ﷺ پر مسکراہت کھلتی دیکھی، تو اتنی خوشی ہوئی کہ قریب تھا کہ ہم نماز توڑ دیتے۔

اِدھر حضرت ابو بکر مصلی چھوڑ کر پیچھے ہٹنے لگے کہ شاید آج امام الانبیاء ﷺ اپنے مصلے پر تشریف لائیں، لیکن آپ ﷺ نے دستِ مُبارک کے اشارہ سے نماز جاری رکھنے کا حکم دیا اور پردہ لٹکا دیا، فجر کی نماز تھی، اور آخری نماز تھی جس میں آخری بار جو اُمت نے اپنے نبی کی زندگی میں پڑھی!، چاشت کے وقت مرض میں شدت آگئی اور وصال کا وقت قریب آیا، نزع کی حالت شروع ہو گئی، آپ ﷺ پاس رکھے برتن میں ہاتھ ڈالتے اور یہ کہتے ہوئے اپنے چہرہ مُبارک پر پھیرتی-: اللہ کے سِوا کوئی معبُود نہیں، بلاشبہ موت کے سکرات بڑے سخت ہوتے ہیں، اے اللہ! سکرات الموت میں میری مدد فرما۔[124]

بیماری، درد اور موت کے سکرات جیسی سخت گھڑی میں بھی رحمت للعالمین ﷺ نے اپنی اُمت کو یاد رکھا، چنانچہ آپ ﷺ نے اپنی امت کو اہم وصیّت فرمائی: اللہ سے

---

[124] مسند أحمد (23220)، وصحيح البخاري (4449)، وسنن ابن ماجه (1623)، وفتح الباري(11/362)

ڈرو، اللہ سے ڈرو، نماز کی پابندی کرو اور اپنے غلاموں اور ماتحتوں کا خیال رکھو، یہاں تک جان جان آفریں کے سپرد کردی۔[125]

آپ ﷺ کے بعد تیرہ سال تک اسی محراب میں پہلے حضرت ابو بکر، پھر حضرت عمر رضی اللہ عنہما کھڑے ہوئے، پھر بدھ کا دن تھا، چھبیس ذی الحجہ اور فجر کی نماز، لوگ مسجد میں اپنے امام کے منتظر تھے کہ امیر المؤمنین حضرت عمر فاروق رضی اللہ عنہ نماز پڑھانے نکلے اور ٹھیک اُسی جگہ کھڑے ہوئے جہاں اُن سے پہلے حضرت ابو بکر اور اُن سے پہلے سرورِ دوعالم ﷺ کھڑے ہوئے تھے، حضرت عمر نے ابھی نماز شروع کی تھی کہ ابولؤلؤ نامی ایک سیاہ نصیب مجوسی نے حملہ کر دیا، آپ رضی اللہ عنہ کے پیٹ میں خنجر سے پے در پے وار کئے، جس سے حضرت عمر رضی اللہ عنہ محرابِ نبوی میں گر گئے اور زبان پر یہ الفاظ تھے:

﴿وَكَانَ أَمْرُ ٱللَّهِ قَدَرًا مَّقْدُورًا﴾ [الأحزاب: 38]

ترجمہ: اللہ کا حکم تھا جو پورا ہو چکا۔

بیہوشی کی حالت میں حضرت عمر کو اُٹھا کر گھر لایا گیا، زخموں سے خون جاری تھا، یہاں تک کہ جب فجر ہوئی، تو آپ نے آنکھ کھولی، حاضرین پر نظر ڈالی، پھر آپ کے ہونٹ

---

125 أخرجه أحمد (26483، 26657)، وابن ماجه (1625)، وابن أبي الدنيا في المحتضرين (30، 33)، والنسائي في الكبرى (7060-7063) من حديث أم سلمة رضي الله عنها.

وأخرجه أحمد (12169)، وابن ماجه (2697)، وابن أبي الدنيا (34)، والنسائي في الكبرى (7057-7059)، وابن حبان (6605)، والحاكم (57/3)، والضياء (157/1-158) (2155-2157)، (34/7-37) (2420-2425) من حديث أنس رضي الله عنه. وهو خطأ، والصواب حديث أم سلمة رضي الله عنها. ينظر: علل ابن أبي حاتم (300)، وعلل الدارقطني (133/12)، (206/15)، وإرواء الغليل (2178)، والسلسلة الصحيحة.(868)

ملنے لگے، لوگوں نے کان لگا کر سُنا، تو وہی سوال دوسرا رہے تھے، جو تیرہ سال پہلے آپ رضی اللہ عنہ کے آقا و مولا، محمد عربی ﷺ نے دوہرائے تھے: أَصَلَّى النَّاسُ؟ (کیا لوگوں نے نماز پڑھ لی؟)[126]

اس حدیث سے مُستفاد چند باتیں

اوّل:...... یہ واقعہ در حقیقت رسول اللہ ﷺ کی نبوت کی صداقت کی دلیل ہے، اس طور پر کہ ایسے کھٹن مرحلہ اور مشکل گھڑی میں آپ ﷺ مرض الموت میں تھے اور درد کی شدت کی وجہ سے آپ پر بیہوشی طاری ہو رہی تھی، تو ہوش میں آنے کے بعد آپ ﷺ کی زبانِ اقدس پر پہلا کلمہ جو جاری ہوتا ہے، وہ اپنی اُمت کو نماز کی تلقین کا تھا، چونکہ آپ ﷺ کی بعثت ہی مخلوق کو مخلوق کی بندگی سے نکال کر خالق کی بندگی کی طرف لانا تھا، اِس لئے آپ ﷺ زندگی کی آخری سانسوں میں بھی اپنے اُس پیغام کو نہیں بھولے، جس کے لئے آپ ﷺ کو بھیجا گیا تھا۔ ظاہر ہے کہ نزع کی حالت (اللہ پاک ہم سب کیلئے آسان فرمائے) انتہائی نازک اور مشکل ترین حالت ہوتی ہے، جہاں انسان حواس کھو اور ہر چیز بھول بیٹھتا ہے، حقیقی غم و فکر کا انسان کو اپنے گرفت میں لینے کا منظر اتنا خوفناک، سخت اور ہولناک ہوتا ہے کہ ہر طرح کی بناوٹی اور خود ساختہ فکریں نظروں سے اوجھل ہو جاتی

---

[126] طبقات ابن سعد (348/3)، وصحيح البخاري (3700)، وفتح الباري(70-7/62) صحيح البخاري (198، 664، 665، 687، 2855، 4442، 5714)، وصحيح مسلم (418، 419)، ومستخرج أبي عوانة (1293)، ومستخرج أبي نعيم (928-935)، وشرح النووي على صحيح مسلم (136/4)، وفتح الباري (152/2، 155، 174)، (216/5)، (141/8)، (167/10)، وعمدة القاري(362-8/357)

ہیں، کوئی شخص اپنی زندگی میں جتنا بھی بڑا ساختہ کار اور اداکار ہو، اِس موقع پر وہ کوئی اداکاری نہیں کرسکتا، لیکن ایسی سخت گھڑی میں بھی رسول اللہ ﷺ کا اُس پیغام کو یاد رکھنا اور اپنی اُمت تک پہنچانا اِس بات کی واضح دلیل ہے کہ دین محمدی کوئی وقتی طور پر اُبھرنے والی جذباتی تحریک یا تکلّف بنائے گئے بیانیہ کا نام نہیں، جسے چند لوگوں یا قوموں کو متاثر کرنے کیلئے تراشا گیا ہو، بلکہ وہ صراطِ مستقیم، اور نسخہ فلاح ہے، جس میں قیامت تک کی انسانیت کی کامیابی کا راز مضمر ہے۔

دوم:...... نماز کی اہمیت اس طور پر کہ سرورِ دوعالم ﷺ اپنے مرض الوفات میں، اتنا شدید بخار کہ اُس کی حرارت کم کرنے کیلئے سرورِ دوعالم ﷺ کو تین بار غسل کرنا پڑا، اور تکلیف اور درد اتنا کہ آپ ﷺ پر غشّی طاری ہوگئی، لیکن اس سب کے باوجود ہوش آنے کے بعد پہلی بات نماز کی پابندی کی کرتے ہیں، نیز جب آپ ﷺ دُنیا سے پردہ فرمارہے تھے، تب بھی مُبارک لبوں پر یہی وصیّت تھی الصلاۃ، اس سے پتہ چلتا ہے کہ ایک مسلمان کی زندگی کی اولین ترین ترجیح نماز قائم کرنا ہونی چاہئیے۔

نیز نماز کی اہمیت کی اِس سے بڑی اور کیا دلیل ہونی چاہئیے کہ سرورِ دوعالم ﷺ اپنی حیاتِ مبارکہ کے اخیر لمحات، بلکہ سانسوں میں بھی اپنی اُمت کو اِس کی تلقین فرمارہے ہیں، اور اِس اُمّت کا ایک عظیم مُحسن، رسول اللہ ﷺ کے والدِ نسبتی، امیر المؤمنین حضرت عمر فاروق رضی اللہ عنہ ایک مجوسی کے حملہ میں زخموں سے چور زندگی کی آخری سانسیں گنتے ہوئے کہتے ہیں: جو شخص نماز تک نہ پڑھے اُس کا اسلام سے کوئی لینا دینا

نہیں ![127] یہاں پہنچ کر ہم میں سے ہر وہ شخص جِسے رسول اللہ ﷺ سے محبت کا دعوی ہے، اپنے گریبان میں جھانک کر دیکھے کہ کیا ہماری زندگیوں میں نماز کتنی اہم ہے؟

سوم:...... یہ منظر حضرت ابو بکر صدیق رضی اللہ عنہ کے بلند مقام و مرتبہ کی طرف بھی راہنمائی کرتا ہے، اس طور پر کہ حکمت اِلٰہی کا تقاضا یہ تھا کہ اللہ نے اپنے رسول ﷺ کو ایک دم ہی اپنے پاس نہیں بُلایا، بلکہ پہلے آپ ﷺ کئی دِن تک بیمار رہے، بیماری کی وجہ سے اگرچہ آپ کے جسم مُبارک کو کمزوری لاحق ہو گئی تھی، لیکن آپ ﷺ کے دیگر حواس بالخصوص عقل منور بالکل صحیح سالم تھی، ایسے موقع پر آپ نے انتہائی صاف اور واضح الفاظ میں حضرت ابو بکر صدیق رضی اللہ عنہ کو اپنے مُصلی پر کھڑے ہو کر نماز پڑھنے کا حکم دیا اور ایک دو نہیں، بلکہ پانچ راتوں تک حضرت ابو بکر صدیق رضی اللہ عنہ اِس اُمت کی امامت کا فریضہ ادا کرتے رہے اور رسولِ خدا ﷺ اپنے حجرہ مبارکہ میں تشریف فرما کر آپ کی آواز سنتے رہے، نیز جس طرح آپ ﷺ نے اپنی بیماری کی ابتداء کے وقت حضرت ابو بکر صدیق رضی اللہ عنہ کو اپنی جگہ مُصلّی پر کھڑا کیا، اِسی طرح آخری نماز میں آپ ﷺ نے اپنے دستِ اقدس کے اشارہ سے اُن کو اُمت کی امامت کی ذمہ داری جاری رکھنے کا حکم دیا اور کم از کم کوئی مسلمان یہ نہیں سوچ سکتا کہ صحابہ کرام رضوان اللہ عنہم اجمعین کے اتنے جمع غفیر میں حضرت ابو بکر سے زیادہ افضل کوئی شخص موجود ہو، لیکن نبی اکرم ﷺ اُس کو چھوڑ کر ابو بکر کو اپنے مصلّے پر کھڑا کریں۔

---

[127] أخرجه مالك (54/2)، وعبد الرزاق (581، 5010)، وابن سعد (350/3، 351)، وابن أبي شيبة (38222)، ومحمد بن نصر في تعظيم قدر الصلاة (923-931)، وابن الأعرابي في المعجم (398، 1893)، وغيرهم

اِس سلسلہ میں سب سے خوبصورت، معقول اور دوٹوک بات حضرت علی المرتضی کرّم اللہ وجہہ نے فرمائی:

-" تمہارے نبی ﷺ کا سانحہ ارتحال کوئی اچانک پیش آنیوالا واقعہ نہیں تھا، یا ایسا بھی نہیں تھا کہ کسی نے آپ کو شہید کر دیا ہو کہ کوئی یہ کہہ سکے کہ آپ ﷺ کو وصیت کا موقع نہیں مل سکا، بلکہ کئی دِن آپ علیل رہے، اور اِس دوران نماز کے وقت مؤذن آپ کی خدمت میں حاضر ہو کر آپ ﷺ کو نماز کی اطلاع بھی دیتا ہے اور آپ ﷺ میری وہاں موجودگی، تعلق اور قرابت داری کا علم ہونے کے باوجود حضرت ابو بکر صدیق رضی اللہ عنہ کا نام لیکر اُن کو امامت کیلئے متعیّن فرماتے ہیں، اِس لئے آپ ﷺ کی رحلت کے بعد ہم نے اپنے سیاسی امور پر نظر ڈالی، تو ہمیں دنیوی امامت کیلئے بھی وہی شخص بہترین لگا، جسے سرورِ دوعالم ﷺ نے ہماری آخرت کے اُمور کی امامت کیلئے چنا تھا"۔ [128]

چہارم:......ایک داعی کی ذمہ داری بس اتنی ہے کہ وہ مناسب انداز اور اُسلوب میں اپنی بات لوگوں تک پہنچائے، آگے اُن کو منوانا اور راہِ راست پر لانا یہ داعی کی ذمہ داری نہیں، البتہ یہ الگ بات ہے کہ جب ایک داعی کی محنتیں ثمر بار ہو جائیں اور لوگ راہِ راست پہ آجائیں تو نخلِ تمنّا کو ثمر بار ہوتا دیکھ کر داعی کے چہرے پر خوشی کے آثار نظر آنا یہ ایک فطری امر ہے، یہی وجہ ہے کہ جب سرورِ دوعالم ﷺ نے آخری دِن فجر کی نماز کے وقت جب اپنے حجرہ مُبارک کا پردہ اُٹھا کر دیکھا اور صحابہ کرام رضوان اللہ علیہم اجمعین کو خشوع

---

[128] الأمالي لابن بشران (43/2)، والتمهيد (129/22)، وتاريخ دمشق(42/442)

و خضوع کے ساتھ نماز میں پایا، تو اپنی تئیس سال کی مسلسل جد وجہد کو کامیاب ہوتا دیکھ کر آپ ﷺ کا چہرہ مبارک خوشی سے ٹمٹمانے لگا تھا۔

پنجم :...... قلبِ رسول اللہ ﷺ اور صحابہ کرام رضوان اللہ عنہم اجمعین کے دِلوں میں کتنی راہ اور مضبوط تعلق تھا کہ حضرت عمر فاروق رضی اللہ عنہ رسول اللہ ﷺ کی وفات کے وقت آپ ﷺ کے حجرہ مبارکہ میں موجود نہیں تھے، چنانچہ اُن کو آپ ﷺ کی حیاتِ مُبارکہ کے آخری لمحات کا مشاہدہ کرنے کا موقع بھی نہیں مِلا، اور نہ ہی اُن کو براہِ راست آپ ﷺ کے یہ الفاظ اَصَلَّی النَّاسُ؟ (لوگوں نے نماز پڑھ لی؟) سننے کو ملے، لیکن اِس کے باوجود بھی جب سیّدنا عمر الفاروق رضی اللہ عنہ زخموں کی وجہ سے بے ہوش ہوتے ہیں، تو ہوش آنے کے بعد پہلا جملہ یہی کہتے ہیں: اَصَلَّی النَّاسُ؟ لوگوں نے نماز پڑھ لی؟ یقیناً حضرت عمر الفاروق رضی اللہ عنہ نے یہ الفاظ اِس لئے نہیں دوہرائے ہوں گے کہ آپ ﷺ نے اپنی وفاتِ حسرتِ آیات سے قبل دوہرائے تھے، کیونکہ یہ کوئی سنت یا دُعا تو ہے نہیں، بلکہ اِس لئے کہے کہ رسول اللہ ﷺ کو جو فکر ہمیشہ دامن گیر رہتی تھی وہی فکر حضرت عمر رضی اللہ عنہ کو بھی دامن گیر تھی، اِس لئے آپ کی زبان پر بھی وہی سوال، وہی فکر، اور وہی الفاظ تھے جو تیرہ سال قبل محمد رسول اللہ ﷺ کی زبانِ اقدس پر جاری ہوئے تھے: "أَصَلَّى النَّاسُ؟

وَصَلَّى اللهُ وَسَلَّمَ أَلْفَ أَلْفَ مَرَّةٍ بِعَدَدِ كُلِّ ذَرَّةٍ عَلَى سَيِّدِنَا وَمَوْلَانَا مُحَمَّدٍ وَآلِهِ وَصَحْبِهِ وَمَنْ تَبِعَهُمْ أَجْمَعِينَ

برائے ضروری یادداشت

....

....

....

....

....

....

....

....

....

....

....

....

....

....

....

....

....

....

....

....

....

....

....

....

....

....

....

....

....

....

المراجع والمصادر

صحيح البخاري — دار طوق النجاة، الطبعة: 1422ھ

صحيح مسلم — دار إحياء التراث العربي، بيروت، 1407ھ.الطبقات الكبرى لابن سعد — دار صادر، بيروت، 1968م.

مصنف ابن أبي شيبة — مكتبة الرشد، الرياض، 1409ھ.

مسند الإمام أحمد — مؤسسة الرسالة، بيروت، 1421ھ.

صحيح ابن حبان — مؤسسة الرسالة، بيروت، 1414ھ.

السنن الكبرى للبيهقي — دار الفكر، بيروت، 1414ھ.

شرح النووي على صحيح مسلم — دار المطبوعات العربية، جدة، 1421ھ.

تفسير ابن كثير — دار طيبة، الرياض، 1422ھ.

فتح الباري لابن حجر — دار المعرفة، بيروت، 1379ھ.

عمدة القاري للعيني — دار الكتب العلمية، بيروت، 2001م.

في ظلال القرآن لسيد قطب — دار الشروق، القاهرة، 2003م.

بُشرى النبوءة لعبد الله البردوني — الهيئة العامة للكتاب، صنعاء، 1998م.

سير أعلام النبلاء للذهبي — مؤسسة الرسالة، بيروت، 1405ھ.

البداية والنهاية لابن كثير — دار إحياء التراث العربي، بيروت، 1988م.

مسند البزار — مكتبة العلوم والحكم، المدينة المنورة، 1409هـ.

تاريخ دمشق لابن عساكر — دار الفكر، بيروت، 1415هـ.

الإصابة في تمييز الصحابة لابن حجر — دار الكتب العلمية، بيروت، 1415هـ.

التحرير والتنوير لابن عاشور — الدار التونسية للنشر، تونس، 1984م.

السيرة النبوية لابن هشام — دار الجيل، بيروت، 1997م.

سنن النسائي — دار المعرفة، بيروت، 1406هـ.

مسند أبي يعلى — دار المأمون للتراث، دمشق، 1984م.

مسند أبي عوانة — دار الكتب العلمية، بيروت، 1998م.

جامع الترمذي — دار الغرب الإسلامي، بيروت، 1998م.

مساوئ الأخلاق للخرائطي — دار ابن حزم، بيروت، 2001م.

كتاب ابن حبان (الأنواع والتقاسيم) — مؤسسة الرسالة، بيروت، 1408هـ.

السلسلة الصحيحة للألباني — مكتبة المعارف، الرياض، 1415هـ.

الطبقات الكبرى لابن سعد (طبعة أخرى) — دار الفكر، بيروت، 1996م.

السنن الكبرى للنسائي — مركز البحوث والدراسات، مكة، 1420هـ.

المعجم الكبير للطبراني — مكتبة العلوم والحكم، المدينة، 1404هـ.

تاريخ المدينة لابن شبة — دار الفكر، بيروت، 1990م.

سيرة ابن هشام (طبعة محققة) — دار المعرفة، بيروت، 2004م.

تاريخ الطبري — دار الكتب العلمية، بيروت، 1987م.

تفسير الطبري — دار هجر، القاهرة، 2001م.

الكامل في التاريخ لابن الأثير — دار الكتاب العربي، بيروت، 1992م.

صحيح السيرة النبوية لإبراهيم العلي — دار ابن الجوزي، الدمام، 2002م.

معجم الطبراني الكبير (طبعة محققة) — مؤسسة الريان، بيروت، 1999م.

شعب الإيمان للبيهقي — دار الكتب العلمية، بيروت، 2003م.

سنن أبي داود — دار الرسالة العالمية، دمشق، 1430هـ.

صحيح ابن خزيمة — المكتب الإسلامي، بيروت، 1390هـ.

www.ingramcontent.com/pod-product-compliance
Ingram Content Group UK Ltd.
Pitfield, Milton Keynes, MK11 3LW, UK
UKHW020727041026
15590UKWH00002B/932

9 789366 088365

Peschers
Gebärmuttersenkung
und Inkontinenz

Liebe Leserin, lieber Leser,

wenn es um die eigene Gesundheit geht, darf man nichts dem Zufall überlassen. „Für eine bessere Medizin und mehr Gesundheit im Leben“: So lautet das Qualitätsversprechen der Marke Thieme. Ärztlich Tätige, Pflegekräfte, Physiotherapeuten oder Hebammen – sie alle verlassen sich darauf, dass sie von Thieme, dem führenden Anbieter von medizinischen Fachinformationen und Services, die entscheidenden Informationen zur richtigen Zeit am richtigen Ort bekommen. So können sie die Menschen, die sich ihnen anvertrauen, bestmöglich unterstützen. Auch Sie können sich auf die TRIAS Ratgeber mit dem Thieme Qualitätssiegel verlassen! Diese Informationsangebote helfen Ihnen dabei, die richtigen Entscheidungen zu treffen, wenn es um Ihre Gesundheit geht, selbst daran mitzuwirken, gesund zu werden, sich gesund zu erhalten oder das Fortschreiten einer Erkrankung zu vermeiden. Mit einem TRIAS Titel aus dem Hause Thieme überlassen Sie Ihre Gesundheit nicht dem Zufall!

Ihr TRIAS Team

Prof. Dr. med. Ursula Peschers ist eine renommierte Urogynäkologin und Expertin auf dem Gebiet der Scheidensenkung und der Inkontinenz. Nach ihrem Medizinstudium und ihrer Promotion an der RWTH Aachen, Forschungstätigkeit in den USA und der Facharztausbildung zur Frauenärztin spezialisierte sie sich auf die Diagnose und Behandlung von Beckenbodenerkrankungen. Als Chefärztin und Koordinatorin des Bayerischen Beckenbodenzentrums am ISAR Klinikum in München leitet sie Forschungsprojekte zu Beckenbodenfunktionsstörungen und hat zahlreiche wissenschaftliche Artikel in führenden Fachzeitschriften veröffentlicht. Ab Mai 2025 wird sie als Sektionsleitung für Urogynäkologie im Beckenbodenzentrum im Krankenhaus Neuwerk in Mönchengladbach tätig sein. Ihre Arbeit ist wegweisend für die Entwicklung neuer Therapien und chirurgischer Verfahren zur Verbesserung der Lebensqualität von Frauen mit dieser Erkrankung. Prof. Peschers ist Mitglied im Expertenrat der Deutschen Kontinenzgesellschaft.

Prof. Dr. med. Ursula Peschers

Gebärmuttersenkung und Inkontinenz

Therapieoptionen kennen und gezielt nutzen: Beckenbodentraining, Pessartherapie und OP. Mit Tipps und Anleitung zur Selbsthilfe

TRIAS

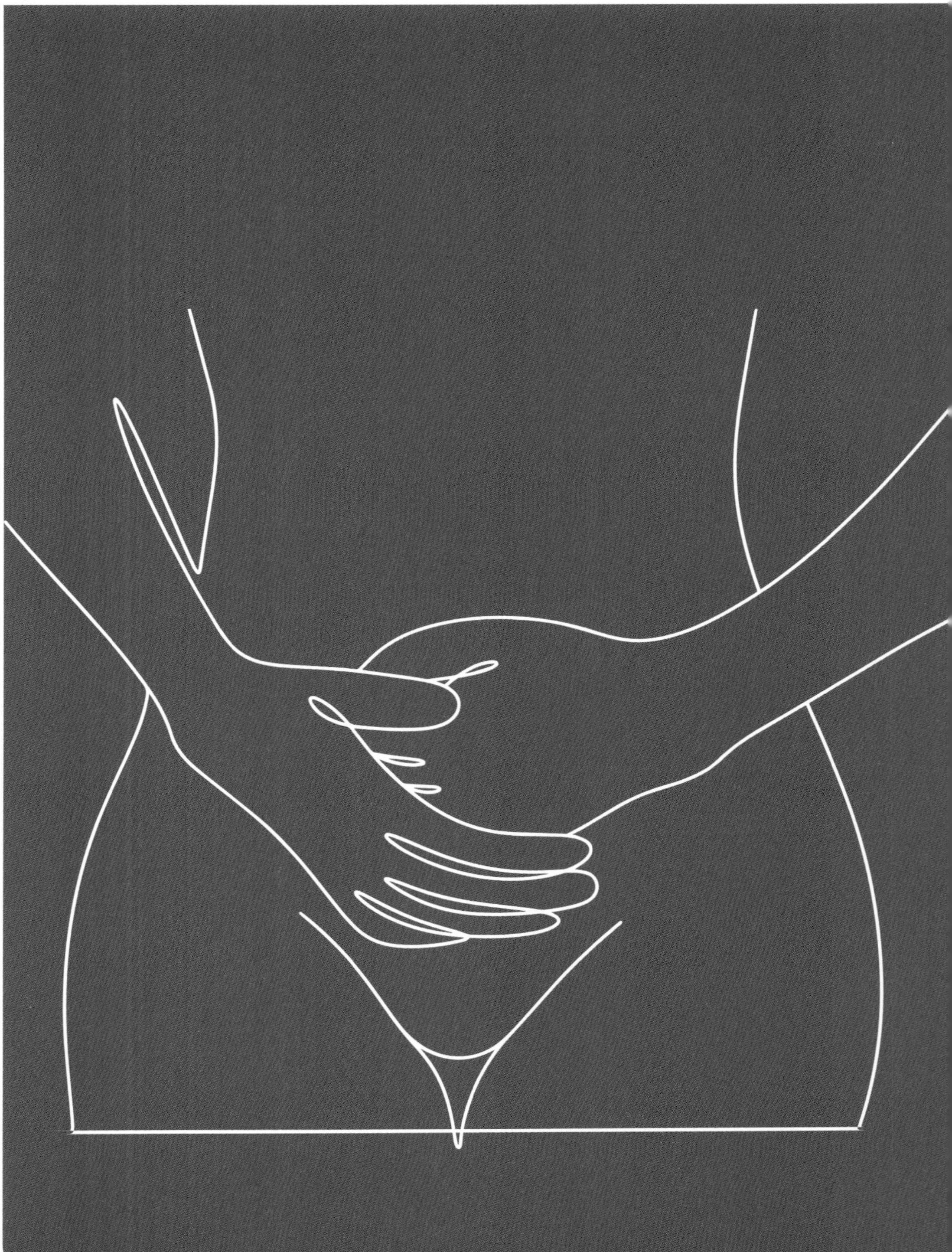

Liebe Frauen,

Inkontinenz und Senkungsbeschwerden sind noch immer Tabuthemen, die uns peinlich sind und über die wir nur ungern sprechen. Darum freue ich mich um so mehr, dass Sie zu diesem Ratgeber gegriffen haben, um sich nun umfassend zu informieren. Ich möchte Ihnen einen Überblick über häufige Senkungs- und Inkontinenzbeschwerden sowie die verfügbaren Therapieoptionen geben, damit Sie für sich die beste Lösung finden. Mir ist es auch wichtig, dass Frauen wissen und verstehen, wie Blase und Darm eigentlich funktionieren und wie sie anatomisch aussehen. Aus diesem Wissen ergeben sich nämlich bereits diverse Selbsthilfemaßnahmen, die konsequent umgesetzt, oft bereits eine Operation unnötig machen.

Kurz, ich möchte Sie dabei unterstützen, Expertin in eigener Sache zu werden. Und so werden Sie in diesem Buch lesen, wie sich Senkung und Harninkontinenz zeigen, welche Ursachen und Risikofaktoren es dafür gibt. Ganz wichtig: Was Sie alles selbst tun und ändern können, um gegenzusteuern. Von Ernährungsanpassung, über Blasentraining, Beckenbodentraining/Physiotherapie bis zur Pessartherapie. Ebenfalls wichtig und oft ein Tabu sind mögliche Auswirkungen auf die Sexualität. Im dritten Buchteil lernen Sie die gängigen Operationsmethoden bei Belastungsinkontinenz, Senkung sowie Stuhlentleerungsstörungen kennen – mit ihren Vor- und Nachteilen und auch den Risiken. Am Ende des Buches finden Sie noch einmal spezifische Selbsthilfetipps.

Ich wünsche Ihnen eine informative und hoffentlich hilfreiche Lektüre.

Ihre
Ursula Peschers

Diagnose, Symptome und Ursachen

Wie sich Senkung und Harninkontinenz zeigen und welche Ursachen dahinterstecken können.

Was bedeuten Senkung und Harninkontinenz?

Die Themen »Senkung« und »Harninkontinenz« tauchen meist nicht in den jungen Jahren einer Frau auf, sondern erst dann, wenn sie Kinder geboren hat und/oder in den Wechseljahren ist.

Solange alle Organe an Ort und Stelle sind und die Harnblase einwandfrei funktioniert, machen wir uns wenig Gedanken über die Zusammenhänge, die dies ermöglichen, und haben oft auch wenig Gespür für unseren Beckenboden. Da Sie dieses Buch in Händen halten, beschäftigen Sie sich nun aber mit einer Senkung oder einer Harninkontinenz und ich möchte Sie gern unterstützen, die Zusammenhänge zu verstehen und die Therapiemöglichkeiten kennenzulernen.

Eine Senkung bedeutet, dass sich die Organe im kleinen Becken nach unten absenken. Das kann die vordere Scheidenwand mit der davor liegenden Blase, die Gebärmutter und/oder die hintere Scheidenwand mit dem dahinter liegenden Enddarm betreffen. Der Scheideneingang ist dann nicht mehr eng und verschlossen, sondern erweitert; die Öffnung ist zu groß.

Als Harninkontinenz bezeichnet man den unfreiwilligen Verlust von Harn. Dies kann mit körperlicher Belastung einhergehen (Husten, Niesen, Springen, Heben), dann spricht man von einer Belastungsinkontinenz. Der Urinverlust kann aber auch durch einen plötzlichen starken Harndrang ausgelöst werden. Dann handelt es sich um eine überaktive Blase oder Dranginkontinenz.

Wie zeigt sich eine Senkung?

Normalerweise ist die Scheide nach außen hin geschlossen. Wir spüren weder die Lage der Gebärmutter noch die der Scheidenwände. Anders ist das bei einer Senkung. Die Betroffenen berichten über einen Druck nach unten, über das Gefühl, sie hätten einen Tischtennisball zwischen den Beinen oder einen schlecht sitzenden Tampon. Beim Tasten können sie die Scheidewände oder den Muttermund am Scheideneingang oder sogar vor dem Scheideneingang tasten. Manchmal können die Patientinnen die Blase nur noch schlecht oder gar nicht entleeren oder sie klagen darüber, dass sich der Stuhl nicht komplett entleert. Eine Blasenschwäche oder eine Stuhlhalteschwäche kann mit einer Senkung einhergehen, aber nicht alle Frauen mit einer Senkung haben ein Problem mit Inkontinenz und umgekehrt haben nicht alle Frauen mit Inkontinenz eine Senkung.

Wie zeigt sich eine Harninkontinenz?

Normalerweise geht man bei einer Trinkmenge von 2 Litern tagsüber 5- bis 6-mal zur Toilette und maximal einmal in der Nacht. Wenn der Drang zum Wasserlassen spürbar wird, dann kann man getrost noch einige Zeit warten, bis man tatsächlich die Toilette erreicht. Und dann hat man genug Zeit, um sich in Ruhe die Hose herunterzuziehen, sich hinzusetzen und dann Wasser zu lassen. Bei körperlicher Belastung (Husten, Niesen, Springen, Heben, Bücken) kommt es normalerweise zu keinem Urinverlust.

Belastungsinkontinenz: Frauen mit einer Belastungsinkontinenz bemerken einen Urinverlust bei körperlicher Belastung. Beim Hüpfen im Sportverein, beim Joggen oder auf dem Trampolin kommt es zum Urinverlust. In der Regel ist der Urinverlust gering und bei vielen Betroffenen reicht eine Slipeinlage oder kleine Vorlage, um den Urin aufzufangen. Aber das ist nicht immer so. Manche Frauen verlieren schon bei kleineren Belastungen Urin. Sie können nicht zum Bus sprinten, ohne dass die Unterhose nass wird. Beim Tennis brauchen sie eine große Binde. Und Joggen fällt aus.

Dranginkontinenz: Eine Dranginkontinenz äußert sich darin, dass Frauen sehr oft und schlagartig zum Wasserlassen müssen und dann auch Urin verlieren. Wenn Frauen mehr als 7-mal pro Tag und mehr als einmal in der Nacht Wasser lassen müssen, spricht man von einer überaktiven Blase. Nicht alle Betroffenen verlieren auch Urin, manche Frauen müssen einfach nur sehr oft und überfallsartig. Andere schaffen es aber auch nicht immer zur Toilette. Dann spricht man von einer überaktiven Blase mit Inkontinenz.

Oft kommt eine Stuhlinkontinenz hinzu

Viele Frauen mit Blasenschwäche sind auch von einer Stuhlhalteschwäche betroffen. Sie können Winde/Blähungen und/oder flüssigen oder sogar festen Stuhl nicht halten.

Wenn der Stuhl geformt ist, dann kann man in der Regel mindestens 10 Minuten warten, bis man die Toilette aufsuchen muss. Bei dünnem Stuhl oder Durchfall muss es schneller gehen, aber das ist ganz normal. Und Winde/Blähungen können auch gehalten werden. Wenn man im Aufzug steht und merkt, dass Winde im Anflug sind, dann kann man diese unterdrücken. Wenn nicht, dann spricht man von einer Windinkontinenz.

Der Verlust von Stuhl kann viele Facetten haben. Manche Frauen klagen über ein Nachschmieren, nach dem Stuhlgang können sie den After nicht richtig reinigen. Es schmiert in die Unterwäsche, im Volksmund spricht man auch von »Bremsspuren«. Es gibt auch die sogenannten »falschen Freunde«, die Betroffene meint, dass es sich nur um eine Blähung handelt, aber es geht dann eine kleine Menge Stuhl ab. Manche Betroffene können flüssigen Stuhl nicht halten und manche sogar den festen Stuhl.

Anatomie der weiblichen Beckenorgane

Um zu verstehen, warum Frauen inkontinent sind und warum sie eine Senkung haben, müssen wir erst nachvollziehen, warum sie normalerweise überhaupt kontinent sind und warum sie keine Senkung haben.

Kontinenz ist eine erlernte Funktion. Ein kleines Kind lernt zuerst laufen, dann lernt es sprechen und erst viel später lernt es, die Blase und den Darm zu kontrollieren. Kinder mit einer geistigen Behinderung lernen oftmals sprechen und laufen, aber relativ viele behinderte Kinder erlangen nicht die Kontrolle über die Blasen- und Darmfunktion.

Kontinenz beruht auf einem komplexen Zusammenspiel von Nerven (Großhirn, Wirbelsäule, Nervenversorgung von Muskeln, Blase, Darm), Bindegewebe und Muskeln. Die Blase und die Harnröhre und der Enddarm und der After müssen zusammenarbeiten, um die Füllung und die Entleerung zu managen.

Wie unsere Blase funktioniert

Wenn die Blase sich füllt, wird das Großhirn über die Nerven über den Füllungszustand informiert. Hat die Blase eine gewisse Füllung erreicht, kontrolliert das Großhirn, dass sie sich nicht entleert, solange es nicht passend ist. Damit das funktioniert, muss der Schließmuskel der Harnröhre schließen. Der muskuläre Beckenboden muss die Harnröhre und die Blase stützen. Die Nerven müssen dafür sorgen, dass die Blase entspannt und die Harnröhre verschlossen ist. Ab einem gewissen Füllungszustand merkt man dann, dass die Blase langsam voll wird. Man überlegt sich, ob man zur Toilette gehen soll. Wenn es gerade passt, dann geht man zum WC, und wenn es nicht passt, weil man gerade noch Bus fährt, dann kann man gut noch eine Weile herauszögern. Der Beckenbodenboden hat eine gewisse Grundspannung und die Harnröhre ist verschlossen. Die Nerven des vegetativen Nervensystems (das sind die Nerven, die man nicht bewusst steuern kann) sorgen dafür, dass die Blase trotz zunehmender Füllung entspannt bleibt. Irgendwann sucht man dann in Ruhe die Toilette auf, zieht sich die Hosen herunter, setzt sich hin und dann dreht sich das ganze System um: Der Beckenboden und die Harnröhrenmuskulatur entspannen sich und der Blasenmuskel spannt sich an. Dann entleert sich die Blase.

Beim Stuhlgang funktioniert es ähnlich. Das feine Nervensystem im Becken und im Darm erkennt den Füllungszustand des Darms und der After hält den Enddarm verschlossen. Wenn alles funktioniert, wie es soll, kann man den Stuhldrang so lange unterdrücken, bis man auf der Toilette sitzt. Dann öffnet sich der Schließmuskel, die Muskulatur des Darms bewegt den Stuhl nach außen, manchmal hilft ein wenig Pressen, um den Stuhl ganz herauszubringen.

Die richtige Position der Beckenorgane (Blase, Harnröhre, Gebärmutter und Enddarm) werden durch die Beckenbodenmuskulatur und die Bandstrukturen in ihrer Position gehalten.

Wie ist der Beckenboden aufgebaut?

Der Beckenboden besteht aus verschiedenen Muskeln, die das kleine Becken nach unten abschließen: Das Diaphragma pelvis ist die innerste und wichtigste Schicht des Beckenbodens. Den hinteren Teil des Beckenbodens bildet der Musculus coccygeus, der funktionell nicht so bedeutend ist. Der wichtigere Teil ist der Musculus levator ani, der aus dem Musculus puborectalis, dem M. pubococcygeus und dem M. ileococcygeus besteht. Diese Muskelanteile arbeiten aber als Einheit zusammen und können bewusst nicht einzeln angesteuert werden. Der Levatormuskel setzt vorne neben der Harnröhre am knöchernen Becken an, der weitere Ansatzpunkt ist aber kein Knochen, sondern eine sehnige Struktur, die vom Schambeinbogen zu einem Knochenvorsprung, der Spina ischiadica, führt. Der Muskel ist wie ein »U« geformt und führt von der einen Seite des Schambeinbogens um die Harnröhre die Scheide und den Enddarm herum und setzt dann auf der anderen Seite des Schambeinbogens wieder an.

Die oberflächlichere Muskelschicht, das Diaphragma urogenitale, ist für die Beckenbodenfunktion von untergeordneter Bedeutung. Ganz außen folgt dann die Schwellkörper- und Schließmuskelschicht, dabei sind der Schließmuskel des Afters und der Schließmuskel der Harnröhre für die Kontinenz von großer Bedeutung.

Unser Beckenboden von unten betrachtet

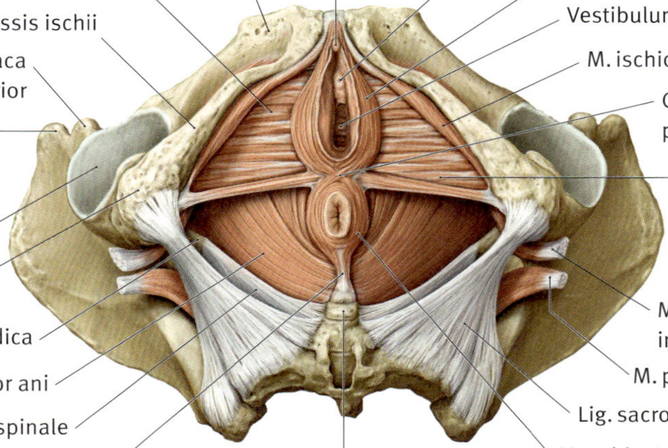

Schünke M, Schulte E, Schumacher U. PROMETHEUS LernAtlas, Grafiken: Voll M, und Wesker K; Thieme; 2022

Der Schließmuskel der Harnröhre ist ein sehr kleiner ringförmiger Muskel, der etwa in der Mitte der Harnröhre liegt. Darüber liegt noch ein kleiner Muskel, der den Blasenhals umschlingt und zusätzlich zum Verschluss der Harnröhre beiträgt.

Der After ist für das Halten von Stuhl und von Winden von zentraler Bedeutung. Er besteht aus vier Schichten. Die innerste Schicht ist die Schleimhaut, die ganz außen in die Haut übergeht, das sogenannte Anoderm. Das Anoderm wird von sehr vielen Nerven versorgt, die Informationen über die Stuhlbeschaffenheit an das Nervensystem leiten. Direkt unter der Schleimhaut finden sich Blutgefäße, die durch ihre Füllung zum Verschluss des Afters beitragen. Darauf folgt der innere Schließmuskel, der eine Verlängerung der Längsmuskulatur des Enddarms ist. Der innere Schließmuskel kann nicht bewusst angespannt werden, er wird vom vegetativen Nervensystem versorgt. Der innere Schließmuskel hat ständig eine Grundspannung und sorgt dafür, dass der After luftdicht abschließt und Blähungen nicht ungewollt entweichen. Der innere Schließmuskel wird vom dreiteiligen äußeren Schließmuskel umschlossen, der vom Pudendusnerv innerviert wird und bewusst angespannt werden kann. In seiner äußersten Schicht, direkt unter der Haut am After, ist der Schließmuskel ein kräftiger Muskelring.

Verlauf des Pudendusnervs im Beckenraum

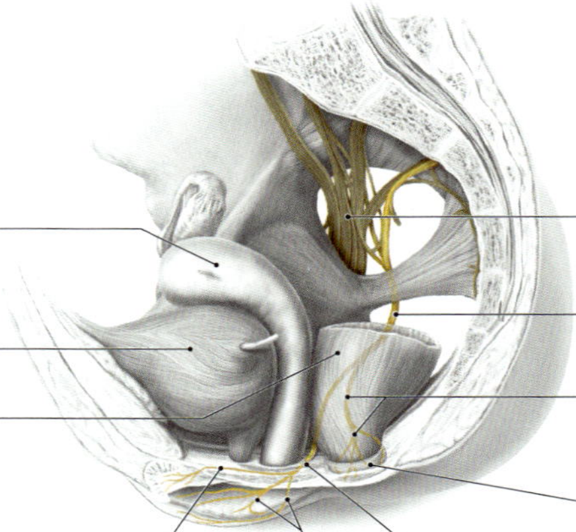

Schünke M, Schulte E, Schumacher U. PROMETHEUS LernAtlas, Grafiken: Voll M, und Wesker K; Thieme; 2022

Der Damm: Zwischen dem After und dem Scheideneingang befindet sich eine Haut- und Bindegewebsschicht, der sogenannte Damm. Der Damm ist normalerweise 2–4 cm hoch ausbildet. Im Bereich des Dammes zur Scheide hin befinden sich kleine Muskeln, die für die Kontinenz nur eine untergeordnete Rolle spielen. Die Strukturen des Beckenbodens gehen fließend ineinander über und arbeiten als Team.

Der Pudendusnerv: Alle Muskeln des Beckenbodens werden durch Äste des Pudendusnervs innerviert. Der Pudendusnerv entspringt aus den Rückenmarksegmenten S1–S4 am Kreuzbein. Der Nerv verläuft dann nach vorne und unten in Richtung Beckenboden an der Seite des knöchernen Beckens durch das Foramen infrapiriforme in den Alcock‘schen Kanal. Er verzweigt sich dann in verschiedene Äste, die die unterschiedlichen Anteile des Beckenbodens versorgen. Dazu gehören auch der Harnröhrenschließmuskel und der After. Der Pudendusnerv hat motorische Anteile, die für die Anspannung der Muskeln verantwortlich sind, und sensorische Anteile, die Empfindungen wie Schmerzen übertragen.

Es gibt aber auch weitere Nerven, die für die Kontinenz wichtig sind: Das vegetative Nervensystem besteht aus dem Parasympathikus (Vagusnerv) und dem Sympathikus. Der Parasympathikus stimuliert die Darmtätigkeit und führt zu einer Anspannung der Harnblase. Der Sympathikus hingegen hemmt die Darmtätigkeit und entspannt die Harnblase.

Der Beckenboden wird bei der Frau an drei Stellen durchbrochen: Ganz vorne direkt hinter dem Schambeinbogen verläuft die Harnröhre von der Blase nach außen. Direkt dahinter befindet sich die Scheide und dahinter befinden sich der Enddarm und der After. Die Organe des Beckenbodens liegen oberhalb des Beckenbodens. Ganz vorne befindet sich die Blase, dahinter die Gebärmutter und dann folgt der Darm.

Die haltgebenden Strukturen: Die Harnröhre wird durch ein Band, das Ligamentum pubourethrale, in ihrer Position gehalten. Das Bindegewebe der vorderen Scheidenwand stützt die Harnröhre wie eine Hängematte. Auch an der Scheidenhinterwand gibt es eine stützende Bindegewebsschicht. Die Gebärmutter und das Scheidenende werden durch kräftige Bindegewebsschichten fixiert. Zur Seite hin ist es das Kardinalligament. Die kräftigste Struktur sind die beiden Sacrouterinbänder, die vom Kreuzbein zum Gebärmutterhals führen.

Wie der Beckenboden funktioniert

Die Bandstrukturen und die Muskulatur verschließen das kleine Becken nach unten und verhindern, dass sich die Harnröhre mit der Blase, die Gebärmutter und der Enddarm nach unten absenken. Dazu hat die Beckenbodenmuskulatur stets einen Ruhetonus. Beim Anspannen der Beckenbodenmuskulatur werden der Mastdarm und der Blasenhals angehoben. Das verschließt die Harnröhre und engt von hinten den Mastdarm ein. Gleichzeitig werden der Schließmuskel der Harnröhre und der After angespannt und dichten zusätzlich ab. Diese Anspannung läuft in der Regel unbewusst ab. Die Erhöhung des Drucks im Harnröhrenschließmuskel lässt sich beispielsweise schon wenige Millisekunden vor dem Hustenstoß nachweisen. Es ist in der Regel nicht möglich, die Muskeln im Beckenboden einzeln anzusteuern. Sie werden alle vom gleichen Nerv, dem Pudendusnerv, versorgt und ein bewusstes Anspannen des Beckenbodens führt zur Kontraktion aller Anteile der Muskulatur.

Das bewusste Anspannen der Beckenbodenmuskulatur führt aber nicht zum Abdichten von Harnröhre und Darm. Dies wird über Reflexe, also das autonome Nervensystem, geregelt. Blase und Darm wird so signalisiert, dass aktuell keine Entleerung möglich oder nötig ist und dass sie entspannen sollen. Eine gut funktionierende Beckenbodenmuskulatur ist damit wichtig für die Kontinenz für Harn, Stuhl und Winde. Voraussetzung dafür ist, dass die Nervenversorgung intakt ist.

Die Blase von vorne betrachtet

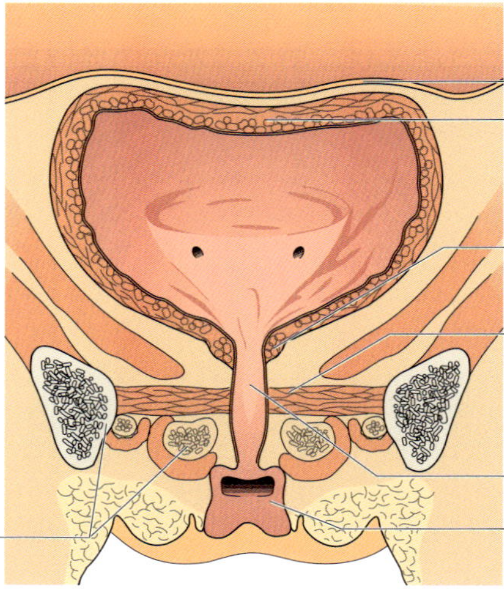

Schwegler J, Lucius R. Lage und Aufbau. In: Schwegler J, Lucius R, Hrsg. Der Mensch – Anatomie und Physiologie. 7., überarbeitete Aufl. Stuttgart: Thieme; 2021

Die weiblichen Beckenorgane von der Seite betrachtet

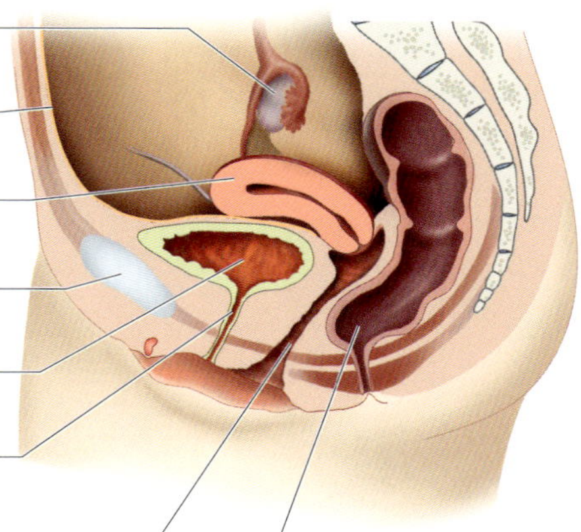

Schewior-Popp S, Sitzmann F, Ullrich L, Hrsg. Thiemes Pflege. 15. Aufl. Stuttgart: Thieme; 2020

Einen Nerv kann man sich wie eine elektrische Leitung vorstellen. Das Gehirn und das Rückenmark sind der Schalter, der Nerv ist das Kabel, der Muskel ist die Glühbirne. Wenn der Nerv also nicht funktioniert, dann kann das Gehirn noch so oft den Befehl zur Anspannung geben, der Muskel kann nicht funktionieren.

Der Beckenboden ist aber nicht nur wichtig, damit wir »dicht« sind und damit die Organe an ihrem Platz bleiben, sondern er spielt auch eine entscheidende Rolle bei der Entleerung. Um die Blase zu entleeren, muss sich der Blasenmuskel anspannen, um den Urin herauszudrücken und der Beckenboden und der Harnröhrenschließmuskel müssen sich entspannen, damit der Urin auch abfließen kann. Das Gleiche gilt für den Enddarm und den After. Damit dieser wichtige Mechanismus funktioniert, ist auch hier eine intakte Nervenversorgung wesentlich.

Anatomie von Vulva und Klitoris

Die Klitoris, auch Kitzler genannt, ist unser wichtigstes Sexualorgan. Die meisten Menschen glauben, dass es sich nur um eine perlengroße Struktur oberhalb des Harnröhreneingangs handelt. So wurde die Klitoris auch über lange Zeit in den Lehrbüchern dargestellt. Die Wirklichkeit ist aber anders.

Das Wort Klitoris stammt von dem altgriechischen Wort »kleitoris« ab, das bedeutet »kleiner Hügel«. Die sichtbaren Teile sind aber nur die Eichel (Glans clitoridis) und die Vorhaut, die die Glans umgibt. Die Klitorisschenkel und die Schwellkörper vereinigen sich vorne zum Klitorisschaft. Die Harnröhre mündet unterhalb der Klitoris.

Entwicklungsgeschichtlich stammen Penis und Klitoris aus dem Genitalhöcker im Embryonalstadium. Erst ab der 12. Schwangerschaftswoche ist die Unterscheidung zwischen den Geschlechtern vollständig ausgebildet. Die Eichel von Penis und Klitoris entsprechen sich demnach.

Die Klitoriseichel ist von der Klitorisvorhaut bedeckt und mit einem Band am Unterrand der Schambeinfuge befestigt. Die Klitorisschenkel und die Klitorisschwellkörper und die Vorhofschwellkörper gehen vom Klitorisschaft ab. Die Klitorisschenkel und die Schwellkörper sind erogene Zonen und reagieren auf Berührung und Streicheln und auch auf das Einführen des Penis beim vaginalen Verkehr. Dies führt zum Einströmen von Blut in die Schwellkörper und zum Anschwellen des äußeren Genitals.

Die Klitoris ist neben den Fingerkuppen der am dichtesten mit Nerven versorgte Bereich unseres Körpers. Bis zu 10.000 Nervenzellen innervieren die Klitoris. Das sind mehr Nervenzellen als beim Penis. Die Klitorisvorhaut schützt die empfindliche Klitoriseichel. Die Klitoris ist die Stelle des weiblichen Körpers, die am stärksten auf Berührungsreize reagiert. Der Nerv, der die Klitoris innerviert, ist der Nervus dorsalis clitoridis, der aus dem Pudendusnerv entspringt, welcher wiederum aus dem Kreuzbein kommt. Der Pudendusnerv versorgt auch die Beckenbodenmuskulatur.

Klitoris

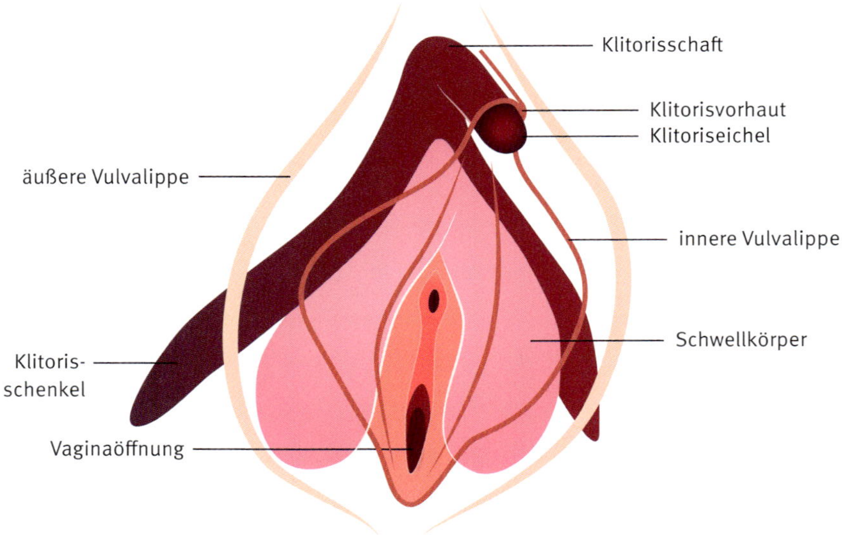

Schmuck A. Meinen Zyklus lesen und verstehen. 1. Aufl. Stuttgart: TRIAS; 2024

Ursachen für Senkung und Inkontinenz

Wie schon beschrieben, müssen die Muskulatur, das Bindegewebe und die Nerven funktionieren, damit wir kontinent sind und keine Senkung haben. Eine Störung dieses komplexen Zusammenspiels kann viele Ursachen haben.

Schwangerschaft und Geburt

Während der Schwangerschaft wird die Gebärmutter größer und das Gewicht vom Baby und vom Fruchtwasser drücken auf den Beckenboden. Zum Ende der Schwangerschaft nimmt die Dehnbarkeit des Bindegewebes durch hormonelle Veränderung zu. Das Gewebe wird weicher. Dies ist wichtig, damit eine Geburt möglich ist. Es ist bekannt, dass bereits die Schwangerschaft das Risiko für eine Inkontinenz und eine Senkung erhöht.

Der wesentliche Risikofaktor ist aber die vaginale Geburt. Im Laufe der Evolution ist der Kopfumfang der Neugeborenen immer größer geworden, während die knöchernen Strukturen im kleinen Becken gleich groß geblieben sind. Das kindliche Köpfchen füllt bei der Geburt das Becken der Mutter fast komplett aus und alle Strukturen im Beckenboden werden zu Seite gedrückt, um dem Köpfchen Platz zu machen.

Dabei kann es zu folgenden Schädigungen kommen:

- Der Levatormuskel wird überdehnt und kann sogar an seiner Verankerung am Schambeinbogen abreißen.
- Durch das Einreißen des Dammes unter der Geburt kann es ebenfalls zu einer Schädigung der Muskulatur kommen.

Überdehnung der Nerven: Die Äste des Pudendusnervs verlaufen auf der Beckenbodenmuskulatur und werden bei der Geburt gedehnt und häufig auch über-

Schweregrade eines Dammrisses

- Dammriss I. Grades: oberflächliches Einreißen der Haut am Damm.
- Dammriss II. Grades: tieferes Einreißen mit Verletzung der kleinen Muskeln im Dammbereich.
- Dammriss III. Grades: Riss mit Verletzung des ringförmigen Schließmuskels des Afters:
  - IIIa: weniger als 50 % des Schließmuskels sind gerissen.
  - IIIb: mehr als 50 % des Schließmuskels sind gerissen, aber einige Fasern sind noch intakt.
  - IIIc: kompletter Durchriss des Schließmuskels.
- Dammriss IV. Grades: Riss durch den kompletten Schließmuskel mit der darunterliegenden Darmschleimhaut

dehnt. Nach der Geburt kommt es durch die Selbstheilungskräfte des Körpers zu einem Wiedereinsprossen der Nerven, was dafür sorgt, dass diese meistens wieder funktionieren. Die Geburt kann aber in einzelnen Fällen auch zu einer dauerhaften Schädigung des Pudendusnervs auf einer oder auch auf beiden Seiten führen. Die feinen Nerven, die als vegatives Nervensystem für die Steuerung der Blasenfüllung und der Darmfüllung verantwortlich sind, können ebenfalls in Mitleidenschaft gezogen werden.

Überdehnung des Bindegewebes: Auch das Bindegewebe wird unter der Geburt stark gedehnt und kann auch abreißen. Das Bindegewebe, das die Vorderwand der Scheide und die Harnröhre in ihrer Position hält, kann sich vom Schambeinbogen lösen. Die seitliche Befestigung des Levatormuskels, der sogenannte Arcus tendineus, kann einreißen und damit zu einem Levatorabriss beitragen. Das stützende Bindegewebe zwischen Darm und Scheide kann überdehnt werden.

Die Dehnung des Bindegewebes führt dazu, dass bei fast allen Frauen die Scheide nach der ersten Geburt dauerhaft etwas weiter ist als vorher. Das ist eine »normale Folge« der vaginalen Entbindung.

Eine vaginale Entbindung in der Vorgeschichte erhöht das relative Risiko, an einer Belastungsinkontinenz zu erkranken, um den Faktor 2. Jede weitere vaginale Entbindung erhöht das Risiko nur noch unwesentlich auf maximal 2,8 bei vier und mehr Geburten. Man kann deshalb auch scherzhaft sagen, dass eine Frau so viele Kinder vaginal gebären kann, wie sie möchte, nur nicht das erste Kind. Bei der Senkung verhält es sich anders. Das relative Risiko, eine Senkung zu entwi-

Das Gewicht des Babys drückt auf den Beckenboden

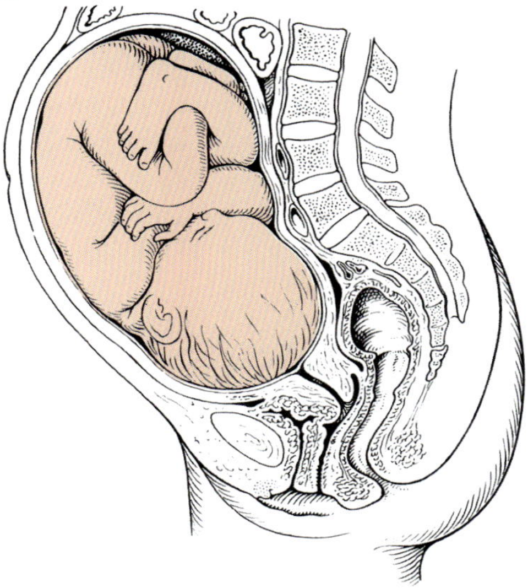

Fritsch H, Kühnel W. Taschenatlas Anatomie, Band 2: Innere Organe.
12. Aufl. Stuttgart: Thieme; 2018

Vaginale Geburten erhöhen das Risiko für Senkung und Inkontinenz

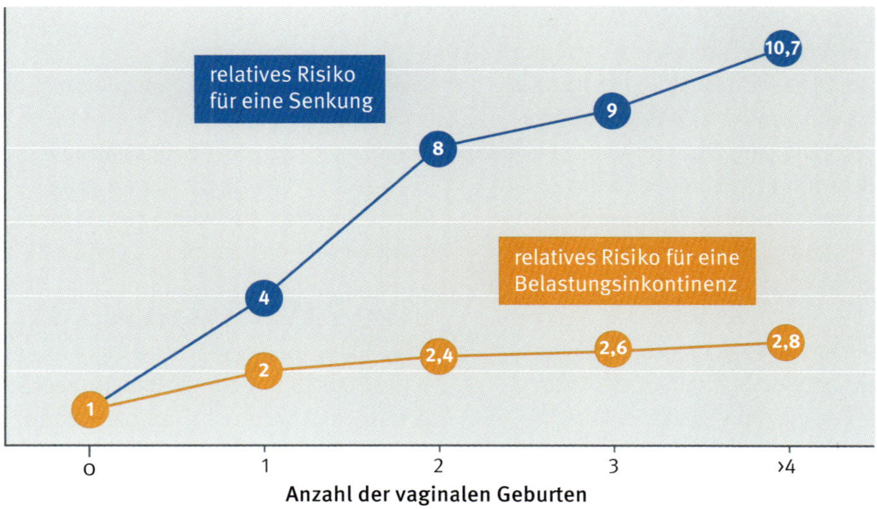

Daten basieren auf: Mant J. Br JObstet Gynecol 1997; 104: 579-85; Rortveit G et al. NEJM 2003; 348:900

Rauchen

Davon abgesehen, dass Rauchen generell extrem gesundheitsschädlich ist, und Mutter und Kind auf vielfältige Weise schadet, scheint es auch das Bindegewebe zu schädigen, außerdem wird die Blutversorgung durch die ganz kleinen Blutgefäße (Kapillaren) verschlechtert. Frauen, die rauchen, haben deshalb ein höheres Risiko für eine Inkontinenz und auch für eine Senkung. Außerdem haben Raucherinnen nach einer Operation häufiger Wundheilungsstörungen.

ckeln, steigt mit jeder vaginalen Entbindung weiter an: vom Faktor 4 nach einer Geburt auf den Faktor 10,7 bei vier und mehr Geburten.

Eine vaginal-operative Entbindung mit einer Saugglocke oder einer Zange erhöht das Risiko für eine Schädigung des Beckenbodens unter der Geburt. Dabei ist die Zangenentbindung mit einem deutlich höheren Risiko assoziiert als die Saugglockengeburt. Weitere Risikofaktoren sind das Kindsgewicht, der Kopfumfang und eine lange Austreibungsperiode. Als Austreibungsperiode wird die Zeit von der vollständigen Eröffnung des Muttermundes bis zu Geburt des Kindes bezeichnet.

Frauen, die per Kaiserschnitt entbunden wurden, haben ein niedrigeres Risiko für die Entwicklung einer Senkung als Frauen, die vaginal geboren haben. Aber wie eingangs schon beschrieben, ist auch die Schwangerschaft an sich ein Risikofaktor. Wenn Frauen nur ein oder zwei Kinder per Kaiserschnitt bekommen, dann schützt der Kaiserschnitt in einem gewissen Rahmen vor einer Senkung oder einer Inkontinenz. Ab dem dritten Kaiserschnitt verschwindet dieser Vorteil aber.

Übergewicht

Es erscheint logisch: Je mehr Gewicht der Beckenboden tragen muss, umso mehr steigt das Risiko, dass er das Gewicht irgendwann nicht mehr halten kann. Damit steigt das Risiko für eine Senkung und eine Inkontinenz an.

Als adipös gelten Menschen mit einem Body-Mass-Index (BMI) von mehr als 30. In die Berechnung des BMI fließt auch das Geschlecht mit ein, im Internet finden sich diverse Rechner, mit denen man den BMI ausrechnen kann (Seite 127).

Hier ein paar Beispiele:

- Frau, 35 Jahre alt, 165 cm groß, 70 kg: BMI 25,7 (leichtes Übergewicht)
- Frau, 50 Jahre alt, 170 cm groß, 90 kg: BMI 31,1 (starkes Übergewicht)
- Frau 45 Jahre alt, 165 cm groß, 110 kg: BMI 40,4 (sehr starkes Übergewicht)

Das Alter fließt in die empfohlenen Normwerte mit ein. Für ältere Frauen (ab 65 Jahre) ist eine BMI von 24–29 als normal anzusehen.

Frauen mit Übergewicht, vor allem mit starkem Übergewicht, haben ein höheres Risiko für eine Vielzahl von Erkrankungen: Brustkrebs, Bluthochdruck, Schlaganfall, Gelenkschmerzen, Diabetes und eben auch Inkontinenz und Senkung.

Frauen (und auch Männer), die sich einer sogenannten bariatrischen Operation (Magenverkleinerung) unterziehen, verspüren danach oft eine deutliche Besserung der Harninkontinenz. Die Symptome einer Stuhlinkontinenz nehmen allerdings zu, was aber nicht mit dem Beckenboden, sondern mit der Operation selbst (Veränderung der Passagegeschwindigkeit im Darm) zu tun hat.

Senkungsbeschwerden werden durch eine starke Gewichtsabnahme nicht gelindert. Die Überdehnung des Bandapparates lässt sich nicht rückgängig machen. Bei manchen Frauen nimmt die Senkung durch die Verminderung des Fettgewebes im Becken nach einer Gewichtsabnahme sogar zu. Für den Langzeiterfolg nach einer Operation ist aber Normalgewicht sicher sehr wichtig, die Knie und die Hüfte sowie der Blutzuckerspiegel werden sich auch freuen!

Erbliche Faktoren

Das Bindegewebe scheint eine Schlüsselrolle bei der Entwicklung von Inkontinenz und Senkung zu spielen. Frauen, deren Mütter und Großmütter entsprechende Beschwerden hatten, haben ein erhöhtes Risiko, selbst zu erkranken. »Weiße Frauen«, im internationalen wissenschaftlichen Sprachgebrauch als »kaukasische Frauen« bezeichnet, also Frauen europäischer Herkunft, haben ein höheres Risiko als afroamerikanische Frauen, hispanische Frauen und Frauen asiatischer Herkunft. Aus meiner persönlichen Erfahrung kann ich berichten, dass ich viele Patientinnen aus Arabien (vor allem aus den Vereinigten Arabischen Emiraten und Katar) behandelte, die trotz vieler vaginaler Geburten keine Senkung oder Belastungsinkontinenz hatten.

Diabetes

Diabetes ist eine tückische Erkrankung, die viele Funktionen im Körper negativ beeinträchtigen kann. Die Durchblutung wird geschädigt, die feinen Nerven funktionieren nicht mehr optimal und die Abwehrkraft des Körpers wird schlechter. Daraus resultiert die »diabetische Uropathie«. Diabetikerinnen haben öfter Blasenentzündungen, eine Blasenentleerungsstörung mit Restharnbildung, eine verringerte Blasenkapazität und starken, nicht unterdrückbaren Harndrang mit Urinverlust (Dranginkontinenz). Erschwerend kommt hinzu, dass moderne Medikamente zur Behandlung des Diabetes, die SGLT-2-Hemmer, erkennbar an der Endung »-gliflozin« wie Dapagliflozin, Ertugliflozin, Canagliflozin und Empagliflozin dadurch wirken, dass der Zucker im Blut über den Urin ausgeschieden wird. Bakterien mögen aber den zuckersüßen Urin, deshalb haben Frauen, die diese Medikamente einnehmen, öfter Blasenentzündungen, die oft schwer zu behandeln sind und auch die Harninkontinenz verschlechtern. Das Medikament Metformin, das häufig in der Behandlung des Diabetes eingesetzt wird, kann zu Verdauungsproblemen, Durchfall und Blähungen führen, was bei Frauen mit einer schlechten Funktion des Darmschließmuskels zu einer deutlichen Verschlechterung der Stuhlinkontinenz führen kann.

Neurologische Erkrankungen

Wie bereits beschrieben, ist eine funktionierende Nervenversorgung von Blase, Harnröhre und Beckenboden sehr wichtig, um die Kontinenz von Blase und Darm zu sichern. Die Nerven signalisieren den Organen ihren Füllungszustand, sie sorgen dafür, dass sich Blase und Darm nicht zu früh entleeren. Und wenn die Entleerung angezeigt ist, dann sind die Nerven wiederum dafür verantwortlich, die Entleerung zu ermöglichen.

Es gibt dabei die folgenden Störungsbilder:

- **Hypotone Blase, hypotoner Beckenboden:** Die Blase ist denerviert und kann sich deshalb nicht richtig zusammenziehen, um den Urin herauszudrücken. Der Beckenboden ist schlaff. Es bleibt Restharn in der Blase, aber der Druck in der Blase steigt nicht an. Mögliche Folgen sind ständige Blasenentzündungen und Inkontinenz, wenn die Blase zu voll ist. Das ist eine sogenannte Überlaufinkontinenz.
- **Hypotone Blase, hypertoner Beckenboden:** Die Blase kann sich nicht zusammenziehen und der Beckenboden ist zudem angespannt. In der Folge bleibt immer Restharn in der Blase.
- **Hypertone Blase, hypotoner Beckenboden:** Der Druck in der Blase ist hoch, aber der Druck im Harnröhrenschließmuskel ist niedrig. Dann ist die Patientin inkontinent, aber sie hat in der Regel keinen Restharn (überaktive Blase mit Inkontinenz).
- **Hypertone Blase und hypertoner Beckenboden:** Das ist die schwierigste Situation. Der Druck in der Blase ist hoch, aber der Druck im Beckenboden auch. Der Urin kann nicht abfließen und der erhöhte Druck in der Blase

kann sich über die Harnleiter in der Niere ausbreiten und langfristig die Niere schädigen. Dieses Krankheitsbild wird als Detrusor-Sphinkter-Dyssynergie bezeichnet, was Blasenmuskel-Schließmuskel-Fehlfunktion bedeutet.

Die »faule Blase« (lazy bladder): Eine ständige Überdehnung der Harnblase durch zu seltene Blasenentleerung führt dazu, dass sich die Blase irgendwann gar nicht mehr richtig zusammenziehen kann. Man kann sich das vorstellen, wie einen Luftballon, der nach dem Aufblasen nicht mehr in die ursprüngliche Form zurückspringt. Dieses Krankheitsbild sieht man öfter bei Frauen, die beruflich nicht oft zur Toilette gehen konnten (Krankenschwestern, Lehrerinnen). Die Patientinnen haben Restharn, häufige Harnwegsinfekte und manchmal eine Überlaufinkontinenz.

Schlaganfall: Ein Schlaganfall kann vielfältige Blasenstörungen verursachen, am häufigsten ist die überaktive Blase; aber auch Blasenentleerungsstörungen durch eine Schwäche des Blasenmuskels können die Folge sein.

Parkinson-Erkrankung: Ursächlich für die Parkinson-Erkrankung ist der Mangel an einem Botenstoff (Dopamin) im Gehirn. Dies führt zu Lähmungserscheinungen (die Patientinnen und Patienten wirken ganz starr) und zu einem starken Zittern in Ruhe. Im Zusammenhang mit einer Parkinson-Erkrankung können eine Überaktivität der Blase und auch eine schlaffe Blase auftreten.

Querschnittlähmung: Patientinnen und Patienten mit einer Querschnittlähmung haben oft eine sogenannte Reflexblase. Die Blase kann ja nicht mehr vom Gehirn gesteuert werden. Es kommt zu plötzlichen »Verkrampfungen« der Blase, aber der Urin kann nicht abfließen, weil sich der Schließmuskel auch verkrampft (Detrusor-Sphinkter-Dyssynergie). Dadurch kommt es zu sehr hohen Druckanstiegen in der Blase und in der Folge möglicherweise zu Schädigungen der Niere. In früheren Zeiten, als diese Druckanstiege noch nicht behandelt werden konnten, sind bis zu 50 % der Querschnittsgelähmten an Nierenversagen gestorben. Glücklicherweise können moderne Behandlungsmethoden dies heutzutage verhindern.

Konservative Behandlungsmöglichkeiten

Nun lernen Sie alle Therapieoptionen und Selbsthilfemaßnahmen bei Inkontinenz, Senkung und Harnwegsinfekten kennen.

Allgemeine Maßnahmen

Frauen mit Beckenbodenproblemen profitieren oft von einer Änderung Ihres Lebensstils. Dazu gehören die Anpassung der Ernährung und des Trinkverhaltens, eine Gewichtsreduktion und der Verzicht auf Genussmittel.

Die Ernährung anpassen

Die Ernährung spielt eine besonders große Rolle bei der Behandlung der Stuhlinkontinenz und bei Stuhlentleerungsstörungen. Der Stuhl soll geformt sein, nicht zu hart, aber auch nicht zu weich. Was ist denn normal bei der Stuhlentleerung? Täglich am Morgen? Alle zwei Tage? Mehrmals am Tag? Grundsätzlich gilt: Keine Frau muss jeden Tag Stuhlgang haben, auch zweimal in der Woche kann normal sein, solange man nicht extrem pressen muss. Wenn der Stuhl aber sehr oft hart oder sehr oft breiig oder dünnflüssig ist, dann führt das oft zu Problemen.

Verstopfung kann viele Ursachen haben

Ein Grund für Verstopfung kann z. B. eine angeborene Darmträgheit sein. In der Darmwand befinden sich Nervenzellen, die dafür sorgen, dass sich der Darm zusammenzieht und den Stuhl weitertransportiert. Wenn diese Nervenzellen komplett fehlen, kommen Babys mit einer Stuhlentleerungsstörung zur Welt (Hirschsprung-Erkrankung). Diese Erkrankung ist selten. Es gibt aber Menschen, die weniger Nervenzellen im Darm haben als andere. In der Folge arbeitet der Darm langsamer als bei anderen Menschen.

Aber auch über unsere Ernährung können wir regulieren, wie gut unsere Verdauung funktioniert: Menschen, die wenig Ballaststoffe zu sich nehmen und zu wenig trinken, haben öfter eine Verstopfung.

Welche Nahrungsmittel wirken gegen eine Verstopfung?

- Obst, vor allem Birnen, Pflaumen, Kiwis, Aprikosen, Feigen, Trauben
- jede Art von Gemüse und Salaten
- Hülsenfrüchte: Linsen, Kichererbsen, Bohnen, Erbsen
- Sauerkraut
- Vollkornbrot
- Müsli
- Vollkornnudeln, Vollkornreis
- geschroteter Leinsamen, Weizenkleie, gemahlene Flohsamen

Welche Nahrungsmittel begünstigen eine Verstopfung?

- Weißbrot
- Schokolade
- Süßigkeiten, Plätzchen, Kuchen
- Fleisch und Wurst
- schwarzer Tee
- Bananen

Menschen, die zur Verstopfung neigen, sollten bei der Ernährung bevorzugt Nahrungsmittel zu sich nehmen, die gut für die Verdauung sind, und die anderen meiden. Dazu sollten sie ausreichend trinken, d. h. ca. 2 Liter pro Tag.

Wenn der Stuhl zu dünn/nicht geformt ist

Der menschliche Schließmuskel ist nicht dazu geeignet, dauerhaft nicht geformten Stuhl zu halten. Es gilt deshalb darauf zu achten, dass der Stuhl geformt ist. Im Laufe des Lebens wird bei vielen Menschen die Kraft des Schließmuskels schwächer. Das liegt einerseits an der Nervenversorgung, die oft schlechter funktioniert, und auch an der Abnahme der Muskelmasse und der Muskelkraft, die auch die anderen Muskeln des Körpers im Alter betrifft. Wenn dann der Stuhl auch noch dünn ist, führt das oft zu einer Stuhlinkontinenz.

Menschen, die zu dünnem Stuhl neigen, müssen deshalb auf die Ernährung achten. Viel Obst und Gemüse sind dann oft nicht die richtige Wahl. Menschen mit einer Neigung zu Durchfall haben manchmal auch eine Unverträglichkeit von Fruchtzucker (Fructoseintoleranz) und/oder Milchzucker (Lactoseintoleranz). Diese Unverträglichkeiten sind nicht angeboren, sondern entwickeln sich im Laufe des Lebens. In früheren Zeiten haben die Menschen wesentlich weniger Fruchtzucker zu sich genommen. Es gab wenig Zucker, Obst wurde nur dann gegessen, wenn es verfügbar war. Heutzutage ist Obst jederzeit verfügbar, viele Menschen essen mehrmals täglich Obst. Das ist nicht ungesund, kann aber ein Problem sein, wenn man zu dünnem Stuhl neigt. Dazu kommt, dass viele industriell hergestellte Lebensmittel mit Maissirup gesüßt werden, der viel Fructose enthält. Ein Stuhltagebuch kann helfen, herauszufinden, welche Lebensmittel zu breiigem Stuhl oder Durchfall führen.

Meiden sollte man eher:

- Obst, vor allem Trauben, Birnen, Aprikosen, Zwetschgen, Pflaumen
- Rohkost
- Sauerkraut
- Hülsenfrüchte (Erbsen, Linsen, Bohnen)
- Kohl
- Vollkorn

Günstig sind oft:

- Bitterschokolade
- Schwarzer Tee
- Bananen
- helles Brot
- Gemüse wie Zucchini, Karotten, Kartoffeln, Pastinaken
- Haferflocken

Ernährung bei Dranginkontinenz

Verschiedene Nahrungsmittel werden über den Urin ausgeschieden, die dann reizend auf die Blase wirken. Das sind z. B. Chili, Schokolade. Das richtige Trinkverhalten ist bei Blasenschwäche und bei Verstopfung wichtig. Optimal sind Trinkmengen von ca. 2 Litern pro Tag. Am besten sind Wasser ohne Kohlensäure und milde Kräutertees.

Patientinnen mit verstärktem Harndrang und Dranginkontinenz sollen harntreibenden Getränke meiden. Dazu gehören schwarzer Tee, grüner Tee, weißer Tee, Kaffee und Alkohol. Es gibt auch Kräutertees, die harntreibend wirken, zum Beispiel Brennnesseltee. Säurehaltige Getränke begünstigen auch oft den Harndrang. Säurehaltig sind u. a. Kohlensäure, Apfelsaft, Orangensaft.

Im Urin werden Schadstoffe aus dem Körper abtransportiert. Wenn der Urin sehr konzentriert ist, dann wirkt er irritierend auf die Blasenwand, was den Harndrang verstärkt. Zum richtigen Trinkverhalten gehört aber auch die

Flohsamen helfen bei Durchfall und Verstopfung

Gemahlene Flohsamen binden Flüssigkeit. Deshalb können Sie bei Verstopfung und bei Durchfall helfen. Bei Durchfall helfen oft 1–2 Teelöffel Flohsamen am Tag, mit wenig Flüssigkeit. Der Flohsamen nimmt dann die Flüssigkeit aus dem Darm auf und der Stuhl ist besser geformt. Bei Verstopfung helfen Flohsamen, wenn man dazu ausreichend trinkt. 1–2 Teelöffel Flohsamen mit einem halben Liter Wasser am Morgen helfen, um den Stuhl weicher zu halten. Bei manchem Menschen führen die Flohsamen zu Blähungen. Dann kann man alternativ Akazienfasern probieren.

Verteilung der Trinkmenge. Frauen, die nachts oft zur Toilette müssen, sollten ab 18 Uhr das Trinken einstellen.

Stellen Sie sich morgens die Getränke bereit, die sie über den Tag verteilt trinken wollen. Eine Thermoskanne mit Kräutertee und dazu eine Karaffe mit stillem Wasser decken den Bedarf für den Tag.

Übergewicht abbauen

Übergewicht begünstigt viele Erkrankungen, u. a. auch eine Harninkontinenz und eine Senkung. Frauen mit Übergewicht haben häufiger eine Belastungsinkontinenz, eine überaktive Blase und eine Senkung. Eine deutliche Gewichtsreduktion bessert oft die Symptome der Harninkontinenz. Allerdings bessert sich die Senkung durch die Gewichtsabnahme nicht.

Genussmittel und Koffein meiden

Kaffee, schwarzer, grüner, weißer Tee, Energy-Drinks, Cola, Kakao, Rauchen, Alkohol: Das alles ist für die Kontinenz nicht förderlich.

Koffein: Kaffee, schwarzer, grüner, weißer Tee, Energy-Drinks und Cola enthalten Koffein. Koffein wirkt stimulierend, die Herzfrequenz steigt, es macht wach. Manche Menschen verspüren Herzklopfen, wenn sie zu viel Kaffee trinken. Koffein wirkt aber auch anregend auf die Bewegungen des Darms (Peristaltik) und damit abführend. Und Koffein fördert die Urinproduktion (Diurese). Wenn Frauen jetzt wenig Flüssigkeit zu sich nehmen und dazu dann Koffein konsumieren, wird die Urinproduktion angeregt und es wird rasch konzentrierter Urin produziert, der dann reizend auf die Blase wirkt. Der Harndrang nimmt zu und auch die Harninkontinenz.

Rauchen: Auch Nikotin wirkt anregend und stimulierend. Die Schadstoffe aus Zigaretten werden über die Blase ausgeschieden und wirken reizend auf die Blase. Raucherinnen haben nicht nur ein erhöhtes Risiko für Lungenkrebs, sondern auch für Blasenkrebs. Sie leiden häufiger an Harninkontinenz als Nichtraucherinnen. Der sogenannte »Raucherhusten« verstärkt die Symptome einer Belastungskontinenz und einer Senkung.

Alkohol: Ähnlich wie Koffein regt auch Alkohol die Urinproduktion (Diurese) an. Kohlensäurehaltige alkoholische Getränke (Bier, Sekt) wirken oftmals besonders blasenreizend. Dazu kommt, dass durch den entspannenden Effekt des Alkohols die Grundspannung im Beckenboden absinken kann. In der Folge kommt es nach Alkoholgenuss häufiger zu Inkontinenzereignissen.

Bei Harninkontinenz Binden und Slipeinlagen nutzen

Eigentlich sind Binden natürlich keine Therapie. Aber sie sind oft sehr hilfreich und geben auch Sicherheit. Bei einer ganz leichten Blasenschwäche reichen oft normale Slipeinlagen (am besten die etwas längeren) aus. Die Harnröhre liegt ja anatomisch gesehen relativ weit vorne, da ist eine kleine Slipeinlage zu kurz. Besser geeignet als Slipeinlagen sind Vorlagen, die speziell für Blasenschwäche entwickelt wurden. Sie enthalten einen Kern, der Flüssigkeit aufsaugt und die Oberfläche bleibt trocken. Normale Periodenbinden sind schlechter geeignet. Die Vorlagen gibt es in vielen verschiedenen Größen und Formen im Drogeriemarkt, in der Apotheke und im Sanitätshaus. Vor allem im Sanitätshaus sollte auch eine kompetente Beratung erfolgen können. Es gibt auch Höschen (Pants), die oft angenehmer zu tragen sind, weil die Binden manchmal verrutschen und auch auftragen können.

Eine gute Alternative bei leichter bis mittlerer Blasenschwäche kann Periodenunterwäsche sein. Diese ist waschbar und hautfreundlich. Periodenunterwäsche gibt es mittlerweile in vielen Farben und schicken Designs. Sie ist sogar in Drogeriemärkten erhältlich, hält bis zu 2 Jahre und ist bei 60 Grad waschbar.

Bei einer Inkontinenz, die das soziale Leben einschränkt, werden die Kosten für Vorlagen von den Krankenversicherungen übernommen. Die Patientinnen benötigen dafür ein Hilfsmittelrezept. Leider ist die Versorgung mit Hilfsmitteln von den Kassen sehr unterschiedlich geregelt. Manche Kassen haben Versorgungsverträge mit Firmen, die die Patientinnen mit den Vorlagen beliefern. Andere arbeiten mit bestimmten Apotheken und Sanitätshäusern zusammen. Dabei wird oft nicht auf die individuellen Bedürfnisse der Patientinnen eingegangen, es werden zu wenig, zu viele oder von der Größe unpassende Vorlagen geliefert. Die Patientinnen haben das Recht auf eine individuelle Beratung, dieses Recht sollten die Betroffenen bei der Krankenkasse auch einfordern. Bei der Verbraucherzentrale können Sie (auch im Internet) wichtige Informationen über Ihre Ansprüche als Patientin erhalten.

Blasentraining

Die Blase ist manchmal ein »nerviges Wesen«. Sie macht oft, was sie will. Und wir machen mit. Eigentlich sollte es ja so sein: Die Blase füllt sich. Man fühlt, dass man früher oder später zur Toilette gehen sollte. Und dann geht man entspannt hin. Aber oft ist es anders: Es kommt der Drang, zur Toilette zu gehen, und schon rennt die Frau los und schafft es nicht immer. Das Blasentraining ist ein Verhaltenstraining. Die Frau soll wieder lernen, die Chefin der Blase zu sein (und nicht umgekehrt).

Ein Blasentraining funktioniert so: Zuerst wird ein Blasentagebuch (Seite 36/37) geführt. Die Frau schreibt auf, wann und wie oft sie zur Toilette geht und misst mit einem Messbecher, wie viel Urin jeweils ausgeschieden wurde. Basierend auf dem Blasentagebuch wird dann das Blasentraining geplant, das prinzipiell so funktioniert: Die Frau geht nach der Uhr zur Toilette. Sie muss zu einer gewissen Zeit zur Toilette gehen, zwischendurch darf sie aber nicht gehen. Nach einer Woche werden dann die Abstände verlängert, z. B. von 60 Minuten auf 75 Minuten. Ziel des Trainings ist es, dass die Frau bei einer Trinkmenge von 2 Litern pro Tag ca. 7-mal innerhalb von 24 Stunden zur Toilette geht. Eine intensive Physiotherapie ist für das Blasentraining sehr wichtig.

Lokale Östrogene bei Harninkontinenz

Viele Frauen haben Angst vor Hormonen. Brustkrebs, Schlaganfall, Gebärmutterkrebs stehen als Risiko in jedem Beipackzettel. Die Gabe von Hormonen als Tablette oder als Gel oder Pflaster führt nicht zu einer Verbesserung der Harninkontinenz. Hier hilft nur die Gabe als Zäpfchen oder Salbe für die Scheide. Dabei wird ein anderer Wirkstoff verwendet als für die Hormonersatztherapie durch Tabletten, Gel oder Pflaster.

Hormonersatztherapie mit dem Wirkstoff Estradiol (Tabletten, Pflaster, Gel, Spray):

- wirkt auf den gesamten Körper
- lindert Wechseljahresbeschwerden (Hitzewallungen, Schlafstörungen, Depressionen)
- verbessert die Knochendichte
- erhöht möglicherweise das Risiko für Brustkrebs
- erhöht das Risiko für Gebärmutterkörperkrebs, wenn nicht gleichzeitig Gelbkörperhormon eingenommen wird

Lokale Östrogene werden als Zäpfchen oder Salbe für die Scheide verabreicht und enthalten den Wirkstoff Estriol:

- wirkt nur im Genitalbereich (Scheide/Blase)
- verbessert die Durchblutung von Scheide und Blase
- Das Gewebe im Genitalbereich wird dicker und widerstandsfähiger.
- Schmerzen beim Geschlechtsverkehr nehmen oft ab.
- Drangbeschwerden werden oft besser.
- Harnwegsinfektionen werden oft weniger.

Wenn die Scheide sehr trocken ist, dann brennen die Salben oder Zäpfchen oft. Das liegt aber nicht an dem enthaltenen Wirkstoff (Estriol), sondern an der Salbengrundlage oder den Bestandteilen der Zäpfchen (z. B. Wollwachs und Alkohol). Wenn die lokalen Östrogene brennen, dann ist es manchmal hilfreich, die zu trockene Scheide mit anderen Cremes oder Salben vorzubehandeln.

Blasentagebuch

Datum

Uhrzeit	Trinkmenge und Getränk	eventuelle Medikamenteneinnahme	Weitere Informationen: Stress? Körperliche Aktivität? Emotionen? Sonstige Anmerkungen?

TOILETTENGANG

Urinmenge	Wie stark war der Harndrang?			Gab es unfreiwilligen Harnverlust?			Hatten Sie Schmerzen oder Beschwerden beim Urinieren?	
	kaum	mittel	stark	nein	wenig	viel	ja	nein

Die Dosierung der lokalen Östrogene wird abhängig vom Zustand der Scheide gewählt. Manchmal ist es notwendig, einige Wochen die lokalen Östrogene täglich zu geben, um dann die Gabe langsam auf zweimal pro Woche zu reduzieren.

Dürfen denn auch Frauen, die Brustkrebs hatten, lokale Östrogene verwenden? Ja, nach entsprechender Beratung und Aufklärung ist das möglich. Das ist auch in der Leitlinie nachzulesen. Es gibt extrem niedrig dosierte Zäpfchen, die nur 0,03 mg Estriol enthalten. Auch diese sehr niedrige Dosierung kann bei einer Harninkontinenz gut wirken.

Die lokalen Östrogene haben von allen Medikamenten zur Behandlung der Harninkontinenz die wenigsten Nebenwirkungen. Ausprobieren lohnt sich! Lokale Östrogene helfen bei konsequenter und regelmäßiger Verwendung auch bei Geschlechtsverkehr und gegen häufig auftretende Harnwegsinfekte.

Medikamente gegen die überaktive Blase

Die Blasenfüllung und die Blasenentleerung werden durch das vegetative Nervensystem gesteuert. Dieses Nervensystem, das z. B. auch für die Darmbewegung oder Funktionen wie Schwitzen verantwortlich ist, können wir in der Regel nicht willentlich beeinflussen, weshalb es auch autonomes Nervensystem heißt. Wir können uns nicht hinsetzen und sagen: »Darm, höre auf dich zu bewegen« oder »Schweißdrüsen, Schluss mit der Schwitzerei«.

Um die Aktivität der Blasenmuskulatur zu steuern, hat der Blasenmuskel sogenannte Rezeptoren. Das sind Empfängerstellen, an die über einen Botenstoff ein Signal abgegeben wird, im Fall der Blase das Signal: »bitte zusammenziehen« oder »Entspannung bitte«. Das funktioniert wie ein Schlüssel in einem Schloss. Der Rezeptor ist das Schloss und der Botenstoff der Schlüssel.

Anticholinergika

Die Rezeptoren in der Blase, die für das Zusammenziehen der Blase verantwortlich sind, reagieren auf den Botenstoff Acetylcholin. Sie heißen deshalb »Anticholinergika«, also Medikamente, die die Wirkung von Acetylcholin aufheben. Das muss man sich so vorstellen: Nach der Einnahme eines Anticholinergikums wird das Medikament mit dem Blut im Körper verteilt und besetzt die Acetylcholin-Rezeptoren, u. a. auch an der Blase. Wenn jetzt also das überaktive Nervensystem Acetylcholin schickt, um die Blase zum Zusammenziehen zu bringen, kann das Acetylcholin nicht wirken, weil der Rezeptor schon besetzt ist. Leider gibt es die Rezeptoren für Acetylcholin aber nicht nur an der Blase, sondern im ganzen Körper, vor allem am Darm, an den Speicheldrüsen und auch am Herzen. Das erklärt die typischen Nebenwirkungen der anticholinergen Medikamente: Verstopfung, Mundtrockenheit und Herzrhythmusstörungen.

Es gibt verschiedene anticholinerge Wirkstoffe; man muss ausprobieren, welche gut vertragen werden und auch gut wirken. Es gibt Medikamente, die man 2- bis 3-mal pro Tag einnehmen muss, andere, sogenannte Retardpräparate, muss man nur einmal täglich schlucken. Es gibt auch ein Pflaster, über das der Wirkstoff kontinuierlich über die Haut abgegeben wird. Der Vorteil ist, dass der Wirkstoff nicht erst über die Leber verstoffwechselt wird, deshalb haben viele Patientinnen weniger Nebenwirkungen. Allerdings werden häufig Hautirritationen durch den Klebstoff des Pflasters beobachtet.

Folgenden Wirkstoffe stehen in Deutschland zu Verfügung: Oxybutinin, Trospiumchlorid, Propiverin, Solifenacin, Desloratidin und Tolterodin. Welches dieser Präparate für Sie infrage kommt, wird vom Frauenarzt, der Urologin oder vom Hausarzt ausgewählt. Man sollte das Medikament mindestens vier Wochen lang einnehmen, um beurteilen zu können, wie die Wirkung ist. Nebenwirkungen wie Mundtrockenheit und Verstopfung nehmen im Laufe der Zeit oft ab.

Betasympathomimetika

Es gibt noch ein weiteres Medikament, das für die Behandlung der überaktiven Blase zugelassen ist. Der Wirkstoff Mirabegron ist kein Anticholinergikum, sondern ein sogenanntes Betasympathomimetikum. Das sympathische Nervensystem ist ein Teil des vegetativen Nervensystems. Die sympathische Innervation der Blase erhöht die Blasenkapazität und vermindert die Muskelkraft des Blasenmuskels. Mirabegron führt in der Regel nicht zu einer Mundtrockenheit und nur selten zu Verstopfung. Allerdings kann es zu einer Erhöhung des Blutdrucks und zu einem Anstieg der Herzfrequenz kommen.

Es ist auch möglich, ein Anticholinergikum und Mirabegron zu kombinieren, falls ein Wirkstoff allein nicht zu einer Verbesserung der Symptome führt. Wenn die Behandlung mit einem Medikament nicht ausreichend wirksam ist oder wenn die Einnahme wegen Nebenwirkungen beendet werden muss, dann kommt als Alternative noch die Behandlung mit Botulinumtoxin infrage.

Wie funktioniert eine Behandlung mit Botulinumtoxin?

Botulinumtoxin kennen die meisten nur zur Faltenentfernung. Wenn man Botulinumtoxin in einen Muskel, wie z. B. die Stirnmuskulatur, spritzt, dann wird diese für ca. 3 Monate gelähmt und kann sich nicht mehr zusammenziehen. Die Zornesfalte zwischen den Augenbrau-

Was ist Botulinumtoxin?

In der Natur kommen verschiedene Botulinumtoxine vor, die als Nervengifte wirken und von Bakterien namens Chlostridium gebildet und ausgeschieden werden. Diese Bakterien benötigen eine sauerstoffarme Umgebung und können sich z. B. in verunreinigten Konserven vermehren. Nach dem Verzehr tritt eine Lebensmittelvergiftung auf mit Lähmungserscheinungen im gesamten Körper und eben auch einer Atemlähmung, die früher oft zum Tode führte. Wenn Botulinumtoxin direkt in einen Muskel gespritzt wird, verbreitet es sich nicht im ganzen Körper und es besteht keine Gefahr einer Vergiftung.

en verschwindet dann vorübergehend. Leider kann man dann aber auch die Stirn nicht mehr runzeln und das Gesicht kann wie eine Maske wirken. Die Behandlung mit Botulinumtoxin ist aber auch für viele medizinische Zwecke zugelassen und nicht nur für die vermeintliche Schönheit.

Wie wirkt Botulinumtoxin? Damit sich ein Muskel zusammenzieht, braucht er einen Impuls, der vom Nerv auf den Muskel übertragen wird. Diese Übertragung erfolgt an der sogenannten motorischen Endplatte. Diese ist mikroskopisch klein. Zwischen der Nervenfaser und dem Muskel besteht ein winziger Spalt. Der Botenstoff Acetylcholin übernimmt die Vermittlung vom Nervenimpuls an den Muskel. Dieser Vorgang wird durch Botulinumtoxin dauerhaft blockiert. Wenn der Körper bemerkt, dass etwas nicht stimmt, dann sprossen langsamen neue Enden des Nervs mit neuen motorischen Endplatten aus. Deshalb ist die Wirkungsdauer der Behandlung mit Botulinumtoxin begrenzt und muss nach einigen Monaten wiederholt werden.

Botulinumtoxin bei Blaseninkontinenz

Die Anwendung von Botulinumtoxin an der Blase kommt aus der Neurourologie. Die Neurourologie beschäftigt sich mit Blasen- und Nierenerkrankungen bei Patient*innen mit neurologischen Grunderkrankungen wie z. B. Querschnittlähmung, Parkinson-Erkrankung oder Multipler Sklerose. Viele Erkrankte leiden an einer Dranginkontinenz mit einer starken Druckerhöhung in der Blase, die vor der Einführung von Botulinumtoxin nur mit einer sehr hohen Dosierung von blasendämpfenden Medikamenten behandelt werden konnte. Dies führte aber oft zu starken Nebenwirkungen.

Ende der 1990er Jahre wurde das Einspritzen von Botulinumtoxin in den

Blasenmuskel bei Patientinnen und Patienten mit neurogener Blasenfunktionsstörung erfolgreich erprobt. Es erfolgte dann zuerst die Zulassung der Behandlung bei neurogenen Blasenfunktionsstörungen, seit 2013 ist Botulinumtoxin auch für die Behandlung der nicht neurogenen Dranginkontinenz zugelassen. Seit 2018 werden die Kosten dafür auch von den gesetzlichen Krankenkassen übernommen, wenn eine Behandlung mit Medikamenten nicht ausreicht oder nicht vertragen wird.

Wie wirkt Botulinumtoxin an der Blase? Das Medikament wird an 10–20 Stellen in den Blasenmuskel eingespritzt und dadurch kann sich der überaktive Muskel nicht mehr so gut zusammenziehen. Die Blasenkapazität nimmt zu und das Harndranggefühl nimmt ab. Die Wirkung setzt manchmal sofort, manchmal aber auch erst nach 1–2 Wochen ein und hält 6–9 Monate, manchmal aber auch länger, an. 70 % der Behandelten berichten über eine deutliche Besserung oder sogar Heilung der Inkontinenz.

Wie erfolgt die Behandlung? In der Regel wird das Botulinumtoxin ambulant in lokaler Betäubung in die Blase gespritzt. Vor dem Eingriff wird ein lokales Betäubungsmittel in die Harnröhre und die Blase eingebracht. Nach einer Wartezeit von 10–15 Minuten wird dann ein Zystoskop eingeführt. Das ist ein starres kleines Röhrchen, das mit einer Optik und einer Lichtquelle verbunden ist, damit die Ärztin bzw. der Arzt in die Blase schauen kann. Das ist etwas unangenehm, aber normalerweise nicht schmerzhaft. Durch das Zystoskop wird dann eine biegsame lange Nadel eingeführt und unter Sicht das Botulinumtoxin an verschiedenen Stellen in die Blasenmuskulatur gespritzt.

Welche Nebenwirkungen kann die Behandlung haben? Bei der Blasenspiegelung kann es zu einer Blutung in die Blase kommen. Selten muss die Patientin dann stationär ins Krankenhaus aufgenommen werden und die Blase muss gespült oder die Blutung muss operativ gestillt werden. Außerdem tritt manchmal eine Blasenentzündung auf. Des Weiteren kommt es bei 5–8 % der Patientinnen zu einer Blasenentleerungsstörung, d. h. der Harnstrahl ist verlangsamt und es bleibt Restharn in der Blase. Manchmal ist es dann notwendig, dass die Patientin lernt, mit einem kleinen Katheter (Seite 58) die Blase selbst zu entleeren. Die Blasenentleerungsstörung bessert sich dann aber mit nachlassender Wirkung des Botulinumtoxins wieder.

Was kann man noch tun, wenn Medikamente und Botulinumtoxin nicht wirken? Ein Blasenschrittmacher ist noch eine Möglichkeit zur Behandlung der überaktiven Blase, wenn andere Maßnahmen nicht helfen. Die Operation kann auch bei Stuhlinkontinenz helfen und wird später (Seite 120) detailliert erklärt.

Physiotherapie

Dieses Kapitel ist unter Mitwirkung von Anna Dworzak entstanden, die Physiotherapeutin mit Physio-Pelvica-Ausbildung ist. Es geht darum, wie Sie Ihren Beckenboden trainieren können.

Physiotherapie umfasst ganz viel. Nicht nur Kräftigung der Muskeln im Beckenboden, sondern auch Körperhaltung, Trinkverhalten und Essverhalten.

Der Beckenboden spielt leider nur eine sehr kleine Rolle in der Physiotherapie-Ausbildung. Um Beckenbodenprobleme zu behandeln, sollten Physiotherapeutinnen und Physiotherapeuten eine spezielle Weiterbildung im Bereich Beckenboden haben. Wichtig ist, dass sie in der Ausbildung lernen, die Patientin durch die Scheide zu untersuchen, um festzustellen, ob sie den Beckenboden anspannen kann.

Warum ist das wichtig? Wenn eine Patientin den Arm hebt, dann sieht die Physiotherapeutin, ob das geht oder nicht und wie kräftig die Muskulatur ist. Das Gleiche gilt für das Bein, für den Rücken oder andere Muskeln. Aber was ist mit dem Beckenboden? Die Anspannung kann man nicht von außen sehen. Da hilft nur tasten!

Wie können Sie selbst schauen, ob Sie den Beckenboden anspannen können? Ganz einfach: Sie legen einen Finger in die Scheide und spannen die Muskulatur an. Wenn Sie es richtig machen, dann wird Ihr Finger etwas angehoben. Und was macht die Physiotherapeutin? Das Gleiche! Aber darf die Physiotherapeutin das denn? Ja, das darf sie, wenn sie eine entsprechende Ausbildung hat und wenn Sie als Patientin damit einverstanden sind.

Gut ist es auch, wenn sich die Physiotherapeutin mit weiteren Hilfsmitteln bei der Behandlung von Beckenbodenfunktionsstörungen auskennt, z. B. Pessartherapie, Biofeedback, Elektrotherapie. Um eine gute Physiotherapeut*in zu finden, informieren Sie sich am besten bei Ihrer Urologin oder Ihrem Frauenarzt. Die Arbeitsgemeinschaft Gynäkologie, Geburtshilfe, Urologie und Proktologie im Deutschen Verband für Physiotherapie ZVK e. V. bietet eine spezielle Ausbildung (Physio Pelvica) an. Auf der Internetseite der Arbeitsgemeinschaft (Seite 127) finden Sie eine Therapeutenliste.

Wie gut funktioniert Ihr Beckenboden?

Wenn die Koordination der Muskulatur gut funktioniert, dann steht die Kräftigung der Muskulatur im Vordergrund. Es gibt langsam zuckende Muskelfasern (Typ 1) oder schnell zuckende Muskelfasern (Typ 2). Die Typ-1-Fasern sichern den Grundtonus der Muskulatur, das bedeutet eine Grundspannung. Diese Muskeln kann man durch lang dauernde Übungen und leichtere Intensität (unter 50 % der Maximalkraft) trainieren. Die Typ-2-Fasern setzen ein, wenn der Muskel schnell einsatzbereit sein muss. Im Beckenhoden bedeutet das: Vor dem Husten, vor dem Niesen, vor dem Hüpfen müssen die Typ-2-Fasern aktiv werden. Die Typ-2-Fasern trainiert man durch kurze, maximal kräftige Anspannungen.

Im optimalen Fall untersucht die Physiotherapeutin, wie kräftig und wie lange der Beckenboden angespannt werden kann. Die Kraft des Beckenbodens wird dabei nach der Oxford-Klassifikation eingeteilt. Es wird dabei beurteilt, ob die Patientin die Muskelkraft gut koordinieren kann, das bedeutet, dass der Muskel ohne Hilfsmuskeln gezielt angesteuert und relaxiert werden kann. Zusätzlich werden die Kraft nach Oxford, die Ausdauer und die Reaktion erfasst. Unter Reaktion versteht man, wie schnell der Muskel reagiert und ob der Muskel reflektorisch auf eine Hustenprovokation anspannt.

Um die Typ-1-Fasern zu trainieren, soll der Muskel über ein paar Sekunden mit leichter bis mittlerer Kraft angespannt werden. Die Typ-2-Fasern werden mit schnellen, maximalen Anspannungen gestärkt. Die Physiotherapeutin untersucht, wie lange die Patientin die Anspannung halten kann (z. B. 5 Sekunden) und wie oft sie schnell und maximal stark anspannen kann (z. B. 5-mal). Das Übungsprogramm könnte dann so aussehen:

- Kraft: 10-mal 5 Sekunden Maximalkraft mit jeweils 10 Sekunden Pause
- Schnellkraft: 10-mal kurz anspannen, gleich wieder loslassen, gegebenenfalls 5 Sekunden Pause
- Ausdauer: 20 Sekunden 20 % der Maximalkraft

Die Länge der Übungen und die Anzahl der schnellen Kontraktionen werden dann langsam gesteigert.

Oxford-Klassifikation der Kraft des Beckenbodens

Oxford-Grad	Beschreibung	Untersuchung
0	keine Anspannung	Überhaupt keine Anspannung tastbar.
1	leichtes Zucken	Ein leichtes Zucken ist tastbar.
2	schwache Anspannung	Der Finger der Untersuchungsperson kann nicht angehoben werden.
3	mittlere Anspannung	Der Finger der Untersuchungsperson kann gegen leichten Widerstand angehoben werden.
4	starke Anspannung	Der Finger der Untersuchungsperson kann gehen stärkeren Widerstand angehoben werden.
5	Nussknacker	Der Finger der Untersuchungsperson kann gegen starken Widerstand angehoben werden.

Und wenn ich meinen Beckenboden gar nicht spüre?

Wenn Sie zurzeit noch wenig Gefühl für den Beckenboden haben und es nicht gut gelingt, ihn gezielt anzuspannen, können verschiedene (Visualisierungs-)Übungen helfen. Sie können sich Ihren Beckenboden bildlich vorstellen: z. B. wie eine Seerose, die sich öffnet und schließt, oder wie ein Tuch, das schwingt. Wenn die Visualisierungsübungen den Zugang nicht verbessern, kann eine in die Scheide eingeführte Sonde helfen (Elektrotherapie). Die Sonde gibt einen leichten Stromreiz, der dazu führt, dass sich die Muskeln zusammenziehen. So wird für die Patientin spürbar, wo sie anspannen soll.

Als einmaligen Test, um den Beckenboden zu spüren, können Sie beim Wasserlassen auch versuchen, den Harnstrahl zu unterbrechen. Aber Achtung: Das ist nur ein Test. Sie dürfen nicht versuchen, damit den Beckenboden zu trainieren. Das kann zu Blasenentleerungsstörungen und Blasenentzündungen führen. Auch die Vorstellung, Sie hätten einen Tampon in der Scheide, ziehen am Bändchen und versuchen zugleich, den Tampon mit der Scheide festzuhalten, kann helfen, den Beckenboden anzuspannen. Oder Sie setzen sich auf einen Stuhl oder Hocker mit leicht gegrätschten Beinen und stellen sich vor, dass Sie mit dem Beckenboden eine kleine Kugel in sich hineinziehen und dann wieder loslassen.

Was es beim Beckenbodentraining zu beachten gilt

Wenn das Gefühl für den Beckenboden noch gering ausgeprägt ist, passiert es

Einfacher Selbsttest für Ihr Beckenboden-Gespür

Sie können auch einfach selbst feststellen, ob Sie in der Lage sind, Ihren Beckenboden gezielt anzuspannen. Legen Sie sich dazu mit angezogenen Beinen auf das Bett. Führen Sie einen Finger in die Scheide ein und drücken ihn sacht in Richtung Darm. Dann spannen Sie Ihren Beckenboden an und achten darauf, ob sich Ihr Finger etwas anhebt. Wenn ja, dann machen Sie alles richtig. Wenn nein, dann brauchen Sie vielleicht mehr Unterstützung, um das Beckenbodentraining richtig durchzuführen.

zunächst oft, dass beim Training nicht der Beckenboden angespannt wird, sondern die Gesäß- und die Bauchmuskeln. Das kann zu einer Druckerhöhung im kleinen Becken führen. Dann werden der Blasenhals und der Darm nicht angehoben, sondern nach unten gedrückt. Das ist genau der entgegengesetzte Effekt, der beim Beckenbodentraining erreicht werden soll. Daher ist es wichtig, dass überprüft wird, ob die Anspannung auch korrekt erfolgt. Und oft wird zu intensiv geübt, es wird zum Beispiel zu lange gehalten. Das führt zum Hypertonus der Beckenbodenmuskulatur. Es ist deshalb sehr wichtig, dass nicht nur die Anspannung, sondern auch die Entspannung kontrolliert wird.

Viele Krankenkassen haben auf Ihren Webseiten Informationen über Beckenbodentraining. Am besten ist es aber, sich eine spezialisierte Therapeutin zu suchen. Viele Therapeuten bieten mittlerweile einen Beckenbodencheck an. Dabei wird mit Untersuchung angeleitet und kontrolliert. Es ist allerdings eine Selbstzahlerleistung. Die gesetzlichen Krankenkassen übernehmen einen Präventionskurs Beckenbodenschule. Hier leiten Therapeuten in der Gruppe an, üben die Wahrnehmung und erklären viel zum beckenbodenschonenden Verhalten.

Training mit Elektrostimulation und/oder Biofeedback

Wenn der Nerv, der die Beckenbodenmuskulatur versorgt (der Pudendusnerv) nicht funktioniert, wird eine willkürliche Anspannung nicht gelingen. Wenn man jetzt einen Stromimpuls auf den Muskel gibt, kontrahiert er. Diese Art der Therapie nennt sich Elektrostimulation. Um den Strom an Ort und Stelle zu bringen, gibt es Sonden, die man in die Scheide (oder bei Stuhlinkontinenz in den After) einführen kann. Die Sonde wird mit einem Gerät verbunden, das Strom abgibt. Die Stärke des Stroms kann die Patientin regulieren. Der Strom soll stark genug sein, damit die Patientin die Anspannung gut spürt, aber nicht wehtun. Wichtig ist, dass der Strom ausreichend stark ist. Es ist oft hilfreich, wenn die Einstellung des Gerätes mit einer entsprechend ausgebildeten Physiotherapeutin erfolgt.

Wenn der Pudendusnerv funktioniert, dann kann die Patientin so auch erlernen, wie sie aktiv selbst anspannt. Es gibt auch Geräte, die zusätzlich eine Biofeedbackfunktion haben. Dann wird zuerst Strom abgegeben, damit der Muskel stimuliert wird und die Patientin spannt danach aktiv den Muskel an und diese Anspannung wird über das Biofeedback sichtbar gemacht. Diese Geräte werden als Kombistimgeräte bezeichnet.

Biofeedback bedeutet, dass eine Körperfunktion (wie zum Beispiel eine Muskelanspannung) in ein Signal übertragen wird, das für die Patientin sichtbar (zum Beispiel ein Lichtsignal) oder hörbar (zum Beispiel ein ansteigender Ton) ist. Das hilft, das Training effektiver zu gestalten. Die Patientin kann Anspannung und auch Entspannung über Zahlen, Licht oder Ton kontrollieren. Durch das Feedback lernt das Gehirn schneller. Biofeedback wird auch in anderen Bereichen, wie z. B. der Reduktion von Stress, eingesetzt. Es gibt auch Geräte, die nur eine Biofeedbackfunktion haben. Diese Geräte unterstützen und motivieren beim Training.

Wenn Patientinnen Drangbeschwerden haben, dann kann eine Elektrostimulation auch sinnvoll sein. Dazu wird eine niedrige Stromspannung von 10 Hz verwendet und der Strom kontinuierlich abgegeben. Niederfrequente Ströme haben verschiedene Wirkungen. Sie führen zu einer Veränderung der

Magnetstuhltherapie bei Harninkontinenz

Seit 1998 gibt es die extrakorporale Magnetinnervationstherapie auf dem Markt. Das Verfahren beruht darauf, das ein pulsierendes Magnetfeld erzeugt wird, das die Nervenzellen stimuliert. Die Patientin muss sich bei der Behandlung nicht ausziehen, sondern sitzt in Kleidung auf dem Stuhl. Obwohl es diese Behandlungsform schon seit so vielen Jahren gibt, liegen nur wenige und sehr kleine Studien vor, die den Erfolg der Therapie belegen. Es ist nicht klar, ob die Behandlung mit dem Magnetstuhl genauso gut oder sogar besser ist als die konventionelle Physiotherapie. Die Kosten für die Magnetstuhlbehandlung werden von gesetzlichen Krankenkassen nicht übernommen.

Ionenkonzentration an der Zellmembran, was zu einer Entspannung führt. An den sensiblen Nervenfasern hat der Strom eine schmerzstillende und dämpfende Wirkung. Die Blutgefäße erweitern sich, das führt zu einer Verbesserung der Durchblutung. Dies alles kann den Drang vermindern.

Wer trägt die Kosten? Ein Gerät kann als Hilfsmittel von einem Arzt zur Miete verordnet werden. Die Kosten werden von den gesetzlichen Kassen übernommen. Voraussetzung ist, dass eine alleinige physiotherapeutische Behandlung nicht ausreichend ist. Die Indikation für die Verordnung wird oftmals vom Medizinischen Dienst der Krankenkasse überprüft und muss von der Ärztin entsprechend begründet werden. Die privaten Krankenkassen übernehmen die Kosten nur, wenn die Voraussetzungen dafür im individuellen Vertrag der Patientin gegeben sind.

Überaktive Blase und Dranginkontinenz

Bei der Behandlung der überaktiven Blase und der Dranginkontinenz ist es besonders wichtig, dass sich die Physiotherapeutin gut auskennt. Die Patientinnen haben oft einen hohen Beckenbodentonus, d. h. der Beckenboden ist in Ruhe stark angespannt. Die Patientinnen sollen dann nicht lernen anzuspannen, sondern zu entspannen. Der Wechsel zwischen Entspannung und Anspannung ist sehr wichtig. In Ruhe soll der Beckenboden nur einen gewissen Grundtonus haben, damit er bei Bedarf kräftig eingesetzt werden kann.

Um das Loslassen zu erlernen, ist Biofeedback eine wichtige Hilfe. Die Biofeedbackgeräte haben in der Regel ein Signal (Licht/Zahlen/Ton), das die Stärke der Anspannung und der Entspannung sichtbar macht. Ziel ist es, in der Entspannung auf unter 3 microV zu kommen.

Bei Dranginkontinenz ist die Verhaltenstherapie der wichtigste Teil der Physiotherapie. Die Patientinnen führen ein Miktionstagebuch, das die Physiotherapeutin mit ihnen bespricht. Das Trinkverhalten soll angepasst werden (wenig harntreibende Getränke, ausreichend Wasser und milde Tees). Eine Trinkmenge von 1,5–2 Litern ist das Ziel, die Patientin sollte dann tagsüber ca. 6- bis 7-mal zum Wasserlassen gehen und maximal einmal in der Nacht. Aus dem Miktionstagebuch lässt sich viel herauslesen. Wenn die Patientin schon bei 50–100 ml vorsorglich auf die Toilette geht, dann sollte sie lernen, erst bei einer Harnmenge von 200–350 ml zu gehen. Wenn sie bei 150 ml Blasenfüllung sehr starken Drang hat und es kaum zur Toilette schafft, können Aufschubstrategien helfen. Manche Patientinnen trinken viel zu viel, die Blase füllt sich sehr schnell und bei 450 ml Blasenfüllung kommt es dann – wenig überraschend – zu starkem

Drang. Die Patientin sollte, am besten mit der Physiotherapeutin, Tipps und Tricks erlernen, um dem Harndrang nicht sofort nachzugeben.

Tipps bei Drang:

- Spannen Sie Ihren Beckenboden ein paarmal kräftig an, dann entspannt sich die Blasen- oder Darmmuskulatur wieder!
- Versuchen Sie, ruhig weiterzuatmen, möglichst in den Bauch.
- Bleiben Sie dabei ruhig stehen oder sitzen, Bewegung kann den Drang verstärken. Sie sollten nicht schneller werden als Ihre Blase bzw. Ihr Darm. Das geht meistens schief!
- Beugen Sie sich etwas nach vorn und tun Sie so, als ob Sie sich die Schuhe zubinden würden! Das reduziert den Drang durch eine veränderte Drucksituation.
- Wenn sie niemand beobachtet, können Sie sich als Mann auf die Penisspitze drücken, als Frau auf die Klitoris. Das aktiviert den Beckenboden!
- Führen Sie mit Ihrer Blase ein Gespräch: »Wir schaffen das! Du kannst noch speichern!«
- Lutschen Sie ein »imaginäres Bonbon« im Mund. Damit verstärken Sie den Beckenbodenverschluss.
- Trippeln Sie ein paar Mal auf der Stelle. Das verstärkt den Harnröhrenverschluss und reduziert den Drang.
- Stellen Sie sich eine entspannte, trockene Situation vor, wie eine Wüstenlandschaft. Dadurch werden drangaufhaltende Substanzen vom Gehirn ausgeschüttet.
- Meiden Sie Getränke oder Speisen, die einen Drang verstärken können, z. B. koffeinhaltige Getränke, Zitrusfrüchte, scharfe Gewürze.
- Spannen Sie den Beckenboden an und zählen in 7er-Schritten rückwärts.

Tibialis-Stimulation

Der Tibialisnerv ist ein Ast der Ischiasnerven. Er innerviert verschiedene Muskeln in Unterschenkel und Fuß. Der Tibialisnerv hat aber auch sensorische Fasern, die von der Innenseite des Fußknöchels zum Kreuzbein laufen. Diese Fasern nutzt man bei der Tibialis-Stimulation wie eine Art »Verlängerungskabel«. Der Nerv verläuft an der Innenseite des Fußgelenkes dicht unter der Haut. Durch eine Stimulation wird der Stromimpuls zum Kreuzbein geleitet und stimuliert dann die Nerven, die die Blase und den Darm versorgen. Die Stimulation kann über Klebeelektroden oder Nadelelektroden erfolgen. Bei der Behandlung mit Klebeelektroden bringt die Frau diese nach Anleitung selbst an und verbindet sie mit dem Elektrostimulationsgerät. So kann sich die Patientin 1- bis 2-mal täglich zu Hause für 20 Minuten selbst behandeln. Die Behandlung mit Nadelelektroden ist effektiver, kann aber nicht zu Hause erfolgen.

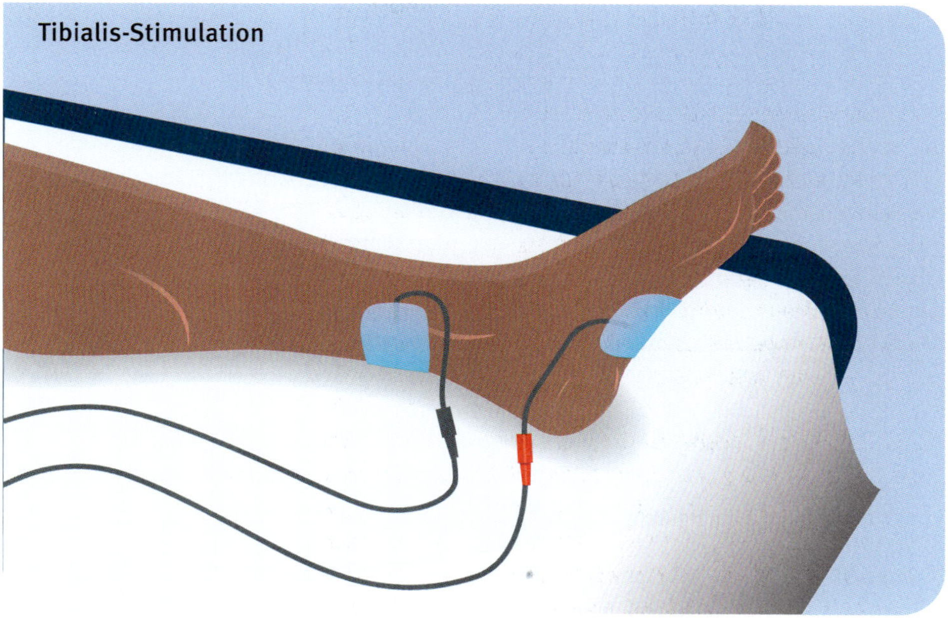

Was tun bei Senkung oder Vorfall?

Leider hilft Beckenbodentraining bei einer Senkung nicht. Die Senkung ist ein Problem des Bindegewebes und nicht der Muskulatur; und Bindegewebe kann man nicht trainieren. Dennoch kann Training auch bei einer Senkung sinnvoll sein. Dabei geht es vor allen Dingen darum, beckenbodenschonendes Verhalten zu üben. Denn richtiges Verhalten kann verhindern, dass sich die Senkung verschlechtert. Dazu gehören Tipps, wie man sich richtig hält und etwas richtig hebt. Manchmal kann man es ja nicht vermeiden, dass man etwas schwer heben muss. Dann ist es wichtig, dass man in die Hocke geht, den Beckenboden anspannt und die Last langsam und kontrolliert anhebt. Speziell ausgebildete Physiotherapeutinnen können die Patientinnen auch dahingehend beraten, welche Sportarten für sie geeignet sind. Kurze, stoßartige Belastungen wie beim Joggen oder Trampolinspringen sind ungünstig, Walken, Schwimmen und Radfahren sind besser. Beim Krafttraining sollten Sit-ups und Klappmesser vermieden werden. Wenn Patientinnen gerne Joggen möchten, dann sollten sie dabei ein Pessar tragen. Übrigens: Alles, was rückenschonend ist, ist in der Regel auch beckenbodenschonend.

Physiotherapie bei analer Inkontinenz

Die physiotherapeutische Behandlung der analen Inkontinenz unterscheidet sich nicht wesentlich von der Behandlung der Harninkontinenz. Allerdings muss die Physiotherapeutin den After gesondert untersuchen. Es kommt vor, dass Patientinnen den Beckenbodenmuskel (Levatormuskel) gut anspannen können, aber den After nicht. Wenn der After in Ruhe sehr schwach ist und die Patientin den Muskel bewusst nicht anspannen kann, besteht der Verdacht, dass der Nerv nicht gut funktioniert (neurogene Störung der Muskulatur). Dann braucht die Patientin auf jeden Fall eine Behandlung mit einem Kombistimgerät (Elektrostimulation und Biofeedback). Und Geduld ist gefragt. Oft zeigt sich erst nach 6–9 Monaten eine Besserung.

Lasertherapie bei Belastungsinkontinenz

Es gibt die Möglichkeit, bei einer Belastungsinkontinenz eine Lasertherapie durch die Scheide anzuwenden. Dazu wird eine Sonde in die Scheide eingeführt, die die Scheidenhaut entweder im Bereich der gesamten Scheide oder im vorderen Anteil im Bereich der Harnröhre behandelt. Es stehen zwei verschiedene Lasertypen zur Verfügung, die etwas unterschiedlich wirken.

Der Erbium-YAG-Laser hat eine geringe Wellenlänge von 2940 nm und hat dadurch ein kleine Koagulationszone mit weniger Nebenwirkungen. Manchmal wird auch die sogenannte Smooth-Technologie eingesetzt, bei der das Epithel intakt bleibt. Der CO_2-Laser hat eine größere Wellenlänge von 10 600 nm und führt zu einer starken Verdampfung des Gewebewassers.

Die Technik hat etwas mehr Nebenwirkungen. Beide Verfahren führen zu einer Verdickung des Gewebes in der Scheide und zu einer Verbesserung der Durchblutung.

Es gibt mehrere Studien, die einen guten Effekt der Lasertherapie bei einer leichten bis mittelschweren Belastungsinkontinenz belegen. Es ist aber bislang unklar, wie oft diese Therapie wiederholt werden muss und wie die Langzeiterfolge sind. Die Kosten für die Behandlung werden von den gesetzlichen Kassen nicht übernommen.

Pessartherapie

Mit einem Pessar, das selbst täglich in die Scheide eingelegt werden kann, haben Frauen eine wirksame, einfache Methode zur Behandlung einer Senkung oder Inkontinenz an der Hand.

Das Wort »Pessar« stammt vom Lateinischen »pessum« oder »pessarium« ab und bedeutet »Gebärmutterstöpsel«. Es ist ein Medizinprodukt, das in die Scheide oder die Gebärmutter eingelegt wird. Bei den »Intrauterinpessaren« (Pessare in der Gebärmutter) handelt es sich um die sogenannte Spirale zur Verhütung. Die Pessare, die in die Scheide eingelegt werden, stützen die Scheide und die Gebärmutter bei einer Senkung oder bei einer Inkontinenz.

Pessare werden schon seit Jahrtausenden angewendet. In Ausgrabungen aus der Eisenzeit (400 vor Christus) wurden Ringpessare gefunden, die aus Ton gefertigt wurden. In anderen frühgeschichtlichen Ausgrabungen fanden sich bei Frauen in der Mitte des Beckens Pessare aus Keramik und Metall. Kork, Gips, Schwämme, Leinwand, Holz, Kartoffeln und Äpfel wurden als Pessare verwendet. »Moderne« Pessare wurden anfänglich aus Porzellan oder Glas gefertigt, heutzutage aus Silikon oder Kunststoff. Zudem gibt es Pessare aus Polyvinylalkoholschaum (PVA), die ganz weich sind, wenn sie in Wasser eingeweicht werden.

Es gibt verschiedene Firmen, die Pessare herstellen. Im Internet finden Sie auf den Webseiten dieser Firmen ausführliche Informationen über die verschiedenen Pessartypen. Generell gibt es Pessare zum Selbstwechsel und Pessare zur Dauertherapie.

Pessare zum selbst Wechseln bei Prolaps

Pessare zum selbst Wechseln bei Prolaps werden von der Patientin morgens selbst eingesetzt und am Abend vor dem Schlafengehen wieder entfernt. Die am weitesten verbreiteten Pessare zum selbst wechseln sind Würfelpessare aus Silikon. Diese haben eine Würfelform mit konvexen Flächen. Diese Flächen wirken wie Saugnäpfe, die an der Scheidenhaut anhaften. Die Pessare sind mit einem Faden ausgestattet, mit dem sie entfernt werden können.

Das kleinste Pessar mit der Größe Null hat eine Kantenlänge von 25 mm, das größte Pessar mit der Größe 9 hat eine Kantenlänge von 75 mm. Die gängigen Größen zur Behandlung einer Senkung bei Frauen sind die Größen 2 (Kantenlänge 32 mm) und 3 (Kantenlänge 37 mm).

Zum Einführen wird ein Gleitgel oder eine hormonhaltige Creme auf das Pessar aufgetragen. Das Pessar sitzt in der Regel richtig, wenn eine Kante (keine Fläche und keine Spitze) nach unten zeigt. Die richtige Größe des Pessars wird frauenärztlich ermittelt. Die Frauenärztin oder entsprechend ausgebildete Mitarbeiterinnen und auch Physiotherapeuten zeigen der Patientin, wie sie das Pessar entfernt und wieder einsetzt. Oft ist es hilfreich, den Sitz des Pessars auch im Stehen zu kontrollieren.

Das Pessar darf maximal 30 Tage ohne Wechsel in der Scheide verbleiben, aber es wird dringend empfohlen, dass die Patientin es täglich vor dem Schlafengehen entfernt und erst am Morgen wieder einsetzt. So wird die Entstehung von Druckgeschwüren und Entzündungen verhindert. Die Kanten des Pessars können ohne Wechsel zu Komplikationen bis hin zur Entstehung einer Fistel (eine Fistel ist eine unnatürliche Verbindung zwischen zwei Körperhöhlen) führen.

Es gibt sogenannte Tandempessare (das sind zwei aufeinandergesetzte Würfelpessare), die in Einzelfällen bei einer sehr langen Scheide zum Einsatz kommen.

Würfelpessare aus Schaumstoff haben keine Saugnapffunktion, deshalb haften sie nicht so gut an. Die Schaumstoffpessare gibt es in fünf Größen mit einer Kantenlänge von 32 mm bis 55 mm. Es gibt ein Starterset mit den Größen 1–3 zum Ausprobieren. Die Schaumstoffpessare werden vor dem Einführen in Wasser eingeweicht.

Das Restifem-Pessar wurde speziell zur Anwendung nach einer Geburt entwickelt. Es ist sehr weich und sieht aus wie ein kleiner Schlitten. Die breitere Seite wird zuerst eingeführt und legt sich ins hintere Scheidengewölbe hinter den Gebärmutterhals und die schmalere wird vorne unter dem Schambeinbogen platziert. Das Restifem ist in zwei Größen (S und M) erhältlich.

**Würfelpessare zum Selbst-
wechseln bei Prolaps**

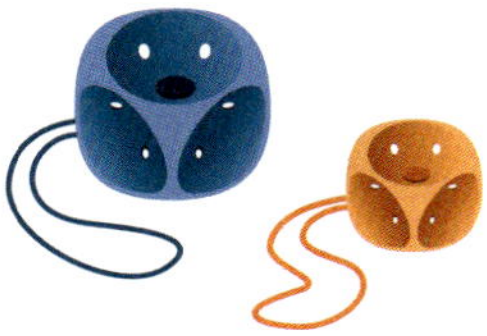

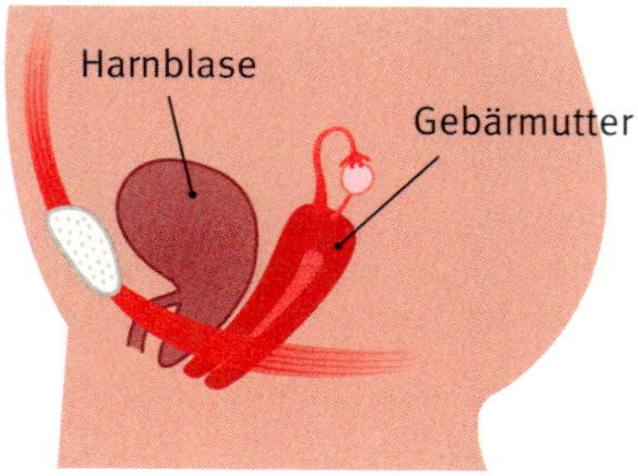

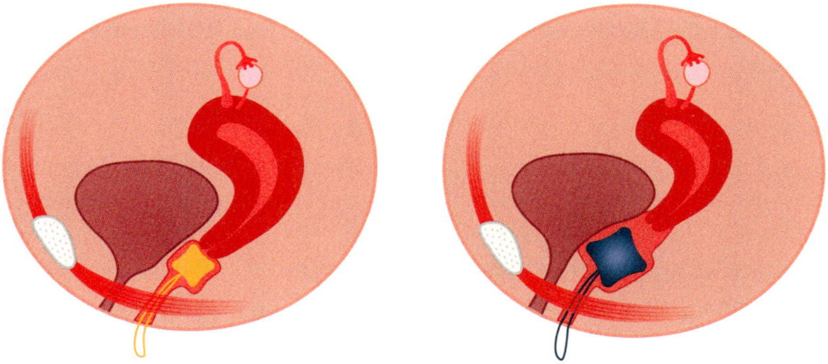

Siebschalenpessare

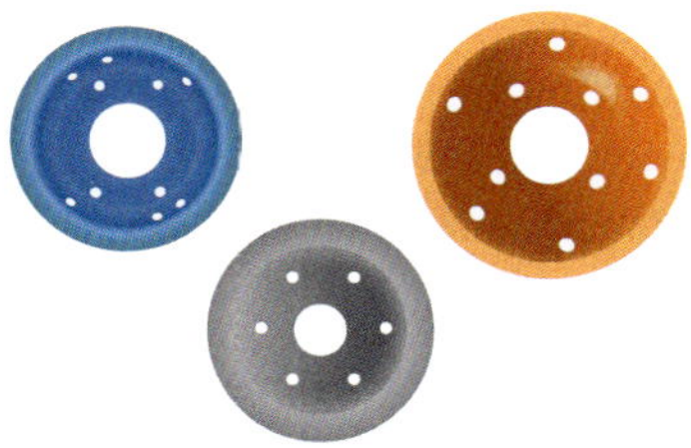

Keulenpessar

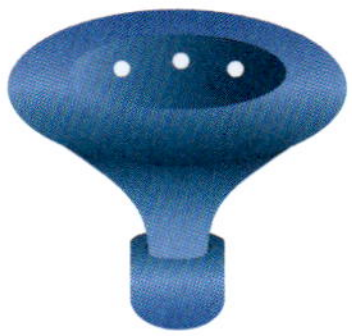

Ring- und Donutpessare

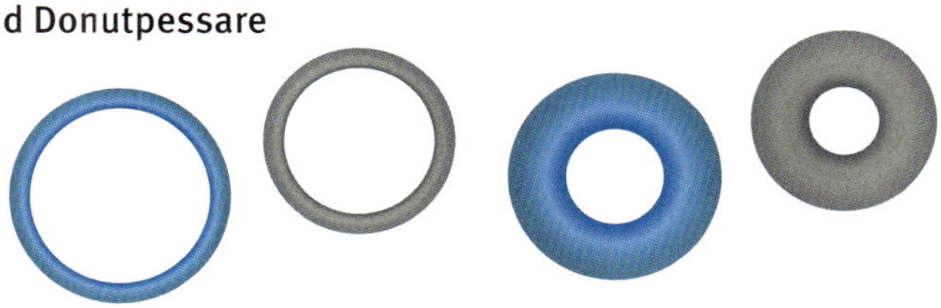

Pessare zum selbst Wechseln bei Belastungsinkontinenz

Mit einem Pessar können der Blasenhals und die Harnröhre gestützt werden, sodass es bei einer Erhöhung des Drucks in der Blase bei körperlicher Belastung nicht zum Urinabgang kommt. Solche Pessare sind eine besonders gute Option für Frauen, die beim Sport, beim Wandern und anderen körperlichen Aktivitäten Urin verlieren.

Das Urethrapessar nach Arabin ist ein Ringpessar mit einer Verdickung (Pelotte), die unter dem Blasenhals platziert wird. Das Pessar liegt auf den Beckenbodenmuskeln auf und die Pelotte ist nach vorne zum Schambeinbogen gerichtet. Die Größe des Pessars richtet sich nach der Weite der Scheide, die Größe 65 mm ist die Größe, die am häufigsten passt. Zur leichteren Entfernung des Pessars kann ein Faden angebracht werden.

Handelsübliche Tampons: Bei manchen Frauen hilft es, wenn sie einen handelsüblichen Tampon mit etwas Gleitgel oder einer hormonhaltigen Creme vor dem Sport einführen. Der Tampon darf nicht zu tief eingeführt werden, damit er den Blasenhals stützen kann. Nach dem Sport muss er wieder entfernt werden.

Tampons aus Schaumstoff: Tampons aus PVA-Schaumstoff gibt es in verschiedenen Größen. Sie werden vor dem Einführen in Wasser eingeweicht und dann in die Scheide eingeführt. Sie dürfen nicht zu tief platziert werden. Die Inkontinenztampons dürfen bis zu 12 Stunden verwendet werden.

Pessare zum Wechseln durch die Frauenärztin

Ringpessare und Schalenpessare werden durch die Frauenärztin bzw. den Frauenarzt eingelegt und regelmäßig (in der Regel alle 3 Monate) entfernt, gesäubert und wieder eingesetzt. In Einzelfällen kommt auch ein Keulenpessar zum Einsatz.

Ringpessare gibt es als normale Ringe, als dicke Ringe und als sogenannte Donutpessare, die innen nur eine kleine Öffnung haben. Alle Ringpessare saugen sich nicht an die Scheidenwand an und halten deshalb manchmal etwas schlechter.

Die normalen Ringe sind biegsam und leicht einzuführen und wieder zu entfernen. Sie verursachen nur selten Druckstellen und Ausfluss. Die dickeren Ringe und die Donutpessare sind starrer und deshalb schwieriger zu platzieren und das Wechseln ist etwas unangenehmer für die Frau. Manche Frauen können die Ringpessare auch selbst wechseln. Dann sollte das Pessar über Nacht herausgenommen werden.

Ringpessare gibt es in den Größen 50–100 mm. Die richtige Größe wird gynäkologisch bestimmt; es gibt Anpassungssets, um die richtige Größe auszusuchen. Das Ringpessar wird zum Einführen etwas zusammengedrückt und im hinteren Scheidengewölbe und vor dem Schambeinbogen einsetzt. Wenn noch eine Gebärmutter vorhanden ist, dann liegt der Muttermund in der Öffnung des Ringpessars.

Schalenpessare haben eine größere Auflagenfläche als die Ringpessare. Sie haben je nach Modell eine unterschiedlich starke Wölbung. In der Mitte haben die Schalenpessare eine kleine Öffnung. Fast immer werden sogenannte Siebschalenpessare verordnet, die zusätzlich zur Öffnung in der Mitte noch kleine Löcher haben. Dann kann Sekret besser abfließen. Die Siebschalenpessare werden mit der Wölbung nach unten in die Scheide eingesetzt und haften sehr gut an. Es bildet sich eine Art Vakuum, deshalb ist es häufig schwierig, das Pessar beim Wechseln zu entfernen. Druckstellen und unangenehmer Ausfluss sind beim Schalenpessar häufiger als beim Ringpessar. Schalenpessare können nur selten selbst gewechselt werden. Es gibt sie in den Größen 55–95 mm.

Das Keulenpessar ist ein dickes und sehr starres Schalenpessar, das eine Art Griff hat, der nach unten in die Scheide reicht. Die Keulenpessare sitzen oft sehr gut, aber es ist vielfach sehr schwierig, sie für den Wechsel zu entfernen und Druckstellen und Ausfluss sind sehr häufig. Keulenpessare kommen deshalb nur dann zum Einsatz, wenn kein anderes Pessar hält und keine Operation möglich ist.

Achtung: Pessare, die nicht gewechselt werden, können zu ernsthaften Komplikationen führen. Vergessene Pessare können manchmal nur unter Narkose entfernt werden. Durch Druckstellen können die Kanten des Pessars in die Blase und/oder den Darm einwandern und eine Fistel bilden. Deshalb ist es gerade bei älteren Patientinnen sehr wichtig, die Angehörigen miteinzubeziehen, damit bei Demenz oder bei Umzug in eine Pflegeeinrichtung sichergestellt wird, dass das Pessar weiterhin regelmäßig gewechselt wird.

Kommt für mich eine Pessartherapie infrage?

Grundsätzlich sind Pessare für alle Frauen geeignet, die das ausprobieren möchten. Besonders empfohlen werden sie für junge Frauen, die eine Operation hinauszögern möchten, und für ältere Frauen, bei denen eine Operation ein Risiko darstellt.

Pessare halten am besten bei Frauen, die noch eine Gebärmutter haben und die nicht voroperiert sind. Das Ausmaß der Senkung hat keinen Einfluss auf den Erfolg. Auch ein Totalprolaps kann mit einem Pessar behandelt werden. Manche Patientinnen haben die Befürchtung, dass das Pessar die Scheide dehnen und so die Senkung verstärken könnte. Das ist aber nicht der Fall: Das Pessar dehnt die Scheide nicht und verstärkt auch nicht die Senkung. Manchmal ist es sogar möglich, dass die Frauen im Laufe der Zeit auf eine kleinere Pessargröße wechseln können.

Wenn der Scheideneingang sehr weit oder wenn die Scheide kurz oder narbig ist, dann halten die Pessare oft schlechter oder sie drücken. Es gibt tatsächlich Frauen, bei denen es nicht gelingt, ein Pessar zu finden, das gut passt und hält. Schwierig ist es auch, wenn der dominierende Teil der Senkung der untere Teil der hinteren Scheidewand ist, eine sogenannte Rektozele (Seite 116). Die Pessare haften im oberen Anteil der Scheide und die Rektozele wölbt sich dann unter dem Pessar vor.

Wie kann ich ein Pessar erhalten?

Pessare sind Hilfsmittel und werden von den gesetzlichen Krankenkassen immer und von den privaten Krankenkassen in der Regel erstattet. Mit einem ärztlichen Rezept können die Pessare über Apotheken und Sanitätshäuser oder direkt über die Firmen, die die Pessare vertreiben, bezogen werden. Manche gesetzlichen Krankenkassen haben Sonderverträge, dann müssen die Versicherten die Pessare beim Vertragspartner beziehen. Im Zweifelsfall sollten sich gesetzlich Versicherte direkt an ihre Versicherung wenden. Privatversicherte können die Rechnung für das Pessar mit der Rechnung bei der Krankenkasse einreichen.

Übrigens sind Pessare nicht verschreibungspflichtig. Sie können sich diese auch selbst kaufen. Der Preis für ein Silikonpessar liegt bei 40–60 Euro. Die Pessare können lange verwendet werden, sie werden irgendwann etwas spröde und sollten dann ersetzt werden. Schaumstoffpessare sind wesentlich teurer. Der Preis für ein Pessar oder Tampon liegt bei 3–5 Euro. Schaumstoffpessare sind nur zur einmaligen Anwendung gedacht.

Falls Ihre Frauenärztin bzw. Ihr Frauenarzt kein Pessar verschreiben will oder sich damit nicht auskennt, können Sie sich auch an die Beratungsstellen der Kontinenz- und Beckenbodenzentren wenden. Hier finden Sie Frauenärzt*innen, die sich besonders auf die Behandlung von Frauen mit Beckenbodenproblemen spezialisiert haben.

Blasenentleerungsstörung behandeln

Wenn sich die Blase nicht richtig entleert, dann kann das Blasenentzündungen und auch eine Inkontinenz zur Folge haben. Daher muss eine Blasenentleerungsstörung auf jeden Fall behandelt werden.

Ursache dafür kann ein Vorfall sein, der die Harnröhre abknickt oder zudrückt oder eine neurologische Erkrankung, die dazu führt, dass sich die Blase nicht richtig zusammenzieht. Narben nach einer Operation können auch zu einer Blasenentleerungsstörung führen. Eine Blasenentleerungsstörung kann durch eine Ultraschalluntersuchung festgestellt werden. Normalerweise bleiben nach dem Wasserlassen nicht mehr als 100 ml Urin in der Blase.

Wenn die Blasenentleerungsstörung durch eine Senkung verursacht wird, dann bessert sie sich nach Einlage eines Pessars oder durch eine Operation. Manchmal hilft eine Behandlung mit Medikamenten, wenn sich die Blase nicht richtig zusammenzieht. Falls das nicht hilft, müssen Maßnahmen ergriffen werden, damit eine Entleerung der Blase sichergestellt wird.

Wenn eine Blasenentleerungsstörung langfristig behandelt werden muss, dann ist der intermittierende Selbstkatheterismus (ISK) die beste Therapiemöglichkeit. Jetzt werden Sie sich fragen, wie es denn möglich ist, selbst mit einem Katheter die Blase zu entleeren? Das ist eigentlich ganz einfach. Speziell ausgebildete Fachkräfte (Urotherapeut*innen) zeigen den Patientinnen, wie das geht.

Eine kleine Hintergrundgeschichte: Bis in die 1980er Jahre wurden Patientinnen und Patienten, die z. B. aufgrund einer neurologischen Erkrankung die Blase nicht richtig entleeren konnten, mit einem Dauerkatheter oder einem Bauchdeckenkatheter behandelt. In Ann Arbor in Michigan gab es eine Patientin mit Multipler Sklerose, die einen Dauerkatheter hatte und eine Reise machen wollte. Sie hat dann darauf bestanden, dass der Dauerkatheter entfernt wird und dass sie selbst die Blase mit einem Katheter entleert. Die Ärztinnen waren entsetzt und sagten voraus, dass sie ständig Infekte haben wird und sogar eine Nierenbeckenentzündung bekommen würde. Aber das Gegenteil war der Fall. Der Patientin ging es besser, sie hatte weniger Entzündungen als vorher. Der Urologe Edward McGuire führte dann das Konzept des sauberen intermittierenden Selbstkatheterismus in der Urologie ein.

Intermittierender Selbstkatheterismus (ISK)

Für den intermittierenden Selbstkatheterismus gibt es spezielle beschichtete Katheter, die beim Einführen die Schleimhaut der Harnröhre kaum verletzen. Vor dem Einführen wird der Harnröhreneingang desinfiziert, damit möglichst keine Bakterien eingeschleppt werden. Für das Katheterisieren auf fremden Toiletten gibt es spezielle Sets. Manche Frauen müssen sich nur vorübergehend selbst katheterisieren (z. B. bei einer Blasenentleerungsstörung nach einer Operation), andere müssen das ein Leben lang machen (z. B. bei neurogenen Blasenentleerungsstörungen).

Die Vorteile des ISK sind, dass kein Fremdkörper im Körper verbleibt, das Infektionsrisiko gering ist, kein Risiko für die Entwicklung von Blasenkrebs besteht und ein vollständiges Entleeren der Blase dennoch möglich ist. Die Nachteile sind, dass Sie das ISK-Material immer dabeihaben müssen und das Katheterisieren auf fremden Toiletten und auf Reisen unter Umständen schwierig ist.

So erlernen Sie den ISK

Beim ISK erlernen Sie, wie Sie mit einem kleinen Katheter selbst Ihre Blase entleeren können. Vielleicht denken Sie im ersten Moment: »Das werde ich ja nie schaffen.« Aber es ist wirklich viel einfacher als gedacht. Speziell ausgebildete Pflegekräfte, die Urotherapeut*innen, bringen Ihnen das Selbstkatheterisieren bei. Sie werden in die Anatomie eingeführt und Sie können mit einem Spiegel sehen, wo Ihre Harnröhre ist. Dann desinfizieren Sie den Harnröhreneingang und führen den kleinen, speziell beschichteten und deshalb samtweichen Katheter ein. So können Sie mit dem Katheter den Resturin, der in der Blase verblieben ist, entleeren. Für unterwegs gibt es Katheter, die mit einem Beutel verbunden sind, in den der Resturin ablaufen kann. Wenn der Selbstkatheterismus korrekt durchgeführt wird, kommt es nur selten zu Blasenentzündungen durch das Katheterisieren.

Intermittierender Selbstkatheterismus (ISK)

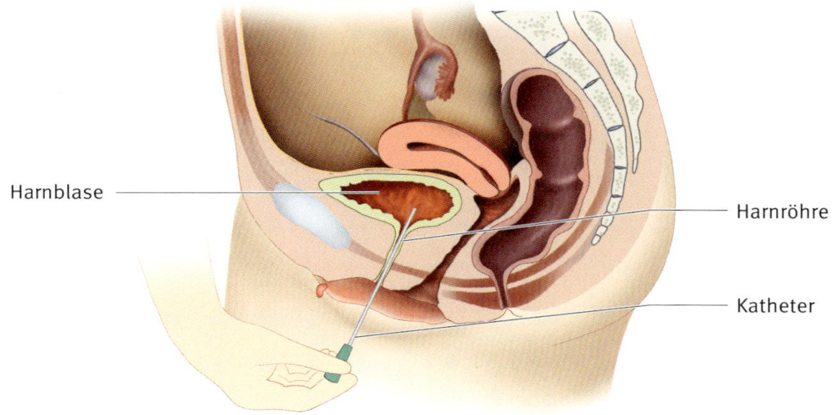

nach: Schewior-Popp S, Sitzmann F, Ullrich L, Hrsg. Thiemes Pflege. 15. Aufl. Stuttgart: Thieme; 2020

Bauchdeckenkatheter

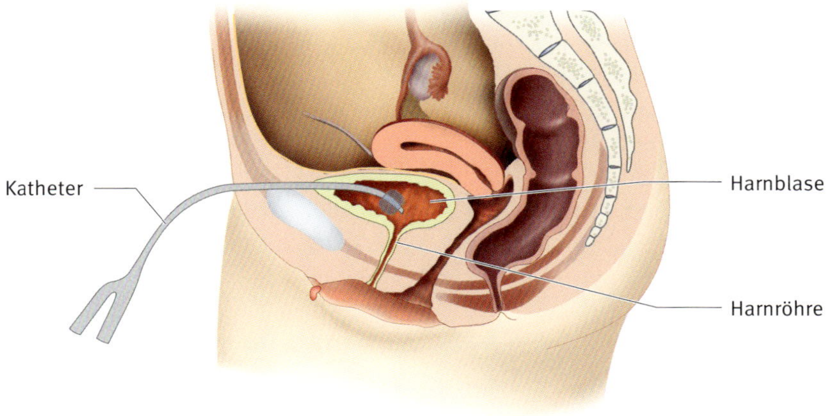

nach: Schewior-Popp S, Sitzmann F, Ullrich L, Hrsg. Thiemes Pflege. 15. Aufl. Stuttgart: Thieme; 2020

Dauerkatheter durch die Harnröhre

Wenn sich die Patientin nicht selbst katheterisieren kann oder möchte, kann ein Dauerkatheter eingelegt werden, wofür es zwei unterschiedliche Methoden gibt (Dauerkatheter durch die Harnröhre oder durch die Bauchdecke).

Ein Dauerkatheter durch die Harnröhre ist bei Frauen sehr leicht einzuführen. Die Einlage kann auch durch Pflegefachkräfte erfolgen. Der Katheter kann mit einem Beutel verbunden werden, in den der Urin kontinuierlich abläuft oder mit einem Ventil geschlossen werden, mit dem der Urin aus der Blase alle 2–3 Stunden abgelassen wird.

Vorteilhaft an dieser Methode ist, dass die Einlage und der Wechsel durch eine Pflegefachkraft möglich sind und kein Risiko von Organverletzung besteht. Aber die Methode kann auch Nachteile haben: Der Katheter wird als störend im Intimbereich empfunden. Es besteht ein erhöhtes Risiko von Blasenkrebs durch die Irritation der Blasenschleimhaut. Zudem können Blasensteine entstehen und ein Blasentraining ist nicht möglich.

Bauchdeckenkatheter

Ein Bauchdeckenkatheter wird in lokaler Betäubung eingelegt. Die Blase muss gut gefüllt sein, das wird in der Regel durch Ultraschall überprüft. Wenn zwischen der Bauchdecke und der Blase eine Darmschlinge liegt, kann diese beim Einlegen des Katheters verletzt werden. Außerdem kann es zu Blutungen in die Blase und die Bauchdecke kommen.
Das Wechseln des Katheters ist weniger komplikationsbehaftet, weil kein neuer Einstich erfolgen muss.

Genau wie beim Dauerkatheter kann entweder eine Dauerableitung in einen Beutel erfolgen oder die Blase wird über ein Ventil alle 2–3 Stunden entleert. Mit einem Bauchdeckenkatheter kann die Patientin ein Blasentraining durchführen. Das bedeutet, dass sie erst versucht, normal die Blase zu entleeren und dann den Resturin über den Bauchdeckenkatheter ablässt.

Die Vorteile des Bauchdeckenkatheters sind, dass Blasentraining möglich ist und es keine Missempfindungen im Intimbereich gibt. Nachteile sind, dass eine Einlage nur durch eine Ärztin oder einen Arzt erfolgen kann und dass dabei schwerwiegende Komplikationen möglich sind (wie eine Darmverletzung). Zudem besteht ein erhöhtes Risiko von Blasenkrebs durch die Irritation der Blasenschleimhaut. Es können Blasensteine entstehen.

Blasentraining nach einer Blasen-OP

Sie sollten ca. 2 Liter pro Tag trinken. Wenn Sie das Gefühl haben, dass sie Wasser lassen müssen, gehen Sie zur Toilette und entleeren die Blase, so wie es geht. Den Resturin entleeren Sie dann mit der ISK oder alternativ dem Bauchdeckenkatheter. Schreiben Sie sich jeweils auf, wie groß die Restharnmenge war.

Bei Blasenentleerungsstörungen, insbesondere nach einer Operation, muss die Blase wieder trainiert werden, um die Blasenentleerung zu verbessern. Dafür geht die Frau alle 2–3 Stunden zur Toilette. In gewissen Intervallen wird danach die Blase über den ISK oder den Bauchdeckenkatheter komplett entleert. Die Blase arbeitet effektiver, wenn sie nicht zu stark gefüllt ist. Wenn sie ständig überdehnt ist, dann kann sie sich nicht richtig zusammenziehen. Aus diesem Grunde muss sie immer wieder mit dem Katheter komplett entleert werden. Der Urotherapeut bzw. die Urotherapeutin bespricht mit der Patientin, wie oft am Tag sie den Resturin bestimmen soll.

Als Faustregel gilt:

- Restharn über 300 ml: Restharnmessung nach jedem Wasserlassen.
- Restharn 200–300 ml: Restharnmessung 3-mal täglich
- Restharn 100–200 ml: Restharnmessung 2-mal täglich
- Restharn unter 100 ml: keine Restharnmessung mehr erforderlich, die Patientin kann mit dem Selbstkatheterisieren aufhören oder der Bauchdeckenkatheter kann entfernt werden.

Die Blasenentleerung kann manchmal mit Medikamenten, die die Anspannungskraft der Blase stärken, unterstützt werden. Diese Medikamente, sogenannte Cholinergika, aktivieren die Blase. Nebenwirkungen sind unter anderem verstärkter Harndrang und Durchfall. Besonders bei herzkranken Patientinnen dürfen sie nur mit Vorsicht ein gesetzt werden.

Stuhlentleerungsstörung behandeln

Stuhlentleerungsstörungen lassen sich oft schon durch einfache Selbsthilfemaßnahmen, wie Ernährungsanpassung und Beckenbodentraining, beheben, die ich Ihnen hier kurz vorstellen will.

Die Entleerung des Stuhls ist ein komplexer Vorgang: Die Nahrung kommt über die Speiseröhre und den Magen in den Dünndarm. Im Dünndarm werden die Nährstoffe (Fett, Eiweiß, Kohlenhydrate, Vitamine, Mineralien etc.) aus dem Darm in die Blutbahn aufgenommen und im Körper verteilt. Der Stuhl im Dünndarm ist sehr flüssig. Aus dem Dünndarm wird der Stuhl dann in den Dickdarm weitertransportiert. Im Dickdarm wird dem Stuhl Flüssigkeit entzogen und es entsteht der geformte Stuhl. Der Stuhl wird durch Darmbewegungen (die sogenannte Peristaltik) in Richtung Enddarm und After transportiert. Wenn der Stuhl dann im Mastdarm angekommen ist, meldet der Darm, der ja ein eigenes Nervensystem hat, dass er sich auf eine Stuhlentleerung vorbereitet, Sie verspüren also Stuhldrang. Wenn Sie dann die Toilette aufsuchen, entspannt sich der Schließmuskel und der Mastdarm schiebt den Stuhl aktiv heraus. Dazu müssen Sie nicht stark pressen.

Anders bei einer Stuhlentleerungsstörung, hier kann sich der Mastdarm trotz Stuhldrang nicht komplett entleeren. Die Ursachen für eine Stuhlentleerungsstörung können eine Verstopfung oder eine Senkung sein. Wenn Sie lediglich unter Verstopfung leiden, kann bereits die Anpassung der Ernährung (Seite 30) helfen. Bei einer Senkung der hinteren Scheidenwand bildet sich eine sogenannte Rektozele (Seite 116). Der Darm hat eine Ausstülpung in die Scheide, in der sich der Stuhl ansammelt. Beim Versuch, den Darm zu entleeren, bleibt ein Rest in der Ausstülpung hängen. Die Betroffene bemerkt dann einen Druck in der Scheide, der oft sehr störend ist.

Wie Sie die Stuhlentleerung erleichtern

Der Stuhl sollte weich sein, was sich durch die Ernährung beeinflussen lässt (Seite 30). Auch die Haltung auf der Toilette spielt eine Rolle. Naturvölker entleeren den Stuhl in der Hocke. Das ist die natürliche Position. In der Hocke ist das Becken nach hinten gekippt und der Enddarm dadurch etwas nach vorne. Der Winkel zwischen Oberkörper und Oberschenkel wird kleiner und dadurch entspannt sich der Beckenbodenmuskel. Das erleichtert die Entleerung des Darmes. Um die Position des Beckens beim Stuhlgang zu verändern, kann es hilfreich sein, die Füße auf ein Höckerchen zu stellen und damit die Beine anzuheben.

Zusätzlich kann es hilfreich sein, bei der Entleerung des Darmes mit den Fingern auf den Damm zu drücken. Der Damm ist das Gewebe zwischen dem Scheidenausgang und dem After. Sollte mit diesen Maßnahmen keine ausreichende Wirkung erzielt werden, können regelmäßige Einläufe helfen.

Anale Inkontinenz

Eine anale Inkontinenz kann verschiedene Ausprägungen haben. Man unterscheidet leichtere Formen, wie den unwillkürlichen Abgang von Blähungen, Stuhlschmieren und Nachschmieren, und schwerere Formen, bei denen die Betroffenen größere Mengen flüssigen und festeren Stuhl verlieren.

Auf die Ernährung bei Stuhlinkontinenz (Seite 31) wurde schon eingegangen. Das A und O ist dabei, dass der Stuhl immer geformt sein soll. Außerdem sollten blähende Speisen vermieden werden. Zudem ist es hilfreich, den Stuhl am Morgen komplett zu entleeren. Wenn der Enddarm leer ist, kommt es in der Regel auch nicht zur analen Inkontinenz. Wenn Stuhl in einer Tasche im Enddarm (Rektozele, Seite 116) hängen bleibt, kann dieser bei einer schlechten Schließmuskelfunktion bei Bewegung oder Änderung der Körperhaltung nachschmieren.

Beckenbodentraining, insbesondere mithilfe eines Kombistimgerätes (Elektrostimulation und Biofeedback) ist sehr wichtig. Manche Frauen verlieren kleine Mengen von Schleim aus dem After, was sich als Flecken in der Wäsche oder auf der Vorlage bemerkbar macht. Grund dafür kann ein Vorfall der Schleimhaut aus dem After sein. Oftmals ist es möglich, den Vorfall mit einer Gummibandligatur ohne Narkose zu behandeln.

Jucken und Brennen im Analbereich

Wenn der Bereich des Afters immer feucht ist (z. B. durch Nachschmieren oder Schleimabgang), dann führt das zu einer Irritation der Haut. Am After gibt es sehr viele Nervenzellen, damit dieser zwischen Stuhldrang und Luft im Darm unterscheiden kann. Deshalb verspürt man jegliche Form von Hautirritationen hier besonders stark.

Bei Jucken und Brennen ist Hygiene besonders wichtig. Aber Vorsicht bei Feuchttüchern. Die Feuchttücher enthalten viele chemische Stoffe, die die Hautirritation noch verstärken können. Am besten ist es, nach dem Stuhlgang den Analbereich mit Wasser (ohne Seife) zu reinigen und dann mit einem weichen Tuch (am besten kein Frottee) vorsichtig trocken zu tupfen. Ein Bidet ist dabei sehr hilfreich. Es gibt mittlerweile auch Aufsätze für ein normales WC mit einer Bidetfunktion. Außerdem gibt es sogenannte »Poduschen«, das sind kleine, mit Wasser gefüllte Behälter, mit denen man den After schonend reinigen kann. Sie funktionieren mit Batterie oder mechanisch.

Sollte die Haut sehr irritiert sein, dann ist es manchmal hilfreich, ein paar Tage eine cortisonhaltige Creme zu verwenden. Diese ist allerdings verschreibungspflichtig. Zusätzlich kann die Haut mit zinkhaltigen Pasten geschützt werden. Die Proktologin ist zur Beratung die richtige Ansprechpartnerin.

Analtampons bei Stuhlinkontinenz

Wenn der After nicht richtig funktioniert und Sie Stuhl verlieren, können spezielle Analtampons helfen. Diese bestehen aus PVA-Schaumstoff. Sie werden in verschiedenen Formen von mehreren Firmen hergestellt. Sie verschließen den After wie ein Korken. Es gibt Startersets, mit denen Sie probieren können, welcher Tampon gut bei Ihnen passt/funktioniert.

Sexualität und Beckenboden

Viele Betroffene fragen sich, ob ein erfülltes Sexualleben mit Beckenbodenbeschwerden überhaupt möglich ist. Grundsätzlich ja.

Die Anatomie der Scheide, der Vulva (das sind die großen Schamlippen) und der Klitoris (Kitzler) habe ich im zweiten Kapitel bereits ausführlich dargestellt.

Die Klitoris ist das wichtigste Sexualorgan der Frau

Sie ist mit den Schwellkörpern, die sie umgeben, viel größer als in vielen Lehrbüchern dargestellt. Die Forschung, die früher ja fast ausschließlich von Männern betrieben wurde, hat die weibliche Lust über Jahrhunderte ignoriert. Dabei hat Hesoid, ein griechischer Dichter, der im 8. Jahrhundert vor Christus lebte, schon beschrieben, dass die Frau mehr Lust als der Mann empfinden kann. Die erste wissenschaftliche Beschreibung der Klitoris aus dem Jahre 1559 stammt von dem Anatomen Realdo Colombo aus Padua. Georg Ludwig Kobelt, ein deutscher Anatom, beschäftigte sich in dem Buch »Die männlichen und weiblichen Wolllustorgane des Menschen und einiger Säugethiere in anatomisch-physiologischer Beziehung« von 1844 ausführlich mit der Anatomie der Klitoris und beschrieb eindeutig, dass die Klitoris nicht nur ein kleiner Punkt oberhalb der Harnröhrenöffnung ist, der stimuliert werden kann.

Dann aber geriet die Klitoris zunehmend in Vergessenheit. Keinen unwesentlichen Anteil daran hatte Siegmund Freud, der den klitoralen Orgasmus als »unreif«

bezeichnete und nur einen vaginalen Orgasmus als wirklich reif betrachtete. Das änderte sich dann ab den 1950er Jahren langsam. 1953 erschien der »Kinsey-Report« des Wissenschaftlers Alfred Charles Kinsey, der Zoologe und Insektenforscher war. Er hatte mit seinen Mitarbeiterinnen und Mitarbeitern Zehntausende von Frauen und Männern über ihr Sexualleben befragt. Heraus kam, dass Frauen sehr wohl ein erfülltes Sexualleben wünschen und auch haben können und dass der klitorale Orgasmus dabei die wichtigste Rolle spielt. Das Forscherpaar Virginia Johnson und William Masters erforschte in den 1950er und 1960er Jahren intensiv die sexuelle Physiologie bei Frauen und Männern.

Aber weiterhin wurde in den Anatomiebüchern die Klitoris als unwichtiges Organ beschrieben, sozusagen eine verkümmerte Version des Penis. 1998 revolutionierte dann die Wissenschaftlerin Helen O'Connell mit Studien im Kernspintomografen die Sicht auf die Klitoris. Die tatsächlichen Dimensionen der Klitoris und der Schwellkörper wurden wieder beschrieben (denn bekannt waren sie ja eigentlich schon lange).

Bevor wir uns damit beschäftigen, wie eine Beckenbodenschädigung die Sexualität beeinträchtigen kann, sollten wir verstehen, wie Sexualität überhaupt funktioniert. Lust, Verlangen, Erregung, Orgasmus, das alles fällt uns nicht so einfach in den Schoß.

Die vier Phasen beim Sex

Gehen wir jetzt mal davon aus, dass wir in einer funktionierenden Partnerschaft leben und gerne eine schöne Sexualität mit unserem Partner/unserer Partnerin erleben möchten. Dann ist die wichtigste Voraussetzung schon einmal gegeben. Denn wenn man keine Lust, Intimität und Sex mit seinem Partner hat, dann wird man auch keine erfüllende Sexualität erleben, mit oder ohne Beckenbodenfunktionsstörung.

Prinzipiell laufen die Veränderungen in den Genitalorganen beim Sex bei Frauen und Männern nach dem gleichen Prinzip in vier Phasen ab:

- Erregung
- Plateau
- Orgasmus
- Rückbildung

Die Phase der Erregung ist für die meisten Frauen die wichtigste im sexuellen Erleben, denn etwa ein Drittel der Frauen erlebt im partnerschaftlichen Sex nie einen Höhepunkt. Während ca. 60 % der Männer beim Sex immer einen Orgasmus haben, sind das bei den Frauen nur 27 %.

Erregung: Küssen, streicheln, die Stimulation der erogenen Zonen wie Brustwarzen, Schamlippen führt zu einer vermehrten Durchblutung im Genitalbereich. Bei Frauen schwellen die Schamlippen und die Klitoris an, bei Männern kommt es zur Erektion.

Plateau: In der Plateauphase werden durch die Weiterführung der Stimulation die physiologischen Veränderungen im Genitalbereich stabilisiert. Die Stimulation muss kein vaginaler Sex mit Penetration des Penis sein. Bei Frauen führt oft das Streicheln oder Küssen im Bereich der Klitoris zur maximalen Erregung, bei Männern kann es auch die Stimulation der Eichel mit der Hand oder auch mit dem Mund sein.

Orgasmus: Beim Orgasmus entlädt sich dann die angesammelte Spannung im Genitalbereich. Beim Mann kommt es zum Samenerguss, bei der Frau zu wellenartigen Kontraktionen in der Scheide und im Beckenboden. Der zeitgleiche Orgasmus wird bei den wenigsten Paaren erreicht, weil viele Frauen beim vaginalen Sex keinen Orgasmus erreichen können.

Rückbildung: Nach dem Sex schwellen die Organe wieder ab. Die Erektion beim Mann lässt nach, die geschwollenen Schamlippen bei der Frau bilden sich zurück.

Wenn der Sex ein Problem ist

Das alles klingt so einfach, warum ist dann die Sexualität in vielen Beziehungen so kompliziert? Die Antwort darauf ist nicht einfach. Aber der wesentliche Faktor ist wohl, dass sich Sexualität vor allem im Kopf abspielt. Schwierigkeiten in der Partnerschaft, Müdigkeit, schlaflose Nächte wegen kleiner Kinder, Unbehagen wegen des eigenen Körpers, viele Faktoren können die Lust auf Sex beeinträchtigen.

Wenn Sex oder wahrscheinlich eher kein Sex in Ihrer Partnerschaft zum Problem geworden ist, dann ist es oft sinnvoll, sich professionelle Hilfe zu holen. Wenn beide Partner ein Interesse daran haben, diesen Punkt in der Partnerschaft zu verbessern, dann können Paartherapeuten und Sexualtherapeutinnen eine große Hilfe sein. Leider werden diese Therapieformen nicht von der Krankenkasse bezahlt.

Welchen Einfluss können Beckenbodenfunktionsstörungen auf die Sexualität haben?

1. Scheidentrockenheit nach den Wechseljahren oder durch Medikamente
2. Blasenentzündungen nach dem Geschlechtsverkehr
3. Urinverlust beim Sex
4. mechanische Probleme durch Senkung
5. Veränderungen nach Operationen

Warum und wie es zu Scheidentrockenheit kommen kann

In der Scheide gibt es eine natürliche Bakterienflora, die überwiegend aus den sogenannten Döderleinbakterien besteht, die erstmals 1892 von Prof. Albert Döderlein aus München beschrieben wurden.

Die Döderleinbakterien sind eine ganze Gruppe von Stäbchenbakterien, die alle Milchsäure produzieren. Sie werden deshalb auch als Lactobazillen bezeichnet. Dadurch ist das Milieu in der Scheide sauer. Die Döderleinflora sorgt für Feuchtigkeit in der Scheide und Pilze, Darmbakterien, Trichomonaden und Gardnerellen werden durch die Döderleinflora in Schach gehalten. Manchmal gerät dieses gute Milieu aus dem Gleichgewicht und dann gewinnen zum Beispiel die Pilze die Überhand. Das kann zum Beispiel nach der Einnahme von Antibiotika passieren, denn dann sterben die »guten Bakterien« ab und die Pilze können sich vermehren.

Die Scheide ist mit Plattenepithel ausgekleidet, das sich bei geschlechtsreifen Frauen (also von der ersten Periodenblutung bis zu den Wechseljahren) unter dem Einfluss der Geschlechtshormone Östrogen und Gestagen zyklisch verändert. In der ersten Zyklushälfte (der Östrogenphase) lagern die Zellen einen Zucker (Glykogen) ein. In der zweiten Zyklushälfte (der Gestagenphase) schilfern die oberflächlichen Zellen der Scheide ab, das Glykogen wird freigesetzt und die Lactobazillen verarbeiten das Glykogen in Milchsäure. Der pH-Wert der Scheide liegt deshalb normalerweise bei 4.

Scheidentrockenheit in den Wechseljahren

Wenn jetzt nach den Wechseljahren der natürliche Einfluss des Östrogens aufhört, weil die Eierstöcke schlichtweg kein Östrogen mehr produzieren, gerät dieser Mechanismus ins Stocken. Die Milchsäurebakterien haben kein Glykogen mehr zum Umwandeln, der pH-Wert der Scheide steigt, die Milchsäurebakterien gehen zugrunde und die Scheide wird trocken. Häufig führt dies zu Juckreiz und vor allem zu Schmerzen beim vaginalen Sex.

Während dieser Vorgang nach dem Einsetzen der Wechseljahre normal ist, kann er auch durch die Einnahme von Medikamenten, die die Hormonproduktion bei Frauen vor den Wechseljahren unterdrücken, hervorgerufen werden.

Scheidentrockenheit durch Medikamente

Zu diesen Medikamenten gehören folgende Substanzen:

Jede Art von Chemotherapie: Die Chemotherapie führt zum Absterben von sich schnell teilenden Zellen im gesamten Körper, wovon neben den Krebszellen, u. a. die Zellen des Darms, der Haarwurzeln und der Eierstöcke besonders betroffen sind. Eine Chemotherapie kann auch bei jungen Frauen dazu führen, dass die Funktion der Eierstöcke komplett ausfällt und die Frauen damit vorzeitig in die Wechseljahre kommen.

GnRH-Analoga: Die Funktion der Eierstöcke wird über Steuerungshormone aus der Hirnanhangdrüse reguliert. Das kann man sich so vorstellen: Die GnRH (Gonatropin-Releasing-Hormone) werden vom Hypothalamus abgegeben und regulieren die Abgabe der Steuerungshormone FSH (Follikel-stimulierendes-Hormon) und LH (luteinisierendes Hormon) in der Hypophyse (Hirnanhangdrüse). FSH und LH steuern die Funktion der Eierstöcke (Östrogenabgabe, Eisprung und Gelbkörperphase). Bei bestimmten Erkrankungen, die durch Hormone beeinflusst werden, soll die Hormonproduktion in den Eierstöcken unterdrückt werden, die Frauen werden dadurch künstlich in die Wechseljahre versetzt. Diese Erkrankungen sind vor allem Brustkrebs bei Frauen vor den Wechseljahren und Endometriose. Die Endometriose ist eine chronische Erkrankung, bei der Gebärmutterschleimhautzellen im Bauchraum verteilt werden und sich dort ansiedeln. Das kann zu Schmerzen und Unfruchtbarkeit führen. Die GnRH-Analoga ersetzen die natürlichen GnRH und führen dadurch zu einem schnellen Stopp der Eierstockfunktion. Nach dem Absetzen der Medikamente setzen die natürlichen Prozesse wieder ein. Die GnRH-Analoga werden in die Muskulatur gespritzt und setzen über einen Zeitraum von 1–3 Monaten den Wirkstoff frei.

Tamoxifen: Tamoxifen wird bei Frauen mit Brustkrebs eingesetzt. Es ist ein sogenannter selektiver Östrogenrezeptormodulator. Die Wirkung kann man sich so vorstellen: Die natürlichen Östrogene docken an die Zellen, in denen sie ihre Wirkung entfalten, über sogenannte Rezeptoren an. Solche Rezeptoren für Östrogen gibt es an sehr vielen Stellen im Körper der Frauen, unter anderem in der Brust und im gesamten Genitalbereich. Durch Tamoxifen werden die Östrogenrezeptoren gehemmt und das Östrogen hat keine Wirkung mehr. Tamoxifen wird in Tablettenform täglich über einen Zeitraum von 3–5 Jahren (selten länger) nach einer Brustkrebserkrankung verabreicht.

Aromatasehemmer: Aromatasehemmer werden wie Tamoxifen in der Therapie von Brustkrebs eingesetzt, allerdings nur bei Frauen nach den Wechseljahren. Sie binden sich an Aromatase und deaktivieren sie damit. Dadurch wird die Östrogenproduktion in der Muskulatur und im Fettgewebe blockiert. Die am häufigsten eingesetzten Wirkstoffe sind Anastrozol, Letrozol und Exemestan.

Auch eine Bestrahlung der Scheide kann zu Scheidentrockenheit führen.

Was tun bei Scheidentrockenheit?

Folgen der Scheidentrockenheit sind neben Juckreiz, vermehrtem Harndrang und der erhöhten Anfälligkeit für Blasenentzündungen auch Schmerzen bei Sex.

Estriol: Die effektivste Behandlung von Scheidentrockenheit ist die Gabe von Estriol, einer Abwandlung des körpereigenen Östrogens, als Salben oder Zäpfchen. Das Estriol hilft den Zellen in der Scheide, wieder Glykogen zu produzieren, das die Döderleinbakterien in Milchsäure umwandeln können und damit wird die natürliche Scheidenflora wiederhergestellt. Bewährt haben sich auch Kombinationen von Milchsäurebakterien mit Estriol. Die alleinige Gabe von Milchsäurebakterien ist nicht effektiv, weil die Bakterien das Estriol brauchen, damit sie sich auch wieder auf Dauer in der Scheide ansiedeln können.

Estriol muss regelmäßig und langfristig angewendet werden, damit die Scheidentrockenheit verschwindet und nicht wieder auftaucht. Die Gabe von Östrogenen als Pflaster, Tabletten und Gel für den Unterarm ist deutlich weniger effektiv für die Behandlung der Scheidentrockenheit als die Verwendung von Estriol in der Scheide.

Die Behandlung wird individuell geplant, manchmal ist für 4 Wochen eine tägliche Gabe des Estriols erforderlich, langfristig reicht meistens die Gabe von 0,5 mg zweimal pro Woche vor dem Schlafen. Es gibt auch eine ultraniedrige Dosierung von 0,03 mg als Zäpfchen für die Scheide, für manche Frauen ist diese Dosierung ausreichend.

Hormonfreie Alternativen: Viele Patientinnen fürchten die möglichen Nebenwirkungen von Hormontherapien, insbesondere das erhöhte Risiko für Brustkrebs. Weil Estriol kaum auf den Gesamtorganismus wirkt, ist das Risiko deutlich niedriger als bei der Einnahme von Estradiol zur Hormonersatztherapie, aber dennoch möchten manche Frauen kein Estriol oder dürfen es (z. B. nach Brustkrebs oder Gebärmutterschleimhautkrebs) nicht verwenden. (Die ultraniedrige Dosierung ist nach den aktuellen Leitlinien auch nach gynäkologischen Krebserkrankungen möglich.)

Es gibt eine Vielzahl von Cremes für die Scheide, die kurzfristig die Scheidenfeuchtigkeit verbessern, die aber alle nicht ursächlich auf die Entstehung der Trockenheit wirken. Die Verwendung eines Gleitgels (in jedem Drogeriemarkt erhältlich) lindert Beschwerden durch die Trockenheit beim Sex, hat aber keinen positiven Effekt auf Juckreiz, Harndrang und Blasenentzündungen. Öle haben in der Scheide nichts zu suchen. Olivenöl enthält z. B. eine Vielzahl von Stoffen, die irritierend wirken können und die Scheidenflora negativ verändern.

Laserbehandlung: Die vaginale Lasertherapie (Seite 50), die bei Belastungsinkontinenz hilfreich sein kann, hat nachweislich keinen guten Effekt auf die Dicke der Vaginalhaut und auf die Trockenheit in der Scheide. Die oberflächliche Verbrennung der Scheidenhaut bei der Therapie führt lediglich zu einer Verbesserung der Durchblutung. Allerdings muss die Behandlung regelmäßig wiederholt werden und ist bei Frauen,

> **Tipp**
>
> Durch das Vorspiel beim Sex wird die Durchblutung der Scheide und der Schamlippen verstärkt und dadurch kommt die Feuchtigkeitsbildung in der Scheide (Lubrifikation) in Gang. Zeit spielt dabei eine wichtige Rolle. Lassen Sie sich als Paar beim Sex Zeit und genießen Sie Berührung und Erregung.

die z. B. nach einer Chemotherapie eine sehr angegriffene und verengte Scheide haben, oftmals sehr schmerzhaft. Außerdem werden die Kosten dafür von den gesetzlichen Krankenkassen nicht übernommen.

Blasenentzündungen nach dem Geschlechtsverkehr

Ständige Blasenentzündungen nach dem Sex können der Frau den Spaß daran ganz schön verhageln. Wir sehen diese Problematik besonders bei jungen Frauen (Honeymoon-Zystitis = Flitterwochen-Blasenentzündung) und bei Frauen nach den Wechseljahren.

Ausgelöst wird die Blasenentzündung dadurch, dass mechanisch beim vaginalen Sex Darmbakterien, die immer im Genitalbereich vorhanden sind, in die Blase »gerieben« werden. Obwohl das wahrscheinlich bei allen Frauen und bei jedem vaginalen Verkehr der Fall ist, bekommen nicht alle Frauen auch eine Entzündung mit Beschwerden. Wahrscheinlich spielt die Immunabwehr eine wichtige Rolle, eventuell auch eine Veranlagung. Bei Frauen nach den Wechseljahren kommt die Scheidentrockenheit dazu. Und mit zunehmendem Alter wird die Immunabwehr bei allen Menschen schlechter, Begleiterkrankungen wie z. B. Diabetes (Zuckerkrankheit) kommen dazu.

Wenn Blasenentzündungen vorwiegend nach dem Verkehr auftreten, gibt es verschiedene Behandlungsansätze:

Sexualpraktiken ändern: Nach dem Analverkehr darf auf keinen Fall Vaginalverkehr stattfinden. Sonst können Darmkeime in großer Zahl in die Scheide gelangen und damit dann auch in die Blase.

Blasenentleerung direkt nach dem Sex: Auch wenn es unromantisch ist: Wenn die Blase direkt nach dem Verkehr entleert wird, dann werden Keime, die es in die Blase geschafft haben, wieder ausgespült.

Scheidentrockenheit behandeln: Vaginaler Verkehr nur dann, wenn die Scheide ausreichend feucht ist. Da reicht bei jungen Frauen in der Regel ein ausreichend langes Vorspiel mit entsprechender Erregung. Sonst sollte das Paar großzügig zum Gleitgel greifen. Frauen nach den

Wechseljahren sollten nach Verordnung der Frauenärztin eine Behandlung mit Estriol in Erwägung ziehen.

Vorsorgliche Einnahme von pflanzlichen Mitteln nach dem Verkehr: Mannose und pflanzliche Wirkstoffe aus Bärentraubenblättern, Tausendgüldenkraut, Cranberrys, Kapuzinerkresse, Meerrettich etc. wirken desinfizierend und ansäuernd in der Blase. Das hilft oft, um eine Blasenentzündung zu verhindern.

Verbesserung der Abwehrkraft durch eine Impfung: Die Impfung durch Tabletten oder mit Spritzen kann dazu führen, dass die Infekte nach dem Sex seltener auftreten.

Einmalgabe eines Antibiotikums nach dem Sex: Nitrofurantoin ist ein gut verträgliches Antibiotikum, das in Deutschland in der Regel nur zur Behandlung von Harnwegsinfekten eingesetzt wird. Das Medikament wird fast ausschließlich über den Urin ausgeschieden und erreicht 4–5 Stunden nach der Einnahme seine maximale Konzentration im Urin. Resistenzbildungen sind selten, deshalb kann Nitrofurantoin auch vorsorglich eingesetzt werden. Die Einnahme von 100 mg Nitrofurantoin nach dem Sex kann das Auftreten einer Blasenentzündung oft verhindern. Nitrofurantoin ist verschreibungspflichtig.

Urinverlust beim Sex

Blasenschwäche an sich ist unangenehm und den Betroffenen oft sehr peinlich. Urinverlust beim Sex wird oft als noch viel schlimmer empfunden. Es gibt zwei verschiedene Formen von Urinverlust beim Geschlechtsverkehr:

Bei einer Belastungsinkontinenz kommt es zu Urinverlust durch die mechanische Streckung der Scheide beim vaginalen Sex. Die Harnröhre funktioniert nicht optimal und schließt deshalb nicht richtig. In der Folge geht Urin durch die Harnröhre ab, in der Regel handelt es sich um kleinere Mengen.

Es gibt aber noch eine weitere Form des Urinverlusts, nämlich beim Orgasmus. Das ist eine Form von Dranginkontinenz. Beim Orgasmus kommt es zu einem Kontrollverlust und in der Folge entspannt sich die Beckenbodenmuskulatur und die Blase zieht sich zusammen und entleert sich. Man kann das mit dem Urinverlust bei Kindern bei einem Lachanfall vergleichen. Es heißt nicht umsonst: »sich vor Lachen in die Hosen machen.«

Für alle Frauen, die von Inkontinenz betroffen sind, gilt, dass sie am besten vor dem Sex die Blase entleeren. Je leerer die Blase, desto weniger kann rauslaufen. Eine wasserdichte Unterlage unter dem Bettlaken schont die Matratze. Viele Betroffene denken, dass ihr Partner die Blasenschwäche ganz furchtbar findet, und vermeiden deshalb sexuelle Begegnungen. Aber das muss gar nicht der Fall sein. Wenn Paare es schaffen, über die Problematik zu sprechen, kann es auch sein, dass sich herausstellt, dass der Partner das gar nicht schlimm findet.

Bei einer Belastungsinkontinenz beim Sex kann Beckenbodentraining hilfreich sein. Die gut trainierte Beckenbodenmuskulatur hat einen höheren Tonus, die Inkontinenz nimmt ab. Außerdem ist der Beckenboden auch noch ein positiver Stimulus für die Frau und ihren Partner. Beide profitieren im Hinblick auf das sexuelle Erleben von einem kraftvollen Beckenboden. Wenn das nicht hilft, dann ist eine Operation oft sinnvoll. Für die Bandoperationen (Seite 90) konnte in einigen Studie gezeigt werden, dass sich die Inkontinenz beim Sex bessert.

Anders sieht es für die Inkontinenz beim Orgasmus aus. Medikamente können den überaktiven Blasenmuskel dämpfen (Seite 38), aber sie haben oft Nebenwirkungen. Eine Einspritzung von Botulinumtoxin (Seite 40) kann gegebenenfalls helfen.

Mechanische Probleme bei einer Senkung

Ein Satz vorab: Eine Senkung von Scheide oder Gebärmutter beeinträchtigt die Sexualität nicht regelhaft. Viele Paare erleben eine schöne und erfüllende Sexualität trotz Senkung. Da die Klitoris als wichtigstes Sexualorgan der Frau ja fest am Platz ist und sich nicht senkt, können Frauen mit einer Senkung durch Stimulation der Klitoris selbstverständlich einen Orgasmus erleben.

Was kann das sexuelle Erleben beeinträchtigen?

Manche Frauen schämen sich, weil sie nicht mehr so »straff« sind wie in jungen Jahren. Sie haben Angst, dass der Partner die Veränderungen entdeckt und sie nicht mehr attraktiv findet. Doch Hand aufs Herz: niemand wird mit zunehmendem Alter straffer und schöner. Menschen verändern sich, Frauen wie Männer. Sexuelle Anziehungskraft entsteht weniger über einen attraktiven Körper als über Zuneigung, Liebe und Vertrautheit. Ein älterer Körper ist nicht weniger schön, er ist nur anders.

Wenn die Scheide sehr weit ist, dann kann das sowohl für die Frau als auch für den Mann beim vaginalen Verkehr Folgen haben. Wenn der Scheideneingang eng ist, stimuliert der Penis die Klitoris, was Frauen als lustvoll erleben. Ist der Scheideneingang sehr weit, dann fehlt diese Stimulation. Wenn die Frau weniger erregt ist, dann wird die Scheide wenig feucht. Das kann ein unangenehmes Gefühl, mitunter auch Schmerzen zur Folge haben. Der Penis wird bei einer weiten Scheide weniger stimuliert, dass kann zu einem Nachlassen der Erektion führen. Eine weite Scheide, die die Sexualität beeinträchtig, wird im populären Sprachgebrauch auch als »Lost-Penis-Syndrom« bezeichnet. Dieser Begriff wird aber nicht wissenschaftlich verwendet, es gibt keine verlässlichen Zahlen darüber, wie viele Paare davon betroffen sind.

Beckenbodentraining kann die Weite der Scheide positiv beeinflussen. Manche Frauen können sogar beim vaginalen Sex durch Anspannung der Muskeln ihren Partner stimulieren und sich selbst mehr Gefühl verschaffen. Aber Sex sollte kein Beckenbodentraining sein, denn dann kann sich wohl niemand so recht entspannen.

Die Senkung kann die Scheide aber auch von innen verengen, der Penis hat weniger Platz und das kann sich für beide Partner unangenehm anfühlen. Wenn die Gebärmutter stark gesenkt und damit sehr beweglich ist, kann das zu Schmerzen führen. Der Partner kann beim vaginalen Sex das Gefühl haben, dass ein Fremdkörper im Weg ist.

Wenn die Senkung beim vaginalen Sex als störend empfunden wird, kann das Paar verschiedene Stellungen ausprobieren. Wenn die Frau im Vierfüßlerstand ist und das Becken somit erhöht, rutschen die abgesenkten Organe wieder zurück an ihren ursprünglichen Platz. Der Partner kann beim Vorspiel mit dem Finger schon ein wenig Ordnung schaffen. Alles ist möglich, wenn Paare offen miteinander umgehen.

Veränderungen nach Operationen

Gynäkologische Operationen können die Sexualität auf verschiedene Weise verändern. Das muss nicht unbedingt zum Schlechteren sein. Das sexuelle Erleben kann sich durchaus auch verbessern.

Verbesserungen nach Entfernung der Gebärmutter: Es gibt Erkrankungen, bei denen die Berührung der Gebärmutter schmerzhaft ist. Das kann bei Endometriose und Adenomyosis uteri der Fall sein. Bei diesen Erkrankungen wird Gebärmutterschleimhaut im Körper oder der Gebärmutterwand versprengt. Wenn dann die Gebärmutter entfernt wird, kann das die Schmerzen verringern.

Verbesserungen nach Inkontinenzoperationen: Wenn eine Patientin nach einer Operation keinen Urin mehr verliert, dann wirkt sich das oft sehr positiv auf die Sexualität aus.

Verbesserungen nach Senkungsoperationen: Es gibt viele Betroffene, die sich für die Senkung schämen und meinen, dass sie für den Partner oder die Partnerin nicht mehr attraktiv sind. Wenn durch die Operation die Senkung behoben wurde, fühlen sich manche Frauen wieder attraktiver und begehrenswerter, was natürlich das sexuelle Erleben verbessern kann. Wenn bei der Operation die Scheide verengt wird, dann wird beim vaginalen Sex mehr Reibung ausgeübt, was für die Frau und auch für den Partner angenehm sein kann.

Operationen können aber auch Beschwerden beim Sex verursachen.

Schmerzen nach Entfernung der Gebärmutter: Wenn die Gebärmutter komplett entfernt wird, dann entsteht eine Narbe am Scheidenende. Am Scheidenende kann es Verwachsungen geben, die Schmerzen beim vaginalen Sex verursachen können. In diesen Fällen kann manchmal eine Bauchspiegelung zur Lösung der Verwachsungen zu einer Besserung führen.

Schmerzen nach Einlage eines Bandes unter die Harnröhre: Kunststoffbänder, die unter die Harnröhre gelegt werden, um den Urinverlust bei Belastung zu beheben, haben einen engen Kontakt zur Scheidenwand (Seite 90). Das Band liegt im Bereich der mittleren Harnröhre, 1–2 cm vom Harnröhrenausgang entfernt. Es verläuft dann je nach Technik zur Seite zum absteigenden Schambeinast hin oder nach schräg oben zum Schambeinbogen. Ca. 6 cm Band liegen im Bereich der Scheide.

Die Scheide ist über dem Band nicht verschieblich, das Band ist relativ starr am Schambein bzw. am unteren Schambeinast nicht beweglich. In seltenen Fällen hat die Frau beim vaginalen Verkehr Schmerzen durch das Band. Wenn das Band im Bereich des absteigenden Schambeinastes fixiert ist, dann kann durch Spreizen der Beine Zug auf das Band ausgeübt werden und das kann dann zu Leistenschmerzen führen. Manchmal muss das Band dann wieder entfernt werden.

Bei manchen Frauen heilt das Band nicht richtig ein und es ist dann in der Scheide tastbar. Es kann auch im Laufe von Monaten oder auch Jahren zu einem Einwandern des Bandes in die Scheide kommen. Das Band hat eine raue Oberfläche und ist scharfkantig. Dies kann zu Verletzungen am Penis des Partners führen. In solchen Fällen muss das Band aus der Scheide ganz oder teilweise entfernt werden.

Schmerzen nach Senkungsoperationen ohne Netz: Wenn durch die Scheide operiert wird, bilden sich Narben. Diese Narben können schmerzhaft sein. Insbesondere nach einer hinteren Scheidenraffung kann die Scheide narbig, starr und eng werden. Auch die Entfernung von viel Scheidenhaut kann die Scheide verengen und verkürzen. Es ist manchmal möglich, die Scheide operativ wieder zu erweitern.

Schmerzen nach Senkungsoperationen mit Netz: Nach einer Netzeinlage kann es zu einer narbigen schmerzhaften Schrumpfung der Scheide um das Netz kommen. Das Netz ist an verschiedenen Stellen fixiert und der Zug an den Bändern kann Schmerzen verursachen. Die Scheide kann dann starr und unbeweglich sein, was auch beim Partner zu Schmerzen führen kann. Netze können wie die Bänder in die Scheide einwandern und den Penis verletzen. Es ist schwierig, die Netze wieder zu entfernen, weil sie in der Regel mit der Scheidenhaut verwachsen sind.

Harnwegsinfekte behandeln

Harnwegsinfekte sind eine lästige Angelegenheit. Die meisten Frauen haben mindestens einmal in ihrem Leben eine Blasenentzündung. Besonders belastend wird die Situation aber, wenn die Harnwegsinfekte immer wiederkehren.

Zunächst: Wir unterscheiden unkomplizierte und komplizierte Harnwegsinfekte. Auf komplizierte Harnwegsinfekte (z. B. in der Schwangerschaft, nach Operationen oder bei Fehlbildungen der ableitenden Harnwege sowie Nierenbeckenentzündungen) soll hier nicht näher eingegangen werden, denn diese Entzündungen müssen immer ärztlich abgeklärt und behandelt werden.

Wie zeigt sich eine Blasenentzündung?

Blasenentzündungen werden fast immer durch Darmbakterien hervorgerufen. Diese Bakterien kommen natürlicherweise im Genitalbereich vor und verursachen normalerweise keine Beschwerden. Wenn die Bakterien aber in die Blase gelangen (wo sie nicht hingehören), dann können sie sich im feuchtwarmen Milieu vermehren.

Typische Symptome einer Blasenentzündung sind:

- häufiges Wasserlassen
- starker Harndrang mit Abgeben von kleinen Mengen Urins und ggf. auch unvollständiger Blasenentleerung
- Schmerzen beim und auch nach dem Wasserlassen
- unangenehmer Geruch des Urins
- Unterbauchschmerzen

Ältere Frauen haben oft wenige oder gar keine Symptome, obwohl Keime im Urin nachweisbar sind. Dann spricht man von einer asymptomatischen Bakteriurie.

Kommen zu den typischen Symptomen einer Blasenentzündung Abgeschlagenheit oder Fieber, könnte es sich um eine beginnende Nierenbeckenentzündung handeln, dann muss unbedingt zeitnah eine Ärztin aufgesucht werden.

Wie wird eine Blasenentzündung diagnostiziert?

Neben den typischen Symptomen eines Harnwegsinfektes ist die Urinuntersuchung sehr wichtig. Um den Urin richtig beurteilen zu können, ist es wichtig, dass der Urin nicht mit Bakterien aus der Scheide oder dem Darm in Berührung kommt. Beim Wasserlassen läuft der Urin aus der Harnröhre an den kleinen und großen Schamlippen entlang, die mit vielen Bakterien besiedelt sind. Deshalb sollte ein sogenannter Mittelstrahlurin gewonnen werden.

Was ist Mittelstrahlurin? Im Idealfall kann sich die Patientin vor der Gewinnung des Urins im Genitalbereich waschen, was natürlich auf der Toilette in der Arztpraxis in der Regel nicht möglich ist. Dann lässt die Frau den ersten Anteil des Urins in die Toilette laufen (dieser Urin wäscht dann sozusagen die Bakterien im Genitalbereich ab) und dann erst kommt Urin in den Becher zum Untersuchen. Gerade ältere oder auch dickere Patientinnen tun sich oft schwer, einen Mittelstrahlurin abzugeben. Für Patientinnen mit einer ausgeprägten Senkung von Scheide oder Gebärmutter ist es manchmal unmöglich. Deshalb wird dann in der Arztpraxis manchmal der Urin mit einem kleinen Katheter aus der Blase entnommen. Dieser Katheterurin ist sicher nicht in Kontakt mit der Scheide gekommen und deshalb besonders aussagekräftig.

Wie der Urin untersucht wird

Harnstreifentest (U-Stix): Mit diesem Schnelltest kann orientierend beurteilt werden, ob die Frau einen Harnwegsinfekt hat. Im Urin finden sich normalerweise keine weißen Blutkörperchen (Leukozyten) und kein Nitrit. Nitrit ist eine Stickstoffverbindung, die bei bakteriellen Harnwegsinfekten im Urin entsteht. Nicht alle Bakterien produzieren Nitrit, auch ohne Nachweis von Nitrit kann eine Blasenentzündung vorliegen.

Wenn die Frau entsprechende Symptome hat und im Harnstreifentest weiße Blutkörperchen und ggf. auch Nitrit nachgewiesen werden, dann ist eine Behandlung eines unkomplizierten Harnwegsinfektes ohne weitere Diagnostik möglich.

Urinsediment: Zur Beurteilung des Urinsedimentes wird die Urinprobe mit dem Mikroskop untersucht. Dabei können Bakterien im Urin und auch die weißen Blutkörperchen beurteilt werden. Das Sediment liefert dementsprechend mehr Informationen als der Harnstreifentest.

Welche Keime können eine Blasenentzündung hervorrufen?

Die meisten Blasenentzündungen werden durch Bakterien verursacht, Infektionen durch Pilze sind sehr selten. Folgende Bakterien werden häufig nachgewiesen:

- Escherichia coli (E. coli)
- Enterokokken
- Klebsiellen

E. coli und Enterokokken kommen natürlicherweise in der Darmflora vor und gehören zur »natürlichen Flora« im Genitalbereich. Erst wenn sie in die Blase aufsteigen, haben sie einen Krankheitswert. Staphylokokken, Streptokokken, Morganella, Proteus und Pseudomonas sind seltener die Ursache für Blasenentzündungen.

Allerdings kann man im Sediment nicht beurteilen, um welche Bakterien es sich handelt.

Urinkultur: Am zuverlässigsten kann eine Harnwegsinfektion durch eine Urinkultur nachgewiesen werden. Dazu wird der Urin im Labor auf spezielle Platten ausgebracht und in einem Wärmeschrank bebrütet. Wenn der Urin infiziert ist, dann wachsen die Bakterien unter diesen Bedingungen heran und es kann genau differenziert werden, um welche Bakterien es sich handelt. Außerdem kann getestet werden, auf welche Antibiotika die Keime empfindlich oder auch resistent sind. Die Urinkultur ist die zuverlässigste Methode, um einen Harnwegsinfekt nachzuweisen und dann auch gezielt zu behandeln. Bei komplizierten Harnwegsinfekten oder immer wieder auftretenden Infekten sollte eine Urinkultur angelegt werden, am besten aus Katheterurin.

Behandlung einer Blasenentzündung

Eine unkomplizierte Blasenentzündung muss nicht unbedingt mit Antibiotika behandelt werden. Hier können verschiedene Selbsthilfemaßnahmen oft schon ausreichen.

Selbsthilfemaßnahmen: Behandlung ohne Antibiotika

- Viel trinken verdünnt den Urin und schwemmt die Bakterien, die sich vermehrt haben, aus.
- Blasen- und Nierentees wirken harntreibend und desinfizierend. Sie enthalten Wirkstoffe aus Pflanzen wie Birkenblätter, Brennnesselblätter, Orthosiphonblätter oder auch Riesengoldrutenkraut und Bärentraubenblätter.
- Pflanzliche Arzneimittel mit Inhaltsstoffen aus Goldrute, Bärentraubenblättern, Rosmarin, Liebstöckel,

Tausendgüldenkraut, Kapuzinerkresse, Meerrettich. Diese pflanzlichen Arzneimittel wirken desinfizierend.

- D-Mannose ist ein Zucker, der auch natürlicherweise im menschlichen Körper gebildet wird. Er neutralisiert E.-coli-Bakterien, die dann mit dem Urin ausgespült werden.
- Einnahme von Schmerzmitteln wie Ibuprofen 3 × 400 mg bis 3 × 600 mg pro Tag, die schmerzstillend und entzündungshemmend wirken.

Behandlung mit Antibiotika

Oft kann eine Behandlung mit Antibiotika nicht vermieden werden. Zur Behandlung unkomplizierter Harnwegsinfekte ohne vorherigen Keimnachweis werden die folgenden Antibiotika empfohlen. Alle Antibiotika sind verschreibungspflichtig.

Fosfomycin ist ein Pulver, das am Abend eingenommen wird. Man sollte nicht sehr viel dazu trinken, damit sich die Konzentration im Urin nicht zu stark verdünnt. In der Regel reicht eine Einmalgabe von Fosfomycin.

Nitrofurantoin ist ein Antibiotikum, das erst im Harn seine volle Wirkung entfaltet. Deshalb wird es bevorzugt bei Harnwegsinfektionen eingesetzt. Nitrofurantoin wirkt in der Regel gut gegen E. coli, Enterokokken, Klebsiellen, Enterobacter und Staphylokokken. Einige Keime, wie z. B. Pseudomonas, haben eine natürliche Resistenz gegen Nitrofurantoin

Nitroxolin wirkt gegen Bakterien und auch gegen Pilze und wirkt vornehmlich im Urin. Es wird bevorzugt zur Behandlung von Harnwegsinfekten und auch von Harnröhrenentzündungen eingesetzt.

Pivmecillinam ist ein sogenanntes Beta-Lactam-Antibiotikum, ist also mit Penicillin und Cephalosporinen verwandt. Es ist erst seit 2016 in Deutschland verfügbar.

Nach Maßgabe des behandelnden Arztes bzw. der behandelnden Ärztin und je nach Resistenzlage können selbstverständlich auch andere Antibiotika zur Anwendung kommen. Manche Patientinnen haben auch Allergien gegen bestimmte Antibiotika, dann müssen Alternativen verwendet werden. Bei Harnwegsinfektion können bestimmte Antibiotika auch als Einmalgabe in der Regel zur Nacht eingenommen werden. Über Nacht kann das Antibiotikum besonders konzentriert längere Zeit wirken. Deshalb sollten die Patientinnen bei einer Einmalgabe zur Nacht nicht sehr viel trinken, weil dann der Urin verdünnt wäre, was die Wirkung reduzieren kann.

Welche Nebenwirkungen können Antibiotika haben?

Antibiotika töten Bakterien ab bzw. hindern sie am Wachstum. Leider unterscheiden die Antibiotika nicht zwischen »guten Bakterien«, die natürlicherweise im Körper leben (vor allem im Darm und in der Scheide) und »bösen Bakterien«, die krank machen. Darmbakterien brauchen wir dringend für eine geregelte Verdauung und sie spielen eine große Rolle bei der Immunabwehr. In der Blase aber verursachen die gleichen Bakterien eine krankhafte Entzündung.

Wenn durch die Einnahme von Antibiotika die Bakterien im Darm beeinträchtigt werden, dann kann dies zu Durchfall führen. Wenn dies der Fall ist, dann sollte die Darmflora mit sogenannten Probiotika wieder saniert werden. Die Probiotika enthalten zahlreiche Bakterienstämme, die sich dann im Darm wieder ansiedeln können. Probiotika sind in Apotheken rezeptfrei erhältlich. Die Fachkräfte in den Apotheken können bei der Auswahl zwischen den verschiedenen Produkten beraten.

Zur natürlichen Scheidenflora gehören Milchsäurebakterien (Döderleinbakterien). Sie fördern ein saures Milieu in der Scheide, in dem Pilze sich nicht wohlfühlen. Wenn die Milchsäurebakterien durch die Einnahme von Antibiotika absterben, dann haben die Pilze leichtes Spiel. Deshalb bekommen viele Frauen nach der Gabe von Antibiotika eine Pilzinfektion in der Scheide. Um dies zu verhindern oder zu behandeln, können Frauen parallel zur Einnahme von Antibiotika Scheidenzäpfchen mit einem Wirkstoff gegen Scheidenpilz (z. B. Clotrimazol) verwenden. Diese sind in Apotheken rezeptfrei erhältlich.

Andere Nebenwirkungen von Antibiotika sind Übelkeit, Erbrechen, Kopfschmerzen, allergische Reaktionen und anderes.

Können Antibiotika die Wirkung der Pille beeinträchtigen? Es gibt nur zwei Antibiotika, Rifampicin und Rifabutin, die durch ihren enzyminduzierenden Effekt die Wirkung der Pille reduzieren können. Diese beiden Wirkstoffe werden aber nur selten eingesetzt und kommen bei der Behandlung von Harnwegsinfektionen nicht zur Anwendung. Wenn Frauen aber nach der Antibiotikaeinnahme Durchfall oder Erbrechen bekommen, dann kann das durchaus die Wirkung der Pille herabsetzen. Bei Durchfall oder Erbrechen unter Pilleneinnahme sollte in dem Zyklus zusätzlich mit Kondom oder anderen Mitteln verhütet werden.

Was bedeuten Resistenzen bei Antibiotika?

Es gibt Keime, die von Natur aus gegen bestimmte Antibiotika resistent sind. So wirkt Nitrofurantoin bei Infektionen mit Proteus, Providencia und Proteus nicht. Die meisten Resistenzen gegen Antibiotika entwickeln sich aber durch den Kontakt der Bakterien mit den Antibiotika. Die Bakterien verändern sich, um den Antibiotika zu entgehen.

Die großzügige und ungezielte Einnahme von Breitbandantibiotika begünstigt die Resistenzbildung. In der Massentierhaltung werden Antibiotika häufig in großen Mengen vorbeugend eingesetzt, um die Entstehung von Infektionen zu verhindern. Dies begünstigt die Resistenzbildung.

Es gibt mittlerweile Bakterien, die nur noch gegen sogenannte Reserveantibiotika empfindlich sind. Dazu gehören MRSA (Methicillin-resistenter Staphyloccus aureus), ESBL (Extended-Spectrum-Betalactamase) und MRGN (multiresistente gramnegative Erreger).

Wenn sich die typischen Beschwerden des Harnwegsinfekts, wie häufiger, schmerzhafter Harndrang, blutiger Urin etc. nach der Einnahme eines Antibiotikums nicht rasch bessern, sollte ein Keimnachweis im Urin erfolgen. Im Labor wird dann getestet, auf welche Antibiotika der Keim empfindlich bzw. resistent ist. Die Ärztin erhält dann einen Befund, das sogenannte Antibiogramm, und kann gezielt eine Antibiotikagabe veranlassen. Die Antibiotikagabe muss ausreichend dosiert und lange erfolgen, damit der Keim keine Resistenzen entwickeln kann.

Wiederkehrende (rezidivierende) Harnwegsinfekte

Manche Frauen haben mehr als zweimal im Jahr eine Blasenentzündung. Das wird als rezidivierende Harnwegsinfekte bezeichnet. Es kommt sogar vor, dass Patientinnen jeden Monat eine Infektion haben, andere haben, sobald sie mit der Einnahme des Antibiotikums aufhören, gleich wieder eine Blasenentzündung. Rezidivierende Harnwegsinfekte beeinträchtigen das Leben der Betroffenen oft stark. Manche, vor allem ältere Patientinnen, bemerken gar nicht, dass sie eine Blasenentzündung haben. Im Urin lassen sich Bakterien nachweisen, aber die Patientinnen haben keine Schmerzen beim Wasserlassen, kein Blut im Urin oder andere Symptome einer Blasenentzündung. Das wird als asymptomatische Bakteriurie bezeichnet, eine Behandlung ist hier nicht unbedingt erforderlich.

Mögliche Ursachen für rezidivierende Harnwegsinfekte

Alter: Ältere Menschen haben oft ein geschwächtes Immunabwehrsystem, was die Entstehung von Harnwegsinfekten begünstigt.

Sex: Beim Geschlechtsverkehr kann es zu einer Verbreitung von Bakterien in die Blase kommen. Wird zwischen analem und vaginalem Geschlechtsverkehr gewechselt, ist das Risiko noch größer.

Scheidentrockenheit nach den Wechseljahren: Eine Scheidentrockenheit durch den Hormonmangel nach den Wechseljahren verändert das Milieu in der Scheide. Es kommt zu einer Entzündungsreaktion, das Gewebe ist weniger elastisch und Bakterien können schneller in die Blase aufsteigen.

Zuckerkrankheit (Diabetes): Durch die Zuckerkrankheit wird die Immunabwehr geschwächt, generell sind Diabetikerinnen infektanfälliger. Diabetesmedikamente, die zu einer Ausscheidung von Zucker im Urin führen, verstärken dies noch.

Restharnbildung: Wenn sich die Blase nicht richtig entleeren kann und immer Resturin verbleibt, können sich Bakterien gut vermehren. Ursachen für Restharn können eine Senkung der Scheide oder der Gebärmutter, Operationen im kleinen Becken und auch neurologische Erkrankungen, wie z. B. Multiple Sklerose oder ein Schlaganfall, sein. Es gibt auch Medikamente, die die Restharnbildung begünstigen, oft sind dies Psychopharmaka oder auch Medikamente, die bei einer überaktiven Blase und einer Dranginkontinenz verordnet werden (sogenannte Anticholinergika).

Einnahme der »Pille«: Eine Verhütung mit Hormonen (Pille) verändert das Milieu in der Scheide, was Blaseninfekte begünstigen kann.

Hygiene: Wenn nach dem Stuhlgang von hinten (After) nach vorne (Scheide und Harnröhre) gewischt wird, gelangt eine große Menge von Darmkeimen an die Harnröhre, was aufsteigende Infektionen begünstigt.

Schließmuskelschwäche (anale Inkontinenz): Frauen, die unfreiwillig Stuhl verlieren, haben eine erhöhte Belastung mit Darmkeimen im Genitalbereich.

Diagnostik bei rezidivierenden Harnwegsinfekten

Eine gründliche Befragung und Untersuchung sind die Voraussetzung, um die Patientin beraten zu können.

Wichtige Punkte im ärztlichen Gespräch sind:

- Welche Medikamente nehmen Sie ein? Fördern diese Medikamente unter Umständen die Restharnbildung oder die Infektneigung?
- Trinken Sie ausreichend?
- Sind Sie über Genitalhygiene (Richtung beim Abputzen) informiert?
- Seit wann haben Sie rezidivierende Harnwegsinfekte?
- Haben Sie einen neuen Sexualpartner?
- Haben die Infekte mit den Wechseljahren begonnen?
- Treten die Infekte oft nach dem Sex auf?
- Haben die Entzündungen nach einer Operation im kleinen Becken angefangen?
- Haben Sie Probleme, den Stuhl zu halten?

Bei der Untersuchung sollte die Ärztin bzw. der Arzt auf Folgendes achten:

- Urinuntersuchung, bei akuten Beschwerden möglichst mit Anlegen einer Urinkultur zur Keimbestimmung und Erstellung eines Antibiogramms (Resistenztestung des Keims)
- Restharnmessung
- Gynäkologische Untersuchung: Liegt eine Senkung vor? Hat die Patientin eine Scheidentrockenheit? Gibt es Spuren von Stuhlgang im Genitalbereich, was auf eine Stuhlinkontinenz hindeuten könnte?
- Gegebenenfalls sollte nach ärztlichen Maßgaben auch eine Blasenspiegelung erfolgen, um eine krankhafte Veränderung in der Blase (z. B. einen Blasenstein) auszuschließen

Cranberrys

Cranberrys (deutsch: großfrüchtige Moosbeeren) sind Verwandte der heimischen Heidelbeeren. Die Beeren enthalten sogenannte Proanthocyanidine, die verhindern, dass Bakterien an der Harnblasenwand anhaften. Dann können diese besser ausgeschwemmt werden. Cranberrys verhindern allerdings nicht die Vermehrung der Bakterien. Sie können frisch, getrocknet, als Saft oder als Tabletten eingenommen werden.

Wiederkehrende Harnwegsinfekte: So beugen Sie vor

Es gibt verschiedene Ansätze, um das Auftreten von rezidivierenden Harnwegsinfektionen zu verhindern. Dazu zählen die im Folgenden beschrieben Selbsthilfemaßnahmen und ärztlich verordneten Therapien.

Selbsthilfemaßnahmen

Generell sollten Sie mindestens zwei Liter am Tag trinken. Achten Sie auf die richtige Genitalhygiene und putzen immer von vorne nach hinten ab. Bei Nachschmieren oder analer Inkontinenz ist das Abduschen nach dem Stuhlgang sinnvoll z. B. auf einem Bidet. Nehmen Sie sich auch genügend Zeit beim Wasserlassen, um sicherzustellen, dass die Blase immer vollständig entleert wird.

Bei Harnwegsinfektionen nach dem Sex: Direkt nach dem Sex die Blase entleeren, viel trinken. Es ist möglich, nach ärztlicher Verschreibung direkt nach dem Sex 100 mg Nitrofurantoin vorsorglich einzunehmen, um das Auftreten einer Harnwegsinfektion zu verhindern. Nitrofurantoin ist in geringer Dosierung sehr gut verträglich. Eine Resistenzbildung wird nur sehr selten beobachtet.

Bei Restharnbildung: Beseitigen der Ursache für den Resturin, wenn das möglich ist. Wenn das nicht möglich ist (z. B., wenn der Restharn durch einen schlaffen Blasenmuskel bei neurologischen Erkrankungen verursacht ist), dann kann es hilfreich sein, wenn der Resturin mehrfach täglich mit einem kleinen Katheter von der Patientin selbst entleert wird (intermittierender Selbstkatheterismus Seite 54).

Ansäuern des Urins: Bakterien mögen keine Säure. Das Ansäuern des Urins, zum Beispiel mit Methionin, kann Harnwegsinfekten vorbeugen. Methionin ist eine essenzielle Aminosäure, die eigentlich für den Muskelaufbau wichtig ist. Der Körper benötigt ca. 0,5 g Methionin pro Tag. Wenn man mehr davon zu sich nimmt, dann wird das überschüssige Methionin verstoffwechselt und dabei entstehen Bausteine, die den Urin ansäuern. Dadurch wird das Bakterienwachstum behindert und es bilden sich seltener Nierensteine. Manche Antibiotika wirken auch besser, wenn der Urin ein saures Milieu hat. Methionin wird als Nahrungsergänzungsmittel rezeptfrei in Apotheken, in Drogeriemärkten und online verkauft. Die Dosierung beträgt 1,5–3 g pro Tag, sie kann in Einzelfällen auch auf 6 g pro Tag erhöht werden.

Pflanzliche Mittel: Es gibt verschiedene pflanzliche Arzneimittel, die unterschiedliche Inhaltsstoffe haben, wie Goldrute, Bärentraubenblätter, Rosmarin, Liebstöckel, Tausendgüldenkraut, Kapuzinerkresse, Meerrettich, Orthosiphon oder Hauhechel. Viele Präparate enthalten Kombinationen von zwei oder drei verschiedenen Arzneikräutern. Diese pflanzlichen Arzneimittel wirken desinfizierend.

D-Mannose: D-Mannose ist ein Zucker, der auch natürlicherweise im menschlichen Körper gebildet wird. Er neutralisiert E.-coli-Bakterien, die dann mit dem Urin ausgespült werden. D-Mannose kann auch vorbeugend eingenommen werden.

Probiotika: Lactobazillen (Milchsäurebakterien) kommen natürlicherweise im menschlichen Körper vor, bei Frauen gehören sie zur gesunden Flora in der Scheide. Diese Bakterien sind in Joghurt und anderen Milchprodukten enthalten. Sie stärken die Immunabwehrkraft im Körper und können dadurch die Neigung zu Harnwegsinfekten reduzieren. Auch eine gesunde Darmflora ist wichtig für die die Immunabwehr. Lactobazillen können Sie durch die Nahrung aufnehmen, es gibt sie aber auch als Fertigarzneimittel in der Apotheke zu kaufen, oft auch in Kombination mit anderen Wirkstoffen, z. B. mit D-Mannose. Es ist nicht bekannt, ob die Einnahme bestimmter Laktobazillen der Zufuhr durch Milchsäure-Nahrungsmittel (Jogurt, Sauermilch, Kefir) überlegen ist.

Ärztlich verordnete Therapien

In Deutschland sind zurzeit zwei Impfungen zur Vorbeugung von Harnwegsinfektionen zugelassen.

Impfungen: Strovac ist ein Impfstoff, der 10^9 inaktivierte Erreger von insgesamt 10 Stämmen aus 5 uropathogenen Keimen enthält. Er wird dreimal im Abstand von 1–2 Wochen in den Muskel gespritzt. Bei Erfolg wird eine Auffrischung nach einem Jahr empfohlen. Strovac ist verschreibungspflichtig. Da die Effektivität der Behandlung nicht ausreichend belegt ist, erfolgt keine Kostenübernahme durch die gesetzlichen Krankenkassen.

Urovaxom wird als Kapseln angeboten. Die Kapseln enthalten Zellwandbestandteile von E. coli, dem häufigsten Erreger von Blasenentzündungen. Die Einnahme erfolgt über 3 Monate, nach 6 Monaten kann eine Auffrischung über 10 Tage durchgeführt werden. Wie bei Strovac erfolgt wegen der unzureichenden Datenlage zur Effektivität keine Kostenübernahme durch die gesetzlichen Krankenkassen.

Instillation von Chrondroitinsulfat in die Blase: Die Blasenschleimhaut, das sogenannte Urothel, hat eine Schutzschicht, die die Schleimhaut vor dem oft aggressiven Urin schützt. Diese Schicht heißt Glykosaminoglykan-Schicht oder kurz GAG-Schicht. Wenn diese Schutzschicht defekt ist, können sich Bakterien darunter dauerhaft ansiedeln. Der Defekt kann auch zu Harndrang und Blasenschmerzen führen. Chrondroitinsulfat ersetzt die Schutzschicht, man kann sich den Effekt wie ein flüssiges Pflaster vorstellen. Der Wirkstoff wird über einen kleinen Katheter in die Blase eingefüllt und soll so lange wie möglich in der Blase verbleiben. Es handelt sich nicht um ein Medikament, sondern um ein verschreibungspflichtiges Medizinprodukt. Chrondroitinsulfat wird anfänglich einmal pro Woche instilliert und nach 4 Wochen dann einmal pro Monat. Die Kosten werden von den gesetzlichen Krankenkassen nicht übernommen.

Anwendung von Estriol (Östrogen) in der Scheide: Zwischen der Pubertät und den Wechseljahren produziert der weibliche Körper Geschlechtshormone, in der Hauptsache Östrogen und Progesteron (Gelbkörperhormon). Östrogen reguliert den Menstruationszyklus und wirkt auch auf die Funktion des Herzens, des Gehirns, die Stimmung und die Knochen. Die Zellen im gesamten Genitaltrakt haben Empfängerstellen (Rezeptoren) für Östrogene. Die Östrogene führen zu einer besseren Durchblutung in der Scheide, das Gewebe wird kräftiger. Nach den Wechseljahren kommt es durch den Östrogenmangel zu einer Schrumpfung (Atrophie) des Gewebes in der Scheide und auch in der Harnröhre und der Blase.

Auch die natürliche Scheidenflora, die überwiegend aus Milchsäurebakterien (Döderleinbakterien) besteht, braucht

Östrogene, um sich gut zu entwickeln. Nach den Wechseljahren ändert sich die Flora, die Döderleinbakterien gehen zugrunde und es kommt zu entzündlichen Veränderungen, Juckreiz und Scheidentrockenheit. Die Trockenheit und die Schrumpfung des Gewebes machen es Bakterien leichter, in die Blase aufzusteigen. Um die Scheidentrockenheit und die Schrumpfung des Gewebes zu behandeln, ist es sehr effektiv, Östrogene in der Scheide als Salbe oder als Zäpfchen anzuwenden. Der Wirkstoff, der dabei verwendet wird, heißt Estriol.

Estriol ist ein schwach wirksamer Abkömmling des Östrogens und wirkt hauptsächlich lokal im Genitalbereich. Wechseljahresbeschwerden wie Hitzewallungen und Stimmungsschwankungen lassen sich mit Estriol nicht behandeln. Estriol wird als Salbe oder als Zäpfchen für die Scheide angeboten und nach ärztlicher Anordnung 2- bis 3-mal pro Woche, manchmal auch täglich, angewendet. Es wird auch in Verbindung mit Milchsäurebakterien zur Wiederherstellung einer gesunden Scheidenflora angeboten. Nach den Wechseljahren ist die Behandlung mit Estriol in der Scheide zur Verhinderung von Harnwegsinfekten sehr effektiv und hat nur wenig Nebenwirkungen.

Langzeitgabe von Antibiotika: Wenn gar nichts anderes hilft, dann kann es manchmal notwendig sein, über längere Zeit bestimmte Antibiotika in niedriger Dosierung zur Nacht einzunehmen. Dafür kommen nicht alle Antibiotika infrage. Am besten eignen sich Wirkstoffe, die überwiegend über den Urin ausgeschieden werden und nur selten Resistenzen entwickeln. Die am häufigsten eingesetzten Wirkstoffe sind Nitrofurantoin, Nitroxolin und Trimethoprim. In der Regel wird die Einnahme gut vertragen und ist auch sehr effektiv. Wenn die Medikamente wieder abgesetzt werden, kommt es allerdings oftmals erneut zu Harnwegsinfekten.

Operative Therapiemöglichkeiten

Wenn eine Operation unumgänglich ist, sollten Sie die unterschiedlichen Methoden mit ihren Vor- und Nachteilen kennen.

Operative Therapie der Belastungsinkontinenz

Operationen sind immer nur ein grobes Hilfsmittel, um den komplexen Prozess der Kontinenz wiederherzustellen. Wir können die Muskulatur nicht ersetzen und auch nicht die defekten Nerven.

Operationen sind deshalb nie perfekt und haben auch unerwünschte Nebenwirkungen und Komplikationen. Es gibt viele unterschiedliche Operationsmethoden zur Behandlung der Belastungsinkontinenz, die vier wichtigsten sollen hier behandelt werden. Die Operationen beruhen auf unterschiedlichen anatomischen Ansätzen und jede Methode hat ihre eigenen Erfolgsraten sowie Nebenwirkungen und Komplikationen.

Zur Erinnerung: Als Belastungsinkontinenz wird der Urinverlust bei körperlicher Belastung (Husten, Niesen, Springen, Laufen, Bücken, Heben etc.) bezeichnet. Die Ursache für die Belastungsinkontinenz ist zumeist defektes Bindegewebe. Das Bindegewebe, das die Harnröhre stützt, ist überdehnt oder abgerissen. Dazu kann auch eine abgeschwächte Muskelkraft im Schließmuskel der Harnröhre und/oder in der Beckenbodenmuskulatur kommen. Wenn die Muskulatur überdehnt oder defekt ist oder wenn im Alter die Anzahl der Muskelfasern abnimmt, dann arbeiten die Muskeln nicht mehr richtig. Dazu kann auch eine Störung der Nervenversorgung nach Geburt, durch neurologische Erkrankung oder durch den Alterungsprozess kommen.

Spannungsfreie Bänder (TVT) sind der Goldstandard

In den deutschsprachigen Ländern und in fast ganz Europa, mit Ausnahme Großbritanniens, sind die spannungsfreien

Bänder weiterhin der Goldstandard zur operativen Behandlung der Belastungsinkontinenz.

Die Entwicklung dieser Technik begann schon Ende der 1980er Jahre in Schweden durch die beiden Gynäkologen Ulf Ulmsten und Peter Papa Petros. Seit 1992 wurde sie in den skandinavischen Ländern eingeführt und seit Ende der 1990er Jahre in Deutschland. Die Methode wurde mit dem Kürzel »TVT« patentiert und von der Firma Ethikon vermarktet. »TVT« steht für »tension free vaginal tape«, auf Deutsch »spannungsfreies Vaginalband«.

Das TVT in seiner Originalform ist ein etwas elastisches Band aus Polypropylen. Polypropylen ist ein Standardkunststoff, der auch für Verpackungen verwendet wird. Bänder in der Urogynäkologie werden meist aus Polypropylenfäden gewebt und haben eine netzartige Struktur mit Poren, in die das körpereigene Gewebe

Bandeinlage bei Belastungsinkontinenz

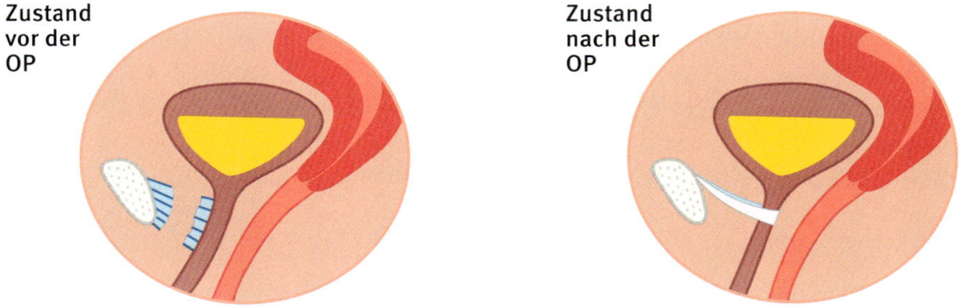

Durch das überdehnte Bindegewebe hat die Harnröhre keinen ausreichenden Halt; ohne Druck kann der Urin noch gehalten werden.

Das eingesetzte Band ersetzt das unzureichende Bindegewebe.

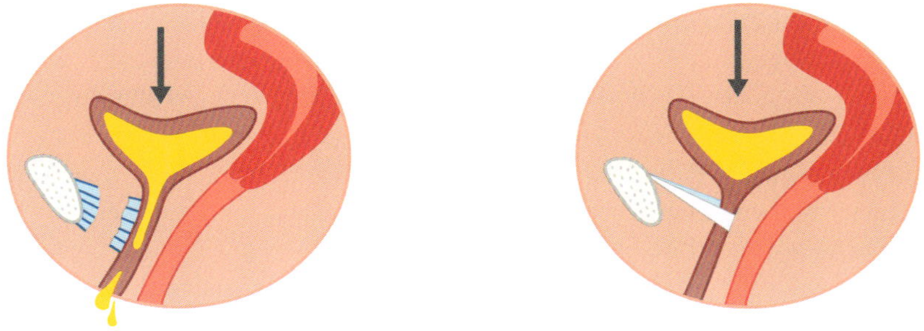

Aber bei einer Druckerhöhung, z. B. durch Husten, kommt es zu einem ungewollten Urinverlust, weil das Widerlager für den dichten Harnröhrenverschluss fehlt.

Nun hat die Harnröhre auch bei einer Druckerhöhung, z. B. durch Husten, ein Widerlager, um dicht zu bleiben.

einwachsen kann. Zum Original-TVT liegen die meisten wissenschaftlichen Veröffentlichungen vor und es ist wahrscheinlich auch das weltweit am häufigsten eingesetzte Implantat.

Mittlerweile sind eine Vielzahl von Alternativprodukten zum TVT auf dem Markt, sie unterscheiden sich im Material (die meisten sind aus Polypropylen, aber es gibt auch Bänder aus Polyvinylidenflourid, PVDF), in der Elastizität, im Zugangsweg zum Implantieren und in der Einstellbarkeit.

Alle spannungsfreien Bänder beruhen auf dem Prinzip, dass unter der mittleren Harnröhre durch das Band ein Widerlager geschaffen wird, auf dem sich die Harnröhre bei Belastung zusammendrücken kann. Man kann sich das wie folgt vorstellen: Wenn ein Schlauch auf dem nassen Gartenboden liegt, dann kann man den Wasserfluss mit dem Fuß nicht unterbinden. Legt man den Schlauch aber auf einen asphaltieren Gartenweg, dann kann man den Durchfluss durch Drauftreten leicht stoppen.

Die Bänder werden nicht angenäht, sondern nur locker eingelegt und wachsen dann relativ rasch ein. Es gibt verschieden OP-Methoden zum TVT-Einsatz.

TVT-OP: retropubische Bandeinlage

Wird das Band hinter dem Schambeinbogen platziert, nennt man das retropubische Bandeinlage. Das Original-TVT wird retropubisch, also hinter dem Schambeinbogen eingelegt, auch viele Alternativprodukte werden so platziert. In der Originaltechnik erfolgte der Eingriff in Lokalanästhesie mit einer sogenannten »Analgosedierung«, d. h., dass die Patientin durch die Anästhesie schmerzstillende und beruhigende Medikamente erhält, aber während der Operation selbst atmet und auch ansprechbar ist. Diese Art der Anästhesie wurde gewählt, damit die Patientin während der Operation mit gefüllter Blase husten konnte, um so die optimale Spannung des Bandes finden zu können. In vielen Kliniken wurde diese Technik aber zwischenzeitlich verlassen und der Eingriff wird in Vollnarkose oder in Rückenmarksnarkose durchgeführt.

Operationstechnik

Um die Länge der Harnröhre zu bestimmen, wird ein Dauerkatheter in die Blase eingelegt und geblockt. Dann kann die Länge der Harnröhre gemessen werden. Das Band soll im Bereich der mittleren Harnröhre liegen, im optimalen Falle (je nach Länge der Harnröhre) etwa 20 mm von der Blase entfernt.

Es folgt dann ein kleiner Längsschnitt in der Scheidenhaut im Bereich der mitt-

Retropubische Bandeinlage

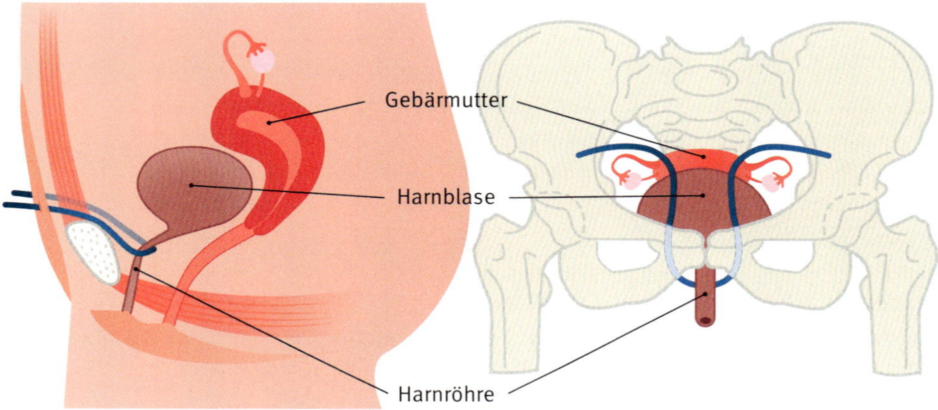

leren Harnröhre. Von hier wird dann zu beiden Seiten unter der Scheidenhaut in Richtung des Schambeinbogens präpariert. Der Dauerkatheter wird entfernt und durch ein Instrument ersetzt, mit dem die Blase nach links verlagert wird. Dann wird auf der rechten Seite ein Spezialinstrument (Tunneler), das man sich wie eine gebogene Stricknadel vorstellen kann, zwischen Schambeinbogen und Blase durch die Haut nach außen geführt. Nach Verdrängen der Blase nach rechts wird dann in gleicher Weise der Tunneler auf der linken Seite eingelegt.

Dann wird die Blase mit Wasser gefüllt und es wird eine Blasenspiegelung durchgeführt. Dabei wird die gesamte Blase sorgfältig inspiziert, um sicherzustellen, dass sie nicht verletzt wurde. Anschließend wird die Blase wieder entleert und es wird das Band wie ein »U« unter der Harnröhre zu beiden Seiten mit den Tunnelern durchgezogen.

Das Band soll spannungsfrei und faltenfrei unter der Harnröhre liegen. Je nach Elastizität des Bandes wird bei der Platzierung ein Instrument, z. B. eine Schere oder eine Pinzette, zwischen das Band und die Harnröhre gelegt, um sicherzustellen, dass das Band nicht zu straff liegt. Die Scheide wird anschließend wieder verschlossen, die Bänder werden am

Unterbauch auf Hautniveau geschnitten und die Haut genäht.

Transobturatorische Bandeinlage (TOT)

Anfang der 2000er Jahre kam eine neue Technik zur Einlage der Bänder auf den Markt, bei der die Bänder zur Seite am absteigenden Schambeinast ausgleitet werden. Grund für diese Entwicklung war, dass man verhindern wollte, dass bei der Einlage die Blase verletzt wird und dass es zu Blutungen aus Gefäßen hinter dem Schambeinbogen kommt.

Operationstechnik: Die Länge der Harnröhre wird genauso wie bei der TVT-OP beschrieben bestimmt. Es folgt dann ein kleiner Längsschnitt in der Scheidenhaut im Bereich der mittleren Harnröhre. Von hier aus wird dann zur Seite unter der Scheidenhaut zum absteigenden Schambeinast getunnelt. Die Austrittsstelle aus der Haut ist in der Leiste etwa in der Höhe der Klitoris. Das Band wird dann mit einem helixförmigen Spezialinstrument von der Harnröhre zur Leiste eingelegt oder auch in umgekehrter Richtung. Eine Blasenspiegelung wird bei dieser Technik nicht zwingend empfohlen, weil Blasenverletzungen hier extrem selten sind. Das Band soll auch bei dieser OP-Technik glatt und spannungsfrei liegen. Die Scheidenhaut wird mit Nähten verschlossen und die Bänder in der Leiste auf Hautniveau abgeschnitten, die Haut wird ebenfalls mit Nähten verschlossen.

Welches Band für welche Patientin?

Es gibt keine pauschalen Empfehlungen für oder gegen die Verwendung einer bestimmten Technik. Wenn für Sie eine Operation mit einem Band infrage kommt, wird Ihre Ärztin bzw. Ihr Arzt Ihnen erläutern, welche Technik sie bzw. er empfiehlt und was die Vorteile und die Nachteile sind.

Single-Incision-Schlinge: Minischlinge

Die sogenannten Minischlingen sind kurze Schlingen, die nicht locker ins Gewebe eingelegt werden, sondern mit speziellen Verankerungssystemen von innen im Gewebe befestigt werden. Es erfolgt keine Ausleitung über die Haut. Die Minischlingen sind seit der Mitte der 2000er Jahre auf dem Markt. Sie haben fast alle an beiden Enden einen sogenannten Anker, den man sich wie einen Minidübel vorstellen kann.

Operationstechnik: Die Länge der Harnröhre wird genauso wie bei der TVT-OP beschrieben bestimmt. Es folgt dann ein kleiner Längsschnitt in der Scheidenhaut im Bereich der mittleren Harnröhre. Es wird unter der Scheidenhaut in Richtung des absteigenden Schambeinastes präpariert. Die Minischlingen werden mit passenden Spezialinstrumenten geliefert, mit denen der Anker durch die Muskelhaut über dem Schambeinast gestoßen wird und sich dann dort verankert. Auch hier ist eine spannungsfreie und faltenfreie Lage des Bandes wichtig. Es gibt Minischlingen, bei denen die Spannung während der Operation noch nachgestellt werden kann, aber bei den meisten ist nach der Einlage keine Veränderung der Position mehr möglich. Die Scheide wird mit Nähten verschlossen.

Spannungsfreies Band mit Eigengewebe

In Einzelfällen ist es sinnvoll, kein Kunststoffband, sondern Eigengewebe der Patientin zu verwenden. Dann wird aus einer Faszie (Muskelhaut) ein Streifen in der benötigten Größe herausgeschnitten. Die Faszie kann zum Beispiel am Unterbauch oder am Oberschenkel entnommen werden. Es liegen nur wenige wissenschaftliche Untersuchungen zu dieser Technik vor, deshalb wird sie in der Regel nur in Sonderfällen, wie z. B. nach Bestrahlung im Bereich der Scheide, verwendet.

Welche Komplikationen können bei der Band-OP auftreten?

Beim Einlegen des Bandes hinter den Schambeinbogen (retropubische Bandeinlage) kann mit dem Instrument die Blase verletzt werden. Deshalb muss hier immer eine Blasenspiegelung durchgeführt werden. Sollte die Blase verletzt sein, wird das Instrument entfernt und nochmal platziert. Dann wird erneut eine Blasenspiegelung gemacht, um sicherzustellen, dass jetzt alles in Ordnung ist. Die Blasenverletzung schließt sich von allein und heilt schnell. In der Regel ist es ausreichend, den Blasenkatheter nach der OP 24–72 Stunden zu belassen.

Überblick über Band-OPs

	TVT	TOT	Minischlinge
Langzeiterfolg	+++	++	+
Nachblutung	selten	sehr selten	fast nie
Blasenverletzung	selten	sehr selten	fast nie
Leistenschmerzen	fast nie	selten	selten
Infektion der Beinmuskulatur	nicht bekannt	sehr selten	nicht bekannt

Beim Platzieren der Instrumente zum Einlegen des Bandes kann die Scheidenhaut verletzt werden; das passiert etwas häufiger, wenn das Band zur Leiste hin ausgeleitet wird (transobturatorische Bandeinlage). Das Band verläuft dann auf einer kurzen Strecke durch die Scheide. Das muss während der OP sorgfältig prüft werden. Sollte dies passieren, muss das Band auf der betroffenen Seite neu platziert werden, die Scheidenhaut wird wieder vernäht. In seltenen Fällen kann bei der Präparation die Harnröhre verletzt werden. Es ist sind auch Einzelfälle von Darm- und Gefäßverletzungen beschrieben.

Im Folgenden wird nun auch ausführlich beschrieben, welche Komplikationen nach einer Band-OP auftreten können, aber natürlich nicht müssen.

Blutung nach der Band-OP

Vor allem beim Legen des Bandes hinter den Schambeinbogen (retropubische Bandeinlage) kann es zu einer Nachblutung kommen, die sich zwischen Schambeinbogen, Blase und Bauchwand bildet. Diese Blutung zeigt sich in der Regel nicht während der Operation, sondern nach einigen Stunden. Manchmal kommt die Blutung von allein zum Stehen, manchmal muss die Blutung aber durch eine erneute Operation gestillt werden. Das Risiko für eine schwere Nachblutung liegt bei der retropubischen Bandeinlage bei 1–2 %.

Blasenentleerungsstörung nach der Band-OP

Nach der Operation kann es vorkommen, dass die Patientin gar nicht oder nur erschwert Wasser lassen kann. Das kann zwei Ursachen haben:

Zum einen kann es sein, dass das Band zu straff eingelegt wurde oder dass es an der falschen Position liegt (zu nah am Blasenhals). Die Bandlage kann durch eine Ultraschalluntersuchung überprüft werden. Wenn das Band zu eng liegt, dann kann es in den ersten Tagen nach der Operation noch gelockert werden. Da das Lockern schmerzhaft ist, erfolgt es meistens unter Narkose im Operationssaal. Wenn es nicht mehr möglich ist, das Band zu lockern, dann muss es durchtrennt werden.

Zum anderen kann es sein, dass die Blase nach dem Eingriff einfach nur irritiert ist und dass es eine Weile braucht, bis sich die Blase an die neue Situation gewöhnt hat und dann wieder eine normale Blasenentleerung möglich ist. Wenn also die Bandlage im Ultraschall korrekt ist und die Patientin trotzdem nur erschwert Wasser lassen kann, dann ist Geduld angesagt. Die Patientin muss dann ein Blasentraining durchführen. Die Grundlage dafür ist, dass nach dem Wasserlassen, bei dem Restharn in der Blase verbleibt, die Blase komplett entleert wird.

Dazu gibt es zwei Hilfsmethoden, die ISK (Seite 54) und den Bauchdeckenkatheter (Seite 58).

Reizblase/überaktive Blase nach der Band-OP

Es kann nach einer Bandeinlage neu zu Symptomen einer überaktiven Blase kommen. Die Patientinnen verlieren zwar keinen Urin mehr beim Husten oder bei Belastung, aber dafür müssen sie jetzt schlagartig und gehäuft zur Toilette und schaffen es manchmal auch nicht bis dorthin. Ursache hierfür kann sein, dass das Band zu straff oder an der falschen Stelle liegt.

Es sollte dann abgeklärt werden, ob eine Blasenentzündung vorliegt und diese sollte ggf. behandelt werden. Außerdem muss sichergestellt werden, dass sich die Blase gut entleert. Zudem sollte mit Ultraschall kontrolliert werden, dass das Band richtig liegt.

Wenn die Patientin Restharn hat, muss vorübergehend dafür gesorgt werden, dass die Blase komplett entleert wird, denn auch Restharn kann Harndrang verursachen. Wenn das Band nicht korrekt liegt, muss es ggf. gelockert oder auch durchtrennt werden.

Merke: Wenn die Patientin vor der Bandeinlage keinerlei Probleme mit einer Reizblase hatte und diese direkt nach der Operation neu aufgetreten ist, dann ist oft eine zu straffe Bandlage die Ursache.

Einwandern des Bandes in die Scheide

Die Bänder sind (bis auf die Faszienzügel aus Eigengewebe) aus Kunststoff hergestellt. Es kommt vor, dass die Patientinnen Wochen, Monate oder auch Jahre nach der Operation spüren, dass etwas in der Scheide »kratzt«. Nicht selten ist es auch der Partner der Patientin, der auf einmal etwas »Kratziges« beim Geschlechtsverkehr spürt. Es wurden sogar Verletzungen am Penis des Partners beschrieben.

Es gibt mehrere Ursachen dafür:

1. Das Band wurde nicht ganz glatt und faltenfrei eingelegt. Dann bildet sich eine »Kante«, sie sich im Laufe der Zeit in die Scheide »durchscheuert«.
2. Beim Einlegen des Bandes wurde die Scheide unabsichtlich an einer Stelle verletzt und diese Verletzung wurde nicht bemerkt. Dann liegt das Band von Anfang an in der Scheide.
3. Beim Einlegen des Bandes wurde die Scheide verletzt, die Lage des Bandes wurde korrigiert und die Scheidenverletzung wurde genäht. Wenn das Band hier nicht richtig einheilt und sich die Scheidennähte auflösen, dann entsteht ein Defekt in der Scheidenwand, unter dem das Band dann in der Scheide tastbar ist.

4. Beim Einlegen des Bandes wurde das Band infiziert. Der Körper erkennt die Infektion und möchte das Band deshalb loswerden. Deshalb heilt die Scheide an der Stelle nicht zu.
5. Es gibt Spätinfektionen der Bänder nach vielen Jahren, die Ursache dafür ist bislang nicht klar.

Einwandern des Bandes in die Harnröhre

Die Wand der Harnröhre ist nur 2–3 mm dick, darunter liegt das Band, dann wird darüber die 3–5 mm Scheidenhaut vernäht.

Wenn während der Operation die Harnröhrenwand verletzt wird, ohne dass es bemerkt wird, dann liegt das Band von Anfang an in der Harnröhre. Die Folge sind Drangbeschwerden und Infektionen. Das ist aber sehr, sehr selten. Eine Harnröhrenverletzung sollte vom Operateur bemerkt werden. Wenn tatsächlich die Harnröhre verletzt wurde, dann darf kein Band eingelegt werden, sondern die Harnröhre wird genäht und die Patientin wird für 7–14 Tage mit einem Dauerkatheter versorgt.

Es gibt aber sehr selten Fälle, in denen das Band im Laufe der Jahre in die Harnröhre einwandert. Vielleicht ist es aber auch anders herum, dass die Harnröhre langsam aber sicher in das Band einwandert. Die Ursache dafür könnte eine Senkung sein.

Das Band ist starr und bewegt sich nicht. Die Harnröhre und die Blase dagegen sind mobil. Wenn die Patientin langsam aber stetig eine Senkung entwickelt, dann drückt sich die Harnröhre im Lauf der Zeit in das Band. Zuerst bekommt die Patientin dann Drangsymptome, vielleicht eine Blasenentleerungsstörung und irgendwann scheuert sich die Harnröhre in das Band. Das ist eine sehr seltene Komplikation. Das Band muss dann entfernt werden und die Harnröhre wird vernäht. Die Versorgung solcher seltenen Komplikationen sollte in einem Zentrum mit entsprechender Erfahrung erfolgen

Einwandern des Bandes in die Blase

Bei der Einlage des Bandes hinter den Schambeinbogen (retropubische Bandeinlage) ist es unbedingt erforderlich, während der Operation zu kontrollieren, dass die Blase unverletzt geblieben ist. Blasenverletzungen während der Operation können leicht erkannt werden, dann muss die Lage des Bandes korrigiert werden. Wenn eine Blasenverletzung nicht erkannt wurde, dann liegt das Band von Anfang an in der Blase. Die Folgen sind Infektionen und Blasensteine. Aber es kann auch sein, dass aus letztlich unbekannten Gründen das Band im Laufe der Zeit in die Blase einwandert.

Wenn das Band in der Blase gefunden wird, dann muss es aus der Blase entfernt werden. Diese Operationen sind nicht einfach und sollten in einer Klinik mit entsprechender Erfahrung erfolgen.

Schmerzen beim Geschlechtsverkehr nach der Bandeinlage

Das Band ist ein Fremdkörper, manchmal ist das Band relativ derb tastbar. Selten kommt es nach der Bandeinlage zu Schmerzen beim Geschlechtsverkehr. In dem Zusammenhang ist aber wichtig zu betonen, dass die meisten Patientinnen das Band nicht spüren und dass sie sehr froh darüber sind, dass sie beim Sex keinen Urin mehr verlieren.

Kolposuspension

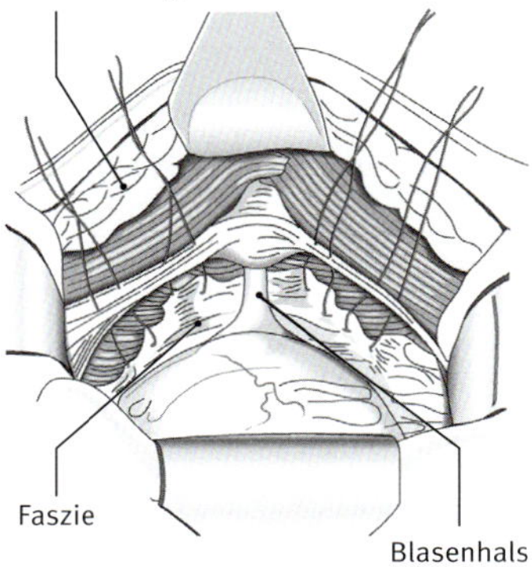

Wille S, Ahrens U. Kolposuspension nach Burch. In: Albers P, Heidenreich A, Hrsg. Standardoperationen in der Urologie. 2. Aufl. Stuttgart: Thieme; 2014

Wenn das Band Beschwerden beim Geschlechtsverkehr verursacht, muss der Anteil des Bandes, der im Bereich der Scheide liegt, entfernt werden. Dann wird die Patientin aber leider in der Regel auch wieder inkontinent.

Anheben des Blasenhalses und der Scheide

Das Anheben des Blasenhalses und der Scheide, die sogenannte Kolposuspension, beruht auf einem völlig anderen Prinzip als die Bandeinlage unter der mittleren Harnröhre. Über einen kleinen Bauchschnitt oder durch eine Bauchspiegelung wird das Gewebe der Scheide rechts und links vom Blasenhals hinter dem Schambeinbogen festgenäht. Der Blasenhals ist nach der Operation nur noch wenig mobil.

Die Kolposuspension ist schon viel länger bekannt als die Bandeinlage. Die Erstbeschreibung erfolgte bereits im Jahre 1949 durch Marschall, Marchetti und Krantz, sie befestigten den Blasenhals direkt in der Mitte des Schambeinbogens am Knorpel. 1961 wurde von Dr. John Christopher Burch eine veränderte Technik vorgestellt, die sich weltweit als Standardtherapie der Operation bei Belastungsinkontinenz durchsetzte.

Operationstechnik: Die Operation erfolgt vom sogenannte Cavum retzii aus, das ist der Raum zwischen der Bauchwand, dem Schambeinbogen und der Blase. Um ins Cavum retzii zu gelangen, muss das Bauchfell, das den Bauchraum mit Magen, Darm und anderen Organen umschließt, nicht geöffnet werden.

In die Blase wird ein Katheter eingelegt, dann lassen sich die Harnröhre und die Blase besser ertasten. Beginnend 1–1,5 cm von Blasenhals, wird ein Faden durch die Scheidenhaut gelegt. Der Faden wird dann hinter dem Schambeinbogen durch eine bindegewebige Verdickung geführt und mit einem Spiel zwischen 2 und 3 cm verknotet. Spiel bedeutet, dass das Gewebe nicht straff nach oben geknotet wird, sondern locker etwas nach oben gezogen wird.

Komplikationen während der Operation: Hinter dem Schambeinbogen gibt es Blutgefäße, die die Operation stark erschweren können. Es kann zu Nachblutungen auch dieser Gefäße kommen. Weil sehr nah an der Blase operiert wird, kann es zur Blasenverletzung kommen. Es kommt auch vor, dass der Harnleiter, der die Niere mit der Blase verbindet, abgeknickt oder verletzt wird.

Komplikationen nach der Operation: Durch die Operation wird der Blasenhals nach oben gezogen und in seiner Position fixiert. Dadurch kann er sich beim Wasserlassen nicht mehr absenken. Deshalb kann es zu Blasenentleerungsstörungen kommen. Die Patientin kann manchmal nur noch in bestimmten Positionen Wasser lassen (z. B. wenn sie sich zurücklehnt). Meistens normalisieren sich diese Entleerungsstörungen im Laufe der Zeit, aber es kommt auch vor, dass die Patientin dauerhaft nicht richtig Wasser lassen kann. Dann muss sie lernen, wie sie mit einem kleinen Katheter selbst die Blase entleert (ISK Seite 54).

Die Fixierung des Blasenhalses kann auch dazu führen, dass die Patientin vermehrten Harndrang entwickelt oder dass sich die bereits vorbestehende Reizblasensymptome verschlechtern. In diesem Fall muss eine entsprechende Abklärung und dann eine Therapie der Drangsymptome erfolgen.

Durch die Operation wird der Blasenhals relativ starr fixiert. Wenn die Patientin schon vor der Operation eine leichte Senkung hatte, dann kann sich diese nach der Operation verstärken. Es kann z. B. zu einer Senkung der Gebärmutter oder der hinteren Scheidenwand kommen. Aus diesem Grunde führen manche Operateure nach entsprechender Aufklärung der Patientin vorsorglich mit der Kolposuspension eine Senkungsoperation durch. Die Vor- und Nachteile dieser vorsorglichen Operation sollten im Vorfeld mit der Patientin besprochen werden.

Im Gegensatz zum Band, das bei Komplikationen relativ einfach wieder durchtrennt oder entfernt werden kann, ist es schwierig, die Kolposuspension wieder »rückgängig« zu machen. Nach der Operation kommt es rasch zu einer Narbenbildung, sodass die Entfernung der Nähte nach einigen Wochen oder Monaten nicht zu einer Mobilisierung des Blasenhalses führt.

Einspritzung in die Harnröhrenwand (Bulking Agent)

Schon seit den 1970er Jahren wurden Operationen vorgestellt, bei denen die Harnröhrenwand durch Einspritzen verschiedener Substanzen »abgedichtet« werden sollte. Dabei kamen u. a. Kollagen, Teflon, Macroplastique und ein Gemisch aus Hyaluronsäure und Dextranomeren zum Einsatz. Mittlerweile sind all diese Präparate nicht mehr auf dem deutschen Markt verfügbar. Zum Zeitpunkt des Erscheinens dieses Buches sind in Deutschland zwei Implantate verfügbar: eines aus Polyacrylamid (Bulkamid®) und eines aus Elastomer (Urolastic®). Polyacrylamid ist ein dickflüssiges Gel, das auch dauerhaft als Geldepot im Körper verbleibt. Das Elastomer dagegen ist ein zähflüssiges Produkt, das dann zu einem harten Depot aushärtet. Beide Implantate werden unter die Harnröhrenschleimhaut gespritzt und bilden dort ein Depot, das die Harnröhre abdichtet.

Der Eingriff dauert nur wenige Minuten und kann in einer lokalen Betäubung, gegebenenfalls in Kombination mit einem Beruhigungsmittel (Dämmerschlaf/Analgosedierung) erfolgen. Die Erfolgsrate dieser Operation ist jedoch deutlich niedriger als die der anderen Verfahren. Während nach einer Bandeinlage oder einer Kolposuspension bei ca. 80–90 % der Patientinnen die Belastungsinkontinenz dauerhaft stark gebessert oder sogar verschwunden ist, ist das bei den Einspritzungen nur bei 40–60 % der Patientinnen der Fall. Bei Bedarf kann der Eingriff wiederholt werden. Bitte die Zahlen der Tabelle entnehmen.

Einspritzung in die Harnröhrenwand

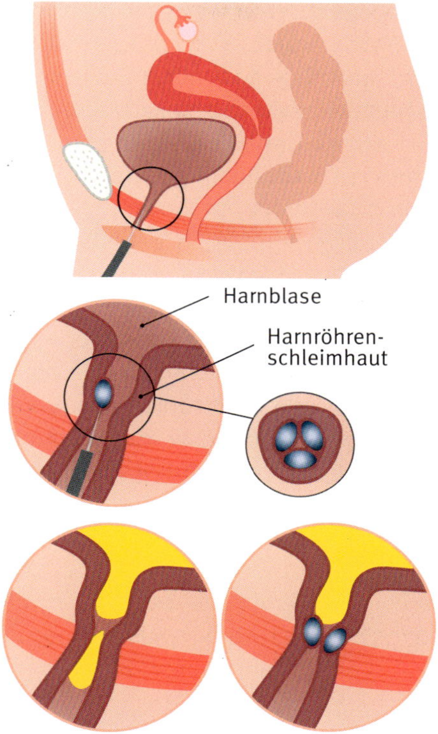

Komplikationen während der OP: Sehr selten kommt es zu Blutungen aus der Harnröhrenschleimhaut, die aber in der Regel durch Einlegen eines Katheters gestoppt werden können. Beim Einspritzen kann die Harnröhrenschleimhaut aufplatzen, dann bildet sich kein Depot und der Effekt ist schlechter.

Komplikationen nach der OP: Nach dem Eingriff kann es vorübergehend zu einer Blasenentleerungsstörung kommen. Dann muss wiederholt mit einem kleinen Katheter die Blase entleert werden, bis sich die Blasenentleerung wieder normalisiert (ISK, Seite 54). Sollte die Blasenentleerungsstörung länger andauern, dann ist es möglich, durch das Einlegen eines dicken Katheters die Depots auseinanderzudrängen.

Das Depot von Polyacrylamid kann in selten Fällen entlang der Harnröhre nach unten wandern, dann wirkt es nicht mehr. Die Depots des Elastomers sind relativ hart und können zu Schmerzen im Bereich der Harnröhre und der Blase führen. Dann müssen sie wieder entfernt werden. In seltenen Fällen zersplittern die Depots in kleine Einzelteile, dann ist es schwierig, sie herauszunehmen.

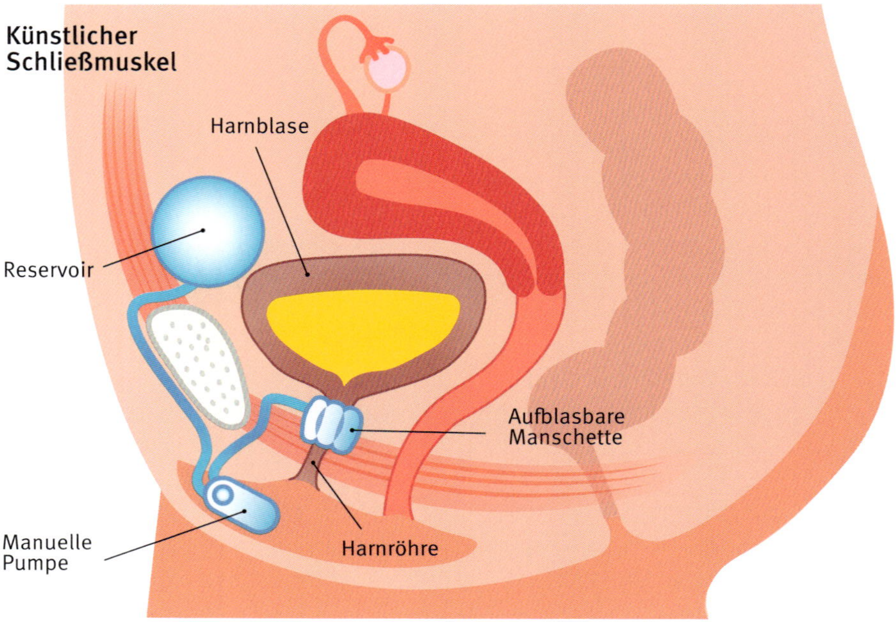

Künstlicher Schließmuskel

Der künstliche Schließmuskel ist eine Manschette, die um die Harnröhre gelegt und mit Flüssigkeit gefüllt wird, um die Harnröhre zuzudrücken. Um Wasser zu lassen, muss die Patientin die Flüssigkeit mit einer kleinen Pumpe, die in die große Schamlippe eingepflanzt wird, in ein Reservoir, das unter der Bauchwand implantiert wird, zurückpumpen. Dann erschlafft die Manschette und die Patientin kann Wasser lassen. Danach wird die Manschette wieder mit Flüssigkeit befüllt.

Die Implantation des künstlichen Schließmuskels erfolgt in der Regel über eine Bauchspiegelung. Sie wird nur in wenigen Zentren in Deutschland durchgeführt. Sie wird nur bei Patientinnen, bei denen anderen Operationsmethoden versagt haben, verwendet.

Komplikationen während der OP: Bei der OP kann es zu einer Verletzung der Harnröhre oder der Blase kommen. Dies muss während der OP versorgt werden. Stärkere Blutungen sind nicht ausgeschlossen.

Komplikationen nach der OP: Das größte Risiko ist eine Infektion, dann heilt der künstliche Schließmuskel nicht richtig ein und wird unter Umständen vom Körper abgestoßen. Es ist möglich, dass die Manschette um die Harnröhre im Laufe der Zeit in die Scheide einwandert. Die Manschette ist ein Fremdkörper und relativ hart, dies kann zu Schmerzen beim Geschlechtsverkehr führen.

Übersicht der Operationsmethoden bei Belastungsinkontinenz

	Erfolgsrate	Dauer der OP	Komplikationen
Bandeinlage	80–90 %	10–20 Min.	Blasenentleerungsstörung, Einwandern des Bandes in Scheide, Harnröhre oder Blase
Kolposuspension	80–90 %	45–90 Min.	Blasenentleerungsstörung, Zunahme von Drangbeschwerden, Senkung
Bulking Agents	40–60 %	10–20 Min.	sehr selten Blasenentleerungsstörung
künstlicher Schließmuskel (Sphinkter)	50–70 %	90–180 Min.	Infektion, Abstoßung, Schmerzen

Operative Therapie einer Senkung

Es gibt sehr viele verschiedene Operationsmöglichkeiten, um eine Senkung zu beheben. Alle diese Methoden haben Vor- und Nachteile. Die wichtigsten OPs lernen Sie nun kennen.

Es ist natürlich nicht möglich, alle Methoden im Rahmen dieses Buches umfassend zu beleuchten. Vor der Operation muss eine gründliche Untersuchung erfolgen, um das Ausmaß der Senkung und Begleiterkrankungen wie Inkontinenz oder Entleerungsstörungen genau zu erfassen.

Untersuchung und Beschreibung der Senkung

Die Untersuchung erfolgt auf dem gynäkologischen Stuhl. Die Patientin muss pressen, damit die Scheide nach unten tritt. Die vordere Scheidenwand, die Gebärmutter bzw. das Scheidenende und die hintere Scheidenwand werden einzeln beurteilt und beschrieben.

Mit Ultraschall wird der Resturin, der nach dem Wasserlassen in der Blase geblieben ist, beurteilt. Außerdem wird geschaut, ob die Gebärmutter (falls vorhanden) in Ordnung ist oder ob es irgendwelche Auffälligkeiten gibt, wie z. B. eine Vergrößerung, gutartige Gebärmutterknoten (Myome) oder eine Verbreitung der Gebärmutterschleimhaut. Die Eierstöcke werden auch mit Ultraschall untersucht, genauso die Nieren. Damit soll ausgeschlossen werden, dass durch die Senkung eine Abflussstörung des Urins aus der Niere in die Blase besteht, die dann zu einer Erweiterung des Nierenbeckens (Harnstauungsniere) führt. Es muss außerdem überprüft werden, ob eine Harnwegsinfektion vorliegt. Diese muss vor einer Operation behandelt werden. Wichtig ist natürlich auch, wie der allgemeine Gesundheitszustand der Patientin ist.

Fragen, die vorab geklärt werden müssen

Folgende Begleiterkrankungen können eine Rolle spielen:

- Herzerkrankungen wie Pumpschwäche (Herzinsuffizienz) oder Verengungen der Herzkranzgefäße (koronare Herzkrankheit), Vorhofflimmern
- Zuckerkrankheit (Diabetes)
- Schlaganfall (Apoplex)
- Parkinson-Erkrankung
- Blutarmut
- Blutgerinnungsstörungen

Zudem ist es bei Patientinnen, die sehr alt sind oder die viele Begleiterkrankungen haben (Diabetes, Bluthochdruck, Schlaganfall, Herzkrankheiten etc.) wichtig, dass die Narkose möglichst kurz ist und dass der Eingriff auch in Rückenmarksnarkose erfolgen kann.

Verschiedene Medikamente sind für die Operationsplanung bedeutsam:

- Blutgerinnungshemmer
- Diabetesmittel wie z. B. Metformin

Vor der Operation gilt es auch, Fragen zur Sexualität zu klären:

- Haben Sie Geschlechtsverkehr?
- Wenn nein, aus welchen Gründen (Beschwerden durch die Senkung, Scheidentrockenheit, kein Partner, kein Interesse)?
- Wenn nein, besteht für die Zukunft Interesse an Geschlechtsverkehr? Es gibt nicht selten vor allem ältere Patientinnen, die keinen Wunsch haben, sexuell aktiv zu sein.
- Wenn ja, haben Sie Beschwerden beim Verkehr (Schmerzen, wenig Gefühl, Scheidentrockenheit)?

Diese Fragen sind wichtig, um das für Sie geeignete Operationsverfahren auszuwählen. Im ärztlichen Gespräch sollten Ihnen auch die möglichen Auswirkungen auf die Sexualität erläutert werden. Es gibt noch weitere Punkte, die bei der Planung der Operation berücksichtigt werden sollten.

Ist die Familienplanung abgeschlossen? Wenn nein, sollte eine Operation, wenn möglich, bis zum Abschluss der Familienplanung hinausgezögert werden. Wenn eine Operation nicht vermieden werden kann, sollte auf jeden Fall die Gebärmutter erhalten werden.

Gibt es einen Grund, um bei der OP die Gebärmutter zu entfernen? Es gibt verschiedene Gründe, um bei der Senkungsoperation die Gebärmutter zu entfernen bzw. mit Ihnen diese Möglichkeit zu diskutieren:

- Die Gebärmutter ist stark vergrößert.
- Der Gebärmutterhals ist klobig und vergrößert.

- Der Gebärmutterhals ist sehr lang und dünn ausgezogen.
- Sie haben Blutungsstörungen.
- In der Vergangenheit wurden Veränderungen am Gebärmutterhals festgestellt.
- Sie haben ein erhöhtes Risiko für die Entwicklung von Gebärmutterschleimhautkrebs (das betrifft z. B. Frauen, die übergewichtig sind, einen hohen Blutdruck und einen Diabetes haben).
- Sie wünschen die Entfernung der Gebärmutter.

Gibt es Gründe, die gegen die Verwendung von Fremdmaterial (Netz) sprechen?

Wenn Patientinnen dauerhaft Medikamente einnehmen müssen, die die Immunabwehr unterdrücken (z. B. Cortison oder Rheumamedikamente), haben sie möglicherweise ein höheres Risiko einer Abstoßung des Netzes. Patientinnen, die Brustkrebs hatten, dürfen manchmal keine Cremes oder Zäpfchen verwenden, die Estriol enthalten. Estriol ist aber zur Nachbehandlung nach Netzeinlagen manchmal erforderlich. Das sollte bei der Indikation zur Netzeinlage bedacht werden. Für die Operationen mit Netzen gibt es keine Langzeitstudien über viele Jahre. Das sollte mit besonders jungen Patientinnen diskutiert werden.

Welche Komplikationen können auftreten?

Bei jeder Senkungsoperation kann es zu Komplikationen kommen.

Verletzung von Nachbarorganen: Bei der Operation kann es zu einer Verletzung von Blase, Harnleiter oder Darm kommen. Diese Organe liegen sehr nah beieinander. Vorne vor der Scheide und der Gebärmutter liegt die Blase, die Harnleiter verlaufen nah am Gebärmutterhals zur Blase. Hinter der Gebärmutter und der hinteren Scheidenwand befindet sich der Enddarm. Eine Organverletzung kann auch bei sehr vorsichtigem Vorgehen und auch sehr erfahrenen Chirurg*innen passieren.

Blasenverletzung: Die Blase und die Harnröhre liegen direkt vor der vorderen Scheidenwand und dem Gebärmutterhals. Voroperationen (z. B. ein Kaiserschnitt) können hier zu Narbenbildungen führen, das erhöht das Risiko für eine Blasenverletzung.

Wenn es bei der Operation zu einer Verletzung der Blase kommt, wird diese durch eine Naht wieder verschlossen. Oft wird dann eine Blasenspiegelung durchgeführt, um sicherzustellen, dass die Öffnungen der Harnleiter nicht betroffen sind. Wenn die Nähte sehr nah an den Harnleiteröffnungen liegen, ist es manchmal erforderlich, in die Harnleiter einen biegsamen Katheter einzulegen, um sicherzustellen, dass der Urin aus der Niere in die Blase abfließen kann.

Harnleiterverletzung: Die Harnleiter verbinden die Nieren mit der Blase. Der Urin wird in den Nieren produziert und fließt dann über die Harnleiter in die Blase. Die Harnleiter verlaufen ca. 1,5 cm entfernt vom Gebärmutterhals und münden dann im unteren Teil der Blase.

Die Harnleiter können während der Operation nicht lokalisiert werden. Manchmal verlaufen sie untypisch, was dem Operateur nicht bekannt ist. Starke Blutungen im Verlauf der Harnleiter können dazu führen, dass tiefe Umstechungen nötig sind, um die Blutungen zu stillen.

Beeinträchtigungen eines Harnleiters werden in der Regel erst am Tag nach der Operation erkannt. Die Patientinnen klagen über Flankenschmerzen, im Ultraschall zeigt sich eine Erweiterung des Nierenkelchsystems (Harnstau) und im Blut lässt sich eine Erhöhung der Nierenwerte nachweisen.

Der Harnleiter kann durch eine Naht verengt oder verschlossen sein, er kann durch Zug am Bauchfell abgeknickt oder in sehr seltenen Fällen sogar ganz durchtrennt sein. Das Vorgehen nach einer Harnleiterverletzung ist unterschiedlich. In der Regel wird ein Urologe den Harnleiter schienen, ggf. muss der Harnleiter auch neu eingepflanzt werden.

Darmverletzung: Der Enddarm liegt direkt an der hinteren Scheidenwand und sehr nah hinter dem Gebärmutterhals. Wenn Verwachsungen im kleinen Becken vorhanden sind, kann der Darm hier manchmal nur schwer gelöst werden. Bei einer Bauchspiegelung kann es auch zu Dünndarmverletzungen kommen.

Wenn die Darmverletzung während der Operation bemerkt wird, wird sie in der Regel nach Hinzuziehung einer Bauchchirurgin verschlossen. Manchmal muss vorübergehend ein künstlicher Darmausgang angelegt werden, der aber normalerweise nach ein paar Wochen wieder zurückverlegt werden kann.

Nachblutung: Während der Operation werden alle Blutungen sorgfältig durch Nähte oder durch Verödung mit Strom gestillt. Nähte oder der Pfropf durch die Verödung können sich jedoch lösen und dann blutet es nach. Durch die sorgfältige Beobachtung von Blutdruck, Herzfrequenz und Blutwerten kann eine Nachblutung erkannt werden. Dann ist schnelles Handeln gefragt. In der Regel muss eine nochmalige Operation erfolgen, um die Blutung zu stillen.

Infektion: Vor einer OP wird das Operationsgebiet sorgfältig desinfiziert. Die Desinfektion reduziert die Keimzahl, aber eine Keimfreiheit kann nicht erreicht werden. Bei manchen OPs wird vorab einmalig ein Antibiotikum gespritzt, um das Infektionsrisiko zu vermindern.

Wenn es nach einer Operation zu einer Entzündung im Operationsgebiet kommt, zeigt sich das durch Schmerzen, Fieber und einen Anstieg der Entzündungswerte in der Blutuntersuchung. In der Regel gelingt es, die Infektion durch die Gabe von Antibiotika zu behandeln. Manchmal muss aber nochmal operiert werden, um das Operationsgebiet zur reinigen und eventuelle Eiterherde zu entfernen.

Blasenentleerungsstörungen: Viele Patientinnen mit einem Vorfall können schon vor der Operation die Blase nicht gut entleeren und es verbleibt Restharn in der Blase. Nach der Operation kann sich die Blasenentleerung weiter verschlechtern. Das kann auch bei Patientinnen vorkommen, die vor der Operation noch keinen Restharn hatten. Grund dafür können Schwellungen des Gewebes, Blutergüsse, zu straff liegende Nähte oder Bänder sein. Nach der Operation wird deshalb immer der Restharn mit Ultraschall bestimmt. Wenn der Restharn nach der Operation erhöht ist, dann müssen Maßnahmen eingeleitet werden, damit die Blase regelmäßig entleert wird, bis sie wieder funktioniert. Außerdem muss mit Ultraschall untersucht werden, was die Ursache für die Blasenentleerungsstörung sein könnte. Unter Umständen muss auch nochmal operiert werden, um z. B. ein Band zu lockern, eine Naht zu lösen oder einen Bluterguss zu entfernen.

Vordere Scheidenraffung

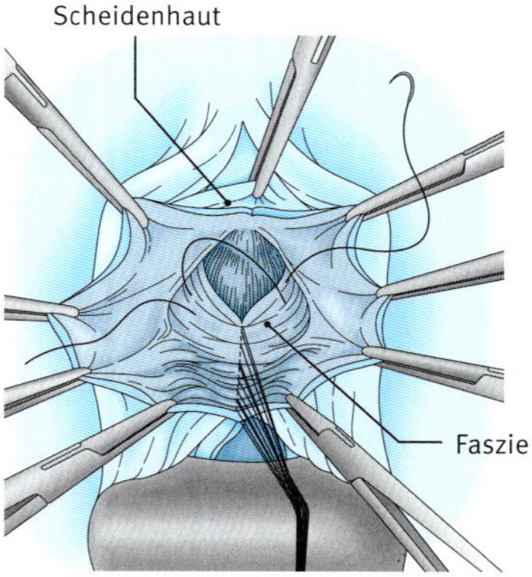

Baltzer J. Zystozele. In: Baltzer J, Friese K, Graf M, Wolff M, Hrsg. Praxis der Gynäkologie und Geburtshilfe. 1. Aufl. Stuttgart: Thieme; 2006

OP durch die Scheide ohne Fremdmaterial

Vordere Scheidenraffung: Bei der vorderen Scheidenraffung wird die Scheide eingeschnitten und die Scheidenhaut wird dann von der Faszie, das ist Bindegewebe zwischen Blase und Scheidenhaut, abpräpariert. Die Faszie wird dann von den Seiten her mit Fäden in der Mitte vernäht. Dies kann in mehreren Schichten erfolgen.

Befestigen des Gebärmutterhalses bzw. des Scheidenendes ohne Fremdmaterial: Zur Befestigung der Gebärmutter oder des Scheidenendes gibt es Bandstrukturen, die dafür genutzt werden. Zum einen sind das die sogenannten Sacrouterinbänder, das sind die Bänder, die von der Gebärmutter zum Kreuzbein laufen. Zum anderen gibt es feste Bandstrukturen im Becken, die das Kreuzbein mit dem Sitzbeinhöcker verbinden, die sacrospinalen Bänder. An diesen Bändern kann der Gebärmutterhals bzw. das Scheidenende mit Nähten befestigt werden.

Hintere Scheidenraffung: Die Operation der hinteren Scheidenwand ohne Fremdmaterial wird als hintere Scheidenraffung bezeichnet. Zur Versorgung der hinteren Scheidenwand wird die Scheidenhaut eingeschnitten und dann wird diese vom darunterliegenden Gewebe abpräpariert. Wie bei der vorderen Scheidenraffung werden die Faszien mit Fäden in der Mitte zusammenzogen und verknüpft. Es gibt auch die Möglichkeit, die Muskeln im Becken in der Mitte zusammenzunähen, das wird als sogenannte Levatorplastik bezeichnet. Das führt aber zu einer starken Verengung der Scheide, was zu Schmerzen beim Geschlechtsverkehr führen kann.

Dammrekonstruktion: Wenn der Scheideneingang sehr weit ist, dann ist es ratsam, diesen zu verengen. Dafür wird die Haut im Bereich des Dammes abpräpariert. Das Gewebe wird dann in der Mitte vereinigt und vernäht. Dadurch wird der Scheideneingang verkleinert.

Die Vor- und Nachteile dieser OP-Techniken finden Sie in der Übersichtstabelle (Seite 114).

OP durch die Scheide mit Fremdmaterial

OP der vorderen Scheidenwand mit Fremdmaterial (vorderes Netz): Bei der Implantation eines Netzes an die vordere Scheidenwand wird die Scheidenhaut von der Blase abpräpariert, die Faszie soll dabei möglichst auf der Scheidenhaut verbleiben. Dann wird ein vorgefertigtes Kunststoffnetz (aus Polypropylen oder aus Polyvinylfluorid) zwischen Blase und Scheide eingelegt und mit unterschiedlichen Techniken seitlich und tief im Becken an Bandstrukturen befestigt. Wichtig ist, dass das Netz glatt und faltenfrei einlegt wird. Mit dem vorderen Netz kann auch gleichzeitig eine Befestigung des Gebärmutterhalses bzw. des Scheidenendes erfolgen.

Befestigen des Gebärmutterhalses mit Fremdmaterial (Band): Wenn nur das Scheidenende oder der Gebärmutterhals mit Fremdmaterial befestigt werden soll, wird ein Band aus Kunststoff verwendet und dann am sacrospinalen Band im kleinen Becken mit Nähten oder mit kleinen Ankern befestigt.

OP der hinteren Scheidenwand mit Fremdmaterial (hinteres Netz): Die Implantation eines Netzes an die hintere Scheidenwand erfolgt genauso wie an der vorderen Scheidenwand. Der obere Anteil des Netzes wird beidseits an den sacrospinalen Bändern befestigt, damit

kann gleichzeitig auch eine Befestigung des Gebärmutterhalses bzw. des Scheidenendes erfolgen.

Die Vor- und Nachteile dieser OP-Techniken finden Sie in der Übersichtstabelle (Seite 114).

Scheidenverschließende OP (Kolpokleisis)

In seltenen Fällen kommt eine scheidenverschließende Operation in Betracht. Wie kann man sich das vorstellen? Bei einem Vorfall stülpt sich die Scheide nach außen vor den Scheideneingang. Das ist, salopp gesagt, so ähnlich, als wenn man einen Strumpf auf links zieht. Wenn man jetzt wie bei einem Strumpf die vordere Seite an die hintere Strumpfwand näht, dann kann man den Strumpf nicht mehr auf links ziehen. Und wenn man die vordere Scheidenwand an die hintere Scheidenwand näht, dann kann sich die Scheide nicht mehr ausstülpen. Darauf basiert das Prinzip des Scheidenverschlusses. Bei der Operation wird die obere Hautschicht der Scheide vorne und hinten abpräpariert, dadurch entstehen zwei große Wundflächen. Diese beiden Wundflächen werden dann aneinandergenäht.

Die Vor- und Nachteile dieser OP-Technik finden Sie in der Übersichtstabelle (Seite 114).

Die Bauchspiegelung

Die Bauchspiegelung wird auch als Schlüssellochchirurgie bezeichnet. Es wird ein kleiner Schnitt in der Nabelgrube gemacht und über diese Öffnung wird Gas in den Bauch gepumpt. Dadurch bläht sich der Bauch auf und es gibt Platz. Dann wird eine Kamera eingeführt und das Bild aus dem Bauch auf Bildschirme übertragen. Es werden dann 2–4 weitere kleine Schnitte gemacht und über diese Schnitte werden die Operationsinstrumente eingeführt. Die Chirurgin bzw. der Chirurg bedient die Instrumente außerhalb des Bauches und operiert wird im Bauch.

Eine Bauchspiegelung kann auch roboterassistiert durchgeführt werden. Dann werden die Instrumente über eine »Computer-Konsole« bedient. Bestimmte Techniken, wie zum Beispiel Nähen und Knoten sind roboterassistiert einfacher durchzuführen. Die Technik des Operierens ist bei der klassischen Bauchspiegelung und dem roboterassistierten Vorgehen dieselbe.

Bauchspiegelungs-OP ohne Fremdmaterial

Bei den Senkungs-OPs durch eine Bauchspiegelung wird meistens Fremdmaterial verwendet. Es gibt auch einige Techniken ohne Netz.

Vordere Scheidenraffung durch Bauchspiegelung Bei der vorderen Scheidenraffung durch Bauchspiegelung wird die Blase von der Scheide von innen abpräpariert. Die Faszie wird dann von innen in der Mitte mit einer Naht zusammengenäht.

Seitliche Aufhängung der Scheidenvorderwand (laterale Fixation am Schambeinbogen): Die Beckenbodenmuskeln sind zwischen der Harnröhre und dem seitlichen Becken über eine bindegewebige Struktur, den sogenannten Arcus tendineus, befestigt. Die Aufhängung kann überdehnt sein oder gar abreißen. Klinisch zeigt sich das durch einen sehr mobilen Blasenhals. Beim Pressen senkt sich der Blasenhals mit der vorderen Scheidenwand ab. Dies bezeichnet man als seitlichen Aufhängungsdefekt. Isolierte seitliche Defekt sind selten, die meisten Patientinnen haben einen gemischten Defekt: die seitliche Aufhängung ist defekt und dazu kommt eine Überdehnung des Bindegewebes unterhalb der Blase.

Bei einem dominierenden seitlichen Defekt kann dieser über eine Bauchspiegelung (oder auch über einen kleinen Bauchschnitt) korrigiert werden. Dabei wird das überdehnte oder abgerissene Bindegewebe mit Nähten zusammengerafft, meistens werden diese Nähte zusätzlich noch an einer festen bindegewebigen Struktur am Oberrand des Schambeinbogens fixiert, damit das Gewebe nicht wieder ausreißt.

Befestigen der Gebärmutter oder des Scheidenendes ohne Fremdmaterial: Mittels Bauchspiegelung kann mit Nähten eine seitliche Befestigung zur Beckenwand hin oder im Verlauf der sacrouterinen Bänder am Kreuzbein befestigt werden. Das Material für die Nähte löst sich nicht auf, es sind sogenannte nicht resorbierbare Nähte. Es gibt eine neue Technik, bei der statt einer Naht eine Sehne aus dem Knie verwendet wird.

Hintere Scheidenraffung durch Bauchspiegelung: Analog zur vorderen Scheidenraffung durch Bauchspiegelung kann auch die hintere Scheidenwand von »innen« gerafft werden, um sie zu verengen. Eine Dammrekonstruktion ist durch Bauchspiegelung nicht möglich. Die Vor- und Nachteile dieser OP-Techniken finden Sie in der Übersichtstabelle (Seite 114).

Bauchspiegelungs-OP mit Fremdmaterial

In der Urogynäkologie kommen Netze aus zwei verschiedenen Kunststoffen (Polypropylen und Polyvinylchlorid) zum Einsatz. Die Netze sind manchmal mit einer Schicht aus Titan überzogen, andere sind teilresorbierbar (die oberste Schicht löst sind nach einigen Monaten auf). Alle Netze sind grobporig gewebt und mittlerweile sehr leicht. Sie werden von der Industrie fertig zugeschnitten angeboten, bei manchen Produkten ist es möglich, diese noch individuell anzupassen.

Bauchspiegelungs-OP mit Fremdmaterial

Sacropexie

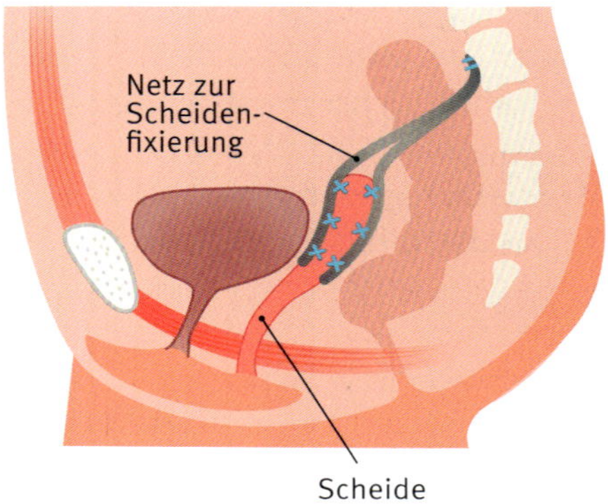

Pectopexie

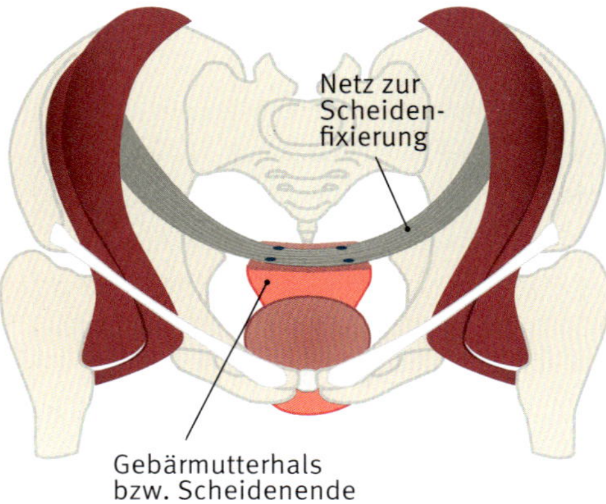

Befestigung am Kreuzbein mit Netz (Sacropexie): Die Sacropexie ist die Methode über eine Bauchspiegelung, die am längsten praktiziert wird und die am besten nachuntersucht ist. Ursprünglich wurde die Methode über einen Bauchschnitt durchgeführt, mittlerweile erfolgt sie fast immer durch die Bauchspiegelung. Bei der Sacropexie kann auch die vordere und die hintere Scheidenwand fixiert werden. Die Operation ist unter Erhalt der Gebärmutter möglich. Allerdings ist es einfacher und besser möglich, das Netz an der vorderen Scheidenwand zu befestigen, wenn der Gebärmutterkörper unter Erhalt des Gebärmutterhalses (suprazervikale Hysterektomie) entfernt wird. Den Patientinnen wird meistens dazu geraten.

Das Netz aus Kunststoff wird in der Regel an der vorderen und an der hinteren Scheidenwand angenäht. Dann wird das Netz am obersten Punkt des Kreuzbeins, dem Promontorium, befestigt. Um zum Kreuzbein zu gelangen, muss der Chirurg zwischen dem Darm und der seitlichen Beckenwand auf der rechten Seite eine Art Tunnel präparieren, durch den die Netze geführt werden. Seitlich davon liegt der Harnleiter, auf dessen Verlauf währender der Operation sorgfältig geachtet werden muss. Im Präparationsbereich verlaufen in der Tiefe vor dem Kreuzbein auch Nerven, die den Darm versorgen. Wenn die Netze an der richtigen Stelle liegen, wird das Bauchfell wieder verschlossen, damit die Netze nicht frei im Bauch liegen. Die Vor- und Nachteile dieser OP-Techniken finden Sie in der Übersichtstabelle (Seite 114).

Befestigung seitlich am Schambeinbogen mit Netz (Pectopexie): Bei der Pectopexie werden der Gebärmutterhals bzw. das Scheidenende zur Seite hin an der Beckenwand befestigt. Es gibt auch eine Netzvariante, mit der der obere Anteil der vorderen und hinteren Scheidenwand stabilisiert werden kann. Die Vor- und Nachteile dieser OP-Technik finden Sie in der Übersichtstabelle (Seite 114).

Befestigung am Kreuzbein mit zwei Netzarmen und seitlichem Verlauf zum Kreuzbein (CESA/VASA): Bei dieser Technik wird das Scheidenende bzw. der Gebärmutterhals mit zwei relativ dünnen Netzarmen beidseits am Kreuzbein befestigt. Der Verlauf der Netzarme soll den natürlichen Verlauf der Befestigungsbänder der Gebärmutter (Sacrouterinbänder) simulieren. Ein etwas größerer Netzanteil wird dabei am Scheidenende oder am Gebärmutterhals festgenäht und dann werden die Netzärmchen mit einem Spezialinstrument beidseits an der Beckenwand entlang bis zum Kreuzbein unter dem Bauchfell vorgeschoben und im Bereich des zweiten Kreuzbeinwirbels befestigt. Die Vor- und Nachteile dieser OP-Technik finden Sie in der Übersichtstabelle (Seite 114).

Befestigung seitlich an der vorderen Bauchwand mit Netz (Operation nach Dubuission): Bei dieser Methode wird ein Netz an die Vorderwand der Gebärmutter oder an den Gebärmutterhals genäht und die Ärmchen des Netzes werden dann an der vorderen Bauchwand befestigt. Die Vor- und Nachteile dieser OP-Technik finden Sie in der Übersichtstabelle (Seite 114).

Übersicht der Vor- und Nachteile verschiedener Senkungsoperationen

Verfahren	Vorteile	Nachteile
OP durch die Scheide ohne Fremdmaterial	Der Zugang durch die Scheide ist komplikationsarm. Der Eingriff kann auf Wunsch in Rückenmarksnarkose erfolgen.	Das Risiko für ein Wiederauftreten der Senkung ist bei Operationen ohne Fremdmaterial höher. Durch die Narbenbildung in der Scheide kann es zu Schmerzen beim Geschlechtsverkehr kommen.
OP durch die Scheide mit Fremdmaterial	Der Zugang durch die Scheide ist komplikationsarm. Der Eingriff kann auf Wunsch in Rückenmarksnarkose erfolgen. Das Risiko für ein Wiederauftreten der Senkung ist geringer als bei der OP ohne Fremdmaterial.	Das Netz kann in die Scheide einwandern (Arrosion). Das Netz ist dann in der Scheide tastbar, was zu Blutungen, Schmerzen, Ausfluss und Infektion führen kann. Es kann zu einer Abkapselung des Netzes durch Bindegewebe kommen und in der Folge zu einer narbigen Schrumpfung der Scheide führen. Da das Netz an verschiedenen Stellen in der Scheide fixiert ist, kann der Zug zu Schmerzen im kleinen Becken führen. Durch die Narbenbildung in der Scheide kann es zu Schmerzen beim Geschlechtsverkehr kommen.
scheidenverschließende OP (Kolpokleisis)	Die OP geht sehr schnell und geht in der Regel mit geringem Blutverlust einher. Der Eingriff kann in Rückenmarksnarkose oder sogar in lokaler Betäubung erfolgen. Das Risiko für ein Wiederauftreten der Senkung ist sehr gering.	Vaginaler Geschlechtsverkehr ist nach der OP nicht mehr möglich. Der Eingriff kann nicht mehr rückgängig gemacht werden. Es gibt Frauen, die so einen Eingriff als verstümmelnd empfinden.
Bauchspiegelungs-OP ohne Fremdmaterial	Es gibt keine Narben in der Scheide, möglicherweise ist dadurch das Risiko für Schmerzen beim Geschlechtsverkehr verringert. Es wird kein Fremdmaterial (Netz) eingesetzt.	Es gibt wenig Daten über den Langzeiterfolg dieser neuen Techniken. Die Scheide wird nicht verengt, was manchmal erwünscht ist.

Verfahren	Vorteile	Nachteile
Bauchspiegelungs-OP mit Fremdmaterial		
Sacropexie	Die Langzeiterfolgsraten der Sacropexie sind besser als die der Operationen, bei denen kein Netz verwendet wird. Es gibt keine Narbenbildung in der Scheide Die Scheide wird nicht verkürzt.	Durch den Verlauf des Netzes neben dem Darm kann es zu einer dauerhaften Verstopfung und Stuhlentleerungsstörung kommen. Durch den Zug am Kreuzbein können ziehende Rückenschmerzen auftreten. Das Netz kann in die Scheide einwandern. Dann kommt es zu Blutungen und Infektionen. In sehr seltenen Fällen kann es zu einer Entzündung des Netzes kommen, die bis zum Kreuzbein aufsteigt. Es ist sehr schwierig, das Netz bei Komplikationen wieder zu entfernen.
Pectopexie	Die Langzeitergebnisse zur Behebung der Senkung am Scheidenende sind sehr gut. Durch die Fixation zur Seite hin kommt es nicht zu Stuhlentleerungsstörungen (wie bei der Sacropexie). Die Scheide wird nicht verkürzt und es gibt keine Narben in der Scheide.	Es kann zu einem Einwandern des Netzes in die Scheide kommen, was zu Blutungen und Infektionen führen kann. Die relativ starre Fixation zur Seite hin kann zu ziehenden Schmerzen führen. Wenn nur das Scheidenende bzw. der Gebärmutterhals fixiert wird, kann es in der Folge zu einer Verstärkung der Senkung an der vorderen und/oder hinteren Scheidenwand kommen.
CESA-/VASA-Technik	Es wird nur wenig Fremdmaterial verwendet. Es kommt wahrscheinliche seltener zu Stuhlentleerungsstörungen und chronischer Verstopfung als bei der Sacropexie.	Es wird nur das Scheidenende bzw. der Gebärmutterhals befestigt, die Senkung der vorderen und der hinteren Scheidenwand wird nicht korrigiert. Die Präparation erfolgt nahe der Harnleiter.
Dubuission-OP	Kein erhöhtes Risiko für eine Stuhlentleerungsstörung oder eine Verstopfung. Das Blutungsrisiko im Bereich des Kreuzbeins wird vermieden.	Die hintere Scheidenwand wird mit dieser Methode nicht gut gestützt. Es gibt bislang nur wenig Langzeitdaten für die Dubuission-Technik.

OP bei Stuhlentleerungsstörung

Vor einer Operation bei Stuhlentleerungsstörung soll immer versucht werden, das Problem ohne eine Operation zu lösen. Die Möglichkeiten dazu wurden schon beschrieben.

Stuhlentleerungsstörung

Dazu gehören Ernährungsumstellung, Stuhlregulation, Einläufe, Änderung der Position bei der Darmentleerung, Druck auf den Damm (Seite 62). Wenn dies nicht zu einer zufriedenstellenden Besserung der Beschwerden führt und eine operative Therapie in Erwägung gezogen wird, dann muss man ganz genau die anatomische Ursache für die Stuhlentleerungsstörung suchen.

Dabei gibt es zwei Möglichkeiten:

- Der unterste Anteil des Mastdarms ist gesenkt und wölbt sich in die Scheide vor. Der Stuhl sammelt sich in dieser sogenannten Rektozele.
- Die Verankerung des Enddarms ist zu locker, wodurch der Darm zu mobil ist. Dann kann es vorkommen, dass sich der Darm wie ein Fernrohr ineinanderschiebt. Die Schleimhaut drückt sich dann von innen zu und der Stuhl kann sich nicht entleeren. Dieses Phänomen wird als Intussuszeption bezeichnet.

Operative Therapie einer Rektozele

Es gibt zwei mögliche Zugangswege, um eine Rektozele zu operieren: durch die Scheide oder durch den After.

OP durch die Scheide (hintere Scheidenraffung)

Bei dieser Operation wird von der Scheide aus der Darm von der Scheidenhaut

Rektozele: Aussackung des Mastdarms

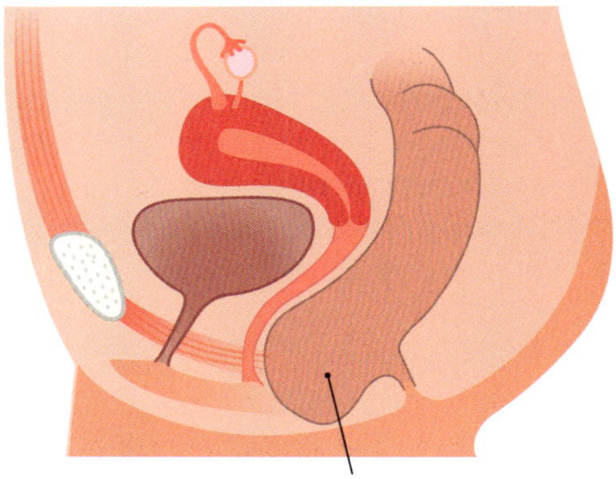

Intussuszeption: Einstülpung des Enddarms

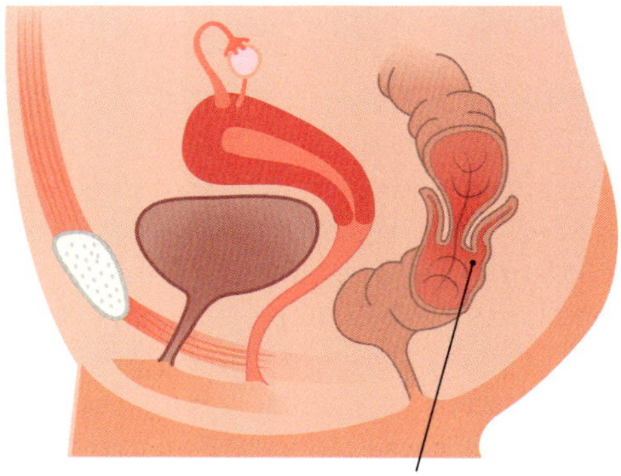

abpräpariert. Das seitliche Bindegewebe wird dann in der Mitte zusammengezogen und vernäht. Dadurch wird die Vorwölbung des Mastdarms zurückgedrängt und der Stuhl kann sich wieder entleeren. Der Eingriff erfolgt nur durch die Scheide, der Bauch muss nicht eröffnet werden.

Vorteile:

- Der Eingriff dauert nur 30–45 Minuten.
- Die Scheide kann dabei auch verengt werden, was manche Patientinnen im Hinblick auf die Sexualfunktion als angenehm empfinden.
- Der Eingriff kann auch in Rückenmarksnarkose erfolgen.

Nachteile

- Die Langzeiterfolgsrate im Hinblick auf der Besserung der Stuhlentleerungsstörung ist nicht besonders gut. Nur 50 % der Patientinnen verspüren langfristig eine Besserung der Beschwerden.
- Durch Narbenbildung kann es zu Schmerzen beim Geschlechtsverkehr kommen.

OP durch den After

Bei dieser Operation wird durch den After die überschüssige Mastdarmschleimhaut entfernt. Die Rektumschleimhaut kann mit der Hand oder auch mit einem Klammergerät (STARR-Methode) gerafft werden.

Vorteile:
- Die Operation dauert nur 30–45 Minuten.
- Der Eingriff kann in Rückenmarksnarkose erfolgen.

Nachteile:
- Die Ergebnisse der Operation durch den After sind wahrscheinlich schlechter als die der Operation durch die Scheide.
- Wenn zu viel Rektumschleimhaut entfernt wird, kann es zu Störungen des Empfindens im Mastdarm kommen. Das kann zu verstärktem Stuhldrang führen.

OP des Rektumschleimhautvorfalls/der Intussuszeption

Ein Rektumschleimhautvorfall oder eine Intussuszeption können durch den After (Operation nach Altemeier) oder über eine Bauchspiegelung (Rektopexie) erfolgen.

Operation nach Altemeier

Die vorgefallene Rektumschleimhaut wird durch den After herausgezogen und entfernt. Das umgebende Bindegewebe wird gerafft und dadurch verengt.

Vorteile der Operation nach Altemeier:
- Die Operation kann auch in Rückenmarksnarkose erfolgen.
- Die Operationsdauer ist wesentlich kürzer als bei den Operationen durch den Bauch und deshalb ist das Verfahren auch für Patientinnen mit einem hohen Operationsrisiko geeignet.
- Es wird kein Fremdmaterial/Netz verwendet.

Nachteile der Operation nach Altemeier:
- Das Risiko für ein Wiederauftreten des Vorfalls ist höher als bei der Bauchspiegelungs-OP.

Bauchspiegelung (Rektopexie)

Die sogenannte Rektopexie (Befestigung des Rektums am Kreuzbein) erfolgt heutzutage in der Regel über eine Bauchspiegelung. Die Bauchspiegelung kann auch roboterassistiert erfolgen. Ein Bauchschnitt ist nur noch selten erforderlich. Bei der Rektopexie wird der abgesenkte Enddarm mobilisiert. Wenn der Enddarm deutlich verlängert ist, dann wird oft auch ein Stück vom Darm entfernt (Resektionsrektopexie). Der Enddarm wird dann am Kreuzbein angenäht. Die Fixierung kann auch mit einem Netz erfolgen (Netzrektopexie).

Vorteile der Rektopexie:
- Die Langzeitergebnisse der Rektopexie sind besser als die der Operation nach Altemeier.
- Die Rekonstruktion erfolgt anatomisch korrekt.

Nachteile der Rektopexie:

- Der Eingriff dauert mehrere Stunden und die Patientin muss während der Operation lange in Kopftieflage liegen. Somit ist die Operation für Patientinnen mit einem hohen Operationsrisiko nicht geeignet.
- Wenn ein Teil des Darmes entfernt werden muss, kann es in dem Bereich zu Wundheilungsstörungen kommen. Dann tritt Stuhl in den Bauch aus, was zu Folgeoperationen und Infektionen führt.
- Wenn ein Netz verwendet wird, kann dies zu Schmerzen führen. Das Netz kann in den Darm einwandern, was ernsthafte Komplikationen nach sich ziehen kann.

Operationen bei Stuhlinkontinenz

Operationen bei Stuhlinkontinenz sind nur in Einzelfällen sinnvoll. Die konservative Therapie sollte immer maximal ausgeschöpft werden.

Operation bei Schleimhautvorfall aus dem After: Ein Scheimhautvorfall aus dem After kann zum Abgang von Schleim und Nässen im Afterbereich führen. Mit einem ganz kleinen Eingriff ohne Narkose kann die überflüssige Schleimhaut abgebunden werden.

Operationen bei Schließmuskeldefekt

Der Schließmuskel besteht aus dem äußeren Schließmuskel, der bewusst angespannt werden kann, und dem inneren Schließmuskel, der nicht willkürlich beeinflussbar ist. Der Schließmuskel am After kann bei einer Geburt einreißen. Dabei wird unterschieden zwischen einem Dammriss III. und einem Dammriss IV. Grades.

Die Dammrisse werden wie folgt eingeteilt:

- III a: Der externe Schließmuskel ist nur oberflächlich eingerissen.
- III b: Der externe Schließmuskel ist zu mehr als 50 % eingerissen.
- III c: Der externe Schließmuskel ist komplett durchgerissen, in der Regel ist dann auch der innere Schließmuskel betroffen.
- IV: Der Einriss geht bis in die Enddarmschleimhaut.

Die Schließmuskelverletzungen werden nach der Geburt in der geburtshilflichen Abteilung gleich versorgt. Es gibt allerdings unerkannte Verletzungen oder es kann auch zu Wundheilungsstörungen kommen, dann verheilt der Schließmuskel nicht richtig und die Frauen haben anale Inkontinenzsymptome. Der Schließmuskel kann auch bei Operationen am After verletzt werden (z. B. wenn eine Fistel am After operiert wird). Sehr selten wird der Schließmuskel bei Unfällen verletzt.

Vor einer möglichen operativen Rekonstruktion eines verletzten Schließmuskels muss eine sorgfältige Abklärung erfolgen, um zu beurteilen, ob die Betroffene von der Operation profitieren wird. Dabei werden die Symptome der Patientin erfasst und es wird untersucht, ob der Nervus pudendus, der den Schließmuskel versorgt, funktionsfähig ist. Wenn die Verletzung schon lange zurückliegt, dann sind die Ergebnisse der Rekonstruktion schlechter als bei relativ frischen Verletzungen.

Bei der Operation werden die Enden des Schließmuskels mobilisiert und dann, wenn möglich, überlappend vernäht. Der Damm wird dann rekonstruiert. Um die Wundheilung nach dem Eingriff zu verbessern, ist es manchmal notwendig, dass vorübergehend ein künstlicher Darmausgang angelegt wird, damit der Stuhl nicht mit der Wunde in Verbindung kommt.

Implantation eines Schrittmachers bei Stuhlinkontinenz

Wenn alle Möglichkeiten zur konservativen Behandlung der Stuhlinkontinenz ausgeschöpft sind und eine Rekonstruktion des Schließmuskels nicht sinnvoll ist oder keine Besserung gebracht hat, dann kommt eventuell die Implantation eines Nervenschrittmachers in Betracht. Mit dem Schrittmacher werden die Nerven am Kreuzbein stimuliert. Dazu wird in Narkose oder in lokaler Betäubung eine Elektrode an einer Seite oder zwei Elektroden an beiden Seiten des Kreuzbeins platziert. Während der Operation wird geprüft, ob die Elektrode richtig sitzt. Es wird ein kleiner Stromimpuls gegeben und dann wird kontrolliert, ob sich der Schließmuskel vom After anspannt.

Wenn die Elektrode richtig platziert ist, dann wird sie für einige Tage oder Wochen mit einem Stimulationsgerät verbunden, auf dem verschiedene Programme eingestellt werden und dann wird geprüft, ob sich die Symptome um mindestens 50 % verbessern. Erst dann wird der Schrittmacher implantiert. Der Schrittmacher ist etwa 3 cm groß und wird in einer Tasche unter der Haut am unteren Rücken befestigt. Die Programmierung erfolgt durch die Haut. Die Batterie hält ca. 10 Jahre, dann muss der Schrittmacher gewechselt werden.

Tipps zur Selbsthilfe

Im Verlauf des Buches haben Sie bereits neben den ärztlichen auch alle Selbsthilfemaßnahmen kennengelernt, die Ihnen bei unterschiedlichen Beckenbodenproblemen helfen können.

Dennoch möchte ich Ihnen am Ende des Buches noch einige einfache Selbsttests und Tipps mit auf den Weg geben

Selbstdiagnostik von Beckenbodenproblemen

Wenn Sie das Gefühl haben, dass Sie zu oft zur Toilette gehen bzw. viel öfter als früher, obwohl sich am Trinkverhalten nichts verändert hat, dann führen Sie über einige Tage ein Blasentagebuch, fachsprachlich Miktionstagebuch genannt. Das erfordert ein bisschen Disziplin ist aber sehr aufschlussreich. Im Miktionstagebuch notieren Sie für jeden Tag, was und wie viel Sie wann getrunken haben. Wenn Sie auf die Toilette gehen, fangen Sie den Urin auf und messen mit einem Messbecher ab, wie viel es jeweils ist. Uhrzeit und Urinmenge tragen Sie ebenfalls im Miktionstagebuch ein. Wenn Sie 1,5–2 Liter pro Tag trinken und öfter als 7-mal in 24 Stunden Wasser lassen müssen, dann haben Sie eine überaktive Blase. Im Miktionstagebuch werden Sie auch erkennen, welche Getränke die Blase möglicherweise reizen. Dieses Miktionstagebuch nehmen Sie bitte auch mit, wenn Sie Ihre Blasenprobleme abklären lassen.

Können Sie manchmal den Stuhl nicht richtig halten? Schmiert es nach dem Stuhlgang in die Wäsche? Dann empfehle ich Ihnen das Führen eines Ernährungs- und Stuhltagebuchs (Seite 127).

Haben Sie das Gefühl, dass Sie eine Senkung haben?

Nehmen Sie sich einen Spiegel und schauen Sie nach. Wenn der Scheideneingang geschlossen ist, dann ist es unwahrscheinlich, dass Sie eine Senkung haben. Wenn Sie im Scheideneingang eine kleine weiche Kugel sehen oder tasten, dann könnte es die vordere Scheidenwand (mit der dahinterliegenden Blase) oder hintere Scheidenwand (mit dem dahinterliegenden Darm) sein. Wenn Sie eine feste Struktur mit einer kleinen Delle in der Mitte sehen oder tasten, könnte es sich um den Muttermund handeln.

Meinen Sie, dass Ihr Beckenboden zu schwach ist?

Dann legen Sie sich mal einen Finger in die Scheide und spannen Sie den Beckenboden an. Wenn Sie nichts spüren, dann können Sie die Beckenbodenmuskeln nicht ansteuern. Können Sie den Finger gegen einen leichten Widerstand anheben? Dann ist Ihr Beckenboden kräftig!

Und was können Sie sofort selbst tun?

Informieren Sie sich, wo Sie in der Nähe ärztliche Hilfe finden können. Termine bei entsprechend qualifizierten Urologinnen und Gynäkologen sind oft lange ausgebucht. Am besten vereinbaren Sie gleich einen Termin. Wo finden Sie denn qualifizierte Urologen und Frauenärztinnen?

Sie können z. B. auf die Webseite der Deutschen Kontinenzgesellschaft (Seite 127) gehen. Dort finden Sie die Beratungsstellen, die von der DKG zertifiziert sind. Die Ärztinnen, die dort gelistet sind, müssen regelmäßig Fortbildungen besuchen und dies auch nachweisen. Eine andere Möglichkeit ist es, Frauenärzte zu finden, die nach Kriterien der Arbeitsgemeinschaft Urogynäkologie und rekonstruktive plastische Beckenbodenrekonstrukton (AGUB e. V.) der Deutschen Gesellschaft für Gynäkologie und Geburtshilfe zertifiziert sind. Auf der Internetseite der AGUB (Seite 127) sind entsprechende qualifizierte Frauenärztinnen zu finden. Sie können natürlich auch mit Ihrem vertrauten Gynäkologen oder ihrer Urologin sprechen, oft können diese Ihnen weiterhelfen. Und bis zum Termin können Sie schon einmal anfangen, selbst etwas zu verändern.

Wenn Sie wenig trinken, dann sollten Sie die Trinkmenge auf 1,5–2 Liter erhöhen. Am besten trinken Sie stilles Wasser oder milde Kräutertees. Vermeiden Sie Kaffee, schwarzen Tee, Getränke mit Kohlensäure und Alkohol.

Wenn Sie feststellen, dass Sie schon Drang bekommen, wenn die Blase nur gering gefüllt ist, dann versuchen Sie bewusst, nicht sofort zur Toilette zu gehen. Wenn Sie den Drang verspüren, lenken Sie sich ab. Bücken Sie sich und tun Sie so, als wenn Sie sich die Schuhe zubinden wollen. Zählen Sie rückwärts. Spannen Sie den Beckenboden an.

Versuchen Sie, nach der Uhr auf die Toilette zu gehen: Das bedeutet, dass Sie sich einen Zeitplan machen und sich Zeiten vorgeben, wann Sie zum Wasserlassen gehen. Orientieren Sie sich dabei an Ihrem Miktionstagebuch. Wenn Sie z. B. alle 60 Minuten zur Toilette gehen, dann verlängern Sie das Intervall auf 75 Minuten. Sie gehen also alle 75 Minuten zur Toilette (ob Sie müssen oder nicht), aber Sie dürfen zwischendurch nicht gehen. Ziel ist es, Blase und Gehirn so zu erziehen, dass Sie selbst wieder Chefin der Blase werden.

Wenn Sie nachts oft aufstehen müssen, dann können Sie versuchen, das Trinken ab 18 Uhr zu reduzieren. Stellen Sie sich 1,5–2 Liter Getränke wie stilles Wasser oder Kräutertee am Morgen bereit und trinken Sie diese über den Tag verteilt. Dann kommen Sie nicht durstig nach Hause und müssen nicht am Abend alles nachholen. Kaffee trinken Sie am besten nur am Morgen. Alkohol am Abend wirkt harntreibend und verschlechtert die Schlafqualität. Also besser am Abend nicht zum Bier oder zum Wein greifen.

Wenn Ihr Hauptproblem der Urinverlust bei körperlicher Belastung ist, dann können Sie auch schon ohne physiotherapeutische Untersuchung mit einem Training beginnen. Aber Sie sollten sich sicher sein, dass Sie das auch richtig machen. Wenn Sie statt der Beckenbodenmuskeln Bauch und Gesäß anspannen, dann nutzt das Training nichts und Sie üben im schlechtesten Fall auch noch Druck auf die Beckenbodenorgane aus. Es gibt im Internet viele Seiten, auf denen Beckenbodentraining erklärt wird.

Wenn Sie in kleinen Schritten beginnen wollen, dann starten Sie gleich. Sie können sich angewöhnen, beim Zähneputzen oder an der roten Ampel die Beckenbodenmuskulatur 10-mal kurz anzuspannen und danach 5-mal lang (mit kurzen Pausen dazwischen). Vor dem Sport können Sie einen großen Tampon mit etwas Gleitgel einführen. Wichtig ist, dass er nicht allzu tief liegt, wenn er weit ins hintere Scheidengewölbe rutscht, dann übt er keinen Druck auf die Harnröhre aus. Wenn der normale Tampon nicht hilft, dann können Sie auch einen Inkontinenztampon aus Schaumstoff probieren. Über die entsprechenden Internetseiten der Firmen können Sie Probepackungen bestellen.

Nutzen Sie geeignete Vorlagen, die speziell für Blasenschwäche hergestellt werden, das gibt Sicherheit im Alltag. Viele Frauen nutzen auch Periodenunterwäsche und kommen damit gut zurecht. Periodenunterwäsche wird von vielen Frauen als hautfreundlicher empfunden.

Bei sehr starker Blasenschwäche reicht diese aber nicht aus und die Frauen müssen auf Pants für Blasenschwäche zurückgreifen.

Wenn Sie Stuhl verlieren oder wenn der Stuhlgang in die Wäsche schmiert, dann ist es wichtig, die Beschaffenheit des Stuhls zu ändern. Häufig haben Betroffene breiigen oder dünnflüssigen Stuhl. Der Stuhlgang sollte aber immer geformt sein. Führen Sie ein Ernährungstagebuch. Essen Sie viele Speisen, die »gesund« sind?

- Hülsenfrüchte und Sauerkraut verursachen Blähungen, damit sind sie keine wirklich gute Nahrung für Menschen, die Winde nicht halten können.
- Trauben schmecken gut, aber enthalten sehr viel Fruchtzucker. Bei Menschen mit Fruchtzuckerunverträglichkeit können sie zu Durchfall führen.
- Bekommen sie Bauchweh und Blähungen nach dem morgendlichen Milchkaffee? Dann haben Sie vielleicht eine Milchzuckerunverträglichkeit.
- Meiden Sie die Speisen, die Ihrer Verdauung nicht guttun. Nicht jeder Darm mag Vollkorn, Rohkost, Hülsenfrüchte und viel Obst und Gemüse. Vielen Menschen hilft die regelmäßige Einnahme von gemahlenen Flohsamen, um den Stuhl geformt zu halten.
- Achten Sie darauf, dass sie morgens den Darm möglichst komplett entleeren. Manchmal hilft ein kleiner Einlauf mit lauwarmem Wasser.

Können Sie den Stuhl nicht richtig entleeren? Wenn Sie das Gefühl haben, dass immer Stuhlreste im Mastdarm stecken bleiben, dann können Sie mit kleinen Tricks den Mastdarm entleeren. Natürlicherweise haben Menschen in der Hocke Stuhlgang. Weil das ja auf einer Toilette, auf der man sitzt, nicht so einfach ist, kann man die Füße auf einen Schemel stellen und damit die Hocke imitieren. Wenn der Stuhl nicht rauskommen will, einfach mit den Fingern auf den Damm drücken. Das hilft oft sehr gut. Der Stuhl rutscht auch leichter heraus, wenn man ein Glyzerinzäpfchen oder ein Zäpfchen mit Kohlensäure einführt. Nach 30–60 Minuten wird ein Stuhldrang ausgelöst.

Anders verhält es sich, wenn der Stuhl den Mastdarm gar nicht erreicht, sondern weiter oben im Darm stecken bleibt. Dann helfen die Maßnahmen am Enddarm meistens nicht. Ist dies der Fall, dann müssen die Betroffenen besonders darauf achten, dass der Stuhl weich und geformt ist. Eine Verstopfung muss durch belaststoffreiche Ernährung, ausreichend Flüssigkeit (2 Liter pro Tag), Bewegung und Quellmittel mit gemahlenen Leinsamen und Flohsamen behandelt werden.

Merke: Ein weicher, geformter Stuhl ist sowohl bei Stuhlinkontinenz als auch bei Stuhlentleerungsstörungen wichtig. Dabei ist die Ernährung das A und O.

Selbsthilfe bei einer Senkung

Das Wichtigste, was Sie für sich selbst tun können, ist wohl, sich nicht zu erschrecken und Panik zu bekommen. Eine Senkung ist zwar unangenehm und lästig, aber sie ist nicht lebensbedrohlich. Schieben Sie die Senkung einfach wieder zurück. Sie können in der Regel nichts falsch machen und nichts verletzen. Manchmal ist es auch möglich, die gesenkten Organe mit einem Tampon zurückzuhalten, aber das gelingt eher selten. Wenn Sie tagsüber durch die Senkung nicht so gut Wasser lassen können, dann können Sie sich, wenn Sie Zeit haben, ein wenig hinlegen. Oft rutscht die Senkung dann zurück. Unterstützen können Sie das durch einen Vierfüßlerstand mit dem Becken nach oben oder durch das Zurückschieben. Bleiben Sie ein Weilchen liegen und probieren Sie dann, Wasser zu lassen, es wird wahrscheinlich deutlich besser klappen. Sie können auch beim Wasserlassen die Scheide mit dem Finger oder einem Dildo zurückschieben. Es ist nicht schlimm, wenn Ihnen dabei Urin über die Hand läuft: Urin enthält Harnstoff und ist gut für die Haut. Händewaschen nicht vergessen!

Stichwortverzeichnis

Empfehlungen von Prof. Dr. med. Ursula Peschers

Es gibt von der Deutschen Kontinenzgesellschaft zertifizierte Beratungsstellen und Kontinenz- und Beckenbodenzentren. Hier können Sie Frauenärzte finden, die sich besonders auf die Behandlung von Patientinnen mit Beckenbodenproblemen spezialisiert haben. Unter www.kontinenz-gesellschaft.de können Sie die Adressen der Beratungsstellen und Kontinenz- und Beckenbodenzentren finden.

Frauenärztinnen und Frauenärzte, die nach den Kriterien der Arbeitsgemeinschaft Urogynäkologie und rekonstruktive plastische Beckenbodenrekonstruktion (AGUB e. V.) der Deutschen Gesellschaft für Gynäkologie und Geburtshilfe zertifiziert sind, finden Sie unter: www.agub.de

Therapeutenliste der Arbeitsgemeinschaft Gynäkologie, Geburtshilfe, Urologie und Proktologie: https://www.ag-ggup.de/

Eine Vorlage für ein Miktionstagebuch sowie ein Ernährungs- und Stuhltagebuch finden Sie unter: www.kontinenz-gesellschaft.de/fuer-patienten/infomaterial/miktions-stuhltagebuch/

BMI-Rechner: www.adipositas-gesellschaft.de.

Bibliografische Information der Deutschen Nationalbibliothek
Die Deutsche Nationalbibliothek verzeichnet diese Publikation in der Deutschen Nationalbibliografie; detaillierte bibliografische Daten sind im Internet über http://dnb.d-nb.de abrufbar.

Programmplanung: Katja Liese
Projektmanagement: Sabine Alvarado
Redaktion: Anne Bleick
Bildredaktion: Marie Crämer
Covergestaltung: © Thieme
Layout: CYCLUS · Visuelle Kommunikation, Stuttgart

Bildnachweis:
Covermotiv und Bild S. 3: © Наталья Дьячкова/stock.adobe.com (Zeichnung und Farbfleck)
Icon im Schriftzug oben: © priyo/stock.adobe.com
Autorinnenfoto: Isar Kliniken GmbH
Inhalt: S. 4, 6, 8, 28, 88 © Anna/stock.adobe.com
Zeichnungen: Susi Schaaf, Bellheim

1. Auflage 2025

TRIAS Verlag in Georg Thieme Verlag KG
Rüdigerstraße 14, 70469 Stuttgart,
www.trias-verlag.de

Satz: Reemers Publishing Services GmbH, Krefeld
Druck: AZ Druck und Datentechnik GmbH, Kempten

Printed in Germany

ISBN 978-3-432-11925-0

Auch erhältlich als E-Book:
eISBN (ePub) 978-3-432-11926-7

1 2 3 4 5 6

MIX
Papier | Fördert gute Waldnutzung
FSC® C008457

Wichtiger Hinweis: Wie jede Wissenschaft ist die Medizin ständigen Entwicklungen unterworfen. Forschung und klinische Erfahrung erweitern unsere Erkenntnisse. Ganz besonders gilt das für die Behandlung und die medikamentöse Therapie. Bei allen in diesem Werk erwähnten Dosierungen oder Applikationen, bei Rezepten und Übungsanleitungen, bei Empfehlungen und Tipps dürfen Sie darauf vertrauen: Autoren, Herausgeber und Verlag haben große Sorgfalt darauf verwandt, dass diese Angaben dem Wissensstand bei Fertigstellung des Werkes entsprechen. Rezepte werden gekocht und ausprobiert. Übungen und Übungsreihen haben sich in der Praxis erfolgreich bewährt.
Eine Garantie kann jedoch nicht übernommen werden. Eine Haftung des Autors, des Verlags oder seiner Beauftragten für Personen-, Sach- oder Vermögensschäden ist ausgeschlossen.

Marken, geschäftliche Bezeichnungen oder Handelsnamen werden nicht in jedem Fall besonders kenntlich gemacht. Aus dem Fehlen eines solchen Hinweises kann nicht geschlossen werden, dass es sich um einen freien Handelsnamen handelt.

Wo datenschutzrechtlich erforderlich, wurden die Namen und weitere Daten von Personen redaktionell verändert (Tarnnamen). Dies ist grundsätzlich der Fall bei Patient*innen, ihren Angehörigen und Freund*innen, z.T. auch bei weiteren Personen, die z.B. in die Behandlung von Patient*innen eingebunden sind.

Thieme Publikationen streben nach einer fachlich korrekten und unmissverständlichen Sprache. Dabei lehnt Thieme jeden Sprachgebrauch ab, der Menschen beleidigt oder diskriminiert, beispielsweise aufgrund einer Herkunft, Behinderung oder eines Geschlechts. Thieme wendet sich zudem gleichermaßen an Menschen jeder Geschlechtsidentität. Die Thieme Rechtschreibkonvention nennt Autor*innen mittlerweile konkrete Beispiele, wie sie alle Lesenden gleichberechtigt ansprechen können. Die Ansprache aller Menschen ist ausdrücklich auch dort intendiert, wo im Text (etwa aus Gründen der Leseleichtigkeit, des Text-Umfangs oder des situativen Stil-Empfindens) z.B. nur ein generisches Maskulinum verwendet wird.

Unsere Umwelt ist uns wichtig!
Papier aus nachhaltigen und kontrollierten Quellen
Druck in Deutschland mit kurzen Lieferwegen
Druckereien mit hohen Ansprüchen an Ökologie

TRIAS, einer der führenden Ratgeberverlage im Bereich Gesundheit, gehört zur Thieme Gruppe, marktführender Anbieter medizinischer Fachinformationen und Services. Anspruch der Thieme Gruppe ist es, den im Gesundheitswesen tätigen Berufsgruppen sowie allen an Gesundheit Interessierten genau die Informationen und Angebote bereitzustellen, die sie in einer bestimmten Arbeitssituation oder Lebensphase benötigen. Durch die hohe Qualität und zielgruppenspezifische Relevanz der angebotenen Leistungen bereitet Thieme den Weg für eine bessere Medizin und mehr Gesundheit im Leben.

Thieme